IMPRIMERIE DE H. FOURNIER,
RUE DE SEINE, N. 14.

RECUEIL GÉNÉRAL

DES

ANCIENNES LOIS FRANÇAISES,

DEPUIS L'AN 420 JUSQU'A LA RÉVOLUTION DE 1789;

PAR MM.

ISAMBERT, Député, Conseiller à la Cour de cassation;
DECRUSY, Directeur des affaires criminelles et des graces au ministère de la justice;
TAILLANDIER, Conseiller à la Cour royale de Paris, Membre de la Société royale des Antiquaires de France.

« Voulons et ordonnons qu'en chacune Chambre de nos Cours de
« Parlement, et semblablement ex auditoires de nos Baillifs et Sé-
« nechaux y ait un livre des Ordonnances, afin que si aucune dif-
« ficulté y survenoit, on ait promptement recours à icelles. »
(Art. 79 de l'Ordonn. de Louis XII, mars 1498, Ire de Blois.)

TOME XXII.

1ᵉʳ JANVIER 1737. — 10 MAI 1774.

PARIS,
BELIN-LEPRIEUR, LIBRAIRE-ÉDITEUR,
RUE PAVÉE-SAINT-ANDRÉ DES ARTS, N° 5.
VERDIÈRE, LIBRAIRE,
QUAI DES AUGUSTINS, N° 25.

1830.

ORDONNANCES DES BOURBONS.

SUITE DU RÈGNE DE LOUIS XV.

N° 500. — EDIT *portant suppression de la charge de garde des sceaux.*

Versailles, février 1737. Reg. P. P. 8 mars. (C. L. XV.)

Louis, etc. Les sceaux de France étant à présent en nos mains, nous avons cru que rien n'étoit plus convenable au bien de notre service et à celui du public que d'en remettre la garde et l'exercice à notre très-cher et féal chevalier chancelier de France. A ces causes, etc., nous avons éteint et supprimé, éteignons et supprimons par ces présentes, signées de notre main, les titre, état et office de garde des sceaux de France, rétabli par nos lettres patentes du mois d'août 1727. Voulons qu'icelles et tout leur contenu soient et demeurent, dès à présent et à l'avenir, nulles et comme non avenues, ainsi que toutes les clauses et dispositions contenues en icelles, en vertu des présentes. Si donnons, etc.

N. 501. — DÉCLARATION *portant établissement en la maison de Salpétrière, d'un grenier qui contiendra au moins dix mille muids de bled pour l'approvisionnement de Paris.*

Versailles, 16 avril 1737. Reg. P. P. 10 mai. (Peuchet. — C. L. XV.)

N° 502. — ORDONNANCE *concernant le faux principal et faux incident, et la reconnoissance des écritures et signatures en matière criminelle.*

Versailles, juillet 1737. Reg. P. P. 11 décembre. (C. L. XV.)

Louis, etc. Le feu roi notre très-honoré seigneur et bisaïeul crut ne pouvoir rien faire de plus avantageux pour ses sujets que de renfermer dans un corps de lois toutes les règles de la procédure civile et criminelle; et cet ouvrage a été regardé comme un de ceux qui ont le plus contribué à immortaliser la gloire de son règne. Les difficultés qui se présentèrent dans l'exécution de ses ordonnances, ne servirent qu'à redoubler son attention pour suppléer ce qui pouvoit y manquer, et pour les porter par des déclarations postérieures à une plus grande perfection. Mais, outre que ces lois particulières n'ont pas été réunies jusqu'à présent pour ne former qu'un seul tout avec les lois générales, et devenir par-là encore plus connues et plus utiles, nous savons que la diversité des opinions et la différente manière d'expliquer les mêmes dispositions ont produit une si grande variété dans les usages de plusieurs tribunaux, que des procédures qui paroissent aux uns régulières et suffisantes, sont regardées par d'autres comme nulles et défectueuses. Le remède qu'on est obligé d'y apporter, en faisant recommencer ce qui a été déclaré nul, est souvent presque aussi fâcheux que le mal même, l'expérience ayant appris que cette voie, onéreuse aux officiers qui en supportent les frais, favorable quelquefois au coupable ou au plaideur téméraire, a toujours le grand inconvénient de prolonger les procès, et souvent de retarder des exemples nécessaires. Des considérations si importantes nous ont fait croire qu'au lieu de se contenter de réparer les défauts de procédure, à mesure qu'ils se présentent, il étoit beaucoup plus convenable d'en tarir la source par une nouvelle loi qui renfermât en même temps et le supplément et l'interprétation des ordonnances précédentes. Mais dans la nécessité où nous sommes de partager un ouvrage d'une si grande étendue, nous avons cru que la révision de l'ordonnance de 1670, sur la procédure criminelle, devoit occuper d'abord toute notre attention; et dans cette ordonnance même, nous avons jugé à propos de faire un choix, en commençant un ouvrage si utile par les titres *de la reconnoissance des écritures ou signatures privées, et du faux principal ou incident.* Les différents objets de ces deux titres y ont été tellement mêlés, que les juges ont eu de la peine à en faire un juste discernement, et qu'il leur est souvent arrivé, ou de séparer ce qui devoit être réuni, ou de confondre ce qu'il auroit fallu distinguer. C'est donc pour remédier à cet inconvénient par un ordre plus naturel, que nous avons jugé à propos d'établir d'abord dans un premier titre les règles qui seront observées dans la poursuite du faux principal; de fixer ensuite dans un second titre celles qui auront lieu à l'égard du faux incident; et d'y ajouter enfin un dernier titre sur ce qui concerne seulement la reconnoissance des écritures et signatures privées; en sorte que l'on puisse reconnoître aisément dans chaque titre les formalités qui sont propres à chacune de ces trois procédures, et celles qui leur sont communes. Nous y laisserons beaucoup moins à suppléer à l'attention de ceux qui sont chargés de l'instruction des procès criminels qu'on ne l'avoit fait par l'ordonnance de 1670, et si nous sommes obligés par-là d'entrer dans un détail beaucoup plus exact sur ce qui regarde chaque acte de la procédure, nous espérons que l'inconvénient de la longueur, presque inséparable de cette exactitude, sera avantageusement compensé par le bien que nous ferons à la justice, en mettant devant les yeux des juges une suite de règles claires et précises, qui dirige sûrement toutes leurs démarches, en les conduisant par degrés, et comme pas à pas, dans tout le cours de l'instruction. Il ne nous reste donc plus, après nous être fait rendre un compte exact des différents usages de nos parlements, et avoir reçu les mémoires des principaux magistrats de ces compagnies, que de faire publier une loi si nécessaire pour parvenir à cette uniformité parfaite, qui n'est pas moins désirable, et qu'il est encore plus facile d'établir dans la forme de la procédure que dans le fond des jugements; elle y sera d'autant plus utile à nos sujets, que les difficultés qui regardent l'ordre judiciaire, naissent beaucoup plus souvent que les questions de jurisprudence qui partagent les tribunaux, et que le fond même de la justice est en danger, lorsque les voies qui y conduisent sont obscures ou incertaines. A ces causes, etc., voulons et nous plaît ce qui suit:

Titre du faux principal.

Art. 1. Les plaintes, dénonciations et accusations de faux principal, se feront en la même forme que celles des autres crimes, sans consignation d'amende, sans inscriptions en faux, sommation ni autres procédures, avec celui contre lequel l'accusation sera formée.

2. L'accusation de faux pourra être admise, s'il y échet, encore que les pièces prétendues fausses aient été vérifiées, même avec le plaignant, à d'autres fins que celles d'une poursuite de faux principal ou incident, et qu'en conséquence il soit intervenu un jugement sur le fondement desdites pièces comme véritables.

3. Sur la requête ou plainte de la partie publique ou de la partie civile, à laquelle elles seront tenues de joindre les pièces prétendues fausses, si elles sont en leur possession, il sera ordonné qu'il sera informé des faits portés par ladite requête ou plainte, et ce tant par titres que par témoins, comme aussi par experts, ensemble par comparaison d'écritures ou signatures, le tout, selon que le cas le requerra; et, lorsque le juge n'aura pas ordonné en même temps ces différents genres de preuves, il pourra y être suppléé, s'il y échet, par une ordonnance ou un jugement postérieur.

4. Ledit jugement ou ordonnance contiendra en outre qu'il sera dressé procès-verbal de l'état des pièces prétendues fausses, lesquelles, à cet effet, seront remises au greffe, si elles sont jointes à la requête ou plainte, sinon apportées audit greffe, ainsi qu'il sera dit ci-après.

5. En cas que lesdites pièces ne soient pas en la possession de la partie publique ou de la partie civile, et qu'elles n'aient pu les joindre à leur requête ou plainte, il sera ordonné par le même jugement ou ordonnance qui permettra d'informer, qu'elles seront remises au greffe par ceux qui les auront entre leurs mains, et qu'à ce faire ils seront contraints, savoir : les dépositaires publics, par corps, ou s'ils sont ecclésiastiques, par saisie de leur temporel; et ceux qui ne sont pas dépositaires publics, par toutes voies dues et raisonnables, sauf à être ordonné, s'il y échet, qu'ils y seront contraints par les mêmes voies que les dépositaires publics.

6. Le délai pour l'apport et la remise desdites pièces courra du jour de la signification de ladite ordonnance ou jugement au domicile de ceux qui les auront en leur possession, et sera ledit délai de trois jours s'ils sont dans le lieu de la juridiction, de huitaine s'ils sont dans les dix lieues; et en cas de plus grande distance, le délai sera augmenté d'un jour par dix lieues, même de tel autre temps que les juges estimeront nécessaire, eu égard à la difficulté des chemins et à la longueur des lieues, sans néanmoins qu'en aucun cas le délai puisse être réglé sur le pied de plus de deux jours par dix lieues.

7. Ne pourront être entendus aucuns témoins avant que les pièces prétendues fausses aient été déposées au greffe; ce qui sera observé à peine de nullité, si ce n'est qu'il ait été ordonné expressément, soit en accordant la permission d'informer, soit par une ordonnance ou un jugement postérieur, que les témoins pourront être entendus avant le dépôt desdites pièces, ce que nous laissons à la prudence des juges;

comme aussi de statuer, ainsi qu'il appartiendra suivant l'exigence des cas, lorsque les pièces prétendues fausses se trouveront avoir été soustraites, ou être perdues, ou lorsqu'elles seront entre les mains de celui qui sera prévenu du crime de faux.

8. Lorsque l'information par expert aura été ordonnée suivant ce qui est porté par l'art. 5, lesdits experts seront toujours nommés d'office, à peine de nullité : et la nomination en sera faite par l'ordonnance ou jugement qui ordonnera ladite information; si ce n'est que ladite nomination ait été renvoyée à un juge commis sur les lieux pour procéder à ladite information, lequel juge commis fera pareillement d'office ladite nomination.

9. Défendons aux juges de recevoir de l'accusé aucune requête en récusation contre les experts, à peine de nullité; sauf audit accusé à fournir ses reproches, si aucuns y a, contre lesdits experts, en la même forme et dans le même temps que contre les autres témoins.

10. Le procès-verbal de l'état des pièces prétendues fausses, ratures, surcharges, interlignes, et autres circonstances du même genre, qui pourront s'y trouver, sera dressé au greffe ou autre lieu du siège destiné aux instructions, en présence, tant de notre procureur, ou de celui des hauts-justiciers, que de la partie civile, s'il y en a, à peine de nullité; et l'accusé ne sera point appelé audit procès-verbal.

11. Lesdites pièces seront paraphées lors dudit procès-verbal, tant par le juge que par la partie civile, si elle peut les parapher, sinon il en sera fait mention; ensemble par notre procureur ou celui des hauts-justiciers, le tout à peine de nullité, après quoi elles seront remises au greffe.

12. Lorsque la preuve par comparaison d'écritures, aura été ordonnée, nos procureurs ou ceux de nos hauts-justiciers, et la partie civile, s'il y en a, pourront seuls fournir les pièces de comparaison; sans que l'accusé puisse être reçu à en présenter de sa part, si ce n'est dans le temps et ainsi qu'il sera dit par les art. 46 et 54 ci-après; et le contenu au présent article sera observé à peine de nullité.

13. Ne pourront être admises pour pièces de comparaison que celles qui sont authentiques par elles-mêmes : et seront regardées comme telles, les signatures apposées aux actes passés devant notaires ou autres personnes publiques, tant séculières qu'ecclésiastiques, dans les cas où elles ont droit de recevoir des actes en ladite qualité; comme aussi les signatures étant aux

actes judiciaires faits en présence du juge et du greffier, et pareillement les pièces écrites et signées par celui dont il s'agit de comparer l'écriture, en qualité de juge, greffier, notaire, procureur, huissier, sergent, et en général, comme faisant, à quelque titre que ce soit, fonction de personne publique.

14. Pourront néanmoins être admises pour pièces de comparaison, les écritures ou signatures privées qui auroient été reconnues par l'accusé; sans qu'en aucun autre cas lesdites écritures ou signatures privées puissent être reçues pour pièces de comparaison, quand même elles auroient été vérifiées avec ledit accusé, sur la dénégation qu'il en aurait faite: ce qui sera exécuté à peine de nullité.

15. Laissons à la prudence des juges, suivant l'exigence des cas, et notamment lorsque l'accusation de faux ne tombera que sur un endroit de la pièce qu'on prétendra être faux ou falsifié, d'ordonner que le surplus de ladite pièce servira de pièce de comparaison.

16. Si les pièces indiquées pour pièces de comparaison, sont entre les mains de dépositaires publics, ou autres, le juge ordonnera qu'elles seront apportées, suivant ce qui est prescrit par les art. 5 et 6 à l'égard des pièces prétendues fausses; et les pièces qui auront été admises pour pièces de comparaison, demeureront au greffe pour servir à l'instruction; et ce, quand même les dépositaires d'icelles offriraient de les apporter toutes les fois qu'il seroit nécessaire: sauf aux juges à y pourvoir autrement, s'il y échet, pour ce qui concerne les registres des baptêmes, mariages, sépultures, et autres, dont les dépositaires auroient besoin continuellement pour le service du public.

17. Sur la présentation des pièces de comparaison, qui sera faite par la partie publique ou par la partie civile, sans qu'il soit donné aucune requête à cet effet, il sera dressé procès-verbal desdites pièces, au greffe ou autre lieu du siège destiné aux instructions, en présence de ladite partie publique, ensemble de la partie civile, s'il y en a, à peine de nullité.

18. L'accusé ne pourra être présent au procès-verbal de présentation de pièces de comparaison; ce qui sera pareillement observé à peine de nullité.

19. A la fin dudit procès-verbal, et sur la réquisition ou sur les conclusions de la partie publique, le juge réglera ce qu'il appartiendra, sur l'admission ou le rejet desdites pièces, si ce n'est qu'il juge à propos d'ordonner qu'il en sera par lui référé aux autres officiers du siège: auquel cas il y sera pourvu par

délibération du conseil, après que ledit procès-verbal aura été communiqué à notre procureur ou à celui des hauts-justiciers, et à la partie civile.

20. S'il est ordonné que les pièces de comparaison seront rejetées, la partie civile, s'il y en a, ou nos procureurs ou ceux de nos hauts-justiciers, seront tenus d'en rapporter ou d'en indiquer d'autres dans le délai qui sera prescrit; sinon il y sera pourvu ainsi qu'il appartiendra : et sera au surplus observé, sur l'apport desdites pièces, le contenu en l'art. 16 ci-dessus.

21. Dans tous les cas où les pièces de comparaison seront admises, elles seront paraphées, tant par le juge, que par nos procureurs, ou par ceux des hauts-justiciers, et par la partie civile, s'il y en a, et si elle peut signer, sinon il en sera fait mention : le tout à peine de nullité.

22. Dans toutes les informations qui seront faites par experts, ils seront toujours entendus séparément, et par forme de déposition, ainsi que les autres témoins, sans qu'il puisse être ordonné en aucun cas, que lesdits experts feront leur rapport sur les pièces prétendues fausses, ou qu'il sera procédé préalablement à la vérification d'icelles; ce que nous défendons à peine de nullité.

23. En procédant à ladite information, la plainte ou requête contenant l'accusation de faux, et la permission d'informer donnée en conséquence, les pièces prétendues fausses, et le procès-verbal de l'état d'icelles, les pièces de comparaison, lorsqu'il en aura été fourni, ensemble le procès-verbal de présentation d'icelles, et l'ordonnance ou jugement par lequel elles auront été reçues, seront remis à chacun des experts, pour les voir et examiner séparément et en particulier, sans déplacer : et sera fait mention de la remise et examen desdites pièces, dans la déposition de chacun des experts, sans qu'il en soit dressé aucun procès-verbal, lesquels experts parapheront les pièces prétendues fausses, le tout à peine de nullité.

24. Seront en outre entendus comme témoins, ceux qui auront connoissance de la fabrication, altération, et en général de la fausseté desdites pièces, ou de faits qui pourront servir à en établir la preuve; à l'effet de quoi sera permis d'obtenir s'il y échet, et faire publier des monitoires; ce qui pourra être ordonné en tout état de cause.

25. En procédant à l'audition desdits témoins, les pièces prétendues fausses leur seront représentées, si elles sont au greffe; et en cas qu'elles n'y fussent pas, la représentation en

sera faite lors du récolement ; et si elles n'étoient pas au greffe, même audit temps, la représentation s'en fera lors de la confrontation.

26. Lesdits témoins parapheront lesdites pièces, lors de la représentation qui leur en sera faite, s'ils peuvent ou veulent les parapher, sinon il en sera fait mention.

27. Les pièces servant à conviction, qui auroient été remises au greffe, seront pareillement représentées à ceux desdits témoins qui en auront connoissance, et par eux paraphées, ainsi qu'il est porté par l'article précédent, le tout lors de leur déposition.

28. Voulons néanmoins qu'en cas d'omission de la représentation et du paraphe ci-dessus ordonnés des pièces prétendues fausses ou servant à conviction, qui seroient au greffe lors de la déposition desdits témoins, il puisse être suppléé lors du récolement ; et s'il a été omis alors d'y satisfaire, il y sera suppléé en procédant à la confrontation, à peine de nullité de ladite confrontation, ainsi qu'il sera dit par l'art. 45 ci-après.

29. A l'égard des pièces de comparaison, et autres qui doivent être représentées aux experts, suivant l'art. 23, elles ne seront point représentées aux autres témoins, si ce n'est que le juge en procédant, soit à l'information, soit au récolement ou la confrontation desdits témoins, estime à propos de leur représenter lesdites pièces ou quelques-unes d'icelles, auquel cas elles seront par eux paraphées, ainsi qu'il est ci-dessus prescrit.

30. Sur le vu de l'information, soit par experts ou par autres témoins, il sera décerné, s'il y échet, tel décret qu'il appartiendra ; ce que les juges pourront pareillement faire sans information, en cas qu'il y ait d'ailleurs des charges suffisantes pour décréter, le tout sur les conclusions de nos procureurs, ou de ceux des hauts-justiciers.

31. Lors de l'interrogatoire des accusés, les pièces prétendues fausses, comme aussi les pièces servant à conviction, qui seront actuellement au greffe, leur seront représentées, et par eux paraphées, s'ils peuvent ou veulent le faire, sinon il en sera fait mention : et en cas d'omission de ladite représentation et paraphe, il y sera suppléé par un nouvel interrogatoire, à peine de nullité du jugement qui seroit intervenu sans avoir réparé ladite omission.

32. Les pièces de comparaison, ou autres qui doivent être représentées aux experts suivant l'article 23, ne pourront être représentées auxdits accusés avant la confrontation.

33. En tout état de cause, même après le réglement à l'extraordinaire, les juges pourront ordonner, s'il y échet, à la requête de la partie civile, ou sur le réquisitoire de la partie publique, ou même d'office, que l'accusé sera tenu de faire un corps d'écriture, tel qu'il lui sera dicté par les experts.

34. Lorsque ledit corps d'écriture aura été ordonné, il y sera procédé au greffe, ou autre lieu du siège destiné aux instructions, en présence de nos procureurs ou de ceux des hauts-justiciers; ensemble de la partie civile, s'il y en a, ou elle dûment appelée à la requête de la partie publique : sera ledit corps d'écriture paraphé, tant par le juge, les experts et nosdits procureurs, ou ceux des hauts-justiciers, que par la partie civile, si elle peut et veut le faire, sinon il en sera fait mention, ensemble par l'accusé, s'il veut le parapher, et ce en présence desdits experts, et en cas qu'il refuse de le faire, il en sera fait mention; le tout à peine de nullité.

35. A la fin dudit procès-verbal, et sans qu'il soit besoin d'autre jugement, le juge ordonnera, s'il y échet, que ledit corps d'écriture sera reçu pour pièce de comparaison, et que les experts seront entendus par voie de déposition, en la forme prescrite par l'article 25, sur ce qui peut résulter dudit corps d'écriture, comparé avec les pièces prétendues fausses; ce qui aura lieu, encore qu'ils eussent déjà déposé sur d'autres pièces de comparaison; sans préjudice au juge, s'il y échet, d'en nommer d'autres ou d'en ajouter de nouveaux aux premiers, ce qu'il ne pourra faire néanmoins que par délibération de conseil, à l'effet de quoi il en sera par lui référé aux autres juges.

36. Laissons à la prudence des juges, en cas de diversité dans la déposition des experts, ou de doute sur la manière dont il se seront expliqués, d'ordonner sur la réquisition de la partie publique, ou même d'office, qu'il sera entendu de nouveaux experts en la forme prescrite par les articles 22 et 23, même qu'il sera fourni de nouvelles pièces de comparaison; ce qu'ils pourront ordonner, s'il y échet, avant que de décréter ou après le décret, jusqu'au réglement à l'extraordinaire; après quoi ils ne pourront l'ordonner que lorsque l'instruction sera achevée, et en jugeant le procès : et en cas que ce soit l'accusé qui fasse une pareille demande, sera observé ce qui est prescrit par les articles 46 et 54, ci-après.

37. Lors du récolement des experts, les pièces prétendues fausses, et les pièces de comparaison, seront représentées

auxdits experts, et tant à eux qu'aux accusés, lors de la confrontation, à peine de nullité : au surplus, le récolement et la confrontation desdits experts se feront en la même forme que le récolement et la confrontation des autres témoins ; sans néanmoins qu'il soit besoin d'interpeller lesdits experts de déclarer si c'est de l'accusé présent qu'ils ont entendu parler dans leur déposition et récolement, à moins qu'ils n'aient déposé de faits personnels audit accusé.

38. En procédant au récolement des témoins, autres que les experts, les pièces prétendues fausses seront représentées auxdits témoins ; comme aussi les pièces servant à conviction, et en général toutes celles qui leur auront été représentées lors de leur déposition : et en cas que lesdites pièces prétendues fausses n'aient été remises au greffe que depuis leur déposition, elles leur seront représentées, et par eux paraphées lors dudit récolement, suivant ce qui est prescrit par les articles 25 et 26, ce qui aura lieu pareillement pour les pièces servant à conviction, dont lesdits témoins auroient connoissance, et qui auroient été remises au greffe depuis leur déposition ; comme aussi pour celles dont la représentation auroit été omise lors de l'audition desdits témoins, suivant ce qui est porté par l'article 28.

39. Toutes les pièces qui auront été représentées auxdits témoins, tant lors de leur déposition, que lors de leur récolement, leur seront représentées, ainsi qu'à l'accusé, lors de leur confrontation ; et en cas que les pièces n'aient été remises au greffe que depuis ledit récolement, elles seront représentées auxdits témoins, et par eux paraphées lors de ladite confrontation, suivant ce qui est prescrit par les articles 25 et 26, ce qui aura lieu pareillement pour les pièces servant à conviction, dont lesdits témoins auroient connoissance, et qui n'auroient été remises au greffe que depuis ledit récolement, comme aussi pour celles dont la représentation auroit été omise lors de la déposition et du récolement, suivant ce qui est porté par l'article 28.

40. Si les témoins représentent quelque pièce, soit lors de leur déposition, ou du récolement, ou de la confrontation, elles y demeureront jointes, après avoir été paraphées, tant par le juge que par lesdits témoins, s'ils peuvent ou veulent le faire, sinon il en sera fait mention : et si lesdites pièces servent à conviction, elles seront représentées aux témoins qui en auroient connoissance, et qui seroient entendus, récolés ou confrontés depuis la remise desdites pièces, et elles seront

par eux paraphées, le tout suivant ce qui est prescrit par les articles 27 et 28, ci-dessus.

41. Si l'accusé représente des pièces lors de ses interrogatoires, elles y demeureront jointes, après avoir été paraphées tant par le juge que par ledit accusé, s'il peut ou veut les parapher, sinon il en sera fait mention, et elles seront représentées aux témoins, s'il y échet, auquel cas elles seront par eux paraphées, s'ils peuvent ou veulent le faire, sinon il en sera fait mention.

42. Si l'accusé représente des pièces lors de la confrontation, elles y demeureront pareillement jointes, après avoir été paraphées, tant par le juge que par l'accusé, et par le témoin confronté avec ledit accusé; et si ledit accusé et ledit témoin ne peuvent ou ne veulent les parapher, il en sera fait mention; le tout à peine de nullité de ladite confrontation : et seront lesdites pièces représentées, s'il y échet, aux témoins qui seroient confrontés depuis, et par eux paraphées, ainsi qu'il est porté par l'article précédent.

43. Lorsqu'il aura été ordonné que les accusés seront récolés sur leurs interrogatoires, et confrontés les uns aux autres, les pièces qui auront été représentées à chaque accusé, ou qu'il aura rapportées lors de ses interrogatoires, lui seront pareillement représentées lors de son récolement, et tant à lui qu'aux autres accusés, lors de la confrontation : et sera au surplus observé sur ladite représentation, et sur le paraphe desdites pièces, ce qui est prescrit par les articles 38, 39, 40 et 41, ci-dessus.

44. Dans tous les cas où il a été ordonné par les articles précédents, que les pièces prétendues fausses, ou autres pièces, seront paraphées, soit par le juge, soit par les experts, ou autres témoins, soit par les accusés, ou qu'il sera fait mention à l'égard desdits témoins ou accusés, qu'ils n'ont pu ou n'ont voulu les parapher; il suffira de faire parapher lesdites pièces, ou de faire ladite mention dans le premier acte lors duquel lesdites pièces seront représentées, sans qu'il soit besoin de réitérer ledit paraphe ou ladite mention, lorsque les mêmes pièces seront de nouveau représentées.

45. Désirant expliquer plus particulièrement nos intentions sur les cas où la peine de nullité sera prononcée par le défaut de représentation aux témoins, autres que les experts, des pièces prétendues fausses, ou servant à conviction, et de paraphe desdites pièces, voulons que ladite peine ne puisse avoir lieu qu'à l'égard de la confrontation, lorsque l'on n'y

aura pas suppléé à l'omission de représentation ou de paraphe desdites pièces, auquel cas les juges ordonneront, s'il y échet, qu'il sera procédé à une nouvelle confrontation, lors de laquelle lesdites pièces seront représentées auxdits témoins, et par eux paraphées en la forme ci-dessus prescrite; ce qui sera pareillement observé à l'égard des accusés, lorsqu'il aura été ordonné qu'ils seront récolés et confrontés les uns aux autres.

46. En cas que l'accusé présente une requête pour demander qu'il soit remis de nouvelles pièces de comparaison entre les mains des experts, les juges ne pourront y avoir égard, qu'après l'instruction achevée, et par délibération de conseil, sur le vu du procès, à peine de nullité.

47. Si la requête de l'accusé est admise, le jugement lui sera prononcé dans vingt-quatre heures au plus tard; et il sera interpellé par le juge d'indiquer lesdites pièces, ce qu'il sera tenu de faire sur-le-champ. Laissons néanmoins à la prudence des juges de lui accorder un délai, suivant l'exigence des cas, pour indiquer lesdites pièces, sans que ledit délai puisse être prorogé; et ne pourra l'accusé présenter dans la suite d'autres pièces que celles qu'il aura indiquées : le tout, sans préjudice à la partie civile ou à la partie publique, de contester lesdites pièces.

48. Les écritures ou signatures privées de l'accusé, ne pourront être reçues pour pièces de comparaison (encore qu'elles eussent été par lui reconnues, ou vérifiées avec lui) si ce n'est du consentement, tant de la partie publique, que de la partie civile, s'il y en a; ce qui sera observé à peine de nullité.

49. Les dispositions des articles 13 et 16, seront observées, tant par rapport à la qualité desdites nouvelles pièces de comparaison, qu'en ce qui concerne l'apport et remise au greffe d'icelles; lequel apport et remise se feront à la requête de la partie publique.

50. Le procès-verbal de présentation des nouvelles pièces de comparaison indiquées par l'accusé, sera fait à la requête de la partie publique, et dressé en présence dudit accusé, lequel paraphera les pièces, qui seront reçues, s'il peut ou veut les parapher, sinon il en sera fait mention; le tout, à peine de nullité : et en cas que l'accusé ne soit pas dans les prisons, et ne se présente point pour assister audit procès-verbal, il y sera procédé en son absence, après qu'il aura été dûment appelé à la requête de la partie publique : sera au surplus observé tout ce qui a été ci-dessus prescrit par rapport au procès-verbal de présentation des pièces de comparaison,

rejet ou admission d'icelles, et procédures à faire en conséquence.

51. En cas que les pièces de comparaison soient admises, il sera procédé à une nouvelle information sur ce qui peut résulter desdites pièces, dans la forme prescrite par les articles 22 et 23, et ce, à la requête de la partie publique, et par les mêmes experts qui auront été déjà entendus, à moins qu'il n'en ait été autrement ordonné : seront les anciennes pièces de comparaison remises entre les mains des experts, ainsi que les nouvelles, ensemble les procès-verbaux de présentation, et les ordonnances ou jugements de réception de toutes lesdites pièces.

52. N'entendons empêcher que la partie civile, ou la partie publique ne puissent être admises à produire de nouvelles pièces de comparaison, et ce, en tout état de cause, même dans le cas où il n'auroit pas été permis à l'accusé d'indiquer de nouvelles pièces de comparaison : le tout à la charge de se conformer aux dispositions des art. 13 et suivants, notamment en ce qu'il y est porté que l'accusé ne sera point présent au procès-verbal de présentation des pièces de comparaison rapportées par la partie publique ou par la partie civile.

53. Lorsqu'à l'occasion des nouvelles pièces de comparaison indiquées par l'accusé, la partie publique ou la partie civile, s'il y en a, en auront aussi produit de leur part, les juges pourront, après que lesdites pièces auront été reçues en la forme ci-dessus marquée, ordonner, s'il y échet, que sur les unes et les autres, il sera procédé à une seule et même information par experts.

54. Si l'accusé demande qu'il soit entendu de nouveaux experts, soit sur les anciennes pièces de comparaison, ou sur de nouvelles, les juges ne pourront l'ordonner, s'il y échet, qu'après l'instruction achevée et par délibération de conseil, sur le vu du procès ; ce qui sera observé à peine de nullité.

55. S'il est ordonné qu'il sera procédé à une information par de nouveaux experts, ils seront toujours nommés d'office, et entendus en la forme prescrite par les art. 22 et 23, le tout à peine de nullité.

56. Dans tous les cas marqués par les articles 36, 46, 47, 52, 53, 54 et 55, où il aura été procédé à une nouvelle information, soit sur de nouvelles pièces de comparaison, ou par de nouveaux experts, les juges pourront la joindre au procès, pour, en jugeant, y avoir tel égard que de raison, ou décerner de nouveaux décrets, s'il y échet, ou ordonner sans décret,

que les experts, entendus dans ladite information, seront récolés et confrontés, ou y statuer autrement, suivant l'exigence des cas, ce que nous laissons à leur prudence.

57. Dans tous les procès-verbaux où la présence de la partie civile est requise, suivant ce qui a été réglé ci-dessus, il sera permis à ladite partie civile, d'y faire assister, au lieu d'elle, le porteur de sa procuration, qui ne sera admise qu'en cas qu'elle soit spéciale, et passée devant notaires.

58. Ladite procuration sera annexée à la minute de l'acte pour lequel elle aura été donnée, si elle ne concerne qu'un seul acte; et si elle en concerne plusieurs, elle sera annexée à la minute du premier acte, lors duquel elle aura été représentée; et sera paraphée, tant par le juge, que par le porteur d'icelle, lequel paraphera en outre toutes les pièces qui devroient être paraphées par ladite partie civile, si elle étoit présente; et en cas qu'il refuse de les parapher, il y sera pourvu par les juges, sur les conclusions de la partie publique, ainsi qu'il appartiendra.

59. Lorsque les premiers juges auront ordonné la suppression ou lacération, ou la radiation en tout ou en partie, même la réformation ou le rétablissement des pièces par eux déclarées fausses, il sera sursis à l'exécution de ce chef de leur jugement, jusqu'à ce que par nos cours, sur le vu du procès, et sur les conclusions de nos procureurs-généraux, il y ait été pourvu ainsi qu'il appartiendra : ce qui aura lieu, encore que la sentence fût de nature à pouvoir être exécutée sans avoir été confirmée par arrêt, et qu'il n'y en eût aucun appel, ou que l'accusé y eût acquiescé, dans les cas où il peut le faire.

60. N'entendons néanmoins empêcher que ledit accusé ne soit mis en liberté, dans ledit cas d'acquiescement de sa part à la sentence, lorsqu'il n'y aura point d'appel *à minimâ*, interjeté par nos procureurs-généraux ou leurs substituts, ou par les procureurs des hauts-justiciers.

61. En cas que le jugement soit rendu par contumace contre les accusés, ou aucuns d'eux, la surséance portée par l'art. 59 aura lieu tant que les accusés contumaces ne se représenteront pas, ou ne seront point arrêtés; ce qui sera observé, même après l'expiration des cinq années; et en cas que les contumaces se représentent, ou qu'ils soient arrêtés, ladite surséance aura pareillement lieu, si le jugement qui interviendra contradictoirement avec eux, contient, à l'égard des pièces fausses, quelqu'une des dispositions mentionnées audit art. 59.

62. L'exécution des arrêts de nos cours, qui contiendront quelqu'une des dispositions mentionnées dans l'art. 59, sera pareillement sursise, lorsque lesdits accusés, ou aucuns d'eux, auront été condamnés par contumace; si ce n'est que dans la suite il en soit autrement ordonné par nosdites cours, s'il y échet, et ce, sur les conclusions de nos procureurs-généraux, ce que nous laissons à leur prudence, suivant l'exigence des cas.

63. Par le jugement de condamnation, ou d'absolution, qui interviendra sur le vu du procès, il sera statué, ainsi qu'il appartiendra, sur la remise des pièces, soit à la partie civile, ou aux témoins, ou aux accusés qui les auront fournies ou représentées; ce qui aura lieu, même à l'égard des pièces prétendues fausses, lorsqu'elles ne seront pas jugées telles : et à l'égard des pièces qui auront été tirées d'un dépôt public, il sera ordonné qu'elles seront remises ou renvoyées par les greffiers aux dépositaires d'icelles, par les voies en tel cas requises et accoutumées; le tout, sans qu'il soit rendu séparément un autre jugement sur la remise desdites pièces, laquelle néanmoins ne pourra être faite que dans le temps, et ainsi qu'il sera ci-après marqué.

64. Lorsque les procès seront de nature à être portés en nos cours, sans même qu'il y ait d'appel de la sentence des premiers juges, suivant les dispositions de l'ordonnance de 1670, et pareillement lorsqu'il y aura appel de ladite sentence, les pièces dont la remise y aura été ordonnée, ne pourront être retirées du greffe, jusqu'à ce qu'il y ait été pourvu par nosdites cours.

65. Si les procès ne sont pas de la nature marquée par l'article précédent, voulons qu'encore qu'il n'y eût point d'appel de la sentence, ou que l'accusé y eût acquiescé, aucune desdites pièces ne puisse être retirée du greffe, que six mois après ladite sentence. Enjoignons aux substituts de nos procureurs-généraux, ou aux procureurs d'office, d'informer diligemment nosdits procureurs-généraux, du contenu aux jugements rendus dans leur siège en matière de faux, même par contumace, pour être par nosdits procureurs-généraux fait en conséquence telles réquisitions qu'ils jugeront nécessaires.

66. Lorsque le procès pour crime de faux aura été instruit en nos cours, ou qu'il y aura été porté, suivant ce qui a été dit ci-dessus, lesdites pièces ne pourront être retirées du greffe, qu'après l'arrêt définitif qui en aura ordonné la remise.

67. Dans les cas portés par les art. 59, 61 et 62, où il doit

être sursis à l'exécution des sentences ou arrêts qui contiendroient, à l'égard des pièces déclarées fausses, quelqu'une des dispositions mentionnées auxdits articles, il sera pareillement sursis à la remise des pièces de comparaison ou autres pièces, si ce n'est qu'il en soit autrement ordonné par nos cours, sur la requête des dépositaires desdites pièces, ou des parties qui auroient intérêt d'en demander la remise, et sur les conclusions de nos procureurs-généraux en nosdites cours.

68. Enjoignons aux greffiers de se conformer exactement aux articles précédents, en ce qui les regarde, à peine d'interdiction, d'amende arbitraire applicable à nous, ou aux hauts-justiciers, et des dommages et intérêts des parties, même d'être procédé extraordinairement contre eux, s'il y échet.

69. Pendant que lesdites pièces demeureront au greffe, les greffiers ne pourront délivrer aucunes copies ni expéditions des pièces prétendues fausses, ou servant à conviction, si ce n'est en vertu d'un jugement, qui ne pourra être rendu que sur les conclusions de nos procureurs-généraux, ou de leurs substituts, ou des procureurs d'office : et à l'égard des actes dont les originaux ou minutes auront été remis au greffe, et notamment des registres sur lesquels il y auroit des actes non argués de faux, lesdits greffiers pourront en délivrer des expéditions aux parties qui auront droit d'en demander, sans qu'ils puissent prendre de plus grands droits que ceux qui seroient dus aux dépositaires desdits originaux ou minutes : et sera le présent article exécuté sous les peines portées par l'article précédent.

Titre du faux incident.

ART. 1ᵉʳ. La poursuite du faux incident aura lieu lorsqu'une des parties ayant signifié, communiqué, ou produit quelque pièce que ce puisse être, dans le cours de la procédure, l'autre partie prétendra que ladite pièce est fausse ou falsifiée.

2. Ladite poursuite pourra être reçue, s'il y échet, encore que les pièces prétendues fausses aient été vérifiées, même avec le demandeur en faux, à d'autres fins que celles d'une poursuite de faux principal ou incident, et qu'en conséquence il soit intervenu un jugement sur le fondement desdites pièces comme véritables.

3. La partie qui voudra former la demande en faux incident, présentera une requête tendante à ce qu'il lui soit permis de s'inscrire en faux contre les pièces qui y seront indiquées, et à ce que le défendeur soit tenu de déclarer s'il entend se

servir desdites pièces : sera ladite requête signée du demandeur ou du porteur de sa procuration spéciale, à peine de nullité; et sera ladite procuration attachée à la requête.

4. Le demandeur en faux sera tenu de consigner, savoir; en nos cours, requêtes de notre hôtel et du palais, cent liv.; aux bailliages, sénéchaussées, sièges présidiaux ou autres sièges ressortissant immédiatement en nosdites cours, soixante livres, et vingt livres dans tous les autres sièges; sans qu'il soit consigné plus d'une amende, quel que soit le nombre des demandeurs, ou des pièces arguées de faux, pourvu que l'inscription soit formée conjointement et par le même acte.

5. Lorsque la requête à fin de permission de s'inscrire en faux, sera donnée en nos cours dans les six semaines antérieures au temps auquel elles finissent leurs séances; ou pour les compagnies semestres, dans les six semaines antérieures à la fin de chaque semestre, le demandeur en faux sera tenu de consigner la somme de trois cents livres, même plus grande somme, si les juges estiment à propos de l'ordonner.

6. Les sommes qui seront consignées pour les inscriptions en faux, seront reçues sans aucuns droits ni frais par les receveurs des amendes en titre, ou par commission, s'il y en a, sinon par le greffier du siège où l'inscription sera formée.

7. La quittance de consignation d'amende, sera attachée à la requête du demandeur, et visée dans l'ordonnance qui sera rendue sur ladite requête.

8. Ladite ordonnance portera que l'inscription sera faite au greffe par le demandeur, et qu'il sera tenu à cet effet dans trois jours au plus tard de sommer le défendeur de déclarer s'il veut se servir de la pièce maintenue fausse; ce que ledit demandeur sera tenu de faire dans ledit temps de trois jours, à compter du jour de ladite ordonnance, sinon sera déclaré déchu de sa demande en inscription de faux.

9. La sommation sera faite au défendeur, au domicile de son procureur, auquel sera donné copie par le même acte, de la quittance d'amende, du pouvoir spécial, si aucun y a, de la requête du demandeur et de l'ordonnance du juge, le tout à peine de nullité; et sera le défendeur interpellé par ladite sommation, de faire sa déclaration dans le délai ci-après marqué.

10. Ledit délai courra du jour de ladite sommation, et sera de trois jours si le défendeur demeure dans le lieu de la juridiction; et, s'il demeure dans un autre lieu, le délai pour lui donner connoissance de ladite sommation, et le mettre en état

d'y répondre, sera de huitaine s'il demeure dans les dix lieues; et en cas de plus grande distance, le délai sera augmenté de deux jours par dix lieues, sauf aux juges à le prolonger eu égard à la difficulté des chemins et à la longueur des lieues; sans néanmoins que ledit délai puisse être plus grand en aucuns cas que de quatre jours par dix lieues.

11. Le défendeur sera tenu, dans ledit délai, de faire sa déclaration précise, s'il entend ou s'il n'entend pas se servir de la pièce maintenue fausse; et sera ladite déclaration signée de lui ou du porteur de sa procuration spéciale, et signifiée au procureur du demandeur, ensemble ladite procuration, si le défendeur n'a pas signé lui-même ladite déclaration.

12. Faute par le défendeur d'avoir satisfait à tout ce qui est porté par l'article précédent, le demandeur en faux pourra se pourvoir à l'audience, pour faire ordonner que la pièce maintenue fausse sera rejetée de la cause ou du procès, par rapport au défendeur; sauf au demandeur à en tirer telles inductions ou conséquences qu'il jugera à propos, ou à former telles demandes qu'il avisera pour ses dommages et intérêts, même en matière bénéficiale, pour faire déclarer le défendeur déchu du bénéfice contentieux, s'il a fait ou fait faire la pièce fausse, ou s'il en a connu la fausseté; ce qui pourra aussi être ordonné sur la seule réquisition de nos procureurs-généraux ou de leurs substituts.

13. La disposition de l'article précédent aura lieu pareillement, en cas que le défendeur déclare qu'il ne veut pas se servir de ladite pièce.

14. Si le défendeur déclare qu'il veut se servir de la pièce arguée de faux, il sera tenu de la remettre au greffe dans vingt-quatre heures, à compter du jour que sa déclaration aura été signifiée; et dans les vingt-quatre heures après, il sera pareillement tenu de donner copie au demandeur, au domicile de son procureur, de l'acte de mis au greffe, sinon le demandeur pourra se pourvoir à l'audience, pour faire statuer sur le rejet de ladite pièce, suivant ce qui est porté en l'article 12, si mieux n'aime demander qu'il lui soit permis de faire remettre ladite pièce au greffe, à ses frais, dont il sera remboursé par le défendeur, comme de frais préjudiciaux, à l'effet de quoi il lui en sera délivré exécutoire.

15. Dans vingt-quatre heures au plus tard après la signification faite au demandeur de l'acte de mis au greffe, ou dans les vingt-quatre heures après la remise de la pièce audit greffe, elle y a été mise par le demandeur, il sera tenu d'y former

son inscription en faux, et ce en personne, ou par son procureur fondé de sa procuration spéciale, faute de quoi le défendeur pourra se pourvoir à l'audience, pour faire ordonner que, sans s'arrêter à la requête dudit demandeur, il sera passé outre au jugement de la cause ou du procès.

16. En cas qu'il y ait minute de la pièce inscrite de faux, il sera ordonné, s'il y échet, sur la requête du demandeur, ou même d'office, que le défendeur sera tenu, dans le temps qui lui sera prescrit, de faire apporter ladite minute au greffe, et que les dépositaires d'icelle y seront contraints par les voies et dans les délais marqués par les articles 5 et 6 du titre du faux principal. Laissons à la prudence des juges d'ordonner, s'il y échet, sans attendre l'apport de ladite minute, qu'il sera procédé à la continuation de la poursuite du faux, comme aussi de statuer ce qu'il appartiendra, en cas que ladite minute ne pût être rapportée, ou qu'il fût suffisamment justifié qu'elle a été soustraite ou qu'elle est perdue.

17. Dans les cas où il écherra de faire apporter ladite minute, le délai qui aura été prescrit à cet effet au défendeur, courra du jour de la signification de l'ordonnance ou jugement au domicile de son procureur; et faute par le défendeur d'avoir fait les diligences nécessaires pour l'apport de ladite minute dans ledit délai, le demandeur pourra se pourvoir à l'audience, pour faire ordonner le rejet de la pièce maintenue fausse, s'il y échet, suivant ce qui est porté en l'art. 12, si mieux n'aime demander qu'il lui soit permis de faire apporter ladite minute à ses frais, dont il sera remboursé par le défendeur, comme de frais préjudiciaux, et il lui en sera délivré exécutoire à cet effet.

18. Le rejet de la pièce arguée de faux ne pourra être ordonné, en aucun cas, que sur les conclusions de nos procureurs-généraux ou de leurs substituts, ou des procureurs des hauts-justiciers, à peine de nullité du jugement qui seroit rendu à cet égard, et sauf à y être statué de nouveau sur lesdites conclusions, ainsi qu'il appartiendra.

19. Dans les cas mentionnés aux articles 12, 13, 14 et 17, dans lesquels, par le fait du défendeur, le rejet de ladite pièce auroit été ordonné, il sera permis au demandeur de prendre la voie du faux principal, sans retardation néanmoins de l'instruction et du jugement de la contestation à laquelle ladite inscription de faux étoit incidente, si ce n'est que par les juges il en soit autrement ordonné.

20. Et à l'égard des cas portés par l'article 15 et par les ar-

ticles 27 et 37 ci-après, où, par le fait du demandeur, il auroit été ordonné que, sans s'arrêter à la requête ou à l'inscription en faux, il seroit passé outre à l'instruction ou au jugement de la cause ou du procès, ledit demandeur ne pourra être reçu à former l'accusation de faux principal qu'après le jugement de ladite cause ou dudit procès.

21. La distinction portée par les deux articles précédents n'aura lieu à l'égard de nos procureurs ou de ceux des hauts-justiciers, lesquels pourront, en tout temps et dans tous les cas, poursuivre le faux principal, si bon leur semble, sans que, sous ce prétexte, il soit sursis à l'instruction ou au jugement de la contestation à laquelle l'inscription de faux étoit incidente, si ce n'est que sur leur conclusion et avec les parties intéressées il en soit autrement ordonné.

22. L'accusation de faux principal qui sera formée dans les cas marqués par les trois articles précédents, soit à la requête du demandeur en faux incident, soit à la requête de la partie publique, sera portée dans la cour ou juridiction qui avoit été saisie de la poursuite du faux incident, pour être ladite accusation de faux principal, instruite et jugée par la chambre ou par les juges à qui la connoissance des matières criminelles est attribuée dans ladite cour ou juridiction.

23. Il sera dressé procès-verbal de l'état des pièces prétendues fausses, trois jours après la signification qui aura été faite au demandeur, au domicile de son procureur, de la remise desdites pièces au greffe, ou trois jours après que le demandeur y aura fait remettre lesdites pièces, suivant ce qui est porté par l'article 14.

24. S'il a été ordonné que les minutes desdites pièces seront apportées, le procès-verbal sera dressé conjointement, tant desdites pièces que des minutes, et le délai de trois jours ne courra audit cas que du jour de la signification qui sera faite au demandeur, au domicile de son procureur, de l'apport desdites minutes au greffe, ou du jour que le demandeur les y auroit fait apporter, suivant l'article 17. Laissons néanmoins à la prudence des juges, d'ordonner, suivant l'exigence des cas, qu'il sera dressé d'abord procès-verbal de l'état desdites pièces, sans attendre l'apport desdites minutes, de l'état desquelles il sera, en ce cas, dressé procès-verbal séparément, dans le délai ci-dessus marqué.

25. Le procès-verbal mentionné dans les articles précédents sera fait suivant ce qui est prescrit par les articles 10 et 11 du titre du faux principal, en y appelant néanmoins le défendeur

outre le demandeur, et notre procureur ou celui des hauts-justiciers ; et les pièces dont sera dressé procès-verbal, seront paraphées par ledit défendeur, s'il peut ou veut les parapher (sinon il en sera fait mention), et pareillement par le demandeur et autres dénommés auxdits articles, le tout à peine de nullité ; à l'effet de quoi ledit défendeur sera sommé, par acte signifié au domicile de son procureur, de comparoître audit procès-verbal dans vingt-quatre heures, et faute par lui d'y satisfaire, il sera donné défaut et passé outre sur-le-champ audit procès-verbal.

26. Le demandeur en faux, ou son conseil, pourra prendre communication, en tout état de cause, des pièces arguées de faux, et ce par les mains du greffier ou du rapporteur, sans déplacer et sans retardation.

27. Les moyens de faux seront mis au greffe par le demandeur, dans les trois jours après que le procès-verbal aura été dressé ; sinon le défendeur pourra se pourvoir à l'audience, pour faire ordonner, s'il y échet, que le demandeur demeurera déchu de son inscription en faux. Voulons néanmoins que, lorsqu'il aura été fait deux procès-verbaux différents, l'un de l'état des pièces arguées de faux, et l'autre de l'état des minutes desdites pièces, le délai de trois jours ci-dessus marqué ne coure que du jour que le dernier desdits procès-verbaux aura été fait.

28. En aucun cas il ne sera donné copie ni communication des moyens de faux au défendeur.

29. Sur les conclusions de nos procureurs ou de ceux des hauts-justiciers, il sera rendu tel jugement qu'il appartiendra, pour admettre ou pour rejeter les moyens de faux, en tout ou en partie, ou pour ordonner, s'il y échet, que lesdits moyens ou aucuns d'iceux demeureront joints, soit à l'incident de faux, si quelques-uns desdits moyens ont été admis, soit à la cause ou au procès principal, le tout selon la qualité desdits moyens et l'exigence des cas.

30. En cas que lesdits moyens, ou aucuns d'iceux, soient jugés pertinents et admissibles, le jugement portera qu'il en sera informé, tant par titres que par témoins, comme aussi par experts et par comparaison d'écritures ou signatures, le tout selon que le cas le requerra, sans qu'il puisse être ordonné que les experts feront leur rapport sur les pièces prétendues fausses, ou qu'il sera procédé préalablement à la vérification d'icelles, ce que nous défendons à peine de nullité.

31. Les moyens de faux qui seront déclarés pertinents et admissibles seront marqués expressément dans le dispositif du jugement qui permettra d'en informer, et ne sera informé d'aucuns autres moyens. Pourront néanmoins les experts faire les observations dépendantes de leur art qu'ils jugeront à propos sur les pièces prétendues fausses, sauf aux juges à y avoir tel égard que de raison.

32. Voulons au surplus que les dispositions des articles 8 et 9 du titre du faux principal, au sujet desdits experts, soient pareillement observées dans la poursuite du faux incident.

33. Les pièces de comparaison seront fournies par le demandeur, sans que celles qui seroient présentées par le défendeur puissent être reçues, si ce n'est du consentement du demandeur et de nos procureurs, ou de ceux des hauts-justiciers, le tout, à peine de nullité, sauf aux juges, après l'instruction achevée, à ordonner, s'il y échet, que ledit défendeur sera reçu à fournir de nouvelles pièces de comparaison, et ce, conformément à l'article 46 du titre du faux principal : seront observés au surplus les articles 13, 14, 15 et 16 dudit titre, sur la qualité des pièces de comparaison, et sur l'apport desdites pièces.

34. Le procès-verbal de représentation des pièces de comparaison, se fera en la forme prescrite par les articles 17 et 19 du titre du faux principal, en y appelant néanmoins le défendeur, outre le demandeur et notre procureur, ou celui des hauts-justiciers ; et les pièces de comparaison qui seront admises, seront paraphées par ledit défendeur, s'il peut ou veut les parapher (sinon il en sera fait mention) comme aussi par le demandeur et autres dénommés auxdits articles, le tout à peine de nullité : à l'effet de quoi, le demandeur sera sommé de comparoître audit procès-verbal dans trois jours, par acte signifié au domicile de son procureur, et faute par lui d'y satisfaire, il sera donné défaut par le juge, et passé outre à la présentation des pièces de comparaison, même à la réception d'icelles, s'il y échet.

35. Lors dudit procès-verbal, les pièces de comparaison seront représentées au défendeur, s'il y comparoît, pour convenir desdites pièces, ou les contester, sans que, pour raison de ce, il lui soit donné délai ni conseil.

36. Si les pièces de comparaison sont contestées par le défendeur, ou s'il refuse d'en convenir, le juge en fera mention, pour y être pourvu ainsi qu'il appartiendra, sur les conclusions de nos procureurs, ou de ceux des hauts-justiciers, et ce

dans la forme prescrite par ledit article 19 du titre du faux principal.

37. En cas que les pièces de comparaison ne soient pas reçues, il sera ordonné que le demandeur en rapportera d'autres dans le délai qui sera prescrit par le jugement qui interviendra sur le vu du procès-verbal : et faute par le demandeur d'y avoir satisfait, les juges ordonneront, s'il y échet, que, sans s'arrêter à l'inscription de faux, il sera passé outre à l'instruction et au jugement de la contestation principale : laissons à leur prudence de l'ordonner ainsi, par le jugement même qui portera que ledit demandeur sera tenu de fournir d'autres pièces de comparaison.

38. Dans les procès-verbaux qui doivent être faits en présence du demandeur et du défendeur en faux, suivant ce qui a été dit ci-dessus, il sera permis à l'un et à l'autre d'y comparoître par le porteur de procuration spéciale : et sera observé à cet égard le contenu aux articles 57 et 58 du titre du faux principal. Pourront néanmoins les juges ordonner, s'ils l'estiment à propos, que lesdites parties, ou l'une d'elles, seront tenues de comparoître en personne audit procès-verbal.

39. En procédant à l'audition des experts, la requête à fin de permission de s'inscrire en faux, et l'ordonnance ou jugement intervenus sur icelle, l'acte d'inscription en faux, les pièces prétendues fausses, et le procès-verbal de l'état d'icelles, les moyens de faux, ensemble le jugement qui les aura admis, et qui aura ordonné l'information par experts, les pièces de comparaison, lorsqu'il en aura été fourni, le procès-verbal de présentation d'icelles, et l'ordonnance ou le jugement par lequel elles auront été reçues, seront remises à chacun des experts, pour les examiner, sans déplacer : et sera en outre observé tout ce qui est prescrit par les articles 22 et 23 du titre du faux principal.

40. Lorsqu'il aura été ordonné, aux termes de l'article 30 du présent titre, qu'il sera informé, tant par titres que par témoins, seront entendus les témoins qui auroient connoissance de la fabrication, altération, et en général de la fausseté des pièces inscrites de faux, ou de faits qui pourroient servir à en établir la preuve : à l'effet de quoi pourra être permis, en tout état de cause, d'obtenir et faire publier monitoires.

41. Toutes les dispositions des articles 25, 26, 27, 28 et 29 du titre du faux principal, concernant la représentation des pièces y mentionnées auxdits témoins, le paraphe desdites pièces, et les actes dans lesquels on peut suppléer à l'omis-

sion de ladite représentation et dudit paraphe, si l'on n'y a pas satisfait lors de la déposition desdits témoins, seront aussi exécutées dans le faux incident, et si lesdits témoins représentent quelques pièces lors de leur déposition, il sera observé ce qui est prescrit par l'article 40 du même titre.

42. La disposition de l'article 30 dudit titre, aura lieu pareillement dans le faux incident, par rapport aux décrets qui pourront être prononcés, tant contre le défendeur, que contre d'autres, encore qu'ils ne fussent partie dans la cause ou procès. Laissons à la prudence des juges, lorsqu'il n'y aura point de charges suffisantes pour décréter, d'ordonner que l'information sera jointe à la cause ou au procès, ou de statuer ainsi qu'il appartiendra, suivant l'exigence des cas.

43. Seront aussi observées dans le faux incident, les dispositions des articles 31, 32 et 41 du titre du faux principal, concernant les pièces qui doivent être représentées aux accusés, et par eux paraphées lors de leurs interrogatoires, et celles qui ne doivent l'être qu'à la confrontation, comme aussi les pièces qu'ils représenteroient lors de leursdits interrogatoires.

44. Le contenu aux articles 33, 34, 35 et 36 dudit titre aura lieu pareillement dans le faux incident, tant par rapport au corps d'écriture que le défendeur en faux ou autre accusé sera tenu de faire, s'il est ainsi ordonné par les juges, que par rapport aux cas où ils peuvent ordonner avant le règlement à l'extraordinaire, qu'il sera entendu de nouveaux experts, ou qu'il sera fourni de nouvelles pièces de comparaison.

45. Après le règlement à l'extraordinaire, lorsqu'il y aura lieu de le donner, toute l'instruction du faux incident se fera en la même forme que celle du faux principal, et ainsi qu'il est prescrit par les articles 37, 38, 39, 40, 41, 42, 43, 44 et 45 du titre précédent de la présente ordonnance.

46. Si le défendeur, ou autre accusé, demande qu'il lui soit permis de fournir de nouvelles pièces de comparaison, ou qu'il soit entendu de nouveaux experts, il ne pourra y être statué que dans le temps et ainsi qu'il est prescrit par les articles 46, 47, 48, 49, 50, 51, 52, 53, 54, et 55 du titre du faux principal. Sera aussi observée la disposition de l'article 56 dudit titre, au sujet de ce qui pourra être ordonné dans tous les cas où il auroit été procédé à une nouvelle information, soit sur de nouvelles pièces de comparaison, ou par de nouveaux experts.

47. Lorsque le faux incident aura été jugé, après avoir été instruit par récolement et confrontation, sera observé tout

ce qui est prescrit par les articles 59, 60, 61 et 62 dudit titre du faux principal, concernant l'exécution des sentences et arrêts qui contiendroient, à l'égard des pièces déclarées fausses, quelqu'une des dispositions mentionnées auxdits articles; comme aussi ce qui est porté par les articles 63, 64, 65, 66, 67 et 68 dudit titre, sur la remise ou le renvoi des pièces prétendues fausses, et autres déposées au greffe, et le temps auquel elles pourront en être retirées; si ce n'est qu'il en ait été autrement ordonné à l'égard de celles desdites pièces qui peuvent servir au jugement de la contestation à laquelle la poursuite du faux étoit incidente.

48. Lorsqu'il n'y aura point eu de réglement à l'extraordinaire, les juges statueront ainsi qu'il appartiendra, sur la remise ou le renvoi des pièces inscrites de faux, et autres qui auront été déposées au greffe : ce qu'ils ne pourront faire que sur les conclusions de nos procureurs, ou de ceux des hauts-justiciers; sans néanmoins que les sentences des premiers juges à cet égard, puissent être exécutées au préjudice de l'appel qui en seroit interjeté.

49. Le demandeur en faux qui succombera, sera condamné en une amende applicable, les deux tiers à nous ou aux hauts-justiciers, et l'autre tiers à la partie; laquelle amende, y compris les sommes consignées lors de l'inscription en faux, sera de trois cents livres dans nos cours, ou aux requêtes de notre hôtel et du palais, de cent livres aux sièges qui ressortissent immédiatement en nosdites cours, et aux autres de soixante livres, et seront lesdites amendes réglées suivant la qualité de la juridiction où l'inscription en faux aura été formée, quoiqu'elle soit jugée dans un autre, même supérieure à la première. Permettons à tous juges d'augmenter ladite amende, ainsi qu'ils l'estimeront à propos, suivant l'exigence des cas.

50. La condamnation d'amende aura lieu toutes les fois que l'inscription en faux ayant été faite au greffe, le demandeur s'en sera désisté volontairement, ou aura succombé, ou que les parties auront été mises hors de cour, soit par le défaut de moyens ou de preuves suffisantes, soit faute d'avoir satisfait, de la part du demandeur, aux diligences et formalités ci-dessus prescrites; ce qui aura lieu en quelques termes que la prononciation soit conçue, et encore que le jugement ne portât pas expressément la condamnation d'amende; le tout, quand même le demandeur offriroit de poursuivre le faux comme faux principal.

51. La condamnation d'amende ne pourra avoir lieu, lorsque la pièce ou l'une des pièces arguées de faux, aura été déclarée fausse en tout ou en partie, ou lorsqu'elle aura été rejetée de la cause ou du procès; comme aussi lorsque la demande à fin de s'inscrire en faux, n'aura pas été admise, ou suivie d'inscription formée au greffe; et ce, de quelques termes que les juges se soient servis pour rejeter ladite demande, ou pour n'y avoir point d'égard: dans tous lesquels cas, la somme consignée par le demandeur, pour raison de ladite amende, lui sera rendue, quand même le jugement n'en ordonneroit pas expressément la restitution.

52. Il ne pourra être rendu aucuns jugements sur la condamnation ou la restitution de l'amende, que sur les conclusions de nos procureurs, ou de ceux des hauts-justiciers: et aucunes transactions, soit sur l'accusation de faux principal, ou sur la poursuite du faux incident, ne pourront être exécutées, si elles n'ont été homologuées en justice, après avoir été communiquées à nosdits procureurs, ou à ceux des hauts-justiciers, lesquels pourront faire, à ce sujet, telles réquisitions qu'ils jugeront à propos; et sera le présent article exécuté à peine de nullité.

53. Voulons au surplus, que les dispositions de l'article 69 du titre du faux principal, sur les expéditions des pièces qui auront été déposées au greffe, soient pareillement exécutées dans le faux incident.

Titre de la reconnoissance des écritures et signatures, en matière criminelle.

ART. 1. Les écritures et signatures privées, qui pourront servir à l'instruction et à la preuve de quelque crime que ce soit, seront représentées aux accusés, après serment par eux prêté; et ils seront interpellés de déclarer s'ils les ont écrites ou signées, ou s'ils les reconnoissent véritables: après quoi elles seront paraphées par le juge et par l'accusé, s'il peut ou veut les parapher, sinon en sera fait mention: le tout, à peine de nullité.

2. La représentation et interpellation mentionnées dans l'article précédent, pourront être faites aux accusés, soit lors de leurs interrogatoires, ou dans un procès-verbal qui sera dressé à cet effet; et les pièces à eux représentées demeureront jointes à la procédure criminelle.

3. Si l'accusé convient avoir écrit ou signé lesdites pièces, ou si lesdites pièces étant d'une main étrangère, il les recon-

noît véritables, elles feront foi contre lui, sans qu'il en soit fait aucune vérification.

4. Si l'accusé déclare n'avoir écrit ou signé lesdites pièces, ou s'il refuse de les reconnoître, ou de répondre à cet égard, il sera ordonné qu'elles seront vérifiées sur pièces de comparaison; ce qui sera pareillement ordonné, s'il y échet, à l'égard des accusés qui seront en défaut ou contumace, encore que lesdites pièces n'aient pu leur être représentées.

5. Le procès-verbal de présentation des pièces de comparaison, sera fait en présence de nos procureurs ou de ceux des hauts-justiciers, ensemble de la partie civile, s'il y en a, et de l'accusé; à l'effet de quoi, s'il est dans les prisons, il sera amené par ordre du juge, pour assister audit procès-verbal sans aucune sommation ou signification préalable: et pareillement il n'en sera fait aucune, lorsque l'accusé étant absent, la contumace aura été instruite contre lui.

6. Si l'accusé n'est pas dans les prisons, et si la contumace n'est pas instruite à son égard, il sera sommé de comparoître audit procès-verbal, dans le délai porté par l'article 6 du titre du faux principal; à l'effet de quoi la sommation lui en sera faite par acte signifié, dans la forme et aux lieux prescrits par l'édit du mois de décembre 1680, concernant l'instruction de la contumace: et faute par l'accusé d'y comparoître dans ledit délai, il sera passé outre audit procès-verbal.

7. En procédant audit procès-verbal, lorsque l'accusé y sera présent, les pièces de comparaison lui seront représentées pour en convenir ou les contester, sans qu'il lui soit donné pour raison de ce, délai ni conseil; et celles qui seront admises, seront par lui paraphées, s'il peut ou veut le faire, sinon il en sera fait mention; et soit que ledit accusé soit présent ou absent lors dudit procès-verbal, les pièces qui seront reçues seront paraphées par le juge, notre procureur ou celui des hauts-justiciers, ensemble par la partie civile, si elle peut et veut les parapher, sinon, il en sera fait mention, le tout à peine de nullité.

8. Sera observé au surplus tout ce qui est prescrit au sujet des pièces de comparaison, par les articles 12, 13, 14, 16, 17 et 19 du titre du faux principal, et par l'article 36 du titre du faux incident.

9. En cas que les pièces de comparaison ne soient point reçues, la partie civile, s'il y en a, ou nos procureurs, ou ceux des hauts-justiciers, seront tenus d'en rapporter d'autres dans le délai qui sera prescrit; autrement les juges ordonneront,

s'il y échet, qu'il sera passé outre à l'instruction et au jugement du procès ; sauf, en cas qu'avant le jugement du procès, ladite partie civile ou la partie publique rapportent des pièces de comparaison, à y être pourvu par les juges ainsi qu'il appartiendra.

10. Les experts qui procéderont à la vérification, seront nommés d'office, et entendus séparément, par forme de déposition ; sans qu'il puisse être ordonné que lesdits experts feront préalablement leur rapport sur lesdites pièces, ce que nous défendons à peine de nullité ; et sera observé par rapport auxdits experts, ce qui est prescrit par les articles 8 et 9 du titre du faux principal.

11. En procédant à l'audition desdits experts, les pièces qu'il s'agira de vérifier, et le jugement qui en aura ordonné la vérification, les pièces de comparaison, ensemble le procès-verbal de présentation d'icelles, et l'ordonnance ou jugement par lequel elles auront été reçues, seront remises à chacun desdits experts ; et sera au surplus observé tout ce qui a été réglé par l'article 23 du titre du faux principal.

12. Pourront en outre être entendus comme témoins, ceux qui auront vu écrire ou signer lesdites écritures ou signatures privées, ou qui auront connoissance, en quelque autre manière, des faits qui puissent servir à en établir la vérité.

13. En procédant à l'audition desdits témoins, lesdites écritures ou signatures privées leur seront représentées, et par eux paraphées, ainsi qu'il a été ordonné pour les pièces prétendues fausses, par les articles 25 et 26 du titre du faux principal ; et sera aussi observé tout ce qui est porté par les articles 27, 28 et 29 dudit titre, concernant la représentation des pièces y mentionnées, auxdits témoins, le paraphe desdites pièces, et les actes dans lesquels on pourra suppléer à l'omission de la représentation et du paraphe, soit desdites écritures ou signatures privées, ou des autres pièces, si l'on n'y a pas satisfait lors de la déposition desdits témoins : et s'ils représentent quelques pièces, lors de leur déposition, il sera observé ce qui est prescrit par l'article 40 du même titre.

14. Sur le vu de l'information, soit par experts ou par autres témoins, il sera décerné tel décret qu'il sera jugé à propos, même contre d'autres que l'accusé, s'il y échet, ou sera rendu telle ordonnance qu'il appartiendra.

15. Seront au surplus observées les dispositions des articles 31, 32 et 41 du titre du faux principal, concernant les pièces qui doivent être représentées aux accusés, et par eux

paraphées lors de leurs interrogatoires, et celles qui ne doivent l'être qu'à la confrontation ; comme aussi les pièces qu'ils représenteroient lors de leursdits interrogatoires.

16. Le contenu aux articles 33, 34, 35 et 36 dudit titre, sera pareillement exécuté, tant par rapport au corps d'écriture que l'accusé sera tenu de faire, s'il est ainsi ordonné par les juges que par rapport au cas où ils pourront ordonner avant le réglement à l'extraordinaire, qu'il sera entendu de nouveaux experts, ou qu'il sera fourni de nouvelles pièces de comparaison.

17. Lors du récolement et de la confrontation des experts et autres témoins, ou du récolement des accusés, et de la confrontation des uns aux autres, il sera observé ce qui est prescrit par les articles 37, 38, 39, 40, 42, 43, 44 et 45 du titre du faux principal.

18. Si l'accusé demande qu'il soit admis à fournir de nouvelles pièces de comparaison, ou qu'il soit entendu de nouveaux experts, il ne pourra y être statué que dans le temps, et ainsi qu'il est prescrit par les articles 46, 47, 48, 49, 50, 51, 52, 53, 54 et 55 dudit titre : sera aussi observée la disposition de l'article 56 du même titre au sujet de ce qui pourra être ordonné dans tous les cas où il auroit été procédé à une nouvelle information, soit sur de nouvelles pièces, ou par de nouveaux experts.

19. Toutes les dispositions des articles 57, 58, 59, 60, 61, 62, 63, 64, 65, 66, 67, 68 et 69 du titre du faux principal, concernant les procurations qui peuvent être données par la partie civile, l'exécution des sentences et arrêts qui contiendroient les dispositions mentionnées dans l'article 59, la remise ou le renvoi des pièces déposées au greffe, et les expéditions qui pourront en être délivrées, seront exécutées par rapport auxdites écritures ou signatures privées, ou autres pièces qui auroient servi à l'instruction.

20. Dans tous les délais prescrits pour les procédures mentionnées au présent titre, et aux deux précédents, ne seront compris le jour de l'assignation, ou signification, ni celui de l'échéance : et à l'égard de ceux desdits délais seulement, qui ont été fixés à trois jours ou au-dessous, les jours fériés auxquels il n'est pas d'usage de faire des significations, n'y seront point comptés.

Voulons que la présente ordonnance, à compter du jour de la publication qui en sera faite, soit gardée et observée dans toute l'étendue de notre royaume, terres et pays de notre obéissance, pour y tenir lieu à l'avenir des dispositions contenues dans les titres 8 et 9 de l'ordonnance du mois d'août 1670 auxquels à cet effet nous avons dérogé et dérogeons, en tant que besoin seroit. Abrogeons pareillement toutes ordonnances, lois, coutumes, statuts, réglements, stiles et usages différents, ou qui seroient contraires à notre présente ordonnance; sans néanmoins que les procédures qui auroient été faites avant sa publication, suivant les règles établies par ladite ordonnance du mois d'août 1670, puissent être déclarées nulles, sous prétexte qu'elles ne seroient pas conformes à ce qui a été ordonné de nouveau par les présentes. Si donnons, etc.

N° 503. — DÉCLARATION *qui ordonne aux curés des paroisses dépendantes du Châtelet de Paris, de faire incessamment parapher par le lieutenant civil un double registre des baptêmes, mariages et sépultures conformément à la déclaration du 9 avril 1736.*

Versailles, 17 août 1737. (Archiv.)

N° 504. — DÉCLARATION *concernant le port d'armes.*

Versailles, 25 août 1737. Reg. P. P. 6 septembre. (C. L. XV.)

Louis, etc. Les rois nos prédécesseurs ont regardé dans tous les temps la police de notre bonne ville de Paris, comme un objet digne de leur attention et de leurs soins : c'est dans cette vue qu'ils ont fait en différentes occasions des réglements également importants, et que le feu roi notre très-honoré seigneur et bisaïeul, auroit pourvu par édit du mois de décembre 1666 à la sûreté des habitants de cette ville en renouvelant les défenses portées par les anciennes ordonnances, sur la fabrique, le débit, port et usage des armes prohibées et en prévenant, par différentes dispositions, les abus qui se pourroient faire des armes dont la fabrique est autorisée, et dont le port est permis à quelques-uns de nos sujets. Les dispositions de cet édit règlent aussi la discipline qui doit être observée, par rapport à la sûreté publique, par les soldats des régiments de nos gardes-françaises et suisses : mais comme l'espérance de l'impunité a introduit divers abus contraires à l'esprit de ces réglements, qui d'ailleurs n'ont pas pourvu à tous les cas sur lesquels il est nécessaire de faire connoître nos intentions; nous avons cru, en renouvelant des lois dont l'observation est si nécessaire, devoir nous expliquer encore plus précisément, tant sur ce qui concerne l'ordre public, que sur les peines qui doivent être prononcées contre les contrevenants. A ces causes, etc., voulons et nous plaît ce qui suit :

Art. 1er. Aucuns des soldats de nos gardes-françaises et suisses ne pourront vaguer la nuit hors de leur quartier ou corps-de-garde, avec épées ou autres armes, à commencer à six heures du soir, depuis le jour et fête de la Toussaint, et à neuf, depuis le jour et fête de Pâques; le tout à moins qu'ils n'aient un ordre par écrit de leur capitaine, faute de quoi ils seront condamnés aux galères pour trois ans.

2. Dans les autres heures du jour, ne pourront lesdits soldats marcher en troupe, ni être ensemble hors de leur quartier, en plus grand nombre que quatre, avec leur épée sous les mêmes peines.

3. Les cavaliers, dragons et soldats des autres régiments ou compagnies de nos troupes, qui se trouveront à Paris, ne pourront pareillement vaguer la nuit avec épées ou autres armes, dans aucun lieu ou quartier de notredite ville, au-delà des heures ci-dessus marquées, ni être même de jour avec leur épée ou autres armes, en plus grand nombre que celui de quatre, sous les mêmes peines.

4. Faisons très-expresses inhibitions et défenses, tant auxdits soldats de nos gardes-françaises et suisses, qu'à ceux des autres régiments de nos troupes, et à tous particuliers de quelque état et condition qu'ils soient, de faire le racolage, ni aucun engagement forcé, sous quelque prétexte que ce puisse être, à peine du carcan et des galères.

5. Ordonnons à tous officiers et autres, chargés de faire des recrues à Paris, de laisser la liberté aux soldats qu'ils auront engagés, leur défendons de les tenir en chartre privée; ce qui sera observé sous les mêmes peines, et autres prescrites par les ordonnances.

6. Défendons pareillement à tous aubergistes, cabaretiers, logeurs en chambres garnies, et à tous autres particuliers, de recevoir et retenir chez eux, en chartre privée, aucuns cavaliers, dragons et soldats, sous quelque prétexte que ce soit, à peine d'être poursuivis extraordinairement, et punis suivant la rigueur des ordonnances.

7. Ne pourront les sergents, cavaliers, dragons et soldats de nos troupes, faire aucun engagement, sans y être autorisés par une permission expresse et par écrit de leur capitaine, et pour les régiments dans lesquels ils serviront, à peine de nullité desdits engagements : voulons que sur les simples procès-

verbaux qui auront été dressés de la contravention au présent article; les coupables soient condamnés à garder prison par forme de correction pendant tel temps que nos juges arbitreront, même poursuivis extraordinairement, s'il y échet.

8. Enjoignons aux officiers, sergents, cavaliers, dragons et soldats et à tous autres particuliers qui auront commission de faire des recrues à Paris, d'en faire préalablement leur déclaration au lieutenant-général de police, à peine de nullité des engagements.

9. Seront tenus les sergents, cavaliers, dragons et soldats de nos troupes, qui auront permission de rester à Paris; d'y porter l'habillement uniforme de leur régiment; et en cas de contravention, pourront être condamnés, par forme de correction, à garder prison, sur les simples procès-verbaux qui seront dressés de la contravention, conformément à l'art. 7 ci-dessus, et pour tel temps qu'il sera arbitré par nos juges.

10. Ne pourront aucuns soldats de nos troupes servir dans des maisons particulières en qualité de domestiques, à peine des galères. Enjoignons sous les mêmes peines à ceux qui pourroient actuellement servir en ladite qualité dans notre bonne ville de Paris, de se retirer sous leur drapeau, huit jours après la publication de notre présente déclaration.

11. Faisons défenses à tous particuliers, de quelque qualité et condition qu'ils soient, autres que les officiers du guet, et autres préposés pour la garde et sûreté publique, de porter de jour ou de nuit dans la ville et faubourgs de Paris, aucunes armes à feu, sous quelque prétexte que ce puisse être, même de la défense de leur personne; ce qui sera exécuté, à peine de confiscation desdites armes, et de deux cents livres d'amende.

12. Seront au surplus l'édit du mois de décembre 1666 et notre déclaration du 23 mars 1728, exécutés selon leur forme et teneur, notamment en ce qui regarde le port d'armes, fabrique et débit d'icelles.

13. Enjoignons à tous ceux qui arriveront dans ladite ville et faubourgs de Paris, et qui n'auront ni qualité ni droit pour porter l'épée ou autres armes, de les déposer, dès le jour de leur arrivée, entre les mains de leurs hôtes, qui en chargeront leurs régistres, pour en donner leur déclaration aux commissaires de leurs quartiers, lesquels seront tenus de veiller à empêcher les contraventions et abus qui pourroient arriver à cet égard.

14. La connoissance de l'exécution de notre présente décla-

ration, et des contraventions qui pourroient y être faites, appartiendra au lieutenant-général de police de notredite ville, sauf l'appel en notre cour de parlement. Si donnons, etc.

N° 505. — ORDONNANCE *concernant les évocations et les réglements de juges.*

Versailles, août 1737. Reg. P. P. 11 décembre. (C. L. XV.)

EXTRAIT.

LOUIS, etc. La forme de procéder sur les demandes en évocation ou en réglement de juges, soit en matière civile, ou en matière criminelle, avoit été réglée si exactement par le feu roi notre très-honoré seigneur et bisaïeul, dans les trois premiers titres de son ordonnance du mois d'août 1669, qu'il ne sembloit pas qu'on pût désirer une nouvelle loi sur ces matières : mais la mauvaise foi ou l'artifice des plaideurs, ayant inventé de nouveaux détours pour éluder l'exécution de cette ordonnance, il a fallu y opposer de nouvelles précautions, par des déclarations postérieures. Et ayant jugé à propos de les faire revoir dans notre conseil, nous avons reconnu que pour le bien commun de nos sujets, et pour la conservation de l'ordre des juridictions, il étoit nécessaire, non-seulement de réunir les dispositions de ces déclarations à celles de l'ordonnance de 1669, pour ne former qu'une seule loi, mais d'y suppléer tout ce qui pouvoit y avoir été omis, et d'y éclaircir tout ce qui avoit paru mériter une plus grande explication; afin que rien ne manquât à la perfection et à l'utilité d'une loi, qui n'ayant pour objet que des contestations préliminaires, où il ne s'agit que de donner ou de conserver des juges certains aux parties, ne sauroit être trop simple et trop facile à entendre et à observer. A ces causes, etc.

TITRE II. — *Des réglements de juges en matière civile.*

ART. 1ᵉʳ. Lorsque deux de nos cours, ou deux juridictions inférieures, indépendantes l'une de l'autre, et non ressortissantes en même cour, seront saisies d'un même différend, les parties pourront se pourvoir en réglement de juges : et sur le vû des exploits qui leur auront été donnés dans lesdites cours ou juridictions, il leur sera expédié des lettres en notre chancellerie, portant permission de faire assigner les autres parties en notre conseil; ou accordé un arrêt sur leur requête, par lequel il sera ordonné que ladite requête sera communiquée auxdites parties, pour être statué sur le réglement de juges, ainsi qu'il appartiendra.

2. Lesdites lettres ou ledit arrêt pourront être accordés, encore que celui qui les demande ne rapporte point d'arrêt qui le décharge de l'assignation à lui donnée dans la cour ou juridiction qu'il décline.

3. Si néanmoins les délais de l'assignation donnée par ledit demandeur en la cour ou juridiction qu'il prétend être compétente, n'étoient pas encore expirés, lorsqu'il a obtenu et fait signifier lesdites lettres ou ledit arrêt, et que la partie assignée déclare avant ladite signification, ou lors d'icelle, qu'elle consent de procéder en ladite cour ou juridiction, ledit demandeur ne pourra répéter contre elle les frais de l'obtention et signification desdites lettres, ou dudit arrêt.

4. Lorsque la même partie aura été assignée à la requête de deux autres parties, dans deux différentes cours, ou dans deux juridictions de différents ressorts, pour la même contestation, elle ne pourra se pourvoir en réglement de juges qu'après avoir dénoncé auxdites parties les poursuites faites contre elle en différents tribunaux, avec sommation de les réunir dans un seul; au moyen de laquelle dénonciation, et un mois après qu'elle aura été faite, elle pourra obtenir des lettres ou un arrêt pour former le réglement de juges.

5. Les lettres seront rapportées au sceau par les maîtres des requêtes ordinaires de notre hôtel, ou par les grands rapporteurs; et il y sera fait mention du nom de celui qui les aura rapportées, lequel les signera en queue, après qu'elles auront été accordées.

6. Faisons défenses à nos secrétaires de signer aucunes lettres de réglement de juges, et de les présenter au sceau, si elles ne contiennent élection de domicile en la personne de l'un des avocats en nos conseils, qui sera chargé d'occuper pour l'impétrant, à peine de nullité des lettres, et d'être nosdits secrétaires responsables en leur nom, de tous les dépens, dommages et intérêts des parties : laquelle élection de domicile sera pareillement faite dans les requêtes présentées pour former le réglement de juges par arrêt ; et seront lesdites requêtes signées de l'avocat qui se constituera, le tout à peine de nullité.

7. Les lettres ou arrêt qui introduiront le réglement de juges feront mention des assignations, ou des jugements sur lesquels le conflit aura été formé ; et seront lesdites pièces attachées sous le contre-scel desdites lettres ou de la commission

prise sur ledit arrêt, pour en être laissé copie à la partie ; le tout à peine de nullité.

8. Les lettres ou l'arrêt porteront clause de surséance à toutes poursuites et procédures dans les juridictions saisies du différend des parties.

9. Lesdites lettres, ledit arrêt, seront signifiés dans les délais ci-après marqués, savoir : de deux mois à l'égard des parties domiciliées dans le ressort de nos parlements ou autres cours de Languedoc, Pau, Guienne, Aix, Grenoble, Besançon, Metz et Bretagne, ou conseils supérieurs de Roussillon et d'Alsace; et d'un mois pour les parties domiciliées dans les ressorts des parlements et autres cours de Paris, Rouen, Dijon, Douai, et conseil provincial d'Artois, en ce qui concerne la juridiction criminelle dans les cas où il a droit de connoître en dernier ressort; à la réserve toutefois des parties domiciliées dans l'étendue de la ville de Paris, ou dans les dix lieues à la ronde, à l'égard desquelles le délai de l'assignation ne sera que de quinzaine.

10. Tous les délais marqués par l'article précédent, courront du jour et date des lettres ou de l'arrêt.

11. En procédant à la signification des lettres en règlement de juges, celui qui les aura obtenues sera tenu de faire donner assignation en notre conseil par le même exploit, et il en sera inséré une clause expresse dans lesdites lettres, le tout à peine de nullité.

12. Lorsque le règlement de juges aura été formé par arrêt, la signification qui sera faite dudit arrêt dans les délais ci-dessus marqués, tiendra lieu d'assignation en notre conseil; et en conséquence les parties seront tenues d'y procéder en la manière accoutumée.

13. Faute par le demandeur d'avoir satisfait à ce qui est porté par les quatre articles précédens, il demeurera déchu de plein droit desdites lettres, ou dudit arrêt, qui seront regardés comme non avenus; et les parties contre lesquelles ils auront été obtenus, pourront continuer leurs poursuites dans le tribunal qu'elles avoient saisi de leur contestation, ainsi qu'elles l'auroient pu faire avant lesdites lettres ou ledit arrêt, sans qu'il soit besoin de le faire ordonner ainsi par arrêt de notre conseil.

14. Lorsque le demandeur se sera conformé à la disposition desdits articles 9, 10, 11 et 12, toutes poursuites demeureront sursises dans toutes les juridictions qui seront saisies des différends des parties à compter du jour de la signification des

lettres ou de l'arrêt dans la forme ci-dessus marquée; et ladite surséance aura lieu, à peine de nullité, cassation des procédures, soixante-quinze livres d'amende envers la partie, et de tous dépens, dommages et intérêts.

15. En cas que le demandeur en règlement de juges, se trouve avoir fait quelques poursuites ou procédures depuis la date des lettres ou de l'arrêt par lui obtenus pour l'introduire, et avant la signification desdites lettres ou dudit arrêt, le défendeur pourra en tout état de cause se pourvoir en notre conseil pour en demander la nullité, et il y sera statué sur sa requête ainsi qu'il appartiendra.

16. N'entendons comprendre sous le nom des poursuites et procédures mentionnées dans les deux articles précédents, les actes et procédures purement conservatoires, tels que les reprises d'instance, les saisies en vertu de titres exécutoires, oppositions aux décrets, scellés ou autres actes de pareille nature et qualité, qui pourront être faits nonobstant la signification des lettres ou de l'arrêt qui auront introduit le règlement des juges, même pendant l'instruction de l'instance en notre conseil, sans que la cassation en puisse être demandée comme des procédures attentatoires.

17. Les défendeurs en règlement de juges pourront se présenter sans attendre l'échéance des délais, et procéder avec l'avocat au conseil nommé dans les lettres ou dans l'arrêt, qui sera tenu d'occuper; et le présent article sera observé tant en matière civile qu'en matière criminelle.

18. Les règlements de juges seront instruits et jugés sommairement, en la forme prescrite par les règlements, sur les procédures qui se font en notre conseil.

19. La partie qui aura été déboutée du déclinatoire par elle proposé dans la cour ou dans la juridiction qu'elle prétendra être incompétente, et de sa demande en renvoi dans une autre cour ou dans une juridiction d'un autre ressort, pourra se pourvoir en notre grande chancellerie ou en notre conseil, en rapportant le jugement rendu contre elle et les pièces justificatives de son déclinatoire; moyennant quoi il lui sera accordé des lettres ou un arrêt, ainsi qu'il a été dit ci-dessus.

20. La disposition de l'article précédent aura lieu, encore que, sur l'appel interjeté par le demandeur en déclinatoire de la sentence qui l'en a débouté, ladite sentence eût été confirmée par arrêt.

21. Lorsque, sur le déclinatoire proposé par l'une des parties, les premiers juges se seront dépouillés de la connoissance

de la contestation, le défendeur au déclinatoire ne pourra être reçu à se pourvoir en notre conseil pour être réglé de juges, sauf à lui à interjeter appel de la sentence qui aura eu égard au déclinatoire, ou à se pourvoir en notre conseil contre l'arrêt qui l'aura confirmé. Voulons que l'appel de toutes sentences rendues sur déclinatoire soit porté immédiatement dans nos cours, chacune dans son ressort.

22. Les dispositions des articles 5, 6, 7, 8, 9, 10, 11, 12, 13, 14, 15, 16, 17 et 18 du présent titre seront pareillement observées à l'égard des lettres ou arrêt obtenus dans le cas de l'article 19, ensemble des poursuites, procédures et instructions qui se feront en conséquence.

23. Pour régler les conflits de juridiction qui se formeront entre nos cours de parlement et nos cours des aides qui seront établies dans la même ville, nos avocats et nos procureurs-généraux dans chacune desdites cours s'assembleront au parquet de nosdites cours de parlement, tous les mois, à jours certains, ou plus souvent, s'ils en sont requis, pour conférer et convenir sur la compétence de l'une ou de l'autre cour ; et en conséquence des résolutions qui seront prises entre eux, sera donné arrêt dans la cour qui sera jugée incompétente sur l'avis de nos avocats et procureurs-généraux en ladite cour, portant renvoi de la contestation en la cour qui sera jugée compétente ; et en cas de diversité, ils délivreront leur avis avec les motifs aux parties, pour leur être fait droit sur le tout en notre conseil, en la forme ordinaire, ce qui sera pareillement observé en matière criminelle.

24. Les conflits de juridiction qui se formeront entre des cours qui ne sont pas établies dans la même ville ne pouvant se terminer par voie de conférence entre nos avocats et procureurs-généraux des deux compagnies, il y sera pourvu en notre conseil ; à l'effet de quoi les parties qui y seront intéressées pourront obtenir des lettres ou un arrêt, pour y porter et y faire instruire et juger leurs demandes en règlement de juges, ainsi de la même manière qu'il a été réglé par les dix-neuf premiers articles du présent titre.

25. Entendons néanmoins que, dans tous les conflits de juridiction où il n'y aura point d'autres parties que nos procureurs-généraux, ils puissent envoyer, chacun de leur côté, un mémoire à notre chancelier, avec les pièces qu'ils jugeront à propos d'y joindre pour soutenir la compétence de leurs compagnies, sans être tenus d'obtenir des lettres ou un arrêt pour introduire l'instance de règlement de juges en notre conseil,

ni de la poursuivre dans les formes ordinaires. Voulons qu'après que les mémoires par eux envoyés, et les pièces qui y seront jointes, auront été communiqués à chacun de nosdits procureurs-généraux, et sur la réponse qu'ils y auront faite de part et d'autre, il soit rendu, sans autre instruction, un arrêt en notre conseil, par lequel l'affaire qui aura fait naître le conflit de juridiction sera renvoyée dans le tribunal qui sera jugé compétent pour en connaître.

26. Les conflits de juridiction, qui naîtront entre nos cours de parlement et les sièges présidiaux de leur ressort pour raison des cas que lesdits sièges jugent sans appel suivant l'édit de leur création, seront jugés et réglés en notre grand conseil, sans que, pour raison de ce, il puisse être formé aucun règlement de juges entre nos parlements et notre grand conseil, ni que nosdits parlements puissent, au préjudice des commissions qui auront été décernées par notre grand conseil, prendre connoissance du différend des parties, ni contrevenir aux arrêts rendus pour raison de ce par le même tribunal; à peine de nullité et cassation des procédures. Faisons défenses aux parties de faire audit cas aucunes poursuites en nos parlements, ni de se servir des arrêts qui y seront intervenus à cet égard, à peine de trois cents livres d'amende, applicable moitié à nous, l'autre moitié à la partie.

27. Les conflits de juridiction qui se formeront en matière civile et criminelle, entre les premiers juges ressortissant en la même cour, y seront réglés et jugés par voies d'appel, et sur les conclusions de notre procureur-général en ladite cour, ou sur la réquisition qu'il pourra faire, lors même qu'il n'y aura point d'appel interjeté par les parties; le tout, en observant les règles et formalités en tels cas requises et accoutumées.

28. Faisons au surplus très-expresses inhibitions et défenses à toutes nos cours de prononcer ni faire exécuter aucunes condamnations d'amende, pour distraction ou transport de juridiction, ni de souffrir qu'il en soit prononcé aucune par les juges qui leur sont subordonnés; le tout, à peine de nullité desdites condamnations, contraintes et procédures faites en conséquence.

29. Désirant néanmoins empêcher l'abus que plusieurs parties font des instances de règlement de juges qu'elles introduisent en notre conseil, ou auxquelles elles donnent lieu, dans la seule vue d'éloigner le jugement du fond de leur contestation, voulons que ceux qui succomberont dans lesdites

instances puissent être condamnés en notre conseil, s'il y échet, en la même amende, et applicable de la même manière, que les évoquants qui succombent dans leurs demandes, suivant ce qui est porté par l'article 79 de notre présente ordonnance, au titre des évocations, et en outre aux dépens, dommages et intérêts de leurs parties, laquelle amende pourra même être augmentée dans les cas qui le mériteront, ainsi qu'il sera jugé à propos en notre conseil.

TITRE VI. — *Des réglements de juges en matière criminelle.*

Art. 1. Le réglement de juges aura lieu en matière criminelle lorsque deux de nos cours ou deux juridictions indépendantes l'une de l'autre et non ressortissantes en la même cour auront informé et décrété pour raison du même fait, contre les mêmes parties.

2. Les lettres ou arrêt de réglement de juges porteront que l'instruction sera continuée en la juridiction qui sera commise par lesdites lettres ou arrêts, jusqu'à jugement définitif exclusivement, en attendant que le réglement de juges ait été terminé et jugé; seront au surplus lesdites lettres et arrêts expédiés en la même forme et manière, et avec les mêmes clauses qu'en matière civile.

3. Ne pourront néanmoins les accusés qui auront été déboutés des déclinatoires par eux proposés, se pourvoir en réglement de juges, si ce n'est qu'il ait été informé et décrété pour le même fait par une autre cour ou juridiction d'un autre ressort; le tout, sans préjudice auxdits accusés de se pourvoir par les voies de droit contre les arrêts ou jugements rendus en dernier ressort qui les auront déboutés de leur déclinatoire; ce qu'ils pourront faire lors même qu'aucune autre juridiction n'aura informé et décrété contre eux pour le même fait.

4. Aucunes lettres ou arrêts de réglement de juges ne seront accordés en matière criminelle aux accusés contre lesquels il y aura un décret de prise de corps subsistant, s'ils ne sont actuellement prisonniers dans les prisons des juges qui auront rendu les décrets, ou des cours supérieures auxdits juges; et, s'ils n'en rapportent l'écrou en bonne forme, et attesté par le juge ordinaire des lieux, en cas que l'accusé se soit remis dans d'autres prisons que celles desdites cours, lequel écrou sera signifié aux parties civiles, si aucunes y a, ou à leurs procureurs, et à nos procureurs-généraux ou à leurs substituts dans les juridictions royales dans lesquelles le pro-

cès sera pendant, ou aux procureurs des hauts-justiciers dans la justice desquels ils seront poursuivis; le tout, à peine de nullité.

5. Ledit acte d'écrou sera attaché sous le contre-scel des lettres en règlement de juges ou de la commission expédiée sur l'arrêt, faute de quoi l'accusé demeurera déchu de plein droit desdites lettres ou arrêt, qui seront regardés comme non avenus, et il sera passé outre à l'instruction et au jugement du procès, comme avant icelles, sans qu'il soit besoin de le faire ordonner ainsi par arrêt de notre conseil.

6. La connoissance des conflits de juridiction qui naîtront entre les lieutenants criminels et les prevôts des maréchaux, pour savoir auquel desdits officiers la connoissance d'un crime qui doit être jugé présidialement ou prevôtalement sera renvoyée pour être jugée en dernier ressort, appartiendra à notre grand conseil, auquel nous faisons défenses de faire expédier aucunes commissions, ni de donner audience aux accusés contre lesquels il y aura un décret de prise de corps subsistant, à moins qu'ils ne soient actuellement en état, soit dans les prisons des juges qui les auront décrétés, ou dans celles dudit grand conseil, et qu'il ne lui en ait apparu par des extraits tirés du registre de la geôle, en bonne forme, attestés et signifiés ainsi qu'il a été dit ci-dessus dans l'article 4, le tout à peine de nullité. Si donnons, etc.

N° 506. — ARRÊT *du conseil concernant les offices municipaux.*

Versailles, 4 décembre 1737. (Archiv.)

N° 507. — ARRÊT *du conseil concernant les offices municipaux, et qui permet aux villes et communautés de procéder pour cette fois par voie d'élection à la nomination de leurs officiers.*

Versailles, 17 décembre 1737. (Archiv.)

N° 508. — ÉDIT *portant établissement d'une loterie royale, pour procurer l'extinction de partie des capitaux de rentes sur l'Hôtel-de-Ville de Paris.*

Versailles, décembre 1737. Reg. P. P. 19 (C. L. XV.)

PRÉAMBULE.

Louis, etc. Le désir que nous avons de soulager nos peuples autant que la situation de nos finances nous le permet, nous a porté à faire cesser, à compter du 1ᵉʳ janvier de la présente année, la levée du dixième qui avoit été ordonné par notre déclaration du 17 novembre 1733, ainsi que des autres impositions extraordinaires que la guerre avoit occasionées, sans attendre la publication de la paix, et à leur accorder pour l'année prochaine, sur la taille, des diminutions proportionnées aux pertes que l'intempérie des saisons leur a fait souffrir dans le cours de cette année : mais il nous reste un autre avantage à leur procurer, c'est de libérer l'état des capitaux de rentes perpétuelles dont il est chargé, et d'employer à cette fin tous les moyens praticables pour nous mettre en état de diminuer dans la suite les impositions qui subsistent. Dans ces vues, nous avons résolu d'établir une loterie dont les billets seront de six cent cinquante livres chacun, payables, savoir cent cinquante livres en espèces et cinq cents livres en capitaux de rentes perpétuelles sur nos aides et gabelles : et nous avons d'autant plus lieu d'en espérer le succès, que ceux qui s'y intéresseront, et qui ne gagneront pas de lot, ne souffriront aucune perte dans leur revenu, par la conversion de leurs billets en rente viagère à leur profit, à raison de vingt livres pour chaque billet ; pendant que ceux à qui le sort sera plus favorable, y trouveront un accroissement à leur fortune, dans les lots payables en argent ou en rentes viagères ; et que loin de nous y réserver aucun profit, nous voulons bien prendre sur nous l'augmentation de charge qui en doit résulter annuellement, pendant un temps assez considérable, pour éteindre deux cent cinquante mille livres de rente au denier quarante, faisant dix millions de capital. A ces causes, etc.

N° 509 — ARRÊT *du conseil au sujet de la bulle de canonisation de saint Vincent de Paule.*

Versailles, 22 janvier 1738. (Archiv.)

N° 510. — EDIT *portant suppression de la charge de premier président, et de celles de huit présidents au grand conseil.*

Versailles, janvier 1738. Reg. G. Conseil 25. (Archiv.)

N° 511. — DÉCLARATION *qui renouvelle les défenses faites aux nouveaux convertis de vendre leurs biens pendant le temps de trois ans.*

Versailles, 3 février 1738. Reg. P. P. 22. (Archiv.)

N° 512. — ARRÊT *du conseil qui remet la Faculté de Théologie et ceux qui y font leurs études, dans le même état où ils étoient en ce qui concerne le concile de Florence, avant l'arrêt rendu au parlement de Paris le 16 décembre 1737, etc.*

Versailles 16 mars 1738. (Archiv.)

N° 513. — CONVENTION *entre les cours de Versailles et de Vienne sur les limites du pays de Luxembourg.*

22 mars 1738. (Koch, I, 335.)

N° 514. — DÉCLARATION *qui ordonne la représentation des titres à la cour des comptes pour remplacer les registres endommagés par un incendie.*

Versailles, 26 avril 1738. Reg. C. des C. 23 mai (Archiv.)

N° 515. — DÉCLARATION *concernant les oppositions au titre des offices.*

Marly, 29 avril 1738. Reg. P. P. 9 mai. (Archiv.)

N° 516. — ACTE *de renouvellement du traité d'alliance et de subside entre la France et l'électeur de Bavière.*

16 mai 1738. (Koch, I, 337.)

N° 517. — RÉGLEMENT *concernant la procédure du conseil* (1).

Versailles, 28 juin 1738. (Archiv.)

Le roi s'étant fait représenter les réglements généraux faits en 1669, 1673 et 1687, et autres réglements particuliers donnés en conséquence, au sujet des procédures qui doivent être faites en son conseil, pour l'instruction et le jugement des affaires qui y sont portées, S. M. auroit jugé à propos de réunir dans un seul réglement général, tout ce qui lui a paru devoir être conservé, dans les dispositions des réglements précédents, et tout ce qu'elle a cru devoir y ajouter, pour rendre la forme de procéder plus simple ou plus facile, et l'expédition des affaires plus prompte et moins onéreuse à ses sujets; à quoi voulant pourvoir, S. M. étant en son conseil, a ordonné et ordonne ce qui suit :

---

(1) Ce réglement fait encore la base de la procédure à la cour de cassation et au comité du contentieux du conseil d'état.

PREMIÈRE PARTIE.

DE LA MANIÈRE D'INTRODUIRE LES DIFFÉRENTES ESPÈCES D'AFFAIRES QUI SONT PORTÉES AU CONSEIL, ET DES RÈGLES QUI SONT PROPRES A CHACUNE DESDITES AFFAIRES.

TITRE Ier. — *Des évocations sur parentés et alliances, et des réglements de juges en matières civile et criminelle.*

ART. 1er. Les instances d'évocation sur parentés et alliances, seront introduites au conseil par une simple assignation donnée en vertu de la cédule évocatoire, sans qu'il soit besoin de lettres ni d'arrêts: le tout ainsi qu'il est porté par les articles 53 et 54 de l'ordonnance du mois d'août 1737, au titre des évocations.

2. Les demandes en évocation du chef de l'officier qu'on prétendroit avoir fait son fait propre de l'affaire des parties, ne pourront néanmoins être introduites qu'en vertu de l'arrêt du conseil; et seront observées à cet égard les dispositions des articles 69, 70 et 71 du même titre de ladite ordonnance.

3. Les instances en réglement de juges, en matière civile ou criminelle, ne pourront être introduites que par lettres du grand-sceau, ou par arrêt du conseil, ainsi qu'il est prescrit par les articles 1 et 19 du titre des réglements de juges en matière civile, et par l'article 2 du titre des réglements de juges en matière criminelle, de la même ordonnance.

TITRE II. — *Des oppositions au titre.*

ART. 1er. Les avocats qui auront été constitués par les actes d'opposition au titre, suivant l'article 20 de la déclaration du 29 avril 1738 seront tenus d'occuper sur toutes les contestations qui pourront survenir au sujet desdites oppositions.

2. Lorsque le vendeur ou l'acquéreur de l'office, ou autres parties intéressées à faire cesser l'opposition au titre, voudront se pourvoir pour en demander la main-levée, sans attendre que les provisions dudit office soient présentées au sceau, ils pourront lever un extrait de l'acte d'opposition, et présenter une requête, contenant leur demande en main-levée, et les moyens sur lesquels elle sera fondée.

3. Le demandeur en main-levée remettra au greffier du conseil ladite requête, à laquelle l'acte d'opposition sera joint, avec une requête séparée pour faire commettre un rapporteur, lequel ne pourra être commis qu'après que ledit demandeur aura fait signifier à l'avocat constitué par l'acte d'opposition,

qu'il s'est pourvu pour faire nommer un rapporteur sur sa demande en main-levée de ladite opposition.

4. Lorsque le rapporteur aura été commis, le greffier lui remettra l'ordonnance qui l'aura nommé, avec la requête en main-levée de l'opposition, pour être répondue d'une ordonnance de soit communiqué à l'opposant, au domicile de l'avocat constitué par l'acte d'opposition, à l'effet d'y fournir de réponse dans les délais du réglement; après quoi ladite instance sera instruite et jugée en la forme prescrite pour les instances introduites par arrêt de soit communiqué.

5. Lorsqu'il n'y aura point de rapporteur commis, dans le temps que l'acquéreur de l'office présentera ses provisions au sceau, il en sera nommé un sur le repli desdites provisions, ce qui sera dénoncé dans huitaine à l'avocat de l'opposant, par un acte qui sera signifié avec copie de l'opposition, le tout à peine de nullité.

6. Le demandeur en main-levée remettra audit rapporteur sa requête contenant ladite demande et les moyens sur lesquels elle sera fondée, pour être ladite requête répondue, et l'instance instruite et jugée ainsi qu'il est porté par l'article 4 ci-dessus.

7. En cas que l'avocat constitué par l'acte d'opposition, soit décédé avant que la demande en main-levée ait été formée, elle ne pourra l'être que par une requête en forme de vu d'arrêt, qui sera remise au sieur rapporteur, s'il y en a un de nommé, sinon à un des sieurs maîtres des requêtes, pour être, à son rapport, ordonné par arrêt que ladite demande sera communiquée à l'opposant en son domicile, pour y répondre dans les délais du réglement, faute de quoi, il y sera fait droit ainsi qu'il appartiendra.

8. L'acquéreur qui voudra mettre son vendeur ou ses garants en cause, sera tenu de former sa demande contre eux, par une requête en forme de vu d'arrêt, sur laquelle il sera rendu arrêt de soit communiqué auxdites parties en leur domicile, pour y répondre dans les délais du réglement; et faute par ledit acquéreur d'avoir obtenu ledit arrêt dans quinzaine, à compter du jour de la signification portée par les articles 3 et 5 ci-dessus, il ne sera plus reçu à les mettre en cause au conseil, sauf à exercer son recours contre eux devant les juges qui en doivent connoître, après le jugement de l'instance d'opposition; si ce n'est qu'en procédant au jugement de ladite instance, il en ait été autrement ordonné.

TITRE III. — *Des demandes en rapport de provisions, ou lettres de justice expédiées en chancellerie.*

Art. 1ᵉʳ. Ceux qui voudront se pourvoir en rapport des provisions, ou lettres de justice expédiées en chancellerie, seront tenus d'obtenir à cet effet des lettres du grand-sceau, ou un arrêt de soit communiqué aux parties intéressées.

2. Lesdites demandes seront introduites en vertu desdites lettres ou arrêt, par voies d'assignation, dans le premier cas, ou en faisant signifier l'arrêt, dans le second.

TITRE IV. — *Des demandes en cassation d'arrêts ou de jugements rendus en dernier ressort.*

Art. 1ᵉʳ. Les demandes en cassation d'arrêts ou de jugements rendus en dernier ressort, seront formées par une requête en forme de vu d'arrêt, qui contiendra les moyens de cassation.

2. Ladite requête sera signée de l'avocat du demandeur, et en outre, de deux anciens avocats au conseil, du nombre de ceux qui seront syndics en charge, ou des trente plus anciens, sinon ladite requête ne pourra être reçue; et à cet effet le tableau du nom des avocats au conseil, signé de leur greffier, sera remis tous les ans au greffe du conseil, et en celui des requêtes de l'hôtel.

3. Les deux anciens avocats qui signeront ladite requête, seront tenus de se faire représenter les preuves des faits sur lesquels les moyens seront fondés, pour être en état de rendre compte de leur avis, lorsqu'ils seront mandés à cet effet.

4. Le demandeur en cassation sera tenu de joindre à sa requête la copie qui lui aura été signifiée de l'arrêt ou jugement en dernier ressort, ou une expédition en forme dudit arrêt ou jugement, s'ils ne lui ont pas été signifiés, sinon la requête ne pourra être reçue.

5. Le demandeur en cassation sera tenu de consigner la somme de cent cinquante livres pour l'amende envers S. M., lorsqu'il s'agira d'un arrêt ou jugement contradictoire, et celle de soixante-quinze livres, s'il ne s'agit que d'un arrêt ou jugement par défaut ou par forclusion; desquelles sommes le receveur des amendes se chargera, sans droits ni frais; et sera la quittance de consignation jointe à la requête en cassation, sinon ladite requête ne pourra être reçue.

6. Les accusés qui auront été décrétés de prise de corps, ne seront reçus à demander la cassation des arrêts ou jugements en dernier ressort, qui les auront décrétés, ou d'autres arrêts

ou jugements préparatoires ou interlocutoires, s'ils ne sont actuellement en état dans les prisons des juges qui auront rendu lesdits arrêts ou jugements, ou dans celles du lieu où se tient le conseil; et à l'égard de ceux qui se pourvoiront en cassation contre des arrêts ou jugements définitifs rendus contre eux, ils ne pourront y être reçus, qu'après s'être mis en état dans les prisons du lieu où se tient ledit conseil, lorsque lesdits arrêts ou jugements auront prononcé contre eux des peines afflictives ou infamantes; et dans tous lesdits cas, l'acte de leur écrou en bonne et due forme, sera joint à la requête en cassation, et visé dans l'arrêt qui interviendra sur icelle, à peine de nullité.

7. La requête en cassation, avec l'arrêt ou jugement en dernier ressort, et la quittance de consignation de l'amende, sera remise au greffier du conseil, et le demandeur y joindra une requête pour faire commettre un rapporteur en la forme ordinaire.

8. Aucune requête en cassation ne pourra être reçue, si elle n'a été présentée, et le rapporteur commis dans le délai qui sera marqué par les articles suivants, et ce, soit en matière civile ou criminelle.

9. Ledit délai sera d'un an pour l'église, les hôpitaux, les corps ou communautés ecclésiastiques, séculières ou régulières, et les corps ou communautés laïques; et ce, à compter du jour de la signification de l'arrêt ou du jugement, au lieu ordinaire des bénéfices, aux bureaux des hôpitaux, et aux syndics ou autres personnes chargées d'administrer les affaires desdits corps ou communautés.

10. Celui qui pendant l'année mentionnée dans l'article précédent, aura succédé à un bénéfice, autrement néanmoins que par résignation, aura un an pour se pourvoir en cassation, à compter du jour de la signification qui lui sera faite de l'arrêt ou du jugement, ainsi qu'il est porté par l'article précédent.

11. Le délai d'un an aura lieu, en outre, à l'égard de ceux qui seront absents du royaume pour cause publique, à compter du jour de la signification de l'arrêt ou du jugement à leur dernier domicile.

12. A l'égard des parties qui seront domiciliées dans les colonies françaises, le délai pour se pourvoir en cassation des arrêts ou jugements qui auront été signifiés à leur domicile dans lesdites colonies, sera d'un an pour celles qui demeureront dans l'étendue des ressorts des conseils supérieurs des îles de Saint-Domingue, de la Martinique, de la

Guadeloupe, de Canada et de l'Île Royale; et de deux ans pour celles qui seront domiciliées dans l'étendue des ressorts des conseils supérieurs de Pondichéry, et des îles de Bourbon et de France; sauf en cas d'insuffisance desdits délais, eu égard aux circonstances particulières, à être lesdites parties relevées du laps de temps, ainsi qu'il appartiendra.

13. Et à l'égard de toutes autres personnes, même des ecclésiastiques, lorsqu'il ne s'agira point des droits de leurs bénéfices ou dignités, ou de leurs fonctions ecclésiastiques, le délai sera seulement de six mois, à compter, pour les majeurs, du jour de la signification de l'arrêt ou du jugement à leur personne ou domicile, et à l'égard des mineurs, du jour de la signification qui sera pareillement faite à leur personne ou domicile, depuis qu'ils auront atteint la majorité.

14. Les héritiers successeurs, ou ayants-cause de ceux qui seront décédés dans les six mois mentionnés dans l'article précédent, auront encore six mois, à compter pour ceux qui seront majeurs, du jour de la signification de l'arrêt ou du jugement, qui en sera faite à leur personne ou domicile; et s'ils sont mineurs, du jour de la signification qui sera pareillement faite à leur personne ou domicile, depuis qu'ils auront atteint la majorité.

15. Aucune requête en cassation ne pourra être reçue, si elle n'est présentée dans les délais ci-dessus marqués, suivant les différentes qualités ou demeures des demandeurs, après lesquels délais, il ne pourra leur être accordé aucun relief de laps de temps, si ce n'est pour grandes et importantes considérations, et sur une requête séparée, sur laquelle il sera statué par l'arrêt délibéré au conseil, après qu'il en aura été préalablement communiqué aux sieurs commissaires nommés pour l'examen des requêtes en cassation.

16. Ne seront comprises dans les articles ci-dessus, les requêtes en cassation présentées en matière domaniale, soit par les procureurs-généraux de S. M., soit par les inspecteurs-généraux du domaine, ou auxquelles ils se seront joints; et pourront lesdites requêtes être admises sans être signées de deux anciens avocats, sans consignation d'amende, et même au-delà du délai fixé par lesdits articles.

17. La disposition de l'article précédent aura lieu pareillement pour les requêtes en cassation présentées par lesdits procureurs-généraux, contre les arrêts dans lesquels ils auroient été parties, ou formé des réquisitoires, pour l'intérêt public.

18. Dans les autres matières où il ne s'agira que de soutenir

juridiction ou les prérogatives de leurs compagnies, ou celles de leurs charges, lesdites requêtes pourront être présentées sans être signées d'anciens avocats, et sans consignation d'amende; mais ne pourront être admises, si elles n'ont été données dans le délai d'un an, à compter du jour de la signification qui aura été faite desdits arrêts auxdits procureurs-généraux.

19. Les requêtes en cassation des arrêts par lesquels l'appel des jugements rendus par les juges et consuls, ou autres juges, auroit été reçu dans les cas où lesdits jugements ne sont pas sujets à l'appel, pourront être présentées sans consultation d'avocat, et sans consignation d'amende : seront lesdites requêtes remises à un des sieurs maîtres des requêtes, sans qu'il soit besoin de le faire commettre, pour y être statué à son rapport, ainsi qu'il appartiendra, après en avoir communiqué aux sieurs commissaires nommés pour l'examen des demandes en cassation ; et lorsqu'il y aura lieu de casser lesdits arrêts, il sera ordonné en même temps, que les jugements dont l'appel avoit été reçu, seront exécutés, avec condamnation de dépens contre la partie qui l'avoit fait recevoir.

20. Dans tous les cas où il aura été nommé un rapporteur, l'ordonnance qui l'aura commis et la requête en cassation lui seront remises incontinent par le greffier, avec les pièces qui y auront été jointes.

21. Aucune requête en cassation ne pourra être portée au conseil, sans avoir été préalablement communiquée aux sieurs commissaires nommés en général pour l'examen des demandes en cassation, ou lorsqu'il s'agira du domaine, des aides et gabelles, ou de matières ecclésiastiques, aux sieurs commissaires nommés pour l'examen desdites matières; et seront lesdites requêtes rapportées au premier conseil, qui sera tenu après la communication auxdits sieurs commissaires, à l'effet de quoi M. le chancelier donnera la parole aux sieurs rapporteurs desdites requêtes, par préférence à tous autres.

22. Toute requête en cassation qui n'aura pas été communiquée aux sieurs commissaires nommés par l'article précédent, dans trois mois du jour que le rapporteur aura été commis, sera regardée comme non avenue, et la somme consignée pour l'amende sera acquise à S. M. en vertu du présent réglement, et sans qu'il soit besoin de rendre aucun arrêt.

23. Les requêtes en cassation d'arrêts du conseil ou de jugements en dernier ressort, donnés par des commissaires

choisis dans le conseil, ou rendus aux requêtes de l'hôtel, seront communiquées au rapporteur de l'instance sur laquelle ledit arrêt ou jugement aura été rendu, et en cas que le jugement ait été rendu à l'audience desdites requêtes de l'hôtel, à celui qui y aura présidé, pour recevoir d'eux les éclaircissements nécessaires sur les circonstances et les raisons qui auront donné lieu auxdits arrêts ou jugements, le tout avant que la requête soit rapportée au conseil.

24. En procédant au jugement des demandes en cassation formées contre des arrêts du conseil, on aura égard aux moyens de requête civile, s'il y échet; lesquels, audit cas seulement, pourront être proposés pour moyens de cassation, sans que les parties puissent prendre la voie de la requête civile contre lesdits arrêts.

25. En cas que, sur le rapport de la requête en cassation, le demandeur se trouve non-recevable ou mal fondé dans sa demande, il sera rendu arrêt par lequel ledit demandeur sera débouté de sa demande, ou déclaré non-recevable, s'il y échet; et dans l'un et l'autre cas, il sera condamné par le même arrêt, en l'amende de cent cinquante livres, ou de soixante-quinze livres, suivant la distinction portée par l'article 5, ci-dessus.

26. Lorsque, sur le rapport fait au conseil, de la requête en cassation, il aura été jugé à propos de demander les motifs de l'arrêt ou du jugement contre lequel ladite requête sera présentée, lesdits motifs seront envoyés au greffe du conseil par le procureur-général, ou par les juges qui auront rendu ledit arrêt ou ledit jugement, si c'est le procureur-général même qui en demande la cassation; à quoi il sera satisfait dans le délai qui aura été prescrit par l'arrêt qui sera rendu au conseil à cet effet, et ce, à compter du jour que ledit arrêt aura été signifié, sauf, en cas de retardement, à y être pourvu ainsi qu'il appartiendra.

27. Les motifs seront envoyés cachetés, et remis en cet état au sieur rapporteur de la requête en cassation. Défenses sont faites aux greffiers du conseil de les décacheter, et ce, sous telles peines qu'il appartiendra.

28. Lorsque le conseil, soit en ordonnant l'envoi des motifs, ou après les avoir vus, jugera que la demande en cassation mérite d'être instruite contradictoirement avec toutes les parties intéressées, l'arrêt qui interviendra, ordonnera seulement que la requête en cassation leur sera communiquée,

pour y répondre dans les délais du règlement, faute de quoi il y sera fait droit, ainsi qu'il appartiendra.

29. Les demandes en cassation, ni même les arrêts qui interviendront pour demander les motifs, ou pour ordonner que la requête sera communiquée à la partie, ne pourront empêcher l'exécution des arrêts ou jugements en dernier ressort, dont la cassation sera demandée; et ne seront données aucunes défenses ni surséance en aucun cas, si ce n'est par ordre exprès de S. M.

30. Dans le cas porté par l'article 28, ci-dessus, l'arrêt du conseil par lequel il aura été ordonné que la requête en cassation sera communiquée à la partie qui a obtenu l'arrêt ou jugement en dernier ressort, sera signifié à sa personne ou domicile, et ce, dans trois mois au plus tard, à compter du jour dudit arrêt; ou en cas que ladite partie soit domiciliée dans les colonies françaises, dans les délais portés par l'article 12, ci-dessus; et faute par le demandeur en cassation de l'avoir fait signifier dans ledit temps, il demeurera déchu de sa demande en cassation, sans qu'on puisse y avoir égard dans la suite, sous quelque prétexte que ce soit.

31. Lorsque l'arrêt ou le jugement dont on demandera la cassation, aura été rendu au conseil, ou par des commissaires du conseil, les avocats qui auront occupé dans l'instance jugée par ledit arrêt ou jugement, seront tenus d'occuper pareillement dans l'instance sur la cassation, en conséquence de l'arrêt de soit communiqué; pourvu néanmoins que ledit arrêt de soit communiqué ait été signifié dans les délais portés par l'article précédent.

32. Il ne pourra être donné aucune requête ni mémoire pour répondre aux demandes en cassation, lorsqu'il n'y aura pas eu d'arrêt de soit communiqué, ou que, s'il y en a eu un, il n'aura pas été signifié. Défenses sont faites aux avocats de signer de pareilles requêtes ou mémoires, sous telles peines qu'il appartiendra; et ne pourront en aucun cas, lesdites requêtes en cassation être communiquées avant ledit arrêt par les greffiers du conseil ou leurs commis, ou par les clercs des sieurs rapporteurs; ce qui sera exécuté à peine de deux cents livres d'aumônes applicables à l'hôpital général, sauf à être prononcé de plus grandes peines, s'il y échet.

33. Les requêtes en cassation qui seront présentées incidemment à des instances pendantes au conseil, seront remises au sieur rapporteur de l'instance à laquelle on prétendra que lesdites requêtes seront incidentes, lequel en communiquera

aux sieurs commissaires mentionnés en l'article 21 ci-dessus, sans qu'il soit besoin de le faire commettre sur icelles; et seront au surplus observées les règles ci-dessus prescrites pour les autres demandes en cassation, sans que lesdites demandes puissent être jointes à l'instance principale autrement que par arrêt, et après qu'elles auront été préalablement communiquées auxdits sieurs commissaires, le tout à peine de nullité et autres qu'il appartiendra.

34. Ne seront néanmoins comprises dans la disposition de l'article précédent, les demandes en cassation des procédures ou arrêts attentatoires à l'autorité du conseil, lesquels seront formées et instruites ainsi qu'il sera réglé ci-après au titre des incidents, sans être sujettes à aucunes des règles prescrites par le présent titre pour les autres demandes en cassation.

35. Le demandeur en cassation qui succombera en sa demande, après un arrêt de soit communiqué, sera condamné en trois cents livres d'amende envers S. M., et en cent cinquante livres envers la partie, si l'arrêt ou le jugement dont la cassation étoit demandée, a été rendu contradictoirement; et en la moitié seulement desdites sommes, si l'arrêt ou le jugement a été rendu par défaut ou par forclusion, dans lesquelles sommes sera comprise celle qui aura été consignée par le demandeur en cassation, suivant l'article 5 ci-dessus.

36. L'amende portée par l'article précédent ne pourra être remise ni modérée, sous quelque prétexte que ce soit; mais elle pourra être augmentée, s'il est ainsi ordonné en statuant sur ladite demande en cassation.

37. L'amende sera acquise de plein droit, quand même il auroit été omis d'y prononcer, et en quelques termes que l'arrêt qui rejettera la demande en cassation, soit conçu; ce qui aura lieu pareillement dans le cas porté par l'art. 25 ci-dessus.

38. Lorsque le demandeur aura obtenu la cassation par lui demandée, l'amende consignée lui sera rendue sans aucun délai, en quelques termes que l'arrêt qui aura égard à ladite demande soit conçu, et quand même il auroit été omis d'ordonner que ladite amende seroit rendue.

39. Après qu'une demande en cassation d'un arrêt ou jugement aura été rejetée par arrêt sur requête ou contradictoire, la partie qui l'aura formée ne pourra plus se pourvoir en cassation contre le même arrêt ou jugement, encore qu'elle prétendît avoir de nouveaux moyens, ni pareillement contre l'arrêt qui aura rejeté ladite demande; ce qui sera observé à peine de nullité, même sous telle autre peine qu'il appartien-

dra, notamment contre les avocats qui, après avoir signé la première requête en cassation, auroient aussi signé la seconde.

4. Défenses très-expresses sont faites aux avocats, sous telle peine qu'il appartiendra, même d'interdiction s'il y échet, de faire aucunes procédures pour introduire au conseil des demandes en cassation d'arrêts ou jugements en dernier ressort, par autres voies et en autres formes que celles qui sont établies par les dispositions du présent titre; ce qui aura lieu, même dans le cas où la requête en cassation ayant été d'abord rapportée à S. M., elle auroit ordonné qu'il y seroit pourvu en son conseil.

TITRE V. — *Des demandes en cassation des jugements de compétence rendus en faveur des prévôts des maréchaux, ou des siéges présidiaux.*

ART. 1ᵉʳ. Les requêtes en cassation des jugements de compétence et des autres procédures faites en conséquence, seront signées seulement de l'avocat de la partie qui présentera ladite requête, sans qu'il soit nécessaire qu'elle soit signée de deux anciens avocats au conseil, comme aussi sans consignation d'amende à laquelle le demandeur ne sera point condamné, quand même sa requête seroit rejetée.

2. Les accusés qui se pourvoiront en cassation contre des jugements de compétence, et des procédures faites en conséquence, ne pourront y être admis si le jugement a été rendu par défaut contre eux, sauf à se représenter, pour purger la contumace, auquel cas, où s'ils sont arrêtés dans la suite, il sera procédé de nouveau au jugement de compétence, suivant l'édit du mois de décembre 1680, contre lequel jugement seul lesdits accusés pourront se pourvoir en cassation, s'il y échet.

3. Ne pourra pareillement aucune requête en cassation être admise, si l'accusé n'est actuellement prisonnier dans les prisons des prévôts des maréchaux, ou des présidiaux, ou autres siéges où le procès criminel sera pendant; et sera tenu ledit accusé de rapporter et joindre à sa requête son écrou en bonne forme, attesté par le juge ordinaire du lieu où il sera détenu, et signifié au procureur du roi en la maréchaussée, ou au siége présidial, dont la compétence sera attaquée, même à la partie civile, si aucune y a, ou à son procureur, et sera fait mention dudit écrou dans l'arrêt qui ordonnera l'apport des charges et informations, à peine de nullité.

4. Seront tenus les accusés de joindre à leur requête les co-

pies qui leur auront été signifiées des jugements de compétence dont ils demanderont la cassation.

5. La requête en cassation avec l'écrou de l'accusé et la copie à lui signifiée du jugement de compétence, seront remises entre les mains de l'un des sieurs maîtres des requêtes, du nombre de ceux qui auront été nommés à cet effet chaque année par M. le chancelier, sans qu'il soit nécessaire d'en commettre un dans la forme ordinaire sur chaque requête particulière.

6. Sur le rapport qui en sera fait par ledit sieur maître des requêtes, il sera rendu arrêt, portant qu'avant faire droit, les charges et informations, et autres procédures faites par les prévôts des maréchaux, ou par les présidiaux, même par d'autres juges, concernant la même accusation, seront apportées au greffe du conseil, et ce, dans le délai qui sera prescrit par lesdits arrêts.

7. Lesdits arrêts porteront que la signification qui en sera faite, ne pourra empêcher que la procédure ne soit continuée jusqu'à jugement définitif exclusivement, par le juge qui aura été déclaré compétent par la sentence dont on demandera la cassation.

8. Lesdits arrêts seront signifiés au procureur du roi en la maréchaussée, ou au siège présidial dont la compétence sera contestée, en même temps qu'au greffier, à qui il sera fait commandement d'apporter ou d'envoyer les charges et procédures, sans néanmoins qu'il soit donné à ce sujet aucune assignation audit procureur du roi ; et lesdites significations seront faites dans le même délai que celui qui aura été prescrit pour l'apport desdites charges et procédures ; faute de quoi les défenses de passer outre au jugement définitif, seront levées de plein droit, sans qu'il soit besoin d'un autre arrêt.

9. Après que les charges et procédures auront été apportées au greffe du conseil, elles seront communiquées avec la requête en cassation, à celui des sieurs maîtres des requêtes qui aura été commis par S. M. pour défendre comme procureur-général, aux demandes en cassation, au lieu et place desdits procureurs du roi aux maréchaussées ou sièges présidiaux, à l'effet de prendre telles conclusions, et faire telles réquisitions qu'il jugera à propos.

10. S'il y a une partie civile, il sera ordonné par ledit arrêt que la requête en cassation lui sera communiquée pour y répondre dans le délai qui sera fixé par le même arrêt.

11. Les procureurs du roi dans les maréchaussées ou sièges

présidiaux, seront tenus, à peine d'interdiction, d'informer ledit sieur procureur-général, de tous les jugements de compétence qui seront intervenus sur leurs poursuites, aussitôt que lesdits jugements auront été rendus, et lui enverront en même temps un mémoire contenant les raisons qui peuvent servir à faire confirmer lesdits jugements, en cas qu'ils soient attaqués.

12. Si le demandeur en cassation croit devoir ajouter de nouveaux moyens à ceux qu'il aura proposés par sa requête, il ne pourra le faire que par de simples mémoires, sans aucune autre forme d'instruction, et lorsqu'il aura des pièces à y joindre, il les fera remettre au greffe du conseil, où le sieur rapporteur s'en chargera, pour après que le tout aura été communiqué audit sieur procureur-général, être statué par le conseil sur la demande en cassation, ainsi qu'il appartiendra.

13. S'il y a lieu de casser le jugement de compétence, le procès sera renvoyé par-devant le juge auquel la connoissance du crime doit appartenir, suivant les règles établies par les ordonnances, pour y être instruit et jugé, à la charge de l'appel au parlement du ressort; si ce n'est que, soit par la nature du crime, ou pour cause de suspicion et autres raisons de droit ou de fait, il ne soit jugé à propos d'ordonner que ledit procès sera poursuivi et jugé dans un autre siège royal prochain, à la charge pareillement de l'appel au même parlement.

14. Lorsque le cas sera reconnu prevôtal ou présidial, et que cependant il se trouvera des défauts dans les procédures faites par le prevôt des maréchaux, ou au présidial qui donneront lieu de les déclarer nulles, le procès sera renvoyé par-devant tel autre prevôt des maréchaux, ou tel autre présidial qu'il appartiendra, pour y être instruit et jugé en dernier ressort.

15. Les arrêts par lesquels les jugements de compétence auront été cassés et annulés, seront délivrés en la manière accoutumée, à l'avocat de celui qui les aura obtenus, et à l'égard de ceux par lesquels l'exécution desdits jugements aura été ordonnée, ils seront délivrés audit sieur procureur-général, pour être par lui incessamment envoyés au procureur du roi, en la maréchaussée ou au siège présidial, dont la compétence aura été confirmée.

16. Et en ce qui concerne les demandes en cassation qui pourront être formées contre les jugements rendus en dernier ressort par les prevôts des maréchaux, ou par les juges prési-

diaux, autres néanmoins que les jugements de compétence, les demandeurs seront tenus de suivre les règles et formes prescrites par le titre 4 ci-dessus, pour les autres demandes en cassation.

TITRE VI. — *Des demandes en contrariété d'arrêt, autres que celles dont la connoissance est attribuée au grand-conseil.*

Art. 1ᵉʳ Lorsqu'une partie prétendra qu'il y aura contrariété d'arrêt entre un arrêt d'une des cours de parlement ou autres, et un arrêt du grand-conseil, elle ne pourra se pourvoir qu'au conseil; ce qui aura lieu pareillement lorsque l'arrêt ou le jugement en dernier ressort auquel on prétendra qu'un autre arrêt ou jugement en dernier ressort est contraire, sera émané du conseil, ou rendu par des commissaires dudit conseil, ou par les sieurs maîtres des requêtes ordinaires de l'hôtel.

2. Les demandeurs en contrariété d'arrêts ou jugements, ne seront assujettis ni aux délais, ni à la consignation d'amende, ni aux autres formalités prescrites pour les demandes en cassation d'arrêts.

3. La demande en contrariété sera formée par une requête en forme de vu d'arrêt, à laquelle le demandeur sera tenu de joindre les copies à lui signifiées, ou des expéditions en forme, des arrêts qu'il soutiendra être contraires, sinon elle ne pourra être reçue.

4. Les dispositions des articles 7, 20 et 21 du titre 4 ci-dessus, soit sur la forme de commettre un rapporteur, soit sur la communication aux sieurs commissaires dénommés dans ledit article 21, seront pareillement observées à l'égard desdites requêtes, après laquelle communication il en sera fait rapport au conseil par ledit sieur rapporteur, pour y être statué ainsi qu'il appartiendra.

5. Lorsqu'il ne se trouvera aucune contrariété entre les deux arrêts ou jugements dont il s'agira, ledit demandeur sera débouté de sa demande, ou déclaré non recevable, s'il y échet; et si ladite demande paroît mériter une plus grande instruction, il sera ordonné qu'elle sera communiquée aux parties qui y seront intéressées, pour y répondre dans les délais du réglement.

6. En cas que sur le rapport de l'instance introduite par ledit arrêt de soit communiqué, il soit jugé qu'il y a contrariété entre les deux arrêts ou jugements il sera ordonné que, sans s'arrêter au dernier, le premier sera exécuté selon sa forme et teneur; et si le demandeur succombe en sa demande, il pourra être condamné en tels dommages et intérêts qu'il

appartiendra envers sa partie, même en telle amende qu'il plaira au conseil d'arbitrer.

TITRE VII. — *Des requêtes en révision en matière criminelle.*

Art. 1. Les demandes en révision seront formées par requête en forme de vu d'arrêt, à laquelle sera jointe la copie signifiée, ou une expédition en forme de l'arrêt ou du jugement rendu en dernier ressort, qui donnera lieu à ladite demande, sinon elle ne pourra être reçue.

2. Ladite requête sera signée d'un avocat au conseil, sans que le demandeur soit tenu de la faire signer par deux anciens avocats, ni assujetti à la consignation ou condamnation d'amende, ni même aux délais prescrits pour les demandes en cassation, si ce n'est toutefois qu'il eût conclu, par la même requête, à la cassation des arrêts ou jugements rendus en dernier ressort dans le procès dont il demandera la révision ; auquel cas toutes les règles établies par le titre 4, au sujet des demandes en cassation seront observées.

3. Les dispositions des articles 7, 20 et 21 dudit titre, au sujet de la nomination des rapporteurs pour les requêtes en cassation, et de la communication desdites requêtes, seront pareillement observées à l'égard des requêtes en révision.

4. Lorsque sur le rapport qui sera fait de ladite requête au conseil, elle paraîtra mériter un plus grand examen, il sera ordonné que les charges et procédures du procès dont la révision est demandée, seront apportées au greffe des requêtes de l'hôtel, pour ladite requête et lesdites charges, informations et procédures communiquées auxdits sieurs maîtres des requêtes étant en quartier aux requêtes de l'hôtel, être par eux, sur le rapport de celui qui aura été commis sur la requête en révision, donné leur avis sur la demande portée par ladite requête, ainsi qu'il appartiendra.

5. Ledit avis sera remis au sieur rapporteur, signé desdits sieurs maîtres des requêtes, et il en sera par lui rendu compte au conseil, pour y être statué ainsi qu'il appartiendra, soit en déboutant le demandeur de sa demande, soit en ordonnant qu'il sera procédé à la révision du procès criminel : à l'effet de quoi les lettres à ce nécessaires seront expédiées en la forme ordinaire.

TITRE VIII. — *Des appels des ordonnances ou jugements des sieurs intendants et commissaires départis ou autres juges commis par le conseil, et des capitaineries royales.*

ART. 1. Les appels des ordonnances, ou jugements des sieurs intendants et commissaires départis, ou autres commissaires du conseil, députés pour juger à la charge de l'appel, ne pourront être relevés au conseil que par lettres, ou par arrêt de soit communiqué.

2. Lesdites ordonnances ou jugements seront exécutés par provision, nonobstant l'appel, et il en sera inséré une clause expresse dans les lettres ou dans l'arrêt qui recevra la partie appelante, ce qui sera observé à peine de nullité.

3. Il ne sera reçu aucun appel des ordonnances rendues par les subdélégués sur les renvois à eux faits par les sieurs intendants ou commissaires départis ; sauf aux parties à s'adresser auxdits sieurs intendants ou commissaires départis, pour y être pourvu par eux ainsi qu'il appartiendra.

4. Les articles 1 et 2 ci-dessus, seront exécutés à l'égard des appels des jugements rendus dans les capitaineries royales, sauf à être lesdits appels renvoyés aux requêtes de l'hôtel, lorsqu'il écherra de faire quelque instruction criminelle incidemment audit appel, ou de rendre un jugement après avoir entendu les accusés sur la sellette ou derrière le barreau ; auquel cas il sera statué sur lesdits appels par lesdits sieurs maîtres des requêtes, au rapport de celui qui aura été commis par l'arrêt de renvoi en la forme ordinaire, et sur les conclusions du procureur-général auxdites requêtes de l'hôtel, s'il y échet.

5. Il ne pourra être accordé aux accusés qui seront appelants des décrets de prise de corps décernés contre eux, aucunes défenses ni surséances d'exécuter lesdits décrets, que sur le vu des charges et informations apportées au greffe du conseil, en vertu de l'arrêt qui aura été rendu à cet effet, et où il en auroit été surpris au préjudice du présent article, elles seront regardées comme nulles et non-avenues, et ne pourront empêcher l'instruction et le jugement du procès, et sera au surplus observé pour ce qui concerne les appellations, soit des décrets, ou des jugements interlocutoires ou définitifs, rendus par des commissaires de notre conseil, ou par les officiers des capitaineries royales, tout ce qui est prescrit par le titre 26 de l'ordonnance du mois d'août 1670.

TITRE IX. — *Des autres matières non comprises dans les titres précédents.*

Art. 1. Lorsqu'une partie sera dans le cas de se pourvoir au conseil dans d'autres matières que celles qui sont mentionnées aux titres précédents, elle ne pourra le faire que par une requête en forme de vu d'arrêt, contenant sa demande et ses moyens, et elle sera tenue d'y joindre les pièces sur lesquelles ladite demande sera fondée.

2. Ladite requête sera signée d'un avocat au conseil, dont la signature vaudra élection de domicile pour le demandeur en la personne dudit avocat; et ladite requête contiendra les moyens et les conclusions du demandeur, avec l'énonciation sommaire des pièces dont il entendra se servir, sinon elle ne pourra être reçue.

3. Le demandeur remettra ladite requête et les pièces y jointes, à l'un des sieurs maîtres des requêtes, si ce n'est toutefois qu'elle fût incidente à une instance dans laquelle il y auroit eu un rapporteur commis, auquel cas, aucun autre des sieurs maîtres des requêtes ne pourra s'en charger, et il y sera statué au premier conseil par un arrêt qui sera écrit au pied d'icelle. Défenses sont faites aux parties à peine de nullité, et de tous dépens, dommages et intérêts, de se servir des arrêts qui auroient été rendus sur pareilles requêtes, dans une autre forme que celle prescrite par le présent article et par le précédent, qui seront observés dans tous les cas où, suivant le présent réglement, les parties doivent se pourvoir par requête en forme de vu d'arrêts.

4. Lorsque la demande portée par ladite requête se trouvera suffisamment justifiée, elle pourra être adjugée sur-le-champ par ledit arrêt, sinon il sera ordonné qu'elle sera communiquée aux parties dénommées dans la requête; et en cas que le demandeur se trouve non-recevable ou mal fondé dans ladite demande, il en sera débouté, ou déclaré non-recevable, s'il y échet.

5. Après qu'il aura été statué par arrêt sur une requête, il ne pourra plus en être présenté aucune autre tendant aux mêmes fins, à peine de nullité, même s'il y échet, de telle aumône qu'il appartiendra contre la partie et contre l'avocat qui, après avoir signé la première requête, auroit aussi signé la seconde, et sera ladite aumône appliquée à l'hôpital général.

6. Dans le cas où incidemment à une instance d'évocation,

de réglement de juges, ou autre, il aura été ordonné que les parties écriront et produiront sur le fond de leurs contestations, le rapporteur par-devant lequel ladite instruction sera faite, sera commis par le même arrêt, lequel sera signifié aux parties, au domicile de leurs avocats, dans les délais qui seront réglés par ledit arrêt; et l'instance sera instruite sans nouvelles assignations, et sans autre procédure, en la forme prescrite pour les instances dans lesquelles les parties ont constitué avocat.

7. Lorsque sur une affaire dont il aura été rendu compte à la personne même de S. M., elle aura ordonné que les parties procéderont en son conseil, ou en la direction des finances, l'arrêt qui l'aura ainsi ordonné, sera signifié aux avocats des parties, si les requêtes ou mémoires qui ont été donnés auparavant, ont été signés par des avocats au conseil, sinon au domicile desdites parties; et ladite signification, dans l'un et l'autre cas, vaudra sommation de défendre aux demandes dans les délais du réglement, sans que pour raison de ce, il puisse être donné aucune assignation, ni être fait aucune sommation, ni autre signification pour introduire l'instance, ce qui sera observé, à peine de nullité, sans préjudice néanmoins de ce qui a été ci-dessus réglé par l'article 40 du titre 4, au sujet des demandes en cassation.

TITRE X. — *Des oppositions aux arrêts du conseil.*

Art. 1. Ceux qui voudront s'opposer à des arrêts du conseil qui auront été rendus sur requête, ou dans lesquels ils n'auront pas été parties ou dûment appelés, ne pourront former leur opposition que par une requête contenant leurs moyens, leurs conclusions, et l'énonciation sommaire des pièces qu'ils y voudront joindre, sans que ladite opposition puisse être formée par un simple acte.

2. Les actes par lesquels les parties auroient déclaré qu'elles forment opposition aux arrêts qui leur auront été signifiés dans le cas de l'article précédent, ne seront regardés que comme une simple protestation, et ne pourront empêcher que lesdits arrêts ne soient exécutés aux risques, périls et fortunes de ceux qui les auront obtenus; et sauf à être prononcé contre eux, s'il y échet, telle condamnation de dommages et intérêts qu'il appartiendra.

3. En cas que l'opposition soit formée dans l'année, à compter du jour de l'obtention de l'arrêt, la requête pour former ladite opposition sera remise au greffier du conseil,

avec une requête séparée pour faire commettre un rapporteur; à quoi il ne pourra être procédé, qu'après que l'opposant aura déclaré à l'avocat qui occupoit pour la partie lorsqu'elle a obtenu ledit arrêt, qu'il s'est pourvu pour faire nommer un rapporteur; et sera ledit avocat tenu d'occuper sur ladite opposition, sans qu'il ait besoin d'un nouveau pouvoir.

4. Lorsque le rapporteur aura été commis, ledit greffier sera tenu de lui remettre l'ordonnance qui l'aura nommé, avec la requête d'opposition, qui sera répondue d'une ordonnance de soit communiqué au défendeur, au domicile dudit avocat, pour y fournir de réponses dans les délais du réglement; après quoi l'instance d'opposition sera instruite et jugée en la forme prescrite pour les instances introduites par arrêt de soit communiqué.

5. Après le terme marqué par l'article 3 ci-dessus, ou en cas que ledit avocat fût décédé, l'opposant ne pourra former son opposition que par une requête en forme de vu d'arrêt, qu'il remettra à un des sieurs maîtres des requêtes, pour être ordonné, à son rapport, qu'elle sera communiquée aux parties y dénommées, pour y répondre dans les délais du réglement.

6. Lorsque lesdites oppositions seront formées incidemment à une instance pendante au conseil, elles seront introduites et instruites ainsi qu'il sera réglé ci-après au titre 7 de la seconde partie.

7. Les tiers opposants qui succomberont dans leurs oppositions, seront condamnés en cent cinquante livres d'amende, moitié envers S. M., et moitié envers la partie; laquelle amende pourra même être augmentée, lorsque le conseil le jugera à propos.

SECONDE PARTIE.

DE LA MANIÈRE DE PROCÉDER A L'INSTRUCTION DES AFFAIRES PORTÉES AU CONSEIL, ET DES RÈGLES QUI SONT COMMUNES A LADITE INSTRUCTION.

TITRE I. — *De la forme et des délais des assignations et autres actes ou exploits introductifs d'instance, et des présentations.*

ART. 1. Toutes assignations seront données, et tous actes introductifs d'instance seront signifiés au domicile des parties, à l'exception des cas portés par les articles 53, 59 et 69 de l'ordonnance du mois d'août 1737, au titre des évocations:

comme aussi par les articles 4 et 6 du titre 2, et par l'article 4 du titre 10 de la première partie du présent réglement.

2. Tous exploits d'assignation, ou actes introductifs d'instance, de quelque qualité qu'ils soient, même les significations des requêtes d'opposition à des arrêts du conseil, contiendront le nom de l'avocat dont la partie entend se servir; à peine de nullité desdits exploits ou actes, et de vingt livres d'amende contre les huissiers ou sergents qui les auroient signifiés.

3. Les délais des assignations au conseil, seront de deux mois pour les ressorts des parlements, et autres cours de Languedoc, Guienne, Grenoble, Aix, Pau, Besançon et Bretagne, et des conseils supérieurs d'Alsace et de Roussillon, et d'un mois pour les ressorts des parlements et autres cours de Paris, Rouen, Dijon, Metz et Flandre et du conseil d'Artois, en ce qui concerne la juridiction criminelle en dernier ressort, à la réserve toutefois des assignations qui seront données dans l'étendue de la ville de Paris, et de dix lieues à la ronde, lesquelles ne seront que de quinzaine.

4. Lesdits délais seront d'un an pour les ressorts des conseils supérieurs des îles de Saint-Domingue, de la Martinique et de la Guadeloupe; et à l'égard des ressorts des conseils supérieurs de Canada, de l'île Royale, de l'île de Bourbon, de l'île de France, et de Pondichéry, le délai de l'assignation sera réglé, ainsi qu'il appartiendra, par les lettres ou par les arrêts portant permission d'assigner.

5. Dans tous les délais ci-dessus marqués, les jours de l'assignation ou de la signification, et celui de l'échéance, ne seront point comptés; ce qui sera pareillement observé dans tous les délais marqués par le présent réglement.

6. Lorsque les instances auront été introduites par arrêt de soit communiqué, la signification desdits arrêts emportera de droit sommation d'y satisfaire et de se présenter au conseil dans les délais ci-dessus prescrits, sans qu'il puisse être donné aucune assignation, ni être fait aucune sommation ni autre signification, à peine de nullité desdites assignations, sommations ou significations.

7. Dans les lettres portant permission d'assigner au conseil, seront nommés et désignés distinctement tous ceux qui doivent y être assignés, sans qu'on puisse user des termes, *et autres qu'il appartiendra*, et toutes assignations données à autres qu'à ceux qui sont nommés ou désignés dans lesdites lettres seront réputées nulles; sauf, en cas qu'il y ait d'autres

parties dont la présence paroisse nécessaire dans la suite, à y être pourvu par un arrêt portant permission de les mettre en cause; auquel cas, il pourra être ordonné, s'il y échet, que l'instance sera instruite avec lesdites nouvelles parties, aux frais et dépens de celle qui aura négligé de les faire comprendre dans lesdites lettres, et qu'elle ne pourra répéter lesdits frais, quand même, par l'arrêt définitif elle obtiendroit une condamnation de dépens contre toutes les parties.

8. L'avocat constitué par lesdites lettres sera tenu, à la première sommation qui lui sera faite par l'avocat qui se sera constitué pour une desdites parties, de justifier des assignations qui auront été données aux autres parties dénommées dans les lettres, sinon il demeurera responsable en son nom, de tous les dépens, dommages et intérêts de la partie.

9. En cas qu'il se trouve qu'une ou plusieurs des parties comprises dans lesdites lettres n'ait pas été assignée avant ladite sommation, la partie assignée en conséquence desdites lettres pourra obtenir un arrêt pour lui permettre de faire assigner les parties qui ne l'auroient pas été, et ce, dans le délai qui sera prescrit par ledit arrêt; le tout aux frais de celui qui aura obtenu lesdites lettres, et sans qu'il puisse les répéter, quand même par l'arrêt définitif il obtiendroit une condamnation de dépens.

10. Les dispositions des trois articles précédents seront observées à l'égard des arrêts de soit communiqué et des significations desdits arrêts.

11. L'avocat coté par les lettres, arrêts, exploits ou actes introductifs d'instance, sera tenu d'occuper pour le demandeur, lors même qu'il n'aura point d'autre pouvoir, et sans qu'il soit reçu à déclarer qu'il n'a point de charge, ou que c'est à son insu et sans son aveu qu'il a été coté par lesdites lettres, arrêts, exploits ou actes.

12. La simple remise faite à un avocat de la copie signifiée desdites lettres, arrêts, exploits, ou autres actes introductifs d'instance, lui tiendra lieu de pouvoir suffisant pour occuper pour le défendeur, sans qu'il ait besoin d'en avoir aucun autre.

13. Tout avocat qui aura charge d'occuper pour le demandeur ou pour le défendeur, en conséquence d'une assignation, sera tenu de faire un acte de présentation au greffe.

14. L'avocat du défendeur ou de l'intimé sera tenu de faire signifier ledit acte de présentation à l'avocat du demandeur ou de l'appelant, dans les trois jours de l'enregistrement de ladite présentation au greffe, sinon il demeurera responsable

en son nom des frais qui auroient été faits, faute de ladite signification, pour obtenir un défaut.

15. Dans les instances qui seront introduites par arrêt de soit communiqué, le premier acte signifié de la part de l'avocat pour le défendeur, tiendra lieu de présentation au greffe, et vaudra constitution, sans qu'il soit besoin d'en faire signifier d'autre.

16. Il sera permis au défendeur ou à l'intimé d'anticiper le délai porté par l'assignation ou par la signification de l'arrêt de soit communiqué, auquel cas l'avocat du demandeur ou de l'appelant sera tenu d'occuper.

17. Les avocats seront tenus de signer les originaux et les copies de tous les actes, requêtes ou autres procédures, qui seront signifiés pendant le cours des instances, ce qui sera observé à peine de nullité de ladite signification. Défenses sont faites aux greffiers du conseil et à leurs commis de délivrer aucunes expéditions sur les cédules non signées, et aux huissiers dudit conseil de signifier aucunes écritures ou actes, soit d'instruction ou autres, s'ils ne sont signés desdits avocats; à peine de nullité et de deux cents livres d'amende.

18. Défenses sont faites, sous les mêmes peines, auxdits huissiers, de signifier aucunes requêtes si elles ne sont répondues d'une ordonnance du rapporteur; et seront tenus de faire en personne toutes les significations dont ils seront chargés, comme aussi de recevoir les réponses, si aucunes sont faites par les avocats des parties, et les leur faire signer, ce qui sera observé, à peine de vingt livres d'amende.

TITRE II. — *Des défauts, des arrêts sur lesdits défauts, et de la restitution contre lesdits arrêts.*

ART. 1. En cas que le défendeur ou l'intimé qui aura été assigné au conseil ne se soit pas présenté dans les délais marqués au titre précédent ou qu'il n'ait pas fait signifier son acte de présentation conformément à ce qui est porté par l'article 14 dudit titre, le demandeur pourra, huitaine après l'échéance de l'assignation, lever un défaut au greffe contre ledit défendeur.

2. Lorsqu'il y aura eu plusieurs parties assignées en vertu des mêmes lettres, à pareils ou différents délais, l'avocat du demandeur ou de l'appelant ne pourra prendre un défaut contre aucune desdites parties, qu'après l'échéance de toutes les assignations et l'expiration du temps prescrit pour lever le défaut.

3. L'avocat du demandeur qui voudra lever un défaut, sera tenu d'y comprendre toutes les parties assignées qui n'auront pas comparu, faute de quoi celles desdites parties qui se seront présentées pourront obtenir un arrêt portant permission de lever ledit défaut; le tout aux frais dudit demandeur, et sauf à être prononcé contre lui ou contre son avocat, s'il y échet, telle condamnation de dommages et intérêts qu'il appartiendra.

4. En cas que le demandeur ait laissé passer une année entière depuis l'assignation donnée sans faire aucune poursuite, il ne pourra lever un défaut sur ladite assignation, à peine de nullité, si ce n'est toutefois que l'un des défendeurs se fût présenté, auquel cas il pourra être pris, même après l'année de l'assignation, un défaut contre les autres défendeurs défaillants, et ne pourra la surannation être opposée au défendeur par le demandeur, en aucun cas.

5. Lorsque le défaut aura été levé, il sera remis à l'un des sieurs maîtres des requêtes, avec une requête pour en demander le profit, à laquelle seront jointes les pièces justificatives de la demande, et ne pourra ladite requête excéder quatre rôles.

6. Ledit défaut sera jugé sans autre procédure ni formalité, après qu'il en aura été communiqué aux sieurs maîtres des requêtes étant en quartier au conseil en leur assemblée, sans néanmoins que l'arrêt puisse être rendu que trois jours après la date dudit défaut.

7. Le défaut sur une assignation en reprise d'instance ou en constitution de nouvel avocat, comme aussi tout défaut levé contre des parties défaillantes, lorsque d'autres parties auront comparu, demeurera joint, de droit, au principal, sans qu'il soit rendu aucun arrêt à cet effet, et sera jugé avec l'instance par un seul et même arrêt.

8. Dans les instances introduites par arrêt de soit communiqué, faute par la partie de constituer avocat à l'échéance du délai porté par ledit arrêt, l'avocat du demandeur pourra, huitaine après l'expiration dudit délai, remettre ledit arrêt dûment signifié, avec les pièces qui y auront été visées, au sieur maître des requêtes, au rapport duquel l'arrêt de soit communiqué sera intervenu, ou en son absence ou légitime empêchement, à celui des sieurs maîtres des requêtes qui aura été commis à sa place en la forme ordinaire, pour être statué ainsi qu'il appartiendra, au premier conseil, sur la requête insérée audit arrêt, sans sommation, et sans autres procédures ni formalités, après néanmoins qu'il en aura été commu-

muniqué aux sieurs maîtres des requêtes, ainsi qu'il est porté par l'article 6 ci-dessus.

9. Les parties défaillantes ne pourront être restituées contre les arrêts par défaut, que par lettres du grand sceau, ou par arrêt du conseil.

10. La partie qui voudra se pourvoir par cette voie, sera tenue, avant toutes choses, d'offrir à l'avocat qui aura obtenu l'arrêt par défaut, la somme de cent livres pour la réfusion des frais, jusqu'au jour des offres; et faute par ledit avocat de recevoir ladite somme, les deniers demeureront consignés entre les mains de l'huissier qui en aura fait l'offre, aux risques, périls et fortune de l'avocat qui l'aura refusée, sans que pour raison de ce ledit huissier puisse prétendre aucun droit de consignation.

11. En rapportant la quittance de l'avocat, ou l'acte d'offre portant consignation, ladite partie sera restituée par lettres ou par arrêt qu'elle sera tenue d'obtenir, et même de faire signifier à l'avocat de l'autre partie, dans les délais suivans, à compter du jour de la signification de l'arrêt par défaut, faite à la personne ou domicile du défaillant; savoir: de trois mois quand l'assignation aura été donnée à deux mois; de deux mois quand elle aura été donnée à un mois; et d'un mois quand elle aura été donnée à quinzaine; le tout suivant la distinction portée par l'article 3 du titre des assignations. Et à l'égard des parties domiciliées dans les ressorts des conseils supérieurs mentionnés en l'article 4 dudit titre, outre les délais des assignations dont il y est fait mention, il sera accordé six mois de plus pour obtenir et faire signifier ledit arrêt de restitution.

12. Après les délais marqués par l'article précédent, ledit défaillant ne sera plus reçu à se pourvoir contre ledit arrêt par aucune autre voie que celle de la demande en cassation; et l'avocat de la partie qui aura obtenu l'arrêt par défaut, pourra rendre les pièces qu'elle lui avoit remises, dont il demeurera bien et valablement déchargé.

13. En matière d'évocation et de réglement de juge, la voie de restitution contre les arrêts rendus par défauts, ne pourra être admise ou avoir son effet, si après la signification desdits arrêts, et avant celle des lettres ou arrêt de restitution, il est intervenu sentence ou arrêt définitif sur la contestation principale dans le tribunal où l'affaire aura été renvoyée; et les lettres ou arrêts de restitution, si aucuns avoient été obtenus dans ledit cas, seront réputés nuls et de nul effet, sans qu'il soit besoin de le faire déclarer; à l'effet de quoi il en sera in-

séré une clause expresse dans lesdites lettres ou arrêts, le tout à peine de nullité.

14. Il ne sera pareillement accordé aucune restitution contre les arrêts donnés par défaut, contre quelques-unes des parties de l'instance, lorsqu'ils auront été rendus contradictoirement avec d'autres parties qui avoient le même intérêt que les parties défaillantes, à l'égard desquels ils seront réputés contradictoires, et ne pourront être attaqués que par la voie de la demande en cassation.

15. Les sommes payées pour la réfusion des frais ci-dessus marqués, même pour ceux qui auront été faits à l'occasion de la restitution demandée, ne pourront être répétées par le demandeur en restitution, quand même il lui auroit été adjugé des dépens par l'arrêt définitif, si ce n'est seulement lorsque la procédure sur laquelle le défaut auroit été obtenu, sera déclarée nulle; auquel cas, ladite somme sera rendue au demandeur en restitution; et si elle étoit demeurée entre les mains de l'huissier, suivant ce qui a été dit ci-dessus, il sera tenu de la remettre au demandeur, ou à son avocat; à quoi faire il sera contraint par toutes voies de droit, même par corps.

16. Les dispositions des articles précédents, à l'égard des restitutions contre les arrêts par défaut, seront pareillement observées à l'égard des arrêts rendus faute d'avoir répondu aux requêtes insérées dans les arrêts de soit communiqué dûment signifiés.

TITRE III. — *De la nomination et subrogation des rapporteurs ou des commissaires pour communication des instances.*

ART. 1er. Après la présentation ou la constitution de l'avocat de la part du défendeur suivant ce qui a été dit au titre des assignations, il sera commis un rapporteur par M. le chancelier, en la forme ci-après marquée, sans qu'aucun autre que celui des sieurs maîtres des requêtes qui aura été commis, puisse se charger des requêtes et productions des parties, quand même elles y auroient consenti par écrit; et à l'égard de celui desdits sieurs maîtres des requêtes, au rapport duquel un arrêt de soit communiqué aura été rendu, il ne pourra être rapporteur de l'instance, à moins que M. le chancelier ne juge à propos de le commettre, du consentement par écrit de toutes les parties.

2. L'avocat qui voudra faire commettre un rapporteur, suivant l'article précédent, sera tenu de le déclarer auparavant aux

avocats des autres parties de l'instance, par un acte qui contiendra les noms et qualités de toutes les parties, lequel acte sera signifié aux avocats un jour au moins avant que le rapporteur puisse être nommé; le tout à peine de nullité.

3. Après la signification dudit acte, l'avocat remettra entre les mains du greffier une requête sommaire, tendant à ce qu'il soit commis un des sieurs maîtres des requêtes, pour instruire et faire le rapport de l'affaire; dans laquelle requête seront exprimés les noms et qualités des parties, soit de demandeur, défendeur, appelant, intimé, intervenant, prenant le fait et cause, ou appelé en garantie, ou en assistance de cause, sans que les termes d'*autres* ou de *consorts* puissent y être employés; et sera pareillement fait mention sommaire de la nature et de l'objet des affaires dont il s'agira, et ne pourra y être fait aucune rature ni interligne, le tout à peine de nullité.

4. Les parties pourront remettre au greffier, avec ladite requête un mémoire contenant les noms de ceux des sieurs maîtres des requêtes qui leur seront suspects, jusqu'au nombre de trois seulement; pour y avoir par monsieur le chancelier, tel égard que de raison.

5. Il sera commis sur ladite requête par M. le chancelier, tel des sieurs maîtres des requêtes étant en quartier au conseil, qu'il voudra nommer rapporteur de l'affaire; à l'exception néanmoins des requêtes en cassation, en contrariété ou en révision, pour le rapport desquelles tous les sieurs maîtres des requêtes pourront être commis sans distinction de quartier.

6. L'ordonnance qui aura commis le rapporteur, sera signifiée à tous les avocats de l'instance, dans la huitaine du jour de sa date, sinon ladite ordonnance sera regardée comme non avenue, et l'avocat qui l'aura obtenue ne pourra en répéter les frais contre sa partie.

7. Le rapporteur qui aura été commis en la forme ci-dessus prescrite, ne pourra être changé dans le même quartier, qu'en cas de récusation jugée bonne et valable, ou d'absence ou autre empêchement légitime et suffisant, ou par subrogation après la fin du quartier; hors desquels cas il pourra exercer la fonction de rapporteur, même après ledit quartier expiré, sans qu'il soit besoin d'en obtenir la continuation.

8. Défenses très-expresses sont faites aux avocats de faire commettre deux fois sur une même requête, ou sur une même instance, ou sur les demandes incidentes ou autres qui en peuvent dépendre; comme aussi de faire commettre un Rapporteur, lorsque l'avocat d'une autre partie en aura fait commettre

un ; le tout à peine de nullité, et autres qu'il appartiendra, suivant l'exigence des cas.

9. S'il arrive néanmoins, par erreur ou autrement, que les parties aient fait commettre deux rapporteurs dans la même affaire, celui qui aura été nommé le premier, demeurera rapporteur, sans qu'il soit besoin de le faire commettre de nouveau ; et l'ordonnance qui aura commis le second, sera regardée comme non avenue.

10. Le contenu aux articles précédents sera observé lorsqu'il y aura lieu de faire subroger un rapporteur à celui qui avoit été d'abord commis en la forme ordinaire, ou même par arrêt ; et le rapporteur qui sera subrogé, pourra être choisi entre tous les sieurs maîtres des requêtes, sans distinction de quartier.

11. Les instances ne pourront être rapportées par celui qui aura été subrogé, que trois jours au moins après la signification de l'ordonnance qui l'aura subrogé.

12. Lorsqu'une des parties demandera la jonction de deux instances distribuées à des rapporteurs différents, elle sera tenue de remettre sa requête au rapporteur de l'instance dont la jonction sera demandée ; et en cas que ladite jonction soit ordonnée, celui des sieurs maîtres des requêtes qui avoit été commis sur l'instance à laquelle l'autre aura été jointe, demeurera seul rapporteur des deux instances.

13. Les dispositions des articles précédents sur la nomination des rapporteurs, seront observées dans tous les cas où il écherra de faire nommer des commissaires pour la communication des instances.

14. Le greffier tiendra deux registres pour les distributions des affaires pendantes au conseil, dont l'un sera remis à M. le chancelier, et l'autre demeurera entre les mains dudit greffier ; ce qui sera pareillement observé à l'égard des registres qui seront tenus pour la nomination des sieurs commissaires à qui les instances devront être communiquées.

TITRE IVe. — *De requêtes et productions.*

ART. 1. Dans les instances qui auront été introduites par assignation, la partie qui en poursuivra l'instruction sera tenue, aussitôt après la nomination du rapporteur de lui remettre une requête contenant le récit du fait, ses moyens, l'énonciation sommaire de ses pièces, et ses conclusions ; lesquelles requêtes et pièces seront employées pour fins de non recevoir, défenses au fond, écritures et productions.

2. Ladite requête sera répondue par le sieur rapporteur, d'une ordonnance portant ait acte de l'emploi et au surplus en jugeant; et sera ladite requête signifiée à l'avocat de l'autre partie, dans la huitaine au plus tard, à compter du jour de ladite ordonnance.

3. Ladite requête ainsi répondue et signifiée, sera remise au greffe du conseil, avec les pièces qui y seront produites, pour être ensuite donnée au sieur rapporteur; et le greffier ne pourra la recevoir, si toutes lesdites pièces n'y sont jointes, à peine de répondre en son propre et privé nom des dommages-intérêts des parties.

4. Dans les instances introduites par arrêt de soit communiqué, comme aussi dans les instances d'opposition au titre, ou à un arrêt du conseil, la requête insérée en l'arrêt de soit communiqué, ou la requête en main-levée de l'opposition au titre, ou celle d'opposition à l'arrêt, tiendront lieu de la requête mentionnée dans l'article 1 ci-dessus; comme aussi d'écriture et productions de la part de celui qui aura obtenu ledit arrêt, ou demandé la main-levée de l'opposition au titre, ou formé opposition à l'arrêt; et il sera tenu de remettre au greffe ledit arrêt ou lesdites requêtes, ensemble les pièces qu'il y aura jointes.

5. L'avocat qui aura remis sa requête au greffe, conformément à l'article précédent et audit article 1, sera tenu de le déclarer aux autres avocats de l'instance, par acte au pied duquel le greffier cotera sans frais le jour de la remise de ladite requête.

6. Le même acte contiendra sommation de produire à l'égard des avocats qui ne l'auront pas fait, sans qu'il soit permis de faire ladite sommation par un acte séparé, ou d'en faire plus d'une, le tout à peine de nullité.

7. L'avocat à qui ledit acte contenant sommation de produire, aura été signifié, sera tenu de remettre au sieur rapporteur, dans deux mois au plus tard, à compter du jour de ladite signification, sa requête en réponse à celle qui lui aura été signifiée; et à l'égard de ladite requête en réponse, seront observées les dispositions des articles 1, 2, 3 et 5 ci-dessus, sur ce qui concerne la requête du demandeur.

8. L'avocat qui aura produit le premier, pourra, dans le délai qui sera ci-après marqué, répondre à ladite requête et production, par une seconde requête, à laquelle il lui sera permis de joindre telles pièces qu'il avisera bon être, desquelles il sera tenu de faire une énonciation sommaire dans

ladite requête, qui sera signifiée à l'avocat de l'autre partie, pour y répondre, si elle le juge à propos, par une pareille requête.

9. Lesdites secondes requêtes seront employées réciproquement pour réponses aux précédentes, et répondues d'une ordonnance d'ait acte et soit signifié; et en cas qu'elles continssent de plus amples conclusions, ladite ordonnance portera en outre, qu'en jugeant il y sera fait droit.

10. Les parties remettront entre les mains du sieur rapporteur lesdites secondes requêtes, sans autre formalité, et sans qu'il soit nécessaire de les produire au greffe; et ne pourront lesdites parties faire répondre aucune requête, si les pièces qui y sont produites n'y sont énoncées et jointes.

11. Les requêtes mentionnées dans les trois articles précédents, seront signifiées dans un mois pour tout délai, à compter du jour de la signification de celle à laquelle elles serviront de réponse, sinon il sera passé outre au jugement de l'instance, sans qu'il soit nécessaire de faire aucune sommation de les fournir, ni aucune autre procédure.

12. Dans les instances d'évocation, de réglement de juges, d'opposition au titre, et autres dont le fond ne doit pas être jugé au conseil, chacune desdites requêtes ne pourra excéder le nombre de trente rôles, et dans les autres instances celui de soixante; et celles desdites requêtes qui en contiendroient un plus grand nombre, ne pourront entrer en taxe que pour trente ou soixante rôles, et l'avocat qui aura excédé ledit nombre, ne pourra répéter, contre sa partie, les frais et honoraires desdites requêtes, si ce n'est qu'il eût obtenu de M. le chancelier, une permission par écrit d'excéder le nombre de rôles ci-dessus prescrit; laquelle permission pourra être demandée dans tous les cas où le nombre des rôles aura été fixé par le présent réglement.

13. Pourront néanmoins les requêtes portées par l'article précédent, être réduites, lors de la liquidation des dépens, à un moindre nombre de rôles que celui qui est porté par ledit article, s'il paroît par la nature de l'affaire et l'objet desdites requêtes, qu'elles n'exigeoient pas ledit nombre; ce qui aura lieu pareillement à l'égard de toutes les requêtes qui seront données par les parties pendant le cours de l'instance.

14. En cas que depuis les deux requêtes qui pourront être données de part et d'autre suivant les articles précédents, les parties aient recouvré de nouvelles pièces, il leur sera permis de les produire par une nouvelle requête, qui sera répondue

d'une ordonnance portant que les pièces seront jointes à l'instance, sans que ladite ordonnance puisse être accordée, si lesdites pièces ne sont remises en même temps au sieur rapporteur.

15. Ladite requête ainsi répondue sera signifiée dans les trois jours de la date de ladite ordonnance, et remise entre les mains du sieur rapporteur, sans qu'il soit besoin de la produire au greffe; sinon, il sera passé outre au jugement de l'instance.

16. La partie à laquelle ladite requête aura été signifiée, sera tenue d'y répondre dans la huitaine du jour de ladite signification, et de joindre sa requête entre les mains du sieur rapporteur, sans qu'il soit besoin d'aucune sommation, sinon il sera passé outre au jugement de l'instance.

17. Les requêtes de production nouvelle, ou de réponses à icelles, n'entreront en taxe que pour six rôles au plus, dans les instances d'évocation de réglement de juges, d'opposition au titre, et autres affaires dont le fond ne doit pas être jugé au conseil, et pour douze rôles au plus, dans les autres instances; et ne pourra être signifié aucune autre requête ou dire, au sujet desdites productions nouvelles, à peine de nullité.

18. Lorsque l'instance aura été communiquée aux commissaires à ce députés, ou à l'assemblée des sieurs maîtres des requêtes de quartier au conseil, il ne pourra être répondu à aucune requête de production nouvelle, que de l'avis desdits sieurs commissaires, ou desdits sieurs maîtres des requêtes.

19. Dans les instances d'évocation, de réglement de juges, d'opposition au titre, et autres affaires dont le fond ne doit pas être jugé au conseil, ou dans les instances d'opposition à des arrêts du conseil rendus dans lesdites matières, il n'entrera en taxe qu'une seule production nouvelle de la part de chacune des parties, si ce n'est qu'il en fût autrement ordonné par l'arrêt qui interviendra sur lesdites instances.

20. Les parties qui auront négligé de produire leurs pièces par les requêtes ci-dessus marquées, ou qui auront affecté de les produire dans la suite, pour éloigner le jugement de l'instance, seront condamnées, lors du jugement d'icelle, en tels dommages et intérêts qu'il appartiendra, envers les autres parties, et en telle amende que le conseil jugera à propos, laquelle pourra même être prononcée d'office; ce qui aura lieu dans toutes les instances sans exception.

21. Après les deux requêtes principales, et celles de pro-

duction nouvelle, ou de réponses à icelles, les parties ne pourront être reçues à présenter d'autres requêtes, ni à faire signifier d'autres écritures, sous quelque prétexte que ce puisse être, et ce, sous telles peines qu'il appartiendra, sans préjudice néanmoins de ce qui sera réglé au titre 7 au sujet des incidents.

22. Lorsque les parties n'auront rien à écrire ni à produire, ou lorsque dans une instance retenue au conseil, elles voudront employer pour écritures et production, ce qu'elles auront dit et produit avant l'arrêt de rétention, elles seront tenues de le déclarer par un simple acte d'emploi, qui sera signifié aux autres avocats de l'instance, et remis entre les mains du sieur rapporteur, sans qu'il soit nécessaire de le produire au greffe, lequel acte tiendra lieu de production de leur part.

23. Si lesdites parties jugent à propos de faire signifier des mémoires imprimés, contenant le précis de l'instance, ou de nouveaux moyens, elles pourront le faire, sans retardation néanmoins du jugement de ladite instance; auquel cas, il ne pourra entrer en taxe qu'un seul desdits mémoires de la part de chaque partie, et il n'y entrera, dans les instances d'évocation, règlement de juges, opposition au titre, et autres matières, dont le fond ne doit pas être jugé au conseil, que pour deux feuilles ou quatre rôles d'impression; à l'égard des autres affaires, ledit mémoire sera taxé et réglé suivant leur importance, sans qu'en aucun cas, il puisse entrer en taxe lorsqu'il ne contiendra que la copie des requêtes signifiées en l'instance.

24. Les requêtes, pièces et mémoires ci-dessus mentionnés, ne pourront être signifiés dans les instances où il y aura plusieurs parties, qu'à celles qui auront un intérêt opposé à celui de la partie, à la requête de laquelle la signification sera faite, et non à celles qui n'auront que le même intérêt que ladite partie, ce qui sera observé, à peine de nullité desdites significations.

25. Toutes les requêtes qui seront présentées au conseil, seront écrites correctement et lisiblement, et les conclusions que les parties prendront par icelles, seront transcrites de suite, sans aucun blanc ni interligne, et les renvois, si aucun y a, ne pourront être écrits qu'à la suite et après les derniers mots desdites conclusions, sinon, il ne pourra être statué sur ce qui sera porté par lesdits renvois, qui seront réputés nuls et de nul effet.

26. Lesdites requêtes seront écrites en demi-grosse seulement, et chaque rôle contiendra au moins cinquante lignes, et chaque ligne douze syllabes au moins; sinon, chaque rôle où il se trouvera moins de lignes et de syllabes, sera rayé en entier; et si lesdits rôles ont été payés par la partie, elle pourra répéter contre son avocat ce qu'il aura reçu.

27. Défenses sont faites aux avocats de faire dans leurs écritures, des digressions et répétitions inutiles, ou d'y transcrire en entier les pièces et les moyens auxquels ils répondront, à peine de réduction ou de radiation desdites écritures.

28. Lesdits avocats s'abstiendront pareillement avec soin, d'user de termes injurieux contre leurs parties ou contre leurs confrères, à peine de radiation desdits termes, et de suppression des écritures qui les contiendroient, comme aussi de telles réparations, et dommages et intérêts qu'il sera jugé à propos, même d'amende et d'interdiction, suivant l'exigence des cas.

29. Les copies signifiées des requêtes, comme aussi les autres actes et procédures d'instruction, seront écrites lisiblement et correctement en petite demi-grosse seulement, et seront lesdites copies conformes aux originaux, de quoi l'avocat demeurera responsable en son propre et privé nom.

30. Il ne sera fait dans les instances pendantes au conseil, aucunes autres procédures ou écritures que celles qui sont prescrites par le présent réglement; à l'effet de quoi l'usage des appointements, requêtes verbales, procès-verbaux de référé, et autres concernant lesdits appointements, des avertissements, inventaires de production, contredits, salvations, dires et autres écritures ou procédures ci-devant pratiquées, demeurera entièrement abrogé, et toutes procédures à ce contraires, seront regardées comme nulles et de nul effet, sauf à être prononcé telles peines qu'il appartiendra, en cas de contravention.

TITRE V. — *Des Forclusions.*

ART. 1. La partie qui n'aura pas remis sa production au greffe dans deux mois, à compter du jour de la signification de l'acte de produit de l'autre partie, contenant sommation de produire, demeurera de plein droit forclose de produire, en vertu de ladite sommation seulement, et sans qu'il puisse être fait aucune autre sommation ni procédure, à peine de nullité.

2. La partie qui aura acquis ladite forclusion, remettra au sieur rapporteur un certificat du greffier, portant qu'il n'a été remis au greffe pendant lesdits deux mois, aucune production

de la part de l'autre partie, et huitaine après l'expiration dudit délai, elle pourra obtenir un arrêt par forclusion, qui sera rendu sur le vu de sa seule production, et dudit certificat, sans qu'il puisse être fait aucune autre écriture ou procédure; le tout à peine de nullité.

3. Les instances qui seront jugées par forclusion, seront rapportées au conseil, et ce après avoir été préalablement communiquées à l'assemblée des sieurs maîtres des requêtes étant en quartier au conseil.

4. Lorsque de plusieurs parties contre lesquelles le jugement d'une instance sera poursuivi, les unes auront produit, sans que les autres l'aient fait, l'instance ne pourra être jugée contre celles qui n'auront pas produit, que par l'arrêt qui sera rendu contradictoirement avec la partie qui aura produit.

5. Les arrêts rendus par forclusion, auront le même effet que s'ils avoient été rendus contradictoirement, et les parties forcloses ne pourront être reçues à se pourvoir contre leurs dispositions, par voie de restitution ou d'opposition, ni autrement que par la voie de la demande en cassation.

TITRE VI. — *Des communications des productions ou des instances.*

Art. 1. Il ne sera donné aucune communication des pièces dont les parties voudront se servir, avant qu'elles aient donné leur requête, ou fait leur production conformément à ce qui est prescrit dans le titre 4 ci-dessus, et l'usage de communiquer auparavant lesdites pièces par originaux ou par copies demeurera entièrement abrogé à l'avenir, ce qui sera observé à peine de nullité de toutes les procédures qui pourroient être faites pour raison de ladite communication.

2. Lorsque les parties auront produit ou déclaré par acte qu'elles n'ont rien à produire, leurs avocats pourront toutes les fois qu'ils aviseront bon être, prendre communication des productions de l'instance, tant principales que nouvelles, entre les mains du sieur rapporteur, même y extraire ou transcrire telles pièces qu'ils jugeront à propos; le tout sans déplacer, sans droits, ni frais, et sans retardation du jugement de l'instance.

3. En cas que lesdits avocats aient besoin de prendre chez eux en communication lesdites productions, ou même l'instance entière, les pièces ne pourront leur être remises que sous un récépissé signé d'eux, contenant le jour auquel elles

leur auront été confiées, et celui auquel ils s'engageront de les rendre, sinon ladite communication ne pourra leur être accordée, sous quelque prétexte que ce puisse être.

4. Le terme dans lequel ladite instance ou ladite production devra être rendue, sera réglé par le sieur rapporteur, suivant la nature et les circonstances de l'affaire, sans néanmoins qu'il puisse excéder deux mois au plus pour l'instance entière, et quinze jours pour une production nouvelle, qui auroit été faite depuis la communication de ladite instance; et où par erreur ou autrement il auroit été omis de fixer ledit terme, il ne pourra être réputé que d'un mois pour l'instance entière, et de huitaine pour ladite production nouvelle.

5. Faute par l'avocat de rendre ladite instance ou ladite production, dans le temps porté par l'article précédent, il lui sera fait une sommation de la restituer dans le jour; et en cas qu'il n'y défère pas, il sera donné copie de ladite sommation au greffier des avocats au conseil, par acte signifié à la requête de la partie, ce qui sera par elle dénoncé audit avocat, à ce qu'il n'en ignore, et ledit greffier sera tenu de remettre ladite signification aux syndics en charge desdits avocats, dans le jour même qu'elle lui aura été faite.

6. Lesdits syndics pourront prendre, au nombre de trois au moins, telle délibération qu'ils jugeront nécessaire pour faire restituer les pièces communiquées, dans les vingt-quatre heures, ou dans tel autre bref délai, et sous telles peines qu'ils aviseront bon être, laquelle délibération ne pourra être attaquée par opposition, ni par appel.

7. Faute par l'avocat de remettre lesdites pièces dans quinzaine à compter du jour de la dénonciation portée par l'article 5 ci-dessus, il pourra y être contraint, comme dépositaire de justice; et ce, en vertu du présent réglement, et après un simple commandement, sans qu'il soit besoin d'ordonnance ni d'arrêt.

8. Les huissiers du conseil seront tenus, à la première réquisition qui leur en sera faite par la partie, ou par le porteur de sa procuration, de faire les sommations, dénonciations, significations, commandemens et contraintes portés par les articles précédents, encore que lesdits actes ne fussent signés d'aucun avocat, pourvu toutefois qu'ils le soient, tant en l'original qu'en la copie, par ladite partie, ou par le porteur de sa procuration, le tout à peine de cent cinquante livres d'amende envers Sa Majesté, et de cent cinquante livres envers la partie, même d'interdiction s'il y échet.

9. L'instance ou les productions dont elle sera composée, ne pourront être données aux avocats qu'une seule fois en communication; et le sieur rapporteur pourra même la leur refuser, lorsqu'ils auront négligé de la demander dans un temps convenable, et que ladite instance se trouvera en état d'être jugée, sauf à eux à prendre ladite communication, ainsi qu'il est porté par l'article 2 ci-dessus.

10. Il ne sera donné aucune communication des procédures criminelles, dont l'appel aura été ordonné incidemment à une instance ou à une requête en cassation, ou en révision.

TITRE VII. — *De la manière de pourvoir aux incidents qui peuvent survenir pendant le cours d'une instance.*

Art. 1. Il ne sera formé aucune demande incidente sur les qualités générales et personnelles des parties, comme celle d'écuyer, ou autres semblables, ni pareillement sur celles qui n'auront rapport qu'au fond de la contestation pendante devant les cours ou autres juges, mais seront toutes lesdites qualités censées prises, sans préjudice des droits respectifs des parties; et sera la présente disposition observée, à peine de nullité de toutes les procédures qui seroient faites pour raison desdites qualités.

2. Il ne sera pareillement formé aucune demande en paiement des frais préjudiciaux pour des défauts non jugés, lesquels frais seront payés sur une simple sommation faite par l'avocat qui aura obtenu ledit défaut, et ce, sur le pied seulement de neuf livres, y compris les frais de ladite sommation; et faute de paiement de ladite somme, il en sera délivré exécutoire, en vertu du présent règlement, sans autre procédure, et sans qu'il soit besoin d'ordonnance ni d'arrêt.

3. Les demandes incidentes qui naîtront au sujet des qualités prises relativement à l'instance qu'il s'agira d'instruire, ou sur des demandes en décharge d'assignation, ou afin d'obliger une partie à donner caution ou à se mettre en état, et autres de pareille qualité, sur lesquelles il sera nécessaire de statuer préalablement, seront formées par une requête sommaire, qui sera remise au sieur rapporteur de l'instance pour être par lui répondue d'une ordonnance de soit communiqué à la partie, au domicile de son avocat, pour y répondre dans trois jours pour tout délai.

4. Le défendeur sera tenu de répondre à ladite requête dans les trois jours de la signification qui lui en aura été faite, sinon il sera passé outre au jugement de l'incident, sans sommation

ni autre procédure, et sans qu'il puisse être accordé aucun nouveau délai.

5. Chacune desdites requêtes ne pourra contenir plus de six rôles, et les parties ne pourront faire répondre ni signifier aucune autre requête ou écriture sur ledit incident, à peine de nullité.

6. Lesdites requêtes et les pièces y jointes seront remises au sieur rapporteur, sans qu'il soit nécessaire de les produire au greffe; et trois jours après que lesdites requêtes auront été signifiées, il sera statué par arrêt sur ledit incident, sans aucune autre procédure, après néanmoins qu'il en aura été communiqué aux sieurs maîtres des requêtes, étant en quartier au conseil, à leur assemblée.

7. La partie qui aura défendu au fond, en prenant des conclusions sur la demande principale, ne pourra plus être reçue à former une demande en décharge d'assignation.

8. Les demandes à fin d'apport de procédure, charges et informations, et autres pièces, étant entre les mains de greffiers ou dépositaires publics, seront formées par requête en forme de vu d'arrêt, qui sera remise au sieur rapporteur de l'instance ou à l'un des sieurs maîtres des requêtes, en cas qu'il n'y ait pas encore eu de rapporteur commis, pour être, à son rapport, statué sur lesdites demandes au premier conseil, ainsi qu'il appartiendra.

9. Toute demande incidente, dirigée contre une partie qui n'aura pas encore constitué avocat sur l'instance principale, ne pourra être formée que par une requête en forme de vu d'arrêt, qui sera remise à l'un des sieurs maîtres des requêtes, pour être, à son rapport, statué au premier conseil sur ladite demande, ainsi qu'il appartiendra, ou être ordonné qu'elle sera jointe à la demande principale.

10. Les demandes en assistance de cause, en garantie, ou pour voir déclarer un arrêt commun, seront comprises dans les lettres ou arrêts introductifs de l'instance à laquelle elles seront incidentes, lorsque ce sera l'impétrant qui voudra former lesdites demandes; et en cas qu'il ait négligé de le faire, il ne pourra plus y suppléer que par une requête en forme de vu d'arrêt; et l'arrêt qui sera rendu sur ladite requête ne sera accordé qu'avec la clause *sans retardation du jugement de l'instance principale*, même, s'il y échet, qu'à la charge que les frais dudit incident ne pourront être répétés par la partie qui aura obtenu ledit arrêt, quand elle obtiendroit par la suite une condamnation de dépens dans l'instance principale.

11. Lorsque ce sera la partie assignée en vertu desdites lettres, ou à qui lesdits arrêts auront été signifiés, qui voudra former les demandes portées par l'article précédent, elle ne le pourra faire qu'en vertu de lettres ou d'arrêts, lesquels contiendront pareillement ladite clause, *sans retardation du jugement de l'instance principale.*

12. Celui qui aura obtenu les lettres ou arrêts mentionnés dans les trois articles précédents sera tenu de les dénoncer aux autres avocats de l'instance, avec les assignations données, ou les significations faites en conséquence, et ce, dans quinze jours au plus tard, à compter du jour de la dernière desdites assignations ou significations, même de leur déclarer le nom de l'avocat des parties nouvellement appelées, s'il s'en est présenté pour défendre à ladite demande.

13. Lorsque les défendeurs auxdites demandes se seront présentés, l'instruction et la procédure se feront à leur égard ainsi qu'il a été réglé à l'égard des autres parties de l'instance.

14. Lorsqu'une partie voudra former incidemment opposition à un arrêt du conseil ou d'une cour supérieure, ou à un jugement rendu en dernier ressort, dont on prétendra se servir contre elle, elle sera tenue de la former et de l'instruire par les mêmes requêtes qu'elle présentera pour l'instruction de l'instance principale, et non par une requête particulière, si ce n'est lorsque lesdits arrêts ou jugements n'auront été produits ou allégués que depuis lesdites requêtes signifiées; auquel cas l'opposition sera formée par une requête en forme de vu d'arrêt, qui sera remise au sieur rapporteur de l'instance, pour y être fait droit au premier conseil, soit par jonction de l'opposition à ladite instance, soit par renvoi devant les juges qui doivent connoître de ladite opposition ou autrement, ainsi qu'il appartiendra.

15. En cas que la jonction à l'instance principale ait été ordonnée par ledit arrêt, le défendeur à l'opposition pourra donner une requête pour y défendre; et en cas que l'opposant y ait répondu par une autre requête, il sera permis audit défendeur d'en donner une seconde de sa part, le tout sans retardement du jugement de l'instance, et sans qu'il puisse être fait aucune autre procédure pour raison dudit incident, à peine de nullité; et chacune desdites requêtes ne pourra entrer en taxe pour plus de dix rôles.

16. Les dispositions des deux articles précédents auront pareillement lieu à l'égard des demandes en cassation de procédures attentatoires à l'autorité du conseil, qui seroient for-

mées dans le cours d'une instance; et ne pourront être compris dans lesdites demandes d'autres arrêts ou jugements que ceux qui auroient été rendus au préjudice des défenses faites par le conseil, ni pareillement des procédures qui ne seroient que purement conservatoires, telles que de simples saisies ou oppositions pour deniers, des actes de reprise d'instance, ou autres de semblable nature et qualité.

17. Les demandes incidentes mentionnées dans les art. 10, 14 et 16 ci-dessus, lorsqu'il n'écherra pas d'en ordonner la jonction par arrêt, suivant ce qui est porté par lesdits articles, demeureront jointes de plein droit à l'instance principale, pour y être statué lors du jugement de ladite instance, ainsi qu'il appartiendra, sans qu'il soit besoin d'ordonnance ou d'arrêt de jonction, et sans que pour raison desdites demandes incidentes il puisse être donné, répondu ou signifié aucunes autres requêtes ou écritures, ni fait aucunes autres procédures que celles ci-dessus mentionnées, le tout à peine de nullité.

18. Les demandes en jonction ou disjonction de deux ou de plusieurs instances seront formées, instruites et jugées, ainsi qu'il en a été ci-dessus réglé par les articles 3, 4, 5 et 6, pour les incidents qui doivent être jugés préalablement, ce qui aura lieu pareillement à l'égard des demandes en disjonction de demandes incidentes, jointes de droit ou par arrêt à l'instance principale.

19. Les parties ne pourront être assignées en reprise d'instance qu'en vertu de lettres ou arrêts obtenus à cet effet.

20. La partie assignée en vertu desdites lettres ou arrêts sera tenue de reprendre l'instance dans les délais qui y seront prescrits, sinon il sera passé outre au jugement d'icelle par défaut contre ladite partie, en cas que celui qu'elle représente n'eût pas produit, ni fait signifier sa première requête avant son décès; et en cas qu'il eût produit ou fait signifier ladite requête, ladite instance sera jugée sur la simple remise de l'assignation au sieur rapporteur sans autre procédure ni formalité, et l'arrêt qui interviendra ne pourra être attaqué que par la voie de la demande en cassation.

21. L'instance sera tenue pour reprise avec la partie qui aura été assignée pour la reprendre, en vertu du premier acte qu'elle aura fait signifier dans ladite instance, sans qu'il soit nécessaire d'une reprise plus expresse; et en cas de contestation sur ce sujet, il y sera pourvu dans la forme prescrite par les articles 3, 4, 5 et 6 ci-dessus.

22. La partie qui voudra reprendre une instance sans at-

tendre qu'elle soit assignée à cet effet, sera tenue de le déclarer aux autres parties de l'instance par un simple acte qui vaudra reprise, après quoi elle procédera sur ladite instance suivant les derniers errements.

23. En cas que le demandeur soit décédé avant que le défendeur ait comparu, les héritiers, successeurs ou ayants-cause dudit demandeur pourront obtenir un arrêt par défaut contre ledit défendeur, en faisant préalablement au greffe un acte de la demande formée par celui qu'ils représenteront, sans qu'il soit besoin audit cas de lettres ou arrêts, ni d'aucune autre procédure ou formalité.

24. Et où il se trouveroit que toutes les parties qui se sont présentées dans l'instance seroient décédées, ceux qui voudront la reprendre seront censés l'avoir reprise sans aucun autre acte ni procédure, en obtenant des lettres ou un arrêt pour obliger les héritiers des autres parties de l'instance à la reprendre.

25. Les demandes en constitution de nouvel avocat ne pourront être formées que par lettres ou par arrêt, et la partie qui aura été assignée en vertu desdites lettres ou arrêt, sera tenue de constituer avocat dans les délais qui y sont portés, sinon il sera passé outre au jugement de l'instance sur la simple remise de ladite assignation au sieur rapporteur, et l'arrêt qui interviendra sera réputé contradictoire en cas que la partie eût produit ou fait signifier sa première requête avant le décès de son avocat, sinon ledit arrêt ne pourra être rendu que par défaut contre elle.

26. S'il survient quelque difficulté sur ladite constitution de nouvel avocat, la contestation sera instruite et jugée comme les autres incidents préliminaires, ainsi qu'il a été ci-dessus réglé par les articles 3, 4, 5 et 6.

27. En cas que pendant le cours d'une instance, il ait été ordonné qu'il sera procédé à des enquêtes, ou qu'une partie sera tenue de donner caution ou de faire une affirmation, comme aussi lorsqu'une partie voudra en faire interroger une autre sur faits et articles, ou faire procéder à la vérification ou collation des pièces, ou à d'autres actes de procédure de pareille nature et qualité, l'avocat qui poursuivra prendra une ordonnance du sieur rapporteur, à l'effet de faire assigner les parties intéressées, au domicile de leur avocat, pour comparoître devant ledit sieur rapporteur, dans le délai qui sera par lui prescrit, et être procédé aux fins de ladite ordonnance.

28. Si en procédant aux enquêtes, interrogatoires ou autres

actes mentionnés en l'article précédent, il survient quelque contestation à l'occasion des assignations et procédures, il en sera par ledit sieur rapporteur dressé procès-verbal, au pied duquel il les règlera sur-le-champ par son ordonnance, ainsi qu'il appartiendra, si ce n'est qu'il juge à propos d'ordonner qu'il en sera par lui référé au premier conseil, auquel cas après qu'il en aura été communiqué à l'assemblée des sieurs maîtres des requêtes, le rapport en sera fait sur le contenu audit procès-verbal seulement, sans qu'il puisse être fait aucunes instructions, écritures ou procédures à l'occasion dudit référé; le tout à peine de nullité.

29. Les procès-verbaux, enquêtes, interrogatoires ou autres actes de pareille nature qui seront faits dans les cas portés par les deux articles précédents, seront écrits lisiblement en demi-grosse seulement, et chaque rôle contiendra cinquante lignes, et chaque ligne douze syllabes, à peine de radiation et de privation des droits fixés par le tarif porté au titre 16 ci-dessous, pour les clercs des sieurs rapporteurs.

30. Lorsque par des arrêts rendus contradictoirement sur la contestation principale, il aura été statué par défaut sur les demandes incidentes, lesdites demandes seront réputées jugées contradictoirement sans que les parties soient reçues à se pourvoir par opposition contre lesdits arrêts, sous prétexte qu'elles n'ont pas défendu à la demande incidente; ce qui sera observé à peine de nullité.

31. En cas que les parties veuillent former pendant le cours d'une instance, et incidemment à icelle, d'autres demandes que celles dont il a été fait mention dans le présent titre, elles ne pourront se pourvoir que par requête en forme de vu d'arrêt, qui sera remise au sieur rapporteur de ladite instance, pour y être à son rapport statué par arrêt, ainsi qu'il appartiendra.

TITRE VIII. — *Des interventions.*

ART. 1. Ceux qui voudront intervenir dans une instance ne pourront se pourvoir que par une requête en forme de vû d'arrêt qui contiendra les conclusions qu'ils entendent prendre en ladite instance sans qu'ils puissent se réserver de les prendre après qu'ils auront eu communication de ladite instance, et ladite requête sera employée avec les pièces y jointes, pour écritures et productions.

2. La requête d'intervention sera remise au sieur rapporteur de l'instance, s'il y en a un, sinon à un des sieurs maîtres des

requêtes, pour y être à son rapport pourvu par arrêt ainsi qu'il appartiendra.)

3. Lorsque l'instance principale se trouvera avoir déjà été communiquée à des commissaires du conseil ou à l'assemblée des sieurs maîtres des requêtes, étant en quartier au conseil dans le temps que la requête d'intervention sera remise au sieur rapporteur, il ne pourra y être statué qu'après que ladite requête aura été communiquée auxdits sieurs commissaires, ou auxdits maîtres des requêtes.

4. En cas qu'il y ait lieu d'avoir égard à l'intervention, il sera ordonné par l'arrêt qui recevra la partie intervenante, qu'il sera fait droit sur le surplus de sa demande, ainsi qu'il appartiendra, en jugeant l'instance principale.

5. Ledit arrêt sera signifié aux avocats de toutes les parties de l'instance, et remis au greffe avec les pièces y jointes, trois jours après ladite signification, sinon ledit arrêt sera regardé comme non avenu, et il sera passé outre au jugement de ladite instance.

6. En cas que l'une des parties de l'instance forme opposition audit arrêt et prétende qu'il n'y a pas lieu de recevoir l'intervention, ledit incident sera instruit ainsi qu'il a été réglé par les articles 3, 4, 5 et 6 du titre 7 pour les incidents préliminaires.

7. Lorsqu'il n'y aura pas de contestation sur l'arrêt qui aura reçu l'intervention, l'instruction sera faite à l'égard de la partie intervenante, suivant ce qui a été réglé dans le titre 4 ci-dessus, à l'égard des autres parties de l'instance, si ce n'est que lesdites parties n'eussent aucun moyen particulier à ajouter à ceux dont elles se sont servies dans l'instance principale, auquel cas elles ne pourront donner aucunes requêtes particulières au sujet de ladite intervention, sauf à employer, pour y défendre, ce qu'elles ont écrit ou produit en ladite instance, par les requêtes qu'elles y ont données, lesquelles ne pourront être signifiées à l'intervenant en aucun cas, sauf à lui à en prendre communication entre les mains du sieur rapporteur; le tout à peine de nullité desdites requêtes et significations.

TITRE IX. — Des désaveux.

Art. 1. La partie qui voudra former un désaveu au conseil sera tenue de consigner préalablement, pour sûreté des dommages et intérêts des autres parties, la somme de cent cinquante livres entre les mains du greffier du conseil, qui s'en chargera sans droits ni frais, pour être, après le jugement du désaveu, ladite somme délivrée aussi sans frais, à qui il appartiendra.

2. La permission de former ledit désaveu, sera demandée par une requête en forme de vu d'arrêt, signée de l'avocat et de la partie même, ou du porteur de sa procuration spéciale, passée devant notaires, dont il restera minute, à laquelle requête seront jointes la quittance de consignation et une expédition de ladite procuration; le tout à peine de nullité.

3. Ladite requête et les pièces y jointes, seront remises au sieur rapporteur de l'instance, pour y être à son rapport statué par arrêt au premier conseil, ainsi qu'il appartiendra.

4. S'il n'y a pas lieu d'accorder la permission de former le désaveu, il sera ordonné que, sans s'arrêter à ladite requête, il sera passé outre au jugement de l'instance, et que la somme de cent cinquante livres consignée par le demandeur, sera remise et délivrée aux autres parties par le greffier entre les mains duquel ladite somme aura été consignée; ce qui sera exécuté quand même il auroit été omis d'y prononcer.

5. Pourra néanmoins être ordonné, s'il y échet, que ladite requête demeurera jointe à l'instance pour y être fait droit lors du jugement d'icelle; auquel cas il ne pourra être fait aucunes écritures ni procédure sur le désaveu jusqu'audit jugement.

6. En cas que le désaveu paroisse mériter d'être instruit, il sera ordonné que le demandeur sera tenu de le former dans les vingt-quatre heures, ainsi qu'il sera prescrit ci-après, sinon qu'il sera passé outre au jugement de l'instance.

7. Dans les cas où le désaveu concernera des procédures faites ailleurs qu'au conseil, l'instruction en pourra être renvoyée, s'il y échet, devant les juges ordinaires, pour y être statué dans le délai qui sera prescrit, après lequel, sur le vu dudit jugement, ou faute de le rapporter, il sera passé outre au jugement de l'instance pendante au conseil, ainsi qu'il appartiendra.

8. Lorsque la permission de former le désaveu au conseil aura été accordée, ledit désaveu sera fait au greffe par un acte signé de la partie même, ou du porteur de sa procuration, et ce, dans trois jours, à compter de la date de l'arrêt qui en aura accordé la permission; sinon ledit désaveu ne pourra plus être formé, et la somme de cent cinquante livres demeurera acquise à la partie, ainsi qu'il a été dit ci-dessus.

9. L'arrêt qui aura accordé la permission de former le désaveu sera signifié à la personne désavouée, à son domicile, et ladite signification vaudra sommation de défendre audit dés-

avou, sans qu'il puisse être donné aucune assignation, ni fait aucune sommation ni autre procédure; et copie sera donnée par le même exploit, de l'acte de désaveu, et de la procuration, s'il a été signé par procureur, sinon il sera passé outre au jugement de l'instance, comme si le désaveu n'avoit pas été formé, et la somme consignée demeurera acquise à la partie, ainsi qu'il a été ci-dessus réglé.

10. La signification portée par l'article précédent sera faite dans la quinzaine, à compter du jour de la date de l'arrêt, si la personne désavouée est domicilié dans le lieu où se fera la procédure du conseil, ou dans les délais marqués au titre des assignations, si elle est domiciliée hors dudit lieu; sinon il sera passé outre au jugement de ladite instance, comme si le désaveu n'avoit pas été formé: et faute par le demandeur de justifier desdites significations, à la première réquisition qui lui en sera faite par les autres parties de l'instance, il ne sera plus recevable à poursuivre le jugement du désaveu, et la somme par lui consignée demeurera acquise à la partie dans l'un et l'autre cas, ainsi qu'il a été dit ci-dessus.

11. Ledit arrêt sera pareillement signifié aux autres parties de l'instance, au domicile de leurs avocats, dans ledit délai de quinzaine, et dans la forme portée par l'article 9 ci-dessus; le tout sous les peines prescrites par l'article précédent.

12. La personne désavouée sera tenue de fournir défenses au désaveu, dans huitaine pour tout délai, à compter du jour de la signification à elle faite dudit arrêt, si elle est domiciliée dans le lieu où se fera la procédure du conseil, ou du jour de l'expiration des délais marqués au titre des assignations, si elle est domiciliée ailleurs.

13. Et à l'égard des parties de l'instance auxquelles ledit arrêt aura été signifié, elle sera pareillement tenue de défendre audit désaveu, dans ledit délai de huitaine, à compter du jour de ladite signification.

14. Les défenses de chacune des parties mentionnées dans les deux articles précédents, seront contenues dans une seule requête, qui sera remise au sieur rapporteur de l'instance, avec les pièces y jointes, pour être par lui répondue d'une ordonnance en jugeant et soit signifié au demandeur au domicile de son avocat, pour y répondre dans trois jours pour tout délai; lesdites requêtes et ordonnances seront signifiées dans les délais prescrits par lesdits deux articles précédents, sinon il sera passé outre au jugement du désaveu, sans sommation ni autre procédure.

15. Le demandeur en désaveu pourra répondre auxdites requêtes par une seule requête, qui sera signifiée auxdites parties dans trois jours au plus tard, à compter du jour de la signification de leur requête, sinon il sera passé outre au jugement du désaveu, sans sommation ni autre procédure.

16. Les requêtes données par les parties pour l'instruction du désaveu, ne pourront excéder six rôles; et il ne sera fait pour raison dudit incident, aucunes autres écritures, ni procédures que celles ci-dessus prescrites, à peine de nullité.

17. Le demandeur en désaveu, qui succombera en définitive, sera condamné en trois cents livres de dommages et intérêts, y compris les cent cinquante livres consignées, savoir cent cinquante livres envers la personne désavouée, et cent cinquante livres envers les autres parties de l'instance, sauf à augmenter ladite condamnation, s'il y échet.

TITRE X. — *Du faux incident aux instances pendantes au conseil.*

Art. 1. La partie qui voudra obtenir la permission de s'inscrire en faux contre une pièce produite dans une instance, sera tenue de présenter à cet effet une requête en forme de vu d'arrêt, et de consigner préalablement l'amende de cent livres, en se conformant au surplus à ce qui est prescrit par les articles 3, 6 et 7 du titre du faux incident, de l'ordonnance du mois de juillet 1737, et sera ladite requête remise au sieur rapporteur de ladite instance, avec la quittance de consignation de ladite amende, pour en être fait rapport au premier conseil.

2. La permission de s'inscrire en faux, ne pourra être accordée que par arrêt délibéré au conseil; et lorsqu'elle l'aura été, le demandeur sera tenu d'observer tout ce qui est porté par les articles 8, 9, 10 et 11 dudit titre de ladite ordonnance; et notamment par rapport à la sommation qui doit être faite au défendeur, de déclarer s'il entend se servir de la pièce arguée de faux, laquelle sommation lui sera faite au domicile de son avocat au conseil.

3. En cas que le défendeur déclare qu'il n'entend pas se servir de ladite pièce, ou faute par lui de faire sa déclaration ainsi qu'il est porté par ledit article 11, le demandeur en faux pourra se pourvoir par requête en forme de vu d'arrêt, à l'effet de faire ordonner que la pièce maintenue fausse sera rejetée de l'instance par rapport au défendeur, sauf, s'il y a lieu de procéder par voie d'accusation de faux principal, à y être

pourvu ainsi qu'il appartiendra ; auquel cas, le jugement de ladite instance ne pourra être différé, si ce n'est que le conseil en eût ordonné autrement ; le tout ainsi qu'il est prescrit par les articles 12, 13 et 19 dudit titre.

4. Si le défendeur déclare qu'il veut se servir de ladite pièce, il sera rendu arrêt sur sa requête ou sur celle du demandeur, portant que les parties se pourvoiront aux requêtes de l'hôtel pour y être ladite pièce arguée de faux, déposée au greffe dans les vingt-quatre heures, à compter du jour de la signification dudit arrêt, et être au surplus l'inscription de faux formée, et ledit incident instruit et jugé dans la forme prescrite par ladite ordonnance du mois de juillet 1737, après quoi, et le jugement dudit incident rapporté, il sera passé outre au conseil, au jugement de l'instance principale.

5. N'entend néanmoins S. M. empêcher que dans les instances d'évocation ou de règlement de juges, où la pièce arguée de faux dont le défendeur aura déclaré vouloir se servir, se trouveroit entièrement inutile au jugement desdites instances, il ne puisse être ordonné qu'il sera passé outre au jugement d'icelles ; sans préjudice au demandeur en faux, d'en poursuivre, si bon lui semble, l'instruction et le jugement en tel tribunal qu'il appartiendra, à l'effet de quoi les parties seront renvoyées.

6. Le demandeur en faux, qui succombera, sera condamné en trois cents livres d'amende, y compris les cent livres consignées ; laquelle amende sera appliquée et réglée conformément à ce qui est prescrit par les articles 49, 50 et 51 du titre du faux incident de ladite ordonnance du mois de juillet 1737.

TITRE XI. — *Des récusations.*

ART. 1. Les récusations ne pourront être formées au conseil que par une requête en forme de vu d'arrêt. Défenses sont faites aux parties de former lesdites récusations par aucun acte particulier, à peine de cinq cents livres d'amende, même de telle réparation ou condamnation de dommages et intérêts qu'il appartiendra, suivant l'exigence des cas.

2. Ladite requête sera remise à M. le chancelier qui en chargera celui des sieurs maîtres des requêtes qu'il jugera à propos de choisir, pour en faire le rapport au conseil.

3. Il ne sera fait aucune signification de ladite requête, mais elle sera seulement communiquée par le sieur rapporteur à celui qui aura été récusé, pour être par lui fait sa déclaration

sur les moyens de récusation; à l'effet de quoi, il sera entendu au conseil avant le jugement de la récusation, sans autre formalité, et sans qu'il puisse être fait à ce sujet aucune procédure, à peine de nullité.

4. Celui dont les récusations auront été déclarées impertinentes et inadmissibles, ou qui en aura été débouté faute de preuves, sera condamné en deux cents livres d'amende, moitié envers S. M., et moitié envers les parties de l'instance; et sera ladite amende acquise de plein droit, en quelques termes que l'arrêt soit conçu, et quand même il auroit été omis d'y prononcer, sans qu'en aucun cas elle puisse être remise ni modérée, et sauf à l'augmenter, s'il y échet.

5. Les dispositions du titre 24 de l'ordonnance du mois d'avril 1667 seront au surplus observées au conseil, selon leur forme et teneur, à l'égard des récusations qui y seront formées.

TITRE XII. — *Des appels des ordonnances des sieurs rapporteurs.*

Art. 1. Les appellations des ordonnances des sieurs rapporteurs seront portées devant les sieurs maîtres des requêtes étant en quartier aux requêtes de l'hôtel, et elles ne pourront être reçues si elles n'ont été interjetées dans la huitaine du jour de la signification desdites ordonnances à l'avocat de l'appelant. Défenses sont faites audit avocat de signer aucun acte d'appel desdites ordonnances après ledit délai, à peine de nullité dudit appel et des procédures qui seroient faites en conséquence.

2. Lesdites appellations seront interjetées par de simples actes, sans qu'il soit besoin de les relever par lettres ou par jugement desdits sieurs maîtres des requêtes; et seront lesdits actes signés, tant sur l'original que sur la copie, par l'avocat de l'appelant. Défenses sont faites aux huissiers d'en signifier aucuns, ou d'en laisser copie, sans ladite signature, à peine de nullité de la signification et de cent livres d'amende.

3. Lesdits actes ne pourront être signifiés si l'appelant n'a préalablement consigné la somme de douze livres, pour l'amende envers S. M.; et sera à cet effet, la quittance de consignation attachée à l'acte d'appel, et signifiée avec ledit acte, à peine de nullité. Défenses sont faites aux huissiers, d'en signifier aucuns sans ladite quittance, à peine de vingt livres d'amende.

4. Sur la requête qui sera présentée par l'appelant ou par l'intimé, lesdites appellations seront plaidées à l'audience desdits sieurs maîtres des requêtes en la manière accoutumée; si ce n'est lorsque le conseil se tiendra ailleurs qu'à Paris ou à Versailles, dans d'autres lieux où S. M. fera son séjour, auquel cas, elles seront plaidées par-devant les sieurs maîtres des requêtes qui se trouveront alors à la suite du conseil, en nombre suffisant pour y statuer.

5. L'appelant qui succombera dans son appel, de quelque manière que la prononciation soit conçue, sera condamné en l'amende de soixante et quinze livres envers S. M., si ce n'est que les sieurs maîtres des requêtes, pour de bonnes considérations, jugeassent à propos de la modérer; sans néanmoins qu'audit cas elle puisse être réduite au-dessous de douze livres, et si ledit appelant se désiste de son appel, l'amende par lui consignée demeurera acquise au profit de S. M.

TITRE XIII. — *De la manière de procéder aux jugements et de l'expédition des arrêts.*

ART. 1. Le jugement de l'instance qui sera instruite et en état d'être jugée ne pourra être différé par la mort des parties ou de leurs avocats, ou sous prétexte de constitution d'un nouvel avocat; et seront au surplus observées au conseil les dispositions des articles 2, 3 et 4 du titre 26 de l'ordonnance du mois d'avril 1667.

2. Les arrêts seront rédigés par les sieurs rapporteurs aussitôt qu'ils auront été rendus, pour être signés et remis au greffe le jour du conseil suivant.

3. Le vu de l'arrêt contiendra les noms et les qualités prises par les parties dans les actes et exploits introductifs de l'instance, les demandes et conclusions portées par leurs requêtes, avec un extrait sommaire des pièces y jointes; et ne pourront les sieurs rapporteurs recevoir lesdites qualités et vus d'arrêts des mains des parties, ou de leurs avocats, mais seront tenus de les faire faire par leurs clercs, et de les revoir exactement.

4. Le dispositif de l'arrêt sera écrit en entier de la main du sieur rapporteur, et l'arrêt sera signé par M. le chancelier et par ledit sieur rapporteur.

5. Lorsque l'affaire jugée aura été examinée avant le rapport au conseil par des commissaires ou par les sieurs maîtres des requêtes, à leur assemblée, le sieur rapporteur sera tenu de leur communiquer l'arrêt qu'il aura rédigé, pour être en

suite signé par ceux d'entre eux qui auront assisté au rapport de l'affaire au conseil, avant qu'il soit présenté à M. le chancelier, pour le signer.

6. La minute de l'arrêt sera remise par le sieur rapporteur au greffier du conseil, pour être ledit arrêt expédié à la première réquisition des parties; et ne pourra ledit greffier se dessaisir de ladite minute, à peine d'interdiction, et de demeurer responsable des dommages et intérêts des parties.

7. Les expéditions des arrêts seront écrites en demi-grosse, lisiblement et correctement, et chaque rôle contiendra au moins cinquante lignes, et chaque ligne douze syllabes, à peine de privation des droits dus pour ladite expédition, même de plus grande peine, s'il y échet. Défenses sont faites aux commis du greffe de contrevenir à la présente disposition; comme aussi d'exiger d'autres ni plus grands droits que ceux qui sont bien et dûment établis, et dont il sera fait incessamment un nouveau tarif; ce qui sera observé à peine de restitution du quadruple, et de telle autre condamnation qu'il appartiendra, suivant l'exigence des cas.

8. Le greffier sera tenu d'apporter à M. le chancelier, le lendemain de chaque conseil, un extrait de son plumitif, signé de lui, qui contiendra les instances qui auront été rapportées audit conseil, les noms des parties et de leurs avocats, ceux des rapporteurs, et ce qui aura été décidé sur chaque affaire.

9. Aucun arrêt du conseil ne pourra être mis à exécution contre une partie, s'il n'a été préalablement signifié à l'avocat au conseil qui aura occupé pour elle en l'instance jugée par ledit arrêt, et ce quand même il auroit été signifié à ladite partie, à personne ou domicile; ce qui aura lieu à peine de nullité de toutes les procédures et exécutions qui pourroient être faites avant la signification de l'arrêt audit avocat.

10. En cas néanmoins que ledit avocat fût décédé avant que l'arrêt eût été mis à exécution, celui qui l'aura obtenu pourra le faire exécuter, en conséquence de la seule signification faite à la partie à son domicile, sans qu'il soit nécessaire d'attendre que ladite partie ait constitué un nouvel avocat, ou de faire aucunes poursuites pour l'obliger à en constituer.

TITRE XIV. — *De la remise des productions au greffe.*

ART. 1. Dans toutes les affaires qui seront portées au conseil, lorsque l'instance aura été jugée et l'arrêt signé, les clercs des sieurs rapporteurs seront tenus de remettre au greffe dans huitaine pour tout délai, sans en être requis, et sans frais ni autres droits que ceux qui seront ci-après réglés, toutes les requêtes, pièces et productions, tant principales que nouvelles de l'instance, desquelles le greffier sera tenu de leur donner une décharge valable, le tout sans droit ni frais.

2. Faute par lesdits clercs de remettre lesdites requêtes, pièces et productions dans ledit délai, ils pourront y être contraints, même par corps, à la requête des parties, après une simple sommation; et ils demeureront en outre, eux, leurs héritiers ou ayant cause, garants et responsables envers lesdits avocats, pendant trente ans, de la perte desdites requêtes, pièces et productions, et des dommages et intérêts qui en pourroient résulter.

3. En cas que les avocats des parties n'aient pas fait les diligences nécessaires pour obliger lesdits clercs des sieurs rapporteurs à remettre au greffe lesdites requêtes, pièces et productions, ils demeureront, eux, leurs héritiers ou ayant cause, garants et responsables en leur propre et privé nom, envers leurs parties, pendant trente ans, de la perte desdites requêtes, pièces et productions, et des dommages et intérêts qui en pourroient résulter.

4. Les avocats qui auront retiré du greffe les productions faites par leurs parties dans les instances jugées, en demeureront déchargés envers lesdites parties, après cinq ans à compter du jour qu'ils auront retiré lesdites productions du greffe, sans qu'après ledit délai leurs veuves, héritiers ou ayant-cause, puissent être recherchés à ce sujet, sous quelque prétexte que ce puisse être.

5. Dans les cas où il y aura changement de rapporteur, les dispositions des trois premiers articles du présent titre seront observées pour la remise des requêtes, pièces et productions des instances qui n'auront pas été jugées, sans néanmoins que les clercs des sieurs rapporteurs, auxquels il en aura été subrogé de nouveaux, puissent exiger, en ce cas, aucuns droits ni frais, pour remettre lesdites requêtes, pièces et productions au greffe.

TITRE XV. — *Des voyages, séjours et retours.*

ART. 1. La partie qui aura obtenu une condamnation de dépens pourra, lors de la liquidation d'iceux, faire taxer à son profit, les sommes qui seront réglées ci-après pour voyages, séjours et retours, qu'elle aura faits à la suite du conseil pour la poursuite du jugement de l'instance.

2. Lorsque la partie, n'ayant pu venir à la suite du conseil, y aura envoyé sa femme ou un de ses enfants, pour y solliciter le jugement de l'instance, leurs voyages, séjours et retours, pourront pareillement entrer en taxe au profit de ladite partie, sans que, pour raison de ce, il aient besoin d'aucune procuration.

3. Entreront pareillement en taxe, les voyages, séjours et retours que tout autre particulier envoyé par la partie, aura faits pour raison de ladite instance, pourvu toutefois qu'il rapporte une procuration spéciale de ladite partie, passée devant notaire, contenant le nom, la qualité et la demeure dudit procureur, la cause et le sujet de son voyage et séjour, si c'est à l'occasion d'une ou plusieurs affaires, le nombre et la nature desdites affaires; autrement les voyages, séjours et retours desdits particuliers ne pourront être employés en taxe.

4. Ne seront néanmoins obligés les députés des chapitres, corps ou communautés ecclésiastiques ou séculiers, dans le cas de l'article précédent, de rapporter une procuration passée devant notaire, pourvu qu'ils soient suffisamment autorisés par une délibération de leur chapitre, corps ou communauté qui contienne ce qui est porté par ledit article.

5. Celui qui voudra être remboursé des frais d'un voyage, séjour et retour, sera tenu de dénoncer son arrivée aux autres avocats de l'instance, par un acte signé de lui et de son avocat, tant sur l'original que sur chacune des copies de l'acte, ce qui sera pareillement exécuté par celui qu'il aura envoyé à sa place, lequel sera tenu de donner en même temps copie de la procuration ou délibération mentionnée dans les deux articles précédents, le tout à peine de nullité, et n'entrera aucun séjour en taxe, s'il n'en a été fait un acte de dénonciation en la forme réglée par le présent article.

6. Si depuis la dénonciation du séjour, la partie ou celui qu'elle aura envoyé, quitte la suite du conseil avant le jugement de l'instance, leur départ sera déclaré par un nouvel acte, à peine de privation du séjour fait auparavant; et en cas de retour, il en sera fait une nouvelle dénonciation, sinon le second séjour ne pourra entrer en taxe; et seront lesdits actes de départ et de retour, faits et signifiés en la forme prescrite par l'article précédent.

7. Lorsqu'il sera procédé à la taxe, celui qui aura fait le séjour sera tenu l'affirmer en personne par-devant le sieur rap-

porteur, tout ce qui aura été employé dans les actes du séjour, procurations et délibérations ci-dessus mentionnées, en faisant seulement sommer préalablement l'avocat de sa partie, de se trouver du jour au lendemain devant le sieur rapporteur de l'instance jugée, pour voir faire ladite affirmation, de laquelle il lui sera donné acte au pied de ladite sommation, sans qu'il soit besoin de faire commettre de nouveau ledit sieur rapporteur, ni de prendre son ordonnance.

8. Lorsque l'instance sera jugée, la partie ou celui qu'elle aura envoyé, qui voudront s'en retourner avant la taxe des dépens, seront tenus de faire, avant leur départ, leur affirmation en la forme prescrite par l'article précédent; et en cas qu'ils s'en fussent retournés avant le jugement de l'instance, ils enverront une procuration passée devant notaire, pour faire ladite affirmation à leur place, avant que les dépens soient taxés; le tout à peine de privation desdits voyages, séjour et retour.

9. S'il est prouvé avant l'affirmation, que la partie ou celui qu'elle aura envoyé, soient venus pour la poursuite de plusieurs affaires, soit au conseil, ou en autre juridiction, la taxe du voyage et du séjour sera réduite suivant le nombre desdites affaires et le temps qu'elles auront duré.

10. En cas qu'il soit justifié suffisamment que le contenu en l'acte de séjour, procuration ou délibération ci-dessus mentionnés, et dans l'acte d'affirmation ne soit pas véritable en tout, ou même en partie, ladite partie, ou celui qu'elle aura envoyé, seront privés de tout voyage, séjour et retour; et il sera ordonné par le sieur maître des requêtes qui fera ladite taxe, qu'il en sera par lui référé au conseil; et ledit demandeur y sera condamné, s'il y échet, en trois cents livres d'amende envers S. M., et en tels dommages et intérêts qu'il appartiendra envers la partie, même en plus grande peine, selon l'exigence des cas; et ce, sur le vu du procès-verbal dudit sieur rapporteur, sans autres écritures ni procédures au sujet dudit référé.

11. Il ne pourra être taxé plus de trois mois de séjour pour chaque instance, si ce n'est qu'il fût intervenu en icelle, des arrêts interlocutoires, ou de rétention du fond; auquel cas, il ne pourra être taxé un second séjour de trois mois, à compter du jour desdits arrêts; et ne seront compris, en aucun cas, dans lesdits séjours, le temps du voyage, ni celui du retour.

12. Dans les instances qui auront été introduites par assignation, le séjour pourra commencer à courir du jour de la

signification de l'acte de présentation de l'avocat du défendeur; dans celles qui auront été introduites par arrêt de soit communiqué, du jour du premier acte signifié par l'avocat du défendeur; et dans les instances d'opposition au titre, ou à des arrêts du conseil, qui auront été introduites par simples requêtes, du jour de la signification desdites requêtes, sans néanmoins qu'il puisse être accordé aucun séjour avant l'acte de dénonciation porté par l'article 5 ci-dessus.

13. Il ne sera taxé à la partie aucun voyage, séjour ni retour, pour être venu ou avoir envoyé à la suite du conseil, depuis l'arrêt adjudicatif des dépens, à l'effet de procéder à ladite taxe.

14. Il ne pourra être fait, au sujet desdits voyages, séjours et retours, ni de la taxe d'iceux, aucune autre procédure, que celle qui a été ci-dessus prescrite, à peine de nullité.

15. Les voyages et séjours seront taxés selon les qualités des parties, ainsi qu'il suit, savoir :

A un archevêque, quinze livres, ci...... 15 l. 00 s. 0 d.
A un évêque, douze livres, ci........ 12 00 0
A un abbé commandataire ou régulier, sept livres dix sous, ci................ 7 10 0
A un doyen, prevôt, archidiacre, ou autre dignitaire d'une église cathédrale, six livres, ci. 6 00 0
A un chanoine d'une église cathédrale, et à un doyen ou autre dignitaire d'église collégiale, cinq livres, ci................ 5 00 0
A un chanoine de collégiale, à un prieur ou religieux, et à un curé de ville murée, quatre livres, ci...................... 4 00 0
Aux curés des autres lieux, et autres prêtres, trois livres, ci................. 3 00 0
Aux princes, ducs et pairs et maréchaux de France, ne sera taxé que pour le voyage d'un écuyer, à six livres par jour, pour apporter les pièces, selon la distance des lieux, lorsqu'il s'agira des droits de leurs terres, six livres, ci........................ 6 00 0
A un chevalier des ordres du roi, quinze livres, ci.......................... 15 00 0
A un marquis, comte ou baron, ayant lettres d'érection de terres enregistrées, dix livres, ci........................... 10 00 0

A un lieutenant-général des armées du roi, dix livres, ci...............................	10 l.	00 s.	0 d.
A tous autres officiers de cavalerie, d'infanterie ou de marine, et à un chevalier de l'ordre de Saint-Louis, six livres, ci......	6	00	0
A un capitaine, lieutenant ou enseigne réformés, et à un chevalier des ordres de Saint-Michel ou de Saint-Lazare, quatre livres, ci.	4	00	0
A un gentilhomme, six livres, ci.......	6	00	0
A un président de cour supérieure, douze livres, ci................................	12	00	0
A un conseiller, avocat ou procureur-général de cour supérieure, dix livres, ci.....	10	00	0
A un greffier en chef de cour supérieure, six livres, ci..............................	6	00	0
A un commis du greffe en charge, à un huissier, et à un procureur de cour supérieure, trois livres, ci.............................	3	00	0
A un avocat de cour supérieure, plaidant ou consultant actuellement, quatre livres, ci.	4	00	0
Aux autres avocats, trois livres, ci......	3	00	0
A un président du présidial, ou lieutenant-général des sièges ressortissant nûment ès cours, six livres, ci.......................	6	00	0
A un conseiller, à un avocat et à un procureur du roi desdits sièges, quatre livres, ci..	4	00	0
A un greffier, notaire, procureur ou huissier desdits sièges, deux livres dix sous, ci..	2	10	0
A un lieutenant, assesseur, avocat ou procureur du roi des sièges particuliers, trois livres, ci..............................	3	00	0
A un greffier, procureur ou huissier desdits sièges, deux livres, ci....................	2	00	0
A un juge ou procureur fiscal de seigneurie, deux livres dix sous, ci...............	2	10	0
A un greffier, notaire, huissier ou procureur desdites seigneuries, deux livres, ci....	2	00	0
A un receveur-général des finances, ou à un trésorier-d'état, six livres, ci.........	6	00	0
A tous autres officiers comptables, trois livres, ci................................	3	00	0
A un médecin, chirurgien ou apothicaire de ville capitale, trois livres, ci.............	3	00	0

A un médecin, chirurgien ou apothicaire d'une autre ville ou de campagne, deux livres, ci. . . . . 2 l. 00 s. 0 d.

A un marchand de ville capitale de province, ou autre où il y a jurande, deux livres dix sous, ci. 2 10 0

A un curateur aux causes ou à des biens vacants, à un collecteur, laboureur, artisan, ou autres personnes non désignées par le présent tarif, une livre dix sous, ci. 1 10 0

16. Les voyages et séjours des femmes seront taxés suivant la qualité de leurs maris, et ceux des enfants, suivant leur qualité personnelle, pourvu néanmoins que ladite taxe n'excède pas celle qui seroit accordée à la partie qui les a envoyées.

17. Le voyage et séjour de toute autre personne, de quelque qualité qu'elle soit, qui aura été envoyée par la partie, ne sera taxé qu'à raison de deux livres dix sous par jour, pourvu que ladite taxe n'excède pas celle qui a été réglée pour la partie qui les a envoyées.

TITRE XVI. — *De la liquidation ou de la taxe des dépens, et de la manière de se pourvoir contre ladite taxe.*

ART. 1. La partie qui succombera dans sa demande, sera condamnée aux dépens, et s'il y échet, aux dommages et intérêts des parties qui en auront demandé, même en cas de contestations téméraires, en telle amende qu'il appartiendra envers S. M., et envers la partie; laquelle amende pourra être prononcée d'office, quand les parties n'y auroient pas conclu.

2. Les dépens qui seront adjugés par les arrêts rendus par défaut ou par forclusion, et les frais et coûts des arrêts sur requête, lorsque la condamnation en aura été prononcée, seront liquidés par lesdits arrêts, et ce sur un simple mémoire de frais faits par la partie qui obtiendra lesdits arrêts, lequel sera signé de son avocat, et remis au sieur rapporteur avant son rapport.

3. Lorsque l'instance aura été jugée contradictoirement, et qu'une des parties aura été condamnée aux dépens, ils seront taxés en la forme ci-après réglée, si ce n'est que le conseil eût jugé à propos de les liquider, en statuant sur ladite instance.

4. L'avocat qui voudra faire procéder à ladite taxe, sera tenu de dresser une déclaration ou mémoire qui contiendra,

par articles séparés, tous les frais et dépens faits par sa partie, pour l'instruction et jugement de l'instance, y compris ceux de la taxe desdits dépens.

5. Lesdites déclarations de dépens seront écrites en demi-grosse seulement, et chaque rôle contiendra cinquante lignes, et chaque ligne douze syllabes.

6. Les qualités, le narré du fait, et l'arrêté de la déclaration n'entreront en taxe que pour quatre rôles, et pour trois articles seulement, et chaque rôle du surplus de ladite déclaration contiendra au moins quatre articles.

7. Il ne pourra être mis dans lesdites déclarations de dépens, aucun article pour les expéditions qui n'auront point été levées, pour droits non payés, si ce n'est que le demandeur en taxe en fût exempt par privilège, ni pour plus grandes sommes que celles qui auront été déboursées, et ne sera pris aucun droit pour articles rayés ou tirés à néant, lesquels ne pourront faire nombre dans le calcul.

8. Il ne pourra être fait dans lesdites déclarations de dépens, plusieurs articles d'une seule pièce, ou d'une seule expédition du greffe ou du sceau; mais seront compris en un seul et même article, tous les droits sans exception, qui peuvent concerner ladite pièce ou ladite expédition, sinon lesdits articles seront rayés, et il sera déduit à l'avocat du demandeur, autant de ses droits pour chaque article qui aura passé en taxe, qu'il s'en trouvera de rayés concernant la même pièce, ou la même expédition du greffe ou du sceau.

9. Il sera fait un article séparé pour tout le papier timbré qui aura été employé, tant en la production du demandeur en taxe, qu'en la déclaration de dépens, et pour la signification de l'arrêt et de la commission.

10. La déclaration de dépens sera signifiée à l'avocat de la partie qui y aura été condamnée, et ne pourra ladite signification être réputée valable, si l'arrêt qui a adjugé les dépens n'a été signifié préalablement, ou en même temps, audit avocat, lequel sera tenu d'occuper sur ladite taxe.

11. Ledit avocat pourra prendre communication par les mains de l'avocat du demandeur en taxe et sans déplacer, des pièces justificatives des articles dont la déclaration de dépens sera composée, et ce dans huitaine pour tout délai, à compter du jour de la signification de ladite déclaration, sans qu'il soit fait aucune sommation à ce sujet, sinon, il ne sera pas reçu à demander ladite communication.

12. Trois jours après ladite communication, il lui sera per-

mis de faire signifier audit avocat, par un huissier du conseil, des offres de la somme qu'il voudra payer pour lesdits dépens, avec protestation de n'être tenu des frais qui seroient faits au préjudice desdites offres.

13. En cas que lesdites offres soient acceptées, et que la somme offerte n'ait pas été payée, il sera, sur le vu de l'acte d'offres et d'acceptation d'icelles, délivré par le greffier du conseil, exécutoire de la somme y contenue, en la forme ordinaire, sans autre procédure ni formalité, et sans qu'il puisse être fait audit cas, aucune taxe de dépens.

14. En cas qu'il n'y ait point eu d'offre dans ledit délai, ou que l'avocat du demandeur en taxe ne les ait pas acceptées trois jours après qu'elles auront été signifiées, celui qui voudra faire taxer les dépens, obtiendra du sieur rapporteur de l'instance, ou de celui des sieurs maîtres des requêtes qui, en son absence ou légitime empêchement, aura été commis par monsieur le chancelier, une ordonnance pour faire assigner l'autre avocat, à l'effet de se rendre chez ledit sieur rapporteur au jour et heure qui y seront indiqués, pour être lesdits dépens par lui taxés, ainsi qu'il appartiendra.

15. Aux jour et heure marqués par ladite ordonnance, il sera, soit en la présence, ou en l'absence de l'avocat assigné, procédé définitivement à la taxe desdits dépens, à l'effet de quoi le sieur rapporteur mettra ses arrêtés à côté de chaque article de la déclaration de dépens, et le calcul sera par lui fait et signé à la fin de ladite déclaration, avec son ordonnance portant qu'il sera délivré exécutoire de la somme contenue audit calcul.

16. La déclaration de dépens ainsi réglée et signée du sieur rapporteur, sera remise au greffier du conseil, à l'effet d'être par lui expédié et délivré sur-le-champ, et sans autre procédure ni formalité, un exécutoire desdits dépens en la forme ordinaire.

17. Dans les cas où il aura été fait des offres par le défendeur à la taxe des dépens, et où elles n'auront pas été acceptées par le demandeur, si les dépens taxés, non compris les frais de la taxe, n'excèdent pas lesdites offres, les frais de ladite taxe seront à la charge du demandeur seul, et ne pourront être compris dans l'exécutoire.

18. L'avocat qui voudra obtenir la distraction des dépens adjugés à sa partie, sera tenu de le déclarer à l'avocat de l'autre partie, par un acte qui lui sera signifié en même temps que la déclaration de dépens ; auquel cas, en remettant au sieur

maître des requêtes qui en fera la taxe, ledit acte dûment signifié, ils pourront être taxés à son profit, et l'exécutoire délivré en son nom, sinon, et faute de faire faire ladite signification dans le temps ci-dessus marqué, il ne sera plus reçu à demander ladite distraction de dépens.

19. Lorsque la partie condamnée aux dépens, ou son avocat, seront décédés, et que le décès de ladite partie aura été dénoncé avant la taxe d'iceux, celui qui voudra y faire procéder sera tenu de prendre une commission ou un arrêt pour faire assigner au conseil ladite partie ou ses héritiers, à l'effet de constituer avocat pour voir procéder à ladite taxe.

20. Si la partie ainsi assignée constitue avocat, il sera procédé à ladite taxe, en la forme ci-dessus prescrite; sinon, huitaine après l'expiration des délais de l'assignation, il sera, sur la réquisition de l'avocat du demandeur, passé outre à la taxe des dépens, sur le simple certificat qui aura été délivré par le greffier du conseil, portant qu'il ne s'est présenté aucun avocat sur ladite assignation, sans autre procédure ni formalité.

21. En cas de décès ou d'absence, ou autre empêchement légitime du sieur rapporteur de l'instance jugée, il ne pourra être procédé à la taxe des dépens, que par celui des sieurs maîtres des requêtes qui lui aura été subrogé en la manière accoutumée.

22. La liquidation des dépens sera faite conformément et sur le pied réglé par le tarif suivant, savoir :

Pour le vin de messager, dans toutes les instances sans exception, lorsque le délai pour se présenter au conseil, sera de quinzaine, cinq livres, ci............ 5 l. 00 s. 0 d.

Lorsqu'il sera d'un mois, ou plus, dix livres, ci................................ 10 00 0

Lorsqu'il sera de deux mois, ou plus, quinze livres, ci...................... 15 00 0

Pour les lettres du sceau, introductives d'instance de quelque nature qu'elles soient, non compris les droits du sceau, sept livres dix sous, ci.............................. 7 10 0

Pour l'exploit d'assignation à domicile, ou pour la signification à domicile, d'un arrêt introductif d'instance, sauf à augmenter ledit droit de vingt sous par lieue, quand l'huissier aura été obligé de se transporter hors du lieu de sa résidence, une livre dix sous, ci..... 1 10 0

Pour le droit de consultation dans les affaires

jugées par arrêt sur requête, cinq livres, ci. 5 l. 00 s. 0 d.
Pour ledit droit dans toutes les autres affaires sans exception, dix livres, ci........ 10 00 0
Pour le droit de présentation, six livres, ci. 6 00 0
Pour l'acte de présentation, non compris le droit du greffe pour l'enregistrement dudit acte, quinze sous, ci.................. 00 15 0
Pour une cédule de défaut, non compris le droit de l'expédition du greffe, une livre dix sous, ci........................... 1 10 0
Pour une requête pour faire commettre ou subroger un rapporteur ou des commissaires, non compris le droit d'enregistrement de ladite requête au greffe, une livre dix sous, ci. 1 10 0
Pour la copie de ladite requête, sept sous six deniers, ci..................... 00 7 6
Pour toutes les requêtes présentées au conseil sans distinction, même pour les requêtes en vu d'arrêt, par chaque rôle, deux livres, ci. 2 00 0
Pour le mis au net de chaque rôle des requêtes au conseil, dix sous, ci............ 00 10 0
Pour la copie desdites requêtes, par chaque rôle, cinq sous, ci..................... 00 5 0
Pour les mémoires imprimés, y compris les frais de l'impression, par chaque feuille, trente-six livres, ci..................... 36 00 0
Pour la comparution d'un avocat à un procès-verbal d'interrogatoire, d'enquête, de collation de pièces, et autres qui peuvent être faits dans le cours d'une instance, trois livres, ci. 3 00 0
Pour le clerc du sieur rapporteur, lorsque ledit procès-verbal n'excédera pas six rôles, trois livres, ci........................ 3 00 0
Et lorsqu'il excédera six rôles, par chaque rôle, dix sous, ci..................... 00 10 0
Pour les copies dudit procès-verbal, le quart desdits droits de l'expédition d'icelui seulement.
Pour la copie d'un arrêt signifié aux avocats dans l'instance, par chaque rôle de l'expédition dudit arrêt, dix sous, ci............. 00 10 0
Pour ladite copie, quand l'arrêt a été signifié à domicile, par chaque rôle de l'expédition,

deux sous six deniers, ci............... 00 l. 2 s. 6 d.

Pour chaque acte de sommation, protestation ou autre, signifiés pendant le cours d'une instance, pour l'avocat, quinze sous, ci.... 00 15 0

Pour chaque signification de requête ou d'arrêt, pendant le cours d'une instance, une livre, ci.......... 1 00 0

Pour chaque signification des autres actes, dix sous, ci................... 00 10 0

Pour la communication de productions ou d'une instance, trois livres, ci.......... 3 00 0

Pour le retrait du greffe des productions de l'instance après le jugement d'icelle, trois livres, ci...................... 3 00 0

Pour les droits du clerc du sieur rapporteur, savoir :

Pour l'entrée des productions de chaque partie, trois livres, ci............. 3 00 0

Pour chaque communication desdites productions ou de l'instance, trois livres, ci.... 3 00 0

Pour le vu d'un arrêt sur requête ou par défaut, trois livres, ci.............. 3 00 0

Pour le vu d'un arrêt par forclusion, six livres, ci..................... 6 00 0

Pour le vu d'un arrêt contradictoire, douze livres, ci..................... 12 00 0

Pour la remise au greffe des productions de chaque partie après le jugement de l'instance, trois livres, ci.................... 3 00 0

Pour la déclaration des dépens au clerc de l'avocat, par chaque rôle, dix sous, ci..... 00 10 0

Pour la copie de ladite déclaration par chaque rôle, cinq sous, ci................ 00 5 0

Pour chaque article passé, les articles accolés n'étant point comptés que pour un seul article, à l'avocat au conseil, pour les avoir dressés, cinq sous, ci.................. 00 5 0

Pour la vacation du sieur rapporteur, ce qu'il lui plaira taxer, selon la qualité de l'affaire.

Pour le droit d'assistance des avocats, les deux tiers de la vacation dudit sieur rapporteur.

En cas qu'il y ait plusieurs parties condamnées aux dépens, il ne sera taxé de droit d'assistance à chaque avocat, que pour les articles qui concerneront sa partie en particulier.

Pour le droit d'assistance et de calcul au clerc du sieur rapporteur, par chacun desdits articles passés en taxe, deux sous six deniers, ci.. 00 l. 2 s. 6 d.

Pour l'exécutoire, ce qui sera payé pour les droits du greffe et du sceau.

Pour le premier commandement, une livre dix sous, ci..................................... 1 10 0

Sauf à augmenter ledit droit de vingt sous par lieue, quand il sera nécessaire de faire transporter un huissier hors du lieu de sa résidence.

23. Si pendant le cours d'une instance il survient quelque nouvelle demande introduite par lettres ou arrêts, il pourra être taxé un second vin de messager pareil au premier, sans qu'il puisse en être taxé plus de deux dans une même instance.

24. Les requêtes en vu d'arrêt, seront taxées eu égard au nombre des rôles de l'expédition des arrêts intervenus sur icelles.

25. Il ne sera taxé en une même instance, qu'un seul droit de présentation au profit du même avocat, et n'en sera dû aucun pour les affaires jugées par arrêt sur requêtes.

26. Il ne pourra être taxé deux différents droits pour une même signification, encore qu'elle contienne sommation ou protestation.

27. Les droits du greffe seront taxés suivant le tarif qui sera arrêté par S. M., de l'avis des sieurs commissaires à ce députés par arrêt de ce jour, et en attendant la publication dudit tarif, suivant ce qui a été observé jusqu'ici pour la taxe desdits droits, et ce, par forme de provision seulement.

28. Les droits du sceau seront pareillement taxés suivant les tarifs qui ont été ci-devant autorisés, ou qui le seront dans la suite par S. M.

29. Les avocats au conseil ne pourront employer dans les déclarations de dépens, ni dans les mémoires de frais, les voyages qu'ils auront faits pour leurs parties à la suite du conseil, et s'ils y étoient employés, ils seront rayés.

30. Les frais qui auroient été faits pour des procédures con-

traires au présent réglement, ne pourront être employés dans les déclarations de dépens, si ce n'est de la part de celui qui auroit fait déclarer lesdites procédures nulles, et les avocats qui les auroient faites, ne pourront, en aucun cas, en répéter les frais, même contre leurs parties, à peine de restitution du double des sommes qu'ils en auroient exigées; et en cas de contravention, lesdites parties pourront en porter leurs plaintes aux doyen et syndics desdits avocats, même se retirer par-devers M. le chancelier, pour y être pourvu ainsi qu'il appartiendra.

31. Et à l'égard des procédures qui seront conformes au présent réglement, défenses très-expresses sont faites auxdits avocats d'exiger de leurs parties d'autres ni plus grands droits que ceux qui sont réglés par le tarif ci-dessus, ni plus grandes sommes que celles qui seront portées par les arrêts pour les frais et dépens qui auront été liquidés, ou celles qui auront été taxées par le sieur rapporteur; le tout sous telles peines qu'il appartiendra, suivant l'exigence des cas.

32. Toute action en paiement de frais, honoraires et déboursés faits par les avocats au conseil, demeurera prescrite par le temps et espace de cinq années, à compter du jour de la révocation desdits avocats ou du décès de la partie, ou du jour du jugement de l'instance.

33. Les clercs des sieurs rapporteurs ne pourront exiger d'autres ni plus grands droits que ceux qui sont compris dans le tarif ci-dessus, à peine de restitution du quadruple, ou autres qu'il appartiendra.

34. La taxe des dépens, soit qu'elle ait été faite contradictoirement ou que l'avocat du défendeur n'y ait pas assisté, ne pourra être attaquée par opposition ni par appel, et sera seulement permis à la partie qui prétendra avoir été lésée par ladite taxe, d'en demander la révision, à l'effet de quoi elle pourra présenter sa requête au conseil, tendante à ce qu'il plaise à S. M. commettre tel des sieurs maîtres des requêtes qu'il lui plaira pour examiner ladite taxe et la réformer, s'il y échet.

35. Les articles dont la réformation sera demandée et les moyens sur lesquels elle sera fondée, seront énoncés sommairement dans ladite requête, laquelle sera signée d'un avocat au conseil, et la signification qui en sera faite contiendra élection de domicile en la personne dudit avocat; le tout à peine de nullité.

36. Le demandeur en révision de taxe remettra sa requête

à l'un des sieurs maîtres des requêtes pour être, à son rapport, rendu arrêt qui commettra tel nombre des sieurs maîtres des requêtes étant en quartier aux requêtes de l'hôtel, qu'il sera jugé à propos selon la nature de l'affaire, à l'effet de revoir ladite taxe et de statuer définitivement et en dernier ressort comme commissaires du conseil, sur la demande en réformation d'icelle.

37. Ledit arrêt sera obtenu et signifié dans trois mois au plus tard à compter du jour de la signification de l'exécutoire de dépens, sinon la demande en révision de taxe ne pourra être reçue sous quelque prétexte que ce puisse être.

38. La signification dudit arrêt sera faite à l'avocat qui aura occupé dans l'instance pour la partie qui aura fait taxer les dépens, lequel sera tenu pareillement d'occuper sur la révision, sans qu'il ait besoin de nouveau pouvoir.

39. En cas que ledit avocat soit décédé lors de l'obtention dudit arrêt, il sera signifié à la partie même, à son domicile, avec sommation de constituer un nouvel avocat dans les délais prescrits au titre 1er de la seconde partie du présent règlement, et faute d'y satisfaire dans lesdits délais, il sera statué sur la demande en révision de taxe, en la forme ci-après prescrite, et le jugement qui interviendra ne pourra être attaqué par aucune autre voie que celle de la demande en cassation.

40. Il ne pourra être accordé par ledit arrêt aucune surséance à l'exécutoire de dépens sous prétexte de la demande en révision, qu'à la charge de consigner par le demandeur la moitié au moins des sommes auxquelles monteront les articles contestés, et sauf au défendeur à ladite révision à continuer ses poursuites ainsi qu'il avisera bon être, pour raison des articles non contestés.

41. L'avocat qui voudra poursuivre le jugement de ladite demande sera tenu de retirer du greffe la déclaration des dépens, et de la remettre entre les mains du dernier des sieurs commissaires nommés pour statuer sur ladite révision de taxe.

42. L'avocat du défendeur à ladite révision sera tenu de remettre audit sieur commissaire les pièces justificatives des articles contestés, auxquelles il pourra joindre une seule requête qui n'entrera en taxe que pour dix rôles.

43. Ladite requête sera répondue par ledit sieur commissaire, et signifiée à l'avocat du demandeur dans quinzaine pour tout délai, à compter du jour de la signification de l'arrêt mentionné dans l'article 36 ci-dessus, ou du jour que l'avocat dudit défendeur se sera constitué dans le cas de l'article 39,

sans qu'il puisse être fait aucune autre requête, écritures ou procédures au sujet de ladite demande, à peine de nullité.

44. L'avocat qui voudra poursuivre le jugement de ladite révision, prendra une ordonnance dudit sieur commissaire pour faire assigner l'avocat de l'autre partie, à l'effet de se rendre aux requêtes de l'hôtel devant lesdits sieurs commissaires, aux jour et heure qui auront été indiqués par ladite ordonnance, pour y déduire sommairement ses moyens.

45. Faute par l'avocat du défendeur de satisfaire à ce qui est porté par les articles 41, 42 et 43 ci-dessus, ou faute par l'un des avocats des parties, de se rendre à l'assemblée des sieurs commissaires, aux jour et heure qui leur auront été indiqués, il sera statué définitivement par lesdits sieurs commissaires sur la demande en révision de taxe sur ce qui leur aura été remis, sans qu'il puisse être accordé aucun délai au défaillant, et leur jugement ne pourra être attaqué par aucune autre voie que celle de la demande en cassation.

46. Ledit jugement contiendra la liquidation des dépens faits au sujet de la contestation, et le demandeur qui succombera dans tous les articles dont il aura demandé la révision, sera condamné en cent livres d'amende, moitié envers S. M. et moitié envers la partie, même, s'il y échet, en tels dommages et intérêts qu'il appartiendra envers ladite partie.

TITRE XVII. — *De la discipline qui doit être observée par les avocats au conseil.*

ART. 1. Aucun ne pourra être pourvu d'un office d'avocat aux conseils du roi, s'il n'a été reçu avocat en parlement.

2. Les secrétaires, clercs ou commis de ceux qui ont entrée, séance et voix délibérative au conseil, ne pourront être pourvus d'offices d'avocats au conseil, tant qu'ils demeureront en cet état; et à l'égard des clercs des avocats au conseil, ils ne pourront pareillement être pourvus desdits offices si, après avoir cessé d'être clercs, ils n'ont fréquenté le barreau pendant deux ans au moins, en qualité d'avocats au parlement, dont ils seront tenus de rapporter des preuves en bonne forme.

3. Après que celui qui poursuivra sa réception en l'office de l'avocat au conseil, aura été agréé par M. le chancelier, et en aura obtenu le *soit montré* aux doyen et syndics desdits avocats, il se présentera à l'assemblée desdits avocats, et s'ils trouvent qu'il ait les qualités requises, ils en rendront compte à M. le chancelier, et en conséquence il sera fait information de

ses vie et mœurs et religion, par un des sieurs maîtres des requêtes qui sera commis à cet effet.

4. Défenses sont faites aux clercs, solliciteurs, et à tous autres qu'aux avocats au conseil, de signer aucuns actes de procédure, soit d'instruction ou autres, ni même de les coter du nom desdits avocats, à peine de faux, et ne pourront lesdits avocats leur prêter leur ministère directement ou indirectement, ni signer pour eux aucunes écritures ou expéditions, à peine d'interdiction pour la première fois, et de privation de leur charge pour la seconde.

5. Ne pourront pareillement lesdits avocats occuper pour leurs confrères, ou leur prêter leurs noms directement ou indirectement, en quelque affaire que ce puisse être, quand même ce seroit pour des parties qui n'auroient pas des intérêts opposés; et ce, sous telle peine qu'il appartiendra, sauf aux parties qui auroient un même intérêt, à constituer le même avocat.

6. Aucun avocat au conseil ne pourra faire fonction de secrétaire, clerc, ou commis de ceux qui ont entrée, séance et voix délibérative au conseil, ni pareillement d'intendant ou agent de quelque personne que ce puisse être; ce qui sera observé, à peine de destitution de son office : à l'effet de quoi, les doyen et syndics desdits avocats seront tenus de se retirer par-devers M. le chancelier, pour y être par lui pourvu.

7. Les avocats au conseil tiendront une fois la semaine une assemblée, composée des doyen, syndics, greffier, et de ceux d'entre eux qui seront députés par chacun mois; à laquelle assemblée les autres avocats pourront se trouver, si bon leur semble.

8. Les députés seront tenus, dans le mois de leur députation, et les avocats nouvellement reçus, dans les trois premières années de leur réception, de se trouver à toutes lesdites assemblées, à peine de trois livres d'aumône pour chaque contravention, s'ils n'en sont excusés par les syndics, pour causes justes et légitimes.

9. Dans lesdites assemblées seront examinées les plaintes touchant la discipline desdits avocats, l'irrégularité des procédures, et en général l'inobservation des réglements, notamment en ce qui concerne les termes injurieux dont aucuns desdits avocats se plaindront contre leurs confrères; sur quoi l'assemblée pourra mulcter les contrevenants de telle aumône qui sera jugée convenable, jusqu'à la somme de cent livres, applicable à l'hôpital général.

10. Ne pourra néanmoins ladite assemblée prendre connaissance de la révocation qui auroit été faite d'un avocat par sa partie, et l'avocat que ladite partie aura constitué à la place du premier ne pourra se dispenser d'occuper pour elle, sous prétexte de vouloir y être autorisé par l'avis de ladite assemblée par-devant laquelle, ou par-devant lesdits syndics en charge, les parties ou leurs avocats ne pourront être obligés de se pourvoir au sujet de ladite révocation.

11. Les délibérations qui auront été prises dans lesdites assemblées, ne pourront être attaquées par opposition ni par appel, sauf à ceux qui auront à s'en plaindre à se retirer par-devers M. le chancelier, pour y être pourvu ainsi qu'il appartiendra.

12. Les doyen et syndics desdits avocats seront tenus de remettre tous les mois à M. le chancelier, un extrait des délibérations prises en ladite assemblée sur tous les points contenus en l'article 9 ci-dessus, concernant la discipline des avocats aux conseils.

Le présent réglement sera ponctuellement observé dans toutes les affaires, sans exception, à commencer au quinzième juillet prochain, et ce, nonobstant tous réglements précédemment faits sur la procédure du conseil, qui demeureront entièrement abrogés, comme aussi nonobstant tous usages à ce contraires. Sera néanmoins permis aux avocats au conseil, de continuer leurs procédures conformément aux réglements et usages ci-devant observés pour l'instruction des affaires réglées par appointement avant ledit jour, et pareillement pour celle des instances de requêtes respectives formées avant le même jour; à l'exception toutefois de ce qui concerne les nouveaux incidents, la communication des instances, et la forme de procéder à la liquidation et taxe des dépens, ou de se pourvoir contre ladite taxe; pour raison de quoi, lesdits avocats seront tenus, même dans lesdites affaires commencées, de se conformer exactement aux dispositions du présent réglement.

N° 518. — RÉGLEMENT *concernant la procédure qui doit être observée pour l'instruction des affaires renvoyées devant des commissaires nommés par arrêt du conseil.*

Versailles, 28 juin 1738. (C. L. XV.)

Le roi ayant pourvu ce jourd'hui, par un réglement général, à l'ordre de la procédure qui doit être faite en son conseil, S. M. n'a pas cru devoir y comprendre ce qui regarde les affaires dont la connoissance est renvoyée par des arrêts particuliers, par-devant des commissaires dudit conseil; attendu que ces attributions passagères, et dont elle a déjà révoqué une grande partie, ne doivent pas être l'objet d'un règlement perpétuel; mais comme il en subsiste encore plusieurs, et qu'il est important de faire observer des règles fixes et uniformes, sur la procédure qui est propre à ces sortes d'affaires, S. M. a jugé à propos d'expliquer séparément ses intentions sur ce sujet; à quoi voulant pourvoir, S. M. étant en son conseil, a ordonné et ordonne ce qui suit.

Art. 1. Les dispositions contenues dans le règlement général de ce jour, seront observées pour l'instruction et le jugement des affaires dont la connoissance aura été attribuée par S. M. à des commissaires de son conseil, à l'exception seulement de ce qui sera ci-après réglé.

2. Lorsque l'instance n'aura pas été introduite par l'arrêt de renvoi, elle ne pourra l'être que par ordonnance de soit communiqué aux parties dénommées dans la requête du demandeur, pour y répondre dans les délais portés par le règlement général; laquelle ordonnance, après avoir été délibérée par les sieurs commissaires, sera mise par le sieur rapporteur au bas de ladite requête, si ce n'est qu'ils jugeassent à propos de rendre un jugement pour en ordonner la communication; et seront au surplus lesdites instances instruites et jugées en la forme prescrite par ledit règlement, pour celles qui sont introduites par arrêt de soit communiqué.

3. Lorsque par arrêt d'établissement de la commission, il aura été nommé un rapporteur, il ne pourra en être subrogé un autre, que par arrêt du conseil; et en cas qu'il n'y ait point eu de rapporteur nommé par ledit arrêt, le plus ancien des sieurs commissaires en choisira un entre les autres; ce qui sera inscrit sur un registre tenu à cet effet par le greffier de la commission, lequel en fera mention signée de lui à la marge de la première requête présentée par la partie la plus diligente; le tout sans requête, signification ni procédure, et sans frais; ce qui sera pareillement observé, lorsqu'il sera nécessaire de substituer un autre rapporteur à celui qui avoit été ainsi nommé; auquel cas, l'avocat de la partie qui aura fait ses diligences à cet effet, sera seulement tenu d'en dénoncer la nomination par un simple acte, aux avocats des autres parties de l'instance.

4. Faute par les parties de constituer avocat dans le délai porté par l'arrêt de renvoi, ou par le jugement ou l'ordonnance de soit communiqué, le demandeur pourra obtenir

un jugement par défaut, auquel le défendeur ne pourra demander d'être reçu opposant, qu'en proposant ses défenses au fond dans sa requête d'opposition, et en refondant préalablement les dépens liquidés par le jugement par défaut; auquel cas, il sera statué sur ladite opposition, par les sieurs commissaires, sans qu'il soit besoin d'obtenir des lettres de restitution : et seront au surplus observées les dispositions du titre 2 de la seconde partie du règlement général.

5. Les parties ne seront point obligées de produire au greffe les requêtes qu'elles donneront pour introduire ou pour instruire les instances, ni pareillement les pièces énoncées dans lesdites requêtes, si ce n'est toutefois qu'elles le jugeassent nécessaire pour la conservation de leurs titres.

6. En cas que le défendeur ayant constitué avocat, n'ait fourni aucune réponse à la requête du demandeur, après la signification faite audit avocat, d'un simple acte portant que le demandeur a remis sa requête et ses pièces entre les mains du sieur rapporteur, avec sommation d'en faire autant, il sera rendu un jugement par forclusion, suivant ce qui est prescrit par le titre 5 de la seconde partie du règlement général, qui sera observé en tout ce qui concerne lesdites forclusions.

7. Les incidents qui pourront survenir pendant le cours de l'instance, seront instruits et jugés ainsi qu'il est prescrit par ledit règlement général, à l'exception seulement que les demandes formées à cette occasion, seront introduites conformément à ce qui est porté par l'article 2 du présent règlement, par jugement ou ordonnance de soit communiqué, pour y répondre dans tel délai qu'il sera jugé convenable.

8. La partie qui prétendra avoir des causes de récusation contre aucuns des sieurs commissaires, ne pourra se pourvoir qu'au conseil, en la forme prescrite par le titre 11 de la seconde partie du règlement général.

9. Les dispositions du titre 10 de la seconde partie du règlement général, au sujet des inscriptions de faux, seront observées devant les sieurs commissaires, et ce, jusqu'à ce que le défendeur ait déclaré qu'il entend se servir de la pièce arguée de faux; auquel cas, il sera ordonné par lesdits sieurs commissaires, que les parties se retireront au conseil, où il sera rendu arrêt sur la requête de l'une d'elles, portant qu'elles se pourvoiront aux requêtes de l'hôtel, ainsi qu'il est prescrit par l'article 4 dudit titre.

10. Les dépens faits dans les instances jugées par lesdits sieurs commissaires, seront liquidés par les jugements qui les

adjugeront, et ce, en la forme prescrite par l'article 2 du titre 16 de la seconde partie du règlement général, et conformément au tarif porté par l'article 22 dudit titre, à l'exception seulement de ce qui sera dit ci-après.

11. Il ne sera employé dans ladite liquidation aucun droit de vin de messager, ni de présentation, ni aucuns frais de voyage, séjour ou retour, et les écritures seront réduites au nombre de rôles qui sera réputé suffisant pour l'instruction de l'instance.

12. Lorsqu'il sera nécessaire de procéder à un ordre ou à une distribution de deniers entre des créanciers, les frais de l'avocat plus ancien seront liquidés par le jugement d'ordre ou de distribution; et à l'égard des frais de poursuite, l'avocat du poursuivant sera tenu de remettre au sieur rapporteur, après ledit jugement, un mémoire desdits frais signé de lui, et de faire en même temps une sommation par un simple acte à l'avocat plus ancien, et à celui du débiteur, de prendre communication dudit mémoire, sans déplacer, et de fournir leurs observations sur icelui audit sieur rapporteur, dans trois jours pour tout délai; après quoi, lesdits frais seront liquidés par jugement des sieurs commissaires, à la minute duquel lesdits mémoires et observations demeureront annexés, le tout sans autres procédures; et ne pourra ledit jugement être attaqué autrement que par la voie de la demande en cassation.

13. Lorsqu'il y aura lieu de subroger à la poursuite, les frais du poursuivant seront liquidés, s'il se peut, par le jugement même qui ordonnera la subrogation, sinon, par un jugement subséquent, à l'égard duquel les dispositions de l'article précédent seront observées.

14. Il ne sera accordé par ladite liquidation qu'un seul droit de consultation en faveur de l'avocat du poursuivant, pour raison de l'instance d'ordre ou de distribution; et il ne pourra y être alloué aucunes autres significations du jugement d'ordre ou de distribution, que celles qui auront été faites à l'avocat du débiteur, à l'avocat plus ancien, et au séquestre; comme aussi à l'avocat des syndics et directeurs des créanciers, en cas qu'il y en ait, et qu'ils n'aient pas eu la poursuite; et sera tenu l'avocat dudit poursuivant, de remettre à chaque créancier à sa première réquisition une copie imprimée dudit jugement, signée dudit avocat; le tout, sans signification et sans autres frais que ceux de l'impression, qui lui seront alloués sur la quittance de l'imprimeur; et faute d'y satisfaire, le poursuivant pourra être contraint à la requête desdits créan-

ciers, de leur délivrer une expédition en forme dudit jugement, dont il ne pourra répéter les frais.

15. Il ne sera adjugé aucuns droits aux notaires pour le simple dépôt d'argent qui aura été fait entre leurs mains, de l'autorité des sieurs commissaires; et à l'égard des autres séquestres établis par arrêt du conseil, ou par jugement desdits sieurs commissaires, il ne leur sera passé que deux deniers pour livre des sommes qui leur auront été remises, et ce de quelque qualité qu'ils puissent être; sauf, en cas qu'ils aient été chargés de la garde et conservation des titres et papiers, à leur être accordé telle somme modique qui sera réglée par lesdits sieurs commissaires, suivant les circonstances.

16. A l'égard des droits du greffe, ils seront liquidés conformément au tarif qui en sera fait et arrêté par S. M. suivant l'arrêt de ce jour.

17. Après le jugement des instances, les requêtes et pièces des parties seront remises directement par les clercs des sieurs rapporteurs, aux avocats desdites parties, lesquels leur en donneront leur reçu, moyennant quoi lesdits clercs en seront bien et valablement déchargés, sans qu'il soit nécessaire de faire passer lesdites requêtes et pièces par le greffe, si ce n'est lorsque lesdites parties auront jugé à propos de les y produire, suivant ce qui est porté par l'article 5 ci-dessus, ou en cas de changement de rapporteur; et seront au surplus observées, au sujet de ladite remise, les dispositions du titre 14 de la seconde partie du réglement général.

18. L'avocat du poursuivant ne pourra occuper pour aucun autre créancier; à peine de nullité des procédures qui seroient faites par ledit avocat, même d'être prononcé contre lui telle condamnation qu'il appartiendra; le tout, sans préjudice de l'exécution de l'article 5 du titre 17 du réglement général.

Le présent réglement sera exécuté dans toutes les commissions du conseil, à commencer au quinzième jour du mois de juillet prochain, même pour les instructions à faire dans les instances introduites avant ledit jour.

N° 519. — LETTRES PATENTES *portant évocation générale des causes des jésuites au grand conseil.*

Versailles, 30 juin 1738. (Archiv.)

N° 520. — ORDONNANCE *portant qu'au défaut de blancs les nègres seront reçus en témoignage, hormis contre leurs maîtres.*

15 juillet 1738. (Code de la Martinique.)

N° 521. — ÉDIT *portant que tous les sujets du roi de Pologne dans les états de la Lorraine, seront réputés naturels Français.*

Compiègne, juillet 1738. Reg. P. P. 12 août. (Moreau de Saint Merry, III, 527.)

N° 522. — DÉCLARATION *concernant les pèlerinages.*

Compiègne, 1ᵉʳ août 1738. Reg. P. P. 5 décembre. (C. L. XV.)

PRÉAMBULE.

Louis, etc. Le feu roi notre très-honoré seigneur et bisaïeul voulant réprimer les abus qui se commettoient sous le prétexte spécieux de dévotion et de pèlerinage, régla, par sa déclaration du mois d'août 1671, les formalités qui devoient être observées par ceux qui voudroient aller en pèlerinage à Saint-Jacques en Galice, à Notre-Dame de Lorette, et aux autres lieux saints hors du royaume, et ordonna que les contrevenants seroient arrêtés et punis pour la première fois du carcan, pour la seconde du fouet par manière de castigation, et que pour la troisième fois ils seroient condamnés aux galères comme vagabonds et gens sans aveu. Mais ceux que l'oisiveté et la débauche déterminoient à entreprendre ces sortes de voyages, ayant trouvé le moyen de se soustraire à l'observation des formalités qui leur étoient prescrites, et aux peines dues à leurs contraventions, le feu roi jugea à propos d'y pourvoir de nouveau; et par sa déclaration du 7 janvier 1686, il fit défenses à tous ses sujets d'aller en pèlerinage hors du royaume sans sa permission expresse signée par l'un de ses secrétaires d'état et de ses commandemens, sur l'approbation des évêques diocésains, à peine des galères à perpétuité contre les hommes, et de telle peine afflictive contre les femmes qui seroit estimée convenable par les juges. Quoiqu'une loi si sage dut faire cesser entièrement ces abus, nous sommes cependant informés qu'ils ont repris leur cours, et que plusieurs femmes, enfans de famille, artisans, apprentifs, et autres personnes, abandonnent leurs familles et leurs professions pour mener une vie errante et licencieuse, et pour sortir de notre royaume sous prétexte de pèlerinage. Et voulant maintenir une loi si conforme à la pureté de la religion et à l'intérêt public, nous avons jugé à propos d'en ordonner de nouveau l'exécution. A ces causes, etc.

N° 523. — ÉDIT *portant suppression de cent soixante-dix charges d'avocats aux conseils, et création de soixante-dix autres.*

Versailles, septembre 1738. Reg. P. P. 12. (Archiv.)

N° 524. — TRAITÉ *d'alliance entre le roi de France et le roi de Suède.*

10 novembre 1738. (Archiv.)

N° 525.* — TRAITÉ *défensif de paix entre la France, l'Empereur et l'Empire.*

Vienne, 18 novembre 1738. (Wenck, II, 88.)

N° 526. — DÉCLARATION *concernant les nègres esclaves des Colonies.*

Versailles, 15 décembre 1738. (Valin, I, 436. — Code de la Martinique.)

Louis, etc. Le compte que nous nous fîmes rendre après notre avènement à la couronne, de l'état de nos colonies, nous ayant fait connoître la sagesse et la nécessité des dispositions contenues dans les lettres patentes en forme d'édit, du mois de mars 1685, concernant les esclaves nègres, nous en ordonnâmes l'exécution par l'article premier de notre édit du mois d'octobre 1716. Et nous ayant été représenté en même temps, que plusieurs habitants de nos îles de l'Amérique désiroient envoyer en France quelques-uns de leurs esclaves, pour les confirmer dans les instructions et dans les exercices de la religion, et pour leur faire apprendre quelque art ou métier, mais qu'ils craignoient que les esclaves ne prétendissent être libres en arrivant en France, nous expliquâmes nos intentions sur ce sujet, par les articles de cet édit, et nous réglâmes les formalités qui nous parurent devoir être observées de la part des maîtres qui emmeneroient ou enverroient des esclaves en France. Nous sommes informés que depuis ce temps-là on y en a fait passer un grand nombre; que les habitants qui ont pris le parti de quitter les colonies, et qui sont venus s'établir dans le royaume, y gardent des esclaves nègres, au préjudice de ce qui est porté par l'article 15 du même édit : que la plupart des nègres y contractent des habitudes et un esprit d'indépendance, qui pourroient avoir des suites fâcheuses; que d'ailleurs, leurs maîtres négligent de leur faire apprendre quelque métier utile, en sorte que de tous ceux qui sont emmenés ou envoyés en France, il y en a très-peu qui soient renvoyés dans les colonies, et que dans ce dernier nombre, il s'en trouve le plus souvent d'inutiles, et même de dangereux. L'attention que nous donnons au maintien et à l'augmentation de nos colonies, ne nous permet pas de laisser subsister des abus qui y sont si contraires; et c'est pour les faire cesser, que nous avons résolu de changer quelques dispositions à notre édit du mois d'octobre 1716, et d'y en ajouter d'autres qui nous ont paru nécessaires. A ces causes, etc., voulons et nous plaît ce qui suit:

Art. 1. Les habitants et les officiers de nos colonies qui voudront emmener ou envoyer en France des esclaves nègres, de l'un ou de l'autre sexe, pour les fortifier davantage dans la religion, tant par les instructions qu'ils y recevront que par l'exemple de nos autres sujets, et pour leur faire apprendre en même temps quelque métier utile pour les colonies, seront tenus d'en obtenir la permission des gouverneurs généraux, ou commandants dans chaque île; laquelle permission contiendra le nom du propriétaire qui emmènera lesdits esclaves, ou de celui qui en sera chargé, celui des esclaves mêmes avec leur âge et leur signalement; et les propriétaires desdits esclaves et ceux qui seront chargés de leur conduite seront tenus de faire enregistrer ladite permission, tant au greffe de la juridiction ordinaire, ou de l'amirauté de leur résidence, avant leur départ, qu'en celui de l'amirauté du lieu de leur débarquement, dans huitaine après leur arrivée; le tout, ainsi qu'il est porté par les articles 2, 3 et 4 de notredit édit du mois d'octobre 1716.

2. Dans les enregistrements qui seront faits desdites permissions aux greffes des amirautés des ports de France, il sera fait mention du jour de l'arrivée des esclaves dans les ports.

3. Lesdites permissions seront encore enregistrées au greffe du siège de la table de marbre du palais à Paris, pour les esclaves qui seront emmenés en notredite ville; et aux greffes des amirautés ou des intendances des autres lieux de notre royaume, où il en sera emmené pour y résider; et il sera fait mention dans lesdits enregistrements du métier que lesdits esclaves devront apprendre, et du maître qui sera chargé de les instruire.

4. Les esclaves nègres, de l'un ou de l'autre sexe, qui seront conduits en France par leur maître, ou qui y seront par eux envoyés, ne pourront prétendre avoir acquis leur liberté, sous prétexte de leur arrivée dans le royaume; et seront tenus de retourner dans nos colonies, quand leurs maîtres jugeront à propos; mais faute par les maîtres d'observer les formalités prescrites par les précédents articles, lesdits esclaves seront confisqués à notre profit, pour être renvoyés dans nos colonies, et y être employés aux travaux par nous ordonnés.

5. Les officiers employés sur nos Etats des colonies, qui passeront en France par congé, ne pourront y retenir les es-

claves qu'ils y auront emmenés pour leur servir de domestiques, qu'autant de temps que dureront les congés qui leur seront accordés; passé lequel temps, les esclaves qui ne seront point renvoyés seront confisqués à notre profit, pour être employés à nos travaux dans nos colonies.

6. Les habitants qui emmèneront ou enverront des nègres esclaves en France, pour leur faire apprendre quelque métier, ne pourront les y retenir que trois ans, à compter du jour de leur débarquement dans le port; passé lequel temps, les esclaves qui ne seront point renvoyés seront confisqués à notre profit, pour être employés à nos travaux dans nos colonies.

7. Les habitants de nos colonies qui voudront s'établir dans notre royaume, ne pourront y garder dans leurs maisons aucuns esclaves de l'un ni de l'autre sexe, quand bien même ils n'auroient pas vendu leurs habitations dans les colonies; et les esclaves qu'ils y garderont seront confisqués pour être employés à nos travaux dans les colonies. Pourront néanmoins faire passer en France, en observant les formalités ci-dessus prescrites, quelques-uns des nègres attachés aux habitations dont ils seront restés propriétaires en quittant les colonies, pour leur faire apprendre quelque métier qui les rende plus utiles par leur retour dans lesdites colonies, et, dans ce cas, ils se conformeront à ce qui est prescrit par les articles précédents, sous les peines y portées.

8. Tous ceux qui emmèneront ou enverront en France des nègres esclaves, et qui ne les renverront pas aux colonies dans les délais prescrits par les trois articles précédents, seront tenus, outre la perte de leurs esclaves, de payer pour chacun de ceux qu'ils n'auront pas renvoyés la somme de mille livres entre les mains des commis des trésoriers généraux de la marine aux colonies, pour être ladite somme employée aux travaux publics; et les permissions qu'ils doivent obtenir des gouverneurs généraux et commandants ne pourront leur être accordées qu'après qu'ils auront fait entre les mains desdits commis des trésoriers généraux de la marine, leur soumission de payer ladite somme; de laquelle soumission il sera fait mention dans lesdites permissions.

9. Ceux qui ont actuellement en France des nègres esclaves, de l'un ou de l'autre sexe, seront tenus dans trois mois, à compter du jour de la publication des présentes, d'en faire la déclaration au siège de l'amirauté le plus prochain du lieu de leur séjour, en faisant en même temps leur soumission de renvoyer dans un an, à compter du jour de la date d'icelle,

lesdits nègres dans lesdites colonies; et faute par eux de faire ladite déclaration ou de satisfaire à ladite soumission dans les délais prescrits, lesdits esclaves seront confisqués à notre profit, pour être employés à nos travaux dans les colonies.

10. Les esclaves nègres qui auront été emmenés ou envoyés en France ne pourront s'y marier, même du consentement de leurs maîtres, nonobstant ce qui est porté par l'article 7 de notre édit du mois d'octobre 1716, auquel nous dérogeons quant à ce.

11. Dans aucun cas, ni sous quelque prétexte que ce puisse être, les maîtres qui auront emmené en France des esclaves de l'un ou de l'autre sexe, ne pourront les y affranchir autrement que par testament; et les affranchissements ainsi faits ne pourront avoir lieu qu'autant que le testateur décédera avant l'expiration des délais dans lesquels les esclaves emmenés en France doivent être renvoyés dans les colonies.

12. Enjoignons à tous ceux qui auront emmené des esclaves dans le royaume, ainsi qu'à ceux qui seront chargés de leur apprendre quelque métier, de donner leurs soins à ce qu'ils soient élevés et instruits dans les principes et dans l'exercice de la R. C., A. et R.

13. Notre édit du mois d'octobre 1716 sera au surplus exécuté suivant sa forme et teneur en ce qui n'y est dérogé par les présentes. Si donnons, etc.

N° 527. — DÉCLARATION *portant que les sentences de police qui prononceront des condamnations d'amende au profit du roi, seront exécutées nonobstant l'appel.*

23 décembre 1738. Reg. P. Besançon 29 novembre 1739. (Peuchet.)

N° 528. — DÉCLARATION *au sujet de la vérification et rédaction des coutumes particulières et usages des villes et lieux du pays et comté d'Artois.*

Versailles, 30 janvier 1739 Reg. P. P. 18 avril (Archiv.)

N° 529. — ORDONNANCE *pour faire assembler les bataillons de milice.*

Versailles, 3 février 1739. (Archiv.)

N° 530. — ARRÊT *du conseil concernant les solliciteurs de procès et les avocats aux conseils qui prêteroient leur nom.*

Versailles, 23 février 1739. (C. L. XV.)

Vu par le roi en son conseil, la requête présentée à S. M.,

par les doyen, syndics, et greffier des avocats en ses conseils, tendante à ce qu'il plût à S. M. homologuer la délibération par eux prise, et ordonner qu'elle seroit exécutée selon sa forme et teneur; comme aussi renouveler les défenses et les peines portées par les édits, arrêts et réglements mentionnés en ladite délibération, contre les solliciteurs de procès, et contre les avocats dont les offices ont été supprimés, et d'expliquer en même temps ses intentions sur l'application des amendes qui pourront être prononcées en exécution desdits arrêts et réglements: vu aussi la délibération prise par lesdits avocats le 17 février 1739, ensemble les édits, arrêts et réglements qui y sont énoncés; et tout considéré, S. M. en son conseil, de l'avis de M. le chancelier, a homologué et homologue ladite délibération, laquelle demeurera annexée en la minute du présent arrêt, pour être exécutée selon sa forme et teneur; ordonne S. M. que l'édit du mois de septembre dernier, et l'article 4 du titre 17 de la seconde partie du réglement du conseil, seront exécutés; et en conséquence a fait et fait très-expresses inhibitions et défenses aux clercs, solliciteurs, et à tous autres qu'aux avocats aux conseils, notamment aux avocats dont les offices ont été supprimés par ledit édit, de s'immiscer directement ou indirectement dans les fonctions d'avocats aux conseils, à peine de cinq cents livres d'amende, et de signer aucuns actes de procédures, soit d'instructions ou autres, ni même de les coter du nom des avocats aux conseils, à peine de faux, outre l'amende ci-dessus portée: fait S. M. pareilles inhibitions et défenses aux avocats en ses conseils, de prêter leur ministère, directement ou indirectement, aux susdits solliciteurs ou autres, et de signer pour eux aucunes écritures ou expéditions, à peine de cinq cents livres d'amende et d'interdiction pour la première fois, même de ne pouvoir obtenir des provisions desdits offices, en cas qu'ils n'en soient pas encore pourvus en titre, et de destitution ou de privation de leurs charges pour la seconde: ordonne S. M. que lesdites amendes seront appliquées; savoir, moitié à S. M., et l'autre moitié aux besoins du collège des avocats aux conseils, sans qu'elles puissent être remises ni modérées. Et sera le présent arrêt lu en l'assemblée desdits avocats aux conseils, et partout où besoin sera, à ce que personne n'en prétende cause d'ignorance.

N° 531. — DÉCLARATION *concernant les fonctions des avocats généraux du grand conseil.*

Versailles, 24 février 1739. Reg. grand conseil 26 mars. (Archiv.)

N° 532. — ARRÊT *du conseil qui fixe le nombre des imprimeurs dans le royaume.*

Versailles, 31 mars 1739. (C. L. XV.)

PRÉAMBULE.

Le roi s'étant fait représenter l'arrêt rendu en son conseil, le 21 juillet 1704, par lequel le nombre des imprimeurs-libraires du royaume auroit été fixé, et autres arrêts portant permission d'établir quelques imprimeries particulières; S. M. auroit jugé à propos de se faire rendre un compte exact de l'état où se trouvent les différentes imprimeries qui subsistent actuellement; elle auroit été informée qu'une partie des imprimeurs ne peut se soutenir par le produit de son travail, ce qui les expose à s'occuper à contrefaire des ouvrages imprimés par d'autres avec privilège, ou à en imprimer clandestinement de mauvais, et qu'ils ne pourroient obtenir la permission de faire paroître. Que d'ailleurs, dans les villes où il devoit y avoir des imprimeurs, suivant l'arrêt de 1704, le nombre en a été porté au-delà de celui qui étoit fixé par ledit arrêt; et que dans plusieurs de celles où il ne pouvoit y avoir aucunes imprimeries, selon le même arrêt, les officiers de police, ou autres, qui ont excédé les bornes de leur pouvoir, en ont laissé établir : qu'enfin, le privilège accordé aux veuves d'imprimeurs par l'article 55 du réglement de 1723, pour les autoriser à continuer le travail de leurs imprimeries après le décès de leurs maris, a encore donné lieu à la multiplication des imprimeries, par la facilité qu'on a eu de disposer, pendant leur vie, des places d'imprimeurs, qui avoient vaqué par la mort de leursdits maris. S. M. auroit jugé à propos de faire cesser des abus également contraires à son autorité, au bien public, aux intérêts et aux réglements de la librairie.

N° 533. — DÉCLARATION *prononçant des peines contre ceux qui abuseront des poinçons de contremarque de l'orfèvrerie.*

Versailles, 19 avril 1739. Reg. C. des M. 17 juin. (Archiv.)

N° 534. — DÉCLARATION *au sujet de la publication des substitutions en Dauphiné.*

Versailles, 22 avril 1739. Reg. P. Grenoble 12 juin. (C. L. XV.)

N° 535. — Arrêt *du conseil touchant le canal du Languedoc.*
24 avril 1739. (Ravinet. Code des ponts-et-chaussées.)

Sur la requête présentée au roi, étant en son conseil, par le syndic général de la province de Languedoc, contenant que plusieurs communautés des diocèses de Lavaur, Saint-Papoul, Toulouse, Agde, et autres, sur le terroir desquelles passe le canal de communication des mers, ayant porté leurs plaintes aux états de ladite province, des dommages auxquels elles étoient exposées par les eaux surabondantes de la rigole de dérivation qui conduit les eaux audit canal royal, il fut délibéré par l'assemblée desdits états, le 30 janvier 1737, de faire vérifier si lesdites plaintes étoient fondées, si les dommages dont il est fait mention provenoient du défaut d'entretien de ladite rigole, et ce que les propriétaires du canal devoient faire en ce cas pour y remédier; que, comme il s'élevoit aussi tous les jours des contestations entre lesdits propriétaires du canal et les riverains, par rapport à l'entretien des aquéducs, rigoles et contre-canaux, il avoit encore été résolu, par la même délibération, de charger les syndics-généraux de prendre, de concert avec les sieurs propriétaires du canal, tous les éclaircissements nécessaires pour constater leurs engagements et ceux des riverains par rapport audit entretien, et déterminer ensuite, par forme de règlement, à quoi chacun devoit être tenu en droit soi; ce qui ne pouvoit être fait aussi qu'après une vérification, à laquelle le sieur de Clapiès fut chargé de procéder, et qu'il a faite pendant tout le cours de l'année 1738, en présence des officiers de la province, des syndics du diocèse, de l'ingénieur chargé des ouvrages du canal, et des directeurs dudit canal, faisant pour les sieurs propriétaires; que le procès-verbal de cette vérification ayant été communiqué aux sieurs propriétaires; a été ensuite porté à l'assemblée des sieurs commissaires nommés par les états pour la direction des travaux publics, lesquels, après avoir mûrement examiné tous les différents chefs de cette affaire, sont convenus avec les sieurs propriétaires du canal, des articles suivants:

Art. 1. Que les épanchoirs du canal royal, quels qu'ils puissent être, seront entretenus aux dépens desdits propriétaires du canal, ce qui comprend non-seulement la maçonnerie et charpente desdits épanchoirs qui font partie dudit canal, mais encore les rigoles ou fossés servant à la conduite des eaux dans les ruisseaux ou rivières voisines, lesquels rigoles ou fossés seront creusés et entretenus dans les dimensions nécessaires pour contenir les eaux qui sont vidées par ces épanchoirs, sans qu'elles puissent causer aucun dommage aux héritages voisins. Lorsque lesdites eaux seront conduites à un ruisseau qui ne pourra les contenir, le lit dudit ruisseau sera creusé et entretenu, pour la moitié aux dépens des propriétaires dudit canal, depuis l'endroit où les eaux y auront été reçues jusqu'à son embouchure dans une rivière capable de les contenir, telle que le Lers, Fresquel, et autres semblables; et pour l'autre moitié, aux dépens de la communauté dans le terroir de laquelle le lit dudit ruisseau est situé, conformément à ce qui sera réglé ci-après par rapport aux rigoles et contre-canaux. Les vingt-un épanchoirs à fleur d'eau, qui sont dans la retenue de Portiragnes, seront néanmoins entretenus par les communautés de Vias et d'Agde, chacune dans l'étendue de son terroir, en y faisant contribuer les possesseurs des fonds nobles, conformément à la déclaration du mois d'octobre 1684, attendu qu'il s'agit de la conservation du terroir. Il ne sera permis aux propriétaires du canal de fermer aucun épanchoir pour donner un autre écoulement aux eaux, ni d'en construire de nouveaux, ni d'augmenter l'ouverture de ceux qui sont déjà faits, qu'en vertu d'un ordre par écrit de l'ingénieur du roi, chargé de la direction du canal, après avoir entendu les possesseurs des fonds voisins et le syndic du diocèse, et après avoir creusé, dans les deux derniers cas, une rigole ou fossé capable de contenir les eaux qui seront vidées par cet épanchoir.

2. Que les aquéducs seront entretenus aux dépens des propriétaires du canal, non-seulement par rapport à l'entière maçonnerie, mais encore pour donner un libre écoulement aux eaux dans la largeur du canal et des francs-bords.

3. Que les rigoles creusées dans les terres incultes et sur les hauteurs, seront entretenues par les propriétaires du canal. Les autres rigoles, quelles qu'elles puissent être, et les contre-canaux ou rigoles parallèles au canal, servant à conduire les eaux à un aquéduc, seront aussi creusées et entretenues par les propriétaires, pour la moitié, et l'autre moitié par les communautés dans le terroir desquelles elles sont situées, en y faisant aussi contribuer les possesseurs de fonds nobles. Les rigoles de sortie seront creusées et entretenues en entier par les communautés dans les terroirs desquelles elles seront situées, en y faisant contribuer les possesseurs de fonds nobles. Si cependant les eaux venant de quelque épanchoir étoient conduites dans une rigole de sortie, les propriétaires du canal seront obligés de creuser et entretenir par moitié ladite rigole.

Les baux d'entretien desdites rigoles ou contre-canaux, dont les communautés sont chargées, seront passés par les sieurs commissaires du diocèse, et le prix desdits baux, qui ne sera payé que sur leur ordre par le receveur du diocèse, sera compris dans la mande desdites communautés, qui en feront remettre le montant audit receveur. Les anciens lits des ruisseaux ou ravins, dans lesquels on n'a pas rejeté ou détourné d'autres eaux, seront entretenus, tant à l'entrée qu'à la sortie des aqueducs, par les particuliers riverains, sauf, au cas où ils reçoivent les eaux vidées par quelque épanchoir, à y être pourvu en la manière qui a été expliquée ci-dessus au sujet des épanchoirs. Les arbres qui ont été plantés dans le lit des rigoles d'entrée ou de sortie, dans les contre-canaux et dans les anciens lits des ruisseaux, seront arrachés, aussi-bien que les broussailles, à la diligence du syndic du diocèse, par les propriétaires à qui les arbres appartiennent ; et faute par eux d'y satisfaire huitaine après la première sommation qui leur en sera faite, lesdits arbres et broussailles seront arrachés, à la diligence dudit syndic, qui se remboursera des frais par lui exposés, sur le prix de la vente qui sera faite desdits arbres et broussailles ; il sera défendu de planter aucun arbre dans le lit des rigoles d'entrée ou de sortie, dans les contre-canaux et dans les anciens lits des ruisseaux ou ravins, sous peine, à ceux qui en auront planté, de demeurer responsables des dommages causés par le rétrécissement et attérissement desdites rigoles, etc., et du recreusement qu'il en faudra faire.

4. Qu'à l'égard des cales qui ont été construites aux endroits où les eaux de quelque ruisseau sont reçues dans le canal, leur élévation au-dessus de la hauteur des eaux ordinaires du canal sera déterminée de concert par l'ingénieur du roi, en présence du syndic du diocèse, et après avoir entendu les possesseurs des fonds voisins, de manière qu'ils ne puissent en recevoir aucun dommage ; ce qui sera pareillement observé au cas qu'il soit question d'en construire de nouvelles. Les ouvertures ou coupures des terriers qui servent à faire écouler dans le canal les eaux de quelque ruisseau, ou même les eaux pluviales, pourront être fermées en vertu d'un ordre par écrit, donné par l'ingénieur, après avoir entendu les parties intéressées et le syndic du diocèse, de quoi il sera fait mention dans ledit ordre, dont il leur sera donné copie ; et, avant de fermer lesdites ouvertures, il sera pourvu à l'écoulement des eaux au moyen d'une rigole ou contre-canal, qui sera creusée et entretenue conformément à ce qui a été réglé au

sujet des rigoles et contre-canaux. Il sera au choix desdits propriétaires de faire ouvrir les coupures qui ont été fermées dans les terroirs de Donneville, de Montgiscard, de Castanet et autres, ou de laisser les terriers dans l'état où ils sont, en donnant, au dernier cas, un écoulement aux eaux, au moyen d'une rigole qui sera creusée et entretenue comme ci-dessus.

5. Qu'il sera défendu de faire abreuver les bestiaux dans le canal, ailleurs qu'aux endroits qui seront déterminés de concert par l'ingénieur du roi et le syndic du diocèse, pour la commodité des habitants des communautés, et il y sera construit un pavé ou calada pour empêcher l'éboulement des terres, lequel calada sera construit et entretenu aux dépens des communautés.

6. Qu'il sera posé sur les francs bords, aux frais et dépens des propriétaires du canal, des pierres ou bornes, dans telle distance qu'ils jugeront à propos, à l'effet d'empêcher les bestiaux et les voitures d'y passer, sauf dans le cas où il n'y a pas d'autre chemin pour aller aux possessions voisines, ou à un pont sur le canal, ce qui sera réglé de concert par le syndic du diocèse et par la personne qui sera préposée à cet effet par les propriétaires du canal. Il sera procédé à l'arpentement général des francs-bords pour en déterminer la largeur, et il sera posé des bornes pour les séparer des terres des particuliers, le tout aux frais de la province et des propriétaires du canal, par moitié.

7. Que la délibération des états du 19 décembre 1680, concernant la construction et l'entretien des ponts du canal et de la rigole, sera exécutée selon sa forme et teneur; et en conséquence, les ponts qui seront situés sur le grand chemin qui conduit de Toulouse à Béziers seront entretenus aux frais et dépens de la province; ceux qui sont construits ou qui pourront l'être dans la suite sur les chemins de traverse, pour servir à la communication des diocèses voisins, seront entretenus ou construits par ceux desdits diocèses qui en retirent la commodité et l'avantage pour le commerce; ceux qui ont été établis pour la communication des villes et lieux, seront entretenus aux frais des communautés qui se trouvent de part et d'autre du canal; et finalement, ceux qui sont situés sur les écluses, ou qui doivent servir pour la ménagerie des contribuables, pour le pâturage de leurs bestiaux, ou pour la culture de leurs terres, seront entretenus par les communautés dans le consulat desquelles ils sont situés, et les syndics des

diocèses seront obligés d'y tenir la main, et d'en informer le syndic-général du département.

8. Que pour éviter qu'il y ait dans la suite des transpirations des eaux du canal, causées par le rehaussement ou comblement de son lit, il a été convenu que les recreusements qui sont faits toutes les années dans les différentes parties du canal où ils sont jugés nécessaires par l'ingénieur du roi qui en a la direction, seront faits jusqu'au ferme, excepté dans les terroirs de pur gravier, où ledit ingénieur estimera qu'il doit être laissé quelques terres sur le talus, ou sur le fond du canal. Lesquels articles ont été signés par lesdits sieurs commissaires et les sieurs propriétaires, et approuvés par délibération desdits états, du 29 janvier 1739, par laquelle le syndic-général a été chargé de demander à S. M. l'autorisation de ladite délibération et desdits articles, pour qu'on ne puisse en éluder à l'avenir l'exécution. Requéroit, à ces causes, ledit syndic-général, qu'il plût à S. M., autoriser et homologuer, tant ladite délibération, que les articles convenus entre les sieurs commissaires des états et les sieurs Riquet de Caraman et Riquet de Bonrepos, propriétaires du canal, en date du 28 janvier 1739, et ordonner que le tout sera exécuté selon sa forme et teneur. Vu ladite requête, la copie collationnée par le greffier des états des articles convenus entre les députés desdits états et les propriétaires du canal royal, en date du 28 janvier 1739; et la délibération desdits états, du 29 du même mois; ouï le rapport du sieur Orry, conseiller-d'état, et conseiller ordinaire au conseil royal, contrôleur-général des finances; le roi étant en son conseil, a autorisé et homologué, tant ladite délibération des états de la province de Languedoc, du 29 janvier de la présente année, que lesdits articles convenus entre les députés desdits états et les propriétaires du canal royal de ladite province, le 28 dudit mois; et en conséquence, ordonne S. M. qu'ils seront exécutés selon leur forme et teneur.

N° 536. — LETTRES *d'évocation au grand conseil en faveur des Pères de la Compagnie de Jésus.*

Versailles, 30 mai 1739. Reg. G. conseil. 17 juin. (Archiv.)

N° 537. — DÉCLARATION *concernant les gens de main-morte du ressort du parlement de Metz.*

Versailles, 1er juin 1739. (C. L. XV.)

PRÉAMBULE.

Louis, etc. Si les rois nos prédécesseurs n'ont jamais souffert qu'aucun corps ou communauté pût se former sans leur permission, ils n'ont pas été moins attentifs à empêcher que ceux qu'ils avoient autorisés, ne multipliassent des acquisitions, qui, mettant hors du commerce une partie considérable des fonds et domaines de notre royaume, ont été regardées dans tous les temps comme contraires au bien commun de la société. Quelque faveur que puissent mériter les établissements qui sont fondés sur des motifs de religion et de charité, il a fallu néanmoins que la sagesse de la loi renfermât dans de justes bornes les effets d'un zèle souvent excessif, soit en n'approuvant que ceux qui pouvoient être véritablement utiles au public, soit en les assujettissant à ne pouvoir acquérir aucuns fonds, sans obtenir nos lettres de permission. Le même esprit a dicté les réglements qui ont été faits en particulier pour les villes et pays du ressort de notre parlement de Metz, par le feu roi notre très-honoré seigneur et bisaïeul, en 1665 et 1666, et par nous en 1719, mais les différents moyens dont on s'est servi pour éluder les défenses portées, tant par les ordonnances générales de notre royaume, que par les réglements qui sont propres à ces pays, nous obligent non-seulement à en réunir toutes les dispositions dans une seule loi, mais à y ajouter des précautions encore plus efficaces, soit pour empêcher que par des voies indirectes on ne fasse de nouveaux établissements sans notre autorité, soit pour ne laisser aucune espérance aux corps et communautés déjà établis, de pouvoir posséder aucuns fonds ou héritages, sans nos lettres de permission; en leur réservant néanmoins la faculté d'acquérir des rentes constituées sur d'autres corps semblables, ou sur l'Etat même, dont la jouissance leur sera souvent plus avantageuse, et toujours plus convenable à l'intérêt public, que celles des domaines qu'ils vouloient s'approprier. Nous nous portons même d'autant plus volontiers à faire une loi si nécessaire, que les gens de main-morte possédant déjà une très-grande partie des fonds de terres dans l'étendue du ressort de notre parlement de Metz, nous devons donner aussi une plus grande attention à conserver ce qui en reste encore dans le commerce, à des sujets aussi fidèles et aussi attachés à notre service que ceux de cette province. » A ces causes, etc.

N° 538. — **Déclaration au sujet des successions mobilières des sujets de la Grande-Bretagne décédés en France.**

Compiègne, 19 juillet 1739. Reg. P. P. 4 août. (C. L. XV.)

Louis, etc. Étant instruit de plusieurs difficultés qui se sont élevées à l'occasion de différentes successions délaissées par des sujets de la Grande-Bretagne morts dans nos États, et ayant estimé nécessaire d'y pourvoir en faisant jouir les sujets du roi de la Grande-Bretagne, étant ou décédant dans notre royaume, des mêmes avantages pour les successions mobilières, dont nos sujets jouissent dans la Grande-Bretagne et principalement depuis la paix conclue à Utrecht le 11 avril 1713. A ces causes, etc. Voulons et nous plaît, qu'il soit entièrement libre et permis aux marchands et autres sujets de la Grande-Bretagne, de léguer ou donner, soit par testament, par donation ou par quelque autre disposition que ce soit, faite tant en santé que maladie, en quelque temps que ce soit, même à l'article de la mort, toutes les marchandises, effets, argent, dettes actives et autres biens mobiliers qui se trouveront, ou devront leur appartenir au jour de leur décès dans les territoires et lieux de notre domination, et qu'en outre, soit qu'ils meurent après avoir testé, ou ab intestat, leurs légitimes héritiers, exécuteurs ou administrateurs, demeurants dans les lieux de notre domination, ou venant d'ailleurs, quoiqu'ils ne soient pas reçus dans le nombre des citoyens de nos États, pourront recouvrir et jouir paisiblement de tous lesdits biens et effets quelconques, selon les lois de la Grande-Bretagne, soient tenus de faire reconnoître selon les lois les testaments ou le droit de recueillir les successions ab intestat dans les lieux où chacun sera décédé; voulons que tous procès nés ou à naître à ce sujet pour raison de successions mobilières échues ou à échoir desdits sujets de la Grande-Bretagne, soient jugés en conformité des présentes, et nonobstant toutes lois, statuts, édits, coutumes, ou droit d'aubaine à ce contraires, auxquels nous dérogeons, en tant que besoin seroit. Si donnons, etc.

N° 539. — **Règlement pour la recherche des soldes et produits d'inventaires des gens de mer qui meurent sans tester pendant leurs voyages sur les bâtiments marchands, des effets et hardes des passagers qui meurent sur lesdits bâtiments, et des produits des débris et naufrages, revenant aux invalides de la marine**

Versailles, 23 août 1739. Valin, II, 553.

N° 540. — Édit *portant établissement d'une nouvelle loterie royale pour procurer l'extinction de partie des capitaux de rentes sur l'Hôtel-de-ville de Paris.*

Versailles, août 1739. Reg. P. P., C. des C., C. des A. 10, 16, 23 septembre. (C. L. XV.)

PRÉAMBULE.

Louis, etc. Depuis que la loterie établie par notre édit du mois de décembre 1737 a été remplie et tirée, un grand nombre de particuliers nous ont fait supplier très humblement de vouloir bien ordonner l'établissement d'une nouvelle sur le même plan, mais avec quelques dispositions différentes. Entre les divers mémoires qui nous ont été présentés à ce sujet, ceux auxquels nous avons fait le plus d'attention viennent de plusieurs propriétaires de petites parties de rentes perpétuelles, lesquels exposent le regret qu'ils ont eu de ce que la situation de leurs affaires ne leur a pas permis de fournir les deniers comptants qu'ils auroient été obligés de joindre à leurs contrats, aux termes dudit édit, pour parvenir à les convertir en rentes viagères, et de n'avoir pu ainsi se procurer une subsistance plus commode, pendant le reste de leurs jours, en abandonnant à l'État le fonds de leurs biens. Quoique ces sortes de conversions augmentent notre dépense pour le temps présent, nous n'avons envisagé que l'utilité qui en reviendra, à l'avenir, à notre royaume, le soulagement et la satisfaction que nous procurerons à ces rentiers, et plus encore la confiance publique qui continuera vraisemblablement d'augmenter pour les rentes perpétuelles, comme nous l'avons éprouvé depuis douze ans, à mesure que l'objet de ces rentes se trouvera de plus en plus diminué. Ainsi nous avons résolu d'établir une nouvelle loterie dont les billets seront de moitié plus forts en rentes, et de deux tiers plus foibles en argent que dans la précédente, et dans laquelle néanmoins le nombre des lots se trouvera presque double. A ces causes, etc.

N° 541. — Traité *défensif entre la France et l'évêché de Dôle.*

11 septembre 1739. (Koch, I, 329.)

N° 542. — Déclaration *qui ordonne qu'en toutes faillites et banqueroutes on ne recevra pas d'affirmation de créance et on n'homologuera aucun contrat d'atermoiement sans que les* titres aient été examinés par les juges et consuls, ou par d'anciens consuls et commerçants par eux commis à cet effet.

Marly, 13 septembre 1739. Reg. P. P. 18 décembre. (C. L. XV.)

PRÉAMBULE.

Louis, etc. Les abus et les fraudes qui se sont introduits depuis quelques années dans les bilans des négociants, banquiers et autres qui ont fait faillite, au préjudice des sages dispositions de notre ordonnance de 1673, et de nos différentes déclarations rendues à ce sujet, ayant causé dans le commerce un dérangement notable, nous avons cru devoir chercher l'origine de ce désordre, pour en arrêter le progrès, soit de la part du créancier, soit de celle du débiteur, l'un étant souvent simulé, et l'autre, par des manœuvres aussi odieuses que criminelles, forçant les vrais créanciers à signer et accepter des propositions injustes. Et comme nous avons reconnu que ces abus viennent principalement de ce que par les procédures qui se font à l'occasion des faillites, les faux créanciers compris dans les bilans avec les légitimes, s'exposent plus volontiers à faire leur affirmation, parce qu'ils ne sont point connus des juges; au lieu que s'ils paroissoient devant les juges et consuls, qui par leur état, sont plus particulièrement instruits des affaires du commerce, et de la réputation de ceux qui se disent créanciers, les bilans seroient examinés d'une manière à être affranchis de toute fraude; à quoi étant nécessaire de remédier, afin qu'en assurant de plus en plus la foi publique, si nécessaire d'ailleurs dans le commerce, les créanciers puissent traiter sûrement avec leurs débiteurs, et que ces derniers n'en imposent jamais dans les états qu'ils sont obligés de donner de leurs effets actifs et passifs. A ces causes, etc.

N° 543. — DÉCLARATION *portant règlement pour le parlement de Besançon.*

Fontainebleau, 5 novembre 1739. Reg. P. P. 1s. (Archiv.)

N° 544. — ORDONNANCE *portant qu'il sera embarqué un novice par dix hommes d'équipage, sur les bâtiments qui seront expédiés à La Rochelle pour les voyages de long cours et au grand cabotage.*

Versailles, 2 décembre 1739. Valin, I, 523.)

N° 545. — DÉCLARATION *qui proroge le délai accordé pour la représentation des titres enregistrés à la chambre des comptes de Paris.*

Versailles, 21 décembre 1739. Reg. C. des C. 27 janv. 1740. (C. L. XV.)

PRÉAMBULE.

Louis, etc. Désirant pourvoir au rétablissement des registres de notre chambre des comptes endommagés par l'incendie arrivé le 27 octobre 1737, nous aurions, par notre déclaration du 16 avril 1738, ordonné à tous les ordres, corps et communautés de notre royaume, et à tous nos sujets, de représenter dans le dernier décembre 1739, par devant les officiers de notre chambre des comptes, les chartres, lettres patentes, contrats d'échange et d'aliénation à titre d'engagement, et autres titres accordés à eux ou à leurs auteurs ou devanciers, par les rois nos prédécesseurs, ou par nous, pour être de nouveau insérés dans les registres et dans les dépôts de noteredite chambre. Cette représentation a eu tout le succès que nous en pouvions espérer, par le bon ordre, le travail et l'application qu'y ont apportés les officiers de notre chambre des comptes; nos sujets en ont ressenti la nécessité, et combien il leur étoit avantageux de contribuer au rétablissement et à la conservation de leurs titres, dans ce dépôt public : cependant nous sommes informés que quelques-uns de nos sujets, ordres, corps et communautés, particulièrement ceux des provinces les plus éloignées de notre royaume, n'ont point encore été en état de faire cette représentation, tant à cause de leur éloignement, qu'à cause de la multiplicité de leurs titres, de la difficulté de les rassembler et de les mettre en ordre; qu'ainsi il est de notre justice de proroger ce délai en leur faveur. A ces causes, etc.

N° 546. — TRAITÉ *de commerce entre le roi de France et les provinces unies des Pays-Bas.*

21 décembre 1739. (Wenck, I, 414.)

N° 547. — ARRÊT *du conseil concernant l'entrée des livres venant des pays étrangers.*

Versailles, 11 avril 1740. (Archiv.)

Le roi s'étant fait représenter les articles 75 et 76 du titre 11 du réglement fait pour la librairie et imprimerie de Paris le 28 février 1723 par lesquels il est défendu aux libraires forains et étrangers, d'avoir des magasins et entrepôts de livres dans la ville de Paris, et d'en vendre à d'autres qu'aux libraires, ni les faire vendre par des commissionnaires, ou autres personnes interposées, à peine de confiscation desdites marchandises, et amende arbitraire : S. M. étant d'ailleurs informée que les libraires étrangers ou forains, surprennent souvent les libraires de Paris en négociant avec eux des exemplaires des livres nouveaux qu'ils impriment, et qu'ils promettent d'envoyer aux libraires de Paris aussitôt après l'impression finie, et qu'au contraire lesdits libraires étrangers ou forains affectent d'envoyer à Paris des parties considérables de ces mêmes éditions, qu'ils font débiter à leur profit, avant que de livrer auxdits libraires de Paris les exemplaires qui leur sont dus, et dont ils ont fourni la valeur; à quoi voulant pourvoir, le roi étant en son conseil, de l'avis de M. le chancelier, a ordonné et ordonne que les articles 75 et 76 du titre 11 du réglement de la librairie et imprimerie de Paris seront exécutés : fait S. M. itératives défenses aux libraires étrangers ou forains, d'envoyer et de vendre leurs livres en cette ville de Paris, à d'autres qu'aux libraires; d'y avoir des magasins ou entrepôts pour les faire débiter par des commissionnaires; et à tous libraires, imprimeurs, relieurs et autres, de leur prêter leur nom à cet effet, ni de faire aucunes factures par rapport auxdits livres, pour les envoyer à des libraires demeurant dans les autres villes du royaume, ou dans les pays étrangers; à peine de confiscation desdites marchandises, et de cinq cents livres d'amende contre ceux qui seront chargés de les vendre. Ordonne S. M. aux syndic et adjoints de la librairie de Paris, d'arrêter les exemplaires des livres imprimés dans les pays étrangers, et envoyés à Paris pour le compte desdits libraires étrangers ou forains, au préjudice des marchés faits avec les libraires de Paris, et avant qu'on leur ait envoyé le nombre d'exemplaires qui leur ont été vendus, échangés ou autrement promis, en justifiant par lesdits libraires de Paris, des marchés ou conventions qu'ils auront faits avec les libraires étrangers ou forains, et moyennant la déclaration qu'ils en feront sur les registres de la chambre syndicale, lesquels exemplaires appartenants aux libraires forains ou étrangers, ne seront vendus que lorsqu'ils auront rempli les engagements pris avec les libraires de Paris.

N° 548. — ARRÊT *du conseil portant réglement pour les répertoires des notaires et tabellions, avec injonction de les tenir en papier timbré, à peine de 300 liv. d'amende.*

Versailles, 19 avril 1740. (C. L. XV.)

N° 549. — TRAITÉ *préliminaire de commerce et de navigation entre le roi de France et la couronne de Suède.*

25 avril 1740. (Wenck, II, 5.)

N° 550. — CAPITULATION *en renouvellement et additions accordées au roi de France par le sultan Mahmoud* (1).

Constantinople, 18 mai 1740. (Wenck, I, 540.)

EXTRAIT.

L'empereur sultan Mahmoud, fils de sultan Moustapha, toujours victorieux.

Voici ce qu'ordonne ce signe glorieux et impérial, conquérant du monde, cette marque noble et sublime, dont l'efficacité procède de l'assistance divine.

Moi, qui par l'excellence des faveurs infinies du Très-Haut, et par l'éminence des miracles remplis de bénédiction du chef des prophètes (à qui soient les saluts les plus amples, de même qu'à sa famille et à ses compagnons), suis le sultan des glorieux sultans, l'empereur des puissants empereurs, le distributeur des couronnes aux Cosroés qui sont assis sur les trônes, l'ombre de Dieu sur la terre, le serviteur des deux illustres et nobles villes de la Mecque et de Médine, lieux augustes et sacrés où tous les musulmans adressent leurs vœux; le protecteur et le maître de la sainte Jérusalem; le souverain des trois grandes villes de Constantinople, Andrinople et Brousse, de même que de Damas odeur de paradis, de Tripoli de Syrie; de l'Egypte, la rareté du siècle et renommée pour ses délices; de toute l'Arabie; de l'Afrique, de Barca, de Cairovan, d'Alep, des Irak, Arab et Adgen; de Bassora, de Lahsa, de Dilem, et particulièrement de Bagdad, capitale des califes; de Rakka, de Mossoul, de Chehrezour, de Diarbekir, de

---

(1) M. Deval, traducteur de capitulations anciennes et nouvelles, dit, en parlant du traité de 1740 : « Ce traité, auquel l'ancien usage a donné le nom de capitulation, n'est autre chose que des lettres de priviléges, et, suivant l'expression orientale, un diplôme impérial portant serment. » Ces capitulations sont encore en vigueur (art. 2 du traité du 25 juin 1802).

Zulkadrie, d'Erzerum la délicieuse; de Sébaste, d'Adana, de la Caramanie, de Kars, de Tchildir, de Van; des îles de Morée, de Candie, Chypre, Chio et Rhodes; de la Barbarie, de l'Ethiopie; des places de guerre d'Alger, de Tripoli et de Tunis; des îles et des côtes de la mer Blanche et de la mer Noire, de pays de Natolie et des royaumes de Romélie; de tout le Kurdistan, de la Grèce, de la Turcomanie, de la Tartarie, de la Circassie, du Cabarta et de la Géorgie; des nobles tribus des Tartares et de toutes les hordes qui en dépendent; de Caffa et autres lieux circonvoisins; de toute la Bosnie et dépendances; de la forteresse de Belgrade, place de guerre; de la Servie, de même que des forteresses et châteaux qui s'y trouvent; des pays d'Albanie, de toute la Valachie, de la Moldavie, et des forts et fortins qui se trouvent dans ces cantons; possesseur enfin de nombre de villes et de forteresses, dont il est superflu de rapporter et de vanter ici les noms : moi qui suis l'empereur, l'asile de la justice et le roi des rois, le centre de la victoire, le sultan fils de sultan, l'empereur Mahmoud le conquérant, fils de sultan Mustafa, fils de sultan Muhammod : moi, qui par ma puissance, origine de la félicité, suis orné du titre d'empereur des deux terres, et pour comble de la grandeur de mon califat, suis illustré du titre d'empereur des deux mers.

La gloire des grands princes de la croyance de Jésus, l'élite des grands et magnifiques de la religion du Messie, l'arbitre et le médiateur des affaires des nations chrétiennes, revêtu des vraies marques d'honneur et de dignité, rempli de grandeur, de gloire et de majesté, l'empereur de France et d'autres vastes royaumes qui en dépendent, notre très-magnifique, très-honoré, sincère et ancien ami, Louis XV, auquel Dieu accorde tout succès et félicité, ayant envoyé à notre auguste cour qui est le siège du califat, une lettre, contenant des témoignages de la plus parfaite sincérité et de la plus particulière affection, candeur et droiture, et ladite lettre étant destinée pour notre sublime Porte de félicité, qui, par la bonté infinie de l'Être suprême incontestablement majestueux, est l'asile des sultans les plus magnifiques et des empereurs les plus respectables : le modèle des seigneurs chrétiens, habile, prudent, estimé et honoré ministre, Louis Sauveur, marquis de Villeneuve, son conseiller d'Etat actuel, et son ambassadeur à notre Porte de félicité (dont la fin soit comblée de bonheur) auroit demandé la permission de présenter et de remettre ladite lettre, ce qui lui auroit été accordé par notre consentement impérial, conformément à l'ancien usage de notre cour; et conséquemment ledit ambassadeur ayant été admis jusque devant notre trône impérial, environné de lumière et de gloire, il y auroit remis la susdite lettre, et auroit été témoin de notre majesté, en participant à notre faveur et grace impériale; ensuite la traduction de sa teneur affectueuse auroit été présentée et rapportée, selon l'ancienne coutume des Ottomans, au pied de notre sublime trône, par le canal du très-honoré Elhadjy Mehemmed Pacha, notre premier ministre, l'interprète absolu de nos ordonnances, l'ornement du monde, le maintien du bon ordre des peuples, l'ordonnateur des grades de notre empire, l'instrument de la gloire de notre couronne, le canal des graces de la majesté royale, le très-vertueux grand-visir, mon vénérable et fortuné ministre lieutenant-général, dont Dieu fasse perpétuer et triompher le pouvoir et la prospérité.

Et comme les expressions de cette lettre amicale, font connoître le désir et l'empressement de S. M., à faire, comme par ci-devant, tous honneurs et ancienne amitié jusqu'à présent maintenus depuis un temps immémorial entre nos glorieux ancêtres (sur qui soit la lumière de Dieu) et les très-magnifiques empereurs de France; et que dans ladite lettre il est question, en considération de la sincère amitié et de l'attachement particulier que la France a toujours témoigné à notre maison impériale, de renouveler encore, pendant l'heureux temps de notre glorieux règne, et de fortifier et éclaircir, par l'addition de quelques articles, les capitulations impériales, déjà renouvelées l'an de l'égire 1084, sous le règne de feu sultan Mehemed notre auguste aïeul, noble et généreux pendant sa vie, et bienheureux à sa mort; lesquelles capitulations avoient pour but *que les ambassadeurs, consuls, interprètes, négocians et autres sujets de la France, soient protégés et maintenus en tous repos et tranquillité*, et qu'enfin il est parvenu à notre connoissance impériale qu'il a été conféré sur ces points entre ledit ambassadeur et les ministres de notre sublime Porte: les fondemens de l'amitié qui, depuis un temps immémorial, subsiste avec solidité entre la cour de France et notre sublime Porte, et les preuves convaincantes que S. M. en a donné particulièrement du temps de notre glorieux règne, faisant espérer que les liens d'une pareille amitié ne peuvent que se resserrer et se fortifier de jour en jour; ces motifs nous ont inspiré des sentimens conformes à ses désirs; et voulant procurer au commerce une activité, et aux allants et venants une sûreté, qui sont les fruits que doit produire l'amitié ; non-seulement nous avons confirmé par ces présentes dans toute leur étendue, les capitulations anciennes et renouvelées, de même que les articles insérés lors de la susdite date ; mais pour procurer encore plus de repos aux négociants, et de vigueur au commerce, nous leur avons accordé l'exemption du droit de *mézéterie* qu'ils ont payé de tout temps, de même que plusieurs autres points concernant le commerce et la sûreté des allants et venants, lesquels ayant été discutés, traités et réglés en bonne et due forme dans les diverses conférences qui se sont tenues à ce sujet entre le susdit ambassadeur, muni d'un pouvoir suffisant, et les personnes préposées de la part de notre sublime Porte. Après l'entière conclusion de tout, mon suprême et absolu grand-visir en auroit rendu compte à notre étrier impérial, et notre volonté étant de témoigner spécialement en cette occasion le cas et l'estime que nous faisons de l'ancienne et constante amitié de l'empereur de France, qui vient de nous donner des marques particulières de la sincérité de son cœur, nous avons accordé notre signe impérial pour l'exécution des articles nouvellement conclus ; et conséquemment les capitulations anciennes et renouvelées, ayant été transcrites et rapportées exactement, mot pour mot au commencement, et suivi des articles nouvellement réglés et accordés ; ces présentes capitulations impériales auroient été remises et consignées dans l'ordre susdit, entre les mains dudit ambassadeur ; et pour l'exécution d'icelles, le présent commandement impérial seroit émané dans les termes suivants, savoir :

Art. 1. L'on n'inquiétera point les Français qui vont et viendront pour visiter Jérusalem, de même que les religieux qui sont dans l'église du Saint-Sépulcre dite *Kamama*.

2. Les empereurs de France n'ayant eu aucun procédé qui pût porter atteinte à l'ancienne amitié qui les unit avec notre sublime Porte, sous le règne de feu l'empereur sultan Sélim, d'heureuse mémoire, il auroit été accordé aux Français un commandement impérial pour la levée ci-devant prohibée des cotons en laine, cotons filés et cordouants : maintenant, en considération de cette parfaite amitié, comme il a déjà été inséré dans les capitulations, que personne ne puisse les empêcher d'acheter des cires et des cuirs, dont la sortie étoit défendue du temps de nos magnifiques aïeux, ce privilège leur est confirmé comme par le passé.

3. Et comme par ci devant, les marchands et autres Fran-

çais n'ont point payé de droits sur les piastres qu'ils ont apportées de leur pays dans nos Etats, on n'en exigera pas non plus présentement; et nos trésoriers et officiers de la monnoie ne les inquiéteront point, sous prétexte de fabriquer des monnoies du pays avec leurs piastres.

4. Si des marchands français étoient embarqués sur un bâtiment ennemi pour trafiquer (comme il seroit contraire aux lois de vouloir les dépouiller et de les faire esclaves parce qu'ils se seroient trouvés dans un navire ennemi), on ne pourra sous ce prétexte confisquer leurs biens, ni faire esclaves leurs personnes, pourvu qu'ils ne soient point en acte d'hostilité, sur un bâtiment corsaire, et qu'ils soient dans leur état de marchand.

5. Si un Français ayant chargé des provisions de bouche en pays ennemi sur son propre vaisseau, pour les transporter en pays ennemi, étoit rencontré par des bâtiments musulmans, on ne pourra prendre le vaisseau, ni faire esclaves les personnes sous prétexte qu'ils transportent des provisions à l'ennemi.

6. Si quelqu'un de nos sujets emportoit des provisions de bouche, chargées dans les états musulmans, et qu'il fût pris en chemin, les Français qui se trouveroient à la solde dans le vaisseau ne seront point faits esclaves.

7. Lorsque des Français auront acheté de plein gré des provisions de bouche des navires turcs, et qu'ils seront rencontrés par nos vaisseaux, tandis qu'ils s'en vont dans leur pays, et non en pays ennemi, ces vaisseaux français ne pourront être confisqués, ni ceux qui seront dedans faits esclaves, et s'il se trouve quelque Français pris de cette manière, il sera élargi et ses effets restitués.

9. On n'exigera la douane que des marchandises débarquées pour être vendues, et non de celles qu'on voudra transporter dans d'autres Echelles, à quoi il ne sera mis aucun empêchement.

10. On n'exigera d'eux ni le nouvel impôt de *Kussabié*, ni *Reft*, ni *Radj*, ni *Yassak Kouly*, et pas plus de trois cents aspres pour le droit de bon voyage dit *Selametlik Resmy*.

12. Nous permettons aux Français de pêcher du corail et du poisson dans le golfe d'Usturgha, dépendant d'Alger et de Tunis, suivant l'ancienne coutume, et on ne les laissera inquiéter par personne à ce sujet.

14. Ceux de nos sujets qui trafiqueront avec des navires français en pays ennemi, paieront exactement aux ambassa-

deurs et aux consuls le droit de consulat et autres droits sans opposition ni contravention quelconque.

19. S'il arrivoit quelque meurtre ou quelque autre désordre entre les Français, leurs ambassadeurs et leurs consuls en décideront selon leurs us et coutumes, sans qu'aucun de nos officiers puisse les inquiéter à cet égard.

20. Nous voulons que les Français marchands, drogmans et autres, pourvu qu'ils soient dans les bornes de leur état, aillent et viennent librement, par mer et par terre, pour vendre, acheter et commercer dans nos Etats, et qu'après avoir payé les droits d'usage et de consulat, selon qu'il s'est toujours pratiqué, ils ne puissent être inquiétés ni molestés, en allant et venant, par nos amiraux, capitaines de nos bâtiments et autres, non plus que par nos troupes.

21. On ne pourra forcer les marchands français à prendre contre leur gré certaines marchandises, et ils ne seront point inquiétés à cet égard.

22. Si quelque Français se trouve endetté, on attaquera le débiteur et l'on ne pourra rechercher ni prendre à partie aucun autre à moins qu'il ne soit sa caution.

Si un Français vient à mourir, ses biens et effets, sans que personne puisse s'y ingérer, seront remis à ses exécuteurs testamentaires, et s'il meurt sans testament, ses biens seront donnés à ses compatriotes par l'entremise de leur consul, sans que les officiers du fisc et du droit d'aubaine, comme *Beitalmaldgy* et *Cassam*, puissent les inquiéter.

23. Les marchands, les drogmans et les consuls français, dans leurs achats, ventes, commerce, cautionnements et autres affaires de justice, se rendront chez le khadi, où ils feront dresser un acte de leurs accords, et le feront enregistrer afin que si dans la suite il survenoit quelque différend on ait recours à l'acte et aux registres, et qu'on juge en conformité, et si sans s'être muni de l'une et de l'autre de ces formalités, on veut intenter quelque procès contre les règles de la justice, en ne produisant que de faux témoins, on ne permettra pas de pareilles supercheries; et leur demande, contraire à la justice, ne sera point écoutée; et, si par pure avidité, quelqu'un accusoit un Français de lui avoir dit des injures, on empêchera que le Français ne soit inquiété contre les lois de la justice; et si un Français venoit à s'absenter pour cause de dette ou de quelque faute, on ne pourra saisir ni inquiéter à ce sujet aucun autre Français qui seroit innocent et qui n'auroit point été sa caution.

24. S'il se trouve dans nos États quelque esclave dépendant de la France et qu'il soit réclamé comme Français, par leurs ambassadeurs ou leurs consuls, il sera amené avec son maître ou son procureur à ma Porte de félicité, pour que l'affaire y soit décidée.

25. Lorsqu'ils enverront de leurs gens capables pour remplacer leurs consuls établis à Alexandrie, à Tripoli de Syrie, et dans les autres Échelles, personne ne s'y opposera, et ils seront exempts des impôts arbitraires dits *Tekialif-urfié*.

26. Si quelqu'un avoit un différend avec un marchand français et qu'ils se portassent chez le khadi, ce juge n'écoutera point leur procès si le drogman français ne se trouve présent, et si cet interprète est occupé pour lors à quelque affaire pressante, on différera jusqu'à ce qu'il vienne; mais aussi les Français s'empresseront de le représenter, sans abuser du prétexte de l'absence de leur drogman, et s'il arrive quelque contestation entre les Français, les ambassadeurs et les consuls en prendront connoissance et en décideront selon leurs us et coutumes, sans que personne puisse s'y opposer.

37. Quoique les marchands français aient de tous temps payé cinq pour cent de douanes, sur les marchandises qu'ils apportoient dans nos états et qu'ils en emportoient, comme ils ont prié de réduire ce droit à trois pour cent, nous avons agréé leur demande, et nous ordonnons qu'en conformité on ne puisse exiger d'eux plus de trois pour cent, et lorsqu'ils paieront leur douane on la recevra en monnoie courante dans nos États, pour la même valeur qu'elle est reçue au trésor inépuisable, sans pouvoir être inquiétés sur la plus ou moins value d'icelle.

41. Les procès excédant quatre mille aspres seront écoutés à mon divan impérial, et nulle part ailleurs.

42. S'il arrivoit quelque meurtre dans les endroits où il y a des Français, tant qu'il ne sera point donné de preuves contre eux, on ne pourra désormais les inquiéter ni leur imposer aucune amende dite *Dgérimé*.

Additions aux anciennes capitulations.

51. Lorsque les consuls, les drogmans et les autres dépendants de la France feront venir du raisin pour leur usage dans les maisons où ils habitent pour en faire du vin, ou qu'il leur viendra du vin pour leur provision, nous voulons que tant à l'entrée que lors du transport, les janissaires, aga, bostandgy-

bacchy, toptchy-bachy, vaïvodes et autres officiers, ne puissent demander aucun droit ni donative.

52. S'il arrive que les consuls et les négociants français aient quelques contestations avec les consuls et les négociants d'une autre nation chrétienne, il leur sera permis, du consentement et à la réquisition des parties, de se pourvoir par-devant leurs ambassadeurs qui résident à ma sublime Porte, et tant que le demandeur et le défendeur ne consentiront pas à porter ces sortes de procès par-devant les pachas, cadi, officiers ou douaniers, ceux-ci ne pourront pas les y forcer ni prétendre en prendre connoissance.

53. Lorsque quelque marchand français ou dépendant de la France fera une banqueroute avérée et manifeste, ses créanciers seront payés sur ce qui restera de ses effets; et pourvu qu'ils ne soient pas munis de quelque titre valable de cautionnement, soit de l'ambassadeur, des consuls, des drogmans, ou de quelque autre Français, on ne pourra rechercher à ce sujet lesdits ambassadeur, consuls, drogman, ni autres Français, et l'on ne pourra les arrêter, en prétendant les en rendre responsables.

55. Nous voulons que dorénavant les marchandises qui seront embarquées dans les ports de France, et qui viendront à notre capitale, chargées sur des bâtiments véritablement français, avec manifeste et pavillon de France, de même que celles qui seront chargées dans notre capitale, sur des bâtiments véritablement français, pour être portées en France, après qu'elles auront payé le droit de douane et celui de bon voyage, dit *Selamitlik-resmy*, conformément aux capitulations antérieures, lorsque les Français négocieront ces sortes de marchandises avec quelqu'un, on ne puisse exiger d'eux, sous quelque prétexte que ce soit, le droit de *mézéterie*, dont l'exemption leur est pleinement accordée pour l'article de la mézéterie seulement.

56. Comme il a été accordé aux marchands français et aux dépendants de la France de ne payer que trois pour cent de douane sur les marchandises qu'ils apporteront de leur propre pays dans les États de notre domination, non plus que sur celles qu'ils emportent d'ici dans leur pays, quoique dans les précédentes capitulations on n'ait compris que les cotons en laines, cotons filés, maroquins, cires, cuirs et soieries, nous voulons qu'indépendamment de ces marchandises, ils puissent en payant la douane suivant les capitulations impériales, charger sans oppositions toutes celles qu'ils ont coutume de

charger pour leur pays et qui, pour cet effet, sont spécifiées dans le tarif bullé du douanier, à l'exception toutefois de celles qui sont prohibées.

57. Lorsque les négociants français voudront vendre les marchandises qu'ils auront apportées à tels de nos sujets et marchands de notre empire qu'ils jugeront à propos, personne autre ne pourra les inquiéter ni quereller sous prétexte de vouloir les acheter de préférence.

58. Nous voulons qu'à l'avenir, le douanier de la douane des fruits de Smyrne ne puisse exiger la douane des *fess* ou bonnets que les négociants français apporteront, lorsqu'ils ne se vendront pas à Smyrne; et en cas qu'ils s'y vendissent le droit de douane sur les bonnets sera selon l'usage exigé par ledit douanier, et s'ils viennent à Constantinople le droit de douane en sera payé selon l'usage au grand douanier.

59. Si les marchands français veulent porter en temps de paix des marchandises non prohibées des Etats de mon empire, par terre et par mer, de même que par les rivières du Danube et du Tanaïs dans les Etats de Moscovie, Russie et autres pays, et en apporter dans mes Etats dès qu'ils auront payé la douane et les autres droits, quels qu'ils soient, comme les paient les autres nations franques, lorsqu'ils feront ce commerce, il ne leur sera fait sans raison aucune opposition.

60. Nous voulons qu'à l'avenir les censaux qui vont et viennent parmi les marchands, pour les affaires desdits négociants, ne soient inquiétés en aucune façon, et que, de quelque nation que soient les censaux dont ils se servent, on ne puisse leur faire violence, ni les empêcher de servir. Si certains de la nation juive et autres prétendent d'hériter de l'emploi de censal, les marchands français se serviront de telles personnes qu'ils voudront, et lorsque ceux qui se trouveront à leur service seront chassés ou viendront à mourir, on ne pourra rien exiger ni prétendre de ceux qui leur succèderont, sous prétexte d'un droit de retenue nommé *Ghédik*, ou d'une portion dans les censeries, et l'on chassera ceux qui agiront contre la teneur de cette disposition.

62. Comme l'empire ottoman abonde en fruits, il pourra venir de France, une fois l'année, dans les années d'abondance des fruits secs, deux ou trois bâtiments pour acheter et charger de ces fruits, comme figues, raisins secs, noisettes et autres fruits semblables quelconques; et après que la douane en aura été payée conformément aux capitulations impériales,

on ne mettra aucune opposition au chargement ni à l'exportation de cette marchandise.

Il sera aussi permis aux bâtiments français d'acheter et de charger du sel dans l'île de Cypre et dans les autres Echelles de notre empire, de la même manière que les Musulmans y en prennent, sans que nos commandants, gouverneurs, cadis, et autres officiers, puissent les en empêcher, voulant qu'ils soient protégés conformément à mes anciennes capitulations, à présent renouvelées.

63. Les marchands français et autres dépendants de la France pourront voyager avec les passeports qu'ils auront pris, sur les attestations des ambassadeurs ou des consuls de France; et, pour leur sûreté et commodité, ils pourront s'habiller suivant l'usage du pays, et faire leurs affaires dans mes Etats, sans que ces sortes de voyageurs, se tenant dans les bornes de leur devoir, puissent être inquiétés pour le tribut nommé *kharatch*, ni pour aucun autre impôt; et lorsque, conformément aux capitulations impériales, ils auront des effets sujets à la douane, après en avoir payé les droits suivant l'usage, les pachas, cadis, et autres officiers, ne s'opposeront point à leur passage; et de la façon ci-dessus mentionnée, il leur sera fourni des passeports en conformité des attestations dont ils seront munis, leur accordant toute l'assistance possible par rapport à leur sûreté.

64. Les négociants français et les protégés de France ne paieront ni droit ni douane sur les monnoies d'or et d'argent qu'ils apporteront dans nos Etats, de même que pour celles qu'ils emporteront, et on ne les forcera point de convertir leurs monnoies en monnoies de mon empire.

65. Si un Français, ou un protégé de France, commettoit quelque meurtre ou quelque autre crime, et que l'on voulût que la justice en prît connoissance, les juges de mon empire et les officiers ne pourront y procéder qu'en présence de l'ambassadeur et des consuls ou de leurs substituts dans les endroits où ils se trouveront, et afin qu'il ne se fasse rien de contraire à la noble justice, ni aux capitulations impériales, il sera procédé de part et d'autre avec attention aux perquisitions et recherches nécessaires.

66. Lorsque notre miry ou quelqu'un de nos sujets, marchand ou autre, sera porteur de lettres de change sur les Français, si ceux sur qui elles sont tirées, ou les personnes qui en dépendent ne les acceptent pas, on ne pourra, sans cause

légitime, les contraindre au paiement de ces lettres, et l'on en exigera seulement une lettre de refus, pour agir en conséquence contre le tireur; et l'ambassadeur de même que les consuls, se donneront tous les mouvements possibles pour en procurer le remboursement.

67. Les Français qui sont établis dans mes Etats, soit mariés, soit non mariés, quels qu'ils soient, ne seront point inquiétés par la demande du tribut nommé *karatch*.

69. Si un marchand français voulant partir pour quelque endroit, l'ambassadeur ou les consuls se rendent sa caution, on ne pourra retarder son voyage, sous prétexte de lui faire payer ses dettes.

70. Les gens de justice et les officiers de ma sublime Porte de même que les gens d'épée, ne pourront sans nécessité entrer par force dans une maison habitée par un Français, et lorsque le cas requerra d'y entrer on en avertira l'ambassadeur ou le consul, dans les endroits où il y en aura, et l'on se transportera dans l'endroit en question, avec les personnes qui auront été commises de leur part; et si quelqu'un contrevient à cette disposition, il sera châtié.

71. Nous voulons que, dans le cas spécifié ci-dessus, les procès qui surviendront entre des Français et d'autres personnes ayant été une fois vus et terminés juridiquement et par *hudjet*, ils ne puissent plus être revus, et que si l'on requiert une révision de ces procès, on ne puisse donner de commandement pour faire comparoître les parties ni expédier commissaire, ou huissier, qu'au préalable il n'en ait été donné connoissance à l'ambassadeur de France, et qu'il ne soit venu, de la part du consul et du défendeur, une réponse avec des informations exactes sur le fait; et il sera permis d'accorder un temps suffisant pour faire venir des informations sur ces sortes d'affaires; enfin, s'il émane quelque commandement pour revoir un procès de cette nature, on aura soin qu'il soit vu, décidé et terminé à ma sublime Porte; et dans ce cas il sera libre à ceux qui sont dépendants de la France, de comparoître en personne, ou de constituer à leur place un procureur juridiquement autorisé; et lorsque les dépendants de ma sublime Porte voudront intenter procès à quelques Français, si le demandeur n'est muni de titres juridiques, ou de billets, leur procès ne sera point écouté.

72. Nous voulons qu'à l'avenir, il soit permis de faire supporter les dépenses et frais par ceux qui oseront intenter, contre la justice, un procès dans lequel ils n'auront aucun droit; mais

lorsque les Français, ou les dépendants de la France, poursuivront juridiquement des sujets ou des dépendants de ma sublime Porte, en recouvrement de quelque somme due, on n'exigera d'eux pour droit de justice, ou *mahkémé*, de commissaire ou *mubachirié*, d'assignations ou *thzarié*, que deux pour cent sur le montant de la somme recouvrée par sentence conformément aux anciennes capitulations, et on ne les molestera point par des prétentions plus considérables.

73. Les bâtiments français qui, selon l'usage, aborderont dans les ports de mon empire, seront traités amicalement. Ils y achèteront avec leur argent leur simple nécessaire, pour leur boire et leur manger, et l'on n'empêchera ni l'achat et la vente, ni le transport desdites provisions, tant de bouche que pour la cuisine, sur lesquelles on n'exigera ni droits ni donatives.

74. Dans toutes les Echelles, ports et côtes de mon empire, lorsque les capitaines ou patrons des bâtiments français auront besoin de faire calfater, donner le suif et radouber leurs bâtiments, les commandants n'empêcheront point qu'il leur soit fourni, pour leur argent, la quantité de suif, goudron, poix et ouvriers qui leur seront nécessaires, et s'il arrive que par quelque malheur un bâtiment français vienne à manquer d'agrès, il sera permis, seulement pour ce bâtiment, d'acheter mâts, ancres, voiles, et matériaux pour les mâts, sans que pour ces articles il soit exigé aucune donative; et lorsque les bâtiments français se trouveront dans quelque Echelle, les fermiers *musselem*, et autres officiers de même que les *kharatchi*, ne pourront les retenir sous prétexte de vouloir exiger le *kharatch* de leurs passagers, qu'il leur sera libre de conduire à leur destination; et s'il se trouve dans le bâtiment des *Raïas* sujets au *kharatch*, ils le paieront audit lieu, ainsi qu'il est de droit, afin qu'à cette occasion il ne soit point fait de tort au fisc.

75. Lorsque les musulmans ou les raïas sujets de ma sublime Porte, chargeront des marchandises sur des bâtiments français pour les transporter d'une Echelle de mon empire à une autre, il n'y sera porté aucun empêchement; et comme il nous a été représenté que les sujets de notre sublime Porte qui nolisent de ces bâtiments, les quittent quelquefois pendant la route, et font difficulté de payer le nolis dont ils sont convenus; si, sans aucune raison légitime, ces sortes de nolisataires viennent à quitter en route les bâtiments nolisés, il sera ordonné et prescrit au khadi et autres commandants

de faire payer en entier le nolis desdits bâtiments, ainsi qu'il en aura été convenu par le *temessuk* ou contrat, comme faisant un loyer formel.

77. Si par un malheur quelques bâtiments français venoient à échouer sur les côtes de notre empire, il leur sera donné toute sorte de secours pour le recouvrement de leurs effets; et si le bâtiment naufragé peut être réparé, ou que la marchandise sauvée soit chargée sur un autre bâtiment pour être transportée au lieu de sa destination, pourvu que ces marchandises ne soient pas négociées sur les lieux, on ne pourra exiger sur lesdites marchandises ni douane, ni aucun autre droit.

79. Lorsque les bâtiments marchands français voient nos vaisseaux de guerre, galères, sultanes, et autres bâtiments du sultan, il arrive que quoiqu'ils soient dans l'intention de leur faire les politesses usitées depuis long-temps, ils sont cependant inquiétés pour n'être pas venus sur-le-champ à leur bord, par l'impossibilité où ils sont quelquefois de mettre avec promptitude leur chaloupe à la mer; ainsi, pourvu qu'on voie qu'ils se mettent en état de remplir les usages pratiqués on ne pourra les molester sous prétexte qu'ils auront tardé de venir à bord.

Les bâtiments français ne pourront être détenus sans raison dans nos ports, et on ne leur prendra par force, ni leur chaloupe, ni leurs matelots; et la détention surtout des bâtiments chargés de marchandises occasionant un préjudice considérable, il ne sera plus permis à l'avenir de rien commettre de semblable.

80. Lorsque, pour cause de nécessité, on sera dans un cas urgent de noliser quelque bâtiment français de la part du *miry*, les commandants ou autres officiers qui seront chargés de cette commission, en avertiront l'ambassadeur ou les consuls, dans les endroits où il y en aura; et ceux-ci destineront les bâtiments qu'ils trouveront convenables; et dans les endroits où il n'y aura ni ambassadeur ni consuls, ces bâtiments seront nolisés de leur bon gré, et l'on ne pourra sous ce prétexte retenir les bâtiments français, et ceux qui seront chargés ne seront ni molestés ni forcés de décharger leurs marchandises.

84. L'ambassadeur, les consuls et les drogmans de France ainsi que les négociants et artisans qui en dépendent, plus les capitaines des bâtiments français et leurs gens de mer, enfin leurs religieux et leurs évêques, tant qu'ils seront dans les bornes de leur état et qu'ils s'abstiendront de toute démarche qui pourroit porter atteinte aux devoirs de l'amitié et aux

droits de la sincérité, jouiront dorénavant de ces anciens et nouveaux articles, ci-présentement stipulés : lesquels seront exécutés en faveur des quatre États ci-dessus mentionnés ; et si l'on venoit à produire même quelque commandement d'une date antérieure ou postérieure contraire à la teneur de ces articles, il restera sans exécution, et sera supprimé et biffé, conformément aux capitulations impériales.

85. Ma généreuse et sublime Porte ayant à présent renouvelé la paix ci-devant conclue avec les Français, et pour donner de plus en plus des témoignages d'une sincère amitié, y ayant à cet effet ajouté et fortifié certains articles convenables et nécessaires, il sera expédié des commandements rigoureux à tous les commandants et officiers des principales Echelles et autres endroits où besoin sera, aux fins qu'à l'avenir il soit fait honneur aux articles de ma capitulation impériale et qu'on ait à s'abstenir de toute démarche contraire à son contenu, et il sera permis d'en faire l'enregistrement dans les *Makkémé* ou tribunaux publics. Conséquemment, tant que de la part de S. M. le très-magnifique empereur de France et de ses successeurs, il sera constamment donné des témoignages de sincérité et de bonne amitié envers notre glorieux empire le siège du Califat : pareillement de la part de N. M. impériale, je m'engage sous notre auguste serment le plus sacré et le plus inviolable, soit pour notre sacrée personne impériale, soit pour nos augustes successeurs, de même que pour nos suprêmes visirs, nos honorés pachas, et généralement tous nos illustres serviteurs qui ont l'honneur et le bonheur d'être dans notre esclavage, que jamais il ne sera rien permis de contraire aux présents articles : et afin que de part et d'autre on soit toujours attentif à fortifier et cimenter les fondements de la sincère amitié et de la bonne correspondance réciproque, nous voulons que ces gracieuses capitulations impériales soient exécutées selon leur noble teneur.

N° 551. — ORDONNANCE *qui fixe les limites de la navigation au petit cabotage, et règle les formalités pour la réception des maîtres ou patrons des bâtiments qui seront employés à cette navigation.*

18 octobre 1740. (Rouen, Code commercial.)

EXTRAIT.

ART. 1. Seront réputés voyages de long cours, ceux aux Indes tant orientales qu'occidentales, en Canada, Terre

Neuve, Groënland et îles de l'Amérique méridionale et septentrionale, aux Açores, Canaries, Madère, et en toutes les côtes et pays situés sur l'Océan au-delà des détroits de Gibraltar et du Sund, et ce, conformément au réglement du 20 août 1673.

2. Les voyages en Angleterre, Ecosse, Irlande, Hollande, Danemark, Hambourg et autres îles et terres, au-deçà du Sund, en Espagne, Portugal et autres îles et terres au-deçà du détroit de Gibraltar, seront censés au grand cabotage, aux termes du réglement du 20 août 1673.

3. Sera néanmoins réputée navigation du petit cabotage celle qui se fera par les bâtiments expédiés dans les ports de Bretagne, Normandie, Picardie et Flandre, pour ceux d'Ostende, Bruges, Nieuport, Hollande, Angleterre, Ecosse et Irlande; celle qui se fera par les bâtiments expédiés dans les ports de Guienne, Saintonge, pays d'Aunis, Poitou et îles dépendantes, sera fixée depuis Bayonne jusqu'à Dunkerque inclusivement, conformément à l'article 2 du réglement du 23 janvier 1727 concernant ladite navigation; celle qui se fera pareillement par les bâtiments expédiés dans les ports de Bayonne et de Saint-Jean-de-Luz à ceux de Saint-Sébastien, du Passage, de la Corogne et jusqu'à Dunkerque aussi inclusivement : et pour ce qui concerne les bâtiments qui seront expédiés dans les ports de Provence et de Languedoc, sera réputée navigation du petit cabotage celle qui se fera depuis et compris les ports de Nice, Villefranche, et ceux de la principauté de Monaco, jusqu'au cap de Creuz, ainsi qu'il est énoncé en l'article 2 du réglement du 13 août 1726 concernant ladite navigation, et ce, nonobstant ce qui est porté par ledit réglement du 20 août 1673, auquel et à tous autres à ce contraires, S. M. a dérogé pour ce regard seulement.

4. Veut et entend S. M. que tous les autres voyages non compris dans les premier et deuxième articles de la présente ordonnance soient censés et réputés au petit cabotage.

N° 552. — Renouvellement *d'alliance entre la France et la république des Grisons.*

16 décembre 1740. (Martens, I, 260.)

N° 553. — Arrêt *du conseil portant établissement d'une loterie royale en faveur des pauvres.*

22 janvier 1741. (Rec. cass.)

144 LOUIS XV. — MINISTÈRE DU CARDINAL DE FLEURY.

N° 554. — ORDONNANCE *du lieutenant-général de police sur l'épuisement des eaux dans les caves* (1).

Paris, 28 janvier 1741. (Davennes, Régl. sur la voirie.)

Nous ordonnons aux propriétaires et principaux locataires des maisons de cette ville et faubourgs qui ont encore de l'eau dans leurs caves, de les vider deux jours après la publication de notre présente ordonnance, même d'en faire enlever les boues et le limon que le séjour des eaux aura produits. Seront tenus les propriétaires de pourvoir ensuite aux réparations à faire tant aux voûtes des caves, qu'aux voûtes des fosses d'aisance qui peuvent avoir été endommagées, et aux fondements des maisons qui menaceroient le moindre danger; ordonnons en outre à tous ceux qui auront du bois dans leurs caves, ou dans d'autres endroits de leurs maisons où l'eau aura pénétré, de le faire sortir et de le faire sécher à l'air avant de le remettre dans les mêmes dépôts, à peine de deux cents livres d'amende pour chaque contravention.

N° 555. — DÉCLARATION *qui renouvelle les défenses faites aux nouveaux convertis de vendre leurs biens pendant le temps de trois ans.*

Versailles, 31 janvier 1741. Reg. P. P. 7 février. (Rec. cass.)

N° 556. — ARRÊT *du conseil portant nouveau réglement pour l'ouverture des carrières voisines des grands chemins.*

Versailles, 14 mars 1741. (Rec. cass.)

N° 557. — ORDONNANCE *qui renouvelle les défenses des jeux prohibés.*

Versailles, 18 avril 1741. (Rec. cass.)

N° 558. — CONVENTION *préliminaire de commerce et de navigation entre le roi de France et le roi de Suède.*

Versailles, 25 avril 1741. (Rec. cass.)

N° 559. — ARRÊT *du conseil qui défend de faire sortir hors du royaume aucuns bestiaux, sous les peines y portées.*

Versailles, 7 juin 1741. (Rec. cass.)

---

(1) En vigueur. Voy. ordonn. de police du 24 pluviôse an x.

N° 560. — DÉCLARATION *concernant les requêtes civiles.*

Versailles, 6 août 1741. Reg. P. P. 18. (Rec. cass.)

N° 561. — DÉCLARATION *pour la levée du* dixième *du revenu des biens du royaume.*

Versailles, 29 août 1741. Reg. P. P. 7 septembre. (Rec. cons. d'état.)

PRÉAMBULE.

LOUIS, etc. Les accidents arrivés depuis quelques années, et principalement l'année dernière, sur les récoltes et la situation des affaires de l'Europe, nous ayant mis, il y a déjà long-temps, dans la nécessité de faire plusieurs dépenses extraordinaires et très-considérables, nous avons jusqu'à présent tâché d'y pourvoir par des voies qui ne fussent point à charge à nos peuples; mais ces dépenses se trouvant nécessairement continuées et multipliées, tant par l'augmentation de nos troupes, que les circonstances nous ont forcé de mettre en état d'entrer en campagne, que par l'armement de nos flottes; nous nous trouvons obligés de nous procurer des secours extraordinaires, qui pussent satisfaire à toutes ces nouvelles dépenses, sans déranger l'ordre établi dans nos finances pour le paiement des charges ordinaires de l'Etat, auquel les fonds qui y ont été jusqu'à présent affectés, continueront d'être employés. Et comme nous avons déjà éprouvé, que de tous les moyens que nous aurions pu mettre en usage, il n'y en a point de plus juste et de moins arbitraire que l'imposition du dixième, qui se répartit sur tous nos sujets, relativement à leurs biens et facultés, ni de plus avantageux, puisque la levée s'en faisant sans traité ni remise extraordinaire, le produit en rentre en entier en notre trésor royal, nous nous sommes déterminés à préférer cette imposition à tous les autres moyens qui nous ont été proposés, et à ordonner, qu'à commencer du 1er octobre prochain, l'imposition et la levée du dixième se fera sur tous nos sujets relativement à leurs revenus et facultés; mais notre intention étant que cette imposition ne subsiste qu'autant que nous serons obligés de continuer les dépenses extraordinaires qui y donnent lieu, nous la ferons cesser aussitôt que lesdites dépenses pourront être supprimées; et notre empressement pour procurer ce soulagement à nos peuples, sera égal à celui dont nous avons donné des preuves en 1737, en supprimant cette même imposition dès le 1er janvier de ladite année, quoique nous eussions annoncé par notre déclaration du 17 novembre 1733, qu'elle ne cesseroit que trois mois après la publication de la paix. A ces causes, etc.

N° 562. — Arrêt *du conseil portant réglement pour les marchandises de librairie, estampes et autres imprimés venant de Rouen à Paris.*

Versailles, 14 septembre 1741. (Rec. cass.)

N° 563. — Arrêt *du conseil portant réglement sur le commerce dans les Echelles de Morée et d'Albanie.*

Versailles, 17 octobre 1741. (Rec. cass.)

N° 564. — Edit *portant création de 820,000 liv. de rentes viagères sur l'Hôtel-de-ville de Paris.*

Versailles, octobre 1741. Reg. P. P. 5 décembre. (Rec. cass.)

N° 565. — Déclaration *concernant les cures ou autres bénéfices à charge d'ames.*

13 janvier 1742. (Archiv.)

N° 566. — Arrêt *du conseil portant établissement d'une seconde loterie royale en faveur des pauvres.*

13 février 1742. (Archiv.)

N° 567. — Traité *d'alliance entre la France et le Danemark.*

15 mars 1742. (Kench, I, 343.)

N° 568. — Déclaration *concernant la forme à observer dans les concours aux chaires de professeurs de la faculté de droit de Toulouse.*

Versailles, 10 juin 1742. Reg. P. Toulouse 20 juin. (Rec. cons. d'état.)

Louis, etc. La voie du concours et de la dispute entre ceux qui aspirent aux chaires de professeur en droit civil et canonique a été toujours autorisée par les rois nos prédécesseurs, comme le moyen le plus sûr que l'on pût employer, soit pour obliger ceux qui veulent s'engager dans cette carrière à s'y préparer par une étude plus profonde des lois, soit dans la vue d'exciter une émulation aussi honorable pour eux qu'utile au public; soit enfin pour mettre les universités ou les facultés à qui le droit d'élection appartient, en état d'accorder une juste préférence à celui des aspirants qui a donné de plus grandes preuves de capacité et de ses talents dans toute la suite de la dispute, le nombre et la qualité des exercices ou des actes, qui sont comme les épreuves rigoureuses par lesquelles on fait passer ceux qui entrent dans cette espèce de combat, ont été réglés différemment dans les différentes universités de notre royaume; et le feu roi, notre très-honoré seigneur et bisaïeul, qui avoit regardé comme un des devoirs de la royauté de veiller au rétablissement et au progrès de l'étude du droit, n'a pas négligé d'insérer dans les édits et déclarations qu'il a faits sur cette matière plusieurs dispositions importantes pour prévenir les abus qui pouvoient se glisser dans le concours aux chaires de professeur, ou dans les élections qui le suivent, et il a même voulu que les places de docteur agrégé dont il avoit fait le premier établissement fussent mises au concours, ainsi que celles de professeur. Nous n'avons donc fait que suivre son exemple, lorsque ayant été informés de la grande durée des concours qui se font dans l'université de Toulouse, et de l'inconvénient qu'on en peut craindre par la longue vacance des chaires destinées à l'instruction de ceux qui veulent se consacrer au service de la justice, dans le barreau et dans la magistrature, ou à celui de l'église dans les plus saints ministères, nous avons jugé à propos de nous faire rendre un compte exact des usages qu'on observe dans cette université, pour remplir les chaires de professeur ou les places de docteur agrégé qui viennent à vaquer. Quelque louables que soient les motifs qui ont donné lieu d'établir ces usages, nous avons reconnu qu'on pouvoit renfermer le cours des disputes dans des bornes plus étroites, soit en abrégeant des délais trop longs, soit en retranchant ce qu'il y avoit de superflu dans le nombre des actes probatoires qu'on exige des aspirants, sans omettre néanmoins aucune des précautions nécessaires pour donner aux électeurs le temps et le moyen de faire un juste discernement des esprits, et d'assurer leur choix par une exacte connoissance de différents degrés de mérite de chacun des aspirants. C'est dans cet esprit que nous avons résolu de faire un réglement sur cette matière, qui contint toutes les dispositions que nous avons jugé les plus propres non-seulement à diminuer la longueur excessive des concours, et à en perfectionner l'usage, mais à prévenir les difficultés qui se forment quelquefois dans le temps même de l'élection, et qui causent encore de nouveaux retardements. Si nous y ajoutons quelques dispositions par rapport à la police et à la discipline de la faculté de droit établie à Toulouse, notre unique objet a été de faire en sorte qu'une faculté distinguée depuis si long-temps par la science des lois, et surtout des lois romaines, soutienne toujours et augmente encore, s'il est possible, la réputation que lui ont acquise tant de savants jurisconsultes et de grands magistrats qui en sont sortis, et qui l'ont rendue également célèbre au dedans et au dehors de ce royaume. A ces causes, etc., voulons et nous plaît ce qui suit.

Art. 1. L'âge requis pour pouvoir être élu professeur en droit canonique et civil, dans la faculté de droit à Toulouse, demeurera fixé, conformément à la déclaration du mois de janvier 1700, à trente ans accomplis, et celui des docteurs qui y seront élus pour remplir les places de docteurs agrégés à vingt-cinq ans aussi accomplis, suivant la déclaration du 3 janvier 1703, sans qu'aucun de ceux qui aspireront à remplir lesdites places puisse être admis à y concourir, s'il n'est parvenu au titre de docteur dans l'un et dans l'autre droit; nous réservant cependant d'accorder nos lettres de dispense à ceux qui nous paraîtront le mériter, à la charge d'obtenir par eux le degré de docteur pendant le cours de la dispute à laquelle ils seront admis.

2. Voulons que la déclaration du 29 juillet 1702 soit exécutée selon sa forme et teneur, et en conséquence que nul ne puisse être admis au concours, soit pour les chaires de professeurs ou pour les places de docteur agrégé, s'il est père, fils, frère, oncle ou neveu, beau-père, beau-fils, gendre ou beau-frère d'un des professeurs ou d'un des docteurs agrégés de la faculté de droit; laquelle exclusion aura lieu pareillement, en cas que l'aspirant ou l'un desdits professeurs ou docteurs agrégés aient épousé les deux sœurs, si l'une des deux est vivante, ou, en cas de décès, s'il y a des enfants de l'une ou de l'autre.

3. Lorsqu'une chaire de professeur en droit viendra à vaquer, par mort ou autrement, dans la faculté de Toulouse, il sera tenu une assemblée de l'Université, dans trois jours au plus tard après la vacance, pour fixer le jour auquel ceux qui aspireront à remplir ladite chaire seront tenus de se présenter au concours, sans que le terme qui sera réglé puisse être plus court ou plus long que le temps de trois mois, à compter du jour de la délibération prise à cet effet, si ce n'est lorsque l'expiration du délai de trois mois tombera dans le temps des vacations de l'université; auquel cas l'ouverture du concours sera prorogée jusqu'à la première assemblée après la fête de saint Martin, laquelle assemblée sera tenue le 12 du mois de novembre, ou, si ce jour se trouve être un dimanche, le 13 du même mois, sans qu'en aucun autre cas ladite assemblée puisse être différée.

4. Si la vacance de la chaire de professeur qui devra être mise au concours arrive pendant le temps des vacations de l'université, c'est-à-dire depuis le 8 septembre inclusivement jusqu'à la fête de saint Luc, ou au 18 octobre, aussi inclusivement, le recteur, ou celui qui en fera les fonctions en son absence, sera tenu de convoquer les membres de l'université qui seront alors à Toulouse, pour tenir avec eux, trois jours après la vacance, une assemblée dans laquelle le jour auquel les aspirants se présenteront au concours sera fixé, suivant ce qui est porté par l'article précédent, sans que ladite assemblée puisse être remise jusqu'après la fête de saint Martin; ce qui sera pareillement observé à l'égard des chaires de professeur qui viendroient à vaquer entre la fête de saint Luc et celle de saint Martin, en sorte que dans ce cas, trois jours au plus tard après la vacance, il soit tenu une assemblée de l'université pour régler le jour de l'ouverture du concours.

5. Le cours de tous les exercices ou actes probatoires qui se font pendant le concours sera continu, à compter du jour que ledit concours aura été ouvert, sans que la suite puisse en être interrompue sous prétexte de féries ou vacations particulières que la faculté de droit est en usage de se donner, dans le cours de l'année académique, à l'occasion des fêtes solennelles ou autrement. Voulons que tous lesdits actes probatoires des aspirants aux chaires de professeur en droit soient continués successivement depuis le commencement du concours jusqu'au 7 septembre inclusivement, même quinze jours au-delà, si ce temps est suffisant pour terminer entièrement les disputes et pour procéder à l'élection; à l'effet de quoi, la disposition de la déclaration du mois de janvier 1700, qui porte que les leçons de professeur cesseront au 1er août de chaque année, ne pourra avoir lieu à l'égard des préleçons et des thèses de ceux qui aspirent aux chaires de professeur en droit ou aux places de docteur agrégé dans la faculté de Toulouse; et, en cas que le concours ne soit pas encore fini dans le temps ci-dessus marqué, il sera repris, trois jours au plus tard après la fête de saint Martin suivante. N'entendons au surplus approuver lesdites féries ou vacations particulières ci-dessus mentionnées sur lesquelles nous nous réservons de statuer dans la suite ainsi qu'il appartiendra.

6. Le décret appelé communément le *notum*, par lequel l'université aura fixé le jour de l'ouverture du concours sera signé du recteur et du greffier de l'université, imprimé et affiché à la porte des écoles de la faculté de droit, dans trois jours

au plus tard après l'assemblée où il aura été arrêté, et envoyé double dans toutes les facultés de droit de notre royaume, pour être un des deux exemplaires affiché pareillement à la porte des écoles de chaque faculté, après quoi l'autre exemplaire sera envoyé audit recteur avec un certificat de l'affiche qui en aura été faite dans chaque faculté, lequel certificat sera mis au bas dudit exemplaire et signé du doyen, du greffier, ou autres qui ont accoutumé de le faire.

7. Tous ceux qui aspireront à la chaire vacante seront tenus de remettre au recteur de l'université, à la fin des trois mois marqués par le *notum*, et avant le jour de l'ouverture du concours, leur extrait baptistaire dûment légalisé, leurs titres et capacités, ensemble un certificat de leurs vies et mœurs et de la profession qu'ils font de la R. C., A. et R., ledit certificat donné par le curé du lieu de leur demeure, et pareillement légalisé; de tous lesquels titres remis par les aspirants, il sera fait rapport à l'assemblée de l'université, pour être statué, ainsi qu'il appartiendra, sur l'admission ou l'exclusion desdits aspirants.

8. Ceux qui auront été jugés avoir les qualités nécessaires pour entrer dans le concours seront tenus de se présenter à l'université le jour qui aura été indiqué par le *notum*, et à l'heure qui leur aura été marquée; faute de quoi, ils seront déchus du droit d'être admis à la dispute. Voulons néanmoins que ceux qui auroient eu des causes légitimes pour ne s'y pas trouver puissent être reçus au concours, si leurs excuses sont approuvées par l'université, et pourvu qu'ils les aient proposées dans la première quinzaine qui suivra l'ouverture du concours.

9. Le jour même auquel il sera ouvert, les aspirants seront tenus de présenter leur supplique pour demander la matière des préleçons qu'ils feront sur le droit canonique, dont ils n'auront plus le choix comme par le passé. Voulons que les chapitres les plus importants des Décrétales, que la faculté de droit aura jugé à propos de choisir, soient écrits chacun séparément sur autant de billets différents qu'il y aura d'aspirants, et mis dans une boîte fermée, où, après qu'elle aura été mêlée par celui qui présidera à l'assemblée, chacun des aspirants, suivant l'ordre de leur degré, tirera un billet qui lui indiquera la matière de ses préleçons probatoires sur le droit canonique.

10. L'ordre et le jour dans lequel elles seront faites par chacun des aspirants sera réglé dans la même assemblée, et

en telle sorte, qu'il n'y ait pas plus de douze jours d'intervalle entre ladite assemblée et le jour de la première préleçon.

11. Les préleçons seront fixées au nombre de six, et elles se feront les lundi, mardi, jeudi et vendredi de la semaine où elles seront commencées et des semaines suivantes, de telle manière que trois des aspirants, suivant l'ordre qui aura été mis entre eux, fassent trois préleçons chaque jour, savoir: deux le matin et une l'après-midi, ou une le matin et deux l'après-midi, ainsi que l'université le jugera plus à propos. Voulons que les aspirants fassent, chacun successivement, leur première préleçon avant qu'aucun d'eux puisse commencer la seconde, et ainsi de suite jusqu'à ce que chacun desdits aspirants ait fait ses six leçons; et, en cas que les lundis ou les mardis, les jeudis ou les vendredis se trouvent être des jours de fête, les préleçons qui auroient dû être faites l'un desdits jours seront remises au lendemain.

12. La durée de chacune des préleçons sera d'une heure entière. Abrogeons l'usage de les dicter, au lieu de quoi il en sera fait lecture à haute voix par l'aspirant, lequel emploiera le reste du temps à l'explication de ce qu'il aura lu.

13. Chacune des préleçons sera signée par l'aspirant qui l'aura faite et remise par lui sur-le-champ, après son explication, entre les mains du doyen de la faculté de droit, par lequel elle sera paraphée, ainsi que par le recteur, et pareillement par le secrétaire de l'université. Voulons, en outre, que le lendemain de chacune desdites préleçons il en soit remis en double, signé aussi de l'aspirant, entre les mains de notre procureur-général.

14. Le lendemain de la dernière des préleçons, le recteur, accompagné d'un des professeurs, ira chez le premier président de notre cour de parlement, ou chez celui qui présidera en son absence, pour lui demander le jour auquel il pourra se présenter en la grand'chambre avec les deux plus anciens aspirants, pour leur être assigné les points ou les matières de leurs thèses sur le droit canonique; après quoi, et suivant la réponse que le recteur en aura reçue, il fera avertir lesdits deux plus anciens aspirants de se trouver à la porte de la grand'chambre le jour qui aura été agréé par celui qui présidera alors au parlement.

15. Le recteur, accompagné d'un autre professeur et d'un bedeau de l'université, se rendra le même jour à ladite grand'chambre, et en présence desdits deux aspirants, il proposera six décrétales, trois pour chacun d'eux, dont le premier président,

ou celui qui présidera en son absence, et deux commissaires de la grand'chambre en choisiront une qui sera assignée au premier aspirant pour être la matière de la thèse qu'il soutiendra sur le droit canonique, et une autre qui sera pareillement assignée au second aspirant pour sujet de sa thèse sur le même droit.

16. Le même ordre sera observé la semaine suivante, pour assigner pareillement au second et au troisième des aspirants la matière de leur thèse sur le droit canonique, et ainsi successivement, de semaine en semaine, à l'égard des autres aspirants jusqu'au dernier inclusivement.

17. Les points ou les matières des thèses seront assignés, autant qu'il sera possible, le samedi, et chacun des deux aspirants auxquels les matières de leur thèse auront été assignées de semaine en semaine sera tenu de faire imprimer sa thèse dans la huitaine suivante, et de distribuer ladite thèse, dans le même intervalle, aux autres aspirants, afin qu'ils aient le temps de se préparer à la dispute.

18. Quinze jours après l'expiration de ladite huitaine, le plus ancien des deux aspirants qui seront en rang pour soutenir leur thèse commencera de soutenir la sienne le quatrième lundi, après le jour auquel les points lui auront été donnés.

19. Les thèses, soit sur le droit canonique ou sur le droit civil, ne se soutiendront plus que pendant deux jours, et il en sera soutenu deux dans chaque semaine, savoir : le lundi et le mardi, par le plus ancien des aspirants en tour, et le jeudi et le vendredi, par celui qui le suit immédiatement, et ainsi successivement, de semaine en semaine. Voulons qu'en cas que quelqu'un des jours ci-dessus marqués se trouve un jour de fête, la thèse qui auroit dû être soutenue en ce jour soit remise au lendemain.

20. L'ouverture de chaque thèse se fera à neuf heures précises du matin pour durer jusqu'à midi, et être continuée l'après-dînée depuis trois heures jusqu'à six, ce qui sera également observé par tous les aspirants. Laissons néanmoins à l'université la liberté d'avancer, ou de retarder, suivant la saison, ou eu égard à d'autres circonstances, l'heure du commencement ou celle de la fin des disputes, sans qu'en aucun cas elles puissent durer moins de trois heures le matin, et pareillement moins de trois heures l'après-midi.

21. Pour donner plus de facilité aux professeurs de droit d'assister aux thèses sans cesser de faire les leçons dont ils

sont chargés, voulons que les jours auxquels lesdites thèses seront soutenues, lesdites leçons soient réduites à une heure seulement, au lieu que suivant la déclaration du 6 août 1682, et les autres réglements faits pour ladite faculté, elles doivent durer chacune une heure et demie.

22. Tout ce qui a été réglé par chacun des articles 7, 8 et suivants, jusqu'au présent article, soit sur les préleçons, soit sur les thèses dont le droit canonique sera la matière, sera pareillement observé à l'égard des préleçons qui se feront, et des thèses qui se soutiendront sur le droit civil, excepté que les sujets des préleçons sur ce droit seront les lois les plus célèbres du Digeste ou du Code que la faculté aura jugé à propos de choisir; et pareillement que ce seront trois lois du Digeste ou du Code qui seront proposées par le recteur, pour servir de points ou de matières des thèses de chaque aspirant, entre lesquelles le choix sera fait en la grand'chambre, ainsi qu'il a été dit par l'article 13 à l'égard des décrétales.

23. Tous ceux qui ont droit de suffrages, dans l'élection de l'un des aspirants, seront tenus d'assister exactement, tant aux préleçons qui seront faites, qu'aux thèses qui seront soutenues sur l'un et l'autre droit, sans qu'ils puissent se dispenser de l'assistance aux préleçons, si ce n'est pour causes ou empêchements légitimes approuvés par l'université, laquelle en ce cas ne pourra avoir égard à leurs excuses que pour le défaut d'assistance à trois des préleçons de chaque aspirant sur le droit canonique, et à trois pareillement sur le droit civil, c'est-à-dire à la moitié des préleçons, et à l'égard de l'assistance aux thèses, il ne pourra plus être reçu aucune autre excuse que celle de la maladie qui sera justifiée par l'attestation d'un médecin ou d'un chirurgien, connus et établis dans la ville de Toulouse, comme aussi par celle de deux des professeurs qui seront commis par l'université, pour aller chez l'électeur malade, sur l'avis qu'il sera tenu de lui donner de son état, le jour auquel sa maladie l'empêchera d'assister à la thèse d'un des aspirants, pour être ensuite délibéré par ladite université sur l'excuse proposée, après avoir vu l'attestation du médecin ou du chirurgien, et ouï le rapport de deux professeurs qui auront été chez l'électeur, sans néanmoins que l'excuse, même pour maladie, puisse être admise si l'électeur n'a assisté à deux séances des thèses sur le droit canonique et à deux séances des thèses sur le droit civil de chaque aspirant; et sera tout ce que dessus exécuté, à peine de nullité de l'élection qui se trouveroit avoir été faite contre la disposition du présent article.

24. Ne pourront les professeurs et docteurs agrégés, ni même aucuns de ceux qui ont droit de suffrage, disputer aux thèses des aspirants, si ce n'est en cas que lesdits aspirants ne fussent qu'au nombre de deux seulement.

25. Aussitôt que toutes les disputes sur l'un et sur l'autre droit seront achevées, et le jour de la dernière thèse, le recteur assemblera l'université, suivant l'usage ordinaire, afin de délibérer sur le jour qui sera fixé pour l'élection, en laissant trois jours d'intervalle entre celui de la dernière thèse et celui de l'élection, pendant lequel temps il sera tenu une autre assemblée pour fixer le collège des électeurs, juger les récusations si aucunes ont été proposées, et régler tout ce qui peut être incident à l'élection; le tout à la charge de l'appel en notre parlement de Toulouse, sur lequel, en cas qu'il y en ait, il sera statué par la grand'chambre sommairement et sans frais suivant l'usage ordinaire.

26. Pendant le même temps de trois jours, le recteur de l'Université, accompagné d'un des professeurs, ira chez le premier président ou chez celui qui présidera au parlement, pendant son absence, pour l'informer de la fin des disputes, du jour et de l'heure indiqués pour l'élection, et lui demander qu'il soit procédé en la manière accoutumée, à la nomination de deux conseillers de la grand'chambre, pour assister à ladite élection comme commissaires du parlement.

27. Ne pourront assister à ladite assemblée ceux de l'Université qui seront parents ou alliés de l'un des aspirants, jusqu'au quatrième degré inclusivement, ce qui sera observé à peine de nullité de l'élection à laquelle ils auroient donné leur voix, sans préjudice des autres moyens de récusation qui pourroient être proposés contre ceux qui ont droit de suffrage aux élections des professeurs, sur lesquels moyens il sera statué par l'Université, ainsi qu'il a été dit ci-dessus: voulons que les dispositions du présent article soient pareillement observées par rapport aux disputes qui se feront pour obtenir les places de docteurs agrégés.

28. A l'ouverture de l'assemblée ci-dessus marquée, tous ceux qui y assisteront avec droit de suffrage et qui auront satisfait à ce qui est prescrit par l'art. 20 ci-dessus, pour l'assistance aux préleçons et aux thèses, seront tenus de prêter le serment en tel cas requis et accoutumé, savoir: le recteur, entre les mains du plus ancien professeur en théologie, et les autres électeurs entre les mains du recteur; après quoi il sera procédé à l'élection, par voie de scrutin, suivant les règle-

ments et usages de l'université, sans qu'aucun des aspirants puisse être censé élu s'il n'a un suffrage de plus au-delà de la moitié du total.

29. Voulons néanmoins que les scrutins ne puissent égaler le nombre de dix; et en cas que l'élection ne se trouve pas consommée au dixième scrutin, il sera dressé procès-verbal tant par les commissaires du parlement que par le recteur de l'université, du nombre des voix que chacun des aspirants aura eu dans les différents scrutins, et seront l'un et l'autre procès-verbal envoyés à notre très-cher et féal chancelier, pour être par nous pourvu, sur le compte qu'il nous en rendra, à la nomination du sujet que nous jugerons le plus digne de remplir la place vacante.

30. Lorsque l'élection aura été consommée suivant ce qui est prescrit par l'article 26, elle sera déclarée sur-le-champ, par le recteur de l'université, et il sera arrêté en même temps que le procès-verbal de l'élection sera envoyé à notre très-cher et féal chancelier de France, pour nous en rendre compte et faire savoir ensuite à l'Université si nous approuvons son choix, ou si, sans y avoir égard, nous entendons pourvoir d'une autre manière à la chaire vacante : voulons que cependant il soit sursis à l'installation de celui qui aura été élu, jusqu'à ce que l'Université ait été informée de ses intentions.

31. Pendant la vacance des chaires des professeurs en droit, les fonctions de celui qui sera décédé, ou qui aura donné sa démission, seront exercées par l'un des docteurs agrégés que la faculté de droit aura nommé par voie de scrutin, lequel jouira conformément à la déclaration du mois de janvier 1700 de la moitié des droits et émoluments d'un des professeurs, et ce jusqu'au jour de l'installation de celui qui aura été élu pour remplir la chaire vacante : voulons que ladite moitié des droits soit remise entre les mains du trésorier ou receveur de l'université, lequel sera tenu de s'en charger en recette dans son compte et de la délivrer audit docteur agrégé, dont il retirera les quittances passées par-devant notaire, pour lui servir de pièces justificatives de sa dépense dans son dit compte.

32. Lorsqu'il viendra à vaquer une place de docteur agrégé dans la faculté de droit de ladite université, elle sera mise au concours ainsi que les chaires de professeur; mais l'avertissement qui en sera donné aux autres facultés de droit de notre royaume, ou le *notum* qui leur sera envoyé, ne contiendra qu'un délai de deux mois seulement, pour se pré-

senter à la dispute le jour qui y sera indiqué; et sera au surplus observé ce qui est porté par les art. 3 et 4 de la présente déclaration au sujet des chaires de professeur, sur le temps dans lequel il doit être procédé à tenir les assemblées, où le jour de l'ouverture du concours sera fixé, et sur le cas où ledit jour tomberoit dans le temps des vacations de l'université.

33. Les aspirants ne seront tenus de faire que trois préleçons sur le droit canonique et autant sur le droit civil, et tous ceux qui doivent avoir droit de suffrages lors de l'élection, seront tenus d'assister au moins à deux préleçons de chaque aspirant sur le droit canonique, et pareillement à deux de celles qu'il fera sur le droit civil, ce qui sera observé sous les peines portées par l'article 20.

34. Les points ou les matières des thèses qui seront soutenues par les aspirants, seront assignés à chacun d'eux sur l'un et sur l'autre droit conjointement par la faculté de droit assemblée à cet effet, afin qu'ils puissent les comprendre également dans les mêmes thèses, qu'ils seront tenus de faire imprimer, et de distribuer à leurs concurrents, dans la huitaine suivante, pour les obtenir quinze jours après, ainsi qu'il a été dit dans l'article 16, par rapport aux disputes qui se font pour les chaires de professeur.

35. Ils ne seront obligés de soutenir lesdites thèses que pendant l'espace d'un seul jour, savoir trois heures de matin et trois heures l'après-midi, en sorte que la séance du matin soit par eux employée à répondre aux arguments qui leur seront proposés sur le droit canonique, et la séance de l'après-midi à répondre pareillement aux arguments qui regarderont le droit civil, auxquelles deux séances de chaque thèse, tous ceux qui doivent avoir droit de suffrage lors de l'élection seront tenus d'assister sous les peines portées par les articles 20 et 33 de la présente déclaration.

36. Aussitôt après la dernière thèse la faculté de droit s'assemblera, soit pour fixer le jour auquel il sera procédé à l'élection, soit pour statuer sur les récusations, si aucunes y a, soit pour régler les difficultés incidentes à l'élection, ainsi qu'il a été prescrit par l'article 33 ci-dessus, par rapport à l'élection des professeurs.

37. Tout ce qui a été porté par l'article 26, soit sur la prestation de serment qui doit précéder l'élection, ou sur la forme d'y procéder par voie de scrutin, et pareillement par l'article 27 sur ce qui doit être observé en cas que l'élection n'ait pas été commencée au dixième scrutin, comme aussi ce

qui a été réglé par l'article 28, sur la déclaration de l'élection, aura lieu dans les élections qui se feront pour remplir les places de docteur agrégé, ainsi et de la même manière que pour les élections des professeurs.

38. Laissons à la prudence de notre cour de parlement d'ordonner, si elle le juge à propos, que deux conseillers de la grand'chambre assisteront à l'élection des docteurs agrégés comme commissaires dudit parlement, ainsi qu'ils y assistent lorsqu'il s'agit de l'élection d'un professeur.

39. Désirant affermir l'exécution du présent règlement et de ceux qui ont été précédemment faits, ou qui pourront l'être dans la suite pour maintenir le bon ordre et une exacte discipline dans la faculté de droit de Toulouse, voulons que tous les six mois au moins il soit député deux conseillers de la grand'chambre pour se transporter avec nos avocats et procureurs-généraux aux écoles de droit, se faire rendre compte de l'ordre qui s'y observe, s'informer des abus ou relâchements qui pourroient s'y être glissés, dans l'observation des règlements, et en dresser procès-verbal, s'ils l'estiment à propos; à l'effet de quoi les deux commissaires feront avertir le recteur de l'université, ou en son absence le doyen des professeurs, du jour et de l'heure de leur transport, afin qu'il convoque une assemblée extraordinaire de toute la faculté de droit, pour y recevoir lesdits sieurs commissaires, entendre ce qu'ils auront à lui dire, et leur donner les éclaircissements nécessaires sur les points dont ils désireront être instruits; de laquelle visite, soit qu'il y en ait eu un procès-verbal ou non, les deux commissaires rendront compte à la grand'chambre, en présence de nos avocats et procureurs-généraux, qui feront sur ce sujet les réquisitions qu'ils jugeront convenables; pour après qu'ils se seront retirés au parquet, y être délibéré, et pourvu par ladite grand'chambre, ainsi qu'il appartiendra.

40. Et attendu l'état présent de ladite faculté, où de cinq chaires de professeurs en droit civil et canonique qui y sont établies, il n'en reste que deux qui soient remplies, en sorte que, quelque attention que nous ayons eue à abréger la durée des concours, il arriveroit néanmoins que si les trois chaires vacantes y étoient mises, ceux qui font actuellement leur cours de droit seroient encore privés, pendant un temps considérable, de l'avantage qu'ils trouvent dans les instructions qui leur sont données par des professeurs, nous avons cru que le service du public exigeoit de nous que nous remplissions dès à présent deux desdites chaires vacantes par les choix que

nous ferions de deux sujets d'un mérite assez reconnu, pour leur tenir lieu du droit qu'ils auroient pu acquérir par la voie ordinaire de l'élection. C'est dans cette vue que nous avons nommé et nommons M⁰-Dominique Simon Bastard, ancien et célèbre avocat au parlement de Toulouse, dont nous avons reçu les témoignages les plus avantageux, à la chaire qui a vaqué la première dans la faculté de droit de Toulouse, à la charge par lui de se faire recevoir docteur, si fait n'a été, avant que de pouvoir prendre possession de ladite chaire; nommons pareillement M⁰ Jean-Pierre Brian, aussi avocat au parlement et docteur en droit, qui dans plusieurs concours s'est distingué par son savoir et par ses talents, à la chaire qui a vaqué la seconde, dans la même faculté. Voulons en conséquence qu'en vertu des présentes qui leur tiendront lieu d'élection ou de provisions, ils soient reçus et installés suivant les formes ordinaires, dans les deux chaires ci-dessus marquées pour en exercer les fonctions et en jouir aux mêmes honneurs, rang, prérogatives, privilèges, droits, profits et émoluments que les autres professeurs de la même faculté, le tout pour cette fois seulement et sans tirer à conséquence; au moyen de quoi il n'y aura que la dernière vacante desdites trois chaires qui sera mise au concours pour y être procédé, et à l'élection dont il sera suivi, en observant exactement les règles prescrites par la présente déclaration, laquelle sera exécutée selon sa forme et teneur dans toutes les vacances de chaires de professeurs ou de places de docteurs agrégés qui pourront survenir dans la suite et à la même faculté. Si donnons, etc.

N° 569. — TRAITÉ *de commerce avec le Danemark.*

Copenhague, 23 août 1742. Ratifié à Versailles le 12 octobre. (Archiv.)

N° 570. — TRAITÉ *de paix avec la régence de Tunis.*

9 novembre 1742. (Koch, I, 374.)

N° 571. — ORDONNANCE *pour la levée de dix-huit mille hommes de milice dans la ville et faubourgs de Paris.*

10 janvier 1743. (Archiv.)

N° 572. — ÉDIT *pour l'établissement d'une loterie royale de neuf millions de fonds.*

janvier 1743. (Archiv.)

___

29 janvier 1743, mort du cardinal de Fleury. — Après le cardinal de Fleury le roi n'eut pas de premier ministre, ni de ministre qui donne son nom au ministère.

N° 573. — DÉCLARATION *qui règle la manière d'élire des tuteurs et curateurs aux mineurs qui ont des biens situés en France, et d'autres situés dans les colonies.*

Versailles, 1ᵉʳ février 1743. Reg. P. P. 7 septembre. (Archiv. — Moreau de Saint-Méry, III, 723.)

« Louis, etc. La protection que nous donnons à ceux de nos sujets à qui la foiblesse de leur âge la rend encore plus nécessaire qu'aux autres, et l'attention que nous avons pour nos colonies, nous portèrent à régler par notre déclaration du 15 décembre 1721, la manière d'élire des tuteurs et curateurs aux mineurs qui ont des biens situés en France, et d'autres situés dans les colonies, et nous réglâmes en même temps ce qui devoit être observé, tant par rapport à l'émancipation de ces mineurs, que pour leur éducation et leur mariage; mais l'expérience nous ayant fait connoître que les différentes dispositions de cette déclaration ne remplissent pas entièrement l'objet que nous nous étions proposé, les mêmes motifs doivent nous engager à y suppléer par une loi nouvelle. A ces causes, etc., voulons et nous plaît ce qui suit.

Art. 1. Lorsque nos sujets auxquels, à cause de leur minorité, il doit être pourvu de tuteurs ou curateurs, n'auront plus ni père ni mère, et qu'ils posséderont des biens situés en France, et d'autres situés dans les colonies françaises, il leur sera nommé des tuteurs ou curateurs dans l'un et dans l'autre pays, laquelle nomination sera faite en France par les juges auxquels la connoissance en appartient, et ce, de l'avis des parents et amis des mineurs qui seront en France, pour avoir par lesdits tuteurs ou curateurs l'administration des biens de France seulement, même des obligations, contrats de rentes et autres droits et actions à exercer sur des personnes domiciliées en France et sur les biens qui y sont situés; ce qui aura lieu pareillement dans les colonies où la nomination du tuteur ou du curateur sera faite par les juges qui y sont établis de l'avis des parents ou amis qu'ils y auront; lesquels tuteurs ou curateurs élus dans les colonies, n'auront pareillement l'administration que des biens qui s'y trouveront appartenant auxdits mineurs, ensemble des obligations, contrats de rentes et autres droits et actions à exercer sur des personnes domiciliées dans les colonies et sur les biens qui y sont situés, et seront lesdits tuteurs et curateurs de France, ou ceux des colonies françaises, indépendants les uns des autres, sans être responsables que de la gestion et administration des biens du pays dans lequel ils auront été élus, de laquelle ils ne seront tenus de rendre compte que devant les juges qui les auront nommés.

2. En cas que le père ou la mère soient encore vivants dans le temps de la dation de tutelle ou de curatelle, il sera permis au juge du lieu de leur domicile, de les nommer tuteurs ou curateurs indéfiniment et sans restriction, si les parents ou amis des mineurs en sont d'avis, auquel cas lesdits père ou mère survivants auront l'administration générale de tous les biens desdits mineurs en quelque lieu que lesdits biens soient situés, en sorte qu'il n'y ait en ce cas qu'une seule tutelle ou curatelle; et si ledit juge, de l'avis des parents et amis, ne juge pas à propos de déférer la tutelle et curatelle auxdits père ou mère, ni même de les nommer tuteurs ou curateurs en partie, l'article ci-dessus sera exécuté.

3. Les dispositions des deux articles précédents auront pareillement lieu à l'égard des mineurs ayant père ou mère vivants, auxquels il seroit nécessaire de nommer un tuteur ou un curateur pour des biens qui leur appartiendroient en France et dans les colonies.

4. Si dans le cas de l'article 2, il se trouve que les père ou mère prédécédés qui avoient leur domicile en France aient laissé des enfants dans les colonies, ou qu'au contraire leur domicile étant dans les colonies, ils aient laissé des enfants demeurants en France, voulons que par provision, de l'avis de leurs parents ou amis, et par le juge du lieu de leur demeure, il leur soit nommé un tuteur pour administrer les biens qu'ils auront dans le pays où ils habitent, jusqu'au jour que le tuteur élu, ou indistinctement pour tous les biens des mineurs, ou seulement pour le pays où le tuteur provisionnel aura été nommé, lui ait notifié sa qualité en lui faisant donner copie de l'acte de tutelle; et sera ledit tuteur provisionnel tenu de rendre compte de sa gestion à celui qui aura été nommé définitivement.

5. Si le père ou la mère à qui la tutelle générale auroit été déférée, viennent à passer à de secondes noces, il pourra être pourvu d'un autre tuteur auxdits mineurs, si leurs parents ou amis en sont d'avis, et ce, par le juge du domicile qui avoit déféré la tutelle générale auxdits père ou mère, auquel cas il sera procédé, suivant l'article 1ᵉʳ, à la nomination de deux tuteurs, l'un pour les biens situés en France, l'autre pour les biens situés dans les colonies, à quoi le juge du pays où les mineurs auront des biens, sans y avoir leur domicile, sera tenu de procéder aussitôt qu'il sera instruit de la destitution

du père ou de la mère, et de la nomination d'un autre tuteur faite par le juge du domicile.

6. Le tuteur nommé dans le pays où les mineurs ne feront point leur demeure, sera tenu d'envoyer tous les ans au tuteur nommé dans le pays où les mineurs seront élevés, des états de sa recette et dépense. Il sera pareillement tenu, si les parents et amis des mineurs étant dans ledit pays le jugent à propos, et qu'il soit ainsi ordonné par le juge dudit pays, de faire remettre audit tuteur en tout ou en partie les revenus qu'il aura reçus, à l'exception de ceux qu'il sera obligé d'employer à l'entretien des biens dont l'administration lui est confiée; à l'effet de quoi ledit tuteur sera tenu audit cas d'assurer ses envois, et les frais de l'assurance lui seront passés en dépense dans son compte; comme aussi sera tenu le tuteur auquel les envois auront été faits de s'en charger en recette dans son compte, et d'en faire emploi suivant l'avis des parents et amis desdits mineurs.

7. Lorsque les mineurs seront élevés dans les colonies, le juge de la tutelle dans lesdites colonies pourra, de l'avis des parents et amis desdits mineurs, ordonner l'emploi de leurs revenus, même des fonds qui leur seroient rentrés en acquisition des biens situés audit pays. Mais lorsque les mineurs seront élevés en France, l'emploi dans les colonies ne pourra être ordonné que de l'avis des parents et amis desdits mineurs assemblés à cet effet devant le juge de la tutelle qui aura été déférée en France.

8. L'éducation des enfants mineurs appartiendra à leur père, s'il a survécu à la mère dont la mort aura donné lieu à l'élection d'un tuteur ou d'un curateur, ce qui sera observé en quelque pays que les enfants soient élevés, si ce n'est néanmoins que sur l'avis de leurs parents ou amis, et pour de grandes considérations, le juge du pays où le père aura son domicile, n'en ait autrement ordonné; et lorsque ce sera la mère qui aura survécu, l'éducation de ses enfants lui appartiendra pareillement, en cas qu'elle soit nommée tutrice, ou que si elle ne l'est pas, lesdits parents ou amis aient jugé à propos de lui en déférer l'éducation. Laissons à la prudence du juge du pays, où le père avoit son domicile au jour de son décès, de régler, par l'avis des parents ou amis desdits enfants mineurs, si leur éducation sera confiée à la mère en quelque pays qu'ils habitent, ou si elle n'aura l'éducation que de ceux qui seront dans le pays où elle fait sa demeure.

9. Lorsque les mineurs n'auront plus ni père ni mère, leur

éducation sera déférée au tuteur élu dans le pays où le père avoit son domicile au temps de son décès, si tous lesdits enfants ont leur demeure audit pays; et en cas que les uns demeurent en France, et les autres dans les colonies, l'éducation des uns ou des autres appartiendra au tuteur nommé dans le pays qu'ils habitent, le tout à moins que les parents ou amis de l'un et de l'autre pays, n'estiment également que l'éducation desdits enfants doit être confiée à un seul desdits tuteurs.

10. Les lettres d'émancipation ou de bénéfice d'âge qui seront obtenues par les mineurs, ne seront entérinées, sur l'avis de leurs parents et amis, que par les juges du lieu où les mineurs auront leur domicile, soit en France ou dans les colonies, et ils ne seront tenus que de les faire seulement enregistrer dans les sièges d'où dépendent les lieux où ils ont des biens sans y avoir leur domicile; faute de quoi les lettres par eux obtenues n'auront aucun effet à l'égard desdits biens.

11. Les mineurs, quoique émancipés, ne pourront disposer des nègres qui servent à exploiter les habitations dans les colonies, jusqu'à ce qu'ils aient atteint l'âge de vingt-cinq ans accomplis, sans néanmoins que lesdits nègres cessent d'être réputés meubles par rapport à tous autres effets.

12. Les mineurs qui, n'ayant plus de père, voudront contracter mariage, soit en France, soit dans les colonies françaises, ne pourront le faire sans l'avis et le consentement par écrit du tuteur ou curateur nommé dans le pays où le père avoit son domicile au jour de son décès, sans néanmoins que ledit tuteur ou curateur puisse donner son consentement que de l'avis des parents assemblés par-devant le juge qui l'aura nommé, et sauf audit juge, avant que d'homologuer leur avis, à ordonner que l'autre tuteur ou curateur qui aura été établi dans le pays où le père des mineurs n'avoit pas son domicile, ensemble les parents ou amis que les mineurs auront dans ledit pays, seront pareillement entendus dans le délai compétent par-devant le juge qui aura nommé ledit tuteur ou curateur, pour leur avis rapporté, être statué ainsi qu'il appartiendra, sur le mariage proposé par ledit mineur, ce que nous ne voulons néanmoins être ordonné que pour de grandes considérations dont le juge sera tenu de faire mention dans la sentence qui sera par lui rendue.

13. N'entendons rien innover par notre présente déclaration en ce qui concerne les dispositions des lois romaines, soit sur les droits de la puissance paternelle, soit au sujet de la dation

et de la privation des tutelles, ou de l'âge auquel elles doivent finir; voulons que lesdites dispositions continuent d'être observées ainsi que par le passé dans les provinces et lieux de notre royaume qui se régissent par le droit écrit, et ce, à l'égard des biens situés en France, ou des effets dont le recouvrement y doit être fait, sans préjudice de l'exécution de notre présente déclaration, tant pour ce qui regarde les tutelles ou curatelles qui seront déférées dans les colonies françaises, que pour celles qui auront lieu en France, dans les provinces et lieux qui suivent le droit coutumier, à la réserve néanmoins de ce qui sera dit dans l'article suivant.

14. N'entendons pareillement déroger aux dispositions de la coutume de Bretagne ou autres, sur ce qui concerne l'autorité des pères ou mères sur leurs enfants, et les règles qui y sont observées au sujet de la tutelle ou curatelle, lesquelles dispositions continueront d'être suivies ainsi qu'elles l'ont été jusqu'à présent, notamment celles de notre édit du mois de décembre 1732, en ce qui concerne notre province de Bretagne. Si donnons, etc.

N° 574. — ÉDIT *relatif aux peines à infliger aux esclaves dans les colonies* (1).

Versailles, 1er février 1743. (Moreau de Saint-Méry, III, 727. — Code de la Martinique.)

Louis, etc. La discipline des nègres esclaves que nos sujets des colonies françaises de l'Amérique sont obligés d'entretenir pour l'exploitation de leurs habitations, est un des principaux objets des soins que nous apportons à l'administration de ces colonies. Le compte que nous nous fîmes rendre de l'état où elles se trouvaient après notre avènement à la couronne, nous ayant fait connoître la nécessité des dispositions contenues dans les lettres patentes en forme d'édit du mois de mars 1685, concernant les esclaves, nous en ordonnâmes l'exécution par l'article 1 de notre édit du mois d'octobre 1716; et dans toutes les occasions qui se sont depuis présentées, nous avons eu attention de régler tellement les choses, qu'en même temps que les esclaves seroient entretenus et traités convenablement par leurs maîtres, on prît aussi les précautions nécessaires pour les contenir dans les bornes de leur devoir, et prévenir tout ce que l'on pourroit craindre de leur part. Mais il nous a été

---

(1) En vigueur. Voy. arrêt du conseil supérieur de la Martinique, du 30 novembre 1815. Isambert, Lois et ordonn., t. 9, pag. 491.

représenté à cet égard que les lettres patentes en forme d'édit, du mois de mars 1685, n'ont pas prévu tous les délits auxquels les esclaves se trouvent sujets; qu'en effet, l'article 15 de ces lettres patentes, établit bien la peine du fouet contre les esclaves portant des armes offensives ou de gros bâtons; mais qu'il arrive quelquefois qu'on en surprend en maronnage qui ont des armes, et que ce cas particulier n'ayant pas été spécifié, les juges sont obligés, lorsqu'il se présente, de se borner à ordonner la peine du fouet, quoiqu'il soit certain que les nègres marons ne gardent ces armes que dans le dessein de se défendre contre ceux qui leur donnent la chasse, ou qui veulent les arrêter lorsqu'ils les rencontrent; qu'il y en a d'autres qui volent des armes, et que cette sorte de vol, qui ne peut avoir non plus d'autre objet de la part des esclaves, que de se servir de ces armes contre les blancs, n'a cependant pas été mise au nombre des vols qualifiés, auxquels l'article 35 desdites lettres patentes impose des peines afflictives, et même celle de mort; qu'on a omis aussi de prévoir, dans le même article, les enlèvements des canots et pirogues, ou autres bâtiments de mer, commis par des esclaves; et qu'enfin l'article 38 règle bien les différents degrés de punition pour la fuite des esclaves du travail et de l'habitation de leurs maîtres; mais qu'il ne fait aucune mention des cas de leur évasion hors de la colonie et chez l'étranger, quoique ce soit la plus punissable et la plus nuisible à leurs maîtres, et la plus contraire aux biens de l'Etat. Ces représentations que nous avons fait examiner en notre conseil, nous ont paru mériter d'autant plus d'attention, que le nombre des esclaves augmente dans nos colonies, à mesure que les établissements s'y multiplient: à ces causes, etc., voulons et nous plaît ce qui suit:

Art. 1er. Les esclaves qui seront surpris en maronnage avec des armes blanches ou à feu, de quelque espèce qu'elles soient, seront punis de mort; et ceux qui seront surpris avec des couteaux autres que les couteaux appelés jambettes sans ressorts ni virolles, seront punis de peine afflictive, et même de mort si le cas le requiert.

2. Tout vol d'armes blanches ou à feu, de quelque espèce aussi qu'elles soient, commis par un esclave, sera réputé vol qualifié; et comme tel puni de peine afflictive, même de mort, s'il y échoit et le cas le requiert, ainsi que les autres vols dont il est fait mention dans l'article 35 des lettres patentes en forme d'édit du mois de mars 1685.

3. Tout enlèvement de pirogues, bateaux, canots, et autres

bâtiments de mer, de la part des esclaves, sera réputé pareillement vol qualifié, et comme tel puni conformément audit article 35 desdites lettres patentes.

4. Dans les cas où un esclave sera surpris passant dans un bateau, ou autre bâtiment étranger, pour s'évader hors de la colonie, il sera condamné à avoir le jarret coupé, si d'autres circonstances ne déterminent à le condamner à mort.

5. Les esclaves convaincus d'avoir comploté l'enlèvement d'une pirogue, bateau ou canot, et autres bâtiments de mer, et surpris dans l'exécution, seront condamnés aux mêmes peines que ceux qui auront consommé l'enlèvement.

6. Lesdites lettres patentes en forme d'édit du mois de mars 1685, seront au surplus exécutées selon leur forme et teneur.

N° 575. — DÉCLARATION *qui défend aux nègres de composer des remèdes et d'entreprendre la guérison d'aucuns malades, à l'exception de la morsure des serpents, à peine de punition afflictive, même de mort.*

Versailles, 1er février 1743. (Code de la Martinique.)

N° 576. — DÉCLARATION *portant création de 600,000 liv. de rentes sur la ferme des postes.*

17 février 1743. (Archiv.)

N° 577. — ARRÊT *du conseil concernant le récolement des titres, papiers et autres actes étant au greffe et dans les archives des villes.*

26 février 1743. (Archiv.)

N° 578. — LETTRES PATENTES *pour l'aliénation de 565,000 liv. de rentes tant viagères qu'en forme de tontine.*

5 mars 1743. (Archiv.)

N° 579. — ORDONNANCE *concernant l'assemblée des milices de la ville de Paris.*

8 mai 1743. (Archiv.)

N° 580. — DÉCLARATION *concernant les concessions de terres dans les colonies françaises de l'Amérique.*

Versailles, 17 juillet 1743. (Code de la Martinique.)

N° 581. — Édit portant que le dixième de l'amiral de France, sera pris sur le bénéfice nu et non sur le produit total des prises.

Versailles, août 1743. Reg. P. P. 26. (Rec. cons. d'état.)

N° 582. — Ordonnance pour servir de règlement aux bataillons de milice.

Fontainebleau, 5 octobre 1743. (Archiv.)

N° 583. — Déclaration pour l'instruction des affaires criminelles dans les élections et dans les greniers à sel.

Fontainebleau, 16 octobre 1743. (Archiv.)

N° 584. — Déclaration concernant les ordres religieux et gens de main-morte établis aux colonies.

Versailles, 25 novembre 1743. (Code de la Martinique.)

N° 585. — Arrêt du conseil qui renouvelle les défenses faites à tous imprimeurs d'imprimer aucuns mémoires pour les affaires portées dans les conseils, qu'ils ne soient signés d'un avocat, etc.

20 décembre 1743. Archiv.

N° 586. — Ordonnance portant défenses à tous officiers de se servir de soldats pour valets.

Versailles, 27 décembre 1743. (Archiv.)

N° 587. — Arrêt du conseil portant règlement pour l'exploitation des mines de houille ou charbon de terre.

14 janvier 1744 (Blavier, Jurisp. des mines, III, 10.)

Le roi s'étant fait représenter en son conseil les différents édits, lettres patentes et règlements faits et donnés par les rois ses prédécesseurs, et notamment les lettres patentes de Henri II, des 30 septembre 1548 et 10 octobre 1552; de François II, du 27 juillet 1560, et de Charles IX, du 25 juillet 1561; ensemble l'édit de Henri IV, du mois de juin 1601, et l'arrêt du conseil, du 15 mai 1608, S. M. auroit reconnu, qu'avant l'édit de 1601, les mines de charbon de terre qui par l'article 2 de cet édit ont été affranchies du droit royal du dixième étoient, comme les mines des métaux et minéraux, sujets au même droit dépendant du domaine de sa couronne et souveraineté; que l'exception portée par cet édit, et faite par grace spéciale en faveur des propriétaires des lieux où se trouveroient les mines de charbon de terre, a eu pour objet d'en faciliter l'extraction, et d'encourager lesdits propriétaires à l'entreprendre à l'effet de procurer, dans le royaume, l'abondance des charbons de terre qui, étant propres à différents usages auxquels le bois s'emploie, en diminueroient d'autant la consommation; que c'est dans la même vue, et par les mêmes motifs, que le feu roi par ledit arrêt de son conseil d'Etat du 15 mai 1698, auroit permis à tous propriétaires de terrains où il se trouveroit des mines de charbon de terre, ouvertes et non ouvertes, en quelques endroits et lieux du royaume qu'elles fussent situées, de les ouvrir et exploiter à leur profit, sans qu'ils fussent obligés d'en demander la permission, sous quelque prétexte que ce pût être, pas même sous prétexte des privilèges qui pouvoient avoir été accordés pour l'exportation desdites mines, pour quoi il auroit été dérogé à tous arrêts, lettres patentes, dons, cessions et privilèges à ce contraires; et S. M. étant informée que ces dispositions sont presque demeurées sans effet, soit par la négligence des propriétaires à faire la recherche et exploitation desdites mines, soit par le peu de facultés et de connoissances de la part de ceux qui ont tenté de faire sur cela quelque entreprise; que d'ailleurs, la liberté indéfinie laissée aux propriétaires par ledit arrêt du 15 mai 1698, a fait naître en plusieurs occasions une concurrence entre eux, également nuisible à leurs entreprises respectives, et voulant faire connoître sur cela ses intentions, et prescrire en même temps les règles qui devront être suivies par ceux qui, après en avoir obtenu la permission, entreprendront à l'avenir l'exploitation des mines de charbon de terre. Vu les mémoires adressés sur ce sujet par les sieurs intendants et commissaires départis dans les provinces et généralités du royaume; ouï le rapport du sieur Orry, conseiller d'Etat ordinaire, contrôleur-général des finances, le roi étant en son conseil, a ordonné et ordonne ce qui suit :

Art. 1. A l'avenir et à commencer du jour de la publication du présent arrêt, personne ne pourra ouvrir et mettre en exploitation des mines de houille ou charbon de terre, sans en avoir préalablement obtenu une permission du sieur contrôleur-général des finances, soit que ceux qui voudroient faire ouvrir et exploiter lesdites mines, soient seigneurs hauts-justiciers, ou qu'ils aient la propriété des terrains où elles se trouveront; dérogeant S. M., pour cet effet, à l'arrêt du conseil du 15 mai 1698, et à tous autres réglements à ce contraires et confirmant néanmoins, en tant que besoin, l'exemption du droit royal du dixième, porté par l'article 2 de l'édit du mois de juin 1601 à l'égard desdites mines de houille ou de charbon de terre.

2. Veut S. M. que ceux qui exploitent et font valoir actuellement des mines de houille ou charbon de terre, soient tenus de remettre, au plus tard dans six mois, du jour de la publication du présent arrêt, aux sieurs intendants et commissaires départis dans les provinces et généralités du royaume, chacun dans son département, leurs déclarations contenant les lieux où sont situées les mines qu'ils font exploiter, le nombre des fosses qu'ils ont en extraction, et le nombre d'ouvriers qu'ils occupent à leur exploitation; les quantités de charbon de terre qu'ils auront distraites et qu'ils en font tirer par mois, ensemble les lieux où s'en fait la principale consommation, et les prix desdits charbons, pour sur lesdites déclarations, envoyées audit sieur contrôleur-général des finances par lesdits sieurs intendants, avec leurs avis, être ordonné ce qu'il appartiendra, à peine, contre ceux qui n'auront pas satisfait aux déclarations dans le délai prescrit, de confiscation, tant des matières extraites, que des machines et ustensiles servant à l'extraction, même de révocation des privilèges et concessions à l'égard de ceux qui peuvent en avoir obtenu, et en vertu desquels ils font exploiter lesdites mines.

3. Les puits des mines qu'on exploitera, s'ils sont de figure ronde, pourront être de tel diamètre que les entrepreneurs jugeront à propos; s'ils sont carrés, ou carrés longs, ils ne pourront avoir plus de six pieds de dedans en dedans, et s'ils sont carrés longs, ils seront étrésillonnés, carrément de dedans en dedans.

4. Les puits carrés et carrés longs seront revêtus de bois contre-tenus, et étrésillonnés de bons poteaux de bois de brin, et cuvelés de forts madriers, de façon que l'exploitation puisse se faire sans aucun danger pour les ouvriers qui seront obligés de les fréquenter; tous les poteaux et étrésillons ne pourront être que de bois de chêne. Permet S. M. d'employer pour les madriers, ou planches servant à doubler ou cuveler lesdits puits, d'autres bois que de chêne, sous la condition néanmoins que lesdits madriers ou planches auront au moins deux pouces d'épaisseur.

5. Lorsque les mines pourront être exploitées par des galeries de plain-pied, en entrant dans les montagnes où elles se trouveront situées, les ouvertures desdites galeries, si elles ne peuvent être taillées dans le roc de bonne consistance, seront

ou revêtues de maçonnerie, ou étayées si solidement, qu'elles puissent être fréquentées avec toute sûreté.

6. Soit que les mines soient exploitées par des puits, ou par des entrées de plain-pied, il ne sera pas permis d'y former des galeries, pour en extraire la houille ou charbon de terre, qu'après que la veine, soit qu'elle soit droite, plate ou oblique, aura été percée ou suivie jusqu'au fond du sol, et qu'il aura été creusé au-dessous un puisard de vingt-quatre pieds de profondeur, pour rechercher s'il n'y auroit point d'autre veine au-dessous; laquelle, en ce cas, sera encore percée, ou suivie comme la supérieure, et ne pourra être mise en extraction que la dernière veine, au-dessous de laquelle le puisard de vingt-quatre pieds ayant été fait, il n'en sera pas trouvé d'autre.

7. Les galeries qu'on formera dans les mines qu'on extraira, ne pourront être plus larges de huit pieds, quelque bonne que soit la consistance du charbon, et celle du ciel ou sol de ladite mine : seront lesdites galeries d'autant plus étroites, que le charbon, le ciel et le sol de la mine, auront une consistance moins solide, et sera faite l'extraction en découvrant toujours le sol de la mine.

8. Les galeries formées dans les mines de houille ou de charbon de terre seront espacées de façon qu'il y ait d'une galerie à une autre un massif de charbon, au moins de même épaisseur que la largeur de la galerie, même plus fort, si le peu de solidité de la houille ou charbon le demande.

9. Les galeries seront solidement étayées et pontelées, pour la sûreté des ouvriers et autres qui les fréquenteront; à l'effet de quoi les poteaux servant d'étaiement seront de bois de brin et mis entre deux sols ou couches, lesquels seront écarris sur deux faces, et ne pourront être d'autre bois que de chêne, et auront la même largeur et épaisseur des poteaux.

10. Tout entrepreneur qui se trouvera dans le cas de faire cesser l'extraction du charbon de terre, dans une mine actuellement en exploitation, soit par l'éloignement où se trouveroit la mine de charbon, des puits ou fosses qu'il aura fait percer pour ladite extraction, soit par le défaut de l'air ou par quelque autre cause, ne pourra cesser d'y travailler, qu'après en avoir fait sa déclaration au subdélégué du sieur intendant de la province la plus à portée du lieu de l'exploitation, et sera tenu avant d'abandonner les fosses ou puits, et les galeries actuellement ouvertes, de faire percer un fouret ou puits de dix toises de profondeur, le plus près du pied de la

mine que faire se pourra, pour connoître s'il n'y auroit point quelque sillon au-dessous de celui dont l'exploitation auroit été faite jusqu'alors.

11. Ceux qui entreprendront l'exploitation des mines de charbon de terre, en vertu des permissions qu'ils en auront obtenues, seront tenus d'indemniser les propriétaires des terrains qu'ils feront ouvrir, de gré à gré, ou à dire d'experts qui seront convenus entre les parties, sinon nommés d'office par les sieurs intendants et commissaires, départis dans les provinces et généralités. Veut au surplus S. M. que pendant le temps et espace de cinq années les contestations qui pourront naître entre les propriétaires de terrains, et les entrepreneurs, leurs commis, employés et ouvriers, tant pour raison de leurs exploitations, que pour l'exécution du présent arrêt, soient portées, devant lesdits sieurs intendants, pour y être par eux statué sauf l'appel au conseil, faisant défenses aux parties de se pourvoir ailleurs, et à tous juges d'en connoître, à peine de nullité et de cassation de procédures; enjoint S. M. auxdits sieurs intendants, de tenir chacun en droit soi, la main à l'exécution dudit présent arrêt, qui sera lu, publié et affiché partout où besoin sera, et sur lequel toutes lettres nécessaires seront expédiées.

N° 588. — DÉCLARATION *qui renouvelle pour trois ans les défenses aux religionnaires de vendre leurs biens.*

Versailles, 22 février 1744. Reg. P. P. 13 mars. (Archiv.)

N° 589. — ARRÊT *du conseil portant règlement sur le commerce des colonies françaises de l'Amérique.*

1er mars 1744. (Archiv. — Code de la Martinique.)

N° 590. — ORDONNANCE *portant déclaration de guerre contre le roi d'Angleterre.*

Versailles, 15 mars 1744. (Archiv.)

Dès le commencement des troubles qui se sont élevés après la mort de l'empereur Charles VI, le roi n'a rien omis pour faire connoître que S. M. ne désiroit rien avec plus d'ardeur que de les voir promptement apaiser par un accommodement équitable entre les parties belligérantes. La conduite qu'elle a tenue depuis, a suffisamment montré qu'elle persistoit constamment dans les mêmes dispositions; et S. M. voulant bien ne former pour elle-même aucune prétention qui pût mettre le moindre obstacle au rétablissement de la tranquillité de l'Europe, ne comptoit pas d'être obligée de prendre part à la guerre, autrement qu'en fournissant à ses alliés les secours qu'elle se trouvoit engagée à leur donner. Des vues aussi désintéressées auroient bientôt ramené la paix, si la cour de Londres avoit pensé avec autant d'équité et de modération, et si elle n'eût consulté que le bien et l'avantage de la nation anglaise; mais le roi d'Angleterre, électeur d'Hannower, avoit des intentions bien opposées, et on ne fut pas long-temps à s'apercevoir qu'elles ne tendoient qu'à allumer une guerre générale. Non content de détourner la cour de Vienne de toute idée de conciliation, et de nourrir son animosité par les conseils les plus violents, il n'a cherché qu'à provoquer la France en faisant troubler partout son commerce maritime, au mépris du droit des gens et des traités les plus solennels. La convention d'Hannower, du mois d'octobre 1741, sembla cependant devoir rassurer S. M. sur la continuation de pareils excès; le roi d'Angleterre, pendant le séjour qu'il fit dans ses Etats d'Allemagne, parut écouter les plaintes qui lui en furent portées et en sentir la justice : il donna sa parole royale de les faire cesser, et il s'engagea formellement à ne point troubler les alliés du roi dans la poursuite de leurs droits; mais à peine fut-il retourné à Londres, qu'il oublia toutes ses promesses, et aussitôt qu'il fut certain que l'armée du roi quittoit entièrement la Westphalie, il fit déclarer par ses ministres que la convention ne subsistoit plus, et qu'il s'en tenoit dégagé. Alors il se crut dispensé de tout ménagement; ennemi personnel de la France, il n'eut plus d'autres vues que de lui en susciter partout; cet objet devint le point principal des instructions de ses ministres dans toutes les cours de l'Europe; les pirateries des vaisseaux de guerre anglais se multiplièrent avec cruauté et barbarie; les ports du royaume ne furent plus même un asile contre leurs insultes; enfin les escadres anglaises ont osé entreprendre de venir bloquer le port de Toulon, arrêtant tous les bâtiments, s'emparant de toutes les marchandises qu'ils portoient, enlevant même les recrues et les munitions que S. M. envoyoit dans ses places. Tant d'injures et d'outrages répétés ont enfin lassé la patience de S. M.; elle ne pourroit les supporter plus long-temps sans manquer à la protection qu'elle doit à ses sujets, à ce qu'elle doit à ses alliés, à ce qu'elle se doit à elle-même, à son honneur et à sa gloire. Tels sont les justes motifs qui ne permettent plus à S. M. de rester dans les bornes de la modération qu'elle s'étoit prescrite, et qui la forcent de déclarer la guerre, comme elle la déclare par la présente, par mer et par terre, au roi d'Angleterre, électeur d'Hannower. Ordonne et enjoint S. M. à tous ses sujets, vassaux et serviteurs, de courre sus aux sujets du roi d'Angleterre, électeur d'Hannower; leur fait très-expresses inhibitions et défenses d'avoir ci-après avec eux aucune communication, commerce ni intelligence, à peine de la vie; et, en conséquence, S. M. a, dès à présent, révoqué et révoque toutes permissions, passe-ports, sauvegardes et sauf-conduits, qui pourroient avoir été accordés par elle ou par ses lieutenants-généraux et autres ses officiers, contraires à la présente, en les a déclarés et déclare nuls et de nul effet et valeur, défendant à qui que ce soit d'y avoir aucun égard.

N° 591. — ORDONNANCE *qui suspend l'usage du filet nommé rets traversier ou chalut.*

Versailles, 16 avril 1744. (Valin, II, 709.)

N° 592. — RÈGLEMENT *pour l'établissement du conseil des prises.*

22 avril 1744. (Archiv. — Lebeau.)

N° 593. — ORDONNANCE *pour obliger les Anglais, Ecossais, Irlandais qui sont en France, de prendre parti dans les régiments irlandais qui sont au service du roi.*

Versailles, 25 avril 1744. (Rec. cons. d'état.)

EXTRAIT.

S. M. étant informée qu'il se trouve un nombre considérable d'Anglais, Ecossais et Irlandais, tant dans sa bonne ville de Paris, que dans les autres villes et lieux des provinces de son royaume, dont la plupart ont servi dans les troupes, même dans les régiments de leur nation qui sont à sa solde : et ne voulant point souffrir dans ses Etats des gens qui y sont comme vagabonds et sans aveu, pendant qu'ils peuvent être utilement employés dans lesdits régiments, S. M. enjoint très-expressément à tous les Irlandais, Anglais et Ecossais qui sont dans sa bonne ville de Paris, et dans les autres villes et lieux de son royaume, sans vacation et sans emploi, âgés depuis dix-huit ans ou environ, jusqu'à cinquante, et en état de porter les armes, soit qu'ils aient été ci-devant ou non dans les régiments irlandais qui sont au service de S. M., de se rendre incessamment dans les provinces et armées marquées dans l'état qui est à la fin de la présente, pour y joindre cesdits régiments et y prendre parti; à peine à ceux qui y ont déjà servi, d'être traités comme déserteurs, suivant la rigueur de ses ordonnances, et aux autres d'être punis comme vagabonds et condamnés aux galères.

N° 594. — ORDONNANCE *portant déclaration de guerre contre la reine d'Hongrie.*

26 avril 1744. (Archiv.)

N° 595. — CONVENTION *entre la France et la Grande-Bretagne, pour l'exécution des articles du traité d'Utrecht, relatifs au cas de rupture.*

Avril, 1744. (Martens, I, 265.)

N° 596. — ORDONNANCE *pour les passeports de guerre.*

21 mai 1744. (Archiv.)

N° 597. — ARRÊT *du conseil portant règlement pour les amendes, restitutions et confiscations prononcées en matière d'eaux et forêts.*

10 juillet 1744. (Archiv.)

N° 598. — DÉCLARATION *portant que les cures du diocèse d'Arras y désignées, continueront d'être conférées par la voie du concours.*

29 juillet 1744. (Archiv.)

N° 599. — ARRÊT *du conseil portant règlement sur le fait des marchandises provenant des prises faites en mer.*

7 août 1744. (Archiv. — Lebeau.)

N° 600. — RÈGLEMENT *concernant les prises faites en mer et la navigation des vaisseaux neutres pendant la guerre.*

Fribourg, 21 octobre, 1744. (Valin, II, 250.— Lebeau.)

Le roi s'étant fait représenter le règlement du 23 juillet 1704, concernant les prises faites en mer et la navigation des vaisseaux neutres et alliés pendant la guerre, S. M. auroit reconnu que les dispositions de ce règlement étoient alors également sages et convenables, et que même il seroit à désirer pour le bien de son royaume qu'elles pussent toutes être renouvelées pendant la présente guerre; mais, comme il en est plusieurs qui ne sauroient s'accorder avec les traités et conventions qu'elle a faits avec les différentes puissances depuis son avénement à la couronne, et que S. M. s'est toujours fait une loi d'observer ses engagements avec la fidélité la plus exacte, elle croit devoir faire céder ses intérêts à la foi qu'elle doit aux traités. D'un autre côté, S. M. ne pouvant pas douter que ses ennemis ne se servent du pavillon et des passe-ports de quelques états neutres, contre la volonté et les engagemens de ces mêmes Etats, et S. M. considérant que des conventions faites entre des souverains, uniquement pour l'avantage et la sûreté de leurs sujets respectifs, ne peuvent avoir jamais eu pour objet de faciliter des fraudes dont le préjudice ne peut être douteux; elle se croit d'autant plus fondée à empêcher ces fraudes, qu'il n'est pas moins contre l'honneur et la dignité que contre les intérêts des Etats neutres, que des sujets téméraires compromettent leur droit en abusant de leur pavillon et de leurs passe-ports. Dans ces circonstances, S. M. a jugé à propos de rappeler dans le présent règlement les dispositions de celui de 1704, en distinguant celles qui ne doivent être exécutées qu'à l'égard des Etats avec lesquels il n'a point été fait de conventions, d'y en ajouter de nouvelles conformes aux traités qu'elle a faits avec d'autres Etats, et d'y joindre même celles du règlement du 17 février 1694, afin que ceux de ses sujets qui armeront pour la course soient pleinement informés des règles qu'ils doivent observer. Par ces considérations, S. M. a ordonné et ordonne ce qui suit:

Art. 1. Fait S. M. défenses aux armateurs français d'arrêter en mer, et d'amener dans les ports de son royaume les navires appartenant aux sujets des princes neutres, sortis d'un des ports de leur domination, et chargés, pour le compte des sujets desdits princes neutres, de marchandises du cru ou fabrique de leur pays, pour les porter en droiture en quelque Etat que ce soit, même en ceux avec qui S. M. est en guerre; pourvu néanmoins qu'il n'y ait sur lesdits navires aucune marchandise de contrebande.

2. Leur fait pareillement défenses d'arrêter les navires appartenant aux sujets des princes neutres, sortis de quelque autre Etat que ce soit, même de ceux avec lesquels S. M. est en guerre, et chargés, pour le compte desdits sujets des princes neutres, de marchandises qu'ils auront prises dans les pays ou Etat d'où ils seront partis pour s'en retourner en droiture dans un des ports de la domination de leur souverain.

3. Comme aussi leur fait défenses d'arrêter les navires appartenant aux sujets des princes neutres, partis des ports d'un d'un Etat neutre ou allié de S. M., pour s'en aller en un autre Etat pareillement neutre ou allié de S. M.; pourvu qu'ils ne soient pas chargés de marchandises du cru ou fabrique de ses

ennemis, auquel cas les marchandises seront de bonne prise et les navires relâchés.

4. Défend pareillement S. M. auxdits armateurs d'arrêter les navires appartenant aux sujets desdits princes neutres, sortis des ports d'un État allié de S. M. ou neutre, pour aller dans un port d'un État ennemi de S. M., pourvu qu'il n'y ait sur lesdits navires aucune marchandise de contrebande, ni du cru ou fabrique des ennemis de S. M.; dans lequel cas, lesdites marchandises seront de bonne prise, et les navires seront relâchés.

5. Si, dans les cas expliqués par les articles 1, 2, 3 et 4 de ce règlement, il se trouvait sur lesdits navires neutres, de quelque nation qu'ils fussent, des marchandises ou effets appartenant aux ennemis de S. M., les marchandises ou effets seront de bonne prise, quand même elles ne seroient pas de fabrique du pays ennemi et néanmoins les navires relâchés.

6. Veut S. M. que tous vaisseaux pris, de quelque nation qu'ils soient, ennemie, neutre ou alliée, desquels il sera constaté qu'il y aura eu des papiers jetés à la mer, soient déclarés de bonne prise avec leur cargaison, sur la seule preuve constante des papiers jetés à la mer, et sans qu'il soit besoin d'examiner quels étoient ces papiers, par qui ils ont été jetés, ni s'il en est resté suffisamment à bord pour justifier que le navire et son chargement appartiennent à des amis ou alliés.

7. On n'aura aucun égard aux passe-ports des princes neutres, auxquels ceux qui les auront obtenus se trouveront avoir contrevenu, et les vaisseaux qui navigueront sur lesdits passe-ports seront déclarés de bonne prise.

8. Un passe-port ou congé ne pourra servir que pour un seul voyage, et sera considéré comme nul, s'il est prouvé que le navire pour lequel il auroit été expédié, n'étoit, lors de l'expédition, dans aucun des ports du prince qui l'a accordé.

9. Tous connoissements trouvés à bord, non signés, seront nuls et regardés comme actes informes.

10. Tout navire qui sera de fabrique ennemie, ou qui auroit eu un propriétaire ennemi, ne pourra être censé neutre ni allié, s'il n'est trouvé à bord quelques pièces authentiques passées devant les officiers publics, qui puissent en assurer la date, qui justifient que la vente ou cession en a été faite à quelqu'un des sujets des puissances alliées ou neutres, avant la déclaration de guerre; et si ledit acte translatif de propriété de l'ennemi au sujet neutre ou allié n'a été dûment enregistré devant

le principal officier du lieu du départ, et n'est soutenu d'un pouvoir authentique donné par le propriétaire, dans le cas où il n'auroit pas fait lui-même ladite dernière vente. A l'égard des navires de fabrique ennemie qui auront été pris par nos vaisseaux, ceux de nos alliés ou de nos sujets, pendant la présente guerre, et qui auroient ensuite été vendus aux sujets des Etats alliés ou neutres, ils ne pourront être réputés de bonne prise, s'il se trouve à bord des actes en bonne forme, passés par des officiers publics à ce préposés, justificatifs tant de la prise que de la vente ou adjudication qui en auroit été faite ensuite aux sujets desdits Etats alliés ou neutres, soit en France, soit dans les ports de nos alliés; faute desquelles pièces justificatives, tant de la prise que de la vente, lesdits navires seront de bonne prise; sans que, dans aucun cas, les pièces qui pourroient être rapportées par la suite, puissent faire aucune foi, ni être d'aucune utilité, tant aux propriétaires desdits navires qu'à ceux des marchandises qui pourroient y avoir été chargées.

11. On n'aura aucun égard aux passe-ports accordés par les princes neutres ou alliés, tant aux propriétaires qu'aux maîtres des navires sujets des Etats ennemis de S. M., s'ils n'ont été naturalisés, et n'ont transféré leur domicile dans les Etats desdits princes avant la déclaration de la présente guerre; ne pourront pareillement lesdits propriétaires et maîtres de navires, ou sujets des Etats ennemis, qui auront obtenu lesdites lettres de naturalité, jouir de leur effet, si, depuis qu'elles ont été obtenues, ils sont retournés dans les Etats ennemis de S. M. pour y continuer leur commerce.

12. Seront de bonne prise tous navires étrangers sur lesquels il y aura un subrécargue, marchand, commis ou officier marinier d'un ennemi de S. M., ou dont l'équipage sera composé au delà du tiers de matelots sujets des Etats ennemis de S. M., ou qui n'auront pas à bord le rôle de l'équipage arrêté par les officiers publics des lieux neutres d'où les navires seront partis.

13. N'entendons comprendre dans la disposition du précédent article les navires dont les capitaines ou les maîtres justifient, par actes trouvés à bord, qu'ils ont été obligés de prendre des officiers mariniers ou matelots dans les ports où ils auront relâché, pour remplacer ceux du pays neutre, morts dans le cours de leur voyage.

14. Les navires appartenant aux sujets du roi de Danemark, ceux appartenant aux sujets des états-généraux des provinces unies, pourront naviguer librement pendant la présente

guerre, soit de leurs ports à des ports d'autres Etats neutres ou ennemis, ou d'un port neutre à un port ennemi, ou d'un port ennemi à un autre port ennemi, pourvu que ce ne soit pas à une place bloquée, et que dans ces deux derniers cas ils ne soient pas chargés en tout ou en partie de marchandises réputées de contrebande par les traités, et ce, nonobstant ce qui est porté par les quatre premiers articles du présent règlement, duquel néanmoins les articles 6, 7, 8, 9, 10, 11 et 12 seront exécutés à leur égard; et dans le cas qu'ils se trouveraient chargés en tout ou partie desdites marchandises de contrebande, allant à un port ennemi, soit qu'ils fussent partis d'un autre port ennemi, ou d'un port neutre, lesdites marchandises seront de bonne prise, sans que les navires et le surplus de leur cargaison, ni leurs biens et effets, puissent être retenus, quand même ils appartiendraient aux ennemis.

15. Il en sera usé de même à l'égard des navires appartenant aux sujets du roi de Suède, et de ceux appartenant aux habitants des villes anséatiques, dans lesquels néanmoins toutes marchandises sans distinction, appartenant aux ennemis, quand même elles ne seroient pas de contrebande, seront de bonne prise, sans toutefois que les navires et le surplus de leur cargaison, ni leurs autres biens et effets puissent être retenus.

16. Tous navires sortis des ports du royaume, qui n'auront à bord d'autres denrées et marchandises que celles qu'ils y auront chargées, et qui se trouveront munis de congé de l'amiral de France, ne pourront être arrêtés par les armateurs français, ni ramenés par eux dans les ports du royaume, sous quelque prétexte que ce puisse être.

17. En cas de contravention par les armateurs français aux défenses à eux faites par le présent règlement, veut S. M. qu'il soit fait main-levée aux sujets des princes neutres des navires à eux appartenant, et des marchandises du chargement, dans le cas où elles ne seraient pas sujettes à confiscation, et que lesdits armateurs soient condamnés en leurs dommages et intérêts.

18. Veut au surplus S. M. que le titre des prises de l'ordonnance de la marine du mois d'août 1681 soit exécuté suivant sa forme et teneur, en ce qui n'y est dérogé par le présent règlement. Mande, etc.

N° 601. — ORDONNANCE *qui rétablit l'usage du filet nommé* rets traversier *ou* chalut, *depuis le 1ᵉʳ septembre jusqu'au dernier avril de chaque année.*

Fribourg, 31 octobre 1744. (Valin, II, 711.)

N° 602. — ARRÊT *du conseil concernant les poudres provenant des prises faites en mer.*

Versailles, 1er décembre 1744. (Lebeau.)

N° 603. — ARRÊT *du conseil qui modifie celui du 7 août 1744, relativement aux droits sur les marchandises provenant des prises.*

Versailles, 24 décembre 1744. (Lebeau.)

N° 604. — ARRÊT *du conseil portant réglement par rapport à ce qui doit être observé pour le rétablissement des bestiaux.*

Versailles, 14 mars 1745. (Peuchet.)

N° 605. — ARRÊT *du parlement de Paris concernant la contagion des bestiaux* (1).

Paris, 24 mars 1745. (Mars., 1, 539.)

EXTRAIT.

ART. 1. Ordonne que dans les lieux où la maladie des bœufs, vaches et veaux a commencé de se faire sentir, les officiers, soit du roi, soit des seigneurs hauts-justiciers, auxquels la police appartient, chacun dans leur territoire, même les syndics des communautés, en cas d'absence desdits officiers, seront tenus de prendre des déclarations exactes des bœufs, vaches et veaux de chaque particulier et de les faire visiter par personnes à ce intelligentes, deux fois la semaine au moins, le tout sans frais, pour connoître s'il n'y a pas de bêtes infectées de maladie; enjoint à tous ceux qui ont ou qui auront du bétail malade, de le déclarer incontinent auxdits officiers, à peine de cent livres d'amende contre chaque contrevenant, pour être les bêtes malades séparées de celles qui seront saines, et mises dans d'autres écuries, étables et lieux; qu'en cas que le bétail malade puisse être conduit au pâturage, il soit mis à la garde d'un pâtre, qui sera choisi par la communauté, et qui ne pourra conduire le bétail que dans les cantons et lieux qui seront indiqués par lesdits officiers, à peine de punition corporelle et de tous dommages et intérêts dont la communauté demeurera responsable.

5. Ordonne qu'aussitôt que les bêtes infectées seront mortes,

---

(1) En vigueur. — Voy. l'arrêté du 23 messidor an V, et l'ordonn. du 27 janvier 1815.

les propriétaires et fermiers seront tenus de les enterrer avec leurs peaux, lesdites bêtes préalablement coupées par quartiers, dans des fosses de huit à dix pieds de profondeur pour chaque bête; de jeter dessus lesdites bêtes de la chaux vive, et de recouvrir exactement ladite fosse jusqu'au niveau du terrain; enjoint auxdits officiers et auxdits syndics, en leur absence, de leur faire fournir les charrettes, chevaux, harnois, civières ou traîneaux, même les manouvriers dont ils auront besoin, sans qu'on puisse traîner lesdites bêtes, mais seulement les porter aux fosses dans lesquelles elles seront jetées, le tout à peine de cinquante livres d'amende contre ceux qui auront refusé leurs charrettes, harnois, civières ou traîneaux, ou leurs services pour enterrer promptement lesdites bêtes mortes de maladie. Fait défenses à toutes personnes de laisser dans les bois lesdites bêtes mortes, les jeter dans les rivières, ni les exposer à la voirie, même de les enterrer dans les écuries, cours, jardins, et ailleurs que hors l'enceinte des villes, bourgs, villages, à peine de trois cents livres d'amende et de tous dommages et intérêts.

7. Ordonne que les amendes qui seront encourues pour contraventions à l'exécution du présent arrêt, ne puissent être répétées comminatoires ni être remises ou modérées par les juges, sous quelque prétexte que ce puisse être.

8. Que les jugements qui seront rendus en conséquence du présent arrêt, et pour prévenir la mortalité du bétail, seront exécutés par provision nonobstant toutes oppositions, appellations, prises à partie, et empêchements quelconques, et sans y préjudicier.

N° 606. — ORDONNANCE *portant règlement pour la punition des déserteurs des navires armés en course.*

Versailles, 25 mars 1745. (Valin, II, 233. — Lebeau.)

N° 607. — DÉCLARATION *concernant les testaments, codiciles et autres actes de dernière volonté.*

25 mars 1745. Reg. P. d'Aix 9 avril. (Archiv.)

N° 608. — TRAITÉ *d'alliance et de subsides entre la France, l'Espagne, Naples et la république de Gênes.*

1er mai 1745. (Koch, I, 405.)

N° 609. — RÈGLEMENT *sur la police à l'égard des matelots qui désertent aux îles de l'Amérique, des navires armés dans les ports du royaume.*

Au camp de Tournai, 19 mai 1745. (Code de la Martinique.)

N° 610. — ORDONNANCE *sur ce qui doit être observé par les capitaines, maîtres ou patrons des bâtiments marchands, lorsqu'ils trouveront des vaisseaux et autres bâtiments du roi mouillés dans les rades et ports, soit du royaume ou des pays étrangers.*

Au camp devant Tournai, 25 mai 1745. (Rouen, Code commercial.

EXTRAIT.

ART. 1. Tout capitaine, maître ou patron qui, arrivant dans une rade ou port, soit du royaume, soit des pays étrangers, y trouvera quelques vaisseaux, frégates ou autres bâtiments de S. M., sera tenu de se rendre à bord du bâtiment ayant pavillon ou flamme, aussitôt après avoir mouillé l'ancre, et avant que de descendre à terre.

2. Lesdits capitaines, maîtres ou patrons rendront compte à l'officier de S. M. commandant lesdits vaisseaux, frégates, ou autres bâtiments, du lieu d'où ils viennent, du jour qu'ils en sont partis, des rencontres et autres événements de leur navigation, comme aussi des nouvelles qu'ils pourront avoir apprises dans le lieu de leur départ, dans ceux de leur relâche, de même que par les bâtiments qu'ils auront rencontrés en mer.

5. Fait S. M. expresses défenses auxdits capitaines, maîtres ou patrons, de faire de faux rapports, de céler aucune des circonstances qui pourroient intéresser son service, sous peine d'être privés de tout commandement, et même d'être punis corporellement suivant l'exigence des cas.

6. Les capitaines, maîtres ou patrons qui, pour quelque cause que ce soit, auront manqué de saluer les vaisseaux, frégates ou autres bâtiments de S. M., dans les ports ou rades du royaume, ou seront descendus à terre avant que de venir rendre compte de leur navigation à l'officier du roi, seront mis aux arrêts à leur bord jusqu'à nouvel ordre par ledit officier, lequel en informera le secrétaire d'Etat ayant le département de la marine, pour, sur le compte qui en sera rendu à S. M., être ordonné de la punition desdits capitaines, maîtres ou patrons, suivant l'exigence des cas.

7. Permet cependant S. M. aux officiers de ses vaisseaux, de lever les arrêts par eux imposés, après vingt-quatre heures, dans les cas qui leur paroîtront ne pas mériter une punition plus sévère.

8. Dans les ports étrangers, les arrêts qui auront été im

posés seront levés dans les quatre jours de l'arrivée des bâtiments.

9. Les capitaines, maîtres ou patrons des bâtiments marchands, qui ayant été mis aux arrêts n'observeront pas de les garder seront déchus de tout commandement.

10. Dans les ports et rades des colonies, les bâtiments marchands salueront le pavillon ou la flamme suivant l'usage, et dans les cas où des capitaines, maîtres ou patrons qui auront été mis aux arrêts à leur bord par les officiers commandant les vaisseaux particuliers de S. M. mériteroient des punitions plus sévères, les gouverneurs, lieutenants-généraux ou gouverneurs particuliers desdites colonies en prendront connoissance et pourront, suivant les circonstances, faire mettre en prison lesdits capitaines, maîtres ou patrons, et commettre des hommes de confiance sur leurs bâtiments pour les commander à leur place.

11. Si les vaisseaux de S. M. étoient assemblés dans les rades et ports, en escadre, au moins de cinq vaisseaux, veut S. M. que le commandant fasse assembler le conseil de guerre sur les punitions à imposer, tant aux capitaines, maîtres ou patrons qui auront manqué à saluer, qu'à ceux qui seront descendus à terre avant d'être venus rendre compte de leur navigation, et à ceux qui auront fait de faux rapports.

N° 611. — LETTRES PATENTES *concernant les coutumes des villes et lieux du pays d'Artois y énoncés.*

Au camp sous Tournai, 28 juin 1745. Reg. cons. d'état.

PRÉAMBULE.

Louis, etc. Par nos lettres patentes en forme de déclaration du 30 janvier 1739, enregistrées en notre cour de parlement à Paris, nous aurions ordonné que par les officiers de notredite cour qui seroient par nous commis, il seroit incessamment procédé à la vérification et rédaction des coutumes particulières et usages des villes et lieux de notre province d'Artois; à l'effet de quoi lesdits commissaires se transporteroient sur les lieux, et y convoqueroient les gens des trois états, pour, en leur présence et de leur consentement, rédiger et accorder, même, si besoin est, modérer, corriger et abroger lesdites coutumes ou partie d'icelles, dresser procès-verbal des contestations et oppositions, et à cet effet rendre telles ordonnances qu'il appartiendroit; après quoi, et en vertu des lettres patentes que nous ferions expédier dans la forme anciennement usitée en ladite province d'Artois, pour autoriser lesdites coutumes ainsi rédigées, accordées ou modérées, elles seroient publiées et enregistrées aux greffes de notredite cour de parlement, et de notre conseil provincial d'Artois; comme aussi en chacun des bailliages où elles devroient avoir lieu, et dorénavant gardées et observées. En exécution de cette déclaration, nous aurions commis par nos lettres patentes du 6 juin 1741, enregistrées pareillement en notredite cour, notre amé et féal M° Aimé-Jean-Jacques Severt, conseiller en ladite cour, pour vaquer à la vérification et rédaction des coutumes de la ville, loi, banlieue et échevinage d'Arras, de celle du bailliage et de la ville, loi, banlieue et échevinage de Bapaume, et autres coutumes locales desdits lieux, s'il s'en trouvoit; à quoi il auroit été par lui procédé, à la grande satisfaction de tous ceux qui y sont intéressés; et s'étant transporté d'abord dans la ville d'Arras, et ensuite dans celle de Bapaume, il y auroit dressé différents procès-verbaux par lui signés, cotés et paraphés, et signés aussi par ceux qui ont comparu aux assemblées des trois états qu'il auroit convoquées à cet effet. Par le compte que nous nous sommes fait rendre de ceux qui concernent la rédaction des coutumes locales de la loi, banlieue et échevinage de la ville d'Arras, de celle de la loi, banlieue et échevinage de la cité d'Arras, de la coutume locale de la ville et bailliage de Bapaume, de la coutume locale du pays de Lalloeu, et de celle de la ville, banlieue et échevinage de Lens, nous aurions reconnu que notredit commissaire, après y avoir inséré avec la plus grande exactitude les protestations qui pouvoient intéresser les différents officiers, ou autres personnes qui ont comparu auxdites assemblées, auroit, du consentement des trois états, supprimé plusieurs articles des anciens cahiers de coutumes qui lui ont été représentés, et par lui annexés auxdits procès-verbaux; qu'il auroit réformé la rédaction de quelques autres articles, et en auroit ajouté de nouveaux qui lui ont été proposés comme utiles au public; et à l'égard de ceux qui ont donné lieu à des oppositions, ou qui ont paru mériter une plus grande discussion, il auroit jugé à propos de les laisser en suspens, en réglant par des ordonnances provisoires ce qui devoit être observé à l'égard de quelques-uns de ces articles, ou en admettant leur disposition par provision seulement, où en ordonnant sur certains points qu'il seroit sursis jusqu'à ce que nous eussions expliqué nos intentions; et sur d'autres, qu'il y seroit pourvu par notredite cour de parlement, soit sur son référé, soit en prononçant sur des contestations que les parties intéressées y avoient déjà portées, et à la fin de chacun desdits procès-verbaux, il auroit inséré la nouvelle rédaction desdites coutumes, en renvoyant par le dernier article de chacune desdites coutumes, à la coutume générale de la province d'Artois, sur tous les points qui ne sont pas décidés par lesdites coutumes locales. Après avoir fait examiner lesdits articles en notre conseil, et après qu'ils ont été mis dans l'état où nous avons jugé à propos de les autoriser, nous nous portons volontiers à accorder nos lettres-patentes pour la consommation d'un ouvrage si utile; et voulant faire connoître en même temps aux habitants de notre province d'Artois, que nous n'avons point perdu de vue le projet que nous avons formé de leur accorder une nouvelle rédaction de la coutume générale, nous avons résolu de confirmer les coutumes particulières dont il s'agit, par provision seulement, ainsi que nous l'avons fait pour celles des villes et bailliages de Saint-Omer et d'Aire, par nos lettres patentes du 26 septembre 1743, au moyen de quoi les coutumes qui sont l'objet de nos présentes lettres seront exécutées, et auront leur effet aussitôt après la publication desdites lettres, jusqu'à ce que la réformation de la coutume générale, où chaque coutume locale sera insérée, ait été par nous décrétée en la forme anciennement usitée dans la province d'Artois; mais comme le plus grand nombre de ceux qui sont soumis à la coutume de Lens, nous a fait représenter que la nouvelle rédaction de leur coutume, et principalement l'usage des entravestissements, qu'ils avoient été d'avis d'y conserver lors du procès-verbal dressé par notredit commissaire, leur pourroit être préjudiciable, et qu'il leur seroit plus avantageux d'être régis dès à présent dans cette matière, par la coutume générale d'Artois, nous avons résolu d'avoir égard à leurs supplications, et de ne point comprendre dans les présentes lettres la nouvelle rédaction de leur coutume, en y établissant néanmoins, ainsi qu'il avoit été convenu dans l'assemblée des trois états de ladite ville, l'observation du droit commun sur la représentation et les rapports entre les cohéritiers; droit si favorable en lui-même, et si conforme au vœu de la nature qu'il a été admis dans toutes les nouvelles rédactions des coutumes particulières de la province d'Artois. A ces causes, etc.

N° 612. — Ordonnance *concernant les passeports accordés aux sujets des puissances étrangères voyageant en France.*

Au camp sous Tournai, 29 juin 1745. (Peuchet.)

N° 613. — ORDONNANCE *portant que les fusils des milices gardes-côtes des capitaineries du Hâvre et de Caudebec, seront déposés chez les syndics de chaque paroisse.*

Au camp sous Tournai, 30 juin 1745. (Archiv.)

N° 614. — ARRÊT *du conseil portant règlement sur l'examen, l'approbation, l'impression et le débit des livres.*

Au camp de Bost, 10 juillet 1745. (Archiv. — Peuchet.)

N° 615. — ORDONNANCE *qui veut que dans les navires marchands il soit embarqué un novice par quatre hommes d'équipage.*

Au camp de Bost, 23 juillet 1745. (Valin, I, 523.)

N° 616. — ARRÊT *du conseil relatif aux droits de propriété ou de créance à exercer sur les biens des religionnaires fugitifs.*

Versailles, 14 septembre 1745. (Archiv.)

N° 617. — ORDONNANCE *portant défenses aux officiers de prêter, pendant le cours des voyages, aux matelots* (1).

Fontainebleau, 1ᵉʳ novembre 1745. (Valin, I, 720. — Lebeau.

S. M. étant informée que nonobstant les différentes dispositions portées par les ordonnances, pour empêcher que les matelots ne consomment, au préjudice de leurs familles, pendant le cours des voyages, la solde qu'ils gagnent sur les bâtiments marchands, il se trouve des officiers, mariniers et autres gens des équipages, qui, s'écartant desdites dispositions, prêtent ou avancent à des matelots, avec lesquels ils sont embarqués, soit en deniers, soit en denrées ou marchandises d'un usage superflu et même pernicieux, différentes sommes, dont ils prétendent être remboursés sur le produit des gages desdits matelots, ce qui peut exciter des troubles dans les navires, occasioner le libertinage des matelots, et même leur désertion, et priver leurs familles des secours nécessaires pour leur subsistance; à quoi désirant pourvoir, S. M. a fait, et fait très-expresses inhibitions et défenses à tous officiers mariniers ou non mariniers, de rien prêter ou avancer à des matelots ou autres gens de mer pendant le cours des voyages, soit en deniers, soit en marchandises, sous quelque prétexte que ce puisse être, à peine de privation ou perte des sommes qui au-

---

(1) Voy. les art. 90 et 91 de l'arrêté du 2 prairial an XI.

ront été ainsi prêtées ou avancées, et en outre de cinquante livres d'amende; déclarant nuls et de nul effet tous billets et obligations sous seing-privé faits par des matelots ou autres gens de mer, en faveur des officiers, mariniers et autres gens, faisant partie des équipages des navires, où ils auront servi, et faisant défenses à tous juges d'y avoir égard, quand même lesdits billets ou obligations seroient d'une date postérieure ou antérieure au temps que les voyages auront duré. Défend pareillement S. M. à tous particuliers et habitants des villes maritimes, qui se prétendront créanciers des matelots, de former pour raison desdites créances, aucune action ni demande sur le produit de la solde que lesdits matelots auront gagnée sur lesdits bâtiments marchands, à moins que les sommes prétendues par lesdits créanciers, ne soient dues par les matelots ou par leurs familles, pour loyer de maison, subsistance ou hardes qui leur auront été fournies du consentement des commissaires et des autres officiers chargés du détail des classes, et qu'elles n'aient été apostillées par lesdits officiers sur les registres et matricules des gens de mer; au défaut de quoi lesdits ne pourront, sous quelque prétexte que ce puisse être, réclamer la solde des matelots, et pourront seulement avoir recours sur leurs autres biens et effets.

N° 618. — ORDONNANCE *pour faire observer parmi les équipages des vaisseaux accordés à des particuliers pour faire la course, la même police et discipline établie à l'égard des vaisseaux armés pour le service de l'État.*

Fontainebleau, 15 novembre 1745. (Lebeau.)

N° 619. — LETTRES PATENTES *permettant au maréchal de Saxe de disposer de ses biens, et à ses héritiers, légataires et donataires, même étrangers, d'en jouir.*

Versailles, avril 1746. Reg. P. P. 27. (Rec. cons. d'état.)

PRÉAMBULE.

LOUIS, etc. Nous ne pouvons trop marquer la satisfaction que nous ressentons du zèle et de l'attachement singulier que notre très-cher et bien aimé-cousin le maréchal de Saxe a fait paroître pour notre personne et notre couronne, en abandonnant les grands avantages et les grands établissements qu'il pouvoit espérer en Pologne et en Saxe, pour venir en France servir dans nos armées. La supériorité de son génie et l'étendue de ses connoissances dans l'art de la guerre; le courage et l'intrépidité qu'il a fait paroître dans les grades militaires, et dans le commandement de nos troupes ; la capacité et l'expérience qu'il a acquises, nous ont engagé à le décorer de la dignité de maréchal de France, et à lui confier, sous nos ordres, pendant les deux dernières campagnes, le commandement de nos armées en Flandre : c'est principalement à cette capacité et à la sagesse de ses conseils que nous sommes redevables de la victoire signalée que nous avons remportée l'année dernière à Fontenoy, de la conquête des principales villes de la Flandre Autrichienne, de la soumission à notre obéissance de cette province entière, d'une partie du Brabant, et en dernier lieu de la ville de Bruxelles. Tant de grandes actions et une suite si constante de glorieux services nous engagent, non-seulement à les reconnoître, mais encore à prévenir les vœux qu'a formés notredit cousin le maréchal de Saxe, de consacrer le reste de sa vie à notre service, et de finir ses jours dans notre royaume, en lui permettant d'y jouir et d'y disposer librement, et en faveur de qui bon lui semblera, même d'étrangers et non régnicoles, de tous les biens qu'il y a acquis, ou pourra acquérir, et d'y jouir de tous les autres avantages dont jouissent nos sujets et régnicoles, en levant les obstacles qui pourroient naître de sa naissance en pays étranger, et des dispositions de nos édits et ordonnances. A ces causes, voulant favorablement traiter notredit cousin le maréchal de Saxe, etc.

N° 620. — ORDONNANCE *en faveur des familles des gens de mer décédés sur les vaisseaux du roi pendant les campagnes de long cours.*

Versailles, 1er mai 1746. (Archiv.)

N° 621. — ARRÊT *du conseil qui indique les précautions à prendre contre la maladie épidémique sur les bestiaux* [1].

Versailles, 19 juillet 1746. (Archiv. — Peuchet)

Le roi étant informé que la maladie épidémique sur les bœufs et sur les vaches, qui depuis quelque temps s'étoit ralentie, se fait sentir de nouveau dans quelques provinces du royaume, qu'il y a lieu de penser qu'elle s'y est communiquée, soit parce que des propriétaires de bestiaux, dans la crainte de voir périr chez eux ceux de leurs bestiaux dont l'état étoit suspect, se sont déterminés à les donner à des prix médiocres, et les ont fait conduire à cet effet à des foires et marchés dans des

---

[1] En vigueur. Voy. l'arrêté du 23 messidor an v, et l'ordonn. du 27 janvier 1815.

lieux où la maladie n'avoit point encore pénétré; soit parce que ceux qui font le commerce de bestiaux, voulant, par une avidité condamnable, profiter de l'inquiétude desdits propriétaires, ont acheté leurs bestiaux à des prix extrêmement bas, et les ont vendus de préférence à ceux qui venoient des cantons non suspects, en les donnant à des prix inférieurs, ce qui, dans l'un et l'autre cas, a porté la maladie dans les lieux où lesdits bestiaux ont été conduits, en sorte qu'elle pourroit s'étendre successivement dans les endroits qui jusqu'à présent en ont été préservés, s'il n'y étoit pourvu par des dispositions capables de remédier à un abus si préjudiciable au bien public et à l'intérêt de chaque province en particulier.

Et l'expérience ayant fait connoître que le moyen le plus assuré pour empêcher le progrès de cette maladie, est d'empêcher toute communication des bestiaux qui en sont attaqués, avec ceux qui ne le sont pas, comme aussi que les bestiaux d'un lieu où la maladie s'est fait sentir, ne soient conduits dans un lieu où elle n'a point pénétré, S. M. voulant sur ce expliquer ses intentions; ouï le rapport du sieur de Machault, conseiller ordinaire au conseil royal, contrôleur général des finances.

Le roi en son conseil, a ordonné et ordonne ce qui suit :

ART. 1. Tous propriétaires de bêtes à cornes, habitants dans les villes ou paroisses de la campagne, dont les bestiaux seront malades ou soupçonnés de maladie, seront tenus d'en avertir dans le moment le principal officier de police de la ville ou le syndic de la paroisse dans laquelle ils habitent, sous peine de cent livres d'amende; à l'effet par ledit officier de police ou ledit syndic, de faire marquer en sa présence lesdits bestiaux malades ou soupçonnés, avec un fer chaud, d'une marque portant la lettre M, et de constater que lesdites bêtes malades ou soupçonnées de maladie, ont été séparées des bestiaux sains, ou enfermées dans des endroits d'où elles ne puissent communiquer avec lesdits bestiaux sains de la même ville ou paroisse.

2. Ne pourront lesdits propriétaires, sous quelque prétexte que ce soit, faire conduire dans les pâturages, ni aux abreuvoirs lesdits bestiaux attaqués ou soupçonnés de maladie, et seront tenus de les nourrir dans les lieux où ils auront été renfermés, sous la même peine de cent livres d'amende.

3. Les syndics des paroisses dans lesquelles il y aura des bestiaux malades ou soupçonnés de maladie, seront tenus, sous peine de cinquante livres d'amende, d'en avertir dans le jour le subdélégué du département, et de lui déclarer le nombre de

bestiaux qui seront malades ou soupçonnés, et qu'ils auront fait marquer, les noms des propriétaires auxquels ils appartiennent, et s'ils en ont été avertis par lesdits propriétaires ou par d'autres particuliers de ladite paroisse. Veut S. M. qu'au dernier cas, le tiers des amendes, qui seront prononcées contre lesdits propriétaires, faute de dénonciation, appartiennent à ceux qui auront donné le premier avis, soit au principal officier de police dans les villes, soit aux syndics des paroisses de la campagne.

4. Le subdélégué, conformément aux ordres et instructions qu'il aura reçus du sieur intendant de la province, et les officiers dans les villes, tiendront la main non-seulement pour empêcher que les bestiaux malades ou soupçonnés n'aient aucune communication avec les bestiaux sains de la même ville ou paroisse, mais encore pour empêcher que tous les bestiaux, soit malades, soit soupçonnés, soit sains, du lieu où la maladie se sera manifestée, n'aient aucune communication avec ceux des villes ou paroisses voisines.

Fait S. M. très expresses inhibitions et défenses aux habitants des villes ou des paroisses de la campagne, dans lesquelles la maladie se sera manifestée, de vendre aucun bœuf, vache ou veau, et à tous particuliers des autres paroisses ou étrangers, d'en acheter, sous peine de cent livres d'amende, tant contre le vendeur que contre l'acheteur, par chaque tête de bétail, vendue ou achetée en contravention de la présente disposition, sans préjudice néanmoins de ce qui sera réglé par l'article 8 ci-après.

6. Fait pareillement S. M. défenses à tous particuliers, soit propriétaires de bêtes à cornes, ou autres, de conduire aucuns des bestiaux, sains ou malades, des villes ou paroisses de la campagne où la maladie se sera manifestée, dans aucunes foires ou marchés, et ce sous peine de cinq cents livres d'amende par chaque contravention; de laquelle amende les propriétaires desdits bestiaux qui pourroient se servir d'étrangers pour les conduire auxdites foires et marchés, seront responsables en leur propre et privé nom.

7. Permet S. M. à tous particuliers qui rencontreront, soit dans les pâturages publics, soit aux abreuvoirs, soit sur les grands chemins, soit aux foires ou marchés, des bêtes à cornes marquées de la lettre M; de les conduire devant le plus prochain juge royal ou seigneurial, lequel les fera tuer sur-le-champ en sa présence.

8. Pourront néanmoins les propriétaires des bêtes à cornes

qui auront des bestiaux sains et non soupçonnés de maladie, dans un lieu où quelques-uns des bestiaux auront été attaqués, vendre lesdits bestiaux sains et non soupçonnés de maladie, aux bouchers qui voudront les acheter, mais à la charge qu'ils seront tués dans les vingt-quatre heures de la vente, sans que lesdits bouchers puissent, sous aucun prétexte, les garder plus long-temps, à peine, tant contre lesdits propriétaires que contre lesdits bouchers, de deux cents livres d'amende pour chacune contravention, pour raison de laquelle amende lesdits propriétaires et lesdits bouchers seront solidaires.

9. Seront en outre tenus lesdits bouchers, qui, dans les lieux où il y aura des bestiaux malades ou soupçonnés, achèteront des bestiaux sains, de prendre un certificat des propriétaires desquels ils feront lesdits achats, lequel sera visé de l'officier de police de la ville ou du syndic de la paroisse dans lesquelles les achats auront été faits, et contiendra le nombre et la désignation des bestiaux qu'ils auront achetés, et qu'ils n'ont eu aucun symptôme de la maladie; comme aussi de représenter lesdits certificats à l'officier de police de la ville ou au syndic de la paroisse dans laquelle ils conduiront lesdits bestiaux, à l'effet de constater que lesdits bestiaux seront tués dans les vingt-quatre heures du jour de l'achat, le tout, sous la même peine contre lesdits bouchers de deux cents livres d'amende pour chaque contravention et par chaque tête de bétail qui n'auroit pas été tué dans lesdites vingt-quatre heures de l'achat.

10. Si aucuns desdits bouchers, abusant de la faculté qui leur est accordée par les deux articles précédents, revendoient aucun desdits bestiaux à telle personne que ce puisse être, veut S. M. qu'ils soient condamnés en cinq cents livres d'amende par chaque tête de bétail, même qu'il soit procédé extraordinairement contre eux, pour, après l'instruction faite, être prononcé telle peine afflictive ou infamante qu'il appartiendra.

11. Les bouchers qui, pour s'approvisionner des bestiaux dont ils auroient besoin, en achèteroient dans les lieux où la maladie n'aura point encore pénétré, seront tenus de prendre un certificat de l'officier de police de la ville ou du syndic de la paroisse dans laquelle ils feront leurs achats, lequel certificat fera mention de l'état de la paroisse sur le fait de ladite maladie, et du nombre et désignation des bestiaux qu'ils y auront achetés, comme aussi de représenter ledit certificat à l'officier de police de la ville ou au syndic de la paroisse de

leur domicile, toutes fois et quantes ils en seront requis, pour justifier que lesdits bestiaux ont été achetés dans les lieux sains, et peuvent être conservés sans danger, sous peine de confiscation desdits bestiaux et de deux cents livres d'amende par chaque tête de bêtes à cornes.

12. Veut et entend pareillement S. M. que tous les particuliers et habitants des villes ou des paroisses de la campagne où la maladie n'aura point pénétré, qui voudront conduire ou envoyer des bestiaux aux foires et marchés pour y être vendus, soient tenus, sous peine de confiscation de leurs bestiaux et de deux cents livres d'amende par chaque tête de bêtes à cornes, de se munir d'un certificat de l'officier de police de ladite ville ou du syndic de ladite paroisse, visé par le curé ou par un des officiers de justice, lequel certificat fera mention de l'état de ladite ville ou paroisse sur le fait de la maladie, et contiendra le nombre et la désignation desdits bestiaux; et sera ledit certificat représenté aux officiers de police, si aucuns y a, ou aux syndics des paroisses des lieux où se tiendront les foires et marchés, avant l'exposition desdits bestiaux en vente.

13. Fait S. M. très-expresses inhibitions et défenses auxdits officiers de police et syndics des lieux et communautés où lesdites foires et marchés se tiendront, de permettre l'exposition d'aucuns desdits bestiaux, sans préalablement s'être assurés par la représentation desdits certificats du lieu d'où ils viennent, et que la maladie n'y a point pénétré; à peine contre les syndics des paroisses de cent livres d'amende, et contre lesdits officiers de police, de destitution de leurs offices.

14. Si aucuns des officiers de police des villes et des syndics des paroisses de la campagne, dans les cas où il leur est enjoint par le présent arrêt de donner des certificats, en donnoient de contraires à la vérité, veut S. M. qu'ils soient condamnés en mille livres d'amende, même poursuivis extraordinairement, pour, après l'instruction faite, être prononcée contre eux telle peine afflictive ou infamante qu'il appartiendra.

15. Veut S. M. que, dans tous les cas où les amendes prononcées par le présent arrêt seront encourues, les délinquants soient contraignables par corps au paiement desdites amendes, et qu'ils tiennent prison jusqu'au parfait paiement d'icelles.

16. Lesdites amendes seront remises au greffier de police pour les villes, ou au greffier des subdélégations dans cha-

que département pour les paroisses de la campagne, pour être distribuées, savoir : un tiers en conformité et dans le cas porté par l'article 3 du présent arrêt, et le surplus ainsi qu'il sera ordonné par S. M., sur l'avis du sieur lieutenant-général de police de la ville de Paris et des sieurs intendants dans les provinces. Enjoint S. M. au sieur lieutenant-général de police à Paris, et aux sieurs intendants et commissaires départis dans les provinces, de tenir la main à l'exécution du présent arrêt, qui sera lu, publié et affiché partout où besoin sera, à ce que personne n'en ignore, et exécuté, nonobstant opposition ou autres empêchements quelconques, pour lesquels ne sera différé, et dont, si aucuns interviennent, S. M. se réserve et à son conseil la connoissance, icelle interdisant à toutes ses cours et autres juges.

N° 622. — ORDONNANCE *portant qu'aucuns officiers mariniers ne pourront être exempts du service des vaisseaux du roi sous prétexte des fonctions particulières auxquelles ils pourroient être affectés.*

Versailles, 28 juillet 1746. (Valin, I, 526.)

N° 623. — ORDONNANCE *portant réglement général concernant les hôpitaux militaires.*

Versailles, 1ᵉʳ janvier 1747. (Archiv.)

N° 624. — DÉCLARATION *concernant l'imposition à la taille des femmes séparées de leurs maris.*

Versailles, 19 mars 1747. Reg. C. des A. 14 avril. (Rec. cons. d'état.)

PRÉAMBULE.

Louis, etc. Nous avons été informé qu'au préjudice des dispositions des ordonnances et des réglements qui portent que tous nos sujets taillables doivent être imposés pour tous les biens dont ils jouissent, à quelque titre que ce soit et pour leurs facultés, il y a eu néanmoins plusieurs jugements par lesquels les femmes séparées de biens, même de corps et d'habitation, ont été déchargées du paiement de la taille pour les biens qui leur appartenoient, sous prétexte que ces séparations ne changeoient point leur état, et qu'elles demeuroient toujours soumises à l'autorité de leurs maris en ce qui concerne l'aliénation du fonds de leurs biens; mais quoique ce principe soit vrai en lui-même, et dans les cas pour lesquels il a été établi, c'est sans aucun fondement qu'on a voulu en faire l'application à la matière des tailles qui doivent être considérées comme une charge des fruits et revenus, dont les femmes séparées de biens ont l'administration et la libre jouissance; il est aisé d'ailleurs de prévoir l'abus qu'on pourroit faire du même principe par des séparations souvent collusoires et frauduleuses, qui donneroient lieu à des jugements aussi contraires aux réglements qui ont été faits sur la levée des tailles, que préjudiciables à tous ceux qui y sont sujets; nous avons donc cru ne devoir pas différer plus long-temps d'y pourvoir, ainsi que nous l'avons déjà fait à l'égard de la capitation des femmes séparées par l'article 25 de notre déclaration du 12 mars 1701, et en établissant la même règle par rapport aux tailles, nous aurons la satisfaction de mettre nos élections et nos cours des aides en état de maintenir cette égalité et cette proportion juste que nous avons eu toujours pour objet dans les réglements qui ont été faits sur cette matière pour le bien et pour le soulagement de nos sujets. A ces causes, etc.

N° 625. — ORDONNANCE *concernant les spectacles de l'opéra, des Comédies Française et Italienne.*

10 avril 1747. (Archiv.)

N° 626. — ARRÊT *du conseil qui prescrit les formalités à observer par les officiers des justices seigneuriales, et les villes et communautés dans les élections des officiers pour remplir les fonctions des offices municipaux, etc.*

Versailles, 9 mai 1747. (Archiv.)

N° 627. — ORDONNANCE *portant que les parts, portions d'intérêts et dixièmes non réclamés, appartenants aux morts ou absens faisant partie des équipages des bâtiments preneurs, seront remis aux invalides de la marine.*

Bruxelles, 2 juin 1747. (Valin, II, 410.)

N° 628. — ARRÊT *du conseil en faveur de la manufacture royale de la verrerie à Sèvres, qui fait défenses aux gentilshommes et autres ouvriers de quitter le service de ladite manufacture, et à tous maîtres de verrerie et autres personnes de les recevoir à leur service, à peine de 3,000 liv. d'amende, et d'être procédé extraordinairement tant contre ceux qui auront déserté ladite verrerie que contre ceux qui les auront subornés.*

A la Commanderie du Vieux-Jonc, 8 juillet 1747. (Archiv.)

N° 629. — ORDONNANCE *concernant les substitutions.*

Au camp de la Commanderie du Vieux-Jonc, août 1747. Reg. P. P. 27 mars 1748. (Archiv.)

Louis, etc. Dans la résolution que nous avons prise de faire cesser l'incertitude et la diversité des jugements qui se rendent dans les différents tribunaux de notre royaume, quoique sur le fondement des mêmes lois, la matière des donations entre-vifs et celle des testaments nous ont paru par leur importance devoir être les premiers objets de notre attention, et elles ont fait le sujet de nos ordonnances des mois de février 1731 et d'août 1735. Nous nous sommes proposé ensuite d'établir la même uniformité de jurisprudence à l'égard des substitutions fidéicommissaires, qui peuvent se faire également par l'un et par l'autre genre de disposition; mais la matière des fidéi-commis, fort simple dans son origine, est devenue beaucoup plus composée, depuis que l'on a commencé à étendre les substitutions, non-seulement à plusieurs personnes appelées les unes après les autres, mais à plusieurs degrés, ou à une longue suite de générations. Il s'est formé par-là, comme un nouveau genre de succession, où la volonté de l'homme prenant la place de la loi, a donné lieu d'établir aussi un nouvel ordre de jurisprudence, qui a été reçu d'autant plus favorablement, qu'on l'a regardé comme tendant à la conservation du patrimoine des familles, et à donner aux maisons les plus illustres le moyen d'en soutenir l'éclat : mais le grand nombre de difficultés qui se sont élevées, soit sur l'interprétation de la volonté, souvent équivoque, du donateur ou du testateur, soit sur la composition de son patrimoine, et sur les différentes détractions dont les fidéi-commis sont susceptibles, soit au sujet du recours subsidiaire des femmes, sur les biens grevés de substitution, a fait naître une infinité de procès, qu'on a vu même se renouveler plusieurs fois à chaque ouverture du fidéi-commis; en sorte que par un évènement, contraire aux vues de l'auteur de la substitution, il est arrivé que ce qu'il avoit ordonné pour l'avantage de sa famille, en a causé quelquefois la ruine. D'un autre côté, la nécessité d'assurer et de favoriser la liberté du commerce, ayant exigé de la sagesse de la loi, qu'elle établît des formalités nécessaires pour rendre les substitutions publiques, la négligence de ceux qui étoient obligés de remplir ces formalités, est devenue une nouvelle source de contestations, où les suffrages des juges ont été suspendus entre la faveur d'un créancier, ou d'un acquéreur de bonne foi, et celle d'un substitué qui ne devoit pas être privé des biens substitués, par la faute de celui qui étoit chargé de les lui remettre. C'est par toutes ces considérations, qu'après avoir pris les avis des principaux magistrats de nos parlements, et des conseils supérieurs de notre royaume, qui nous ont rendu un compte exact de leurs jurisprudences différentes, nous avons cru que les deux principaux objets de la matière des fidéi-commis, demandoient que nous partageassions cette loi en deux titres différents. Le premier comprendra tout ce qui concerne les substitutions fidéi-commissaires, considérées en elles-mêmes, et les droits qui peuvent être exercés sur les biens substitués. Le second regardera les obligations imposées à ceux qui sont grevés de substitution, soit pour leur donner le caractère de publicité qui leur est nécessaire, soit pour assurer la consistance et l'emploi des effets qui en font partie, soit pour l'expédition et le jugement des contestations qui s'élèvent dans une matière si importante : si la multitude et la subtilité des questions abstraites dont elle est remplie, l'opposition qui règne à cet égard, non-seulement entre les opinions des plus célèbres jurisconsultes, mais entre les jugements des tribunaux les plus éclairés, et la nécessité de résoudre des doutes où le poids presque égal des raisons qu'on oppose de part et d'autre, rend le choix si difficile entre les sentiments contraires, ont retardé plus long-temps que nous ne l'aurions desiré, la publication de cette ordonnance, nous espérons que nos peuples en seront dédommagés par la grande attention que nous avons eue à la mettre dans l'état de perfection dont elle pouvoit être susceptible. Loin de vouloir y donner la moindre atteinte à la liberté de faire des substitutions, nous ne nous sommes proposé que de les rendre plus utiles aux familles, et notre application à prévenir toutes les interprétations arbitraires par des règles fixes et uniformes, ne servira qu'à faire respecter encore plus la volonté des donateurs et des testateurs, en les obligeant seulement à l'expliquer d'une manière plus expresse. C'est ainsi que nous donnerons à nos sujets une nouvelle preuve du soin que nous prenons de maintenir le bon ordre au-dedans de notre royaume, par l'autorité de nos lois, dans le temps même que nous sommes le plus occupés à le défendre au-dehors par la force de nos armes, dont le principal objet est de procurer le grand bien de la paix, à un peuple si digne de notre affection par son attachement pour notre personne, et par le zèle qu'il fait éclater tous les jours de plus en plus pour notre service. A ces causes, etc. voulons et nous plaît ce qui suit ;

TITRE Ier. — *Des biens qui peuvent être substitués, des clauses, conditions, et de la durée des substitutions, et des droits qui peuvent être exercés sur lesdits biens.*

ART. 1. Les substitutions fidéi-commissaires dans les pays où elles sont en usage, pourront être faites par toutes personnes capables de disposer de leurs biens, de quelque état et condition qu'elles soient.

2. Les biens qui sont immeubles par leur nature, pourront être chargés de substitution, encore qu'ils fussent réputés meubles à certains égards, par les dispositions des lois ou coutumes des lieux.

3. Les offices et les rentes constituées à prix d'argent ou autrement, pourront être chargés de substitution, soit dans les pays où les biens de ladite qualité sont réputés immeubles, soit dans ceux où ils sont regardés comme meubles; et en cas de vente, suppression, ou réunion desdits offices, ou de rachat desdites rentes, il sera fait emploi du prix desdits offices, porté par le contrat de vente, ou qui aura été par nous fixé, ou du principal desdites rentes, en cas de remboursement : le tout suivant les règles qui seront prescrites dans le titre second de la présente ordonnance.

4. Les deniers comptants, meubles, droits et effets mobiliers, seront censés compris dans la substitution, lorsqu'elle sera apposée à une disposition universelle, ou faite par forme de quotité, à moins qu'il n'en ait été autrement ordonné par l'auteur de la substitution; et il en sera fait emploi, ainsi qu'il sera réglé par le titre second, à l'exception de ceux qui seront ci-après marqués.

5. Les biens mentionnés dans l'article précédent, ne pourront être chargés d'aucune substitution particulière, qu'en cas qu'il ait été ordonné expressément par l'auteur de la substitution, qu'il sera fait emploi des deniers comptants, ou de ceux qui proviendront de la vente, ou du recouvrement desdits meubles, droits ou effets mobiliers.

6. N'entendons comprendre dans la disposition des deux articles précédents, les bestiaux et ustensiles servant à faire valoir les terres, lesquels seront censés compris dans les substitutions desdites terres, sans distinction entre les dispositions universelles et particulières, et le grevé de substitution ne sera point tenu de les vendre, et d'en faire emploi; mais il sera obligé de les faire priser et estimer, ainsi qu'il sera réglé par le titre second, pour en rendre d'une égale valeur, lors de la

restitution du fidéi-commis, à peine de tous dépens, dommages et intérêts.

7. Les meubles meublants, et autres choses mobiliaires qui servent à l'usage ou à l'ornement des châteaux ou maisons pourront être chargés des mêmes substitutions que les châteaux ou maisons où ils seront, pour être conservés en nature, pourvu néanmoins que l'auteur de la substitution l'ait ainsi ordonné expressément, soit qu'il s'agisse d'une substitution universelle, ou qu'elle soit particulière; et en ce cas, le grevé de substitution, sera tenu de les rendre en nature, tels qu'ils seront lors de la restitution du fidéi-commis, à peine de tous dépens, dommages et intérêts.

8. Faisons défenses de faire aucune substitution universelle ou particulière, sous la condition de conserver en nature aucuns autres effets mobiliers, que ceux qui sont mentionnés dans les deux articles précédents, à peine de nullité de la substitution, à l'égard desdits effets. Voulons que celui auquel ladite condition auroit été imposée les possède librement, sans même qu'il soit tenu d'en imputer la valeur sur ses détractions.

9. Les substitutions apposées aux donations entre-vifs, ne pourront avoir leur effet à l'égard des meubles ou effets mobiliers, qu'en cas qu'il en ait été fait un état signé des parties, et annexé à la minute de la donation, lequel état contiendra l'estimation desdits meubles et effets; le tout à peine de nullité de la substitution à l'égard desdits effets, sans préjudice au surplus de l'exécution de l'article 15 de notre ordonnance du mois de février 1731, concernant les donations.

10. Le donataire chargé de substitution sera tenu de faire emploi du prix des meubles et effets qui auront été compris dans l'état mentionné en l'article précédent, lequel emploi sera fait suivant ce qui sera prescrit par le titre 2 de la présente ordonnance.

11. Les substitutions faites par un contrat de mariage ou par une donation entre-vifs, bien et dûment acceptées, ne pourront être révoquées, ni les clauses d'icelles changées, augmentées ou diminuées par aucune convention ou disposition postérieure, même du consentement du donataire; et en cas qu'il renonce à la donation faite en sa faveur, la substitution sera ouverte au profit de ceux qui y auront été appelés.

12. La disposition de l'article précédent aura lieu pareillement par rapport aux institutions contractuelles. Voulons que lesdites institutions, comme aussi les substitutions qui y se-

ront apposées, soient irrévocables, soit entre nobles ou entre roturiers, dans tous les pays où elles sont en usage.

13. Les biens qui auront été donnés par un contrat de mariage ou par une donation entre-vifs, sans aucune charge de substitution, ne pourront en être grevés par une donation ou disposition postérieure, encore qu'il s'agisse d'une donation faite par un père à ses enfants, que la substitution comprenne expressément les biens donnés, et qu'elle soit faite en faveur des enfants ou descendants du donateur ou du donataire.

14. Lorsque la donation ou l'institution contractuelle aura été faite à la charge de remettre les biens donnés à celui que le donateur ou le donataire voudra choisir, celui qui sera élu ne pourra, sous prétexte de l'élection faite en sa faveur, être chargé d'aucune substitution.

15. Le contenu aux deux articles précédents sera exécuté, quand même le contrat de mariage ou l'acte de donation contiendroit une réserve faite par le donateur, de la faculté de charger dans la suite de substitution les biens par lui donnés, laquelle réserve sera regardée à l'avenir comme nulle, et de nul effet, sans préjudice de l'exécution des réserves portées par des actes antérieurs à la publication de la présente ordonnance.

16. N'entendons rien innover par les articles 13, 14 et 15, en ce qui concerne les dispositions par lesquelles le donateur feroit une nouvelle libéralité au donataire, soit entre-vifs ou à cause de mort, à condition que les biens qu'il lui avoit précédemment donnés, demeureroient chargés de substitution; et, en cas que ledit donataire accepte la nouvelle libéralité faite sous ladite condition, il ne lui sera plus permis de diviser les deux dispositions faites à son profit, et de renoncer à la seconde pour s'en tenir à la première, quand même il offriroit de rendre les biens compris dans la seconde disposition avec les fruits par lui perçus.

17. Dans le cas porté par l'article précédent, où le donataire auroit accepté la nouvelle libéralité faite sous la condition de substitution, même pour les biens précédemment donnés, ladite substitution n'aura effet que du jour qu'il l'aura acceptée, ou qu'il en aura fait ordonner l'exécution à son profit.

18. N'entendons que la disposition des articles 13, 14 et 15 puisse avoir effet pour les donations entre mari et femme, ou faite par le père de famille aux enfants étant en sa puissance, ou autre donation à cause de mort, dans les pays où elles sont en usage.

19. Les enfants qui ne seront point appelés expressément à la substitution, mais qui seront seulement mis dans la condition, sans être chargés de restituer à d'autres, ne seront en aucun cas regardés comme étant dans la disposition, encore qu'ils soient dans la condition en qualité de mâles; que la condition soit redoublée, que les grevés soient obligés de porter le nom et armes de l'auteur de la substitution, et qu'il y ait prohibition de faire détraction de la quarte trébellianique, ou qu'il se trouve des conjectures tirées d'autres circonstances, telles que la noblesse et la coutume de la famille, ou la qualité et la valeur des biens substitués, ou autres présomptions, à toutes lesquelles nous défendons d'avoir aucun égard, à peine de nullité.

20. Ceux qui sont appelés à une substitution, et dont le droit n'aura pas été ouvert avant leur décès, ne pourront en aucun cas être censés en avoir transmis l'espérance à leurs enfants ou descendants, encore que la substitution soit faite en ligne directe par des ascendants, et qu'il y ait d'autres substitués appelés à la même substitution, après ceux qui seront décédés, et leurs enfants ou descendants.

21. La représentation n'aura point lieu dans les substitutions, soit en directe ou en collatérale, et soit que ceux en faveur de qui la substitution aura été faite y aient été appelés collectivement, ou qu'ils aient été désignés en particulier, et nommés suivant l'ordre de la parenté qu'ils avoient avec l'auteur de la substitution, le tout, à moins qu'il n'ait ordonné par une disposition expresse que la représentation y auroit lieu; ou que la substitution seroit déférée suivant l'ordre des successions légitimes.

22. Dans les substitutions auxquelles les filles sont appelées au défaut des mâles, elles recueilleront les biens substitués dans l'ordre qui aura été réglé entre elles par l'auteur de la substitution; et, s'il n'a pas marqué expressément ledit ordre, celles qui se trouveront les plus proches du dernier possesseur desdits biens, les recueilleront en quelque degré de parenté qu'elles se trouvent, à l'égard de l'auteur de la substitution, et encore qu'il y eût d'autres filles qui en fussent plus proches, ou d'une branche aînée.

23. Dans les substitutions faites sous la condition que le grevé vienne à décéder sans enfants, le cas prévu par ladite condition sera censé être arrivé lorsqu'au jour du décès du grevé, il n'y aura aucuns enfants légitimes et capables des effets civils, sans qu'on puisse avoir égard à l'existence des en-

fants naturels, même légitimés autrement que par mariage subséquent, ni pareillement à l'existence des enfants morts civilement par condamnation pour crime, ou incapables des effets civils par la profession solennelle de la vie religieuse, ou pour quelque autre cause que ce soit.

24. Dans tous les cas où la condamnation pour crime emporte mort civile, elle donnera lieu à l'ouverture du fidéicommis, comme la mort naturelle, ce qui sera pareillement observé à l'égard de ceux qui auront fait profession solennelle de la vie religieuse.

25. La condition de se marier sera censée avoir manqué, et celle de ne se point marier (dans le cas où elle peut être valable) sera censée accomplie, lorsque la personne à qui l'une ou l'autre desdites conditions avoit été imposée aura fait profession solennelle dans l'état religieux.

26. Dans tout testament autre que le militaire, la caducité de l'institution emportera la caducité de la substitution fidéicommissaire, si ce n'est lorsque le testament contiendra la clause codicillaire.

27. La renonciation de l'héritier institué, ou du légataire, ou donataire grevé de substitution, ne pourra nuire au substitué; lequel, audit cas, prendra la place dudit héritier, légataire ou donataire, soit qu'il y ait une clause codicillaire dans le testament ou qu'il n'y en ait point; et pareillement en cas de renonciation du substitué, celui qui sera appelé après lui prendra sa place.

28. Celui qui sera appelé à une substitution fidéi-commissaire pourra y renoncer, soit après qu'elle aura été ouverte à son profit, soit avant que le droit lui en soit échu; mais, dans ce dernier cas, la renonciation ne sera valable que lorsqu'elle sera faite par un acte passé par-devant notaires avec celui qui se trouvera chargé de la substitution, ou avec le substitué qui sera appelé après celui qui renoncera, duquel acte il restera minute, à peine de nullité.

29. L'exhérédation prononcée par les pères ou mères ne pourra priver les enfants déshérités des biens qu'ils doivent recueillir, en vertu de substitutions faites par leurs ascendants ou autres, si ce n'est que l'auteur de la substitution eût ordonné expressément que les enfants qui auroient encouru l'exhérédation seroient privés des biens par lui substitués, ou qu'ils ne soient dans un des cas où, par la disposition des ordonnances, ils sont déclarés déchus et incapables de toutes successions.

30. L'article 59 de l'ordonnance d'Orléans sera exécuté, et en conséquence toutes les substitutions faites, soit par contrat de mariage ou autre acte entre-vifs, soit par disposition à cause de mort, en quelques termes qu'elles soient conçues, ne pourront s'étendre au-delà de deux degrés de substitués outre le donataire, l'héritier institué ou légataire, ou autre qui aura recueilli le premier les biens du donateur ou du testateur. N'entendons déroger par la présente disposition à l'article 57 de l'ordonnance de Moulins, par rapport aux substitutions qui seroient antérieures à ladite ordonnance.

31. Dans les provinces où les substitutions avoient été étendues par l'usage jusqu'à quatre degrés, outre l'institution, la restriction à deux degrés portée par l'article précédent, n'aura lieu que pour les substitutions qui y seront faites à l'avenir, sans qu'elle puisse avoir effet à l'égard des substitutions faites dans lesdites provinces, par des actes entre-vifs antérieurs à la publication des présentes, ou par des dispositions à cause de mort, lorsque celui qui aura fait lesdites dispositions sera décédé avant ladite publication.

32. N'entendons rien innover, quant à présent, à l'égard des provinces où les substitutions n'ont pas encore été restreintes à un certain nombre de degrés, nous réservant d'y pourvoir dans la suite, sur le compte qui nous en sera rendu, ainsi que nous le jugerons convenable pour le bien et avantage de nos sujets desdites provinces.

33. Les degrés de substitution seront comptés par têtes, et non par souches ou générations, de telle manière que chaque personne soit comptée pour un degré.

34. En cas que la substitution ait été faite au profit de plusieurs frères ou autres appelés conjointement, ils seront censés avoir rempli un degré, chacun pour la part et portion qu'il aura recueillie dans lesdits biens; en sorte que, si ladite part passe ensuite à un autre substitué, même à un de ceux qui avoient été appelés conjointement, il soit regardé comme remplissant à cet égard un second degré.

35. La disposition des deux articles précédents n'aura effet que pour les substitutions qui seront faites à l'avenir dans les pays où l'usage étoit de compter les degrés par souches, n'entendant rien innover en ce qui concerne les degrés qui restent à remplir des substitutions faites dans lesdits pays par des actes entre vifs, antérieurs à la publication des présentes, ou par des dispositions à cause de mort, lorsque celui qui aura fait lesdites dispositions sera décédé avant ladite publication.

36. Lorsque le grevé de substitution aura accepté la disposition faite en sa faveur, soit expressément par des actes ou par des demandes formées en justice, soit tacitement, en s'immisçant dans la possession des biens substitués, il sera censé avoir recueilli l'effet de ladite disposition; en sorte que le premier degré de substitution soit compté après lui, ce qui aura lieu encore qu'il eût révoqué lesdits actes, ou qu'il se fût désisté desdites demandes, ou les eût laissé périr ou prescrire, ou qu'il offrît de rendre les biens dont il se seroit mis en possession avec les fruits par lui perçus. Voulons que le contenu au présent article soit pareillement observé dans chaque degré de substitution, lequel sera censé rempli dans les mêmes cas par chaque substitué.

37. Lorsque le grevé de substitution aura renoncé à la disposition faite en sa faveur, sans s'être immiscé dans les biens substitués, ou qu'il sera mort sans l'avoir acceptée, ni expressément, ni tacitement, suivant ce qui est porté par l'article précédent, le substitué du premier degré en prendra la place; en sorte que les degrés de substitution ne seront comptés qu'après lui, et dans les mêmes cas de renonciation ou d'abstention d'un des substitués, il ne sera point censé avoir rempli un degré, et celui qui sera appelé après lui prendra sa place; le tout encore que la renonciation ou l'abstention dudit grevé ou dudit substitué n'eût pas été gratuite.

38. N'entendons néanmoins que la disposition de l'article précédent puisse avoir lieu dans le cas où les créanciers du grevé ou du substitué auroient été admis à accepter la disposition faite à son profit, ou à demander l'ouverture de la substitution, au lieu de leurs débiteurs, pour jouir pendant sa vie des biens substitués, auquel cas les degrés de substitution seront comptés comme s'il avoit recueilli lui-même lesdits biens.

39. Voulons au surplus que les héritiers, ayant-cause, ou créanciers de celui qui aura renoncé à la disposition ou à la substitution faite en sa faveur, ou qui sera mort sans l'avoir acceptée expressément ou tacitement, et sans que ses créanciers aient été admis à l'accepter pour lui, ne puissent exercer aucuns droits sur les biens substitués, au préjudice de ceux qui seront appelés après lui à la substitution.

40. Le fidéi-commissaire, même à titre universel, ne sera point saisi de plein droit, encore que la substitution eût été faite en ligne directe, mais il sera tenu d'obtenir la délivrance ou la remise du fidéi-commis, et les fruits ne lui seront dus en conséquence dudit fidéi-commis, que du jour de l'acte par

lequel l'exécution de la substitution aura été consentie, ou de la demande qu'il aura formée à cet effet, sans qu'il puisse évincer les tiers possesseurs des biens compris dans la substitution, qu'après avoir obtenu ladite délivrance ou remise, et avoir satisfait à ce qui sera prescrit par les articles 35, 36 et 37 du titre 2 de la présente ordonnance.

41. Lorsqu'il échoira de procéder à la distinction des biens libres et des biens substitués, et à la liquidation des détractions, les héritiers, représentants ou ayant-cause de l'auteur de la substitution, ou de celui qui en étoit chargé, auront la jouissance provisoire des biens faisant partie de la succession, jusqu'à ce que lesdites distinction et liquidation aient été faites. A l'effet de quoi les juges régleront le délai dans lequel il y sera procédé; et après l'expiration dudit délai, ils pourront ordonner que celui qui aura droit aux biens substitués, sera mis en possession de tout ou partie desdits biens, ou y pourvoir autrement, ainsi qu'il appartiendra, suivant l'exigence des cas.

42. La restitution du fidéi-commis faite avant le temps de son échéance par quelque acte que ce soit, ne pourra empêcher que les créanciers du grevé de substitution qui seront antérieurs à ladite remise, ne puissent exercer sur les biens substitués les mêmes droits et actions, que s'il n'y avoit point eu de restitution anticipée, et ce, jusqu'au temps où le fidéi-commis devoit être restitué, ce qui aura lieu, même à l'égard des créanciers chirographaires, pourvu que leurs créances aient une date certaine avant ladite remise.

43. Ne pourra pareillement ladite restitution anticipée nuire à ceux qui auroient acquis des biens substitués de celui qui aura fait ladite restitution, et ils ne pourront être évincés par celui à qui elle aura été faite qu'après le temps où le fidéi commis auroit dû lui être restitué.

44. L'hypothèque ou le recours subsidiaire accordé aux femmes sur les biens substitués, en cas d'insuffisance des biens libres, aura lieu, tant pour le fond ou capital de la dot, que pour les fruits ou intérêts qui en seront dus.

45. Ladite hypothèque aura lieu pareillement en faveur de la femme et de ses enfants, tant pour le fond que pour les arrérages du douaire, soit coutumier ou préfix, à la charge néanmoins que si le douaire préfix excédoit le douaire coutumier, il sera réduit sur le pied dudit douaire coutumier, eu égard à la quantité des biens du mari, tant libres que substi-

tués, sur lesquels le douaire doit avoir lieu suivant la disposition des coutumes.

46. Dans les pays où la stipulation de l'augment de dot est usitée, soit sous ce nom, ou sous celui d'agencement de gain de survie, ou de donation à cause de noces, ladite hypothèque subsidiaire aura lieu, tant pour le principal que pour les intérêts dudit augment, et ce, jusqu'à concurrence de la quotité qui est réglée par les statuts, coutumes et usages desdits pays, sans néanmoins qu'en aucun cas la femme puisse exercer ladite hypothèque pour une plus grande quotité que le tiers de la dot, encore que l'augment fût plus considérable.

47. En cas que les biens substitués soient situés dans des pays régis par des lois différentes, la femme du grevé de substitution exercera ses droits à l'égard des biens situés dans les pays où l'on observe le droit coutumier, ainsi qu'il est réglé par l'article 45, et à l'égard des biens situés dans les lieux où l'on suit le droit écrit, suivant ce qui est porté par l'article précédent.

48. La femme du grevé de substitution n'aura aucun recours sur les biens substitués pour le préciput, la donation de bagues et joyaux, et généralement pour toutes les autres libéralités et stipulations, non comprises aux articles précédents, ni pareillement pour son deuil.

49. Lorsque les biens qui sont propres à la femme en pays coutumier, ou ses biens dotaux dans les pays de droit écrit auront été aliénés de son consentement pendant le mariage, elle n'aura aucun recours pour raison de ce, sur les biens substitués; ce qui sera observé, même dans les pays où l'aliénation desdits biens est regardée comme nulle et de nul effet, sauf à elle à se pourvoir contre les détenteurs desdits biens, suivant les dispositions des lois, coutumes ou statuts qui y sont observés.

50. Il n'y aura pareillement aucun recours sur les biens substitués pour l'indemnité de la femme qui se sera obligée volontairement pour son mari pendant le mariage, quand même elle auroit acquitté, en tout ou en partie, les dettes auxquelles elle s'étoit obligée, et ce, sans distinction entre les pays où les obligations des femmes pour leurs maris sont réputées nulles, et ceux où elles sont regardées comme valables.

51. En cas de contestation sur la suffisance ou l'insuffisance des biens libres, les juges pourront ordonner que par provision la femme sera payée des intérêts de la dot, et des arrérages du douaire, ou intérêts de l'augment, agencement, gain de

survie, ou donation à cause de noces, ou y pourvoir autrement, suivant l'exigence des cas.

52. Toutes les dispositions des articles précédents sur l'hypothèque subsidiaire des femmes auront lieu également dans tous les degrés de substitution, et en faveur de chacune des femmes que ceux qui sont grevés de substitution se trouveront avoir épousées successivement, sans néanmoins qu'aucune desdites femmes puisse exercer ladite hypothèque contre les enfants ou descendants d'un mariage antérieur au sien, lorsque ce seront eux qui recueilleront l'effet de la substitution.

53. Lesdites dispositions seront pareillement observées, encore que l'auteur de la substitution soit un parent collatéral, ou un étranger, pourvu néanmoins qu'elle soit faite en faveur des enfants du grevé, ou en faveur d'un autre, au cas que le grevé vienne à décéder sans enfants.

54. Les héritiers, successeurs ou ayant-cause, et pareillement les créanciers de la femme pourront exercer au lieu d'elle, l'hypothèque subsidiaire sur les biens substitués, encore qu'elle ne l'eût pas exercée elle-même.

55. Les adjudications par décret des biens substitués, ne pourront avoir aucun effet contre les substitués, lorsque les substitutions auront été publiées et enregistrées suivant les règles qui seront prescrites par le titre suivant, ce qui sera observé encore que le substitué eût un droit ouvert à ladite substitution avant le décret, et même avant la saisie réelle, et qu'il n'eût point formé d'opposition audit décret, le tout, si ce n'est que lesdits biens eussent été vendus pour les dettes de l'auteur de la substitution, ou pour d'autres dettes ou charges antérieures à ladite substitution.

56. Lorsqu'il y aura des biens féodaux ou censuels compris dans une substitution, elle ne pourra nuire ni préjudicier aux seigneurs dont lesdits biens sont mouvants, et en conséquence il en sera usé à l'égard de chaque nouveau possesseur des biens substitués, ainsi que s'il avoit pris la place du dernier possesseur desdits biens, par la voie de la succession ordinaire, ou par une donation; en sorte que dans tous les pays, et dans tous les cas où les héritiers naturels et légitimes, ou les donataires sont sujets dans les mutations au paiement du droit de relief, ou autre droit seigneurial, chaque substitué soit pareillement obligé d'acquitter les mêmes droits, et réciproquement lorsque les héritiers naturels et légitimes, ou les donataires n'en sont pas tenus, les substitués en seront pareillement exempts.

TITRE II. — *Des règles à observer par ceux qui sont grevés de substitution, des juges qui en doivent connoître, et de l'autorité de leurs jugements.*

Art. 1. Après le décès de celui qui aura fait une substitution, soit universelle ou particulière, il sera procédé dans les formes ordinaires à l'inventaire de tous les biens et effets qui composent la succession, à la requête de l'héritier institué ou légitime, ou du légataire universel, et ce, dans le temps porté par les ordonnances.

2. Faute par ledit héritier institué ou légitime, ou par ledit légataire universel de satisfaire à l'article précédent dans le cas où la substitution ne seroit pas faite en sa faveur, celui qui devra recueillir les biens substitués sera tenu dans un mois après l'expiration du délai marqué par ledit article, de faire procéder audit inventaire en y appelant, outre les personnes mentionnées ci-après, ledit héritier ou ledit légataire universel, qui seront tenus de lui en rembourser les frais.

3. En cas de négligence de ceux qui sont dénommés dans les deux articles précédents, voulons qu'il soit procédé audit inventaire, à la requête de notre procureur au siège de la qualité ci-après marquée, et aux frais dudit héritier ou dudit légataire universel, s'il est ainsi ordonné.

4. L'inventaire sera fait par un notaire royal en présence du premier substitué s'il est majeur, ou de son tuteur ou curateur s'il est pupille, mineur, ou interdit, ou du syndic, ou autre administrateur, si la substitution est faite au profit de l'église, ou d'un hôpital, corps ou communauté ecclésiastique ou laïque.

5. En cas que le premier substitué soit sous la puissance paternelle dans les pays où elle a lieu, et que le père soit chargé de substitution envers lui, il lui sera nommé un tuteur ou curateur à l'effet dudit inventaire; et si le premier substitué n'est pas encore né, il sera nommé un curateur à la substitution, qui assistera audit inventaire.

6. Lorsqu'il y aura lieu de faire l'inventaire en justice suivant les règles observées en cette matière, il ne pourra y être procédé que de l'autorité du bailliage, sénéchaussée, ou autre siège royal ressortissant nûment en nos cours de parlement et conseils supérieurs dans l'étendue ou le ressort duquel étoit le lieu du domicile de l'auteur de la substitution au jour de son décès, ou qui aura la connoissance des cas royaux dans ledit lieu; ce qui sera exécuté encore qu'il y ait eu un scellé apposé

par un autre juge, lequel sera tenu, audit cas, de renvoyer les parties dans le siège de la qualité ci-dessus marquée, et ledit inventaire sera fait en présence de notre procureur audit siège, outre les personnes dénommées dans les deux articles précédents.

7. L'inventaire contiendra la prisée des meubles, livres, tableaux, pierreries, vaisselle, équipages et autres choses semblables, ce qui sera observé dans les pays même où il n'est pas d'usage de faire ladite prisée, et il y sera procédé suivant les formes requises auxdits pays dans les cas où l'estimation des meubles ou effets mobiliers y a lieu; et à l'égard des pays où ladite prisée se fait avec crue dans les inventaires, voulons que ladite crue soit toujours censée faire partie de la prisée en ce qui concerne la liquidation des droits et des charges de ceux qui seront grevés de substitution.

8. Le grevé de substitution sera tenu de faire procéder à la vente par affiches et enchères de tous les meubles et effets compris dans la substitution, à l'exception néanmoins de ceux qu'il pourroit être chargé de conserver en nature suivant la disposition des articles 6 et 7 du titre 1er de la présente ordonnance.

9. Laissons à la prudence des juges d'ordonner, s'il y échet, que le grevé de substitution pourra retenir lesdits meubles et effets mobiliers ou partie d'iceux, s'il demande à les imputer suivant ladite prisée en y ajoutant la crue, si ladite prisée a été faite avec une crue, sur ce qui lui est dû pour ses détractions ou autres droits, sans qu'audit cas il soit tenu de les faire vendre, ni d'en faire emploi.

10. Il sera fait emploi des deniers provenants du prix des meubles et effets qui auront été vendus, ensemble de l'argent comptant et de ce qui aura été reçu des effets actifs, et ce, conformément à ce qui aura été ordonné par l'auteur de la substitution, s'il a désigné la nature des effets dans lesquels ledit emploi doit être fait.

11. En cas que l'auteur de la substitution n'ait pas expliqué ses intentions sur ledit emploi, lesdits deniers seront employés d'abord au paiement des dettes et remboursement des rentes ou autres charges dont les biens substitués seroient tenus, si ce n'est qu'il fût plus avantageux à la substitution de continuer de payer les arrérages desdites rentes et charges, que d'en rembourser les capitaux, ce que nous laissons à la prudence des juges; et le surplus ou le total, s'il n'y a pas de dettes, rentes ou charges que l'on puisse acquitter, ne pourra être em-

ployé qu'en acquisition de fonds de terres, ou maisons, ou en rentes foncières ou constituées.

12. Pour assurer ledit emploi, voulons que par la même ordonnance qui autorisera le grevé de substitution, ou celui au profit duquel elle sera ouverte à entrer en possession des biens substitués suivant la disposition des articles 35 et 36 ci-après, il lui soit enjoint de faire ledit emploi dans un délai qui sera fixé par ladite ordonnance, et ledit emploi sera fait en présence des personnes mentionnées aux articles 4 et 5 ci-dessus.

13. Le grevé de substitution sera pareillement tenu de faire emploi des deniers qu'il pourra recevoir, soit du recouvrement des effets actifs, soit de la vente des offices, ou en conséquence de la liquidation qui en aura été faite en cas de suppression ou de réunion suivant ce qui est porté par l'article 5 du titre 1er, soit du remboursement des rentes comprises dans la substitution, et ce, dans trois mois au plus tard après qu'il aura reçu lesdits deniers, lequel emploi sera fait ainsi qu'il a été ci-dessus réglé, et en présence des personnes mentionnées auxdits articles 4 et 5, lesquels pourront faire à cet effet toutes les diligences nécessaires.

14. La disposition de l'article précédent sera pareillement observée, en cas que l'emploi ait été fait en rentes rachetables, et qu'elles soient remboursées.

15. Faute par celui qui sera chargé de substitution d'avoir fait l'emploi ou le remploi, ou d'avoir observé les règles ci-dessus prescrites, il en demeurera responsable sur tous ses biens libres, ensemble de tous dépens, dommages et intérêts envers ceux qui sont appelés après lui à la substitution, sans néanmoins que les débiteurs des rentes qui auront été remboursés puissent être responsables du défaut d'emploi, lorsqu'il n'y aura point eu d'opposition formée entre leurs mains.

16. Tout ce qui a été ci-dessus réglé au sujet dudit emploi ou remploi sera observé par chacun de ceux qui recueilleront successivement les biens substitués, et sans aucune distinction entre les substitutions faites par une disposition à cause de mort, et celles qui seront contenues dans un acte entre-vifs.

17. Le substitué aura hypothèque sur les biens libres de celui qui aura négligé de faire ledit emploi ou remploi, ou qui aura fait des aliénations des biens substitués, tant pour les sommes capitales qui lui seroient dues, que pour ses dépens, dommages et intérêts, à compter du jour que celui qui n'auroit pas fait ledit emploi ou remploi, ou qui auroit fait lesdites aliénations, aura recueilli les biens substitués.

18. Toutes les substitutions fidéi-commissaires faites, soit par des actes entre-vifs ou par des dispositions à cause de mort, seront publiées en jugement l'audience tenant, et enregistrées au greffe du siège où la publication sera faite; le tout à la diligence des donataires, héritiers institués, légataires universels ou particuliers qui seront grevés de substitution, même des héritiers légitimes, lorsque la charge de la restitution du fidéicommis tombera sur eux dans les cas de droit.

19. La publication et l'enregistrement des substitutions seront faits au bailliage, sénéchaussée ou autre siège royal ressortissant nûment en nos cours de parlement, ou conseils supérieurs dans l'étendue ou le ressort duquel étoit le lieu du domicile de l'auteur de la substitution, au jour de l'acte qui la contiendra, si elle est faite par un acte entre-vifs, ou au jour de son décès, si elle est contenue dans une disposition à cause de mort, et pareillement dans les sièges de la même qualité dans l'étendue ou le ressort desquels seront situées les maisons et terres substituées, ou les fonds chargés de rentes foncières et autres droits réels qui seroient compris dans la substitution.

20. La disposition de l'article précédent aura lieu, encore que l'auteur de la substitution eût son domicile, ou que les biens fussent situés en tout ou en partie dans une justice seigneuriale ressortissant immédiatement en nos cours de parlement, ou conseils supérieurs; auquel cas la publication et enregistrement se feront dans le siège royal de la qualité marquée par l'article précédent qui y a la connoissance des cas royaux.

21. Il ne pourra être procédé à l'avenir à la publication et enregistrement des substitutions que dans les sièges de la qualité marquée par les deux articles précédents, encore que la substitution fût antérieure à la publication de la présente ordonnance, ce qui sera observé à peine de nullité.

22. Lorsque la substitution comprendra des rentes constituées sur nous, ou sur notre bonne ville de Paris ou autres villes, sur le clergé, ou sur des pays d'états, ou des offices, elle sera publiée et enregistrée dans les sièges de la qualité ci-dessus marquée, tant du lieu où lesdites rentes se paient, ou dans lequel se fait l'exercice desdits offices, que du lieu du domicile de l'auteur de la substitution.

23. Dans le cas où l'emploi ci-dessus ordonné aura été fait en acquisition de maisons ou terres, rentes foncières et autres droits réels, ou en constitution des rentes mentionnées dans l'article précédent, voulons que, tant la substitution que

l'acte d'emploi soient publiés et registrés aux sièges de la qualité marquée par les articles 19 et 20 dans lesquels lesdites maisons ou terres, ou les héritages chargés desdites rentes foncières ou droits réels, sont situées, ou dans lesquels lesdites rentes sont payées; et en cas que la substitution y eût été déjà publiée et enregistrée, il suffira d'y publier et enregistrer l'acte d'emploi.

24. Dans chacun des sièges ci-dessus marqués, il sera tenu un registre particulier, qui sera coté et paraphé à chaque feuillet, clos et arrêté à la fin par le premier officier du siège, ou, en son absence, par celui qui le suit dans l'ordre du tableau; dans lequel registre seront transcrits en entier les contrats, donations, testaments, ou codiciles qui contiendront des substitutions; à l'effet de quoi la grosse, ou expédition desdits actes sera représentée, sans qu'il soit besoin d'en rapporter la minute.

25. Le greffier ou commis du greffe sera tenu de donner communication dudit registre, sans déplacer, à tous ceux qui la demanderont, et pareillement d'en délivrer un extrait signé de lui, ou une expédition toutes les fois qu'il en sera requis; le tout, sans qu'il soit besoin d'obtenir une ordonnance du juge à cet effet.

26. Voulons que, suivant ce qui a été réglé par les articles 2, 3 et 5 de notre déclaration du 17 février 1731, il ne puisse être reçu par l'officier qui cotera et paraphera ledit registre, que dix sous pour ceux qui seront de cinquante feuillets, vingt sous pour ceux qui auront cent feuillets, et trois livres pour ceux qui en contiendront un plus grand nombre; et ne pourra être pris par le greffier que dix sous pour son droit de recherche, et pareille somme pour chaque extrait qui sera par lui délivré; et s'il est requis de délivrer des expéditions entières des actes enregistrés, il lui sera payé par rôle de grosse le même droit qui se paie pour les expéditions en papier au greffe du siège.

27. La publication et enregistrement des substitutions seront faits dans six mois, à compter du jour de l'acte qui les contiendra lorsqu'elles seront portées par un contrat de mariage, ou autre acte entre-vifs, et du jour du décès de celui qui les aura faites, lorsqu'elles seront contenues dans une disposition à cause de mort.

28. Lorsque la substitution aura été dûment publiée et enregistrée dans ledit délai de six mois, elle aura effet, même contre les créanciers et les tiers-acquéreurs, à compter du jour

de sa date si elle est portée par un acte entre-vifs, ou du jour du décès de celui qui l'aura faite, si elle est contenue dans une disposition à cause de mort.

29. Pourra néanmoins être procédé à la publication et à l'enregistrement des substitutions après l'expiration dudit délai de six mois ; mais en ce cas, la substitution n'aura effet contre les créanciers et les tiers-acquéreurs, que du jour qu'il aura été satisfait auxdites formalités, sans qu'elle puisse être opposée à ceux qui auront contracté avant ledit jour.

30. Dans le cas marqué par l'article 23, le délai de six mois, ci-dessus prescrit, ne courra que du jour de l'acte qui contiendra l'emploi des deniers provenants de la substitution ; et lorsque la publication et enregistrement requis par ledit article auront été faits dans ledit délai, la substitution aura effet sur les biens mentionnés audit article, à compter du jour dudit acte, même contre les créanciers et tiers-acquéreurs ; sinon elle n'aura effet contre eux, à l'égard desdits biens, que du jour de la publication et enregistrement.

31. Toutes les aliénations faites par le grevé ou par un des substitués, au préjudice de la substitution, à compter du jour qu'elle doit avoir son effet contre les créanciers et les tiers-acquéreurs, suivant les articles précédents, ne pourront nuire aux substitués ; et en cas qu'ils revendiquent les biens aliénés, les acquéreurs seront tenus de les délaisser, sauf leur recours sur les biens libres du vendeur ; ce qui sera observé, encore que le substitué se trouve en même temps héritier pur et simple du vendeur, sans néanmoins qu'en ce cas, il puisse déposséder l'acquéreur, qu'après l'avoir remboursé entièrement du prix de l'aliénation, frais et loyaux coûts.

32. Les créanciers et tiers-acquéreurs pourront opposer le défaut de publication et d'enregistrement de la substitution, même aux pupilles, mineurs ou interdits, et à l'église, hôpitaux, communautés, ou autres qui jouissent du privilége des mineurs, sauf le recours desdits pupilles, mineurs et autres ci-dessus nommés, contre leurs tuteurs, curateurs, syndics, ou autres administrateurs, et sans qu'ils puissent être restitués contre ledit défaut, quand même lesdits tuteurs, curateurs, syndics, ou autres administrateurs, se trouveroient insolvables.

33. Le défaut de publication et d'enregistrement ne pourra être suppléé, ni regardé comme couvert par la connoissance que les créanciers ou les tiers-acquéreurs pourroient avoir eu de la substitution, par d'autres voies que celles de la publication

et de l'enregistrement: voulons que le présent article soit observé, à peine de nullité.

34. Les donataires, héritiers institués, légataires universels, ou particuliers, même les héritiers légitimes de celui qui aura fait la substitution, ni pareillement leurs donataires, héritiers institués ou légitimes, et légataires universels ou particuliers, ne pourront en aucun cas opposer aux substitués le défaut de publication et d'enregistrement de la substitution.

35. Voulant assurer pleinement l'observation des règles ci-dessus prescrites pour la conservation des droits des substitués, et pour la sûreté des familles, ordonnons qu'à l'avenir les donataires, héritiers institués, légataires universels ou particuliers, qui seront grevés de substitution, ou ceux qui prendront leur place à leur défaut, ne pourront se mettre en possession des biens compris dans la substitution, qu'en vertu d'une ordonnance du premier officier des sièges mentionnés dans les articles 19 et 20, ou, en son absence, de celui qui le suit dans l'ordre du tableau; laquelle ordonnance ils ne pourront obtenir qu'en rapportant l'acte de publication et d'enregistrement de la substitution, comme aussi, un extrait en bonne forme de la clôture de l'inventaire fait après le décès de l'auteur de la substitution.

36. La disposition de l'article précédent aura lieu pareillement à l'égard de ceux qui recueilleront la substitution, en cas que celui qui en étoit chargé n'ait pas satisfait aux formalités prescrites par ledit article.

37. L'ordonnance requise par les deux articles précédents, sera donnée sur une simple requête, à laquelle sera attaché l'acte de publication et d'enregistrement, ensemble l'extrait en bonne forme de la clôture de l'inventaire, et sur les conclusions de notre procureur, sans qu'il soit nécessaire d'y appeler d'autres parties; et sera fait mention expresse desdits actes dans le vu de ladite ordonnance, dont la minute sera mise au greffe; le tout à peine de nullité.

38. Il sera payé à l'officier qui rendra ladite ordonnance quatre livres dix sous, à notre procureur trois livres, et une livre dix sous au greffier; leur défendons de prendre autres ou plus grands droits, à peine de concussion.

39. La disposition des articles 35, 36 et 37 sera observée, encore que l'exécution des dispositions portant substitution eût été consentie par des actes volontaires, lesquels ne pourront avoir aucun effet qu'après que ceux au profit desquels ils

auront été faits, auront satisfait auxdits articles ; ce qui sera exécuté à peine de nullité.

40. Voulons qu'il ne puisse être rendu aucun jugement sur les demandes qui seroient par eux formées en conséquence des actes portant substitution, qu'après qu'il aura été satisfait auxdits articles ; ce qui sera pareillement observé à peine de nullité.

41. Les fruits des biens dont celui qui aura obtenu l'ordonnance ci-dessus requise sera autorisé à prendre possession, lui appartiendront du jour qu'ils lui seront dus de droit, lorsqu'il aura fait procéder à la publication et enregistrement de la substitution dans le délai de six mois ci-dessus prescrit, sinon il ne pourra les prétendre que du jour de ladite publication et enregistrement. Voulons que les fruits échus avant ledit jour soient adjugés, et ceux qu'il auroit perçus, restitués par forme de peine à celui qui sera appelé après lui à la substitution ; et s'il n'étoit pas encore né, à l'hôpital du lieu où le jugement sera rendu, ou à l'hôpital le plus prochain, s'il n'y en a point dans ledit lieu.

42. La peine de privation et restitution des fruits portée par l'article précédent, sera pareillement prononcée contre le grevé de substitution, ou celui qui l'aura recueillie, lorsqu'il aura négligé de satisfaire aux règles prescrites par le présent titre, sur l'inventaire et sur la prisée dans les cas où il en est tenu.

43. La disposition des deux articles précédents sera observée, encore que la substitution fût faite au profit des enfants de celui contre lequel ladite peine sera prononcée, et quoiqu'ils fussent sous sa puissance dans les pays où la puissance paternelle a lieu.

44. N'entendons comprendre dans la disposition des trois articles précédents les pupilles, mineurs ou interdits, ni les églises, hôpitaux, communautés, ou autres qui jouissent du privilège des mineurs ; et en cas que leurs tuteurs ou curateurs, syndics ou autres administrateurs, aient négligé de satisfaire auxdites formalités, ils seront condamnés en leur propre et privé nom en telles sommes qu'il appartiendra, au profit du premier appelé à la substitution, ou de l'hôpital ci-dessus marqué.

45. Ceux qui seront tenus, suivant les règles ci-dessus prescrites, de faire procéder à l'inventaire et à la prisée dans les cas où elle est requise, et à la publication et enregistrement

de la substitution, seront tenus de satisfaire auxdites formalités, encore qu'ils prétendissent être en droit d'attaquer ladite substitution, contre laquelle ils ne pourront se pourvoir qu'après les avoir remplies; sans néanmoins que l'on puisse s'en prévaloir contre leur prétention, et sauf, en cas qu'ils y réussissent, à être ordonné qu'ils seront remboursés des frais par eux faits à ce sujet.

46. N'entendons par les dispositions du présent titre concernant la publication et enregistrement des substitutions, rien innover par rapport à celles qui seroient antérieures à l'enregistrement de l'ordonnance de Moulins, en cas que les degrés prescrits par les ordonnances ne soient pas encore remplis, ni pareillement à l'égard des substitutions faites dans les pays où l'ordonnance de Moulins n'a pas été publiée avant l'enregistrement des lois qui y ont établi la formalité de la publication et enregistrement. Voulons que l'édit du mois de juillet 1707, ensemble notre déclaration du 14 septembre 1721, enregistré en notre parlement de Franche-Comté, et notre déclaration du 22 août 1739, enregistrée en notre parlement de Dauphiné, soient exécutés par rapport aux substitutions faites dans lesdites provinces avant les temps y mentionnés; le tout à la charge de se conformer, pour les publications et enregistrements qui se feront à l'avenir, aux règles ci-dessus prescrites sur les juridictions, et les formes dans lesquelles il doit y être procédé.

47. Désirant pourvoir au bien des familles qui sont intéressées dans les substitutions, et leur épargner les frais auxquels elles seroient exposées par la multiplicité des degrés de juridiction, voulons que toutes les contestations concernant les substitutions fidéi-commissaires, soient portées à l'avenir en première instance dans nos bailliages, sénéchaussées, ou autres sièges royaux, ressortissant nûment en nos cours de parlement et conseils supérieurs, à l'exclusion des juges royaux subalternes, et de tous juges seigneuriaux, même de ceux qui ressortissent nûment en nos cours et conseils supérieurs, pour y être statué sur lesdites contestations, à la charge de l'appel en nosdits parlements et conseils supérieurs.

48. N'entendons préjudicier par l'article précédent au privilège de *committimus*, lorsqu'il s'agira de demandes et contestations formées entre celui qui sera appelé à la substitution et les héritiers ou représentants de l'auteur de la substitution, ou de celui qui en étoit chargé, sans que ledit privilège puisse avoir lieu à l'égard des demandes en revendication de biens

substitués, ou en révocation des aliénations faites par les grevés de substitution, lorsque lesdites demandes seront formées contre les tiers-détenteurs, encore que celui qui auroit formé lesdites demandes contre eux y eût mêlé des conclusions tendantes à faire déclarer la substitution ouverte en sa faveur.

49. Il ne pourra être rendu aucun jugement sur ce qui concerne les substitutions fidéi-commissaires, et l'observation des règles prescrites par la présente ordonnance, que sur les conclusions de nos avocats et procureurs en première instance, et sur celles de nos avocats et procureurs-généraux en nos cours, lorsque les contestations formées à ce sujet y seront portées par appel ou autrement. Voulons qu'il y ait ouverture de requête civile contre les arrêts qui seroient rendus sans conclusions de nosdits avocats et procureurs-généraux.

50. Les arrêts ou jugements en dernier ressort qui seront contradictoires avec le grevé de substitution, ou un des substitués, ou contre lesquels il ne pourroit être reçu à former opposition, ne pourront être rétractés sur le fondement d'une tierce opposition formée par celui au profit duquel la substitution sera ouverte, sauf à lui à se pourvoir par la voie des lettres en forme de requête civile, lesquelles pourront être fondées, soit sur les ouvertures mentionnées dans l'article 34 du titre 35 de l'ordonnance du mois d'avril 1667, soit sur la contravention à la disposition de l'article précédent, soit sur le défaut entier de défenses, ou l'omission de défenses valables de la part du grevé ou substitué antérieur.

51. Le délai pour obtenir lesdites lettres sera de six mois, à compter du jour de la signification qui aura été faite de l'arrêt ou jugement en dernier ressort, à la personne ou domicile du substitué, depuis l'ouverture de la substitution à son profit, s'il est majeur, ou à la personne ou domicile de son curateur, s'il étoit interdit; et si le substitué est pupille ou mineur, ledit délai ne sera compté que du jour de la signification qui lui aura été faite après sa majorité.

52. En cas que la substitution fût faite en faveur de l'église, hôpitaux, corps ou communautés laïques ou ecclésiastiques, ledit délai sera d'un an, à compter du jour de la signification qui sera faite depuis l'ouverture de la substitution à la personne ou domicile de leurs syndics, ou autres administrateurs.

53. Les actes contenant des désistements, transactions ou conventions qui seront passés à l'avenir entre celui qui sera chargé de substitution, ou qui l'aura recueillie, et d'autres parties, soit sur la validité ou la durée de la substitution, soit

sur la liquidation des biens substitués, et des détractions, soit par rapport aux droits de propriété d'hypothèque, ou autres qui seroient prétendus sur lesdits biens, ne pourront avoir aucun effet contre les substitués, et il ne pourra être rendu aucun jugement en conséquence desdits actes qu'après qu'ils auront été homologués en nos cours de parlement, ou conseils supérieurs, sur les conclusions de nos procureurs-généraux; ce qui sera observé à peine de nullité.

54. Les arrêts qui auront homologué lesdits actes seront exécutés contre les substitués, lesquels ne pourront se pourvoir contre lesdits arrêts que par la voie de la requête civile, sur les moyens et dans les délais ci-dessus expliqués.

55. Les dispositions contenues dans le titre premier de la présente ordonnance, sur ce qui concerne la validité ou l'interprétation des actes portant substitution, la qualité des biens qui peuvent en être chargés, la durée des substitutions et l'irrévocabilité de celles qui sont portées par des contrats de mariage, ou autres actes entre-vifs, la manière d'en compter les degrés, l'hypothèque subsidiaire des femmes mariées avant la publication des présentes, et l'effet des décrets qui l'auront précédé, n'auront aucun effet rétroactif, et les contestations nées ou à naître à cet égard, seront jugées suivant les lois et la jurisprudence qui étoit observée auparavant dans nos cours, lorsque la substitution aura une date antérieure à la publication de la présente ordonnance, si elle est portée par un acte entre-vifs, ou si elle est contenue dans une disposition à cause de mort, lorsque celui qui l'aura faite sera décédé avant ladite publication.

56. Les dispositions du présent titre sur la nécessité et la forme de l'inventaire des effets des successions dans lesquelles il y aura des biens chargés de substitution n'auront effet qu'à l'égard des successions qui seront ouvertes après la publication des présentes.

57. Les dispositions portées par le présent titre, concernant l'ordonnance que celui qui recueillera les biens substitués doit obtenir, faute par le grevé ou le précédent substitué d'y avoir satisfait, n'auront lieu qu'à l'égard de ceux qui recueilleront à l'avenir des biens compris dans une substitution qui n'auroit pas encore été publiée ni enregistrée.

58. Les règles prescrites par la présente ordonnance sur l'emploi ou le remploi des effets compris dans la substitution, sur la publication et l'enregistrement des substitutions et des actes d'emploi ou remploi, sur les tribunaux qui doivent con-

noître des contestations formées au sujet desdites substitutions, sur la manière de se pourvoir contre les arrêts ou jugements en dernier ressort, et sur l'homologation des transactions ou autres conventions faites avec ceux qui seroient chargés de substitution, seront exécutées par rapport aux publications et enregistrements, actes, demandes et procédures qui se feront après la publication des présentes, encore que la substitution fût antérieure, ou que les jugements contre lesquels le substitué voudroit se pourvoir eussent été rendus auparavant; et, à l'égard des publications et enregistrements, actes, demandes et procédures qui auroient été faits avant la publication de la présente ordonnance, il y sera pourvu en cas de contestation, suivant les lois et la jurisprudence qui ont été observées jusqu'à présent en nos cours.

Voulons, au surplus, que la présente ordonnance soit gardée et observée dans toute l'étendue de notre royaume, terres et pays de notre obéissance, à compter du jour de la publication qui en sera faite. Abrogeons toutes ordonnances, lois, coutumes, statuts et usages différents, ou qui seroient contraires aux dispositions y contenues. Si donnons, etc.

N° 630. — ORDONNANCE *du bureau des finances de Paris, sur les précautions de sûreté à observer par les ouvriers travaillant sur la voie publique* (1).

Paris, 12 décembre 1747. (Davennes, Régl. sur la voirie.)

Ordonnons que les articles 8 et 9 de l'édit de décembre 1607, les ordonnances du bureau des 4 février 1683, 15 mars 1686, et 1ᵉʳ avril 1697, ensemble les autres édits, déclarations, arrêts, ordonnances et réglements de la voirie, seront exécutés selon leur forme et teneur; en conséquence, faisons défenses à tous propriétaires de maisons, maçons, charpentiers, couvreurs, manœuvres et autres ouvriers, de plus à l'avenir jeter ni souffrir qu'il soit jeté par les fenêtres des maisons, aucuns gravois, moëllons, tuiles, briques ou bois, à peine de demeurer garants des accidents et périls, et de trois cents livres d'amende solidaire entre les propriétaires, locataires, qui auront ordonné les ouvrages, et les ouvriers qui auront jeté les démolitions par lesdites fenêtres.

Faisons pareillement défenses à tous maçons, charpentiers, plombiers et autres ouvriers, de faire aucun arrachement

---

(1) Voy. art. 19 de l'ordonn. du 24 décembre 1823.

dans le pavé, pour y ouvrir des tranchées, enfoncer des pieux, établir des échafauds, et poser des étais ou échevalements, comme aussi de faire aucun ravalement, ou réparation aux faces des maisons donnant sur la voie publique, sans la permission du bureau, à peine de démolition et de cent livres d'amende. Ordonnons que, dans un mois, à compter de ce jour, tous les propriétaires des maisons où il y a éviers au-dessus du rez-de-chaussée de la rue, seront tenus de les faire couvrir jusqu'à niveau du pavé, à peine de cinquante livres d'amende.

N° 631. — ORDONNANCE *portant réglement au sujet des patentes de santé que les capitaines, patrons et autres mariniers qui naviguent d'un port à l'autre de Provence, Languedoc et Roussillon, doivent prendre, tant pour eux que pour les personnes qu'ils embarquent* (1).

Marly, 28 janvier 1748. Rec. cass.

S. M. étant informée que, nonobstant les précautions portées dans les différents réglements rendus sur le fait de la santé, les capitaines, patrons et autres mariniers qui naviguent d'un port à l'autre de Provence, Languedoc et Roussillon, négligent de prendre des patentes de santé, tant pour eux que pour les passagers qu'ils embarquent, ce qui favorise le débarquement clandestin de ces passagers et le versement des marchandises qu'ils ont embarquées, et estimant nécessaire de remédier à un pareil abus, qui pourroit avoir des suites dangereuses pour la santé publique, S. M. a ordonné et ordonne ce qui suit :

ART. 1. Tout capitaine, patron ou marinier, naviguant d'un port à un autre des provinces de Provence, Languedoc et Roussillon, sera obligé, avant son départ, de prendre une patente de santé, contenant le nombre d'hommes qui composeront son équipage, conformément au rôle arrêté au bureau des classes, qu'il sera tenu de représenter aux officiers de santé; et ne pourra embarquer aucuns passagers, s'ils ne sont pourvus d'une patente de santé, lorsqu'elle ne pourra être expédiée qu'en vertu d'un billet que lesdits passagers auront pris préalablement au bureau des classes, pour justifier qu'ils se sont présentés audit bureau, et qu'ils y ont été inscrits sur le rôle d'équipage, conformément à ce qui est porté par le ré-

---

(1) En vigueur. Voy. ordonn. du 29 septembre 1827.

glement du 2 mars 1737, à peine, pour les contrevenants, de six mois de prison et de trois cents livres d'amende applicables à l'hôpital le plus prochain du lieu où le cas arrivera.

2. Lesdits capitaines, patrons ou mariniers, feront viser leurs patentes par les officiers de santé, dans tous les ports où ils relâcheront, et feront leur déclaration, non-seulement du lieu de leur départ, des relâches qu'ils auront faites pendant leur route, mais encore des bâtimens qu'ils auront rencontrés, soit qu'ils aient communiqué avec eux ou non, sous les peines portées par le précédent article.

3. Les passagers qui se débarqueront à l'insu du maître du bâtiment, et avant qu'il ait rempli les formalités ci-dessus établies, seront condamnés à trois mois de prison et à payer cinq cent dix livres d'amende; les capitaines ou patrons seront tenus d'en avertir les officiers de santé dès qu'ils auront reçu l'entrée; et, au cas qu'ils se cachent, les capitaines ou patrons seront condamnés à la peine portée dans l'art. 1er.

4. Les passagers qui se débarqueront de force, et après avoir été avertis par le maître du bâtiment des peines portées par le présent réglement, subiront la peine portée dans l'article 1er, dans le cas où il ne s'agira que du simple débarquement de leur personne.

Si les capitaines, patrons, mariniers ou passagers, débarquent furtivement des marchandises ou pacotilles, qui doivent toujours être regardées comme suspectes, tant pour les intérêts de l'Etat que pour la conservation de la santé publique, lesdites marchandises et pacotilles seront confisquées, savoir: un tiers au profit du dénonciateur, et les deux autres au profit de S. M.; et les contrevenants seront condamnés aux galères pour le terme de trois années. Entend néanmoins S. M. que le présent réglement ne dérogera en rien aux peines établies par celui du 25 août 1683, au sujet des bâtiments venant du Levant et de Barbarie, ou de tout autre pays suspect ou contaminé. Enjoint S. M. à tous les intendants et officiers des bureaux de santé établis dans les ports de Provence, Languedoc et Roussillon, de faire transcrire ledit réglement sur les registres des délibérations de leurs bureaux, pour y avoir recours en cas de besoin. Mande et ordonne S. M., etc.

N° 634. — RÉGLEMENT *des maréchaux au sujet des billets d'honneur.*

Paris, 20 fév. 1748. (Archiv.)

N° 633. — DÉCLARATION *portant que les actes translatifs de propriété des biens réputés immeubles seront sujets à l'insinuation dans les mêmes cas où les actes translatifs de propriété des immeubles réels y sont assujettis.*

Versailles, 20 mars 1748. Reg. P. P. 26. (Rec. cons. d'état.)

N° 634. — ORDONNANCE *portant défenses à tous autres qu'aux militaires, de porter l'habit uniforme des troupes, et à tous marchands fripiers ou autres d'en exposer en vente, et d'en garder dans leurs boutiques ou magasins.*

Versailles, 31 mars 1748. (Archiv.)

N° 635. — PRÉLIMINAIRES *du traité de paix entre les rois de France et d'Angleterre, et les provinces unies des Pays-Bas.*

Aix-la-Chapelle, 30 avril 1748. (Wenck, II, 310.)

N° 636. — CONVENTION *entre la France et le duc de Wurtemberg, concernant l'Alsace et Montbéliard.*

10 mai 1748. (Wenck, II, 310.)

N° 637. — DÉCLARATIONS *préliminaires au traité d'Aix-la-Chapelle.*

Aix-la-Chapelle, 18 octobre 1748. (Wenck, II, 318.)

N° 638. — LETTRES PATENTES *portant confirmation de l'établissement de l'Académie royale de Chirurgie.*

Versailles, 2 juillet 1748. Reg. P. P. 22. (Rec. cons. d'état.)

PRÉAMBULE.

Louis, etc. L'affection paternelle que nous avons pour nos sujets et le désir de faire fleurir de plus en plus dans notre royaume les arts et les sciences les plus utiles au public, et surtout celle de la chirurgie, dont la perfection est nécessaire pour la conservation de la vie humaine, nous porta, en l'année 1731, à approuver l'établissement d'une académie de chirurgie, qui, par des conférences assidues, par des recherches et des observations importantes pour l'instruction des chirurgiens, s'est déjà mise en état de donner un volume du recueil des Mémoires qui en ont été le fruit; nous avons même bien voulu accepter la dédicace de cet ouvrage qui a mérité l'approbation du public. C'est ce qui a engagé les membres du collège de Saint-Côme, que nous avons tous admis dans cette académie, à nous supplier de confirmer de la manière la plus solennelle un établissement si favorable, et dont nous avons déjà fixé l'ordre et la discipline par des règlements postérieurs que nous avons jugé à propos de lui donner en l'année 1732 et en l'année 1739. Nous avons même cru depuis ce temps-là devoir accorder de plus grandes distinctions à l'art de la chirurgie, qui a été porté dans notre royaume à un si haut degré de perfection; et c'est dans cet esprit que, par notre déclaration du 23 avril 1743, nous avons jugé à propos de séparer entièrement l'exercice de la barberie du corps des chirurgiens qui se trouvoit avili par le mélange d'une profession si inférieure, et d'ordonner qu'aucun de ceux qui se destinoient à l'art de la chirurgie ne pourroit à l'avenir être reçu maitre pour exercer cet art dans notre bonne ville et faubourgs de Paris, s'il n'avoit obtenu le grade de maitre-ès-arts dans quelques-unes des universités approuvées de notre royaume, voulant que tous ceux qui seroient reçus dans la suite fussent tenus d'exercer l'art de la chirurgie sans y mêler aucun art non libéral, commerce ou profession étrangère; au moyen de quoi nous avons par la même déclaration maintenu lesdits chirurgiens de Paris dans tous les droits, honneurs et privilèges, dont les chirurgiens de Saint-Côme étoient en possession avant l'union du corps des barbiers à celui desdits chirurgiens; en sorte que l'académie royale, dont ils sont les membres, ne sera plus composée que de sujets suffisamment lettrés, qui mériteront par leurs travaux que nous honorions cette société naissante de la même protection que nous avons accordée à de pareils établissements. C'est pour la mettre en état de s'en rendre plus digne que nous avons jugé à propos de lui donner des marques publiques de notre approbation, en assurant son état par des lettres patentes revêtues du sceau de notre autorité, afin que rien ne manque du côté de la forme à une académie qui peut être si avantageuse au public. À ces causes, etc.

N° 639. — Arrêt *du conseil portant défenses aux communautés et même aux particuliers propriétaires de bois, de faire abattre aucun des arbres futaies ou épars et baliveaux sur taillis marqués du marteau de la marine pour le service, soit présent, soit à venir, à peine de confiscation et 3000 liv. d'amende.*

Compiègne, 23 juillet 1748. (Baudrillart, I, 330.)

N° 640. — Arrêt *du conseil qui fait défenses de former aucun nouvel établissement pour travailler à la porcelaine.*

Compiègne, 6 août 1748. (Archiv.)

N° 641. — Déclaration *servant de réglement pour la cour des aides de Paris.*

Compiègne, 10 août 1748. Reg. C. des A. 23 août. (Archiv.)

N° 642. — Ordonnance *portant réunion du corps des galères à celui de la marine.*

Versailles, 27 septembre 1748. (Archiv.)

N° 643. — Traité *de paix entre la France, la Grande-Bretagne, et les états-généraux des Pays-Bas.*

Aix-la-Chapelle, 18 octobre 1748. (Archiv.)

N° 644. — Arrêt *du conseil qui ordonne que les navires ennemis pris par les vaisseaux du roi ou par ceux de ses sujets armés en course, recous par les ennemis et repris ensuite sur eux, appartiendront en entier au dernier preneur.*

Fontainebleau, 5 novembre 1748. (Valin, II, 259. — Lebeau.)

N° 645. — Arrêt *du conseil qui renouvelle les défenses à tous merciers et porte-balles, et tous autres que les marchands libraires, de vendre, débiter ou autrement distribuer des livres, même dans les campagnes, foires ou ailleurs, à l'exception des almanachs et petits livres de prières qui n'excéderont pas deux feuilles d'impression.*

Versailles, 31 décembre 1748. (Archiv.)

N° 646. — Arrêt *du conseil et lettres patentes portant réglement pour les compagnons et ouvriers qui travaillent dans les fabriques et manufactures du royaume.*

Versailles, 2 janvier 1749. Reg. P. P. 31. (Feuchet.)

N° 647. — Déclaration *sur les droits de marque et de contrôle* (1).

Versailles, 26 janvier 1749. Reg. C. des A. 11 février. (Archiv.)

EXTRAIT.

Art. 14. Enjoignons à tous orfèvres, joailliers, fourbisseurs, merciers, graveurs et autres, travaillant et trafiquant des ouvrages d'or et d'argent, de tenir des registres cotés et paraphés par l'un des officiers de l'élection, dans lesquels ils enregistreront, jour par jour, par poids et espèces, la vais-

_____
(1) En vigueur. Voy. ordonn. du 19 septembre 1821.

selle et autres ouvrages vieux ou réputés vieux suivant l'article 3, qu'ils achèteront pour leur compte ou pour les revendre, ceux qui leur seront portés pour les raccommoder, ou donnés en nantissement pour modèle ou dépôt, ou sous quelque autre prétexte que ce puisse être, et ce, à l'instant que lesdits ouvrages leur auront été apportés, ou qu'ils les auront achetés; seront aussi tenus de faire mention dans lesdits enregistrements, de la nature et qualité des ouvrages, et des armes qui y seront gravées, des noms et demeures des personnes à qui ils appartiennent, sans qu'ils puissent travailler aux ouvrages qui leur auroient été apportés pour les raccommoder, qu'ils ne les aient portés sur leurs registres, le tout à peine de confiscation et de trois cents livres d'amende.

16. Seront tenus lesdits orfèvres et autres de rayer sur leurs registres, les ouvrages qui y auroient été portés en exécution de l'article 14, à mesure qu'ils les rendront; et où ils ne rendroient pas en même temps tous ceux contenus en un seul article, ils feront mention à la marge des pièces qu'ils auront rendues, par espèce, poids et qualités, et représenteront aux commis du fermier lors de leurs visites, le surplus des pièces restant entre leurs mains, ou indiqueront les ouvriers auxquels ils les auront donnés pour les raccommoder, le tout à peine de cent livres d'amende.

17. Lesdits orfèvres et autres travaillant et trafiquant des ouvrages d'or et d'argent, seront tenus de faire marquer et de payer les droits des ouvrages qu'ils achèteront pour leur compte, soit pour les revendre, soit pour leur usage particulier, et ce, dans vingt-quatre heures après qu'ils auront porté lesdits ouvrages sur leurs registres, ainsi qu'il est prescrit ci-dessus. A l'égard des ouvrages qu'ils auront achetés, et qui ne seront pas en état d'être vendus, ou qu'ils ne voudroient pas vendre ou prendre pour leur compte, ils seront tenus de les rompre et briser dans l'instant, en sorte que lesdits ouvrages soient hors d'état de servir à aucun usage; le tout à peine de confiscation et de trois cents livres d'amende.

N° 648. — ÉDIT *portant suppression des juridictions de prévôtés, chatellenies, prévôtés foraines, vicomtés, vigueries, et toutes autres juridictions royales établies dans les villes où il y a des sièges de bailliage ou sénéchaussée, et réunion aux bailliages ou sénéchaussées desdites villes.*

Versailles, avril 1749. Reg. P. P. 13 juin. (Archiv.)

N° 649. — ORDONNANCE *portant réglement pour les colporteurs.*

Marly, 7 mai 1749. (Archiv.)

N° 650. — ORDONNANCE *qui défend les jeux de hasard.*

Marly, 7 mai 1749. (Archiv.)

N° 651. — ORDONNANCE *concernant l'interdiction des livres prohibés et qui défend les étalages de livres sur les quais et ponts.*

Marly, 7 mai 1749. (Archiv.)

N° 652. — ORDONNANCE *concernant les spectacles.*

Marly, 7 mai 1749. (Peuchet.)

N° 653. — ORDONNANCE *concernant la police des églises.*

Marly, 7 mai 1749. (Archiv.)

N° 654. — ÉDIT *portant suppression du dixième établi par la déclaration du 29 août 1741 ; établissement d'une caisse générale des amortissements, pour le remboursement des dettes de l'Etat, et levée d'un vingtième pour le produit en être versé dans ladite caisse.*

Marly, mai, 1749. Reg. P. P. 19. (Rec. cons. d'état.)

PRÉAMBULE.

Louis, etc. Depuis la paix que la divine Providence a accordée à nos vœux, et que nous désirions principalement pour le bonheur de nos fidèles sujets, nous n'avons pensé qu'aux moyens de leur donner des marques de la satisfaction que nous avons du zèle qu'ils nous ont témoigné pour soutenir la gloire de notre couronne et celle de nos armes : nous n'avons pas attendu que la paix fût publiée, ni que les dépenses de la guerre fussent totalement cessées, pour ordonner la suppression de l'ustensile, et celle de quelques autres droits qui nous ont paru leur être le plus à charge. Nous nous sommes occupés depuis de la réforme de nos troupes dans la vue de pouvoir porter plus loin les témoignages de notre attention pour le soulagement de nos sujets ; et nous nous sommes fait rendre compte de la situation actuelle de nos revenus, et des charges auxquelles ils sont affectés. Nous avons reconnu qu'indépendamment de l'obligation dans laquelle nous nous trouvons, de payer encore aujourd'hui les arrérages des dettes que la nécessité des circonstances a accumulées pendant les guerres dont le règne du feu roi notre très-honoré seigneur et bisaïeul, a été presque continuellement agité, ces dettes se sont très-considérablement accrues pendant les deux dernières guerres que nous avons eu à soutenir depuis l'année 1735, et qu'elles sont d'autant plus augmentées, que pour satisfaire aux différents besoins qui se sont succédé, nous avons préféré la voie des emprunts, à d'autres qui auroient pu être plus onéreuses à nos peuples : nous avons également reconnu qu'il étoit indispensable de pourvoir au paiement de ce qui reste dû des dépenses de la guerre et de celles dont elle a occasioné le retardement. Indépendamment de toutes ces charges, tant anciennes que nouvelles, la nécessité où nous sommes de mettre notre marine en état de favoriser le commerce de nos sujets, et de conserver un nombre de troupes suffisant pour assurer la tranquillité de nos frontières, et maintenir la paix, nous oblige encore à des dépenses extraordinaires, qu'exige de nous la protection que nous devons à nos sujets. Tant et de si puissants motifs n'ont pas néanmoins ébranlé la résolution où nous avons toujours été de faire cesser l'imposition du dixième, dont les besoins de la guerre nous avoient obligé d'ordonner la levée par notre déclaration du 29 août 1741; mais considérant que nous ne travaillerons jamais efficacement au bonheur de nos sujets, qui fait l'objet de tous nos soins, et à leur procurer des soulagements aussi réels que durables, tant que la masse des dettes que la nécessité a accumulées, tant sous le règne du feu roi, que dans les dernières guerres, subsistera dans son entier, nous avons résolu d'entreprendre l'extinction successive des dettes et des charges anciennes et nouvelles de l'Etat, et d'établir à cet effet une caisse générale des amortissements, distincte et séparée de notre trésor royal, ainsi que de toutes nos autres caisses, et uniquement destinée à acquitter lesdites dettes et charges de l'Etat, et l'emprunt que nous sommes obligés de faire pour payer ce qui reste dû des dépenses de la guerre, et de celles dont elle a occasioné le retardement, au moyen d'un fonds assez considérable pour en opérer sensiblement la libération. Nous nous sommes d'autant plus volontiers déterminés à ordonner l'établissement de cette caisse, qu'en travaillant à l'extinction des dettes et charges de l'Etat, nous travaillerons en même temps à nous mettre en situation de pouvoir trouver dans la suite dans les fonds de nos seuls revenus ordinaires, administrés avec l'économie que nous nous proposons d'y apporter, des ressources capables d'assurer dans les temps de nécessité, la gloire de notre Etat et la tranquillité des alliés de notre couronne, sans être forcés de recourir à des moyens extraordinaires que nous n'employons jamais qu'à regret. Nous aurions sincèrement désiré de pouvoir prendre les fonds que nous destinions à notre caisse des amortissements, sur nos revenus ordinaires; mais la multiplicité des charges auxquelles ils sont affectés, la nécessité d'acquitter ce qui reste dû des dépenses de la guerre, les fonds extraordinaires que nous avons déjà assignés pour les besoins de notre marine, et que nous nous proposons de continuer, ne nous le permettant pas, nous nous voyons avec peine obligés, pour commencer une opération si importante au bien de notre royaume, d'avoir recours pendant les premières années, à l'imposition du vingtième de tous les biens et revenus de nos sujets, pour en verser le produit en entier dans notre caisse des amortissements, et l'employer à la seule libération de l'Etat, jusqu'à ce qu'une diminution sensible des dettes et charges qui absorbent actuellement une grande partie de nos revenus annuels, nous ait procuré un fonds libre, pris sur nos revenus mêmes, pour suivre le progrès de la libération, et nous permette de nous passer, en tout ou en partie, du secours de l'imposition que nous sommes forcés d'établir. Nous avons préféré cette imposition à tous les autres moyens dont nous aurions pu nous servir, par la considération qu'il n'y en a point de plus juste et de plus égale, puisqu'elle se répartit sur tous et chacun de nos sujets, dans la proportion de leurs biens et de leurs facultés, et que la levée s'en faisant sans traité ni remise extraordinaire, le produit rentre en entier au profit de notre Etat. Nous avons lieu d'attendre du zèle avec lequel nos sujets se sont portés à nous fournir les secours dont nous avons eu besoin pour soutenir les dépenses de la guerre, qu'ils se porteront de même à contribuer à la libération de l'Etat, dont le fruit sera le soulagement effectif de nos peuples, par la facilité qu'elle nous donnera de diminuer ou de supprimer successivement plusieurs droits et impôts dont nous désirons pouvoir les libérer. A ces causes, etc.

N° 655. — ÉDIT *portant création de dix-huit cent mille livres de rentes au denier vingt, au principal de trente-six millions remboursables en douze années.*

Marly, mai 1749. Reg. P. P. 19. (Reg ons. d'Etat.)

N° 656. — ORDONNANCE *qui défend à tous les sujets du roi résidant dans les Echelles du Levant et de Barbarie, d'y acquérir des biens fonds.*

Compiègne, 6 juillet 1749. (Archiv)

N° 657. — ARRÊT *du conseil qui révoque tout privilége accordé à l'Académie royale de musique, et la rétablit à perpétuité au corps de la ville de Paris, sous l'autorité immédiate du roi.*

Versailles, 25 août 1749. (Feuchet.)

N° 658. — ÉDIT *qui renouvelle toutes les dispositions des lois précédentes sur les établissements et les acquisitions des gens de main-morte, et y ajoute les mesures les plus propres à en assurer l'exécution.*

Versailles, août 1749. (Archiv.)

LOUIS, etc. Le désir que nous avons de profiter du retour de la paix pour maintenir de plus en plus le bon ordre dans l'intérieur de notre royaume, nous fait regarder comme un des principaux objets de notre attention, les inconvénients de la multiplication des établissements des gens de main-morte, et de la facilité qu'ils trouvent à acquérir des fonds naturellement destinés à la subsistance et à la conservation des familles; elles ont souvent le déplaisir de s'en voir privées, soit par la disposition que les hommes ont à former des établissements nouveaux qui leur soient propres, et fassent passer leur nom à la postérité avec le titre de fondateur, soit par une trop grande affectation pour des établissements déjà autorisés, dont plusieurs testateurs préfèrent l'intérêt à celui de leurs héritiers légitimes. Indépendamment même de ces motifs, il arrive souvent, que par les ventes qui se font à des gens de main-morte, les biens immeubles qui passent entre leurs mains, cessent pour toujours d'être dans le commerce, en sorte qu'une très-grande partie des fonds de notre royaume, se trouve actuellement possédée par ceux dont les biens ne pouvant être diminués par des aliénations, s'augmentent au contraire continuellement par de nouvelles acquisitions. Nous savons que les rois nos prédécesseurs en protégeant les établissements qu'ils jugeoient utiles à leur Etat, ont souvent renouvelé les défenses d'en former de nouveaux sans leur autorité, et le feu roi notre très-honoré seigneur et bisaïeul, y ajouta des peines sévères par ses lettres patentes en forme d'édit du mois de décembre 1666. Il est d'ailleurs dans notre royaume un genre de biens, tels que les fiefs et les censives, dont les établissements même les plus autorisés, pouvoient être contraints à vider leurs mains, parce qu'en diminuant par l'acquisition qu'ils en faisoient les droits dus à notre domaine, ils diminuoient aussi ceux des seigneurs particuliers, lorsque les fonds acquis étoient dans leur mouvance; et ils ne pouvoient s'affranchir de cette obligation, qu'en obtenant des lettres d'amortissement qui ne devoient leur être accordées qu'en connoissance de cause, et toujours relativement au bien de l'Etat; mais ce qui sembloit devoir arrêter les progrès de leurs acquisitions, a servi au contraire à l'augmenter contre l'intention du législateur, par l'usage qui s'est introduit de recevoir d'eux, sans aucun examen, le droit d'amortissement qu'ils se sont portés sans peine à payer, dans l'espérance de faire mieux valoir les fonds qu'ils acquerroient, que les anciens propriétaires. La multiplication des rentes constituées sur des particuliers, a contribué encore à l'accroissement des biens possédés par les gens de main-morte, parce qu'il arrive souvent, ou par la négligence du débiteur à acquitter les arrérages de ces rentes, ou par les changements qui surviennent dans sa fortune, qu'ils trouvent moyen de devenir propriétaires des fonds même sur lesquels elles étoient constituées. Ils se sont servis enfin de la voie du retrait féodal pour réunir à leur domaine les fiefs vendus dans leur mouvance; plusieurs coutumes à la vérité les ont déclarés incapables d'exercer ce droit; mais le silence des autres donne lieu de former un doute sur ce sujet, qui ne peut être entièrement résolu que par notre autorité; le meilleur usage que nous puissions en faire dans une matière si importante, est de concilier autant qu'il est possible l'intérêt des familles avec la faveur des établissements véritablement utiles au public; c'est ce que nous nous proposons de faire, soit en nous réservant d'autoriser ceux qui pourroient être fondés sur des motifs suffisants de religion et de charité, soit en laissant aux gens de main-morte déjà établis, la faculté de nous exposer les raisons qui peuvent nous porter à leur permettre d'acquérir quelques fonds, et en leur conservant une entière liberté de posséder des rentes constituées sur nous, ou sur ceux qui sont de la même condition qu'eux, dont la jouissance leur sera souvent plus avantageuse, et toujours plus convenable au bien public, que celle des domaines ou des rentes hypothéquées sur les biens des particuliers. A ces causes, etc., voulons et nous plaît ce qui suit.

Art. 1. Renouvelant en tant que besoin les défenses portées par les ordonnances des rois nos prédécesseurs, voulons qu'il ne puisse être fait aucun nouvel établissement de chapitres, collèges, séminaires, maisons ou communautés religieuses, même sous prétexte d'hospices, congrégations, confréries, hôpitaux, ou autres corps et communautés, soit ecclésiastiques séculières ou régulières, soit laïques de quelque qualité qu'elles soient, ni pareillement aucune nouvelle érection de chapelles, ou autres titres de bénéfices, dans toute l'étendue de notre royaume, terres et pays de notre obéissance, si ce n'est en vertu de notre permission expresse portée par nos lettres patentes enregistrées en nos parlements ou conseils supérieurs, chacun dans son ressort, en la forme qui sera prescrite ci-après.

2. Défendons de faire à l'avenir aucune disposition par acte de dernière volonté, pour fonder un nouvel établissement de la qualité de ceux qui sont mentionnés dans l'article précédent, ou au profit de personnes qui seraient chargées de former ledit établissement; le tout à peine de nullité : ce qui sera observé quand même la disposition seroit faite à la charge d'obtenir nos lettres patentes.

3. N'entendons comprendre dans les deux articles précédents, les fondations particulières qui ne tendroient à l'établissement d'aucun nouveau corps, collège, ou communauté, ou à l'érection d'un nouveau titre de bénéfice, et qui n'auroient pour objet que la célébration des messes ou obits, la subsistance d'étudiants, ou de pauvres ecclésiastiques ou séculiers, des mariages de pauvres filles, écoles de charité, soulagement de prisonniers ou incendiés, ou autres œuvres pieuses de même nature, et également utiles au public; à l'égard desquelles fondations il ne sera point nécessaire d'obtenir nos lettres patentes, et il suffira de faire homologuer les actes ou dispositions qui les contiendront, en nos parlements et conseils supérieurs, chacun dans son ressort, sur les conclusions ou réquisitions de nos procureurs-généraux. Voulons qu'il soit en même temps pourvu par nosdits parlemens ou conseils supérieurs, à l'administration des biens destinés à l'exécution desdites fondations, et aux comptes qui en seront rendus.

4. Ceux qui voudront faire, par des actes entre-vifs, un nouvel établissement de la qualité mentionnée dans l'article 1 seront tenus, avant toute donation ou convention, de nous faire présenter le projet de l'acte par lequel ils auront l'intention de faire ledit établissement pour en obtenir permission par nos lettres patentes, lesquelles ne pourront être expédiées, s'il nous plaît de les accorder, qu'avec la clause expresse que, dans

l'acte qui sera passé pour consommer ledit établissement, il ne pourra être fait aucune addition ni changement audit projet, qui sera attaché sous le contre-scel de nosdites lettres patentes; et après l'enregistrement desdites lettres, ledit acte sera passé dans les formes requises, pour la validité des contrats ou des donations entre-vifs.

5. Déclarons que nous n'accorderons aucunes lettres patentes pour permettre un nouvel établissement, qu'après nous être fait informer exactement de l'objet et de l'utilité dudit établissement, nature, valeur, et qualité des biens destinés à le doter, par ceux qui peuvent en avoir connoissance, notamment par les archevêques ou évêques diocésains, par les juges royaux, par les officiers municipaux ou syndics des communautés, par les administrateurs des hôpitaux, par les supérieurs des communautés déjà établies dans les lieux où l'on proposera d'en fonder une nouvelle, pour, sur le compte qui nous en sera par eux rendu, chacun en ce qui peut le concerner, suivant la différente nature des établissements, y être par nous pourvu ainsi qu'il appartiendra.

6. Lorsqu'il y aura lieu de faire expédier nos lettres patentes pour autoriser l'établissement proposé, il sera fait mention expresse dans lesdites lettres, ou dans un état qui sera annexé sous le contre-scel d'icelles, des biens destinés à la dotation dudit établissement, sans que dans la suite il puisse en être ajouté aucuns autres de la qualité marquée par l'article 14, qu'en se conformant à ce qui sera réglé ci-après, sur les acquisitions qui seroient faites par des gens de main morte; ce que nous voulons être pareillement observé, même à l'égard des établissements déjà faits en vertu des lettres patentes dûment enregistrées, et ce nonobstant toutes clauses ou permissions générales par lesquelles ceux qui auroient obtenu lesdites lettres, auroient été autorisés à acquérir des biens fonds indistinctement, ou jusqu'à concurrence d'une certaine somme.

7. Lesdites lettres patentes seront communiquées à notre procureur général, en notre parlement ou conseil supérieur, dans le ressort duquel ledit établissement devra être fait, pour être par lui fait telles réquisitions, ou pris telles conclusions qu'il jugera à propos, et lesdites lettres ne pourront être enregistrées qu'après qu'il aura été informé à sa requête de la commodité ou incommodité dudit établissement, et qu'il aura été donné communication desdites lettres aux personnes dénommées dans l'article 5 ci-dessus, suivant la nature dudit établissement, comme aussi aux seigneurs dont les biens se-

ront mouvants immédiatement en fief ou en roture, ou qui ont la haute justice sur lesdits biens, même aux autres personnes dont nos parlements ou conseils supérieurs jugeront à propos d'avoir l'avis ou le consentement, et seront lesdites formalités observées à peine de nullité.

8. Les oppositions qui pourront être formées avant l'enregistrement desdites lettres, comme aussi celles qui le seroient après ledit enregistrement, seront communiquées à notre procureur-général, pour y être sur ses conclusions, statué par nosdits parlements ou conseils supérieurs ainsi qu'il appartiendra.

9. Désirant assurer pleinement l'exécution des dispositions du présent édit concernant les établissements mentionnés dans l'article 1, déclarons nuls tous ceux qui seroient faits à l'avenir sans avoir obtenu nos lettres patentes, et les avoir fait enregistrer dans les formes ci-dessus prescrites. Voulons que tous les actes et dispositions qui pourroient avoir été faits en leur faveur, directement ou indirectement, par lesquels ils auroient acquis des biens de quelque nature que ce soit, à titre gratuit ou onéreux, soient déclarés nuls sans qu'il soit besoin d'obtenir des lettres de rescision contre lesdits actes; et que ceux qui seront ainsi établis, ou qui auroient été chargés de former ou administrer lesdits établissements, soient déchus de tous les droits résultant desdits actes et dispositions, même de la répétition des sommes qu'ils auroient payées pour lesdites acquisitions, ou employées en constitution de rentes; ce qui sera observé nonobstant toutes prescriptions et tous consentements exprès ou tacites qui pourroient avoir été donnés à l'exécution desdits actes ou dispositions.

10. Les enfants ou présomptifs héritiers seront admis, même du vivant de ceux qui auroient fait lesdits actes ou dispositions, à réclamer les biens par eux donnés ou aliénés. Voulons qu'ils en soient envoyés en possession pour en jouir en toute propriété avec restitution des fruits ou arrérages, à compter du jour de la demande qu'ils en auront formée; laissons à la prudence des juges d'ordonner ce qu'il appartiendra par rapport aux jouissances échues avant ladite demande, et le contenu au présent article aura lieu pareillement après la mort de ceux qui auront fait lesdits actes ou dispositions, en faveur de leurs héritiers, successeurs ou ayant-cause; le tout à la charge qu'en cas que la faculté à eux accordée par le présent article n'ait été exercée que par l'un d'eux, elle profitera également à tous ses cohéritiers ou ayant le même droit que lui, lesquels seront admis à partager avec lui suivant les lois et coutumes

des lieux, les biens réclamés soit pendant la vie ou après la mort de celui qui aura fait lesdits actes ou dispositions.

11. Les seigneurs dont aucuns desdits biens seront tenus immédiatement, soit en fief ou en roture, et qui ne seront pas eux-mêmes du nombre de gens de main-morte, pourront aussi demander à être mis en possession avec restitution des jouissances, à compter du jour de la demande qu'ils en formeront; à la charge néanmoins qu'en cas que les personnes mentionnées en l'article précédent forment leur demande, même postérieurement à celle desdits seigneurs, ils leur seront préférés, comme aussi que lesdits seigneurs seront tenus de leur remettre lesdits fonds, si lesdites personnes en forment la demande dans l'an et jour après le jugement qui en aura mis lesdits seigneurs en possession; auquel cas, les fruits échus depuis ledit jugement jusqu'au jour de ladite demande demeureront auxdits seigneurs. Voulons que la propriété desdits fonds leur soit acquise irrévocablement s'il n'a point été formé de demande dans ledit délai; et, lorsque lesdits seigneurs seront du nombre des gens de main-morte, il y sera pourvu ainsi qu'il sera marqué par l'article suivant.

12. Enjoignons à nos procureurs-généraux dans chacun de nosdits parlements et conseils supérieurs de tenir la main à l'exécution du présent édit concernant lesdits établissements; et, en cas de négligence de la part des parties ci-dessus, il sera ordonné, sur le réquisitoire de notre procureur-général, que, faute par les personnes dénommées en l'article 10, et par les seigneurs qui ne seroient gens de main-morte, de former leurs demandes dans le délai qui sera fixé à cet effet, et qui courra du jour de la publication et affiches faites aux lieux accoutumés de l'arrêt qui aura été rendu, lesdits biens seront vendus au plus offrant et dernier enchérisseur, et que le prix en sera confisqué à notre profit, pour être par nous appliqué à tels hôpitaux ou employé au soulagement des pauvres, ou à tels ouvrages publics que nous jugerons à propos.

13. A l'égard des établissements de la qualité marquée par l'article 1, qui seroient antérieurs à la publication du présent édit, voulons que tous ceux qui auront été faits depuis les lettres patentes en forme d'édit, du mois de décembre 1666, ou dans les trente années précédentes, sans avoir été autorisés par des lettres patentes bien et dûment enregistrées, soient déclarés nuls; comme aussi tous actes ou dispositions faits en leur faveur, ce qui aura lieu nonobstant toutes clauses ou dispositions générales par lesquelles il auroit été permis à des

ordres ou communautés régulières d'établir de nouvelles maisons dans les lieux qu'ils jugeront à propos, nous réservant néanmoins, à l'égard de ceux desdits établissements qui subsistent paisiblement, et sans aucune demande en nullité formée avant la publication du présent édit, de nous faire rendre compte, tant de leur objet que de la nature et quantité des biens dont ils sont en possession, pour y pourvoir ainsi qu'il appartiendra, soit en leur accordant nos lettres patentes, s'il y échet, soit en réunissant lesdits biens à des hôpitaux ou autres établissements déjà autorisés, soit en ordonnant qu'ils seront vendus, et que le prix en sera appliqué ainsi qu'il est porté par l'article précédent.

14. Faisons défenses à tous les gens de main-morte d'acquérir, recevoir ni posséder à l'avenir aucuns fonds de terre, maisons, droits réels, rentes foncières non rachetables, même des rentes constituées sur des particuliers, si ce n'est après avoir obtenu nos lettres patentes pour parvenir à ladite acquisition, et pour l'amortissement desdits biens, et après que lesdites lettres, s'il nous plaît de les accorder, auront été enregistrées en nosdites cours de parlements ou conseils supérieurs, en la forme qui sera observée, nonobstant toutes clauses ou dispositions générales qui auroient pu être insérées dans les lettres patentes ci-devant obtenues par les gens de main-morte, par lesquelles ils auroient été autorisés à recevoir ou acquérir des biens fonds indistinctement ou jusqu'à concurrence d'une certaine somme.

15. La disposition de l'article précédent sera observée, même à l'égard des fonds, maisons, droits réels et rentes qui seroient réputés meubles, suivant les coutumes, statuts et usages des lieux.

16. Voulons aussi que la disposition de l'article 14 soit exécutée, à quelque titre que lesdits gens de main-morte puissent acquérir les biens y mentionnés, soit par vente, adjudication, échange, cession ou transport, même en paiement de ce qui leur seroit dû, soit par donation entre-vifs, pure et simple, ou faite à la charge de service ou fondations, et en général pour quelque cause gratuite ou onéreuse que ce puisse être.

17. Défendons de faire à l'avenir aucune disposition de dernière volonté, pour donner aux gens de main-morte des biens de la qualité marquée par l'article 14. Voulons que lesdites dispositions soient déclarées nulles, quand même elles seroient faites à la charge d'obtenir nos lettres patentes, ou

qu'au lieu de donner directement lesdits biens auxdits gens de main-morte, celui qui en auroit disposé auroit ordonné qu'ils seroient vendus ou régis par d'autres personnes, pour en remettre le prix ou les revenus.

18. Déclarons n'avoir entendu comprendre dans les dispositions des articles 14, 15, 16 et 17 ci-dessus, les rentes constituées sur nous ou sur le clergé, diocèses, pays d'Etat, villes ou communautés, que lesdits gens de main-morte pourront acquérir et recevoir sans être obligés d'obtenir nos lettres patentes; voulons qu'ils en soient dispensés, même pour celles qui sont acquises par le passé.

19. Voulons qu'à l'avenir il ne puisse être donné ni acquis, pour l'exécution des fondations mentionnées en l'article 3, que des rentes de la qualité marquée par l'article précédent, lorsque lesdites fondations seront faites par des dispositions de dernière volonté, et si elles sont faites par des actes entre-vifs, il ne pourra être donné ou acquis pour l'exécution desdites fondations aucuns des biens énoncés dans l'article 14 qu'après avoir obtenu nos lettres patentes et les avoir fait enregistrer, ainsi qu'il est porté par ledit article, le tout à peine de nullité.

20. Dans tous les cas où il sera nécessaire d'obtenir nos lettres patentes, suivant ce qui est porté par les articles 14 et 19, elles ne seront par nous accordées qu'après nous être fait rendre compte de la nature et valeur des biens qui en seront l'objet, comme aussi de l'utilité et des inconvénients de l'acquisition que lesdits gens de main-morte voudroient en faire, ou de la fondation à laquelle ils seroient destinés.

21. Lesdites lettres patentes, en cas que nous jugions à propos de les accorder, ne pourront être enregistrées que sur les conclusions de nos procureurs-généraux, après qu'il aura été informé de la commodité ou incommodité de l'acquisition ou de la fondation, et qu'il aura été donné communication desdites lettres aux seigneurs dont lesdits biens seroient tenus immédiatement, soit en fiefs ou en roture, ou qui y auroient la justice, même aux autres personnes dont nosdites cours de parlements ou conseils supérieurs jugeroient à propos de prendre les avis ou consentement; et, s'il survient des oppositions, soit avant ou après l'enregistrement desdites lettres, il y sera statué sur les conclusions de nosdits procureurs-généraux, ainsi qu'il appartiendra.

22. Défendons à tous notaires, tabellions ou autres officiers, de passer aucun contrat de vente, échange, donation, cession

ou transport des biens mentionnés dans l'article 14; ni aucun bail à rente ou constitution de rente sur des particuliers, au profit desdits gens de main-morte, ou pour l'exécution desdites fondations, qu'après qu'il leur sera apparu de nos lettres patentes et de l'arrêt d'enregistrement d'icelles, desquelles lettres et arrêt il sera fait mention expresse dans lesdits contrats ou autres actes, à peine de nullité, d'interdiction contre lesdits notaires, tabellions ou autres officiers, des dommages et intérêts des parties, s'il y échet, et d'une amende qui sera arbitrée suivant l'exigence des cas, laquelle sera appliquée, savoir: un tiers au dénonciateur, un tiers à nous, et un tiers au seigneur dont les biens seront tenus immédiatement, et en cas qu'ils soient tenus directement de notre domaine, ladite amende sera appliquée à notre profit pour les deux tiers.

23. Il ne sera expédié à l'avenir aucune quittance de droit d'amortissement qui seroit dû pour les biens de la qualité marquée par l'article 14, s'il n'a été justifié de nosdites lettres patentes et arrêt d'enregistrement d'icelles, desquelles lettres et arrêts il sera fait mention expresse dans lesdites quittances, ce qui sera exécuté à peine de nullité, et en outre de confiscation au profit de l'hôpital général le plus prochain, des sommes qui auroient été payées pour l'amortissement desdits biens avant lesdites lettres et arrêt. Voulons que ceux qui les auroient payées ne puissent être admis à obtenir dans la suite des lettres patentes pour raison des mêmes biens, nous réservant au surplus d'expliquer plus amplement nos intentions sur le cas où le droit d'amortissement sera dû et sur la quotité dudit droit.

24. Défendons à toutes personnes de prêter leurs noms à des gens de main-morte pour l'acquisition ou la jouissance des biens de ladite qualité, à peine de trois mille livres d'amende, applicable ainsi qu'il est porté par l'article 22, même sous plus grande peine suivant l'exigence des cas.

25. Les gens de main-morte ne pourront exercer à l'avenir aucune action en retrait féodal ou seigneurial, à peine de nullité; à l'effet de quoi, nous avons dérogé et dérogeons à toutes lois, coutumes ou usages, qui pourroient être à ce contraires, sauf auxdits gens de main-morte à se faire payer les droits qui leur seront dus suivant les lois, coutumes ou usages des lieux.

26. Dans tous les cas dans lesquels les biens de la qualité marquée par l'article 14 pourroient échoir auxdits gens de main-morte, en vertu des droits attachés aux seigneuries à

eux appartenantes, ils seront tenus de les mettre hors de leurs mains dans un an, à compter du jour que lesdits biens leur auront été dévolus, sans qu'ils puissent les faire passer à d'autres gens de main-morte, ou employer le prix desdits biens à en acquérir d'autres de la même qualité; et, faute de satisfaire à la présente disposition dans ledit temps, lesdits biens seront réunis à notre domaine, si la seigneurie appartenante auxdits gens de main-morte est dans notre mouvance immédiate; et si elle relève des seigneurs particuliers, il leur sera permis dans le délai d'un an après l'expiration dudit temps, d'en demander la réunion à leurs seigneuries; faute de quoi, ils demeureront réunis de plein droit à notre domaine, et les fermiers ou receveurs de nos domaines feront les diligences et poursuites nécessaires pour s'en mettre en possession.

27. Pour assurer l'entière exécution des dispositions portées par les articles 14, 15, 16, 17, 19, 20, 21 et 25 ci-dessus, concernant les biens de la qualité marquée auxdits articles, voulons que tout ce qui est contenu dans l'article 9, au sujet de nouveaux établissements non autorisés, soit observé par rapport aux dispositions ou actes par lesquels aucuns desdits biens auroient été donnés ou aliénés, contre ce qui est réglé par le présent édit à des gens de main-morte, corps ou communautés valablement établis, ou pour l'exécution des fondations ci-dessus mentionnées. Voulons pareillement que les personnes dénommées aux articles 10 et 11 puissent répéter lesdits biens, ainsi qu'il est porté auxdits articles, et qu'en cas de négligence de leur part ils soient vendus sur la réquisition de notre procureur-général, suivant ce qui est prescrit par l'article 12.

28. N'entendons rien innover en ce qui concerne les dispositions ou actes ci-devant faits en faveur des gens de main-morte légitimement établis, ou pour l'exécution desdites fondations, lorsque lesdites dispositions ou actes auront une date authentique avant la publication des présentes, ou auront été faits par des personnes décédées avant ladite publication; et les contestations qui pourroient naître au sujet desdites dispositions ou actes seront jugées par les juges qui en doivent connoître, suivant les lois et la jurisprudence qui avoient lieu avant le présent édit dans chacun des pays du ressort de nosdits parlements ou conseils supérieurs. Si donnons, etc.

N° 659. — Convention *entre les rois de France et de Danemark, qui proroge l'exécution du traité de 1742.*

30 septembre 1749 (Martens, 1, 325. — Lebeau.)

N° 660. — Déclaration *servant de règlement pour les tontines.*

Versailles, 23 décembre 1749. Reg. C. des C. 19 février 1750 (Rec. cons. d'état)

N° 661. — Ordonnance *pour la formation d'une compagnie de bas-officiers invalides destinés à servir à la garde du château de la Bastille.*

Versailles, 31 décembre 1749. (Archiv.)

N° 662. — Déclaration *qui enjoint à tous les bénéficiers du clergé de donner, dans six mois pour tout délai, des déclarations des biens et revenus de leurs bénéfices.*

Versailles, 17 août 1750. Reg. P. P. 21. (Rec. cons. d'état.

PRÉAMBULE.

Louis, etc. Entre les prérogatives que le clergé de France tient de la piété et de la concession de nos augustes prédécesseurs, une des plus éminentes est d'être dépositaire d'une partie de l'autorité royale pour faire la répartition et le recouvrement des subsides dont sa fidélité lui impose l'obligation, et qu'il a fournis dans tous les temps pour subvenir et contribuer aux nécessités publiques, et aux besoins de la monarchie. Rien n'est plus désirable que d'en voir l'imposition répartie avec égalité : les plus saints prélats et les plus zélés, ont souvent gémi, et depuis long-temps, sur l'inégalité des répartitions, et l'ont regardée comme la cause principale du dépérissement et de l'abandonnement de plusieurs bénéfices ; leurs plaintes, quoique soutenues du vœu général de tout le clergé, n'ont apporté jusqu'à présent aucun remède à ce désordre. L'attention que nous devons à la conservation des biens ecclésiastiques, et à la réforme d'un abus qui ne subsiste qu'à l'ombre de la portion de notre autorité qui a été confiée au clergé de France, non-seulement réclame nos soins, mais encore nous impose le devoir indispensable de rétablir les règles de l'ordre et de la justice, dans une partie aussi intéressante de l'administration publique de notre royaume : l'effet trop fréquent des répartitions inégales, étant de faire retomber le poids des impositions sur ceux qui sont le moins en état de le supporter, nous regardons comme le plus noble usage que nous puissions faire de la souveraine puissance que nous tenons de Dieu, de faire ressentir notre protection aux pauvres et aux faibles, dans quelque ordre et dans quelque état qu'ils se trouvent; et c'est ce que nous recommandons le plus étroitement à ceux qui sont chargés de l'exécution de nos ordres pour les impositions publiques. C'est en partie pour rétablir une juste proportion dans celles qui sont réelles, que nous avons demandé à nos sujets la déclaration du revenu de leurs biens; et nous voyons que toutes les fois que le clergé de France s'est occupé des moyens de réformer son département, il n'a pas trouvé qu'il fût possible d'y parvenir par d'autres voies que par celle des déclarations, tant de la nature que du revenu des bénéfices. Les témoignages authentiques de son zèle à cet égard, sont conservés dans les procès-verbaux de ses assemblées générales; on trouve dans ceux des années 1705 et 1726 les délibérations les plus sages sur cet objet, et celle de 1726 est même déjà revêtue, sur la demande du clergé de France, du sceau de notre autorité, par des lettres-patentes enregistrées en notre parlement : en adoptant ce qu'il a projeté plus d'une fois, et en y ajoutant les dispositions qui nous ont paru les plus propres à en assurer l'exécution, nous aurons la satisfaction de ne lui prescrire principalement que ce qu'il a lui-même jugé nécessaire, et de pouvoir procurer, par un nouveau département, de plus grands soulagements aux curés, qui, moins bien partagés en général, et chargés, après les prélats, des fonctions les plus pénibles du ministère évangélique, méritent d'être imposés dans une proportion plus favorable que les autres bénéficiers. Quoiqu'il nous paraisse convenable que les déclarations soient envoyées au greffe des bureaux diocésains, notre intention n'en est pas moins qu'elles soient mises sous nos yeux, pour connoître par nous-mêmes la véritable valeur des biens du clergé de France; cette connoissance est également importante pour éclaircir les préventions désavantageuses auxquelles l'ignorance de cet objet a donné lieu, et pour nous mettre en état, non-seulement de proportionner à ses facultés les secours que les besoins du royaume peuvent nous obliger de lui demander, mais encore de juger du plus ou du moins de facilité qu'il est de notre prudence d'apporter aux nouveaux établissements qu'on pourroit nous proposer, et aux nouvelles acquisitions que les gens d'église voudroient faire : ces différents motifs font sentir qu'il n'est pas moins essentiel de connoître les biens des corps ou communautés qui ne contribuent point aux impositions du clergé de France, que de ceux ou celles qui y contribuent. Enfin comme nous désirons, par rapport à ces derniers, que chaque province, chaque diocèse, chaque bénéficier ne contribue que dans sa proportion, et qu'il sache de combien il doit contribuer, nous avons jugé à propos d'approuver et d'autoriser l'usage introduit dans quelques diocèses, de rendre public leur département; cet usage a déjà produit des effets si salutaires, en mettant chaque bénéficier en état de comparer la cotte de son imposition avec celle des autres bénéficiers du même diocèse, et il nous a paru si propre à contribuer à l'accomplissement des vues que nous nous proposons, que nous croyons devoir rendre un témoignage authentique au succès du zèle des prélats qui l'ont établi dans leur diocèse, et concourir à leurs louables intentions, en le rendant uniforme dans tout notre royaume. Les déclarations que nous demandons au clergé de France, exigeant des bénéficiers du travail et des soins, nous avons pensé qu'il étoit de notre indulgence, pour leur donner de plus en plus la facilité d'y satisfaire, de proroger encore le délai qui leur a été accordé pour se conformer à ce qui leur est prescrit par les déclarations des 29 décembre 1674 et 20 décembre 1725, concernant les foi et hommages, aveux et dénombrements des biens qu'ils possèdent dans notre mouvance et directe, encore que le dernier délai leur ait été accordé sans espérance d'aucune nouvelle prorogation. À ces causes, etc.

N° 663. — DÉCLARATION *concernant les capitaineries des chasses de l'apanage du duc d'Orléans.*

Versailles, 25 août 1750. Reg. P. P. 5 septemb. (Code des chasses, II, 505.)

N° 664. — ÉDIT *portant création d'une noblesse militaire.*

Fontainebleau, novembre 1750. Reg. P. P. 25; C. des C. 11 janvier 1751. (Rec. cons. d'état.)

LOUIS, etc. Les grands exemples de zèle et de courage que la noblesse de notre royaume a donnés pendant le cours de la dernière guerre, ont été si dignement suivis par ceux qui n'avoient pas les mêmes avantages du côté de la naissance, que nous ne perdrons jamais le souvenir de la généreuse émulation avec laquelle nous les avons vus combattre et vaincre nos ennemis. Nous leur avons déjà donné des témoignages authentiques de notre satisfaction, par les grades, les honneurs et les autres récompenses que nous leur avons accordés: mais nous avons considéré que ces graces, personnelles à ceux qui les ont obtenues, s'éteindront un jour avec eux; et rien ne nous a paru plus digne de la bonté du souverain, que de faire passer jusqu'à leur postérité les distinctions qu'ils ont si justement acquises par leurs services. La noblesse la plus ancienne de nos États, qui doit sa première origine à la gloire des armes, verra sans doute avec plaisir que nous regardons la communication de ses privilèges, comme le prix le plus flatteur que puissent obtenir ceux qui ont marché sur ses traces pendant la guerre. Déjà anoblis par leurs actions, ils ont le mérite de la noblesse, s'ils n'en ont pas encore le titre; et nous nous portons d'autant plus volontiers à le leur accorder, que nous suppléerons par ce moyen à ce qui pouvoit manquer à la perfection des lois précédentes, en établissant dans notre royaume une noblesse militaire, qui puisse s'acquérir de droit par les armes, sans lettres particulières d'anoblissement. Le roi Henri IV avoit eu le même objet dans l'article 25 de l'édit sur les tailles, qu'il donna en 1600; mais la disposition de cet article ayant essuyé plusieurs changements par des lois postérieures, nous avons cru devoir, en y statuant de nouveau par une loi expresse, renfermer cette grace dans de justes bornes. Obligés de veiller avec une égale attention au bien général et particulier des différents ordres de notre royaume, nous avons craint de porter trop loin un privilège dont l'effet seroit de surcharger le plus grand nombre de nos sujets, qui supportent le poids des tailles et des autres impositions. C'est cette considération qui nous a forcé de mettre des limitations à notre bienfait, pour concilier la faveur que méritent nos officiers militaires, avec l'intérêt de nos sujets taillables, au soulagement desquels nous serons toujours disposés à pourvoir, de la manière la plus équitable et la plus conforme à notre affection pour nos peuples. A ces causes, etc., voulons et nous plaît ce qui suit:

Art. 1. Aucun de nos sujets servant dans nos troupes en qualité d'officier, ne pourra être imposé à la taille pendant qu'il conservera cette qualité.

2. En vertu de notre présent édit, et du jour de sa publication, tous officiers généraux non nobles, actuellement à notre service, seront et demeureront anoblis, avec toute leur postérité née et à naître en légitime mariage.

3. Voulons qu'à l'avenir le grade d'officier général confère la noblesse de droit, à ceux qui y parviendront, et à toute leur postérité légitime, lors née et à naître; et jouiront nosdits

officiers généraux de tous les droits de la noblesse, à compter du jour et date de leurs lettres et brevets.

4. Tout officier non noble, d'un grade inférieur à celui de maréchal-de-camp, qui aura été par nous créé chevalier de l'ordre royal et militaire de Saint-Louis, et qui se retirera après trente ans de services non interrompus, dont il en aura passé vingt avec la commission de capitaine, jouira sa vie durant de l'exemption de la taille.

5. L'officier dont le père aura été exempt de la taille en exécution de l'article précédent, s'il veut jouir de la même exemption en quittant notre service, sera obligé de remplir auparavant toutes les conditions prescrites par l'article 4.

6. Réduisons les vingt années de commission de capitaine, exigées par les articles ci-dessus, à dix-huit ans pour ceux qui auront eu la commission de lieutenant-colonel, à seize pour ceux qui auront eu celle de colonel, et à quatorze pour ceux qui auront eu le grade de brigadier.

7. Pour que les officiers non nobles, qui auront accompli leur temps de service, puissent justifier qu'ils ont acquis l'exemption de la taille, accordée par les articles 4 et 5, voulons que le secrétaire d'Etat chargé du département de la guerre, leur donne un certificat, portant qu'ils nous ont servi le temps prescrit par les articles 4 et 6, en tels corps, et dans tels grades.

8. Les officiers, devenus capitaines et chevaliers de l'Ordre de Saint-Louis, que leurs blessures mettront hors d'état de nous continuer leurs services, demeureront dispensés de droit du temps qui en restera lors à courir: voulons, en ce cas, que le certificat mentionné en l'article précédent, spécifie la qualité des blessures desdits officiers, les occasions de guerre dans lesquelles ils les ont reçues, et la nécessité dans laquelle ils se trouvent de se retirer.

9. Ceux qui mourront à notre service, après être parvenus au grade de capitaine, mais sans avoir rempli les autres conditions imposées par les articles 4 et 6, seront censés les avoir accomplies; et s'ils laissent des fils légitimes qui soient à notre service, ou qui s'y destinent, il leur sera donné, par le secrétaire d'Etat chargé du département de la guerre, un certificat portant que leur père nous servoit au jour de sa mort dans tel corps et dans tel grade.

10. Tout officier, né en légitime mariage, dont le père et l'aïeul auront acquis l'exemption de la taille, en exécution des articles ci-dessus, sera noble de droit; après toutefois

qu'il aura été par nous créé chevalier de l'ordre de Saint-Louis, qu'il nous aura servi le temps prescrit par les articles 4 et 6, ou qu'il aura profité de la dispense accordée par l'article 8. Voulons, pour le mettre en état de justifier de ses services personnels, qu'il lui soit délivré un certificat, tel qu'il est ordonné par les articles 7 et 8, selon qu'il se sera trouvé dans quelqu'un des cas prévus par ces articles, et qu'en conséquence il jouisse de tous les droits de la noblesse, du jour daté dans ledit certificat.

11. La noblesse acquise en vertu de l'article précédent, passera de droit aux enfants légitimes de ceux qui y seront parvenus, même à ceux qui seront nés avant que leurs pères soient devenus nobles; et si l'officier qui remplit ce troisième degré, meurt dans le cas prévu par l'article 9, il aura acquis la noblesse. Voulons, pour en assurer la preuve, qu'il soit délivré à ses enfants légitimes, un certificat tel qu'il est mentionné audit article 9.

12. Dans tous les cas où nos officiers seront obligés de faire les preuves de la noblesse acquise en vertu de notre présent édit, outre les actes de célébration et contrats de mariage, extraits baptistaires et mortuaires, et autres titres nécessaires pour établir une filiation légitime, ils seront tenus de représenter les commissions des grades des officiers qui auront rempli les trois degrés ci-dessus établis, leurs provisions de chevaliers de l'ordre de Saint-Louis, et les certificats à eux délivrés en exécution des articles 7, 8, 9, 10 et 11; selon que lesdits officiers auront rempli les conditions auxquelles nous avons attaché l'exemption de la taille et la noblesse; ou, selon qu'ils auront été dispensés desdites conditions, par blessures, ou par mort, conformément aux dispositions du présent édit.

13. Les officiers non nobles, actuellement à notre service, jouiront du bénéfice de notre présent édit, à mesure que le temps de leurs services, prescrit par les articles 4, 6 et 8, sera accompli; quand même ce temps auroit commencé à courir avant la publication de notre édit.

14. N'entendons néanmoins, par l'article précédent, accorder auxdits officiers d'autre avantage rétroactif, que le droit de remplir le premier degré. Défendons à nos cours, et à toutes juridictions qui ont droit d'en connoître, de les admettre à la preuve des services de leurs pères et aïeux, retirés ou morts à notre service avant la publication de notre présent édit.

15. Pourront nosdits officiers déposer pour minutes, chez

tels notaires royaux qu'ils jugeront à propos, les lettres, brevets et commissions de leurs grades, ainsi que les certificats de nos secrétaires d'État chargés du département de la guerre, dont leur sera délivré des expéditions, qui leur serviront ce que de raison. Si donnons, etc.

N° 665. — ÉDIT *portant création d'une École royale Militaire.*

Versailles, janvier 1751. Reg. P. P. 22 janvier. (Archiv.)

EXTRAIT.

Louis, etc. Il n'a peut-être jamais été fait de fondation plus digne de la religion et de l'humanité d'un souverain, que l'établissement de l'hôtel des Invalides : ce monument de la bonté du feu roi, notre très-honoré seigneur et bisaïeul, eût suffi pour immortaliser son règne. Jusqu'à lui les officiers et les soldats, forcés par leurs blessures ou par leur âge de se retirer du service, ne subsistoient qu'avec peine, dans nos provinces, des secours que leur accordoient les rois nos prédécesseurs : Louis XIV a eu le premier la gloire de leur assurer un asile honorable, dans lequel ils trouvent une subsistance commode, sans perdre les glorieuses marques de leur état, et un repos occupé de fonctions militaires proportionnées à leurs forces. Quoique nous n'ayons rien négligé pour maintenir, et même pour augmenter la splendeur d'un si noble établissement, notre affection pour des sujets qui ont eu tant de part à la gloire de nos armes, nous a fait chercher les moyens de leur donner des témoignages plus particuliers de notre satisfaction. Pour commencer à remplir cet objet, nous avons par notre édit du mois de novembre dernier, accordé la noblesse à ceux que leurs services et leurs grades ont rendus dignes d'un honneur que la nature leur avoit refusé; et nous avons ouvert à ceux qui voudront marcher sur leurs traces, la carrière qui peut les y conduire : il ne nous restoit plus qu'à donner des preuves aussi sensibles de notre estime et de notre protection au corps même de la noblesse, à cet ordre de citoyens que le zèle pour notre service, et la soumission à nos ordres, ne distinguent pas moins que la naissance. Après l'expérience que nos prédécesseurs et nous-mêmes avons faite de ce que peuvent sur la noblesse française les seuls principes de l'honneur, que n'en devrions-nous pas attendre, si tous ceux qui la composent, y joignoient les lumières acquises par une heureuse éducation ? Mais nous n'avons pu envisager sans attendrissement, que plusieurs d'entre eux après avoir consommé leurs biens à la défense de l'Etat, se trouvassent réduits à laisser sans éducation des enfants qui auroient pu servir un jour d'appui à leur famille, et qu'ils éprouvassent le sort de périr ou de vieillir dans nos armées, avec la douleur de prévoir l'avilissement de leur nom dans une postérité hors d'état d'en soutenir le lustre. Nous avons tâché d'y pourvoir autant que nous l'avons pu, par les graces que nous avons déjà répandues sur eux; mais les dépenses indispensables de la guerre mettant des bornes à nos bienfaits, nous avons préféré le bien solide de la paix, à tout ce que nous pouvoit offrir de plus séduisant le succès soutenu de nos armes. A présent que nous pouvons soulager plus efficacement cette précieuse portion de la noblesse, sans que les moyens que nous y emploierons augmentent les charges de notre peuple, nous avons résolu de fonder une *Ecole Militaire*, et d'y faire élever sous nos yeux cinq cents jeunes gentilshommes nés sans biens, dans le choix desquels nous préférerons ceux qui, en perdant leur père à la guerre, sont devenus les enfants de l'Etat. Nous espérons même que l'utilité de cet établissement, qui semble n'avoir pour objet qu'une partie de la noblesse, pourra se communiquer au corps entier; et que le plan qui sera suivi dans l'éducation des cinq cents gentilshommes que nous adoptons, servira de modèle aux pères qui sont en état de la procurer à leurs enfants; en sorte que l'ancien préjugé qui a fait croire que la valeur seule fait l'homme de guerre, cède insensiblement au goût des études militaires, que nous aurons introduit. Enfin, nous avons considéré que si le feu roi a fait construire l'hôtel des Invalides pour être le terme honorable où viendroient finir paisiblement leurs jours ceux qui auroient vieilli dans la profession des armes, nous ne pouvions mieux seconder ses vues qu'en fondant une école où la jeune noblesse qui doit entrer dans cette carrière, pût apprendre les principes de l'art de la guerre, les exercices et les opérations pratiques qui en dépendent, et les sciences sur lesquelles ils sont fondés. C'est par des motifs aussi pressants que nous nous sommes déterminés à faire bâtir incessamment auprès de notre bonne ville de Paris, et sous le titre d'*Ecole royale militaire*, un hôtel assez grand et assez spacieux pour recevoir non-seulement les cinq cents jeunes gentilshommes nés sans bien, pour lesquels nous le destinons, mais encore pour loger les officiers de nos troupes auxquels nous en confierons le commandement, les maîtres en tous genres qui seront préposés aux instructions et aux exercices, et tous ceux qui auront une part nécessaire à l'administration spirituelle et temporelle de cette maison. A ces causes etc., ordonnons ce qui suit.

Art. 1. Nous avons par notre présent édit, fondé et établi, fondons et établissons à perpétuité une école militaire, pour le logement, subsistance, entretien et éducation dans l'art militaire, de cinq cents jeunes gentilshommes de notre royaume, dans l'admission et le choix desquels il sera exactement observé ce que nous prescrirons ci-après. A l'effet de quoi, voulons qu'il soit choisi incessamment, aux environs de notre bonne ville de Paris, un terrain et emplacement propre et commode à construire et bâtir un hôtel pour loger lesdits cinq cents gentilshommes, et tous ceux que nous jugerons nécessaires à leur éducation et entretien, lequel hôtel sera appelé *Hôtel de l'Ecole royale Militaire.*

13. Comme nous nous sommes particulièrement proposé dans cet établissement, d'en faire un secours pour la noblesse de notre royaume, qui est hors d'état de procurer une éducation convenable à ses enfants, nous voulons et entendons qu'il n'y ait aussi que cette espèce de noblesse qui y ait part, et que l'on observe l'ordre suivant, dans l'admission desdits enfants; de sorte que la première classe soit toujours préférée à la seconde, la seconde à la troisième, et ainsi de suite jusqu'à la dernière.

14. La première classe sera des orphelins dont les pères auront été tués au service, ou seront morts de leurs blessures, soit au service, soit après s'en être retirés à cause de leurs blessures. La seconde classe, des orphelins dont les pères seront morts au service, d'une mort naturelle, ou qui ne s'en seront retirés qu'après trente ans de commission de quelque espèce que ce soit. La troisième classe, des enfants qui seront à la charge de leurs mères; leurs pères ayant été tués au service, ou étant morts de leurs blessures, soit au service, soit après s'en être retirés à cause de leurs blessures. La quatrième classe, des enfants qui seront à la charge de leurs mères, leurs pères étant morts au service d'une mort naturelle, ou après s'être retirés du service après trente ans de commission de quelque espèce que ce soit. La cinquième classe, des enfants dont les pères se trouveront actuellement au service. La sixième classe, des enfants dont les pères auront quitté le service par rapport à leur âge, leurs infirmités, ou pour quelque autre cause légitime. La septième classe, des enfants dont les pères n'auront pas servi, mais dont les ancêtres auront servi. La huitième classe enfin, des enfants de tout le reste de

la noblesse, qui, par son indigence, se trouvera dans le cas d'avoir besoin de nos secours.

15. On recevra lesdits enfants, depuis l'âge de huit à neuf ans, jusqu'à celui de dix à onze, à l'exception des orphelins, qui pourront être reçus jusqu'à l'âge de treize; en observant de n'en point admettre qui ne sachent lire et écrire, de façon que l'on puisse les appliquer tout de suite à l'étude des langues.

16. Il ne sera admis aucun élève dans ledit hôtel, qu'il n'ait fait preuve de quatre générations de noblesse de père, au moins; à l'effet de quoi les parents desdits élèves remettront au secrétaire d'État chargé du département de la guerre, un cahier contenant les faits généalogiques de leur naissance, avec les copies collationnées des titres justificatifs d'iceux; lesquels cahier et titres seront déposés aux archives de ladite école, après avoir été examinés et reconnus pour véritables par le généalogiste qui sera par nous choisi, et mention en sera faite sur le registre d'admission et d'entrée dans ladite école : et seront en outre tenus de rapporter la preuve que lesdits élèves sont dans l'une des classes portées en l'article 14, et mention en sera pareillement faite sur le registre d'entrée, avec les nom, surnom, âge et domicile des enfants admis.

17. La destination de ces enfants exigeant qu'ils soient bien conformés, il n'en sera reçu aucuns de contrefaits, ni d'estropiés; si cependant il leur arrivoit, tandis qu'ils seront dans ledit hôtel, quelque accident fâcheux qui ne permit pas qu'on les destinât pour la guerre, notre intention n'en est pas moins qu'ils y achèvent leurs études, sauf à les employer d'une manière convenable à leur situation, lorsqu'il s'agira de leur donner un état.

18. Tous les élèves de l'école militaire seront vêtus d'un uniforme dont nous réglerons la composition par une ordonnance particulière.

19. Lorsque lesdits enfants seront parvenus à l'âge de dix-huit ou vingt ans, et même lorsque dans un âge moins avancé, leur éducation se trouvera assez perfectionnée pour qu'ils puissent commencer à nous servir utilement, notre intention est qu'ils soient employés dans nos troupes, ou dans les autres parties de la guerre, suivant les talents et l'aptitude que l'on reconnoîtra en eux. Et pour qu'ils puissent se soutenir dans les premiers emplois qui leur seront confiés, nous voulons et entendons qu'il leur soit fait sur les fonds de l'école militaire, une pension de deux cents livres par année, laquelle leur sera continuée tant que nous le jugerons nécessaire, à l'effet de

quoi nous arrêterons tous les ans un état desdites pensions, lesquelles seront allouées, sans difficulté, dans les comptes du trésorier, en rapportant par lui ledit état, et les quittances nécessaires.

20. La protection singulière que nous avons résolu d'accorder à ceux de notre noblesse qui auront été élevés dans l'école militaire, exigeant de leur part une reconnoissance proportionnée au bienfait qu'ils auront reçu de nous, nous avons cru qu'il étoit nécessaire de leur donner une marque distinctive; laquelle, en les faisant reconnoître partout où ils se trouveront, leur remette sans cesse devant les yeux les obligations qu'ils auront contractées envers nous et notre Etat, et les porte, par ce souvenir, à donner l'exemple aux autres, et à répondre dans toutes les circonstances de leur vie, à l'éducation qu'ils auront reçue, à peine d'encourir notre disgrace, et d'être punis plus sévèrement que les autres, dans tous les cas où ils se montreroient indignes de notre protection. Nous voulons donc qu'en sortant de l'école militaire pour passer à quelque emploi que ce soit, ils reçoivent de nos mains une marque distinctive, qu'ils seront tenus de porter toute leur vie, ainsi et de la manière que nous l'ordonnerons par la suite.

21. Il sera pourvu par des réglements particuliers, à tout ce qui pourroit n'avoir pas été prévu, statué, dit et ordonné par notre présent édit, que nous voulons être exécuté en tout son contenu. Si donnons, etc.

N° 666. — DÉCLARATION *en interprétation de l'ordonnance du mois d'août 1735 sur les testaments.*

Versailles, 6 mars 1751. Reg. P. P. 23 avril (Rec. cons d'Etat).

PRÉAMBULE.

Louis, etc. Quoique par notre ordonnance du mois d'août 1735, concernant les testaments, nous eussions suffisamment déclaré nos intentions au sujet de la suscription des testaments mystiques qui sont reçus dans les pays de droit écrit, et dont nous avons confirmé l'usage par notredite ordonnance, néanmoins nous avons été informé que depuis ladite ordonnance plusieurs notaires ou tabellions des pays de droit écrit ne croient pas être assujettis à écrire de leur propre main les actes de suscription desdits testaments, sur le fondement que, dans l'article 9 de ladite ordonnance, il est seulement porté qu'ils dresseront l'acte de suscription, et qu'il n'est point dit en termes formels qu'ils l'écriront de leur main, ainsi qu'il est prescrit par l'article 5 de ladite ordonnance à l'égard des testaments nuncupatifs. La différence des termes dans lesquels sont conçus ledit article 5 et l'article 9 ne doit point donner une interprétation différente à l'une et l'autre de ces dispositions, d'autant plus que par l'article 12 de ladite ordonnance il est porté en termes exprès que le notaire ou tabellion écrira l'acte de suscription. Nonobstant une disposition si expresse, les notaires et tabellions des pays de droit écrit ont cru pouvoir suivre l'ancien usage dans lequel ils étoient de faire écrire par leurs clercs la suscription des testaments mystiques, se réservant la seule fonction de signer lesdites suscriptions. Ils se sont fondés sur ce que dans l'article 12 de ladite ordonnance, qui prescrit des formalités particulières pour les testaments mystiques de ceux qui ne peuvent parler, il est dit que le notaire écrira l'acte de suscription, au lieu que l'article 9, dans lequel il est parlé des testaments mystiques en général, porte que le notaire ou tabellion dressera l'acte de suscription, comme s'il pouvoit y avoir à cet égard une différence entre les testaments mystiques de ceux qui ne peuvent parler et les testaments des personnes qui ne sont pas privées de l'usage de la parole. La seule différence que l'article 12 établit entre les testaments des uns et des autres consiste à obliger celui qui ne peut parler d'écrire de sa propre main au haut de l'acte de suscription, en présence du notaire ou tabellion, que l'écrit qu'il présente est son testament, et le notaire ou tabellion qui écrit l'acte de suscription, de faire mention dans cet acte que le testateur a écrit ces mots en sa présence et en celle des témoins, au lieu que dans les autres testaments mystiques, faits par ceux qui ne sont pas privés de l'usage de la parole, ces formalités ne sont pas nécessaires. C'est ainsi qu'en s'arrêtant scrupuleusement à la différence des termes de l'article 9 et de l'article 12, ils ont cru y trouver une différente signification, sans considérer que l'art. 42 de ladite ordonnance porte disertement que les clercs, serviteurs ou domestiques du notaire ou tabellion, ou autre personne publique qui reçoit un testament ou codicile, ne peuvent être pris pour témoins dans les testaments ou codiciles, et qu'à plus forte raison le clerc du notaire qui reçoit un testament ne peut écrire de sa propre main une disposition qui fait en quelque manière partie du testament. Nous fûmes informé en l'année 1745 que cet abus avoit lieu dans le ressort de notre parlement de Provence, dans lequel les notaires et tabellions s'étoient maintenus dans l'usage de faire écrire par leurs clercs la suscription des testaments mystiques, sur le fondement de la fausse interprétation qu'ils donnoient aux termes de l'article 9. C'est ce qui nous engagea, par notre déclaration du 24 mars 1745, adressée à notre parlement de Provence, d'expliquer nos intentions sur l'interprétation qu'on doit donner à l'article 9 de ladite ordonnance, en prononçant expressément la peine de nullité à l'égard des testaments mystiques dont l'acte de suscription ne seroit pas écrit de la main du notaire ou tabellion qui reçoit lesdits testaments. Par une autre déclaration du 26 janvier dernier, nous avons étendu la disposition de cette loi dans notre province de Guyenne et le ressort de notre parlement de Bordeaux; mais nous avons été instruit que les notaires et tabellions de toutes les provinces du royaume qui sont régies par le droit écrit tomboient tous les jours dans la même faute, en laissant écrire par leurs clercs les suscriptions des testaments mystiques qu'ils reçoivent. Nous croyons donc devoir renouveler pour toutes nos provinces qui sont régies par le droit écrit une loi que nous n'avons renouvelée, par les deux déclarations susdites, que pour nos provinces de Provence et de Guyenne, afin qu'il n'y ait à l'avenir aucune différence dans les jugements sur cette matière dans tous les tribunaux de notre royaume. A ces causes, etc.

N° 667. — DÉCLARATION *sur l'administration de l'hôpital général de la ville de Paris, portant que l'autorité et juridiction spirituelle sur cet établissement appartiendra à l'archevêque de Paris* (1).

Versailles, 24 mars 1751. Reg. P. P. 20 juillet. (Rec. cons. d'État

N° 668. — CONVENTION *définitive entre la France et l'Electeur Palatin concernant la navigation du Rhin.*

28 avril 1751. (Koch, I, 479.)

N° 669. — EDIT *portant création de 2,000,000 de liv. de rentes viagères sur l'Hôtel-de-Ville de Paris, et de 900,000 liv. de rentes héréditaires sur la ferme générale des postes.*

Marly, mai 1751. Reg., du très-exprès commandement du roi, 29. (Archiv.)

N° 670. — ORDONNANCE *concernant les haras du Roussillon.*

Versailles, 15 juin 1751. (Archiv.)

(1) Cette déclaration fut enregistrée avec des modifications par le parlement, ce qui mécontenta Louis XV et amena un débat très-vif entre lui et les magistrats; ce débat s'envenima encore l'année d'après par les affaires de la bulle *Unigenitus.*

N° 671. — ARRÊT *du conseil qui fait défenses à toutes communautés de vendre leurs bois à la feuille.*

Versailles, 7 décembre 1751. (Baudrillart, I, 359.)

N° 672. — DÉCLARATION *en interprétation de l'édit du mois de novembre 1750, portant création d'une noblesse militaire.*

Versailles, 22 janvier 1752. Reg. P. P. 3 mars. (Archiv.)

LOUIS, etc. Lorsque nous avons donné notre édit du mois de novembre 1750, portant création d'une noblesse militaire, notre intention a été que la profession des armes pût anoblir de droit à l'avenir ceux de nos officiers qui auroient rempli des conditions qui y sont prescrites, sans qu'ils eussent besoin de recourir aux formalités des lettres particulières d'anoblissement. Nous avons cru devoir épargner à des officiers parvenus aux premiers grades de guerre, et qui ont toujours vécu avec distinction, la peine d'avouer un défaut de naissance, souvent ignoré; et il nous a paru juste que les services de plusieurs générations, dans une profession aussi noble que celle des armes, pussent par eux-mêmes conférer la noblesse : mais en accordant à nos officiers, une grace aussi signalée, notre intention a toujours été qu'elle ne pût jamais devenir onéreuse à nos sujets taillables, ni troubler l'ordre des successions, par les abus qui pourroient naître de l'incertitude ou l'insuffisance de titres qui doivent établir la preuve de cette noblesse. De si justes motifs nous ont déterminé à expliquer plus précisément dans notre présente déclaration notre volonté sur les dispositions de quelques articles du mois de novembre 1750. A ces causes, etc. voulons et nous plaît ce qui suit :

ART. 1. Ceux qui seront actuellement dans notre service, et qui n'auront point encore rempli les conditions prescrites par notre édit du mois de novembre 1750, pour acquérir l'exemption de tailles, n'auront pas le droit qu'ont les nobles, ni même les privilégiés, de faire valoir aucune charrue.

2. Ceux qui auront rempli les conditions portées par l'édit pour acquérir l'exemption de la taille, soit qu'ils soient encore à notre service, soit qu'ils s'en soient retirés, pourront faire valoir deux charrues seulement.

3. Au lieu des certificats de services dont il est parlé dans l'art. 7 de notre édit du mois de novembre 1750, et dans les articles suivants dudit édit, nous voulons qu'à ceux de nos officiers qui auront accompli leur temps, ou qui seront dans

quelqu'un des autres cas prévus par lesdits articles, il soit délivré des lettres scellées de notre grand sceau, sous le titre de lettres d'approbation de services, lesquelles contiendront les mêmes attestations que devoient porter lesdits certificats; et ne seront lesdites lettres sujettes à aucun enregistrement.

4. Pourront les officiers qui auront obtenu lesdites lettres, les déposer pour minutes aux greffes de nos cours de parlement, dont leur sera délivré des expéditions sans frais; pourront pareillement faire lesdits dépôts en nos chambres des comptes et cours des aides, dérogeant à l'article 15 de notre édit du mois de novembre 1750, quant à la faculté de faire lesdits dépôts chez les notaires. Si donnons, etc.

N° 673. — ARRÊT *du conseil qui ordonne que les deux premiers volumes de l'ouvrage intitulé* : Encyclopédie, ou Journal raisonné des Sciences, Arts et Métiers, etc., *seront supprimés.*

Versailles, 7 février 1752. (Archiv.)

Le roi, s'étant fait rendre compte de ce qui s'est passé au sujet d'un ouvrage intitulé Encyclopédie, ou Dictionnaire raisonné des sciences, des arts et des métiers, par une société de gens de lettres, dont il n'y a encore que deux volumes imprimés, S. M. a reconnu que, dans ces deux volumes, on a affecté d'insérer plusieurs maximes tendantes à détruire l'autorité royale, à établir l'esprit d'indépendance et de révolte, et, sous des noms obscurs et équivoques, à élever les fondements de l'erreur, de la corruption des mœurs, de l'irréligion et de l'incrédulité. S. M., toujours attentive à ce qui touche l'ordre public et l'honneur de la religion, a jugé à propos d'interposer son autorité pour arrêter les suites que pourroient avoir des maximes si pernicieuses répandues dans cet ouvrage : à quoi voulant pourvoir; ouï le rapport, le roi étant en son conseil, de l'avis de monsieur le chancelier, a ordonné et ordonne que les deux premiers volumes de l'ouvrage intitulé Encyclopédie, ou Dictionnaire raisonné des sciences, arts et métiers, par une société de gens de lettres, seront et demeureront supprimés. Fait très-expresses inhibitions et défenses à tous imprimeurs, libraires et autres, de réimprimer ou faire réimprimer lesdits deux volumes; comme aussi de vendre, débiter, ou autrement distribuer les exemplaires imprimés qui leur restent, à peine de mille livres d'amende, et de telle autre peine qu'il appartiendra, même en ce qui concerne les imprimeurs et libraires, à peine de déchéance et de privation de la maîtrise

Et sera le présent arrêt lu, publié et affiché partout où besoin sera.

N° 674. — TRAITÉ *préliminaire de limites entre la France et le Wurtemberg.*

14 février 1752. (Koch, I, 493.)

N° 675. — ARRÊT *du parlement de Paris qui défend les refus de sacrements* (1).

18 avril 1752. (Rec. cons. d'état.)

La cour a arrêté qu'il sera fait registre de la réponse du roi, sans néanmoins que la cour suspende à l'avenir l'exercice de l'autorité qui lui est confiée, ni cesse de prévenir ou de réprimer le scandale causé par le refus public des sacrements qui seroit fait à l'occasion de la constitution *Unigenitus*, en lui donnant le caractère d'une règle de foi; et cependant sursis aux procédures incommencées : et pour se conformer aux intentions du seigneur roi et concourir à maintenir le bon ordre et la paix, a été arrêté que les gens du roi seront mandés et que sa réponse leur sera remise ès mains à l'effet de prendre par eux sur-le-champ des conclusions sur le règlement que la cour entend faire à ce sujet : comme aussi que M. le premier président sera chargé de représenter audit seigneur roi les inconvénients qu'il y auroit à soustraire les accusés aux poursuites

---

(1) Quoique les querelles occasionées par le jansénisme, la bulle *Unigenitus* et les refus de sacrements, paroissent d'un bien médiocre intérêt aujourd'hui, elles tiennent une place trop importante dans l'histoire du temps, pour que nous ne soyons pas dans l'obligation de rapporter les principaux actes législatifs et judiciaires relatifs à ces interminables discussions. L'arrêt du 18 avril 1752, provint de ce que le parlement ayant décrété de prise de corps le curé de Saint-Etienne-du-Mont, et ce décret ayant été cassé par un arrêt du conseil, des remontrances furent adressées au roi et attirèrent de sa part la réponse suivante :

« J'ai examiné en mon conseil les différentes remontrances de mon parlement : j'écouterai toujours favorablement celles qu'il me fera lorsqu'elles auront pour objet le bien de la religion et la tranquillité de l'Etat.

« Pénétré du danger de laisser introduire le schisme, et de la nécessité d'arrêter tout scandale, je me suis toujours occupé du soin de maintenir le calme dans les esprits et de faire rendre à l'Eglise le respect et l'obéissance qui lui sont dus.

« Je m'occuperai toujours à arrêter et prévenir tout ce qui pourroit être contraire à la sagesse des mesures dont j'ai vu avec satisfaction le fruit pendant plusieurs années.

« J'ai puni le curé de Saint-Laurent d'Orléans dès que j'ai été informé de la conduite qu'il avoit tenue.

« Je me fais rendre compte de celle du curé de Moussy-Lévêque, pour m'assurer de la vérité des faits qu'on lui impute.

« J'ai pris des mesures pour retirer le curé de Saint-Etienne-du-Mont

régulières de la justice par des voies d'autorité dont les exemples ne peuvent qu'être très-dangereux; et qui, loin d'en imposer aux coupables, pourroient être regardés comme un abri contre la sévérité des lois et des procédures juridiques, et un moyen sûr pour éluder l'exécution des arrêts du parlement. La cour, en délibérant à l'occasion de la réponse du roi aux remontrances; ouïs les gens du roi en leurs conclusions, fait défenses à tout ecclésiastique de faire aucuns actes tendants au schisme; et notamment de faire aucun refus public des sacrements sous prétexte de défaut de représentation d'un billet de confession ou de déclaration du nom du confesseur, ou de l'acceptation de la bulle *Unigenitus*; leur enjoint de se conformer dans l'administration extérieure des sacrements aux canons et réglements autorisés dans le royaume; leur fait pareillement défenses de se servir dans leurs sermons à l'occasion de ladite bulle, des termes d'hérétiques, schismatiques, novateurs, jansénistes, sémi-pélagiens, et autres noms de partis; le tout à peine contre les contrevenants d'être poursuivis comme perturbateurs du repos public et punis selon la rigueur des ordonnances. Ordonne que le présent arrêt sera imprimé, lu, etc.

N° 676. — Arrêt *du conseil concernant la* constitution Unigenitus.

Versailles, 29 avril 1752. (Rec. cons. d'État.)

PRÉAMBULE.

Le roi, par ses déclarations des 4 août 1720 et 24 mars 1730,

d'une paroisse dans laquelle il s'est conduit d'une manière plus capable d'échauffer les esprits que de les ramener à l'union et à la concorde.

« Mon intention n'a jamais été d'ôter à mon parlement toute connoissance de la matière dont il s'agit, et si je lui ai ordonné, comme je le fais encore, de me rendre compte des dénonciations qui lui seront faites sur de pareils objets, ce n'a été, et ce n'est que pour me mettre en état de juger par moi-même des voies qu'il convient d'employer dans chaque circonstance, la procédure ordinaire n'étant pas toujours la plus propre, par son éclat, à maintenir le bon ordre et la paix qui est le seul bien que je me propose et dans lequel mon parlement doit chercher à concourir avec moi.

« Je renouvellerai tout ce que j'ai déjà prescrit pour imposer silence sur des disputes qu'on voudroit faire renaître et qui devroient être assoupies, et j'emploierai mon autorité pour y parvenir.

« Mon parlement étant pleinement instruit de mes intentions, et obéissant à mes ordres, cessera toutes les poursuites et procédures qu'il a commencées sur cette matière, et il reprendra sans différer ses fonctions ordinaires pour rendre la justice à mes peuples. »

Le lendemain du jour où cette réponse fut adressée au parlement, l'arrêt du 18 avril fut rendu; les choses, loin de s'apaiser, continuèrent à s'aigrir, et dans le courant de 1753, le parlement fut exilé à Pontoise, et la chambre royale fut créée pour le remplacer.

et par l'arrêt rendu en son conseil le 5 septembre 1731, ayant eu pour objet de faire rendre à la constitution *Unigenitus* le respect et la soumission qui lui sont dus, comme à une loi de l'Eglise et de l'Etat, et à un jugement de l'Eglise universelle en matière de doctrine; et de pourvoir en même temps, pour faire cesser toutes les contestations qui s'étoient élevés à ce sujet, à ce qu'il ne fût rien exigé au-delà de ce qui est prescrit par l'article 3 de ladite déclaration du 4 août 1720, et par l'article 5 de celle du 24 mars 1730 : S. M. auroit vu avec satisfaction que la sagesse de ces dispositions avoit ramené la paix et la tranquillité. Mais voyant avec douleur s'élever sur la même matière de nouveaux sujets de division, dont les suites peuvent être également contraires au bien de la religion et de l'Etat, S. M. se seroit proposé de renouveler les dispositions desdites déclarations et arrêt, et de veiller de plus en plus, avec l'attention que son respect et son amour pour la religion lui inspireront toujours, à ce que, sous prétexte d'arrêter le trouble et le scandale, les juges séculiers n'excèdent point les bornes de l'autorité qui leur est confiée, en imposant aux ministres de l'Eglise des lois sur des matières purement spirituelles, telles que la dispensation des choses saintes, dont ils ne tiennent le pouvoir que de Dieu seul. Et pour connoître quelles peuvent avoir été les véritables causes des nouveaux troubles qui viennent de s'élever, et y remédier, S. M. se propose de nommer incessamment dans l'ordre épiscopal et dans la magistrature, ceux qu'elle jugera à propos de choisir, à l'effet de prendre, sur leur avis, les mesures qu'elle estimera les plus convenables pour éteindre absolument toutes ces disputes, et réprimer également de tous côtés ce qui pourroit altérer l'accord du sacerdoce et de l'empire, dont la désunion a été dans tous les temps la source du scandale, et quelquefois même du schisme; et cependant S. M. entend se faire rendre compte des différends qui pourroient survenir sur la matière dont il s'agit, afin, suivant les circonstances, de juger par elle-même de ceux qui devront être renvoyés aux juges ecclésiastiques, ou à ses juges, et de ceux qu'il conviendra de terminer par d'autres voies que celle des procédures, dont l'éclat en pareil cas est souvent nuisible au bon ordre et à la paix, qui sont le véritable objet que S. M. se propose; à quoi voulant pourvoir, etc.

N° 677. — DÉCLARATION *concernant la juridiction ecclésiastique.*

Versailles, 2 juin 1752. Reg. P. P. 3 juillet 1752. (Archiv.)

N° 678. — ARRÊT *du conseil concernant les distributeurs de remèdes et la police des trois corps de la médecine.*

Fontainebleau, 13 octobre 1752. Archiv.

N° 679. — ORDONNANCE *concernant ce qui doit être observé par rapport aux maronites et autres chrétiens orientaux, et aux esclaves rachetés qui se trouveront dans le royaume.*

Versailles, 8 janvier 1753. (Archiv.)

N° 680. — LETTRES PATENTES *portant règlement pour la police des prisons.*

Versailles, 6 février 1753. Reg. P. P. 20 mars. Archiv.

N° 681. — CONVENTION *préliminaire de commerce entre la France et la Prusse.*

Paris, 14 février 1753. (Wenck, I. 722.)

N° 682. — DÉCLARATION *qui transfère le parlement de Paris dans la ville de Pontoise.*

Versailles, 11 mai 1753. Reg. P. P. 17. Rec. cons. d'État.

Louis, etc. Ayant résolu de transférer notre cour de parlement de la ville de Paris en celle de Pontoise, nous avons en conséquence envoyé nos ordres aux officiers de notre parlement, qui doivent se rendre dans la ville de Pontoise, et voulant pourvoir à ce que la justice y soit rendue à nos sujets : à ces causes, etc. voulons et nous plaît, que les officiers de notre cour de parlement, auxquels nous avons donné ordre le jour d'hier de se rendre à Pontoise dans deux fois vingt-quatre heures, se rassemblent dans ladite ville de Pontoise, dans laquelle nous avons, de notre même puissance et autorité, transféré le siège de notredite cour de parlement, pour, par nosdits officiers, y rendre la justice à nos sujets, et y faire les fonctions de leurs charges, tant et si longuement qu'il nous plaira; interdisons à tous nosdits officiers l'exercice et fonctions de leurs charges dans notre ville de Paris; défendons aussi très-expressément à tous nos sujets, de quelque qualité et condition qu'ils soient, de se pourvoir, après la publication des présentes, ailleurs que par-devant notredit parlement séant à Pontoise; faisons pareillement défenses à tous huissiers et sergents de donner aucuns exploits, soit en première instance ou sur l'appel susdit parlement, qu'ils n'y insèrent sa résidence à Pontoise, à peine de nullité desdits exploits et des jugements qui interviendroient sur iceux, et de deux cents livres d'amende contre l'huissier; comme aussi à tous contrôleurs desdits exploits, de les contrôler, si ladite résidence n'y est exprimée, sous les mêmes peines : leur enjoignons de les retenir, et en nous les dénonçant et représentant, déclarons la moitié de l'amende encourue contre l'huissier, leur appartenir. Si donnons, etc.

N° 683. — TRAITÉ d'union entre la France et Liège.

15 mai 1753. (Koch, I, 512; II, 85.)

N° 684. — ORDONNANCE qui défend à tous capitaines, maîtres et patrons de navires ou autres bâtiments de mer français, de porter dans l'île de Corse aucunes armes, munitions ou ustensiles de guerre.

Marly, 28 mai 1753. (Archiv.)

N° 685. — RÈGLEMENT pour la police et discipline des équipages des navires expédiés pour les colonies de l'Amérique.

Versailles, 22 juin 1753. (Archiv.)

N° 686. — ARRÊT du conseil qui défend aux gardes de chasser.

Versailles, 28 août 1753. (Baudrillart.)

N° 687. — LETTRES PATENTES en forme de commission portant établissement d'une chambre des vacations dans le couvent des Grands-Augustins de Paris.

Versailles, 18 septembre 1753. Reg. en ladite chambre 22 septembre. (Rec. cons. d'Etat.)

LOUIS, etc. A nos amés et féaux les sieurs Feydeau de Brou, Poulletier, Feydeau de Marville, le Peletier de Beaupré, Pallu, et Pontcarré de Viarme, conseillers en notre conseil d'Etat; et à nos amés et féaux les sieurs Poncher, Maboul, Choppin, Bignon, Baillon, d'Argouges, Maynon d'Invau, de Berulle, Boutin, de la Corée, Cypierre, Pajot de Marcheval, Boullongne, Miromenil, Feydeau de Brou, de la Blinière, Degourgues, Turgot, Rouillé d'Orfeuil, et Amelot, conseillers en nos conseils, maîtres des requêtes ordinaires de notre hôtel, salut. N'ayant pas jugé à propos, par de grandes considérations, d'établir une chambre des vacations à Pontoise, où nous avons transféré notre cour de parlement de Paris, par notre déclaration du 11 mai dernier; la justice que nous devons à nos sujets nous oblige de commettre d'autres juges, auxquels ils puissent s'adresser pour l'obtenir aussi promptement que la nature des affaires qui se traitent ordinairement dans la chambre des vacations, le demande. A ces causes, évoquons à nous et à notre conseil, tous les procès et instances pendants en notredite cour de parlement, tant en matière civile que criminelle, qu'il est d'usage d'instruire et juger pendant les vacations, suivant l'édit du mois d'août 1669, et icelles, circonstances et dépendances, ensemble celles de même nature qui pourront naître pendant la durée de la présente commission, vous avons renvoyé et renvoyons, vous commettant, ordonnant et députant, pour les instruire et juger souverainement et en dernier ressort, au nombre de huit au moins, suivant ledit édit, et ce jusqu'à la fête de la Saint-Martin; à l'effet de quoi, vous en avons attribué et attribuons tout pouvoir et jurisdiction, pour l'exercer et tenir vos séances dans une des salles du couvent des Grands-Augustins de Paris. Faisons très-expresses inhibitions et défenses à toutes parties de se pourvoir, à tous huissiers de donner aucunes assignations, ni faire aucuns exploits pour raison desdites affaires de la compétence de la chambre des vacations, ailleurs que devant vous; à peine contre les parties, de nullité, et de tous dépens, dommages et intérêts, et contre les huissiers de trois mille livres d'amende. Les avocats en nos conseils seront tenus d'occuper par-devant vous, dans les causes ou instances dont ils seront chargés par les parties. Avons commis et commettons par ces présentes le sieur Bourgeois de Boynes, conseiller en nos conseils, maître des requêtes ordinaire de notre hôtel, pour faire et exercer les fonctions de notre procureur-général en la présente commission, auquel nous permettons de se choisir et nommer tels substituts, et en tel nombre qu'il jugera à propos. Avons pareillement commis et commettons le sieur Vitry pour greffier en chef de ladite commission, tant pour le civil que pour le criminel; et le sieur Orry pour premier et principal commis au greffe criminel de ladite commission. Ordonnons que par les greffiers de notre cour de parlement, séant à Pontoise, toutes les pièces et procédures étant en leur greffe, qui seront nécessaires au jugement desdits procès et instances, seront remises, dans trois jours de la réquisition qui en sera faite, au greffe de ladite commission; à quoi faire ils seront contraints par toutes voies dues et raisonnables, même par corps, quoi faisant déchargés. Voulons qu'outre les jours qui seront par vous réglés pour faire le rapport desdits procès, par ceux auxquels ils auront été distribués, il soit tous les mercredi et vendredi de chaque semaine, et autres jours par vous réglés, donné audience à huis-clos, pour les affaires provisoires d'instruction, opposition à l'exécution des arrêts de défenses, et autres qui se trouveront requérir célérité : et pour en faciliter l'expédition, que par chaque semaine il soit fait des rôles en papier, par ledit sieur Feydeau de Brou, et en son absence, par celui qui présidera, et de lui seulement signés, lesquels seront publiés à la barre deux jours au moins avant que d'être plaidés, et ce par le premier des huissiers en nos conseils, ou à leur défaut, des requêtes de l'hôtel qui auront été par vous choisis et nommés pour faire les fonctions d'huissiers de ladite commission, ainsi que nous vous en donnons le pouvoir, et par lui communiqués en la forme ordinaire, et ensuite remis ès mains de l'huissier de service, sans autres frais ni droits que ceux qu'on a accoutumé de taxer aux huissiers du parlement de Paris, pour l'appel des causes à la barre ; et en cas qu'il soit fête les mercredi et vendredi, l'audience sera tenue les mardi et jeudi précédents. Voulons, après que les rôles auront été ainsi publiés, que les défauts et congés qui seront donnés contre les défaillants, ne puissent être rabattus dans la huitaine, ni les parties se pourvoir par opposition, et autrement que par requête civile. Si vous mandons, etc.

N° 688. — EDIT *concernant la délivrance des prisonniers pour crimes, qui se trouvent à l'avènement des évêques d'Orléans, dans les prisons de cette ville.*

Fontainebleau, novembre 1753. Reg. Ch. des vacations, 10 (Rec. cons. d'état.)

PRÉAMBULE.

Louis, etc. Le pouvoir du glaive et la punition des crimes par la sévérité des peines, étant un des attributs les plus inséparables de la puissance souveraine, il n'appartient aussi qu'à elle seule d'en faire grace, et d'user de clémence envers les coupables. Mais dans l'exercice d'un droit dont les souverains sont avec raison si jaloux, les premiers empereurs chrétiens, par un respect filial pour l'Eglise, donnoient un accès favorable aux supplications de ses ministres pour les criminels ; et à leur exemple les anciens rois nos prédécesseurs, déféroient souvent à l'intercession charitable des évêques, surtout en des occasions solennelles où l'Eglise usoit aussi quelquefois d'indulgence envers les pêcheurs, en se relâchant de l'austérité des pénitences canoniques : c'est à quoi l'on doit sans doute attribuer ce qui paroît s'être pratiqué depuis plusieurs siècles à l'avènement des évêques d'Orléans, pour la délivrance des prisonniers pour crimes, qui, au jour de leur entrée solennelle dans leur siège épiscopal, se trouvoient dans les prisons de cette ville. Mais cet usage n'étant pas soutenu par des titres d'une autorité inébranlable, et ses effets trop susceptibles d'abus n'ayant jamais reçu ni les bornes légitimes, ni la forme régulière qui auroient pu leur convenir, il a éprouvé la contradiction de nos principaux officiers chargés de la dispensation de la justice et du maintien de notre autorité; et non-seulement il a donné lieu à des incertitudes dangereuses sur l'état des hommes et sur le sort des familles, mais il s'est même quelquefois trouvé fatal à ceux de qui la confiance aveugle s'étoit reposée de leur sûreté sur sa foi. Un objet si digne de notre attention, demande qu'il y soit pourvu par nous; et après l'avoir mis en considération dans notre conseil, nous voulons nous en expliquer de la manière que nous avons jugé la plus propre à concilier les priviléges avec les droits inviolables de notre souveraine puissance, à exclure les abus qu'on en voudroit faire, et à remédier aux inconvénients qui pourroient s'y rencontrer. Animés du même esprit que les rois nos prédécesseurs, nous n'avons pas cru pouvoir refuser quelque égard favorable à un usage que son antiquité rend vénérable dans sa singularité même, et pour lequel sollicite en quelque sorte la sainteté des évêques, qui dès les premiers siècles de l'Eglise ont illustré le siège d'Orléans; nous avons jugé plus digne de nous, de le régler, en le rappelant à une forme légitime et lui donnant des bornes convenables, et de l'affermir sur des fondements solides qu'il ne sauroit tenir que de notre autorité. A ces causes, etc.

N° 689. — LETTRES PATENTES *portant établissement d'une chambre royale dans le château du Louvre.* (1).

Fontainebleau, 11 novembre 1753. (Rec. cons. d'Etat.)

PRÉAMBULE.

Louis, etc. Un des principaux devoirs des rois est de rendre la justice aux peuples que la Providence leur a confiés; et comme ils ne peuvent par eux-mêmes vaquer à cette importante fonction, ils sont dans l'obligation d'en commettre le soin à des personnes capables de la remplir à leur décharge. Les parlements ont été chargés de l'exercice de cette portion de notre autorité, et nous avons éprouvé l'utilité des services

---

(1) Cette chambre fut supprimée par lettres patentes du 30 août 1754.

qu'ils nous ont rendus, tant qu'ils se sont contenus dans les bornes du pouvoir que nous leur avons confié, et qu'ils en ont rempli assidûment les fonctions, ainsi qu'ils nous le doivent, qu'ils le doivent à nos peuples, et qu'ils se le doivent à eux-mêmes : nous voyons, à notre grand regret, notre parlement de Paris, s'écarter depuis quelque temps de ces principes, et oublier un devoir aussi essentiel. Il a arrêté le 5 mai dernier de cesser son service ordinaire : le 7 mai il a refusé d'obéir aux lettres patentes que nous lui avons envoyées, pour lui ordonner de le reprendre; et lorsque nous l'avons transféré à Pontoise, il n'a enregistré la déclaration de sa translation, qu'en renouvelant les arrêtés qui privent nos sujets des secours nécessaires de la justice. Nous avons toléré cette conduite jusqu'à la fin des séances ordinaires de notre parlement, dans l'espérance où nous étions que le temps et ses propres réflexions le ramèneroient à ses devoirs : mais nos vues à cet égard, n'ayant point eu le succès que nous désirions, et nous trouvant dans la nécessité de pourvoir pendant les vacations, à l'administration de la justice déjà trop long-temps suspendue, nous ne pûmes la confier à des magistrats d'une compagnie qui s'y refusoit; et nous fîmes choix pour les remplacer, de quelques personnes de notre conseil. Le temps de leur commission étant expiré, il est nécessaire de rendre à la justice son cours ordinaire, dans toute son étendue; et nous avons estimé ne pouvoir mieux remplir cet objet, qu'en nommant à cet effet tous les magistrats qui ont entrée dans notre conseil, et dont l'état et les occupations peuvent se concilier avec celles que nous leur destinons. A ces causes, etc.

N° 690. — RENOUVELLEMENT *de l'alliance entre la France et la Suède.*

17 janvier 1754. (Koch, I, 512.)

N° 691. — TRAITÉ *renouvelé d'alliance entre la France et le Danemark.*

30 janvier 1754. (Koch. I, 522.)

N° 692. — LETTRES PATENTES *portant suppression de la chambre royale.*

Versailles, 30 août 1754. (Rec. cons. d'état.)

Louis, etc. Par nos lettres patentes en forme de déclaration, du 11 novembre dernier, nous avons établi en notre château du Louvre un siège, et chambre de justice appelée *chambre royale*, pour connoître de toutes matières civiles, criminelles et de police, qui sont de la compétence du parlement; et nous avons composé cette chambre de plusieurs de nos conseillers en notre conseil d'Etat, et maîtres des requêtes ordinaires de notre hôtel. Nous ne laisserons échapper aucune occasion de leur donner des marques de la satisfaction que nous avons de leur fidélité et de leur affection à notre service, dont nous avons reçu de nouveaux témoignages dans l'administration de la justice, qu'ils ont rendue à nos peuples, sans que leurs fonctions dans nos conseils en aient été interrompues : mais cet établissement devenant sans objet par la résolution que nous avons prise de rappeler notre cour de parlement dans notre bonne ville de Paris, pour y reprendre ses fonctions. A ces causes, etc., supprimons notre chambre royale établie par nos lettres patentes en forme de déclaration, du 11 novembre dernier. Ordonnons que les minutes des greffes de notredite chambre royale seront portées au greffe de notre conseil. Si donnons, etc.

N° 693. — DÉCLARATION *renouvelant les lois du silence, et défendant de s'occuper de matières religieuses.*

Fontainebleau, 8 octobre 1754. Reg. P. P. 17, (Rec. cons. d'Etat.)

Louis, etc. Depuis notre avènement à la couronne, nous n'avons cessé de nous occuper du soin d'apaiser les divisions qui pourroient troubler le repos et le bonheur de nos sujets. C'est avec une vraie douleur que depuis quelque temps nous en avons vu renaître de nouvelles sur des matières qui ne sauroient être agitées sans nuire également au bien de la religion et à celui de l'Etat; nous avons reconnu dans tous les temps que le silence est le moyen le plus efficace pour arrêter le cours d'un mal aussi dangereux, et le plus capable de rétablir et de maintenir l'ordre et la tranquillité publique. C'est dans cette vue que nous avons résolu de renouveler les lois du silence imposé depuis tant d'années; et pour éloigner même de plus en plus tout ce qui pourroit y apporter quelque obstacle, nous nous proposons d'arrêter le cours et les effets de toutes les procédures ordonnées à l'occasion des derniers troubles, et d'assurer par un entier oubli du passé le succès des mesures que nous avons prises pour l'avenir. A ces causes, etc., ordonnons que le silence, imposé depuis tant d'années sur les matières qui ont fait l'objet des dernières divisions, soit inviolablement observé. Enjoignons à notre cour de parlement de Bretagne de tenir la main à ce que d'aucune part il ne soit rien fait, tenté, entrepris ou innové, qui puisse être contraire à ce silence, et à la paix que nous voulons faire régner dans nos états, et de procéder contre les contrevenants, conformément aux lois et ordonnances. Voulons néanmoins, et entendons que toutes les poursuites et procédures qui pourroient avoir été rendues par contumace, depuis le commencement, et à l'occasion des derniers troubles qui se sont élevés jusqu'au jour des présentes, demeurent sans aucune suite et sans aucun effet, sans préjudice des jugements définitifs rendus contradictoirement et en dernier ressort, sauf aux parties contre lesquelles ils auroient été rendus, à se pourvoir, s'il y a lieu, par les voies de droit. Si donnons, etc.

N° 694. — DÉCLARATION *pour proroger les séances du parlement*.

Versailles, 27 août 1755. Reg. P. P. 29. (Archiv.)

N° 695. — ARRÊT *du conseil portant règlement sur les matériaux à prendre dans les propriétés particulières pour l'usage des ponts et chaussées.*

7 septembre 1755. (Davennes, Régl. sur la voirie, 93. — Ravinet, Code des ponts-et-chaussées et des mines.)

Le roi étant informé que les entrepreneurs des ponts-et-chaussées du royaume sont quelquefois troublés dans l'exécution des ouvrages dont ils sont adjudicataires, par les propriétaires de fonds sur lesquels ils sont obligés de prendre les matériaux qui leur sont nécessaires, ou même par les seigneurs directs ou justiciers desdits fonds : comme aussi, que lorsqu'ils se trouvent obligés de prendre lesdits matériaux dans les bois et forêts appartenants à S. M., et sur les bords desdites forêts ou dans les bois appartenants à des ecclésiastiques, communautés laïques et autres gens de main-morte, il se forme des conflits entre les officiers des maîtrises des eaux et forêts, d'une part, à qui la police des bois et la manutention de tout ce qui concerne leur conservation est attribuée, et les officiers des bureaux des finances, d'autre, qui ont la connoissance de ce qui concerne les adjudications des ouvrages des ponts-et-chaussées ; et S. M. voulant tout à la fois prévenir les inconvénients ci-dessus, et assurer de plus en plus l'exécution des règlements précédemment rendus concernant l'exemption de tous droits pour lesdits matériaux lors de leur transport par terre ou par eau ; elle auroit jugé à propos d'expliquer ses intentions sur cet objet, et de donner de plus en plus des marques de sa protection à des ouvrages dont l'utilité est reconnue, et qui, en facilitant les communications et le commerce, augmentent les produits des droits mêmes auxquels on voudroit assujettir ceux qui les construisent : sur quoi, ouï le rapport du sieur Moreau de Séchelles, conseiller d'Etat ordinaire, et au conseil royal, contrôleur-général des finances, le roi étant en son conseil a ordonné et ordonne ce qui suit.

Art. 1. Les arrêts du conseil des 3 octobre 1667, 3 décembre 1672 et 22 juin 1706 seront exécutés selon leur forme et teneur ; en conséquence, les entrepreneurs de l'entretien du pavé de Paris, ainsi que ceux des autres ouvrages ordonnés pour les ponts, chaussées et chemins du royaume, turcies et levées des rivières de Loire, Cher et Allier, et autres y affluentes, pourront prendre la pierre, le grès, le sable et autres matériaux, pour l'exécution des ouvrages dont ils sont adjudicataires, dans tous les lieux qui leur seront indiqués par les devis et adjudications desdits ouvrages, sans néanmoins qu'ils puissent les prendre dans des lieux qui seront fermés de murs, ou autre clôture équivalente, suivant les usages du pays. Fait S. M. défenses aux seigneurs ou propriétaires desdits lieux non clos, de leur apporter aucun trouble ni empêchement, sous quelque prétexte que ce puisse être, à peine de toute perte, dépens, dommages et intérêts, même d'amende, et de telle autre condamnation qu'il appartiendra, selon l'exigence des cas, sauf néanmoins auxdits seigneurs et propriétaires à se pourvoir contre lesdits entrepreneurs pour leur dédommagement, ainsi qu'il sera réglé ci-après : dans les cas où les matériaux indiqués par les devis, ne seront pas jugés convenables ou suffisants, les inspecteurs généraux ou ingénieurs pourront en indiquer à prendre dans d'autres lieux ; mais lesdites indications seront données par écrit et signées desdits inspecteurs ou ingénieurs. Veut S. M. que les entrepreneurs ne puissent faire aucun autre usage des matériaux qu'ils auront extraits des terres appartenantes aux particuliers, que de les employer dans les ouvrages dont ils sont adjudicataires, à peine de tous dommages et intérêts envers les propriétaires, et même de punition exemplaire.

2. Lesdits inspecteurs généraux et ingénieurs indiqueront, autant qu'ils le pourront, pour prendre lesdits matériaux, les lieux où leur extraction causera le moins de dommage ; ils s'abstiendront, autant que faire se pourroit, d'en faire prendre dans les bois ; et dans les cas où l'on ne pourroit s'en dispenser sans augmenter considérablement le prix des ouvrages, veut

S. M. que les entrepreneurs ne puissent mettre des ouvriers dans les bois appartenants à S. M., ou aux gens de main-morte, même dans les lisières et aux abords des forêts et distances prohibées par les règlements, sans en avoir pris la permission des grands maîtres des eaux et forêts, ou des officiers des maîtrises par eux commis, qui constateront les lieux où il sera permis auxdits entrepreneurs de faire travailler, et la manière dont se fera l'extraction desdits matériaux, comme aussi les chemins par lesquels ils les voitureront : voulant S. M. que dans les cas où lesdits officiers auroient quelque représentation à faire, pour la conservation desdits bois, ils en adressent sans retardement leur mémoire au sieur contrôleur-général des finances, pour y être statué par S. M.; et ne pourront en aucun cas lesdits officiers exiger desdits entrepreneurs aucuns frais ni vacations pour raison des visites et permissions ci-dessus ordonnées.

3. Les propriétaires de terrains sur lesquels lesdits matériaux auront été pris, seront pleinement et entièrement dédommagés de tout le préjudice qu'ils auront pu en souffrir, tant par la fouille pour l'extraction desdits matériaux, que par les dégâts auxquels l'enlèvement aura pu donner lieu. Sera payé ledit dédommagement auxdits propriétaires, par les entrepreneurs, suivant l'estimation qui en sera faite par l'ingénieur qui aura fait le devis des ouvrages; et en cas que lesdits propriétaires ne voulussent pas s'en rapporter à ladite estimation, il sera ordonné un rapport de trois nouveaux experts nommés d'office, dont lesdits propriétaires seront tenus d'avancer les frais. Veut S. M. que les entrepreneurs rejettent en outre à leurs frais et dépens, dans les fouilles et ouvertures qu'ils auront faites, les terres et décombres qui en seront provenus.

4. Les bois, pierres, grès, sable, fer et autres matériaux que les entrepreneurs des ouvrages du pavé de Paris, des ponts-et-chaussées, et turcies et levées, feront transporter pour l'exécution de leurs ouvrages, même leurs outils et équipages, seront exempts de tous droits de traite, entrée et sortie, même de ceux dépendants des fermes des aides, domaine et barrage, droits d'octrois, péages, pontonnages, et de tous autres généralement quelconques appartenant à S. M., aliénés, engagés ou concédés, soit aux villes et communautés, soit aux particuliers, à quelque titre que ce soit, conformément à la déclaration du 17 septembre 1692, aux arrêts du conseil des 2 juin et 4 août 1705 et autres subséquents, en rappor-

tant certificat de leur destination par l'ingénieur, visé des sieurs trésoriers de France, commissaires du pavé de Paris et des ponts-et-chaussées dans la généralité de Paris, et des sieurs intendants et commissaires départis dans les provinces et autres généralités du royaume. Enjoint S. M. auxdits sieurs intendants et commissaires départis dans les provinces et généralités du royaume, aux officiers des bureaux des finances, aux grands maîtres et autres officiers des maîtrises des eaux et forêts, de tenir la main, chacun en droit soi, à l'exécution du présent arrêt qui sera lu, publié et affiché partout où besoin sera.

N° 696. — DÉCLARATION *qui permet le commerce et la fonte des matières d'or et d'argent et des espèces étrangères.*

Fontainebleau, 7 octobre 1755. Reg. C. des M. 24. (Archiv.)

N° 697. — DÉCLARATION *concernant l'exécution dans l'étendue du royaume des arrêts, ordonnances et mandements rendus par le grand conseil.*

Fontainebleau, 10 octobre 1755. Reg. grand conseil 14. (Archiv.)

N° 698. — ARRÊT *du conseil portant établissement d'une loterie royale.*

Versailles, 11 novembre 1755. (Archiv.)

N° 699. — ARRÊT *de la cour des monnoies portant règlement pour les ouvrages et bijoux d'or et d'argent.*

Versailles, 2 décembre 1755. (Archiv.)

N° 700. — ORDONNANCE *pour unir l'artillerie avec le génie, sous l'autorité immédiate du roi.*

Versailles, 8 décembre 1755. (Archiv.)

N° 701. — DÉCLARATION *concernant les lois pénales contre les contrebandiers.*

Versailles, 30 mars 1756. Reg. C. des A. 2 juin. (Archiv.)

N° 702. — ORDONNANCE *portant règlement pour les écoles du corps royal de l'artillerie et du génie.*

Versailles, 8 avril 1756. (Archiv.)

N° 703. — CONVENTION *et traité de neutralité et d'alliance entre la France et la reine de Hongrie.*

1er mai 1756. (Wench, III, 139 — Koch, II, 11.)

N° 704. — ARRÊT *du conseil portant règlement général concernant la police et l'entretien de la rivière de Bièvre dite des Gobelins.*

18 mai 1756. (Baudrillart, I , 393.)

N° 705. — ORDONNANCE *portant déclaration de guerre contre le roi d'Angleterre.*

Versailles, 9 juin 1756. (Rec. cons. d'Etat.—Lebeau.—Peuchet.)

Toute l'Europe sait que le roi d'Angleterre a été en 1754 l'agresseur des possessions du roi dans l'Amérique septentrionale, et qu'au mois de juin de l'année dernière la marine anglaise, au mépris du droit des gens et de la foi des traités, a commencé à exercer contre les vaisseaux de S. M. et contre la navigation et le commerce de ses sujets les hostilités les plus violentes.

Le roi, justement offensé de cette infidélité et de l'insulte faite à son pavillon, n'a suspendu pendant huit mois les effets de son ressentiment et ce qu'il devoit à la dignité de sa couronne que par la crainte d'exposer l'Europe aux malheurs d'une nouvelle guerre.

C'est dans une vue si salutaire que la France n'a d'abord opposé aux procédés injurieux de l'Angleterre que la conduite la plus modérée.

Tandis que la marine anglaise enlevoit par les violences les plus odieuses, et quelquefois par les plus lâches artifices, les vaisseaux français qui naviguoient avec confiance sous la sauvegarde de la foi publique, S. M. renvoyoit en Angleterre une frégate dont la marine française s'étoit emparée, et les bâtiments anglais continuoient tranquillement leur commerce dans les ports de France.

Tandis qu'on traitoit avec la plus grande dureté dans les îles britanniques les soldats et les matelots français, et qu'on franchissoit à leur égard les bornes que la loi naturelle et l'humanité ont prescrites aux droits même les plus rigoureux de la guerre, les Anglais voyageoient et habitoient librement en France sous la protection des égards que les peuples civilisés se doivent réciproquement.

Tandis que les ministres anglais, sous l'apparence de la bonne foi, en imposoient à l'ambassadeur du roi par de fausses protestations, on exécutoit déjà dans toutes les parties de l'Amérique septentrionale des ordres directement contraires aux assurances trompeuses qu'ils donnoient d'une prochaine conciliation.

Tandis que la cour de Londres épuisoit l'art de l'intrigue et les subsides de l'Angleterre pour soulever les autres puissances contre la cour de France, le roi ne leur demandoit pas même les secours que des garanties ou des traités défensifs l'autorisoient à exiger, et ne leur conseilloit que des mesures convenables à leur repos et à leur sûreté.

Telle a été la conduite des deux nations. Le contraste frappant de leurs procédés doit convaincre toute l'Europe des vues de jalousie, d'ambition et de cupidité qui animent l'une, et des principes d'honneur, de justice et de modération sur lesquels l'autre se conduit.

Le roi avoit espéré que le roi d'Angleterre, ne consultant enfin que les règles de l'équité et les intérêts de sa propre gloire, désavoueroit les excès scandaleux auxquels les officiers de mer ne cessoient de se porter.

S. M. lui en avoit même fourni un moyen aussi juste que décent, en lui demandant la restitution prompte et entière des vaisseaux français pris par la marine anglaise, et lui avoit offert sous cette condition préliminaire d'entrer en négociations sur les autres satisfactions qu'elle avoit droit d'attendre, et de se prêter à une conciliation amiable sur les différends qui concernent l'Amérique.

Le roi d'Angleterre ayant rejeté cette proposition, le roi ne vit dans ce refus que la déclaration de guerre la plus authentique, ainsi que S. M. l'avoit annoncé dans sa réquisition.

La cour britannique pouvoit donc se dispenser de remplir une formalité devenue inutile ; un motif plus essentiel auroit dû l'engager à ne pas soumettre au jugement de l'Europe les prétendus griefs que le roi d'Angleterre a allégués contre la France, dans la déclaration de guerre qu'il a fait publier à Londres.

Les imputations vagues que cet écrit renferme n'ont en effet aucune réalité dans le fond, et la manière dont elles sont exposées en prouveroit seule la foiblesse, si leur fausseté n'avoit déjà été solidement démontrée dans le mémoire que le roi a fait remettre à toutes les cours, et qui contient le précis des faits avec les preuves justificatives qui ont rapport à la présente guerre et aux négociations qui l'ont précédée.

Il y a cependant un fait important dont il n'a point été parlé dans ce mémoire, parce qu'il n'étoit pas possible de prévoir que l'Angleterre porteroit aussi loin qu'elle vient de le faire son peu de délicatesse sur le choix des moyens de faire illusion.

Il s'agit des ouvrages construits à Dunkerque, et des troupes que le roi a fait assembler sur les côtes de l'Océan.

Qui ne croiroit, à entendre le roi d'Angleterre dans sa déclaration de guerre, que ces deux objets ont déterminé l'ordre qu'il a donné de se saisir en mer des vaisseaux appartenant au roi et à ses sujets?

Cependant personne n'ignore qu'on n'a commencé de travailler à Dunkerque qu'après la prise de deux vaisseaux de S. M., attaqués en pleine paix par une escadre de treize vaisseaux anglais. Il est également connu de tout le monde que la marine anglaise s'emparoit, depuis plus de six mois, des bâtiments français, lorsqu'à la fin de février dernier, les premiers bataillons que le roi a fait passer sur ses côtes maritimes, se sont mis en marche.

Si le roi d'Angleterre réfléchit jamais sur l'infidélité des rapports qui lui ont été faits à ces deux égards, pardonnera-t-il à ceux qui l'ont engagé à avancer des faits dont la supposition ne peut pas même être colorée par les apparences les moins spécieuses?

Ce que le roi se doit à lui-même et ce qu'il doit à ses sujets l'a enfin obligé de repousser la force par la force; mais, constamment fidèle à ses sentiments naturels de justice et de modération, S. M. n'a dirigé ses opérations militaires que contre le roi d'Angleterre son agresseur; et toutes ses négociations politiques n'ont eu pour objet que de justifier la confiance que les autres nations de l'Europe ont dans son amitié et dans la droiture de ses intentions.

Il seroit inutile d'entrer dans un détail plus étendu des motifs qui ont forcé le roi à envoyer un corps de ses troupes dans l'île Minorque, et qui obligent aujourd'hui S. M. à déclarer la guerre au roi d'Angleterre, comme elle la lui déclare, par mer et par terre.

En agissant par des principes si dignes de déterminer ses résolutions, elle est assurée de trouver dans la justice de sa cause, dans la valeur de ses troupes, dans l'amour de ses sujets, les ressources qu'elle a toujours éprouvées de leur part, et elle compte principalement sur la protection du Dieu des armées.

Ordonne et enjoint S. M. à tous ses sujets, vassaux et serviteurs, de courre sus aux sujets du roi d'Angleterre, etc.

N° 706. — **Lettres patentes** qui règlent la forme des comptes du trésorier de la caisse des amortissements, et les délais dans lesquels lesdits comptes doivent être rendus.

Versailles, 10 juin 1756. Reg. C. des C. 10 juillet. (Archiv.)

N° 707. — **Arrêt** du conseil qui juge que les curés ne doivent avoir aucune part dans les coupes ordinaires des bois appartenants aux communautés d'habitants.

Versailles, 22 juin 1756. (Baudrillart, I, 395.)

N° 708. — **Arrêt** du conseil qui fait défenses de faire des cendres dans les bois.

Versailles, 6 juillet 1756. (Baudrillart, I, 397.)

N° 709. — **Déclaration** qui détermine l'époque de la création du vingtième établi par édit de mai 1749, et ordonne la levée d'un deuxième vingtième (1).

Compiègne, 7 juillet 1756. Reg. P. P. en lit de justice, 2 août. (Archiv.)

N° 710. — **Arrêt** du conseil et lettres patentes sur icelui, concernant la carte générale de la France.

Compiègne 10 août, et Versailles, 7 septembre 1756. Reg. P. P. 4 décemb. C. des C. 20 décembre 1756. (Archiv.)

N° 711. — **Traité** de subside entre la France et Gênes.

14 août 1756. (Koch, II, 17.)

N° 712. — **Ordonnance** concernant les consuls et vice-consuls de l'Archipel.

Compiègne, 17 août 1756. (Archiv.)

N° 713. — **Arrêt** du conseil et lettres patentes sur icelui portant règlement pour le recouvrement du dixième des bois des ecclésiastiques et laïques affecté au soulagement des pauvres communautés de filles religieuses.

Fontainebleau, 12 octobre 1756. Reg. C. des C. 15 décembre. (Archiv.)

---

(1) Cette déclaration amena de nouvelles querelles entre la magistrature et le trône. Le parlement avoit déclaré qu'il n'opineroit pas dans le lit de justice où elle devoit être enregistrée, et dès qu'il put s'assembler à Paris, il protesta contre tout ce qui y avoit été fait; presque tous les parlements du royaume firent des remontrances à ce sujet; ceux de Rouen et de Bordeaux cessèrent de rendre la justice. Les remontrances de la cour des aides, rédigées par Malesherbes, produisirent une très-vive sensation. Ces discussions durèrent assez long-temps et occasionèrent les trois déclarations enregistrées dans le lit de justice du 13 décembre suivant. (Voyez ces pièces à leur date.)

N° 714. — DÉCLARATION *à l'occasion de la constitution* Unigenitus.

Versailles, 10 décembre 1756. Reg. P. P. 13. (Rec. cons. d'Etat.)

PRÉAMBULE.

Louis, etc. Nous nous sommes proposé dans tous les temps de faire cesser les troubles qui se sont élevés dans notre royaume, à l'occasion de la constitution *Unigenitus*, en employant également notre autorité à lui faire rendre le respect et la soumission qui lui sont dus, et à empêcher l'abus qu'on en voudroit faire en lui attribuant un caractère et des effets qu'elle ne peut avoir par sa nature. Il nous a paru surtout qu'il étoit important de prescrire un silence absolu sur des questions qui ne peuvent tendre qu'à troubler la tranquillité publique. Nous avons eu la satisfaction de voir notre saint père le pape, en rendant justice à notre amour pour la religion, donner ses éloges aux vues qui nous ont conduits pour faire rendre à l'autorité de l'Eglise l'obéissance qui lui est due, entretenir la paix et réprimer ceux qui cherchent à la troubler; et nous avons reçu avec reconnoissance les témoignages que la bonté paternelle de ce saint pontife, qui remplit si dignement la chaire de saint Pierre, nous en a donnés par les lettres qu'il nous a adressées. Animés du même esprit et du désir de consommer un ouvrage si nécessaire au bien de notre état, nous avons cru devoir encore, en maintenant l'exécution des lois précédemment rendues, statuer sur différents points qui ont donné lieu à de nouvelles contestations, et abolir en même temps tout ce qui s'est fait de part et d'autre à l'occasion de ces disputes, pour en effacer, s'il est possible, jusqu'au souvenir. A ces causes, etc.

N° 715. — ÉDIT *portant suppression de deux chambres des enquêtes, et de plusieurs offices dans le parlement de Paris.*

Versailles, 10 décembre 1756. Reg. P. P. 13. (Rec. cons. d'Etat.)

PRÉAMBULE.

Louis, etc. Nous avons toujours regardé l'administration de la justice comme la fonction la plus auguste de notre puissance souveraine, et la plus importante pour le bonheur et la tranquillité de nos sujets. Nous sentons tout ce qu'elle exige de notre attention dans le choix des magistrats auxquels nous confions le soin de la rendre, et qui deviennent en cette partie, dépositaires de notre autorité. Rien ne nous a jamais paru plus contraire au bien de la justice, que le relâchement dans ce choix, et rien de plus propre à l'introduire, que la multiplicité des offices de judicature; aussi nous avons dans tous les temps envisagé la réduction de leur nombre comme un véritable bien, et comme un moyen de conserver l'honneur et la dignité de la magistrature, que nous avons à cœur de maintenir. Ces mêmes sentiments ont animé les rois nos prédécesseurs; et si la difficulté des circonstances les a quelquefois obligés de multiplier le nombre des offices, les édits mêmes de leur création sont autant de monuments qui conserveront à jamais le regret qu'ils ont eu de faire usage de ces ressources, et qui rappelleront sans cesse la nécessité de le réduire. Nous avons déjà, dans cette vue, supprimé un grand nombre de juridictions inférieures; et quoique les circonstances actuelles eussent pu nous engager à suspendre un ouvrage si utile, nous n'avons pu nous refuser plus long-temps au vœu des anciennes ordonnances, et au désir que nous avons de procurer cet avantage à notre parlement de Paris. Nous avons été également touchés des vicissitudes qu'ont éprouvées les prix des offices de notredit parlement; elles font sentir la sagesse des ordonnances, qui avoient pourvu à la fixation du prix de ces offices, et la nécessité d'en renouveler les dispositions. Enfin, ayant reconnu que le droit de présider appartient de toute ancienneté à nos présidents du parlement, dans tous les services ou bureaux de notredit parlement, et que les offices de présidents aux enquêtes, qui n'étoient dans leur origine que des commissions, n'ont été créés en titre d'office que par l'édit du mois de mai 1704, nous voulons rétablir nos présidents du parlement dans la plénitude des fonctions qui appartiennent à leurs offices, avec d'autant plus de raison, que leur nombre, tel qu'il est fixé actuellement et qu'il le demeure irrévocablement, nous semble suffisant pour remplir avec exactitude toutes les fonctions de la présidence dans les différents services de notredit parlement. A ces causes, etc.

N° 716. — DÉCLARATION *pour la discipline du parlement.*

Versailles, 10 décembre 1756. Reg. P. P. 13, (Rec. cons. d'Etat.)

PRÉAMBULE.

Louis, etc. La réduction que nous avons ordonnée du nombre des officiers de notre parlement de Paris, en nous procurant l'avantage de choisir parmi ceux qui se présenteront pour y entrer les sujets qui nous paroîtront les plus propres à remplir les fonctions de la magistrature, ne fera qu'assurer de plus en plus l'administration la plus exacte de la justice dans ce tribusal; mais ayant reconnu que le défaut de la discipline qui s'observe dans l'intérieur de cette compagnie, en ce qui concerne singulièrement les matières d'ordre public, nuit le plus souvent à l'expédition des affaires qui y sont relatives, soit en confondant les objets qui peuvent ou qui doivent être traités dans l'assemblée des chambres, soit en multipliant ces assemblées, au préjudice de l'expédition des affaires des particuliers; nous avons en même temps considéré que si la nature des affaires ordinaires a exigé que la décision n'en fût confiée qu'à des magistrats d'une expérience reconnue, ces mêmes considérations devenoient encore plus essentielles et plus nécessaires pour les affaires d'un ordre supérieur, qui ne se délibèrent que dans les chambres assemblées, et que le poids et la dignité des délibérations qui doivent s'y prendre, demandoient que les nouveaux magistrats ne pussent désormais y être admis, qu'après s'être formés par le service d'un certain nombre d'années; nous avons donc jugé que l'admission à l'assemblée des chambres, la convocation de ces assemblées et la discussion des matières qui y sont portées, doivent être soumises à des règles, et nous ne pouvons mieux veiller à leur observation, qu'en nous reposant du soin d'une partie de ces objets, sur les personnes mêmes de notre parlement, dont la maturité, la capacité et l'expérience, sont propres à leur concilier la vénération de nos peuples, et à leur mériter notre confiance et la leur. C'est par une suite de cette même confiance, que nous serons toujours disposés à écouter favorablement les remontrances que le zèle de notre parlement pour le bien de notre État pourra lui inspirer; mais si l'usage de ces remontrances n'étoit lui-même réglé par la prudence et le respect pour nos ordres, il dégénéreroit dans un abus contraire à notre autorité. Le droit législatif qui réside en notre couronne seule, ne s'étend pas moins sur les magistrats que sur les peuples, auxquels nous les avons chargés de rendre la justice en notre nom; et le premier de leurs devoirs est de donner à nos sujets l'exemple de la soumission et de l'obéissance. A ces causes, etc.

N° 717. — ARRÊT *du conseil portant établissement d'une loterie en faveur de la ville de Paris.*

Versailles, 14 décembre 1756. (Archiv.)

N° 718. — ORDONNANCE *portant règlement pour les officiers retirés aux Invalides.*

Versailles, 15 décembre 1756. (Archiv.)

N° 719. — ORDONNANCE *concernant les prises qui pourront être faites aux Indes Orientales* (en 32 art.).

Versailles, 20 décembre 1756. (Lebeau.)

N° 720. — ORDONNANCE *concernant la visite des voitures qui entrent dans Paris.*

Versailles, 7 février 1757. (Archiv.)

N° 721. — ORDONNANCE *portant règlement pour le service du corps royal de l'artillerie et du génie suivant sa nouvelle formation.*

Versailles, 24 février 1757. (Archiv.)

N° 722. — RÈGLEMENT *pour la tenue du sceau en présence du roi.*

Versailles, 26 février 1757. (Archiv.)

N° 723. — ARRÊT *du conseil portant règlement pour les marchandises des prises faites en mer sur les ennemis* (en 36 art.)

Versailles, 15 mars 1757. (Archiv. — Lebeau. — Valin, II, 351.)

N° 724. — ARRÊT *du conseil portant établissement d'une quatrième loterie royale.*

Versailles, 21 mars 1757. (Archiv.)

N° 725. — CONVENTION *entre la France, l'Impératrice reine et la Suède, sur l'exercice de la garantie de la paix de Westphalie.*

21 mars 1757. (Koch, II, 33.)

N° 726. — DÉCLARATION *portant défenses à toutes personnes de quelque état et condition qu'elles soient, de composer ni faire composer, imprimer et distribuer aucuns écrits contre la règle des ordonnances, sous les peines y mentionnées.*

Versailles, 16 avril 1757. Reg. P. P. 21. (Rec. cons. d'État.)

Louis, etc. L'attention continuelle que nous devons apporter à maintenir l'ordre et la tranquillité publique, et à réprimer tout ce qui peut la troubler, ne nous permet pas de souffrir la licence effrénée des écrits qui se répandent dans notre royaume, et qui tendent à attaquer la religion, à émouvoir les esprits, et à donner atteinte à notre autorité; les rois nos prédécesseurs ont opposé en différents temps la sévérité des lois à un pareil mal, ils ont même été jusqu'à la peine de mort pour contenir par la crainte la plus propre à en imposer, ceux qui seroient capables de se porter à des excès si dangereux ; animés du même esprit, nous croyons devoir renouveler cette même peine contre tous ceux qui auroient eu part à la composition, à l'impression et distribution de ces écrits ; celle des galères contre tous ceux qui auroient eu part à la composition, impression et distribution de tous autres écrits de quelque nature qu'ils soient, sans avoir observé les formalités prescrites par nos ordonnances, et des amendes considérables contre les propriétaires ou les principaux locataires des maisons où on trouveroit des imprimeries privées et clandestines qu'ils n'auroient pas dénoncées à la justice. A ces causes, etc., voulons et nous plaît ce qui suit.

ART. 1. Tous ceux qui seront convaincus d'avoir composé, fait composer et imprimer des écrits tendants à attaquer la religion, à émouvoir les esprits, à donner atteinte à notre autorité, et à troubler l'ordre et la tranquillité de nos Etats, seront punis de mort.

2. Tous ceux qui auroient imprimé lesdits ouvrages, les libraires, colporteurs, et autres personnes qui les auroient répandus dans le public, seront pareillement punis de mort.

3. A l'égard de tous les autres écrits, de quelque nature qu'ils soient, qui ne sont pas de la qualité portée en l'article 1ᵉʳ, voulons que, faute d'avoir observé les formalités prescrites par nos ordonnances, les auteurs, imprimeurs, libraires, colporteurs et autres personnes qui les auroient répandus dans le public, soient condamnés aux galères à perpétuité, ou à temps, suivant l'exigence des cas.

4. Les ordonnances, édits et déclarations faits, tant par nous que par les rois nos prédécesseurs, sur le fait de l'imprimerie et de la librairie, seront exécutés ; en conséquence, défendons à toutes personnes de quelque état, qualité et condition qu'elles soient, à toutes communautés, maisons ecclésiastiques ou laïques, séculières et régulières, même aux personnes demeurantes dans les lieux privilégiés, de souffrir en leurs maisons, dans les villes ou dans les campagnes, des imprimeries privées et clandestines, soit avec presse, rouleaux ou autrement, sous quelque dénomination que ce soit.

5. Les propriétaires ou principaux locataires des maisons mentionnées en l'article précédent, dans lesquelles lesdites imprimeries privées et clandestines auront été trouvées, et qui ne les auront pas dénoncées à la justice, seront condamnés en six mille livres d'amende ; en cas de récidive, au double, sans que lesdites amendes puissent être modérées sous

quelque prétexte que ce soit, à peine de nullité des jugements.

6. Les mêmes condamnations d'amende auront lieu contre les communautés, maisons ecclésiastiques ou laïques, séculières ou régulières chez lesquelles seront trouvées des imprimeries privées et clandestines; et en outre, elles seront déclarées déchues des droits et privilèges à elles accordés par nous et les rois nos prédécesseurs. Si donnons, etc.

N° 727. — LETTRES PATENTES *portant défenses aux personnes qui ont fait profession de la R. P. R., de vendre leurs biens et l'universalité de leurs meubles sans la permission du roi.*

Versailles, 1er mai 1757. Reg. P. P. 26 juillet. (Archiv.)

N° 728. — TRAITÉ *d'union et d'amitié entre la France et l'Autriche.*

1er mai 1757. (Koch, II, 43.)

N° 729. — RÈGLEMENT *concernant les ordres de Notre-Dame-de-Mont-Carmel et de Saint-Lazare-de-Jérusalem.*

Versailles, 15 juin 1757. (Archiv.)

N° 730. — ORDONNANCE *concernant les prises faites par les bâtiments du roi (en 13 art.).*

Versailles, 15 juin 1757. (Archiv. — Lebeau.)

N° 731. — LETTRES PATENTES *pour la statue équestre du roi.*

Versailles, 21 juin 1757. Reg. P. P. 6 juillet. (Archiv.)

N° 732. — ARRÊT *du conseil qui ordonne l'ouverture d'un emprunt de quarante millions de livres, remboursable en onze années.*

Versailles, 21 juin 1757. (Archiv.)

N° 733. — DÉCLARATION *portant suppression de deux chambres des requêtes et de plusieurs offices du parlement de Paris.*

Versailles, 30 août 1757. Reg. P. P. 2 septembre. (Archiv.)

N° 734. — CONVENTION *de subsides entre la France, l'Autriche et la Suède.*

22 septembre 1757. (Koch, II, 89.)

N° 735. — ORDONNANCE *sur la police des spectacles.*

Versailles, 29 novembre 1757. (Archiv. — Peuchet.)

N° 736. — ORDONNANCE *qui défend les jeux de hasard.*

Versailles, 29 novembre 1757. (Archiv.)

N° 737. — ORDONNANCE *pour la police des églises.*

Versailles, 29 novembre 1757. (Archiv.)

N° 738. — ORDONNANCE *qui défend d'imprimer ou graver aucuns livres sans privilège ou permission, et d'étalager des livres sur les quais et sur les ponts.*

Versailles, 29 novembre 1757. (Archiv.)

N° 739. — ÉDIT *portant suppression des offices de présidents des requêtes du palais.*

Versailles, décembre 1757. Reg. P. P. 30 décembre. (Archiv.)

N° 740. — ARRÊT *du conseil portant règlement pour la coupe des bois de bourdaine et autres nécessaires aux salpêtriers.*

Versailles, 31 janvier 1758. (Baudrillart, I, 412.)

N° 741. — DÉCLARATION *relative à l'administration de l'hôpital général de Paris.*

Versailles, 15 mars 1758. Reg. P. P. 17. (Archiv.)

N° 742. — ARRÊT *du conseil qui permet le commerce et la circulation des laines, tant nationales qu'étrangères, dans tout le royaume, en exemption de tous droits d'entrée et de sortie.*

Versailles, 20 mars 1758. (Archiv.)

N° 743. — ORDONNANCE *concernant les transports de poudre dans tout le royaume.*

Versailles, 22 mars 1758. (Archiv.)

N° 744. — RÈGLEMENT *concernant le service de la gardecôte dans le Poitou, l'Aunis, la Saintonge et îles adjacentes.*

Versailles, 14 avril 1758. (Valin, II, 566.)

N° 745. — RÈGLEMENT *sur l'ancienneté de service que devront avoir les officiers qui seront proposés pour commander des régiments.*

Versailles, 29 avril 1758. (Archiv.)

N° 746. — ORDONNANCE *pour séparer le corps du génie de celui de l'artillerie.*

Versailles, 5 mai 1758. (Archiv.)

N° 747. — ORDONNANCE *qui défend de porter des habits uniformes des soldats, et aux fripiers d'en vendre.*

Versailles, 15 mai 1758. (Peuchet.)

N° 748. — ORDONNANCE *pour régler les équipages et les tables dans les armées.*

Versailles, 3 juin 1758. (Archiv.)

N° 749. — DÉCLARATION *qui confirme les huissiers-priseurs au Châtelet de Paris, dans leurs offices, fonctions et privilèges y attribués.*

Versailles, 18 juin 1758. Reg. P. P. 20. (Rec. cons. d'état.)

LOUIS, etc. Le prix auquel sont montés dans le commerce les offices d'huissiers-commissaires-priseurs-vendeurs de biens-meubles au Châtelet de Paris, n'étant plus proportionné à leur finance originaire, nous aurions pu les supprimer pour les recréer ensuite avec une finance plus considérable; mais les pourvus de ces offices s'étant portés par délibération de leur communauté, du 1er juillet 1757, à nous offrir de nous payer un supplément de finance, à condition qu'il nous plairoit les confirmer dans les privilèges et fonctions qui leur sont attribués par les différents édits et déclarations qui les concernent, et dans aucuns desquels cependant ils souffrent quelque trouble, et leur accorder en outre une augmentation de quelques-uns de leurs droits, qui les mit en état de payer l'intérêt des emprunts qu'ils seroient obligés de faire, nous avons préféré, en acceptant leurs offres, de leur témoigner la satisfaction que nous avons de leur zèle, et nous nous sommes portés avec d'autant moins de peine à leur accorder cette augmentation de droits, que les secours qu'ils nous fournissent, la rendent juste et raisonnable, et que d'ailleurs, outre qu'elle est légère en elle-même, elle sera presque insensible à nos sujets par la répartition qui s'en fera sur chacun de ceux qui se trouveront dans le cas où le ministère de ces officiers est d'une nécessité indispensable. A ces causes, etc., voulons et nous plaît ce qui suit.

ART. 1. Les pourvus des cent vingt offices d'huissiers-commissaires-priseurs-vendeurs de biens-meubles au Châtelet de

Paris, seront et demeureront maintenus et confirmés dans le droit de faire seuls, et à l'exclusion de tous autres, toutes les prisées, expositions et ventes de toutes sortes de meubles et effets mobiliers dans ladite ville, faubourgs et banlieue de Paris, par concurrence dans la prévôté et vicomté de Paris, et par suite d'inventaire et de vente dans toute l'étendue du royaume, conformément à notre édit du mois de mars 1713.

2. Pourront pareillement lesdits huissiers-priseurs, vendeurs de biens-meubles, faire les ventes tant forcées que volontaires des fonds de librairies et d'imprimeries, en appelant les syndic et adjoints des librairies, pour être présents auxdites ventes, sans néanmoins par lesdits huissiers pouvoir faire les prisées desdits fonds de librairies et d'imprimeries, lesquelles seront faites par des libraires et imprimeurs seulement.

3. Voulons que, conformément aux édits de février 1705, septembre 1708 et août 1712, les originaux des oppositions et des saisies-arrêts, qui seront formées entre les mains desdits huissiers-commissaires-priseurs à la délivrance des deniers des ventes, soient visées sans frais par lesdits huissiers, et que, faute de l'avoir été, l'huissier entre les mains de qui elles seront faites, n'en soit en aucune façon garant ni responsable : ordonnons en conséquence que toutes les oppositions seront signifiées auxdits huissiers en leur bureau, à l'effet de quoi il y aura toujours deux desdits huissiers de service audit bureau pour viser lesdits exploits de saisie ou opposition ; savoir, le matin, depuis neuf heures jusqu'à midi, et le soir, depuis trois heures jusqu'à sept ; et, faute par les opposants d'avoir fait signifier et viser audit bureau leurs oppositions, elles demeureront comme nulles et non avenues.

4. Lesdits huissiers-commissaires-priseurs-vendeurs de biens-meubles, continueront à percevoir six livres par chacune vacation des prisées et estimations desdits meubles ; et à l'égard des vacations des ventes, voulons qu'ils perçoivent vingt sous en sus, que nous leur attribuons par augmentation.

5. Continueront pareillement à percevoir les trois deniers pour livre du montant des ventes volontaires, et les quatre deniers pour livre du montant des ventes forcées de toutes sortes de meubles, sans exception, même sur la vaisselle d'argent, qui sera portée dans ledit cas de vente forcée, aux hôtels des monnoies, n'entendant néanmoins qu'ils puissent rien prétendre, ni exiger sur celle qui sera retenue par les veufs,

les veuves, les présomptifs héritiers et autres en ayant le droit, en substituant la valeur, ou partagée entre eux, le tout soit en cas de vente volontaire, ou de vente forcée.

6. Ordonnons que les sept sous six deniers à eux attribués par l'édit du mois de mars 1713, pour chacun rôle de grosse, seront augmentés d'un sous six deniers, et portés à neuf sous par rôle, desquels neuf sous il entrera moitié en bourse commune, pour servir avec le produit des autres droits de ladite bourse commune, au paiement des rentes constituées et autres dettes de la communauté; et voulons qu'ils soient tenus de remplir chaque rôle de vingt-deux lignes à la page, et de douze syllabes à la ligne, et qu'ils ne puissent transcrire dans leurs grosses, aucunes des pièces qu'ils annexent à leur minute, pas même les oppositions dont ils ne feront qu'une mention sommaire touchant la date, le nom de l'opposant et sa demeure et domicile élu, laquelle mention sera faite de suite à la fin des grosses.

7. Lesdits huissiers commissaires-priseurs vendeurs de biens-meubles, tant pour jouir des attributions portées par les présentes, que pour être maintenus et confirmés dans leurs offices, et dans tous les droits, fonctions, prérogatives, privilèges de garde-gardienne et autres y attribués, seront tenus de nous payer par forme de supplément de finance, dans un mois, à compter du jour de l'enregistrement des présentes, la somme de douze cent mille livres, à répartir entre eux, à raison de dix mille livres chacun, pour ladite somme ne faire avec celles par eux précédemment payées, qu'une seule et même finance, et sans que, pour raison de ladite augmentation, ils soient tenus de payer à l'avenir de plus grands droits de sceau, marc d'or et autre que par le passé.

8. Autorisons lesdits officiers à emprunter en corps, ou séparément sur le pied du denier vingt, et sans aucune retenue des vingtièmes, deux sous pour livre du dixième et autres impositions, les deniers nécessaires pour ledit supplément, et à y affecter et hypothéquer leurs offices et leur bourse commune. Voulons qu'il soit fait déclaration desdits emprunts dans les quittances qui leur seront expédiées par le trésorier de nos revenus casuels; comme aussi qu'en attendant qu'ils aient satisfait audit supplément; et à compter du jour de la publication des présentes, ils jouissent des droits et attributions y portés, sans que, pour raison d'iceux, ils puissent être augmentés à la capitation. Si donnons, etc.

N° 750. — ARRÊT *du conseil qui ordonne qu'il sera posé des lanternes dans toutes les rues et faubourgs de Paris où il n'y en a point, même au Gros-Caillou.*

Versailles, 9 juillet 1758. (Archiv. — Peuchet.)

N° 751. — DÉCLARATION *qui confirme les bourgeois de Paris dans la jouissance des droits, privilèges et exemptions à eux accordés pour les denrées de leur crû, et destinées à leur consommation.*

Versailles, 24 août 1758. Reg. P. P. 1ᵉʳ septembre. (Archiv.)

N° 752. — ÉDIT *qui ordonne que, pendant six années consécutives, à commencer du 1ᵉʳ janvier 1759, il sera payé au roi un don gratuit par toutes les villes et faubourgs, et les bourgs du royaume.*

Versailles, août 1758. Reg. P. P. 1ᵉʳ septembre. (Rec. cons. d'état.)

PRÉAMBULE.

Louis, etc. Pendant les guerres que le feu roi notre très-honoré seigneur et bisaïeul a eu à soutenir, il a trouvé des ressources assurées pour subvenir aux dépenses qu'elles occasionoient, dans les dons gratuits qui lui ont été accordés par les villes et bourgs de notre royaume. Nous ne pouvons douter que le zèle et l'amour de nos sujets ne les portent à nous donner un égal secours, pour remplacer, pendant quelques années, une partie des aliénations que nous avons été obligés de faire de nos revenus ordinaires dans les circonstances présentes. Nous avons lieu d'attendre des habitants des villes et bourgs de notre royaume le même témoignage de fidélité et d'affection, et nous pouvons y compter avec d'autant plus de confiance, qu'en prenant les armes, nous avons eu uniquement en vue le maintien des traités, la sûreté du commerce, la conservation de nos possessions et le bonheur de nos peuples. A ces causes, etc.

N° 753. — ÉDIT *portant suppression à perpétuité du droit de dixième sur les prises et conquêtes faites en mer, attribués à la charge d'amiral de France.*

Versailles, septembre 1758. (Archiv. — Lebeau. — Valin, II, 390.)

N° 754. — ORDONNANCE *concernant le corps royal de l'artillerie.*

Versailles, 5 novembre 1758. Archiv.)

N° 755. — ORDONNANCE *concernant les compagnies d'invalides destinées au service de l'artillerie dans les places et sur les côtes.*

Versailles, 15 décembre 1758. (Archiv.)

N° 756. — ORDONNANCE *concernant les gardes-du-corps et leur résidence et police dans les quartiers.*

Versailles, 28 décembre 1758. (Archiv.)

N° 757. — TRAITÉ *d'alliance entre le roi de France et l'impératrice-reine.*

30 décembre 1658. (Wenck, III, 185.)

N° 758. — ARRÊT *du conseil qui révoque les lettres de privilège obtenues pour le livre intitulé :* Encyclopédie, *ou* Dictionnaire raisonné des sciences, arts et métiers, *par une société de gens de lettres.*

Versailles, 8 mars 1759. (Archiv.)

N° 759. — ORDONNANCE *concernant le corps du génie et les compagnies de sapeurs et de mineurs.*

Versailles, 10 mars 1759. (Archiv.)

N° 760. — ORDONNANCE *portant création de l'ordre du Mérite militaire.*

Versailles, 10 mars 1759. (Archiv.)

S. M. toujours attentive à régler sur les principes d'une exacte justice la distribution des graces qu'elle répand sur ceux qui, dans la profession des armes, se dévouent à la défense de l'Etat, ayant considéré que dans les régiments étrangers, qui sont à son service, il se trouve un grand nombre d'officiers qui, nés dans des pays où la religion protestante est établie, ne peuvent être admis dans l'ordre de Saint-Louis parce que, suivant l'institution de cet ordre, l'entrée ne doit en être ouverte qu'aux seuls catholiques : elle auroit reconnu que si l'obstacle qui les a privés jusqu'à présent d'une des récompenses les plus flatteuses que la bravoure et le zèle aient à se proposer, est de nature à ne pouvoir être levé, il n'en est que plus digne d'elle de les dédommager par une distinction de même espèce, qui soit un témoignage public de son estime, et de sa considération à l'égard des services qui ont pour objet le bonheur de l'Etat et la gloire de la couronne. Tel est le motif qui détermine aujourd'hui S. M. à former un établissement qui faisant connoître de quel prix est à ses yeux le dévouement de ces officiers, anime de plus en plus en eux ce sentiment, et le transmette à ceux qui entreront dans la même carrière. En prenant cette résolution, elle envisage avec satisfaction qu'elle se trouvera désormais en état d'ajouter aux graces dont étoient susceptibles ceux des officiers de ces régiments étrangers qui ne sont pas catholiques, un nouveau titre d'autant plus sensible à des militaires, que l'honneur seul en formera l'essence, et que cette disposition ne laissera plus d'inégalité dans le partage des récompenses qui doivent être le prix du zèle et de la valeur. En conséquence, S. M. a ordonné et ordonne ce qui suit.

Art. 1. S. M. crée, érige, et institue par la présente ordonnance une marque extérieure de distinction, sous le titre du mérite militaire, en faveur des officiers des régiments suisses et étrangers qui faisant profession de la religion protestante, ne peuvent être admis dans l'ordre royal et militaire de Saint-Louis.

2. Aucun ne pourra en être décoré qu'en vertu des brevets de S. M., et de ses successeurs rois; et seront lesdits brevets expédiés par le secrétaire d'Etat ayant le département de la guerre.

3. Pour que cette distinction ait une plus parfaite ressemblance avec celle que procure l'admission dans l'ordre de Saint-Louis, il y aura trois degrés supérieurs l'un à l'autre comme dans cet ordre, où un chevalier peut monter à la dignité de commandeur, et un commandeur à celle de grand'-croix; bien entendu que le passage à un degré supérieur dépendra uniquement du choix de S. M. et de ses successeurs, et non de l'ordre d'ancienneté.

4. Tous ceux que S. M. aura jugé à propos d'admettre au premier de ces degrés, auront une croix d'or sur un des côtés, de laquelle il y aura une épée, en pal, avec ces mots pour légende: *pro virtute bellicâ*; et sur le revers une couronne de lauriers avec cette légende: *Ludovicus XV instituit* 1759; et ils la porteront attachée à la boutonnière avec un petit ruban couleur de bleu foncé, sans être ondé. Ceux qui monteront au second degré, la porteront attachée à un large ruban de la même couleur, mis en écharpe, et ils seront au nombre de quatre seulement. A l'égard de ceux que S. M. fera passer au troisième degré, ils porteront indépendamment de ce grand cordon une broderie d'or sur l'habit et sur le manteau, et ils seront au nombre de deux seulement.

5. Les qualités nécessaires pour pouvoir être honoré de la marque distinctive établie par la présente ordonnance, seront les mêmes quant à la durée et la nature des services militaires, que celles qui sont de règle et d'usage pour l'ordre de Saint-Louis.

6. Ceux qui auront été nommés par S. M. prêteront serment et recevront l'accolade; desquels serment et accolade il sera dressé acte. Ils s'engageront par le serment à être fidèles à S. M., à ne point se départir de l'obéissance qui lui est due, et à ceux qui commandent sous ses ordres; à garder et défendre de tout leur pouvoir son honneur, son autorité, ses droits, et ceux de sa couronne; à ne point quitter son service, pour en prendre aucun chez les princes étrangers, sans son agrément par écrit; à lui révéler tout ce qui viendra à leur connoissance contre sa personne et son Etat; et à se comporter en tout comme le doivent de vertueux et vaillants chevaliers.

7. Lorsque S. M. ne recevra pas en personne ledit serment, elle commettra tel des officiers décorés de la grand'croix ou du grand cordon, qu'elle jugera à propos de choisir, ou à leur défaut, l'un des plus anciens de ceux qui auront été admis au premier degré de distinction, créé par la présente, pour recevoir au nom de S. M. le serment de ceux des officiers qui viendront d'être nommés par elle, leur donner l'accolade, et leur remettre la croix; et elle fera expédier à cet effet les instructions nécessaires à celui qu'elle aura choisi pour exécuter cette commission.

8. Les officiers qui après avoir été décorés du premier degré de distinction passeront au second, seront dispensés de prêter un nouveau serment, de même que ceux qui passeront du second au troisième.

9. Ceux qui après avoir été honorés par S. M. de cette marque de distinction, pourroient s'oublier au point de contrevenir aux obligations de leur serment, et de commettre des actions déshonorantes, en seront privés et dégradés.

10. Défend très expressément S. M. à tous autres, qu'à ceux qu'elle en aura honorés, d'en porter les marques, sous les peines ordonnées contre ceux qui, sans être chevaliers de Saint-Louis, oseroient en porter la croix.

Mande et ordonne S. M. aux maréchaux de France, et aux lieutenants-généraux en ses armées, maréchaux de camps, colonels, maîtres de camps, et autres officiers qu'il appartiendra, de s'employer, et tenir la main, chacun à son égard, à l'observation de la présente.

N° 761. — Convention *entre la France et le Wirtemberg pour la restitution réciproque des déserteurs et criminels.*

Versailles, 27 mars 1759. (Archiv.)

N° 762. — Ordonnance *portant règlement pour le service de l'artillerie.*

Versailles, 2 avril 1759. (Archiv.)

N° 763. — Déclaration *concernant les juridictions consulaires.*

Versailles, 7 avril 1759. Reg. P. P. 12 mai. (Rec. cons. d'état.)

PRÉAMBULE.

Louis, etc. Suivant le droit commun de notre royaume, les juridictions consulaires destinées par leur institution pour connoître des affaires de négoce ou marchandises qui se traitent dans les villes où elles sont établies, ne doivent avoir d'autre étendue que celle du siège royal de ces villes; c'est ce qui s'observe par rapport à la juridiction consulaire de notre bonne ville de Paris, dont l'établissement a servi de modèle pour celles qui ont été créées dans notre royaume. Les rois nos prédécesseurs, non contents d'avoir créé des juridictions consulaires dans les villes principales de nos provinces, en avoient aussi établi dans d'autres villes particulières, dans lesquelles il y a des sièges de bailliages ou sénéchaussées royales; mais bientôt ils reconnurent que s'il est utile d'établir des juridictions consulaires dans une ville où il se fait un commerce considérable, il y avoit de grands inconvénients d'en créer dans les autres villes; c'est ce qui donna lieu à l'article 240 de l'ordonnance de Blois, qui supprime les juridictions consulaires établies dans les villes inférieures, et renvoie les affaires qui y étoient indécises aux juges ordinaires, en leur prescrivant de vider les causes de marchand à marchand, pour le fait de marchandises et négoce, sommairement, et sans que les parties soient chargées de plus grands frais que ceux qu'elles auroient supportés devant les juges et consuls. Quoiqu'on ne pût pas croire que l'intention de cette loi fût d'augmenter le ressort des juridictions consulaires établies dans les principales villes des provinces, cependant nous avons appris que plusieurs de ceux qui les composent se sont crus substitués aux officiers des juridictions supprimées, et qu'ils devoient les remplacer dans l'administration de la justice pour les villes inférieures des provinces, quoique l'article 240 de l'ordonnance de Blois renvoyât disertement, et en termes exprès, devant les juges ordinaires, et non devant les juges et consuls des villes principales, les causes de marchand à marchand, pour raison de négoce et de marchandises, qui étoient pendantes dans les juridictions supprimées des villes inférieures. Pour remédier à cet abus que l'usage a introduit dans quelques provinces, et qui a même été confirmé par quelques jugements sur le fondement de la possession, nous avons estimé qu'il étoit nécessaire de renouveler les dispositions de l'article 240 de l'ordonnance de Blois, afin de ne point obliger les marchands et négociants de plaider pour des objets peu considérables dans des villes éloignées de leur résidence, et qu'ils puissent trouver sur les lieux une justice également prompte et sommaire. A ces causes, etc.

N° 764. — DÉCLARATION *concernant les pensions.*

Versailles, 17 avril 1759. Reg. Ch des C. 23. (Rec. cons. d'état.)

Louis, etc. L'amour que nous portons à nos sujets nous auroit fait rechercher les moyens de concilier les mouvements de notre tendresse pour eux, avec l'obligation où nous sommes de maintenir les droits, la sûreté et la gloire de notre couronne. C'est dans cette vue que nous avons commencé par l'examen et le retranchement des dépenses de nos maisons, et que nous avons recommandé à ceux qui sont chargés de l'exécution de nos ordres en cette partie, de veiller à l'économie qu'il est convenable d'apporter à celles de ces mêmes dépenses qu'il n'est pas possible de supprimer; mais ces réglements économiques, les plus précieux de tous, ne pouvant nous procurer des secours proportionnés aux besoins de l'Etat, nous aurions considéré que les dons, pensions et gratifications accordés à quelques-uns de nos sujets, ne doivent point nuire à la justice dont nous sommes tenus envers les autres. Les ordonnances des rois nos prédécesseurs, dont nous nous ferons toujours gloire de suivre les exemples en ce qui peut tendre au bien des peuples dont la Providence nous a confié le soin et le gouvernement, sont autant de monuments qui constatent que les importunités ont souvent préjudicié au vrai mérite dans la distribution de leurs graces, et interverti au détriment du service public la juste proportion qui doit être établie dans les récompenses. Tous, dans l'occasion, soit de leur propre mouvement, soit sur les représentations qui leur ont été faites, ont fait examiner à diverses reprises les dons obtenus sans titre légitime, pour les annuler; ils ont voulu qu'à l'avenir toute grace fût nulle, à moins que les placets présentés pour l'obtenir, et le brevet qui l'accordoit, ne continssent les dons et graces déjà reçus par ceux qui les sollicitoient : ils ont enfin ordonné dans tous les temps que ces sortes de dons ne fussent payés qu'à la fin de l'année sur les fonds restant après l'acquittement des charges de l'Etat. Ces règles sont particulièrement prescrites par les ordonnances de Charles VII, en 1336 ; de Charles VIII, en 1492 ; de Louis XII, en 1498 ; de François Ier, en 1523 ; de Henri II, en 1556 ; de Charles IX, en 1566 ; de Henri III, en 1579 ; de Henri IV, en 1608 ; de Louis XIII, en 1629 ; nous-mêmes, à leur exemple, par nos déclarations du 30 janvier 1717 et 20 novembre 1725, nous avions ordonné que les pensions seroient éteintes en cas que leurs possesseurs obtinssent de nous d'autres emplois ou établissements, et que le fonds des pensions seroit réduit à la somme de deux millions, nous réservant cependant de reconnoître les services présents par des gratifications sur un fonds de cinq cent mille livres que nous destinions à cet effet. Si nous nous sommes laissé entraîner à nous relâcher de cette règle, et à condescendre aux prières qui nous ont été faites sans en approfondir rigoureusement le titre, plutôt que de nous exposer à laisser un seul service sans récompense, nous n'en sommes pas moins obligé à modérer notre inclination bienfaisante, par les égards de justice que nous devons aux besoins de nos peuples et de nos affaires, sans cesser cependant de distinguer dans une proportion équitable les particuliers qui ont mérité nos récompenses par les services qu'ils ont rendus à l'Etat, par leur attachement à notre personne, et leur assiduité auprès de nous, et par la considération d'une illustre naissance, plus riche en vertus qu'en biens de la fortune : nous nous croyons également obligé par les mêmes motifs, d'établir des règles pour éloigner de nous à l'avenir toute inégalité dans la distribution de nos dons. A ces causes, etc. voulons et nous plaît ce qui suit :

Art. 1. Tous ceux qui jouissent de dons, pensions, augmentations de pensions et gratifications annuelles, seront tenus de se pourvoir par-devers nos secrétaires-d'Etat, chacun dans son département, comme aussi par-devers le contrôleur-général de nos finances, relativement aux pensions accordées en finance, pour, sur l'examen qui en sera fait suivant qu'il sera par nous ordonné, et sur le compte qui nous en sera rendu, en obtenir la confirmation, s'il y a lieu.

2. Il sera remis par ceux qui jouissent desdits dons, pensions et gratifications annuelles, à l'effet d'en obtenir la confirmation, une déclaration signée d'eux, qui contiendra un

détail exact des différentes grâces, honneurs et dignités qu'ils ont reçus de nous, et des revenus et émoluments qui y sont attachés; comme aussi l'exposition des motifs sur lesquels lesdits dons, pensions et gratifications annuelles leur auront été accordés; et faute par eux de satisfaire aux dispositions du présent article, dans le cours de la présente année (exception faite néanmoins en faveur de ceux qui peuvent se trouver sur mer, en Amérique ou dans les Indes orientales, à l'égard desquels nous fixons pour délai le terme de six mois après leur retour dans le royaume), voulons et ordonnons que lesdits dons, pensions et gratifications soient rayés de nos États, sans qu'ils puissent y être rétablis.

3. N'entendons soumettre auxdites déclarations ni audit examen, les pensions des princes de notre sang, celles attribuées à l'ordre de Saint-Louis, les pensions attachées aux corps de nos troupes, celles dont jouissent les officiers des troupes de notre maison, par forme d'appointements ou de supplément de solde, et qui sont attachées, non pas à leur personne, mais à leurs emplois; pareillement celles qui font partie des attributions de charges de plusieurs officiers des cours supérieures; celles attachées aux académies, corps et facultés d'étude, établis dans la capitale; non plus que les pensions de six cents livres et au-dessous, accordées aux officiers de nos troupes de terre et à ceux de notre marine, comme aussi à ceux de notre maison et aux veuves desdits officiers.

4. Le paiement de toutes les pensions et gratifications annuelles, sauf de celles exceptées par l'article précédent, demeurera suspendu jusqu'à ce que l'examen en ait été fait, et que nous en ayons ordonné la confirmation; à l'effet de quoi il en sera arrêté en notre conseil un état général, distingué par chapitres, suivant les qualités des personnes et la différence de leurs services ou de leurs emplois, dont il sera expédié deux doubles, l'un pour le garde de notre trésor royal, qui acquittera successivement les parties qui y seront employées, et l'autre pour être envoyé en notre chambre des comptes, avec des lettres sous le contre-scel desquelles une expédition dudit état sera attachée, pour y allouer les mêmes parties.

5. Jusqu'à ce que le fonds des pensions, autres que celles des princes de notre sang, celles de l'ordre de Saint-Louis, et celles qui font partie des appointements ou attributions d'emplois, charges et offices, soit réduit à la somme de trois millions, à laquelle nous fixons ledit fonds pour l'avenir; voulons et entendons qu'il ne soit accordé de nouvelles pen-

sions en remplacement de celles qui seront éteintes, que jusqu'à concurrence de la moitié desdites extinctions; et à cet effet, il sera dressé annuellement en notre conseil un état particulier de toutes les pensions éteintes dans le cours de l'année, comme aussi des nouvelles pensions qui auront été accordées en remplacement; desquels états il sera fait une double expédition, l'une pour le garde de notre trésor royal, qui sera chargé de les acquitter, l'autre pour être revêtue de lettres patentes, et enregistrée en notre chambre des comptes; afin que le paiement y en soit alloué; et seront ensuite et successivement lesdits états de remplacement annuel, compris dans l'état général des pensions de chaque année subséquente.

6. Voulons et ordonnons, à l'effet d'accélérer de plus en plus la réduction du fonds des pensions, à la somme de trois millions, que dans le cas où ceux qui seront employés dans les états desdites pensions, obtiendront de nous quelques autres emplois ou établissements, graces, charges ou dignités, lesdites pensions soient diminuées en proportion ou supprimées de l'état qui sera arrêté pour l'année qui suivra immédiatement celle de leur nomination auxdits emplois. Voulons en conséquence qu'il ne soit accordé aucune pension nouvelle, don, gratification, charge ou emploi, que ceux qui devront les obtenir n'aient remis une déclaration signée d'eux, de tous les dons, pensions, graces et emplois qu'ils auront ci-devant obtenus; que faute par eux de le faire, ou d'en omettre une partie, ils soient non-seulement déchus des nouvelles graces qui leur seroient accordées, mais encore de toutes celles dont nous les aurions précédemment favorisés; et pour assurer de plus en plus l'exécution des présentes dispositions, voulons que le double desdites déclarations soit remis au contrôleur-général de nos finances, à l'effet de les faire vérifier.

7. Comme il est juste néanmoins et nécessaire, surtout dans le cours d'une guerre, de récompenser les services présents, voulons que sur le montant des réductions et diminutions que subira le fonds des pensions et gratifications annuelles, en conséquence et en exécution des présentes, il soit réservé un fonds annuel, qui ne pourra excéder la somme d'un million, pour être distribué, sur nos ordres, en gratifications extraordinaires, à ceux qui pourront les mériter; et à cet effet, il en sera dressé par chacun an un état en notre conseil, en conséquence des ordonnances particulières qui en auront été expédiées; du montant duquel état il sera fait emploi dans les rôles de notre trésor royal, et en seront les par-

ties, passées au jugement des comptes des gardes de notredit trésor royal, en rapportant seulement ledit état avec les quittances des parties prenantes.

8. Et pour prévenir que lesdites gratifications extraordinaires ne puissent être converties en gratifications ordinaires et annuelles, voulons et ordonnons que personne ne puisse être porté sur l'état desdites gratifications extraordinaires, deux années de suite, ni qu'il puisse, quoique l'intervalle ici prescrit d'une ou de plusieurs années soit observé, y être jamais porté plus de trois fois. Si donnons, etc.

N° 765. — Traité d'union et de subsides entre la France et l'Electeur Palatin.

30 avril 1759. (Koch, II, 121.)

N° 766. — Ordonnance portant règlement sur les revues des commissaires des guerres.

Versailles, 30 juin 1759. (Archiv.)

N° 767. — Règlement pour la police et la discipline des équipages de navires marchands et pour le remplacement des équipages.

1er juillet 1759. (Rouen, Code commercial.)

EXTRAIT.

Art. 8. S'il déserte des marins ou autres gens de l'équipage, le capitaine est tenu d'en faire la déclaration au commissaire ou au consul, trois jours au plus tard après la désertion, sous peine d'en être réputé complice.

La dénonciation du capitaine est annotée et signée sur le rôle par celui qui la reçoit.

N° 768. — Déclaration portant augmentation du tarif des ports de lettres, et établissement d'une poste de ville à Paris.

Versailles, 8 juillet 1759. Reg. P. P. 17. (Archiv.)

PRÉAMBULE.

Louis, etc. La nécessité où nous sommes de pourvoir au besoin de l'Etat, nous a fait rechercher pour y parvenir, les moyens qui nous ont paru être les moins onéreux à nos peuples; dans cette vue nous nous sommes fait rendre compte de ceux de nos droits qui, en affectant le moins la fortune de nos sujets, seroient susceptibles d'une augmentation modérée; nous avons reconnu que les ports de lettres ont continué d'être taxés sur le pied du tarif de l'année 1703, malgré l'augmentation du prix des denrées et des dépenses de l'exploitation de cette ferme, et malgré l'augmentation numéraire des espèces, nous nous sommes portés à augmenter le tarif dans une proportion générale, qui sera encore au-dessous de cette augmentation numéraire, de manière que les ports de lettres continueront de coûter moins intrinséquement qu'en 1703; cette disposition nous a paru d'autant plus convenable que les tarifs des ports de lettres sont encore plus forts dans la plupart des États voisins : ayant également reconnu qu'il seroit utile et commode aux habitants de notre capitale d'établir dans l'enceinte des barrières une communication plus facile et moins coûteuse que celle qui se fait par les voies ordinaires des lettres qu'ils ont à s'écrire par l'établissement d'une poste intérieure dont chacun seroit libre d'user ou de ne pas user à son gré, et que cet établissement pourroit en même temps accroître le revenu de notre ferme des postes, nous nous sommes déterminés à former ledit établissement, dont l'administration sera faite pour notre compte par le fermier de nos postes. A ces causes, etc.

N° 769. — RÉGLEMENT *pour la police et discipline des équipages des navires marchands expédiés pour les colonies françaises de l'Amérique, et sur ce qui doit être observé pour les remplacements des équipages, tant des vaisseaux du roi que des navires marchands* (1).

Versailles, 11 juillet 1759. (Archiv. — Valin, I, 542.)

N° 770. — ORDONNANCE *concernant les mariages et acquisitions que les gouverneurs généraux et intendants, ainsi que les commissaires et écrivains de la marine, servant aux Îles sous le Vent, pourroient y contracter à l'avenir.*

Versailles, 23 juillet 1759. (Archiv.)

De par le roi. — S. M. étant informée des abus qui résultent des acquisitions en biens-fonds que plusieurs de ses officiers, employés aux Îles sous le Vent, ont faites par le passé, ainsi que des mariages que plusieurs d'entre eux y ont contractés avec des filles créoles; et considérant que de pareils établissements sont d'autant plus contraires à l'administration dont ils sont chargés, que la régie de leurs biens, et les alliances qu'ils contractent les détournent du véritable esprit de

---

(1) Publié de nouveau à la Guadeloupe, le 20 mars 1818.

leurs fonctions, et peuvent donner lieu à des vues d'intérêts particuliers, toujours préjudiciables au bien général, S. M., pour prévenir les abus, qui sont les suites de ces établissements, a résolu d'expliquer ses intentions à cet égard d'une manière précise et qui prévienne tout retardement dans l'exécution de ses ordres; en conséquence, elle a ordonné et ordonne ce qui suit.

Art. 1. Le gouverneur son lieutenant-général, et l'intendant ne devant point être regardés comme habitants de la colonie, dont le gouvernement et l'administration ne leur sont confiés que pour un temps limité, S. M. veut et entend qu'à l'avenir il ne puisse être choisi pour remplir lesdites fonctions, aucunes personnes qui auroient épousé des filles créoles, ou qui posséderoient, soit de leur chef, soit de celui de leurs femmes, des habitations dans lesdites Iles sous le Vent. Les commissaires et écrivains de la marine employés auxdites îles, n'y étant pareillement destinés que pour un temps, S. M. veut également qu'il n'y en soit employé aucun de ceux qui auroient épousé des filles créoles, ou qui posséderoient, soit de leur chef, soit de celui de leurs femmes, des habitations dans lesdites Iles sous le Vent.

2. Veut S. M. que ceux qui auroient par elle été nommés pour remplir lesdites fonctions de gouverneur-lieutenant-général, d'intendant, de commissaire, et d'écrivain de la marine auxdites Iles sous le Vent, et qui viendroient à épouser des filles créoles ou domiciliées dans ledit pays, ou qui y acquerroient des habitations en biens-fonds, autres que des jardins portant fruits, légumes et herbages, pour leur usage particulier seulement, soient censés eux-mêmes devenus habitants par de pareils engagements; qu'en conséquence, ils soient révoqués de leurs emplois, et remplacés le plus tôt qu'il se pourra, sur le compte qui en sera rendu à S. M. par le secrétaire d'État ayant le département de la marine. Veut S. M. qu'à l'avenir il soit fait mention dans toutes les provisions, commissions, brevets et ordres qui seront expédiés auxdits gouverneurs-lieutenants-généraux et intendants, ainsi qu'aux commissaires et écrivains de la marine destinés à servir dans lesdites îles, de la clause de leur révocation, en cas de semblables mariages ou acquisitions.

3. Les gouverneurs particuliers, lieutenants de roi, majors, aides-majors des Iles sous le Vent, ainsi que les capitaines, lieutenants et enseignes des troupes servant auxdites îles, y ayant une demeure fixe par la nature de leur service, dans

lequel ils ne peuvent mériter d'avancement que par leur résidence continuelle dans la colonie, S. M. veut bien, par cette considération, leur conserver leurs emplois, nonobstant les acquisitions et les mariages qu'ils pourroient contracter dans le pays; leur recommande en même temps S. M. d'être attentifs à ne jamais se prévaloir des fonctions de leurs emplois, pour se procurer des préférences et des avantages pour raison de leurs habitations, ou pour en procurer aux familles auxquelles ils se seront alliés. Ordonne spécialement S. M. au gouverneur-lieutenant-général d'y veiller de près, et d'empêcher tout abus à cet égard.

4. Défend pareillement S. M. audit gouverneur son lieutenant-général, et à l'intendant des Iles sous le Vent, ainsi qu'aux gouverneurs particuliers, et autres officiers de l'état major, commissaires et écrivains de la marine, et toutes autres personnes employées au gouvernement et administration desdites îles, de faire aucun commerce direct ou indirect, sous peine de révocation de leurs emplois: enjoint au surplus S. M. auxdits gouverneur son lieutenant-général et intendant auxdites îles, de se conformer exactement au présent réglement, lequel S. M. veut être exécuté, à compter du 1er janvier 1760, nonobstant tous ordres et permissions contraires, et être enregistré aux conseils supérieurs des Iles sous le Vent.

N° 771. — ORDONNANCE *portant réglement pour les appointements du gouverneur lieutenant-général, intendant, gouverneurs particuliers, lieutenants du roi, etc., servant aux Iles sous le Vent, et qui fixe leur nombre, leur grade et leur résidence.*

Versailles, 23 juillet 1759. (Archiv.)

N° 772. — ARRÊT *du conseil portant établissement de chambres mi-parties d'agriculture et de commerce aux Iles sous le Vent, avec faculté d'avoir un député à Paris à la suite du conseil.*

Paris, 23 juillet 1759. (Archiv.)

N° 773. — LETTRES PATENTES *contenant les nouvelles conditions du bail de la ferme générale des postes et messageries de France.*

Versailles, 15 août 1759. Reg. C. des C. 17 octobre. (Archiv.)

N° 774. — DÉCLARATION *concernant les dîmes novales.*

Versailles, 28 août 1759. Reg. P. P. 8 janvier 1762 (Archiv.)

PRÉAMBULE.

Louis, etc. Les contestations qui se sont élevées au sujet des dîmes novales, entre plusieurs curés, et les religieux des ordres de Clugny, de Cîteaux et de Prémontré, qui prétendoient avoir droit de les percevoir, à proportion du droit qu'ils ont dans les grosses dîmes, ont donné lieu à différents jugements qui ont produit une diversité de jurisprudence sur cette matière; et quelques-uns de nos juges ont cru devoir suspendre la décision des questions agitées devant eux, en ordonnant que les parties se retireroient par-devers nous pour expliquer nos intentions; nous avons cru que rien n'étoit plus conforme au desir que nous avons de faire cesser une diversité de jugements sur les mêmes questions, toujours contraires au bien de la justice, que d'établir pour l'avenir une règle uniforme sur ce qui a fait l'objet de ces contestations, et d'éteindre toutes celles qui se sont élevées jusqu'à présent, en laissant la perception des dîmes novales à ceux qui en jouissent actuellement, soit que la possession se trouve en faveur des curés, ou qu'elle soit en faveur des religieux de ces ordres. et nous avons eu la satisfaction de les voir disposés à abandonner leurs prétentions, pour entrer dans des vues si propres à rétablir la paix entre ceux qui sont consacrés à la vie monastique, et les ministres de l'Eglise qui sont chargés du soin des ames. A ces causes, etc.

N° 775. — ÉDIT *portant suppression des offices créés sur les ports, quais, halles et marchés de la ville de Paris, depuis le 1er janvier 1727; et suppression des droits sur le beurre, les œufs et le fromage, établis par édit du mois de décembre 1745.*

Versailles, septembre 1759. Reg. P. P. en lit de justice 20 septembre. (Archiv.)

N° 776. — ÉDIT *portant création de cent receveurs des rentes créées sur l'Hôtel-de-Ville de Paris, et autres effets publics qui seront solidaires les uns des autres.*

Versailles, septembre 1759. Reg. P. P. en lit de justice 20 septembre. (Archiv.)

N° 777. — EDIT *portant établissement d'une subvention générale dans le royaume, pour le soutien de la guerre et l'acquittement de ses charges.*

Versailles, septembre 1759. Reg. P. P. en lit de justice 20. (Rec. cons. d'état.)

PRÉAMBULE.

Louis, etc. L'injustice des anciens ennemis de notre couronne nous a suscité une guerre qui ne s'est déclarée que par l'invasion de nos possessions, et par la déprédation du commerce et de la navigation de nos sujets, contre la foi des traités et le droit des gens; l'Etat n'étoit point encore libéré des dettes que la dernière guerre avoit occasionées. Dans la vue de ne point augmenter les impositions dont nous aurions desiré de diminuer le poids, nous avons cherché à suppléer aux besoins de l'Etat par la voie des emprunts; mais la multiplicité des engagements a énervé de plus en plus les revenus, déjà insuffisants pour soutenir les dépenses de la guerre. Nous nous trouvons enfin obligés de recourir à nos sujets pour établir dans notre royaume une subvention générale, qui, en suppléant à une partie des dépenses que la guerre occasione, assure en même temps le paiement de l'excédant de ces mêmes dépenses dont l'Etat se trouvera redevable lors du rétablissement de la paix. Quelques efforts que nous puissions attendre de nos peuples, le revenu annuel ne peut, en temps de guerre, couvrir la dépense de l'année; et ce n'est qu'à regret que nous subissons la loi que nous impose le salut de l'Etat, d'étendre les impositions nouvelles sur divers objets, et d'en prolonger la durée plus ou moins après la cessation des hostilités, suivant que ces mêmes impositions sont plus ou moins onéreuses à nos peuples, et que l'exigent les besoins de notre Etat. Nous nous sommes déterminés, après l'examen d'un grand nombre de moyens différents qui nous ont été proposés, à augmenter des impositions qui avoient déjà lieu, et dont le recouvrement pouvoit être le plus prompt et le plus assuré, et à établir quelques impositions nouvelles ou modiques par elles-mêmes, ou de nature à réprimer le luxe, au moins à ne tomber que sur ceux de nos sujets que l'aisance de leur fortune met le plus en état d'en supporter le poids. Nous avons fixé un terme court à l'imposition d'un nouveau vingtième, qui ne doit subsister que l'année qui suivra celle de la cessation des hostilités, parce que nous sentons que la partie des biens de notre royaume soumis à ce genre d'imposition, est déjà considérablement chargée. Nous avons pensé qu'une augmentation de quatre sous pour livre, qui porte principalement sur les consommations, pouvoit se prolonger avec moins d'inconvénient, et nous en avons étendu la durée à dix années après le rétablissement de la paix. Nous avons suspendu, pour le temps de la guerre seulement, le privilège du franc-salé; une subvention modérée payable par les particuliers, à raison du nombre de leurs domestiques et de celui des chevaux qu'ils entretiennent; le doublement du droit de marque sur l'or et sur l'argent; comme aussi une taxe sur les étoffes étrangères, et sur quelques autres objets d'une consommation de luxe, ne peuvent affecter que ceux de nos sujets dont la fortune, l'état et les dépenses annoncent le plus de facilités pour subvenir aux besoins publics. Enfin, il nous a paru que ceux qui subsistoient aux dépens du public, en tenant des boutiques, pouvoient au moins payer à l'Etat un droit très-modique. Tous ces différents moyens réunis nous procureront des secours considérables, que les circonstances de l'Etat et les besoins extraordinaires occasionés par la guerre, rendent indispensablement nécessaires pour parvenir à une paix qui nous permet de satisfaire à tout ce que nous inspirent les sentiments de tendresse que nous ressentons pour nos peuples. A ces causes, etc.

N° 778 — DÉCLARATION *pour la cessation des séances du parlement.*

Versailles, 20 septembre 1759. Reg. P. P. en lit de justice 20. (Archiv.

Louis, etc. Par notre déclaration du 5 du présent mois, nous avons prorogé et continué les séances de notre parlement, et ce, jusqu'à nouvel ordre; mais, ayant résolu d'y mettre fin. A ces causes et autres à ce nous mouvant, de l'avis de notre conseil, et de notre certaine science, pleine puissance et autorité royale, nous avons dit et ordonné, et par ces présentes, signées de notre main, disons et ordonnons, voulons et nous plaît que la prorogation portée par notredite déclaration du 5 du présent mois cesse d'avoir lieu à présent. Si donnons, etc.

N° 779. — ARRÊT *du conseil qui supprime un arrêté et des remontrances du parlement de Dauphiné, imprimés contrairement au secret qui doit couvrir les délibérations des compagnies, aux règles de la justice, et à l'ordre public qui ne permet pas de publier des imputations injurieuses que les faits n'aient été au préalable judiciairement constatés.*

Versailles, 3 octobre 1759 (Archiv.)

N° 780. — ARRÊT *du conseil qui suspend le remboursement des capitaux à faire tant au trésor royal qu'à la caisse des amortissements.*

Versailles, 21 octobre 1759. (Rec. cons. d'état.)

PRÉAMBULE.

Le roi s'étant fait rendre compte en son conseil de la situation présente de ses finances, à l'effet de prendre des arrangements certains pour soutenir les dépenses de l'Etat et parvenir à une paix solide, S. M. auroit reconnu que, malgré les secours que doit produire la subvention qu'elle a été obligée d'établir par son édit du mois de septembre dernier, sur ceux de ses sujets que l'aisance de leur fortune met le plus en état d'en supporter le poids, les charges actuelles de l'Etat et les dépenses que la guerre rend indispensables excèdent encore, telles qu'elles se trouvent établies, ses revenus ordinaires et extraordinaires; et S. M. étant dans la résolution d'y suppléer, autant qu'il sera possible, sans avoir recours ni à de nouvelles impositions sur ses peuples, dont le soulagement fait toujours le principal objet de ses désirs et de ses soins, ni à la voie des emprunts, qui forment déjà une partie considérable des charges actuelles de l'Etat, et dont l'usage ne pourroit point d'ailleurs se concilier actuellement avec les alarmes qu'elle est informée qu'on a affecté de répandre dans le public; elle auroit jugé que c'étoit dans l'économie, dans la distribution et l'application du produit de ses différents revenus, aux charges et dépenses les plus essentielles par leur nature et leur objet, qu'elle devoit chercher les secours qui deviennent tous les jours de plus en plus nécessaires dans les circonstances présentes; elle auroit, dans cette vue, fait constater, d'un côté, le montant des recettes de différentes espèces et les époques de la rentrée des diverses parties des fonds qui les composent; et de l'autre, le montant des charges ordinaires et annuelles de l'Etat, ainsi que des dépenses extraordinaires de la guerre; la balance des unes et des autres, sur le pied des diminutions et des retranchements dont lesdites charges et dépenses sont susceptibles, lui auroit fait connoître que les revenus pourroient être suffisants pour faire face aux dépenses qui doivent être regardées comme le plus indispensablement nécessaires, en suspendant les remboursements qui doivent être faits, tant au trésor royal qu'à la caisse des amortissements, des capitaux des différents emprunts qui ont été faits, sans cependant interrompre le paiement des arrérages et intérêts de toute nature desdits emprunts, que S. M. a fait comprendre dans les états arrêtés des dépenses indispensables; et S. M. estimant qu'il n'y a pas d'arrangement ni plus solide ni plus convenable à tous égards, pour assurer les objets les plus importants du service de l'État, et surtout relativement à la durée de la guerre, elle se seroit déterminée à l'ordonner; sur quoi, voulant expliquer ses intentions, ouï le rapport du sieur de Silhouette, etc.

N° 781. — LETTRES PATENTES *par lesquelles le roi, en ordonnant que sa vaisselle sera portée à l'hôtel des monnoies de Paris, pour y être convertie en espèces, fixe le prix de celle qui y sera portée volontairement par les particuliers.*

Versailles, 26 octobre 1759. Reg. C. des M. 5 novembre. (Rec. cons. d'état.)

PRÉAMBULE.

Louis, etc. La rentrée des fonds dans les différentes caisses pouvant être retardée par la difficulté de la circulation, et les circonstances présentes exigeant un secours actuel, nous nous sommes déterminé à faire porter notre vaisselle à l'hôtel des Monnoies. Nous avons d'autant plus volontiers adopté cet expédient, que nous regardons les sacrifices les plus marqués comme honorables pour nous dès qu'ils peuvent être utiles à nos peuples, et qu'en faisant remise de notre droit de seigneuriage, et en indemnisant du droit de contrôle ceux de nos sujets qui, par affection à notre service et au bien de l'État, seroient disposés à suivre volontairement cet exemple, l'utilité qu'ils pourroient trouver à convertir en espèces leur vaisselle, dont ils ne retirent aucun produit, seroit en même temps un moyen d'augmenter la circulation. A ces causes, etc.

N° 782. — ARRÊT *du conseil portant qu'une bibliothèque, composée de toutes les lois et réglements qui peuvent intéresser l'administration publique, sera attachée au contrôle général des finances, et qui la confie à un avocat qui portera le nom d'avocat des finances de S. M.*

Versailles, 31 octobre 1759. (Archiv.)

N° 783. — ORDONNANCE *portant des peines contre les gens de mer désobéissants et déserteurs.*

Versailles, 16 novembre 1759. (Archiv. — Valin, I, 546.)

N° 784. — ORDONNANCE *concernant les novices qui s'embarqueront sur les vaisseaux du roi.*

Versailles, 12 décembre 1759. (Archiv. — Valin, I, 525.)

N° 785. — ORDONNANCE *pour la police des églises.*

Versailles, 12 décembre 1759. (Archiv. — Peuchet.)

N° 786. — ORDONNANCE *qui défend d'imprimer ou graver aucuns livres sans privilège ou permission, et d'étaler des livres sur les quais et sur les ponts.*

Versailles, 12 décembre 1759. (Archiv.)

N° 787. — ORDONNANCE *qui défend les jeux de hasard.*

Versailles, 12 décembre 1759. (Archiv.)

N° 788. — ARRÊT *du conseil qui défend à tous pâtres et conducteurs de bestiaux de les conduire en pâturage ou de les laisser répandre sur les bords des grands chemins plantés d'arbres et de haies d'épines, à peine de confiscation et de 100 l. d'amende.*

Versailles, 16 décembre 1759. (Archiv.)

Le roi, étant informé que quelque attention que l'on apporte à l'entretien des haies d'épines et autres, plantées en haut des remblais formés pour l'adoucissement des montagnes, dans les grands chemins, ces plantations ont rarement le succès que l'on doit en attendre, parce qu'elles sont abrouties et détruites par le pâturage des bestiaux; que cet abus a lieu principalement dans les parties de grands chemins qui se trouvent dans l'intérieur des forêts, les bergers et pâtres n'osant introduire leurs bestiaux dans les massifs des bois, les conduisent en pâturage le long de ces routes; ce qui occasione la destruction des plantations qui y ont été formées : et S. M. voulant prévenir de semblables dégradations, elle a résolu de faire connoître sur ce ses intentions; ouï le rapport du sieur Bertin, conseiller ordinaire au conseil royal, contrôleur-général des finances; le roi, étant en son conseil, a ordonné et ordonne que les réglements faits pour la plantation des grands chemins, seront exécutés selon leur forme et teneur; en conséquence, fait, S. M., très-expresses inhibitions et défenses à tous pâtres et autres gardes et conducteurs de bestiaux, de les conduire en pâturage ou de les laisser répandre sur les bords des grands chemins plantés, soit d'arbres, soit de haies d'épines, ou autres, à peine de confiscation des bestiaux, et de cent livres d'amende, de laquelle amende les maîtres, pères, chefs de famille et propriétaires de bestiaux, seront et demeureront civilement responsables : ordonne, S. M., que par les gardes tant des bois de S. M. que de ceux des ecclésiastiques, communautés et gens de main-morte, même des propriétaires particuliers, il sera dressé des procès-verbaux et rapports de contraventions au présent arrêt, pour les parties des grands chemins seulement formés dans l'intérieur desdits bois; lesquels rapports et procès-verbaux seront affirmés dans les vingt-quatre heures de leur date, par-devant le premier juge sur ce requis, et ensuite enregistrés et déposés aux greffes des maîtrises particulières des lieux, pour être les contrevenants poursuivis à la requête des procureurs de S. M. èsdites maîtrises, et punis conformément au présent arrêt, à l'exécution duquel S. M. enjoint aux grands-maîtres des eaux et forêts, et aux officiers desdites maîtrises, de tenir, chacun en droit soi, la main; à l'effet de quoi, ordonne S. M. que ledit présent arrêt sera enregistré au greffe desdites maîtrises, imprimé, lu, publié et affiché par tout où besoin sera, et exécuté nonobstant opposition ou autres empêchements généralement quelconques, pour lesquels ne sera différé, et dont, si aucuns interviennent, S. M. s'en est, et à son conseil, réservé la connoissance, et icelle interdit à toutes ses cours et autres juges.

N° 789. — ORDONNANCE *qui enjoint à tous commandants de vaisseaux de déclarer dans les vingt-quatre heures aux greffes des amirautés des ports où ils conduiront leurs prises, les vaisseaux en présence desquels ces prises auront été faites.*

Versailles, 3 janvier 1760. (Archiv. — Valin, II, 391. — Moreau de Saint-Méry.)

N° 790. — LETTRES PATENTES *qui autorisent les fabriques, corps et communautés à porter leur argenterie aux hôtels des monnoies.*

Versailles 8 février 1760. Reg. P. P. 11 mars. (Archiv.)

N° 791. — DÉCLARATION *qui ordonne qu'il sera ouvert un emprunt de trente millions dans la ville de Strasbourg, remboursable par la voie du sort dans le cours de vingt années.*

Versailles, 16 mars 1760. (Archiv.)

N° 792. — TRAITÉ *de limites entre les rois de France et de Sardaigne.*

24 mars 1760. (Wenck, III, 218.)

N° 793. — ORDONNANCE *pour la réforme des abus qui se commettent dans les engagements militaires qui se font à Paris.*

Versailles, 27 mars 1760. (Rec. cons. d'état. — Peuchet.)

N° 794. — ORDONNANCE *sur la discipline, subordination et service des maréchaussées du royaume.*

Versailles, 19 avril 1760. (Rec. cons. d'état.)

PRÉAMBULE.

S. M. étant informée que les maréchaussées ne procurent point à ses sujets tous les avantages qu'ils peuvent attendre de leur service, dont l'objet doit être de rechercher et poursuivre les malfaiteurs et autres ennemis intérieurs de l'Etat, garantir les voyageurs de leurs entreprises, en tenant les grands chemins libres et assurés, observer les marches des troupes, veiller au bon ordre dans les fêtes et autres assemblées, et maintenir en toute circonstance la sûreté et la tranquillité publique; et désirant, à l'exemple des rois ses prédécesseurs, perfectionner le service de ses troupes, et donner en particulier des marques de son attention sur un objet aussi important, elle auroit, par arrêt de son conseil du 29 juin de l'année dernière, ordonné l'exécution des édit et ordonnance de 1720, concernant la subordination et discipline des maréchaussées; mais sur les représentations qui lui ont été faites qu'en rappelant les dispositions des précédents édits, déclarations et ordonnances rendus sur cette matière, il seroit nécessaire d'expliquer plus particulièrement ses intentions, et d'établir une règle constante et uniforme, non-seulement sur la subordination et discipline des compagnies de maréchaussées, mais encore sur les honneurs dus par ces troupes, et sur les différentes parties de leur service, afin d'empêcher qu'elles n'en puissent être distraites au préjudice du bien public, en se livrant à des fonctions qui leur sont étrangères, toutes les fois qu'elles n'ont aucun rapport au maintien de la sûreté et de la tranquillité publique, pour lequel les maréchaussées ont été établies, etc.

N° 795. — ARRÊT *du parlement de Paris, qui défend les associations et confréries sans permission du roi.*

9 mai 1760. (Peuchet.)

N° 796. — ORDONNANCE *du bureau des finances de Paris, concernant la direction du pavé de la ville, faubourgs et banlieue de Paris* (1).

27 juin 1760 (Davennes, Régl. sur la voirie.)

EXTRAIT.

ART. 1. L'entrepreneur de l'entretien du pavé, continuera de jouir du droit exclusif de faire seul les racordements de

---

(1) En vigueur.

pavé, de bornes, de seuils et de devantures de maisons, de travailler aux rétablissements des trous causés par les étaies dans les rues de Paris, à l'occasion des réparations à faire aux maisons, ou pour des reposoirs ou échafauds, et de rétablir les tranchées de fontaine, qui ne pourront être faites que de notre ordre et permission.

3. Conformément au rapport contenant devis et détail estimatif, déposé au greffe de ce bureau, le prix de chaque pavé neuf à fournir par l'entrepreneur, payable par les particuliers, propriétaires d'héritages, corps, communautés ou autres, sera et demeurera fixé à cinq sous.

Le prix de chaque toise superficielle de pavé neuf, sans y comprendre les terrasses que les propriétaires feront faire par tels ouvriers que bon leur semblera, sera fixé, compris soixante-quatre pavés neufs à fournir par l'entrepreneur, à dix-sept livres dix-huit sous.

Le prix de chaque toise superficielle de relevé à bout de pavé, y compris six pavés neufs que l'entrepreneur sera tenu de fournir, sera fixé à quatre livres douze sous.

Le prix de chaque toise courante de tranchée de fontaine, de trois pieds de largeur sur deux pieds de profondeur, y compris les terrasses et trois pavés neufs que l'entrepreneur sera tenu de fournir, sera fixé à quatre livres huit sous.

Le prix de chaque racordement de seuil de porte cochère, du côté de la rue seulement, y compris quatre pavés neufs que l'entrepreneur sera tenu de fournir, sera fixé à quatre livres.

Le prix de chaque racordement d'un grand seuil de boutique, y compris quatre pavés neufs que l'entrepreneur sera tenu de fournir, sera fixé à quatre livres; et le prix de chaque racordement d'un seuil d'allée, ou autres de même espèce, y compris deux pavés neufs que l'entrepreneur sera obligé de fournir, sera fixé à quarante sous.

Le prix de chaque racordement de trappe, y compris trois pavés neufs que l'entrepreneur sera tenu de fournir, sera fixé à trois livres quinze sous.

Le prix de chaque racordement de bornes, y compris deux pavés neufs que l'entrepreneur sera tenu de fournir, sera fixé à quarante sous.

4. L'entrepreneur ne pourra fournir en chaque nature d'ouvrage, ni plus ni moins de pavés neufs que la quantité ci-dessus; la qualité et l'échantillon desdits pavés neufs seront les mêmes que ceux portés par son bail.

5. En payant par les propriétaires à l'entrepreneur, le pavé

neuf fourni, comme il est dit ci-dessus, le pavé de rebut appartiendra auxdits propriétaires, où sera enlevé par l'entrepreneur, au choix desdits propriétaires, sans cependant qu'en ce dernier cas lesdits propriétaires puissent rien prétendre ni exiger dudit entrepreneur.

N° 797. — ORDONNANCE *concernant les armoiries.*

Versailles, 29 juillet 1760. (Rec. cons. d'état.)

PRÉAMBULE.

Les armoiries qui dans l'origine n'étoient que de simples marques ou reconnoissances que les anciens guerriers français portoient sur leur armure dans les batailles et autres rencontres où ils se trouvoient pour le service de leur prince, afin d'être mieux distingués dans la foule des combattants, ayant ensuite été adoptées héréditairement par leurs enfants et descendants, tant pour conserver la mémoire des hauts faits de leurs ancêtres que pour s'exciter à les imiter; et étant successivement devenues, par ce moyen, le signe distinctif des différentes maisons et familles nobles, il fut établi sous le règne de Philippe-Auguste, pour maintenir l'ordre et la police dans le port desdites armoiries, prévenir les usurpations et la confusion qui s'en seroit ensuivie, un roi d'armes de France, dont les fonctions étoient entre autres de tenir, sous l'inspection et surintendance du connétable et des maréchaux de France, des registres de toutes les familles nobles et de leurs armoiries blasonnées, et des noms, surnoms et qualités de tous ceux qui avoient droit d'en porter, pour être en état de rendre compte au roi, de la noblesse de son royaume. Depuis, Charles VIII, persuadé que rien ne pouvoit contribuer davantage au lustre de la noblesse que de réprimer les abus qui s'étoient glissés dans le port des armoiries, et d'y obvier pour la suite, créa en 1487 un maréchal d'armes de France, auquel il attribua les mêmes fonctions dont l'ancien roi d'armes avoit négligé l'exercice. C'est dans le même esprit et par le même motif que les rois successeurs de Charles VIII auroient fait différents réglements pour le maintien de l'ordre dans cette partie, et empêcher les usurpations, et notamment Charles IX, par l'article 90 de l'ordonnance d'Orléans; Henri III, par l'article 257 de celle de Blois; et Henri IV par sa déclaration du 23 août 1598. La licence des temps ayant rendu lesdits réglements sans effet, la noblesse de France sentit combien son antique splendeur souffroit d'une pareille inexécution; et en conséquence, en 1614, elle supplia très-humblement le roi Louis XIII de faire faire une recherche de ceux qui auroient usurpé des armoiries au préjudice de l'honneur et du rang des grandes maisons et anciennes familles, et sur lesdites remontrances il fut créé par édit du mois de juin 1615, un juge d'armes de la noblesse de France, auquel il fut attribué toute juridiction pour connoître du fait des armoiries et des contestations qui en pourroient naître, à la charge de l'appel en dernier ressort par-devant les maréchaux de France, et qui fût en même temps chargé de dresser des registres universels, dans lesquels il emploieroit le nom et les armes des personnes nobles, lesquelles, à cet effet, seroient tenues de fournir aux baillis et sénéchaux les blasons et armes de leurs maisons pour lui être envoyés, avec défenses en outre à ceux qui seroient à l'avenir honorés du titre de noblesse, de porter des armoiries, qu'elles n'eussent été reçues et jugées par ledit juge d'armes qui en donneroit son attache. Le feu roi Louis XIV ayant reconnu que les pourvus dudit office, par le défaut d'autorité sur les baillis et sénéchaux, n'avoient pu former des registres assez authentiques pour conserver le lustre des armes des grandes et anciennes maisons, et fixer celles des autres personnes qui étoient en droit d'en porter; et jugeant qu'il étoit de la grandeur de son règne de mettre la dernière main à cet ouvrage qui n'avoit été, pour ainsi dire, qu'ébauché jusqu'alors, en envisagea le moyen dans la suppression dudit office de juge d'armes de France, dans l'établissement d'un dépôt public où seroient enregistrées toutes les armoiries, et dans la création de différentes maîtrises particulières qui, chacune dans son district, connoîtroient de tout ce qui y auroit rapport, à la charge de l'appel en dernière instance par-devant une grande maîtrise générale et souveraine à Paris. Mais les offices créés pour composer lesdites maîtrises générale et particulières n'ayant point été levés par le peu de produit et de fonctions y attachés, cet établissement ne put avoir lieu, et par édit du mois d'avril 1701 l'office de juge d'armes fut rétabli. Quelque zèle que ceux qui en ont été pourvus depuis aient apporté dans l'exercice de leurs fonctions, S. M. a été informée que les abus se sont multipliés à un tel excès, qu'il devient indispensable d'y pourvoir, chacun s'ingérant, sans droit ni titre, de prendre des armoiries telles qu'il lui juge à propos; plusieurs même, sous prétexte du rapport du nom, et encore que souvent ils ne soient pas nobles, usurpant celles des anciennes familles nobles, soit pour faire croire qu'ils sont de tige plus ancienne et plus illustre, soit pour se faire passer pour nobles par succession de temps, ce qui est également contraire à l'autorité de S. M., au bien de l'Etat, à l'honneur et au rang des grandes maisons, et de la noblesse en général. Pour réprimer ce désordre, et remettre la noblesse dans son ancienne splendeur, en lui laissant l'entière possession des plus belles marques d'honneur qu'elle a conservées de temps immémorial, et que ses services, sa valeur et son rang lui acquièrent, S. M. n'a rien trouvé de plus expédient que d'effectuer l'établissement projeté par le feu roi, d'un dépôt général où seront enregistrées toutes les armoiries; d'ordonner l'exécution des édits et règlements rendus sur le fait d'icelles par les rois ses prédécesseurs; et pour la rendre plus assurée, d'en confier le soin au tribunal des maréchaux de France qui sont juges-nés de la noblesse et des armes; et d'autant que suivant un usage qui a prévalu, le port des armoiries n'est pas borné à la seule noblesse, S. M. a cru ne devoir pas priver de cette distinction les personnes, quoique non nobles, qui en sont en possession, ou qui désireroient d'en porter, en la restreignant néanmoins à celles qui sont revêtues d'offices ou états honorables, et en conservant d'ailleurs à la noblesse les marques d'honneur dues à son rang et à sa qualité. A quoi S. M. voulant pourvoir, etc.

N° 798. — DÉCLARATION *concernant l'Ecole royale militaire.*

Versailles, 24 août 1760. Reg. P. P. 5 septembre. (Rec. cons. d'état.)

Louis, etc. Notre intention, en instituant une école militaire pour l'éducation dans l'art de la guerre, de cinq cents jeunes gentilshommes, a été non-seulement d'en faire un moyen de soulagement pour les familles nobles de notre royaume, qui seroient hors d'état de donner une éducation convenable à leurs enfants, mais encore un objet de récompense pour celles de ces familles qui se seroient vouées plus particulièrement à la défense de notre Etat; c'est ce double motif de grace et de justice qui a déterminé l'ordre de préférence que nous avons voulu que l'on observât dans l'admission des enfants qui nous seroient proposés pour cet établissement. Il nous avoit paru juste en général que les enfants de pères actuellement au service, fussent préférés à ceux dont les pères s'en seroient retirés, même par des causes légitimes; cependant comme il est différents cas où il pourroit être plus juste encore de les faire concourir ensemble dans le même ordre, sans donner aux services présents sur les services passés une préférence indéfinie, qui ne pourroit être due à ceux-là qu'autant que la cessation de ceux-ci n'auroit pas été produite par l'impossibilité de les continuer; nous avons résolu d'expliquer plus précisément nos intentions, tant sur cette préférence que sur quelques autres dispositions de notre édit du mois de janvier 1751, portant création de ladite école militaire. A ces causes, etc. voulons et nous plaît ce qui suit :

Art. 1. Les enfants de pères que leur blessures auront mis hors d'état de nous continuer leurs services, seront reçus dans notre école militaire concurremment et dans le même ordre que les enfants dont les pères seront actuellement au service.

2. Ceux dont les pères n'auront quitté le service que par rapport à des infirmités ou des accidents naturels, qui ne leur auront absolument pas permis d'y rester, seront également reçus dans notre école militaire concurremment et dans le même ordre que les enfants des pères qui seront actuellement au service.

3. Les uns et les autres ne seront toutefois admis à cette concurrence, qu'autant qu'ils rapporteront un certificat des officiers des corps dans lesquels leurs pères auront servi, lequel certificat spécifiera la qualité des blessures, des infirmités ou des accidents qui auront mis leurs pères dans la nécessité absolue de se retirer.

4. Indépendamment du certificat mentionné en l'article précédent, lesdits enfants rapporteront un procès-verbal, fait dans le lieu du domicile de leurs pères, par un chirurgien-juré, en présence de deux gentilshommes du canton, qui signeront avec ledit chirurgien au procès-verbal, par lequel l'état actuel des pères desdits enfants sera constaté dans la plus exacte vérité, et ledit procès-verbal sera légalisé par les juges royaux des lieux.

5. Les enfants des pères qui auront obtenu de nous la permission de se retirer, après trente années au moins de service non interrompues, seront reçus dans notre école militaire concurremment avec les enfants des pères qui seront actuellement au service; et pour justifier desdites trente années de service non interrompues, ils en rapporteront un certificat du secrétaire-d'État ayant le département de la guerre.

6. Les demandes des parents qui proposeront leurs enfants pour l'école militaire, seront adressées au secrétaire-d'État ayant le département de la guerre, par les sieurs intendants et commissaires départis dans les provinces, chacun en ce qui concerne leur département; et lesdites demandes seront accompagnées des extraits baptistaires desdits enfants dûment

légalisés par les juges royaux des lieux, et de toutes les pièces et actes nécessaires pour déterminer la classe dans laquelle lesdits enfants se trouveront, d'après l'article 14 de notre édit du mois de janvier 1751, lequel article sera exécuté en ce qui n'y est pas dérogé par la présente déclaration.

7. Notre intention étant qu'il ne soit reçu dans notre école militaire aucun enfant dont les parents pourroient se passer de ce secours pour l'éducation de leur famille, le bien des pères et mères desdits enfants, et celui des enfants eux-mêmes, dans le cas où ils auroient perdu leurs pères et mères, sera constaté par lesdits sieurs intendants et commissaires départis, lesquels en délivreront leurs certificats détaillés et vérifiés sur les rôles des impositions.

8. Les certificats mentionnés en l'article précédent, seront signés et attestés conformes à la commune renommée, par deux des gentilshommes les plus voisins du domicile des parents des enfants proposés.

9. Il ne sera reçu aucun élève dans l'hôtel de notre école militaire, qu'il n'ait fait preuve de quatre degrés de noblesse de père au moins, y compris le produisant; et lesdites preuves de noblesse seront faites par titres originaux, et non par simples copies collationnées; dérogeant à cet égard à la disposition de l'article 16 de notre édit du mois de janvier 1751, lequel au surplus sera exécuté selon sa forme et teneur en ce qui n'y est pas dérogé par cette présente. Si donnons, etc.

N° 799. — ORDONNANCE *pour maintenir la police dans les écoles de chirurgie.*

Versailles, 7 septembre 1760. (Rec. cons. d'état.)

N° 800. — ORDONNANCE *concernant les prisonniers de guerre faits à la mer.*

Versailles, 4 octobre 1760. (Rec. cons. d'état.)

S. M. étant informée que, nonobstant les défenses portées par l'ordonnance du 7 novembre 1703, les capitaines commandant les navires armés avec commission en guerre, disposent, sous différents prétextes et sans y être autorisés, des prisonniers de guerre qu'ils ont faits à la mer sur les vaisseaux de ses ennemis, soit en les remettant à bord des bâtiments neutres qu'ils rencontrent, soit en les débarquant sur les côtes des puissances neutres où ils abordent : et voulant réprimer un abus si préjudiciable à son service, et si nuisible à l'échange et au retour des prisonniers de guerre français faits en mer par ses ennemis, elle a ordonné et ordonne ce qui suit :

Art. 1. Tout capitaine commandant un navire armé avec commission en guerre, qui aura fait des prisonniers à la mer, sera tenu de les garder à son bord jusqu'au lieu de sa première relâche dans un port du royaume, sous peine de payer, pour chaque prisonnier qu'il aura relâché, cent livres d'amende, qui sera retenue sur sa part aux prises, ou sur ses gages.

2. Lorsque le nombre des prisonniers de guerre excéden celui du tiers de l'équipage, permet cependant S. M. au capitaine preneur d'embarquer le surplus de ce tiers ; et dans le cas où il manqueroit de vivres, un plus grand nombre, sur les navires des puissances neutres qu'il rencontrera à la mer, en prenant au pied d'une liste des prisonniers ainsi débarqués, une soumission signée du capitaine du bâtiment pris et des autres principaux prisonniers, portant qu'ils s'engagent à faire échanger et renvoyer un pareil nombre de prisonniers français de même grade ; laquelle liste originale sera remise à la première relâche dans les ports du royaume, à l'intendant ou au commissaire de la marine, et dans les ports étrangers, au consul de la nation française, pour être envoyée au secrétaire d'Etat ayant le département de la marine.

3. Permet aussi S. M. auxdits capitaines qui relâcheront dans les ports des puissances neutres, d'y débarquer les prisonniers de guerre qu'ils auront faits, pourvu qu'ils en aient justifié la nécessité aux consuls ou autres chargés des affaires de France, dont ils seront obligés de rapporter une permission par écrit ; lesquels remettront lesdits prisonniers aux consuls de la nation ennemie, et en retireront un reçu avec obligation de faire tenir compte de l'échange desdits prisonniers, par un pareil nombre de prisonniers français de même grade.

4. Dans l'un et l'autre cas, les capitaines preneurs seront obligés, sans pouvoir s'en dispenser sous quelque prétexte que ce puisse être, de garder à leur bord le capitaine avec un des principaux officiers de l'équipage du bâtiment pris, pour les ramener dans les ports de France, où ils seront détenus aux frais du roi pour servir d'otages, jusqu'à ce que l'échange promis ait été effectué.

N° 801. — RÈGLEMENT *pour la levée des recrues dans les différentes provinces du royaume* (en 31 art.)

Versailles, 25 novembre 1760. (Rec. cons. d'état)

N° 802. — ARRÊT *du conseil qui nomme des commissaires pour la connoissance des affaires contentieuses des colonies portées au conseil du roi.*

8 février 1761. (Moreau de Saint-Méry.)

N° 803. — ORDONNANCE *pour empêcher les malversations des employés dans les armées.*

Versailles, 18 février 1761. (Archiv.)

N° 804. — ARRÊT *qui ordonne l'établissement d'une société d'agriculture à Tours.*

Versailles, 24 février 1761. (Archiv.)

N° 805. — EDIT *qui supprime les offices de tabellions et les réunit à ceux de notaires royaux.*

Versailles, février 1761. Reg. P. P. 10 avril. (Archiv.)

N° 806. — ARRÊT *du conseil qui ordonne l'établissement d'une société d'agriculture dans la généralité de Paris.*

Versailles, 1ᵉʳ mars 1761. (Rec. cons. d'état.)

Le roi étant informé que plusieurs de ses sujets, zélés pour le bien public, se portoient avec autant d'empressement que d'intelligence à l'amélioration de l'agriculture dans son royaume; et que, dans la vue d'encourager les cultivateurs par leur exemple à défricher les terres incultes, à acquérir de nouveaux genres de culture, à perfectionner les différentes méthodes de cultiver les terres actuellement en valeur, ils se seroient proposés d'établir, sous la protection de S. M., des sociétés d'agriculture, dont les membres, éclairés par une pratique constante, se communiqueroient leurs observations, et en donneroient connoissance au public; que nommément un nombre de personnes, possédant ou cultivant des terres dans la généralité de Paris, distinguées dans leur état, et occupées d'augmenter la culture des terres, n'attendoient que la permission de S. M. pour se former en société, et travailler de concert sur cet objet; et S. M. s'étant fait rendre compte du plan qui lui a été proposé pour l'établissement de ladite société, des occupations auxquelles elle doit se livrer, et des personnes qui doivent la composer; vu l'avis du sieur intendant de la généralité de Paris sur l'utilité et la convenance de cet établissement; ouï le rapport du sieur Bertin, conseiller ordinaire au conseil royal, contrôleur-général des finances, S. M. étant en son conseil a ordonné et ordonne ce qui suit :

Art. 1. Il sera établi dans la généralité de Paris une société qui fera son unique occupation de l'agriculture et de tout ce qui y a rapport, sans qu'elle puisse prendre connoissance d'aucune autre matière; elle sera composée de quatre bureaux, dont le premier tiendra ses séances à Paris, le second à Meaux, le troisième à Beauvais, et le quatrième à Sens: voulant néanmoins S. M. que tous les membres de ladite société ne composent qu'un seul corps, et aient séance et voix délibérative dans chacun desdits quatre bureaux, lorsqu'ils se trouveront dans le lieu de leur établissement. Le bureau de Paris sera composé de vingt personnes, comprises dans la liste annexée à la minute du présent arrêt; chacun des trois autres bureaux sera composé de dix personnes qui seront désignées; et aura ledit sieur intendant et commissaire départi en la généralité de Paris séance et voix délibérative, comme commissaire du roi, dans toutes lesdites assemblées.

2. Les assemblées ordinaires de chaque bureau se tiendront une fois par semaine dans le lieu de la même ville et au jour qu'il sera convenu; pourront à cet effet lesdits membres prendre pour la police intérieure, le lieu et le jour desdites assemblées, et pour l'élection des membres, telles délibérations qu'ils aviseront bon être.

3. Les délibérations qui seront prises par la société sur le fait de l'agriculture, et tous les mémoires qui y seront relatifs, seront adressés au sieur contrôleur-général des finances, pour, sur le compte qui en sera par lui rendu à S. M., être par elle pourvu ce qu'il appartiendra.

N° 807. — ARRÊT *du conseil qui ordonne que sur les évocations, réglemens de juge, demandes en cassation, en contrariété d'arrêts ou en révision, appels des ordonnances des gouverneurs et intendants des colonies, les parties procéderont au conseil.*

Versailles, 26 mars 1761. (Rec. cons. d'état. — Moreau de Saint-Méry.)

N° 808. — ORDONNANCE *concernant l'ordre royal et militaire de Saint-Louis.*

Versailles, 27 mars 1761. (Rec. cons. d'état.)

PRÉAMBULE.

S. M. ayant considéré, dès son avènement au trône, toute l'importance dont son ordre de Saint-Louis est à l'État, elle a donné l'attention la plus suivie aux moyens de perfectionner cet établissement si précieux à la nation, et l'un des plus célèbres monuments du règne de son bisaïeul. C'est ainsi qu'en ajoutant à sa dotation des fonds plus considérables que ceux qui la composoient, elle a augmenté en proportion le nombre des graces qui lui sont affectées, et notamment des dignités de grands-croix et de commandeurs. Cependant elle a reconnu que ce nombre ne répondoit pas toujours à celui des militaires qui, par la qualité et la durée de leurs services, s'étoient rendus dignes de distinctions de cette espèce; et ce motif l'a déterminée dans plusieurs occasions à décerner les honneurs des grands-croix et des commandeurs, sans attendre qu'il vaquât des dignités auxquelles seulement la constitution de l'ordre attache ces honneurs; mais si cette faveur avoit de quoi satisfaire le zèle de guerriers dont le caractère distinctif est de n'être sensible qu'à la gloire, S. M. n'en est pas moins résolue de ramener la distribution de ces sortes de graces au vœu de la constitution primitive de l'ordre de Saint-Louis; de manière que les marques honorifiques qui dépendent des dignités de grands-croix et de commandeurs ne soient jamais séparées de la possession effective de ces dignités, et qu'elles ne soient conférées qu'avec elles, à mesure qu'il y aura de ces dignités vacantes. Mais comme l'intention de S. M. n'est point, en fixant à cet égard des règles invariables, de diminuer le nombre des graces auxquelles les militaires peuvent aspirer, elle a résolu d'augmenter le nombre des dignités effectives de son ordre de Saint-Louis, et elle ne veut bien s'interdire elle-même la liberté d'accorder des honneurs de grands croix et de commandeurs que pour distribuer un plus grand nombre de dignités effectives. En conséquence, etc.

N° 809. — ARRÊT *du conseil et lettres patentes portant réglement sur la perception des droits municipaux.*

Versailles, 17 avril 1761. Reg. C. des A. 27 juin. (Archiv.)

N° 810. — ARRÊT *du conseil qui ordonne l'établissement d'une société d'agriculture dans la généralité de Lyon.*

Versailles, 12 mai 1761. (Archiv.)

N° 811. — EDIT *portant création de 200,000 liv. de rentes héréditaires et viagères, au profit de l'ordre du Saint-Esprit, etc.*

Marly, mai 1761. (Archiv.)

N° 812. — Déclaration *concernant l'exercice de la chirurgie dans les maisons de l'ordre de la charité.*

Marly, 20 juin 1761. Reg. P. P. 4 juillet. (Rec. cons. d'état.)

PRÉAMBULE.

Louis, etc. Nous n'avons rien eu de plus à cœur depuis notre avènement à la couronne, que de procurer à tous nos sujets, et surtout aux pauvres, les secours qui leur sont nécessaires dans leurs infirmités, et nous avons accordé une égale protection aux maisons de la charité, établies dans notre royaume par les lettres-patentes du mois de mars 1602 et autres subséquentes, et à cet art, si important pour l'humanité, dont nous avons la satisfaction de voir de jour en jour les progrès par les effets de nos soins et de notre libéralité : c'est dans cette vue qu'en faisant, par nos lettres-patentes du mois de septembre 1724, différents établissements propres à porter la chirurgie au point de perfection où elle est actuellement, nous avons cru devoir nous réserver la nomination d'un chirurgien en chef en chacune desdites maisons de la charité; et que, dans la persuasion que les pauvres y seroient mieux secourus par des maîtres de l'art que par des religieux, nous avions cru devoir interdire aux Frères de la Charité toute faculté d'y exercer la chirurgie, mais les difficultés qui se sont opposées à l'exécution de cette disposition dans la plupart des lieux où ces hôpitaux sont établis, et plus encore dans nos colonies, nous ont portés à faire examiner de nouveau cette matière en notre conseil. Une expérience de trente-six années, et tout ce qui a été remis sous nos yeux, tant de la part dudit ordre de la charité, que de celle de notre premier chirurgien, nous ont fait reconnoître qu'il étoit de notre justice, autant que du bien des pauvres, et même du bien public, d'apporter quelques tempéraments à l'exécution de nosdites lettres-patentes : nous nous sommes persuadé qu'en nous reposant sur lesdits religieux, du soin de choisir eux-mêmes leur chirurgien ; comme ils choisissent leur médecin, et en étendant à leurs autres maisons, la prérogative accordée à celle de notre bonne ville de Paris, par le roi Louis XIII, notre trisaïeul, de faire gagner la maîtrise à un garçon chirurgien qui y auroit servi gratuitement les pauvres pendant plusieurs années, il en résulteroit entre eux et lesdits maîtres chirurgiens, une union vraiment utile au service des malades, et aussi propre à fortifier l'expérience et les connoissances desdits religieux, qu'à les mettre en état de suppléer, sans inconvénients, aux fonctions desdits chirurgiens dans les cas de nécessité. Nous nous sommes d'autant plus volontiers déterminés à faire cette exception à la règle générale, qui doit écarter de tout exercice de chirurgie ceux qui n'ont pas passé par les épreuves requises pour obtenir leur maîtrise, que nous ne faisons par-là que rendre auxdits religieux l'usage d'une faculté portée par leurs statuts, autorisés par les lettres-patentes des rois nos prédécesseurs, et notamment par celles du 23 juillet 1668, qu'ils ont exercée jusqu'à nosdites lettres-patentes de 1724, et même depuis, par nos ordres, dans nos provinces et dans nos colonies. Les précautions que nous avons prises en même temps, pour qu'ils n'en puissent jamais abuser, nous donnent lieu de compter que cette indulgence ramènera entre eux et le corps de la chirurgie, le concert et l'harmonie que nous désirons d'y voir régner pour le bien des pauvres; et cet avantage se joignant à l'émulation qui naîtra des autres dispositions que nous avons jugé à propos d'y ajouter, nous aurons la satisfaction de voir se multiplier de plus en plus, dans nos Etats, les études, les expériences et le nombre des élèves, qui, par une suite nécessaire, augmentera celui des maîtres en chirurgie, et de procurer ainsi aux pauvres comme aux riches, par toute l'étendue des pays de notre obéissance, tous les secours dont ils pourront avoir besoin. A ces causes, etc.

N° 813. — DÉCLARATION *qui ordonne que, dans six mois pour tout délai, les supérieurs de chacune des maisons de la Société des Jésuites seront tenus de remettre au greffe du conseil les titres de leurs établissements en France.*

Versailles, 2 août 1761. Reg. P. P. 6. (Rec. cons. d'état.)

Louis, etc. Lorsque nous nous sommes fait remettre les constitutions de la société des jésuites, qui auroient été apportées par eux au greffe de notredite cour de parlement, en exécution de son arrêt du 17 avril dernier, nous nous sommes proposé d'en prendre connoissance par nous-mêmes, pour déterminer l'usage que nous pouvions avoir à faire de notre autorité, dans une matière qui ne peut être mise en règle que par des lettres émanées de nous; nous aurions en conséquence choisi des personnes de notre conseil, pour nous en rendre compte incessamment, et nous leur aurions fait remettre en même temps plusieurs autres pièces qui concernent l'institut de ladite société, et son établissement en France. Mais le compte qu'elles nous ont rendu, en nous faisant sentir encore plus l'importance de cet objet, et l'attention qu'il exigeoit de nous, nous a fait aussi reconnoître qu'il étoit à propos d'y joindre l'examen des titres d'établissement des différentes maisons de cette société; de manière que nous fussions entièrement en état de régler tout ce qui peut la concerner par des lettres patentes enregistrées en nos cours, suivant l'ordre établi dans notre royaume : et comme cet objet intéresse non-seulement un des ordres religieux le plus répandu dans notre royaume, mais même le public et notre État, il nous a paru nécessaire de déterminer plus particulièrement ce qui peut conduire à y mettre promptement l'ordre que nous désirons y apporter, soit en fixant un délai pour nous procurer les éclaircissements dont nous pourrons avoir besoin, soit en écartant tout ce qui, dans cet intervalle, pourroit déranger les mesures que nous comptons prendre pour expliquer définitivement nos intentions à ce sujet. A ces causes, etc. déclarons et ordonnons que dans six mois pour tout délai, à compter du jour de l'enregistrement des présentes, les supérieurs de chacune des maisons de ladite société seront tenus de remettre au greffe de notre conseil les titres et pièces de leursdits établissements, pour, sur le vu d'iceux et desdites constitutions, et sur le compte qui nous en sera rendu par lesdites personnes de notre conseil, ensemble sur les représentations qui nous auroient été adressées à ce sujet par nosdites cours, ou sur les mémoires que nos procureurs-généraux en icelles auroient jugé à propos de nous envoyer, être, par nos lettres-patentes adressées à nosdites cours dans la forme ordinaire, pourvu à tout ce qui pourra concerner ledit ordre religieux, et son établissement en France : au surplus, ordonnons que pendant un an, à compter du jour de l'enregistrement des présentes, il ne pourra être rien statué, ni définitivement, ni provisoirement en nosdites cours, sur tout ce qui pourra concerner lesdits institut, constitutions, et établissements des maisons de ladite société, si ce n'est qu'il en soit autrement par nous ordonné. Si vous mandons, etc.

N° 814. — ARRÊT *du parlement de Paris concernant les Jésuites.*

6 août 1761. (Rec. cons. d'état.)

Vu par la cour, toutes les chambres assemblées, le compte rendu en ladite cour par l'un des conseillers en icelle, le 8 juillet dernier, touchant la doctrine, morale et pratique des prêtres et écoliers, soi-disants de la Société de Jésus; arrêté dudit jour, portant que ledit compte seroit communiqué au procureur-général du roi; autre arrêté du 18 dudit mois de juillet, qui sur le vu des conclusions prises par le procureur-général du roi, ordonne que, tant ledit compte, que ladite doctrine, morale et pratique, seront vus et examinés par des commissaires de la cour; vérification faite de ladite doctrine meurtrière et attentatoire à la sûreté des souverains sur les livres imprimés de l'aveu et approbation de ladite société, notamment:

Par Emmanuel Sa, jésuite, en ses Aphorismes, imprimés en 1590;

Par Martin-Antoine Delrio, jésuite, en son Commentaire composé en 1589, et imprimé à Anvers en 1593;

Par Robert Person, autrement nommé André Philopater, jésuite, en son livre imprimé à Lyon la même année;

Par le livre de Jean Aqua-Pontanus, ou Bridgwater, jésuite, imprimé pour la troisième fois en 1594;

Par Robert Bellarmin, jésuite, en ses *Controverses*, imprimées à Ingolstat en 1596;

Par Louis Molina, jésuite, en son livre *De Justitiâ et Jure*, imprimé en 1602;

Par Alphonse Salmeron, jésuite, en son quatrième tome, imprimé en 1602;

Par Grégoire de Valence, jésuite, dans son *Commentaire Théologique*, imprimé à Ingolstat en 1603;

Par ledit Alphonse Salmeron, jésuite, en son treizième tome, imprimé en 1604;

Par Jean Mariana, jésuite, dans son traité *De Rege et Regis institutione*, imprimé en 1605, et condamné par arrêt de la cour du 8 juin 1610;

Par Charles Scribani, jésuite, en son *Amphithéâtre d'Honneur*, imprimé en 1606;

En l'année 1607, par Jean Azor, jésuite, en ses *Institutions Morales*, imprimées à Lyon;

Par ledit Robert Bellarmin, jésuite, en son traité *De Autoritate summi Pontificis*, imprimé à Rome en 1610, et condamné par arrêt de la cour du 26 novembre 1610;

Par Jacques Gretzer, jésuite, en son livre intitulé: *Vespertilio Hæreticus*, imprimé à Ingolstat en la même année 1610;

Par Jacques Keller, jésuite, en son livre intitulé: *Tyrannicidium*, imprimé l'année suivante 1611;

Par Gabriel Vasquez, jésuite, en son commentaire imprimé à Ingolstat en 1612;

Par François Suares, jésuite, en son livre intitulé: *Defensio*

Fidei Catholicæ, imprimé en 1614, condamné au feu par arrêt de la cour du 26 juin de la même année;

Par Jean Lorin, jésuite, en son *Commentaire des Pseaumes*, imprimé à Lyon en 1617;

En la même année, par Léonard Lessius, jésuite, en son traité *De Justitiâ et Jure*, imprimé à Anvers, pour quatrième édition;

Par François Tolet, jésuite, en son *Instruction des Prêtres*, imprimé à Paris en 1619;

En 1626, par le livre d'Antoine Santarel, jésuite, flétri par arrêt de la cour du 13 mars audit an;

Par Adam Tanner, jésuite, en sa *Théologie Scolastique*, imprimée à Ingolstat en 1627;

Par Martin Becan, jésuite, en ses *Opuscules Théologiques*, imprimées à Paris en 1633;

Par autre ouvrage dudit Martin Becan, jésuite, imprimé à Paris en 1634;

Par Edmond Pirot, jésuite, en son *Apologie des Casuistes*, imprimée en 1657;

Par Antoine Escobar, jésuite, en sa *Théologie morale*, imprimée à Lyon en 1659;

Par Jacques Tirin, jésuite, en son *Commentaire sur l'Ecriture Sainte*, imprimé pour seconde édition à Anvers en 1668;

Depuis 1688 jusqu'en 1729, par les éditions multipliées jusqu'au nombre de cinquante, ainsi que l'attestent les jésuites auteurs du journal de Trévoux, du livre d'Herman Busembaum, jésuite;

Par Claude Lacroix, jésuite, et par Colendall, jésuite, commentateur et éditeur dudit Busembaum;

Par Joseph Jouvency, jésuite, en 1710, en son histoire de ladite société, condamnée par arrêt de la cour du 24 mars 1713;

En août 1729, par les jésuites auteurs du Journal de Trévoux, contenant les éloges du livre desdits Busembaum et Lacroix;

En 1738, par autre édition de l'ouvrage de Gretzer, jésuite, intitulé: *Vespertilio hæreticus*;

Enfin, par Montauzan, jésuite, par Colonia, jésuite, et par autres jésuites, jusqu'à la dernière édition dudit livre desdits Busembaum et Lacroix, jésuites, faite en 1757;

Conclusions du procureur-général du roi : ouï le rapport de M⁰ Joseph-Marie Terray, conseiller, tout considéré,

La cour, toutes les chambres assemblées, a ordonné et or-

donne que les livres intitulés : « Emmanuelis Sà, doctoris
» theologi, Societatis Jesu, Aphorismi confessariorum; Colo-
» niæ, 1590 :

» Martini Antonii Delrii, ex Societate Jesu, Sintagma tra-
» gediæ latinæ; Antuerpiæ, 1593 :

» Elisabethæ Angliæ reginæ heresim calvinianam propu-
» gnantis sœvissimum in catholicos sui regni edictum, quod in
» alios quoque reipublicæ christianæ principes contumelias
» continet indignissimas, per D. Andræam Philopatrum; Lug-
» duni, 1593 :

» Concertatio Ecclesiæ catholicæ in Angliâ adversus cal-
» vino-papistas; Augustæ Trevirorum, 1594 :

» Disputationes Roberti Bellarmini, è Societate Jesu, de
» Controversiis christianæ fidei adversus hujus temporis hære-
» ticos; cui accesserunt ejusdem autoris libri tres de romani
» imperii à Græcis ad Francos, romani pontificis auctoritate,
» factâ translatione; Ingolstadii, 1596 :

» Ludovici Molinæ, primarii quondàm in Eborensi Acade-
» miâ sac. theol. professoris, è Societate Jesu, de Justitiâ et
» jure; Moguntiæ, 1602 :

» Alphonsi Salmeronis, Toletani, è Societate Jesu theologi,
» Commentarii in Evangelicam historiam et in Acta apostolo-
» rum, tom. IV. Permissu superiorum; Coloniæ Agrippinæ,
» 1602 :

» Gregorii de Valentiâ Metimnensis, è Societate Jesu, sac.
» theolog. in academiâ Ingolstadiensi professoris : Commenta-
» riorum theologicorum; Ingolstadii, 1603 :

» Alphonsi Salmeronis, Toletani, è Societate Jesu theologi,
» Commentarii in omnes Epistolas B. Pauli et Canonicas,
» tom. XIII. Permissu superiorum; Coloniæ Agrippinæ,
» 1604 :

» Clasi Bonarscii Amphitheatrum honoris, in quo Calvinis-
» tarum in Societatem Jesu criminationes jugulatæ; Palæopoli
» Aduaticorum, 1606 :

» Institutionum moralium, in quibus universæ quæstiones
» ad conscientiam rectè aut pravè factorum pertinentes brevi-
» ter tractantur, autore Joanne Azorio, Lorcitano, Societatis
» Jesu, presbytero theologo; Lugduni, 1607 :

» Tyrannicidium, seu scitum catholicorum de Tyranni in-
» ternecione, autore Jacobo Kellero, Societatis Jesu; Mona-
» chii, 1611 :

» Commentariorum ac Disputationum in primam secundæ

» sancti Thomæ, autore P. Gabriele Vasquez, Bellomontano,
» theologo Societatis Jesu; Ingolstadii, 1612:

» Joannis Lorini, Societatis Jesu, Commentariorum in li-
» brum Psalmorum; Lugduni, 1617:

» De Justitiâ et Jure, cæterisque virtutibus cardinalibus libri
» quatuor, autore Leonardo Lessio, è Societate Jesu, S. theo-
» logiæ in academiâ Lovaniensi professore. Editio quarta auc-
» tior et castigatior; Antuerpiæ, 1617:

» Francisci Toleti, Societatis Jesu, Instructio sacerdotum;
» Lutetiæ Parisiorum, juxtà exemplar Romæ editum anno
» 1618, apud Barth. Zannetum, 1619:

» Adami Tanneri, è Societate Jesu, S. theologiæ doctoris,
» et in academiâ Ingolstad. profess. theologiæ scolasticæ; In-
» golstadii, 1627:

» Opuscula theologica Martini Becani, Societatis Jesu theo-
» logi doctissimi, in academiâ Moguntinâ profess. ordinarii;
» Parisiis, 1633:

» Summa theologiæ scolasticæ, autore Martino Becano, So-
» cietatis Jesu theologo doctissimo, in academiâ Moguntinâ
» professore ordinario; Parisiis, 1634:

» Apologie pour les casuistes contre les calomnies des Jansé-
» nistes; Paris, 1657:

» Liber theologiæ moralis viginti-quatuor, Societatis Jesu,
» doctoribus refertus, quem R. P. Antonius de Escobar et
» Mendoza Vallisoletanus, è Societate Jesu theologus, in exa-
» men confessariorum digessit, addidit, illustravit; Lugduni,
» 1659:

» Jacobi Tirini, Antuerpiani, è Societate Jesu, in S. Scrip-
» turam Commentarius; Antuerpiæ, 1668:

» Hæreticus vespertilio sub Bononiensis Epistolæ italo-lati-
» næ velo de perfectione et excellentiâ jesuitici ordinis anteà
» delitescens nunc, quod benè vertat, in lucem extractus per
» Jacobum Gretserum, Societatis Jesu theologum : Jacobi
» Gretseri, Soc. Jesu theologi, operum tom. XI; Ratisbonæ,
» 1738:

» Hermanni Busembaum, Societatis Jesu, sac. theol. licen-
» tiati, Theologia moralis, nunc pluribus partibus aucta à
» R. P. Claudio Lacroix, Societatis Jesu, theologiæ in uni-
» versitate Coloniensi doctore et professore publico. Editio no-
» vissima, diligenter recognita et emendata ab uno ejusdem
» Societatis Jesu sacerdote theologo; Coloniæ, 1757: »

Seront lacérés et brûlés en la cour du Palais, au pied du

grand escalier d'icelui, par l'exécuteur de la haute justice, comme séditieux, destructifs de tout principe de la morale chrétienne, enseignant une doctrine meurtrière et abominable, non-seulement contre la sûreté de la vie des citoyens, mais même contre celle des personnes sacrées des souverains. Enjoint à tous ceux qui en ont des exemplaires de les apporter au greffe de la cour pour y être supprimés. Fait très-expresses inhibitions et défenses à tous libraires de réimprimer, vendre ou débiter lesdits livres ou aucuns d'iceux, et à tous colporteurs, distributeurs, ou autres, de les colporter ou distribuer, à peine d'être poursuivis extraordinairement et punis suivant la rigueur des ordonnances. Ordonne qu'à la requête du procureur-général du roi il sera informé par-devant le conseiller-rapporteur pour les témoins qui seroient en cette ville, et par-devant les lieutenants-criminels des bailliages et sénéchaussées du ressort, et autres juges des cas royaux, à la poursuite des substituts du procureur-général du roi, contre tous ceux qui auroient contribué à la composition, approbation ou impression d'aucuns desdits livres, ou qui les retiendroient entre leurs mains, ensemble contre tous imprimeurs et distributeurs desdits livres, notamment de celui qui porte pour titre :

« Hermanni Busembaum, Societatis Jesu, sac. theol. licen-
»tiati; Theologia moralis, nunc pluribus partibus aucta à
»R. P. Claudio Lacroix, Societatis Jesu, theologiæ in uni-
»versitate Coloniensi doctore et professore publico Editio no-
»vissima, diligenter recognita et emendata ab uno ejusdem
»Societatis Jesu sacerdote theologo; Coloniæ, 1757. »

Et pour statuer définitivement sur ce qui résulte desdits livres et du récit fait à la cour, le 8 juillet dernier, au sujet de l'enseignement constant et non interrompu de ladite doctrine dans ladite Société desdits soi-disant jésuites, ainsi que l'inutilité de toutes déclarations, désaveux et rétractations faites à ce sujet, résultante des constitutions desdits prêtres, écoliers et autres de ladite Société, joint la délibération à l'appel comme d'abus, cejourd'hui interjeté par le procureur-général du roi, de la bulle *Regimini*, et de tous autres actes qui s'en sont ensuivis concernant ladite Société, sauf à disjoindre, s'il y échet.

Et cependant, par provision, jusqu'à ce qu'il ait été statué sur ledit appel comme d'abus et objets qui y sont joints, ou autrement par la cour ordonné, fait très-expresses inhibitions et défenses à tous sujets du roi, de quelque état, qualité et condition qu'ils soient, d'entrer dans ladite Société, soit à titre de probation ou noviciat, soit par émission de vœux, dits solennels ou non solennels; et à tous prêtres, écoliers et autres de ladite Société, de les y recevoir, assister à leur ingression ou émission de vœux, en rédiger ou signer les actes; le tout sous telles peines qu'il appartiendra. Fait pareillement inhibitions et défenses auxdits prêtres, écoliers, et autres de ladite Société, de recevoir, sous quelque prétexte que ce soit, dans leurs maisons, aucun membre de ladite Société né en pays étrangers, même d'y recevoir tous membres de ladite Société naturels Français qui feroient à l'avenir hors du royaume les vœux dits solennels ou non solennels; le tout à peine d'être, les contrevenants, poursuivis extraordinairement et punis comme perturbateurs du repos public. Fait pareillement inhibitions et défenses par provision auxdits prêtres, écoliers, et autres de ladite Société, de continuer aucunes leçons publiques ou particulières de théologie, philosophie ou humanités, dans les écoles, collèges et séminaires du ressort de la cour, sous peine de saisie de leur temporel, et sous telle autre peine qu'il appartiendra, et ce à compter du 1 octobre prochain, tant pour les maisons de ladite Société qui sont situées à Paris, que pour celles qui sont situées dans les villes du ressort de la cour, où il y auroit autres écoles ou collèges que ceux de ladite Société, et du 1 avril prochain seulement pour celles qui sont situées dans les villes du ressort de la cour, où il n'y auroit autres écoles ou collèges que ceux de ladite Société, ou dans lesquelles ceux de ladite Société se trouveroient remplir quelqu'une des facultés des arts ou de théologie dans l'université qui y seroit établie; et néanmoins, dans le cas où lesdits prêtres, écoliers, et autres de ladite Société, prétendroient avoir obtenu aucunes lettres patentes dûment vérifiées en la cour, à l'effet de faire lesdites fonctions de scholarité, permet auxdits prêtres, écoliers, ou autres de ladite Société, de les représenter à la cour, toutes les chambres assemblées, dans les délais ci-dessus prescrits, pour être par la cour, sur le vu d'icelles et sur les conclusions du procureur général du roi, ordonné ce que de raison. Fait très-expresses inhibitions et défenses à tous les sujets du roi de fréquenter, après l'expiration desdits délais, les écoles, pensions, séminaires, noviciats et missions desdits soi-disant jésuites. Enjoint à tous étudiants, pensionnaires, séminaristes et novices, de vider les collèges, pensions, séminaires et noviciats de ladite Société dans les délais ci-dessus fixés; et à tons pères, mères, tuteurs, curateurs, ou autres ayant-charge de l'éducation desdits étudiants, de les en retirer ou faire retirer, et de concourir, chacun à leur égard, à l'exécution du présent arrêt, comme de bons et fidèles sujets du roi, zélés pour sa conservation. Leur fait pareillement défenses d'envoyer lesdits étudiants dans aucuns collèges ou écoles de ladite Société tenus hors du ressort de la cour ou hors du royaume, le tout à peine, contre les contrevenants, d'être réputés fauteurs de ladite doctrine impie, sacrilège, homicide, attentatoire à l'autorité et sûreté de la personne des rois; et comme tels, poursuivis suivant la rigueur des ordonnances. Et, quant auxdits étudiants, déclare tous ceux qui continueroient, après l'expiration desdits délais, de fréquenter lesdites écoles, pensions, collèges, séminaires, noviciats et instructions desdits soi-disant jésuites, en quelque lieu que ce puisse être, incapables de prendre ni recevoir aucuns degrés dans les universités, et de toutes charges civiles et municipales, offices ou fonctions publiques, se réservant, ladite cour, de délibérer le vendredi 8 janvier prochain sur les précautions qu'elle jugera devoir prendre au sujet des contrevenants, si aucuns y avoit.

Et désirant ladite cour pourvoir suffisamment à l'éducation de la jeunesse, ordonne que dans trois mois pour toute préfixion et délai, à compter du jour du présent arrêt, les maires et échevins des villes du ressort de la cour où il n'y auroit autres écoles ou collèges que ceux de ladite société, ou dans lesquelles ceux de ladite société rempliroient les facultés des arts ou de théologie dans les universités qui y seroient établies, comme aussi les officiers des bailliages et sénéchaussées, ensemble lesdites universités, seront tenus d'envoyer au procureur-général du roi, chacun séparément, mémoires contenants ce qu'ils estimeront convenable à ce sujet, pour, ce fait, ou faute de ce faire, être par la cour, toutes les chambres assemblées, ordonné, sur les conclusions du procureur général du roi, ledit jour vendredi 8 janvier prochain, ce qu'il appartiendra.

Fait dès-à-présent et par provision, très expresses inhibitions et défenses à tous sujets du roi, de quelque état, qualité et conditions qu'ils soient, de s'aggréger ou affilier à ladite société, soit par un vœu d'obéissance au général d'icelle, ou autrement, ainsi qu'à tous prêtres, écoliers ou autres de ladite société, de faire ou recevoir lesdites affiliations ou aggrégations; le tout sous peine d'être poursuivis extraordinairement et punis suivant l'exigence des cas.

Comme aussi, fait ladite cour inhibitions et défenses à tous sujets du roi, de quelque état, qualité et conditions qu'ils soient, sous telles peines qu'il appartiendra, de s'assembler avec lesdits prêtres, écoliers ou autres de ladite société en leurs maisons ou ailleurs, sous prétexte de congrégations, associations, confréries, conférence ou autres exercices particuliers.

Défend auxdits prêtres, écoliers, et autres de ladite société, d'entreprendre de se soustraire directement ou indirectement, et sous quelque prétexte que ce puisse être, à l'entière inspection, superintendance et juridiction des ordinaires.

Ordonne que le présent arrêt sera signifié sans délai aux maisons de ladite société qui sont dans la ville de Paris, et dans un mois au plus tard, à toutes les autres maisons occupées dans le ressort de la cour par ceux de ladite société ; leur enjoint de s'y conformer sous les peines y portées.

Ordonne que copies collationnées du présent arrêt, ainsi que de celui rendu cejourd'hui par la cour, sur l'appel comme d'abus interjeté par le procureur-général du roi, de la bulle *Regimini*, et actes concernants ladite société, seront envoyés à tous les bailliages et sénéchaussées du ressort, pour y être lues, publiées et registrées : enjoint aux substituts du procureur général du roi d'y tenir la main, et d'en certifier la cour au mois : enjoint aux officiers desdits sièges de veiller, chacun en droit soi, à la pleine et entière exécution du présent arrêt, qui sera imprimé, lu, publié et affiché partout où besoin sera.

N° 815. — LETTRES PATENTES *qui surseoient pendant un an à l'exécution des arrêts du parlement de Paris du 6 août, concernant les Jésuites.*

Versailles, août 1761. Reg. P. P. 7. (Rec. cons. d'état.)

PRÉAMBULE.

Louis, etc. Nous nous sommes fait rendre compte en notre conseil de ce qui nous a été remis par notre premier président, conformément à notre arrêté du 6 de ce mois, et la connoissance que nous en avons prise par nous-mêmes, nous a confirmé de plus en plus dans la résolution où nous étions de nous occuper avec l'attention la plus sérieuse et la plus suivie de tout ce qui peut concerner l'institut, les constitutions et les établissements de la société et compagnie des jésuites dans notre royaume. Un objet si important exige de notre part des mesures qui puissent nous conduire à terminer d'une manière sûre et solide une affaire aussi intéressante pour le public et l'avantage de nos sujets; et dans ce point de vue, nous avons jugé nécessaire de prévenir tout ce qui pourroit causer quelque embarras ou retardement dans la consommation d'un ouvrage d'une si grande importance. A ces causes, etc.

N° 816. — TRAITÉ d'amitié et d'union entre les rois T.-C. et catholique.

15 août 1761. (Wenck, III, 278.)

N° 817. — ARRÊT du conseil qui accorde des encouragements à ceux qui défricheront les terres.

Versailles, 16 août 1761. (Archiv.)

N° 818. — ÉDIT portant réunion des deux corps de musique de la chapelle et de la chambre du roi.

Versailles, août 1761. Reg. C. des C. 18 septemb.; C. des A. 19 mars 1762. (Rec. cons. d'état.)

N° 819. — ORDONNANCE qui fixe le rang des troupes de terre et de celles des colonies dans le service qu'elles peuvent faire en commun.

Versailles, 1ᵉʳ octobre 1761. (Moreau de Saint-Méry.)

N° 820. — ORDONNANCE pour la convocation et tenue des conseils de guerre de terre et de mer, dans les îles et mers du Vent et Sous-le-Vent de l'Amérique.

13 octobre 1761. (Moreau de Saint-Méry.)

N° 821. — ORDONNANCE de police concernant les enseignes (1).

Décembre 1761. (Davennes, Règl. sur la voirie.)

EXTRAIT.

Tous marchands et artisans, de quelque état et condition qu'ils soient, et généralement toutes personnes qui se servent d'enseigne pour l'exercice et l'indication de leur commerce dans cette ville et faubourgs de Paris, seront tenus de faire appliquer leursdites enseignes en forme de tableau contre le mur des boutiques ou maisons par eux occupées, lesquelles enseignes ne pourront avoir plus de quatre pouces de saillie en l'épaisseur du pu du mur, en y comprenant les bordures ou tels autres ornements que le propriétaire jugera à propos

---

(1) En vigueur.

d'y ajouter, tant pour la décoration de ladite enseigne ou tableau, que pour l'indication de son commerce ou de sa profession : ordonnons pareillement que tous les étalages servant à indiquer tel commerce ou telle profession, et qui seront posés au-dessus des auvents, ou au-dessus du rez-de-chaussée des maisons qui n'auront point d'auvents, seront également supprimés et réduits à une avance de quatre pouces du nu du mur, comme aussi que tous massifs et toutes figures en relief servant d'enseignes, seront supprimées, sauf aux particuliers, marchands ou artisans qui les auront, à réduire lesdites figures et massifs à un tableau qu'ils feront de même appliquer aux façades des boutiques et maisons par eux occupées ; à la charge par lesdits particuliers, marchands ou artisans, d'observer la forme et la réduction ci-dessus prescrite pour les autres enseignes ou tableaux : ordonnons en outre que lesdits tableaux servant d'enseignes, ainsi que les massifs, étalages et figures en relief, dont nous avons ordonné la suppression pour être réduits en tableaux, seront attachés avec crampons de fer, haut et bas, scellées en plâtre dans le mur, et recouvrant les bords du tableau ou des susdits étalages, et non simplement accrochés ou suspendus ; que tous particuliers seront tenus dans ledit temps par nous prescrit, d'ôter et d'enlever en totalité les potences de fer qui servoient à suspendre leurs enseignes ou à soutenir leurs massifs et figures en relief, et que notre présente ordonnance aura lieu pour toutes enseignes qui se trouvent suspendues dans tous les endroits qui servent de voie ou de passage public, à peine contre les contrevenants d'être assignés et condamnés à l'amende, si le cas y échet.

N° 822. — ARRÊT *du conseil portant établissement d'une commission pour la législation des colonies françaises.*

Versailles, 19 décembre 1761. (Archiv. — Moreau de Saint-Méry.)

N° 823. — ARRÊT *du conseil qui ordonne l'établissement d'une société d'agriculture dans la généralité de Montauban.*

Versailles, 21 mars 1762. (Archiv.)

N° 824. — ORDONNANCE *concernant les gens de mer désobéissants et déserteurs.*

Versailles, 30 mars 1762. (Archiv.)

N° 825. — LETTRES PATENTES *portant ratification du contrat d'échange entre le roi et le comte d'Eu, de la souveraineté et principauté de Dombes, appartenances et dépendances.*

Versailles, mars 1762. Reg. C. des C. 31 août. (Archiv.)

N° 826. — Arrêt *du conseil portant règlement pour la juridiction de la prévôté de l'hôtel.*

Versailles, 1er avril 1762. (Rec. cons. d'état.)

N° 827. — Arrêt *du conseil concernant la commission de législation des colonies.*

Versailles, 12 avril 1762. (Archiv.)

N° 828. — Ordonnance *portant défenses à toutes personnes de faire porter la livrée du roi par leurs domestiques, excepté aux officiers de sa maison qui ont ce droit par leurs charges.*

Versailles, 16 avril 1762. (Archiv.)

N° 829. — Arrêt *du conseil qui fixe les bornes du pouvoir militaire dans les colonies par rapport à la justice.*

Versailles, 21 mai 1762. (Archiv.)

N° 830. — Ordonnance *portant déclaration de guerre contre le roi de Portugal.*

Versailles, 20 juin 1762. (Rec. cons. d'état.)

N° 831. — Déclaration *interprétative de l'édit d'août 1749, concernant les gens de main-morte.*

20 juillet 1762. (Merlin, Rép. de jurisprudence, v° Main-Morte.)

Louis, etc. En renouvelant par notre édit du mois d'août 1749 les dispositions des anciennes lois de notre royaume, nous avons prescrit pour les établissements et acquisitions des gens de main-morte, les règles qui nous ont paru les plus propres à concilier la faveur que méritent des établissements faits par des motifs de religion et de charité, avec l'intérêt des familles; il ne nous restoit plus qu'à régler différents points qu'il n'avoit pas été possible de prévoir dans une loi générale. Après nous être fait rendre un compte exact des doutes qui se sont élevés, et des différentes représentations qui nous ont été faites au sujet de notredit édit, nous nous sommes déterminés à expliquer nos intentions par une déclaration qui en fera connoître de plus en plus le véritable esprit, et par laquelle nous donnerons une nouvelle marque de notre protection aux établissements destinés à procurer des instructions et des secours temporels à nos sujets. A ces causes, etc., voulons et nous plaît ce qui suit.

Art. 1. Interprétant en tant que de besoin notre édit du mois d'août 1749, déclarons n'avoir entendu comprendre dans la disposition de l'article 13, les séminaires dont les établissements ont été faits avant ledit édit qui demeureront autorisés et confirmés en vertu des présentes; et à l'égard des séminaires que les archevêques et évêques jugeroient à propos d'établir par la suite dans notre royaume, voulons que l'article 1ᵉʳ de notredit édit, soit exécuté selon sa forme et teneur.

2. Confirmons par ces présentes les érections de cures, ou des vicairies perpétuelles, qui auroient été faites pour cause légitime, avant l'enregistrement dudit édit; voulons que ceux qui en sont pourvus, et leurs successeurs, continuent à jouir des biens dépendants desdites cures et vicairies perpétuelles qu'ils possédoient paisiblement audit jour, sans qu'ils puissent y être troublés en vertu dudit édit.

3. Déclarons avoir entendu comprendre au nombre des fondations mentionnées en l'article 5 dudit édit, celles des vicaires ou des secondaires amovibles, des chapelains qui ne sont pas en titre de bénéfice, des services et prières, des lits ou places dans les hôpitaux, et autres établissements de charité bien et dûment autorisés, des bouillons ou tables de pauvres de paroisses, des distributions à des pauvres, et autres fondations qui, ayant pour objet des œuvres de religion et de charité, ne tendroient pas à établir un nouveau corps, collège ou communauté, ou un nouveau titre de bénéfice; voulons qu'il en soit usé par rapport aux fondations mentionnées au présent article, ainsi qu'il est prescrit par l'article 5 de notredit édit.

4. N'entendons empêcher les gens de main-morte, de donner à baux emphytéotiques ou à longues années, les biens à eux appartenants, en observant les formalités en tels cas requises et accoutumées, et lorsque lesdits gens de main-morte rentreront dans la jouissance desdits biens, à l'expiration de baux, ou faute de paiement des rentes et acquittements des charges y portées, ils ne seront tenus d'obtenir nos lettres patentes.

5. Pourront pareillement lesdits gens de main-morte donner à cens ou à rentes perpétuelles les biens à eux appartenants; mais dans le cas où ils rentreroient faute de paiement des rentes ou acquittements des charges, ils seront tenus d'en vider leurs mains, dans l'an et jour à compter de celui qu'ils en seront rentrés en possession, et ne pourront, en aliénant de nouveau lesdits biens, retenir sur iceux autres et plus grands droits que ceux auxquels lesdits biens étoient assujettis envers eux avant qu'ils y rentrassent; et sera la disposition du

présent article, observée dans tous les cas où il adviendra des biens-fonds aux gens de main-morte, en vertu des droits attachés aux fiefs, justices et seigneuries qui leur appartiennent, et de tous autres droits généralement; et faute par lesdits gens de main-morte, de mettre lesdits biens hors de leurs mains dans l'an et jour, voulons que la disposition de l'article 26 de notre édit du mois d'août 1749 soit exécutée à cet égard, nous réservant néanmoins de proroger ledit délai, s'il y a lieu, ce qui ne pourra être fait que par lettres patentes enregistrées dans nos cours de parlements et conseils supérieurs.

6. N'entendons empêcher que les gens de main-morte ne puissent céder le retrait féodal ou censuel, ou droit de prélation à eux appartenant, dans les lieux où, suivant les lois, coutumes et usages, cette faculté leur a appartenu jusqu'à présent, sans néanmoins que ladite cession puisse être faite à autres gens de main-morte, ni qu'ils puissent recevoir pour prix de la cession autre chose que des effets mobiliers ou des rentes de la nature de celles qu'il leur est permis d'acquérir; dérogeant à cet égard à la disposition de l'article 25 de l'édit du mois d'août 1749.

7. Les communautés religieuses auxquelles il a été permis de recevoir des dots par la déclaration du 28 avril 1693, pourront stipuler que la dot sera payable en un ou plusieurs termes, et que cependant l'intérêt en sera payé sur le pied fixé par nos ordonnances; pourront même renouveler lesdites obligations à l'échéance des termes, si mieux n'aiment convenir que, pour tenir lieu de dot, il sera payé une rente viagère pendant la vie de celle qui sera reçue religieuse; voulons que le paiement de la dot, tant en principal qu'en intérêts, ainsi que les arrérages des rentes viagères constituées par dot, ne puissent être faits qu'en deniers ou effets mobiliers, ou en rentes de la nature de celles qu'il est permis aux gens de main-morte d'acquérir, sans que lesdites communautés puissent, sous prétexte du défaut de paiement, ni sous aucun autre, acquérir la propriété ou se faire envoyer en possession d'aucun autre immeuble pour l'acquittement desdites dots, et ce, nonobstant toutes lois, usages et coutumes à ce contraires, auxquels nous avons dérogé.

8. Et désirant pourvoir à ce que les deniers comptants appartenants aux hôpitaux et autres établissements de charité, aux églises paroissiales, fabriques d'icelles, écoles de charité, tables ou bouillons des pauvres de paroisses, provenant des remboursements qu'ils auront reçus, des dons et legs qui leur

auront été faits, ou de leurs épargnes, ne demeurent pas inutiles entre les mains des administrateurs, les autorisons à remettre lesdits fonds, pourvu qu'ils soient de deux cent cinquante livres et au-dessus, entre les mains des receveurs des tailles ou autres receveurs des deniers publics, dont les fonds sont portés médiatement ou immédiatement au trésor royal, chacun dans l'étendue du ressort dans lequel ils exercent leurs fonctions, lesquels les feront passer sans retardement au trésor royal pour y demeurer en dépôt jusqu'à ce que lesdits administrateurs aient trouvé un emploi convenable; et cependant voulons qu'attendu la faveur que méritent lesdits établissements, il leur en soit par nous payé l'intérêt au denier vingt-cinq, et que lesdits intérêts soient employés dans les états des charges assignées sur lesdites recettes, en vertu des quittances de finances, qui leur seront expédiées au trésor royal, et ce, sans aucuns frais pour l'expédition desdites quittances, enregistrements ou autres généralement quelconques, dont nous les avons dispensés.

9. En considération de la faveur que méritent les hôpitaux et autres établissements énoncés en l'article précédent, voulons que les dispositions de dernière volonté par lesquelles il leur auroit été donné depuis l'édit du mois d'août 1749, ou leur seroit donné à l'avenir des rentes, biens-fonds et autres immeubles de toute nature soient exécutées, dérogeant à cet égard à la disposition de l'article 17 dudit édit, sous les clauses, conditions et réserves énoncées dans les articles suivants.

10. Les rentes ainsi données, léguées aux hôpitaux et autres établissements mentionnés en l'article 8, pourront être remboursées par les débiteurs, quand même elles auroient été stipulées non rachetables, et ce, sur le pied du denier vingt, lorsqu'elles n'auront pas de principal déterminé. Voulons pareillement qu'elles puissent être retirées par les héritiers et représentants du donateur, dans un an, à compter du jour de l'enregistrement des présentes, pour les dispositions de dernière volonté antérieures à la présente déclaration; et à compter du jour de l'ouverture des successions, pour celles qui seront postérieures.

11. Les héritiers et représentants de ceux qui auront donné par disposition de dernière volonté, des immeubles auxdits hôpitaux et autres établissements ci-dessus énoncés, pourront aussi dans les mêmes délais portés par l'article précédent retirer lesdits immeubles en payant la valeur d'iceux, suivant l'évaluation qui en sera faite.

12. Faute par lesdits débiteurs, héritiers et représentants d'avoir fait ce remboursement de rentes, ou payé la valeur desdits immeubles dans le délai ci-dessus, ordonnons que les administrateurs desdits hôpitaux, fabriques et autres établissements ci-dessus énoncés, seront tenus d'en vider leurs mains dans l'an et jour, à compter de celui où le délai ci-dessus sera expiré, sous les peines portées par l'article 26 de l'édit du mois d'août 1749, desquelles peines lesdits administrateurs demeureront pareillement garants et responsables, si ce n'est que nous jugeassions à propos de proroger ledit délai dans la forme portée par l'article 5 ci-dessus.

13. Les débiteurs de rentes, et les héritiers et représentants des donateurs et testateurs qui auroient donné ou légué lesdites rentes, ou des biens-fonds et immeubles de toute nature, seront admis à donner en paiement du remboursement desdites rentes, ou pour le prix des immeubles légués ou donnés, qu'ils sont autorisés de rembourser ou retirer, par les articles 10 et 11 ci-dessus des rentes de la nature de celles dont il est permis aux gens de main-morte de faire l'acquisition par l'article 18 de l'édit du mois d'août 1749; au moyen de quoi ils en demeureront comme s'ils avoient fait lesdits paiements en deniers comptants.

14. Voulons que les biens-fonds non amortis, qui seront possédés par les gens de main-morte, même par les hôpitaux et autres établissements énoncés en l'article 8, et qu'ils sont obligés de mettre hors de leurs mains, soit en vertu des ordonnances, lois et coutumes du royaume, soit en exécution de notre édit du mois d'août 1749, et de la présente déclaration soient assujettis à toutes les charges publiques, même que lesdits gens de main-morte soient tenus de payer la taille pour raison de la propriété et de l'exploitation desdits biens, les vingtièmes et toutes les autres impositions généralement quelconques, mises ou à mettre, comme s'ils étoient possédés par nos autres sujets non privilégiés pendant le temps que lesdits gens de main-morte en jouiront, et jusqu'à ce qu'ils les aient mis hors de leurs mains.

15. Sera, au surplus, notre édit du mois d'août 1749 exécuté selon sa forme et teneur dans toutes les dispositions auxquelles il n'a été apporté aucun changement par ces présentes; enjoignons à nos procureurs généraux et à leurs substituts chacun dans leur ressort de veiller à l'exécution, tant de notredit édit du mois d'août 1749 que de la présente dé-

claration; et en cas d'inexécution ou de fraude, de poursuivre les contrevenants suivant la rigueur des ordonnances.

N° 832. — LETTRES PATENTES *portant abolition du droit d'aubaine et concession de privilèges aux sujets des rois d'Espagne et des Deux-Siciles.*

Versailles, juillet 1762. Reg. P. P. 3 septembre. (Archiv.)

N° 833. — ARRÊT *du parlement de Paris concernant les Jésuites.*

6 août 1762. (Archiv.)

LOUIS, &c. Au premier huissier de notre cour de parlement, ou autre notre huissier ou sergent sur ce requis, savoir faisons, que, vu par notredite cour, toutes les chambres assemblées, l'arrêt du 17 avril 1761, qui ordonne que les prêtres et écoliers se disant de la Société de Jésus, seront tenus de remettre dans trois jours au greffe de notredite cour, un exemplaire imprimé des constitutions de ladite Société, notamment de l'édition faite d'icelles à Prague en 1757; la signification faite à la requête de notre procureur-général ledit jour 17 avril dudit arrêt, aux supérieurs des maisons du noviciat, du collège et maisons professes des soi-disants Jésuites de notre ville de Paris; certificat de Saint-Jean, greffier civil des dépôts de notredite cour, du 18 dudit mois d'avril, que deux volumes intitulés: *Institutum Societatis Jesu, Pragæ, anno* 1757, ont été déposés par le frère Antoine de Montigny, de la compagnie dite de Jésus, procureur-général de la province de France; arrêté de notredite cour du 30 mai 1761, portant, que par quatre commissaires d'icelle vérification seroit faite, et procès-verbal de collation dressé d'un exemplaire en deux volumes in-folio, représenté à la cour, et intitulé: *Institutum Societatis Jesu, Pragæ, anno* 1757, sur l'exemplaire ci-dessus représenté par ledit greffier des dépôts; procès-verbal dressé en la chambre du conseil de la Tournelle ledit jour 30 mai de relevée, en exécution de l'arrêt de notredite cour du même jour, de la collation et examen dudit exemplaire, sur celui précédemment remis au greffe de notredite cour;

Comptes rendus en notredite cour les 17 avril, 3, 4, 6, 7 et 8 juillet 1761, concernant l'institut et la morale et enseignement de ceux qui se disent de la Société de Jésus;

Avis du clergé assemblé à Poissy le 15 septembre 1561, homologué en notredite cour le 13 février suivant, par lequel ladite Société et compagnie auroit été reçue par forme de société et collège, et non de religion, à la charge, entre autres choses,

» qu'ils seront tenus prendre autre titre que de *Société de Jésus*,
» qu'ils n'entreprendront et ne feront, ne en spirituel ne en
» temporel, aucune chose au préjudice des évêques, chapitres,
» curés, paroisses, universités, ne des autres religions, ains
» seront tenus de se conformer à la disposition du droit com-
» mun, renonçant au préalable et par exprès à tous privilèges
» portés dans leurs bulles aux choses susdites contraires : au-
» trement et à faute de ce faire, ou que pour l'avenir ils en ob-
» tiennent d'autres, les présentes demeureront nulles et de nul
» effet et vertu; »

Arrêt de notredite cour du 29 décembre 1594, portant bannissement des soi-disants Jésuites hors de notre royaume;

Expédition déposée au greffe de notredite cour d'un édit d'Henri IV de janvier 1595(1), conforme en ses dispositions audit arrêt de notredite cour, ensemble des arrêts d'enregistrement dudit édit ès cours de parlement séant à Rouen et à Dijon, des 21 janvier et 16 février de ladite année 1595;

Lettre originale du roi Henri IV, signée Henri, et contresignée De Neufville, portant en sa suscription : à Mons de Sil-

---

(1) Nous donnons ici le texte de cet édit dont nous n'avons mentionné que le titre à sa date.

Henry, par la grace de Dieu, roi de France et de Navare, à tous ceux qui ces présentes lettres verront, salut : De tous les moyens et instruments desquels se sont servis ceux qui de si longue main ont aspiré à l'usurpation de cet Etat, et qui maintenant ne cherchent que la ruine et dissipation d'icelui, ne pouvant parvenir plus avant; il s'est apertement reconnu auparavant l'émotion et pendant tout le cours des présents troubles, le ministère de ceux qui se disent de la société et congrégation du nom de Jésus, avoir été le mouvement, fomentation et appui de beaucoup de sinistres pratiques, desseins, menées, entreprises et exécutions d'icelles, qui se sont brassées pour l'éversion de l'autorité du défunt roi dernier décédé, notre très-honoré sieur et frère, et empêcher l'établissement de la nôtre; lesquelles pratiques, menées, desseins et entreprises se sont trouvées d'autant plus pernicieuses que le principal but d'icelles a été d'induire et persuader à nos sujets secrètement et publiquement, sous prétexte de piété, la liberté de pouvoir attenter à la vie de leurs rois; ce qui s'est manifestement découvert en la très-inhumaine et très déloyale résolution de nous tuer, prise en l'année dernière par Pierre Barrière, confirmée et autorisée par la seule induction et instigation des principaux du collège de Clermont de cette ville, faisant profession de ladite société et congrégation, et récemment par l'attentat qu'un jeune garçon, âgé de dix-huit à dix-neuf ans, nommé Jean Chastel, enfant de cette ville, a fait sur notre propre personne; lequel Chastel, nourri et élevé depuis quelques ans, et fait le cours de ses études au collège dudit Clermont, a donné aisément à connoître que de cette seule école étoient provenus les instructions, avertissements et moyens de cette damnable volonté, comme il s'est depuis vérifié par instruction du procès criminel fait à la requête et poursuite de notre procureur général en notre cour de parlement, et par les interrogatoires, confessions dudit Chastel, et confrontation d'icelui avec Jean Gueret, prêtre soi-disant de la Société; comme aussi de Pierre Chastel et Denise Hazart, père et mère

lery, conseiller en mon conseil-d'État, datée du 15 février 1599, au sujet d'un capucin apostat qu'on l'avoit averti être venu en France pour attenter à sa personne, et qui avoit été pris et interrogé suivant qu'il est porté en ladite lettre, dans laquelle on lit ces mots : « Si faut que je vous die, qu'il me déplaist que » le nom *des jésuites* se trouve encore meslé en ce faict, ayant » la volonté que vous sçavez que j'avois d'oublier le passé, pour » le respect de sa sainteté; mais il faut aviser davantage ce fait » pour en mieux juger. »

Lettres-patentes en forme d'édit données par le roi Henri IV au mois de septembre 1603, pour satisfaire à la prière faite par le pape pour le rétablissement desdits soi-disants Jésuites dans le royaume, contenant, lesdites lettres, diverses charges et conditions y énoncées;

Lettre originale de Claudio Aquaviva, général de la Société de lui signée, datée du 21 octobre 1603, adressée au roi Henri IV, sur quelques difficultés dont il dit avoir raisonné au long avec l'ambassadeur de S. M., spécialement en ce qui concerne *le serment* que l'on veut exiger de ceux de son ordre,

---

dudit Jean Chastel, par lesquels ceux de ladite congrégation se sont trouvés participants de ce détestable et très-cruel parricide, outre que par les écrits qui se sont depuis trouvés ès mains de Jean Guygnard, l'un des regents dudit collége et de la même Société, on a reconnu qu'avec autant d'impiété que d'inhumanité, ils maintiennent être permis aux sujets de tuer leur roi avec l'approbation de la mort dudit défunt roi, pour raison de quoi ledit Guygnard ayant été publiquement exécuté, et reconnoissant combien pernicieuse et dangereuse est la demeure et séjour en notre royaume de ceux qui par si exécrables et abominables moyens en procurent et poursuivent la ruine avec la nôtre, après avoir mûrement et avec l'avis des princes de notre sang, officiers de notre couronne, et plusieurs seigneurs et notables personnes de notre conseil, délibéré sur le fait dudit assassinat, et des causes, circonstances et conséquences d'icelui, suivant l'arrêt de notredite cour, nous avons dit, déclaré et ordonné, et par ces présentes, disons, déclarons et ordonnons, voulons et nous plaît que les prêtres et écoliers du collége de Clermont, et tous autres soi-disant de ladite Société et congrégation, en quelque lieu et ville de notre royaume qu'ils soient, comme corrupteurs de la jeunesse, perturbateurs du repos public, et nos ennemis et de l'État et couronne de France, en vuideront dans trois jours, après que le commandement leur en aura été fait, et quinze jours après de notre royaume, et que ledit temps passé, où ils seront trouvés, qu'ils soient punis comme criminels et coupables du crime de lèze-majesté, les déclarant dès à présent indignes possesseurs des biens tant meubles qu'immeubles qu'ils tiennent en notre royaume, lesquels nous voulons être employés à œuvres pitoyables, selon que par les donataires d'iceux ils ont été destinés, et la distribution que nous en ordonnerons ci-après. Faisons en outre très-expresses inhibitions et défenses à tous nos sujets, de quelque état, qualité et condition qu'ils soient, d'envoyer des écoliers aux colléges de ladite Société, qui sont hors de notre royaume, pour y être instruits, sur la même peine de crime de lèze-majesté. Si donnons en mandement; etc.

« supplie le roi de prendre en considération ce qui lui sera
» exposé par l'ambassadeur et par ceux de son ordre, et d'em-
» brasser avec sa royale clémence et grandeur d'ame cette oc-
» casion de s'attacher, sans mettre du tout en risque son ser-
» vice, toute une société, qui attend, non de la main des
» ministres, ou de l'efficacité de ses raisons, mais de la main
» seule de S. M., une grace complète ;

Mémoire de même écriture que la lettre dudit Aquaviva, intitulé : *Pour la compagnie de Jésus*, adressé au cardinal d'Ossat, lors ambassadeur de France à Rome, au sujet de l'édit dressé pour le rétablissement de ladite société ; ledit mémoire contenant demande de ladite société, à ce que l'édit soit réformé en différents articles, à ce que le libre exercice des *fonctions*, et l'usage des *privilèges* soient conservés, à ce que les permissions à obtenir des évêques soient bornées à l'examen et approbation requis par le Concile de Trente, à ce que le rétablissement ne soit pas restreint au ressort de deux ou trois parlements ; à ce que *le serment de fidélité* ne soit pas exigé : faute desquelles conditions, « la société, à la façon
» dont cet édit est conçu, voyant qu'il lui est à charge, aimera
» mieux que la grace soit suspendue, que les choses soient lais-
» sées dans l'état où elles sont, et le rétablissement différé,
» jusqu'à ce que le temps et l'expérience ait fait connoître au
» roi, qu'il peut accorder à cet ordre religieux, comme à
» tout autre, une confiance qui fasse espérer une grace plus
» complète ; »

Enregistrement desdites lettres-patentes par arrêt de notre-dite cour du 2 janvier 1604, après remontrances faites au roi, et après que maître Hurault de Maisse, envoyé par le roi pour presser l'enregistrement, a informé la cour de sa part des circonstances de la négociation faite avec le pape à cet égard, du refus subsistant de la part du général de ladite société d'accepter les conditions portées auxdites lettres-patentes, desquelles néanmoins le pape satisfait demandoit la publication ; et après qu'il a été dit par ledit Hurault de Maisse (1) que la

---

(1) Le vendredi 2 janvier 1604, M. André Hurault de Maisse, conseiller d'État, ayant entrée, séance et voix délibérative en la cour, venu de la part du roi, les grand'chambre, tournelle, et de l'édit assemblées, a dit que le roi lui avoit recommandé retourner en icelle cour, pour lui dire que sa volonté, qu'il avoit plusieurs fois déclarée, étoit que toute affaire cessante, elle eût à vérifier son édit pour les Jésuites selon sa forme et teneur, sans plus user de longueur, retardation, modification ni restriction : n'étoit besoin représenter les raisons qui se pouvoient dire sur l'édit; qu'elles avoient été assez traitées par les remontrances que la cour avoit dignement faites,

cour « par sa prudence devoit considérer, qu'en l'état où étoient
» les affaires du royaume, cette difficulté et résistance qu'elle
» faisoit, donnoit non-seulement occasion aux mauvais esprits
» d'en faire mal leur profit, comme l'on ne parloit que trop,
» mais étoit pour augmenter et accroître les divisions qui
» étoient dans le royaume, et par ce moyen la cour feroit re-
» tomber sur le roi l'envie qui pourroit provenir de cette af-
» faire; ce que ses officiers et sujets devoient plutôt parer que
» rejeter sur leur maître, et partant devoient obéir à sa vo-
» lonté; »

Arrêt rendu en notredite cour le 6 août 1761, par lequel,

et par les réponses à elle faites par la bouche du roi; qu'il ne restoit plus que d'y apporter la dernière main par la vérification, dont ayant reçu commandement par la bouche dudit seigneur, n'avoit qu'à lui obéir : et encore qu'il eût été assez parlé de l'affaire, néanmoins il y avoit une particularité qui pouvoit servir à la résolution, qui étoit qu'il y avoit quatre ou cinq ans que le pape avoit fait solliciter le roi à rétablir les jésuites comme ils étoient auparavant l'arrêt de la cour; que S. M. avoit gagné le temps le plus qu'elle avoit pû; mais enfin ne se pouvoit excuser de lui rendre réponse. Il y a deux ans ou environ que S. M. avoit fait dresser des articles à peu près de ceux contenus en l'édit, que ledit seigneur fit bailler au pape par son ambassadeur, pensant avoir beaucoup gagné d'éviter un rétablissement général que le pape demandoit, en accordant lesdits articles, par lesquels ceux de ce parlement étoient réduits à deux maisons, et pour les autres parlemens où l'arrêt n'avoit été exécuté, réduits à ce qui est porté par l'édit : que le pape avoit retenu ces articles environ deux ans sans y faire aucune réponse, dont le roi avoit été aucunement en peine, jusqu'à ce que le pape eût écrit à S. M. qu'il les trouvoit bons, que les jésuites se devoient contenter de *la grace qu'il leur faisoit*, et que la longueur procédoit de ce que le *général des jésuites ne s'en contentoit pas, et ne les vouloit approuver, disant qu'ils étoient contre leurs statuts*, dont ledit général écrivit au roi lettres qui pourroient être représentées, et ne sont point des articles encore approuvés par lui. Mais le pape les ayant trouvés bons, enfin avoit fait prier le roi par ses nonces, et par les ambassadeurs de S. M. les accorder, en réformant l'article qu'ils feroient le serment de fidélité au roi, et fut avisé, au lieu de mettre l'article qui est en l'édit, qu'ils feroient le serment par-devant les juges ordinaires; tellement que les choses n'étoient plus en leur entier, et avoient passé comme par un traité entre le pape et le roi qui vouloit l'observer du tout. La cour ne devoit trouver étrange si le roi se plaignoit des longueurs qu'elle y apportoit. Après avoir ouï ces remontrances qu'il avoit reçues de bonne part, fait ses réponses sur icelles, et déclaré sa volonté, il vouloit être obéi, et qu'en ce faisant ne fût point dit que le parlement y apporte de contradiction; autrement il seroit contraint venir à des remèdes extraordinaires, et dont la cour auroit du regret et du déplaisir, et par sa prudence devoit considérer qu'en l'état où étoient les affaires du royaume, cette difficulté et résistance qu'elle faisoit, donnoit non-seulement occasion aux mauvais esprits d'en faire mal leur profit, comme l'on ne parloit que trop, mais étoit pour augmenter et accroître les divisions qui étoient dans le royaume, et par ce moyen la cour feroit tomber sur le roi l'envie qui pourroit provenir de cette affaire; ce que ses officiers et sujets devoient plutôt parer que rejeter sur leur maître, et partant devoient obéir à sa volonté.

entre autres dispositions, notredite cour auroit reçu, en tant que de besoin est ou seroit, notredit procureur-général, appelant comme d'abus de la bulle commençant par le mot *Regimini*, donnée le 5 des calendes d'octobre 1540, portant pour titre: *Prima Instituti Societatis Jesu approbatio*, et autres bulles, brefs, lettres apostoliques, concernant les prêtres et écoliers de la société se disant de Jésus, constitutions d'icelle, déclarations sur lesdites constitutions, formules de vœux, décrets des généraux, ou des congrégations générales de ladite société, et de tous autres réglements, ou actes semblables;

Autre arrêt dudit jour 6 août 1761, par lequel notredite cour, entre autres dispositions, auroit condamné différents ouvrages d'auteurs de ladite société, au nombre de vingt-quatre, à être lacérés et brûlés par l'exécuteur de la haute-justice, comme séditieux, destructifs de tous principes de la morale chrétienne, enseignant une doctrine meurtrière et abominable, non-seulement contre la sûreté de la vie des citoyens, mais même contre celle des personnes sacrées des souverains; dans lequel arrêt sont encore mentionnés autres précédents arrêts de notredite cour concernant autres auteurs de ladite société, notamment les arrêts des 8 juin et 26 novembre 1610, 26 juin 1614, 13 mars 1626, et 24 mars 1713, par lesquels auroient été précédemment flétris les livres de Mariana, de Bellarmin, de Suarez, de Sanctarel et de Jouvency; et pour statuer définitivement sur ce qui résulte desdits livres, et du récit fait à notredite cour le 8 juillet précédent au sujet de l'enseignement constant et non interrompu de ladite doctrine dans ladite société desdits soi-disants jésuites, ainsi que de l'inutilité de toutes déclarations, désaveux et rétractations faites à ce sujet, résultante des constitutions desdits prêtres et écoliers, et autres de ladite société, auroit joint la délibération à l'appel comme d'abus, sauf à disjoindre, s'il y échet; par lequel arrêt il auroit été en même temps fait défenses provisoires auxdits soi-disants jésuites de tenir des écoles et collèges dans le ressort de la cour, et à tous sujets du roi d'y étudier, comme aussi de fréquenter les missions et congrégations de ceux de ladite société, de s'agréger et affilier à icelle, et autres dispositions y contenues, sous les peines y portées;

Notre déclaration du 2 août 1761, registrée en notredite cour, toutes les chambres assemblées, ledit jour 6 août 1761, aux charges, clauses, et modifications portées en l'arrêt d'enregistrement;

Arrêté de notredite cour du 31 août 1761, par lequel, entre autres choses, est ordonné le dépôt au greffe de notredite cour de passages extraits des auteurs de ladite société mentionnés en l'arrêt du 6 août précédent, et d'autres auteurs de ladite société; lesdits passages contenant une doctrine attentatoire à l'autorité des souverains, à l'indépendance de leur couronne, à la sûreté publique et à celle de la personne sacrée des rois, pour être, lesdits passages, portés au roi par le premier président;

Arrêt du 3 septembre 1761, par lequel il auroit été ordonné que le livre intitulé : *Historiæ Sacræ et Profanæ Epitome*, composé par Horace Turselin de la société des soi-disants jésuites, seroit lacéré et brûlé par l'exécuteur de la haute-justice, comme tendant par tout son contexte et par l'exposition insidieuse des faits, dont aucuns sont altérés, à inspirer aux jeunes étudiants, pour l'instruction desquels ledit livre a été composé, des préjugés dangereux contre la nature et les droits de la puissance royale, son indépendance pleine et absolue, quant au temporel, de toute autre puissance qui soit sur la terre, et la sûreté inviolable de la personne sacrée des souverains; et auroit aussi été ordonné, entre autres choses, que, pour être vérifiés et collationnés, tant sur les livres composés et publiés par lesdits soi-disants jésuites, et condamnés par notredite cour, que sur leurs autres livres mentionnés au compte rendu en notredite cour, toutes les chambres assemblées, le 8 juillet dernier, les extraits des assertions dangereuses et pernicieuses en tout genre, que lesdits soi-disants jésuites ont dans tous les temps et persévéramment soutenues, enseignées et publiées dans leurs livres, avec l'approbation de leurs supérieurs et généraux, il seroit nommé des commissaires de notredite cour, qui s'assembleroient le mardi 15 décembre suivant;

Mémoires et avis des bailliages, sénéchaussées, corps de ville et universités du ressort de notredite cour, sur la nécessité et les moyens de confier à autres qu'auxdits soi-disants jésuites, l'éducation de la jeunesse;

Arrêts des 17, 19, 20, 26, 27 février, 2, 6, 9, 13, 20, 23 et 27 mars 1762 et autres, concernant la tenue des collèges dans les villes de Laon, Mauriac, Aurillac, Châlons-sur-Marne, Bourges, Nevers, Angoulême, Chaumont en Bassigny, Auxerre, Langres, Fontenay-le-Comte, Amiens, Blois, Orléans, Tours, Saint-Flour, Sens, Clermont-Ferrand, Billon, Lyon, la Flèche, Bar-le-Duc, Mâcon, La Rochelle, Charleville, Poitiers, Compiègne, Roanne, Moulins, Eu, Arras, Hesdin, Saint-Omer,

Béthune et Aire, par autres que par lesdits soi-disants jésuites;

Extraits des assertions dangereuses et pernicieuses en tous genres, que les soi-disants jésuites ont dans tous les temps et persévéramment soutenues, enseignées et publiées dans leurs livres, avec l'approbation de leurs supérieurs et généraux, vérifiées et collationnées par les commissaires de notredite cour, en exécution de l'arrêt du 31 août 1761, et arrêté du 3 septembre suivant sur les livres, thèses, cahiers, composés, dictés et publiés par lesdits soi-disants jésuites, et autres actes authentiques déposés au greffe de notredite cour en exécution des arrêts des 3 septembre 1761, 5, 17, 18, 26 février et 5 mars 1762, desquels extraits il résulteroit:

1° L'unité de sentiments et de doctrine des soi-disants jésuites, établie, tant dans le livre intitulé, *Imago primi sæculi*, ouvrage de tous ceux de ladite Société qui composoient la province de Flandre, et par eux mis en lumière en l'année 1640, que dans la remontrance desdits soi-disants jésuites à l'évêque d'Auxerre en 1726, dans les ouvrages de Daniel en 1724, de Gretzer en 1738, et dans les constitutions de ladite Société imprimées à Prague en 1757;

2° Le probabilisme enseigné par Henriquez en 1600, par Tolet en 1601 et 1630, par Salas en 1607, par Suarez en 1608, par de Valence en 1609, par Sanchez en 1614, par Coninck en 1619, par Reginald en 1620, par Vasquez en 1620, par Fagundez en 1626, par Laymann en 1627, par Castro-Palao en 1631, par Filliucius en 1633, par Baldel en 1637, par Amicus en 1640, par Caussin en 1644, par Martinon en 1646, par Escobar en 1652, par de Lessau en 1655 et 1656, par Poignant en 1656 et 1657, par Tambourin en 1659, par Jean de Lugo en 1660, par Scildere en 1664, par Guimenius (Moya) en 1664, par Terillus en 1669, par Fabri en 1670, par de Rhodes en 1671, par Platel en 1679, par Gobat en 1700, par Cardenas en 1702, par Perrin en 1710, par Casnedi en 1711, par les soi-disants jésuites de Reims en 1718, par Marin en 1720, par Cabrespine en 1722, par Charli en 1722, par Daniel en 1724, par Taberna en 1736, par Arsdekin en 1744, par Deschamps en 1749, par Fegeli en 1750, par Zaccheria en 1750 et 1753, par Gagna en 1753, par Gravina en 1752 et 1754, par Balla en 1753 et 1755, par Carpani en 1753 et 1755, par ledit Zaccheria en 1755, par Stoz en 1756, par Ghezzi en 1756, par ledit Zaccheria en 1757, par Busembaum et Lacroix en 1757, par Muszka en 1757, par Reuter en 1758, par Trachala en 1759, tous membres de ladite société;

3° L'enseignement du système du péché philosophique, de l'ignorance invincible, même de la loi naturelle et divine, et de la conscience erronée, servant d'excuse à tous genres de crimes, constamment soutenu depuis 1607 jusques et compris 1761; savoir, par Salas en 1607, par Sanchez en 1614, par Reginald en 1620, par Layman en 1627, par Filliucius en 1633, par Jean de Lugo en 1633, par Dicastille en 1641, par Caussin en 1644, par Escobar en 1656, par Tamburin en 1659, par de Rhodes en 1671, par Pomey en 1675, par Platel en 1678 et 1679, par de Bruyn en 1687, par Bonucci en 1704, par Perrin en 1710, par Casnedi en 1711, par Georgelin en 1717, par les soi-disants jésuites de Reims en 1718, par Mingrwal en 1719, par les soi-disants jésuites de Caen en 1719 et 1720, par Marin en 1720, par Simonnet en 1721, par Charli en 1722, par Cabrespine en 1722, par le Moyne en 1725, par les soi-disants jésuites de Caen en 1726 et 1729, par Busserot en 1732, par Taberna en 1736, par les soi-disants jésuites de Paris en 1737, par Bougeant en 1741, par Arsdekin en 1744, par Fegeli en 1750, par Muszka en 1756, par Stoz en 1756, par autre ouvrage dudit Muszka en 1757, par Busembaun et Lacroix en 1757, par Trachala en 1759, par les soi-disants jésuites de Bourges en 1760, par les soi-disants jésuites de Caen en 1761;

4° La morale concernant la simonie et confidence enseignée depuis 1590 jusques et compris 1759, savoir, par Sa en 1590, par Tolet en 1601, par de Valence en 1609, par Reginald en 1620, par Filliucius en 1633, par Longuet en 1654 et 1655, par Poignant en 1656 et 1657, par Escobar en 1663, par Fabri en 1670, par Taberna en 1736, par Arsdekin en 1744, par Laymann en 1748, par Busembaun et Lacroix en 1757, par Trachala en 1759;

5° La morale concernant le blasphème, enseignée pendant le cours du siècle passé et du siècle présent, savoir, par Amicus en 1640, par Bauni en 1653, par Casnedi en 1711, par Fegeli en 1750, par Stoz en 1756;

6° La morale concernant le sacrilège, enseignée par François de Lugo en 1652, par Gobat en 1700 et 1701;

7° La morale concernant la magie et le maléfice, enseignée depuis 1663 jusqu'à 1759; savoir, par Escobar en 1663, par Taberna en 1736, par Arsdekin en 1744, par Laymann en 1748, par Trachala en 1759;

8° La morale concernant l'astrologie, enseignée par ledit Arsdekin en 1744, par Busembaum et Lacroix en 1757;

9° L'enseignement concernant l'irréligion de tous les genres, publié depuis 1607 jusques et compris 1759, savoir, par Salas en 1607, par Suarez en 1621, par Gordon en 1634, par Alagona en 1620 et 1635, par le livre desdits soi-disants jésuites de la province de Flandre intitulé: *Imago primi sæculi Societatis Jesu* en 1640, par Antoine Sirmond en 1641, par Caussin en 1644, par Adam en 1650, par Escobar en 1652, par de Lessau en 1655 et 1656, par Tambourin en 1659, par Guimenius (Moya) en 1664, par Estrix en 1672, par Pomey en son petit Catéchisme théologique en 1675, par les nouveaux éloges donnés audit catéchisme par Zacchéria en 1754, par Platel en 1680, par de Bruyn en 1687, par les thèses des soi-disants jésuites de Caen en 1693, par Gobat en 1701, par Cardenas en 1702, par Francolin en 1707, par Casnedi en 1711, par les thèses des soi-disants jésuites de Caen en 1719, par Marin, confesseur de Louis-Philippe, infant d'Espagne, en 1720, par Gabrespine dans ses cahiers dictés à Rhodez en 1722, par le Moyne dans ses cahiers dictés à Auxerre en 1725, par Simonnet en 1726, par Berruyer en 1728, 1733 et années suivantes, par Hardouin en 1741, par Oudin en 1743, par Pichon en 1745, par autre ouvrage de Berruyer en 1753 et 1754, par Stoz en 1756, par Muszka en 1756, par Ghezzi en 1756, par Busembaum et Lacroix en 1757, par autre ouvrage de Berruyer en 1758, par Reuter en 1758, par Trachala en 1759;

10° L'enseignement concernant l'idolâtrie et superstition en général, et spécialement l'enseignement et pratique desdites idolâtrie et superstition dans les missions chinoises et malabares, depuis 1614 jusqu'en 1745; établi par les livres de Vasquez en 1614, de Fagundez en 1640, par les suppliques des soi-disants jésuites à Rome en 1756, et autres subséquentes, par leurs apologies publiées par le Comte en 1697, par l'acte d'appel desdits soi-disants jésuites, en 1707, par Jouvency en 1710, indépendamment des autres actes, pièces, décrets, brefs et bulles ci-après énoncés, jusques et compris la bulle de 1745;

11° L'enseignement concernant l'impudicité, publié par les soi-disants jésuites depuis 1590 jusques et compris 1759, savoir, par Sa en 1590, par Corneille de la Pierre en 1622, par Castro-Palao en 1631, par Gaspard Hurtado en 1633, par Gordon en 1634, par Dicastille en 1641, par Escobar en 1652 et 1663, par de Lessau en 1655 et 1656, par Tirin en 1668, par Gobat en 1700, par Charli dans ses cahiers dictés à Rhodez en 1722, par Taberna en 1736, par Sanchez en 1739, par Fegeli en 1750, par Busembaum et Lacroix en 1757, par Trachala en 1759;

12° L'enseignement concernant le parjure, fausseté, faux témoignage, depuis 1590 jusqu'en 1760, savoir, par Sa en 1590, par Tolet en 1601, par Eudemon-Jean en 1610, par Suarez en 1614, par Sanchez en 1614, par Reginald en 1620, par Lessius en 1628, par le Manuel des congrégations à l'usage des écoliers desdits soi-disants jésuites en 1633, par Filliucius en 1633, par Gordon en 1634, par Castro-Palao en 1638, par Fagundez en 1640, par Dicastille en 1641, par François de Lugo en 1652, par Escobar en 1652 et 1653, par Platel en 1680, par Gobat en 1701, par Cardenas en 1702, par Casnedi en 1719, par Marin en 1720, par Charli dans ses cahiers dictés à Rhodez en 1722, par Taberna en 1736, par Laymann en 1627 et 1748, par Fageli en 1750, par Tambourin en 1659 et 1755, par Stoz en 1756, par Busembaum et Lacroix en 1757, par Reuter en 1758, par Antoine en 1761;

13° L'enseignement en ce qui concerne les prévarications des juges, par Fabri en 1670, par Taberna en 1736, par Laymann, éditions de 1627 et 1748, par Fegeli en 1750, par Busembaum et Lacroix en 1757;

14° L'enseignement concernant les vols, compensations occultes, recélés, etc., continué depuis 1590 jusques et compris 1761, par Sa en 1590, par Tolet en 1601, par Rebel en 1608, par Reginald en 1620, par Granados en 1624, par Filliucius en 1633, par Gordon en 1634, par Alagona en 1620 et 1635, par Fagundez en 1640, par Dicastille en 1641, par Amicus en 1642, par les preuves résultantes de l'interrogatoire de Jean Alba en 1647, par Jean de Lugo en 1652, par Bauny en 1653, par Longuet en 1654 et 1655, par de Lessa en 1655 et 1656, par Escobar en 1663, par Moya sous le nom de Guimenius en 1664, par Cardenas en 1702, par Casnedi en 1711, par Marin en 1720, par Charli en ses cahiers dictés à Rhodez en 1722, par le Moyne en ses cahiers dictés à Auxerre en 1725, par Molina, éditions en 1602 et 1733, par Taberna en 1736, par Laymann éditions de 1627 et 1748, par Fegeli en 1750, par Tambourin éditions de 1659 et 1755, par Stoz en 1756, par Busembaum et Lacroix en 1757, par Reuter en 1758, par Trachala en 1759, par Antoine éditions de 1745 et 1761;

15° L'enseignement concernant l'homicide, aussi continué

depuis 1690 jusques et compris 1761, savoir, par Sa en 1590, par Henriquez en 1600, par Rebel en 1608, par de Valence en 1609, par Azor en 1612, par Reginald en 1620, par Tanner en 1627, par Lessius en 1628, par Filliucius en 1633, par Gaspard Hurtado en 1633, par Baldel en 1637, par Fagundez en 1640, par Dicastille en 1641, par Amicus en 1642, par Ayrault dans ses cahiers dictés à Paris en 1644, par Jean de Lugo en 1652, par Bauny en 1653, par Longuet dans ses cahiers dictés à Amiens en 1654 et 1655, par de Lessau dans ses cahiers aussi dictés à Amiens en 1655 et 1656, par Escobar en 1663, par Moya sous le nom de Guimenius en 1664, par Fabri en 1670, par Pomey en son Catéchisme en 1675, par Platel en 1679 et 1680, par de Bruyn en une thèse en 1687, par Cardenas en 1702, par Casnedi en 1711, par Marin en 1720, par Charli en ses cahiers dictés à Rhodez en 1722, par Molina, éditions de 1669 et 1733, par Taberna en 1736, par Laymann, éditions de 1627 et 1748, par Fegeli en 1750, par Tambourin, éditions de 1659 et 1755, par Busembaun et Lacroix en 1757, par Antoine, éditions de 1745 et 1761;

16° L'enseignement concernant le parricide et homicide, par Discatille en 1641, par Escobar en 1663, par Gobat en 1700, par Casnedi en 1719, par Stoz en 1756;

17° L'enseignement en ce qui concerne le suicide et homicide, par Laymann, éditions de 1627 et 1748, par Busembaun et Lacroix en 1757;

18° L'enseignement et pratique d'attentats à l'autorité et à la vie des rois, par les membres de ladite Société, tant ceux dont les ouvrages ont déjà été flétris par les précédents arrêts de la cour, qu'autres auteurs et leurs apologistes, leurs aveux, ou autres pièces juridiques, desquels la tradition se continue depuis 1590 jusques et compris 1759, savoir, par Sa en 1590, par Delrio en 1593, par Philopater autrement Person en 1593, par Bridgwater en 1594, par Bellarmin en 1596, par Salmeron en 1602, par de Valence en 1603, par Tolet en 1603, par Varade, Guignard et Odon Pigenat, suivant les remontrances de la cour de ladite année 1603, par autre ouvrage dudit Salmeron de 1604, par Mariana en 1605, par Scribanius sous le nom de Bonarscius en 1606, par Azor en 1607, par Ozorius en 1607, par les attentats successifs de Holte, de Creswel, de Parsons, de Walpole, de Baldewin, de Gérard, de Tesmond dit Greenwel, de Hall dit Oldecorne, de Garnet, ainsi qu'il résulte du procès fait audit Garnet en l'année 1607, par Heissius, apologiste de Mariana, en 1609, par autre ouvrage dudit

Bellarmin en 1610, par Eudemon-Jean, apologiste des coupables de la conjuration des poudres en 1610, par Keller en 1611, par Serrarius en 1611, par Salas en 1611, par Vasquez en 1612, par Benoît Justinien en 1612, par Suarez en 1614, par Lorin en 1617, par Lessius en 1617, par Fernandius en 1617, par ledit Tolet en un autre ouvrage imprimé en 1601, 1618, 1619, par Sanctarel en 1625, par Tanner en 1627, par Corneille de la Pierre en 1627, par ledit Lessius en 1628, par Castro-Palao en 1631, par Becan en 1633, par autre ouvrage dudit Becan en 1634, par Gordon en 1634, par Alagona en 1620 et 1635, par l'ouvrage desdits soi-disants jésuites de la province de Flandre, intitulé, *Imago primi sæculi Societatis Jesu*, en 1640, par Dicastille en 1641, par Ayrault en ses cahiers dictés au collège de Paris en 1644, par Bauny en 1653, par Jean de Lugo en 1656, par Pirot en son apologie des casuistes en 1657, par Escobar en son livre de la théologie morale imprimé quarante-deux fois, et singulièrement en 1656 et 1659, par Platel en 1679, par Comitolus en 1709, par Jouvency en 1710, par Davrigny en 1720, par Berruyer en 1728, par Turselin en 1731, par Molina, éditions de 1602 et 1733, par Taberna en 1736, par Gretzer en 1736, par autre ouvrage dudit Gretzer en 1738, par la Sante en 1741, par Laymann en 1748, par Muszka en 1756, par plus de cinquante éditions de Busembaun, dont la dernière, ensemble des annotations de Lacroix son commentateur en 1757, par les annotateurs, éditeurs et panégyristes dudit Busembaun, savoir, par les soi-disants jésuites journalistes de Trévoux en leur journal du mois d'août 1729, par Colonia en 1730, et suivant lesdits journalistes et ledit Colonia, par Collendall et par Moniauzan en différents temps, par Zacchéria en 1749, par Fegeli en 1750, par Dessus-le-Pont, autre panégyriste desdits Busembaun et Lacroix, en 1758, suivant la sentence du présidial de Nantes du 1er août 1759, par Mamaki suivant l'arrêt du parlement séant à Rouen le 2 avril 1759, et enfin mis en pratique par Malagrida, Matos et Alexandre en Portugal, suivant le jugement du 12 janvier 1759, rendu par la junte de l'inconfidence, dûment légalisé et déposé au greffe de la cour le 5 mars dernier.

Approbation de chacun desdits livres, 1° par trois théologiens de ladite Société à ce commis, et quant à aucun d'iceux, nommément par Château-Blanc, Gowea, De la Croix, Reynauld, Gibalin, Dulieu, Palavicin, de Saint-Rigaud, Gauterot, de la Chaise, Violet, Tiram, le Bras, Alby, Roi, Maturus, Furtado, Alvarado, Albert Hungerus, tous lecteurs, docteurs et censeurs de ladite Société; 2° en outre par Tollenar, Mayr, Richeome, Jacquinot, Suffren, Gusman, Charlet, Mundbrot, de Vegas, Boniel, Summerecker, de Bugis, Godefre, Ricard, Antoine, Pimentel, de Ibarra, Lichiana, Bomplan, de Clein, de Clar, Granon, Preumonteau, de Egues, Nicolas Dias, Tavarès, Dirckes, Burckart, Truchses, Dirkink, Milliet, Caetan, Balduc, Flamen, Charon, Lavaud, Huth, Rumer, de Lingendes, Van-Schoone, la Guille, Bernard, Gorrez, Dozenne, le Picard, Agrado, Indoc, Scheren, Michel, Capanus, Galarca, Armand, de Los Cobos, Rosephius, Alvarus, Pereira, Copper, Millei, Confalonier, Mascarenhas, Manaré, Hojeda, Busée, tous provinciaux et visiteurs de ladite Société; 3° Tous les susnommés autorisés pour lesdites approbations par Aquaviva, Viteleschi, Gonzales, Michel, Oliva, Picolomini, Caraffe, Tambourin, Retz et Noyell, tous généraux de ladite Société, ainsi qu'il est mentionné dans lesdits extraits, et conformément à ce qui est prescrit pour l'édition des livres des auteurs de ladite Société par les constitutions d'icelle, approuvées elles-mêmes par la dix-huitième congrégation générale de ladite Société tenue en 1756. 4° Lesdits livres desdits soi-disants jésuites inscrits à l'époque de leurs éditions, et avec les plus grands éloges dans les différents catalogues que ladite Société a fait faire successivement de ceux de ses écrivains dont elle entend honorer la mémoire, et aucuns desdits susnommés (lesquels auroient été suppliciés pour attentats à la personne des souverains) placés esdits catalogues dans le chapitre et au rang des martyrs de la foi, savoir: dans le catalogue qui a pour auteur Pierre Ribadencira, théologien de ladite Société, imprimé en 1613, avec approbation de Ferdinand Lucerus, vice-provincial; dans celui qui a pour auteur Philippe Alegambe de ladite Société, imprimé en 1643, avec approbation souscrite par Mutio Vitelleschi, général; et dans le dernier desdits catalogues, qui a pour auteur Nathanael Sotuel de ladite Société, imprimé en 1675, avec permission souscrite par Paul Oliva, aussi général de ladite Société;

Arrêt du 5 mars 1762, par lequel, pour aucunes considérations mentionnées en icelui, notredite cour auroit ordonné que lesdits extraits et assertions persévéramment soutenues par lesdits soi-disants jésuites, et les traductions desdits extraits seroient portées au roi, imprimées et envoyées aux archevêques et évêques du ressort, et ledit seigneur roi très-humblement supplié de considérer ce qui résulte d'un enseignement aussi pernicieux combiné avec ce que prescrivent les règles et les constitutions desdits soi-disants jésuites, sur le choix et uniformité des sentiments et opinions dans ladite Société;

Arrêté du 15 février 1762, portant qu'il sera écrit par notre procureur-général aux universités et facultés de théologie du ressort, à ce qu'elles aient à envoyer au greffe de notredite cour les censures, même les dénonciations intervenues esdites universités et facultés contre la doctrine desdits soi-disants jésuites;

Autre arrêté du 9 mars 1762, portant qu'il sera nommé des commissaires à l'effet d'examiner lesdites censures et dénonciations;

Dénonciations, avis doctrinaux, censures, ordonnances épiscopales, lettres pastorales, mandements, décrets des congrégations et des papes, brefs, lettres apostoliques, bulles et autres suffrages et témoignages rendus, tant contre lesdits auteurs dénommés auxdits extraits, et sur les points de morale qui y sont traités, que contre autres de ladite Société, et sur autres points de morale, de dogme et de discipline, enseignés en ladite Société, notamment sur ce qui concerne l'ivresse, les injures, le duel, la charité, la correction fraternelle, la messe, la communion, l'usure, le mensonge, l'office canonique, les impôts, le jeûne, la pénitence, les censures, les vœux, les peines du Purgatoire, les plaisirs des sens, les quatre articles de l'assemblée du clergé de 1682, le rapport des actions à Dieu, la calomnie, les donations frauduleuses, l'autorité des canons et des pères, la direction d'intention, le scandale, l'aumône, la puissance paternelle, la manière d'entendre la messe, l'occasion prochaine du péché, la crainte des peines temporelles, la confession, l'absolution, le sacrement de l'ordre, l'examen des ordinants, l'impénitence des religieux, la crapule, la nécessité de la foi, le second commandement, le contrat Mohatra, l'adultère, l'observation des fêtes, le précepte d'ouïr la messe, la fréquente communion, les péchés d'habitude, l'abstinence, les privilèges des réguliers, l'exécution des fondations, la récitation de l'office divin, l'honoraire des messes, les cas réservés, les abus du sacrement de pénitence, l'inceste spirituel, la rébellion contre les lois des souverains. Sur tous lesquels objets et autres, lesdites dénonciations et censures auroient noté et condamné la morale et doctrine enseignées dans ladite Société, sous différentes qualifications, et entre autres comme « téméraires, fausses,

» erronées, scandaleuses, remplies d'arrogance et d'orgueil;
» s'éloignant de la signification propre des termes de l'Ecri-
» ture, y substituant des termes allégoriques, production d'un
» délire pernicieux; conduisant à l'hypocrisie; cachant des
» pièges sous l'apparence d'un zèle sincère pour la foi; détrui-
» sant le précepte évangélique sur l'aumône; éludant par de
» mauvaises ruses les lois du jeûne; se jouant des commande-
» ments de l'Eglise; propres à séduire les simples, et ôtant à
» la Bienheureuse Marie le titre qui lui est dû de Mère du Fils
» de Dieu; favorisant l'impiété et le sacrilège, conduisant à
» l'impénitence finale; conduisant à l'hérésie et au schisme;
» tendant à décharger les fidèles des principaux devoirs du
» christianisme, propres à leur donner du mépris et du dégoût
» pour le pain eucharistique, sous prétexte de leur fournir les
» moyens de le recevoir souvent, capables d'inspirer de la té-
» mérité aux pécheurs, une lâche complaisance aux confes-
» seurs, et de multiplier les communions indignes et sacrilèges;
» rendant inutile le premier et grand commandement, et étei-
» gnant l'esprit de la loi évangélique; impies, blasphématoires,
» favorisant les ennemis de la religion chrétienne; ouverte-
» ment contraires aux préceptes de l'Evangile et des apôtres,
» et hérétiques.

» Favorables au schisme des Grecs, attentatoires au dogme
» de la procession du Saint-Esprit; favorisant l'arianisme, le
» socinianisme et le sabellianisme; propres à exprimer les er-
» reurs ariennes et sociniennes; expressives de l'hérésie de
» Nestorius; entièrement nestoriennes et hérétiques; pires que
» le nestorianisme; ébranlant la certitude d'aucuns dogmes sur
» la hiérarchie, sur les rits du sacrifice et du sacrement, ren-
» versant l'autorité de l'Eglise et du siège apostolique, et fa-
» vorisant les luthériens, les calvinistes, et autres novateurs
» du seizième siècle, et blasphématoires contre le Saint-Esprit;
» introduisant sous un autre nom et par l'artifice d'une direc-
» tion d'intention, l'hérésie de la simonie; offrant, dans l'in-
» terprétation des Ecritures, des sens hérétiques, et affoiblis-
» sant en faveur des ariens et des sociniens les arguments qui
» se tirent du premier chapitre de saint Jean et de tous les
» textes de l'Evangile qui établissent la divinité de Jésus-
» Christ; perturbatrices de l'ordre hiérarchique, injurieuses
» à la dignité épiscopale, combattant l'ancienne institution des
» paroisses, ressentant l'hérésie de Wiclef; renouvelant les er-
» reurs de Ticonius, de Pélage, des semi-pélagiens, de Cassien,

» de Fauste, des Marseillois, et restes des pélagiens; ajoutant
» le blasphème à l'hérésie;

» Calomnieuses contre les chrétiens, superstitieuses, inju-
» rieuses aux SS. Pères et aux interprètes catholiques; éver-
» sives de la tradition, injurieuses aux apôtres et aux fidèles
» des premiers siècles, et induisant une très-perverse explica-
» tion du Symbole des apôtres, affoiblissant la satisfaction et
» les mérites de Jésus-Christ, et les prérogatives de la nouvelle
» loi, s'appuyant sur un principe pélagien, déprimant l'adop-
» tion et la religion des anciens justes, faisant injure à ces
» mêmes saints, quels qu'ils soient, à Abraham, aux pro-
» phètes, à saint Jean-Baptiste, outrageuses et blasphéma-
» toires contre la bienheureuse Vierge mère de Dieu; tournant
» en dérision les actes des SS. Pères, injurieuses aux anges,
» outrageuses envers Jésus-Christ, impies; pleines d'outrages
» contre le Dieu rémunérateur, et contre le nom du Christ
» médiateur; conduisant à l'oubli de la foi et de l'Evangile;
» détruisant la définition de la foi donnée par l'apôtre; sus-
» pectes de rejeter les voies de reconnoître et prouver par
» l'Ecriture sainte contre les hérétiques le mystère de la Sainte-
» Trinité; abusant, au détriment de la foi, de plusieurs pas-
» sages de l'Ecriture sainte; ôtant aux preuves du dogme tirées
» de l'Ecriture sainte toute leur force, contraires aux Ecri-
» tures, aux SS. Pères, aux théologiens, à l'Eglise universelle,
» à la raison et au respect dû à la parole de Dieu écrite; inter-
» disant à l'Eglise les voies de discussion propres à convaincre
» et à réduire les hérétiques et usités dans tous les siècles; af-
» foiblissant l'autorité de l'Eglise; injurieuses à toute l'Eglise,
» schismatiques, abaissant et brisant l'autorité du premier
» texte du Nouveau Testament, et de l'édition de la Vulgate;
» ébranlant les fondements de toute la foi chrétienne, et l'ex-
» posant aux dérisions des impies; contraires à la doctrine de
» l'Eglise sur les deux seuls avènements de Jésus-Christ; di-
» minuant la nécessité de la religion chrétienne, destructives
» de la foi de la divinité de Jésus-Christ, dégradant et renver-
» sant la religion; infectée de nestorianisme; contredisant les
» Symboles de la foi; ouvertement opposées aux Symboles de
» Nicée et de Constantinople; proscrites par le sixième con-
» cile; attaquant le mystère de la rédemption....., méprisant
» le sentiment des SS. Pères; éversives des mystères de la
» trinité et de l'incarnation; contraires à la foi de tous les
» siècles; propres aux seuls ennemis de la divinité de Jésus-
» Christ; interprétations bâtardes des Ecritures; destructives

»de la règle de foi; trahissant la cause de la foi catholique,
»sous prétexte de la défendre avec plus de zèle; attentatoires
»à la divinité de Jésus-Christ, à ses augustes qualités de Sau-
»veur, de Messie, de Pontife, à la vérité du péché originel;
»favorisant l'impiété des déistes; tendant à affoiblir et à obs-
»curcir les principales preuves de la vérité de la religion
»chrétienne et du dernier jugement;

»Otant à la nouvelle loi sa perfection, et aux nations ré-
»unies en Jésus-Christ leur fraternité; ouvrant la voie d'excu-
»ser et atténuer les péchés de tout genre, et l'imputant à
»saint Augustin; rendant arbitraire la théologie morale, et
»préparant la voie à l'affermissement des opinions et tradi-
»tions humaines contre la défense de Jésus-Christ; au mépris
»de la vérité, référant au nombre des auteurs la décision des
»questions de morale; ouvrant des voies innombrables à la
»corruption; préparant par l'iniquité des préjugés l'oppres-
»sion de la vérité évangélique; établissant une nouvelle règle
»de mœurs, et un nouveau genre de prudence, fruit détes-
»table de la probabilité; corrompant les bonnes mœurs; excu-
»sant les blasphèmes et autres péchés; excusant les parjures;
»résistant contre le commandement de Dieu à la puissance
»publique; ouvrant une large porte aux calomniateurs et im-
»posteurs; et manifestant combien d'opinions scélérates s'in-
»troduisent à titre de probabilité; doctrine à renvoyer à l'é-
»cole d'Épicure; ressentant l'épicurisme; apprenant aux
»hommes à vivre en bêtes, et aux chrétiens à vivre en païens;
»offensives des oreilles chastes et pieuses; nourrissant la con-
»cupiscence, et induisant à la tentation et aux plus grands
»péchés; éludant la loi divine par de fausses ventes, des so-
»ciétés simulées et autres artifices et fraudes de ce genre;
»palliant l'usure, induisant les juges à la prévarication; pro-
»pres à fomenter des artifices diaboliques; troublant la paix
»des familles; ajoutant l'art de tromper à l'iniquité du vol;
»ouvrant le chemin au vol; ébranlant la fidélité des domes-
»tiques; ouvrant la voie au violement de toutes les lois, soit
»civiles, ecclésiastiques ou apostoliques; injurieuses aux sou-
»verains et aux gouvernements, et faisant dépendre de vains
»raisonnements et systèmes la vie des hommes, et la règle
»des mœurs; excusant la vengeance et l'homicide; approu-
»vant la cruauté et les vengeances personnelles, contraires
»au second commandement de la charité, et étouffant même
»dans les pères et les enfants tous sentiments d'humanité;
»exécrables, contraires à l'amour filial; ouvrant le chemin à

» l'avarice et à la cruauté; propres à procurer des homicides
» et parricides inouis; ouvertement opposées au décalogue,
» protégeant les massacres; menaçant les magistrats et la so-
» ciété humaine d'une perte certaine; contraires aux maximes
» de l'Evangile, aux exemples de Jésus-Christ, à la doctrine
» des apôtres, aux opinions des saints Pères, aux décisions de
» l'Eglise, à la sûreté de la vie et de l'honneur des princes, de
» leurs ministres et des magistrats, au repos des familles, au
» bon ordre de la société civile; séditieuses, contraires au
» droit naturel, au droit divin, au droit positif et au droit des
» gens; aplanissant la voie au fanatisme et à des carnages
» horribles, perturbatives de la société des hommes, créant
» contre la vie des rois un péril toujours présent; doctrine
» dont le venin est si dangereux, et qui ne s'est que trop ac-
» crédité par les sacrilèges effets qu'on n'a pu voir sans hor-
» reur (1). »

Le tout ainsi qu'il est expliqué et plus au long détaillé èsdites dénonciations et censures; savoir, par les censures de la
faculté de Douai, faites sur la demande et au désir des archevêques de Cambrai et de Malines, et évêques de Gand, en
date du 20 janvier 1588; par autre semblable censure dans
les censures de la faculté de Louvain; par autre écrit de la
même faculté, intitulé : *Justification ou Défense, composée de
l'ordre des évêques de Flandre, en réponse à l'Apologie desdits
soi-disants Jésuites*, ledit écrit en date du 17 août 1588; par
le renouvellement de ladite censure de Louvain, le 30 juillet
1613; par autre écrit de ladite faculté, intitulé : *Vulpes capta*,
de l'année 1649; par les plaintes de l'université de Cracovie,
portées à la diète générale de Pologne, et suivies du décret du
29 juillet 1627, par lequel ladite diète ordonna auxdits soi-
disants Jésuites de fermer leurs écoles; par la lettre de ladite
université de Cracovie, du 4 mai 1626, adressée à l'université
de Louvain; par la censure de l'université d'Angers, du 23
juin 1626; par la censure de l'université de Bourges du der-

---

(1) Voy. lesdites qualifications dans les pièces ci-après visées, entre autres dans les censures de l'assemblée générale du clergé de 1700. *Mémoires du clergé*, t. I, depuis la page 716 jusqu'à la page 741; dans les vœux des députés de la faculté de théologie de Paris, sur l'examen de l'*Histoire du peuple de Dieu*, adoptée par un décret de ladite faculté; dans les mande-
ments des archevêques et évêques de Paris, des 30 janvier 1631 et 23 août 1658; d'Evreux, du 15 janvier 1659; de Vence, du 6 mai de la même année; d'Elvas, du 19 janvier 1759; de Soissons, du 1er août de la même année; et dans les censures de la congrégation *de Auxiliis*, du 29 novembre 1601, et autres subséquentes.

nier novembre 1626; par autres de l'université de Reims, des 18 mai 1626, 12 mars, 6 avril et 4 juillet 1718; par la censure de la faculté de théologie de Poitiers, du 21 juin 1665, décret de ladite faculté du 14 novembre de ladite année; autres dénonciations et censures de ladite faculté dès 16, 23 juillet, 18 août 1717, 1ᵉʳ mars 1760, 2 novembre 1761 et 1ᵉʳ février 1762; par les dénonciations et censures de la faculté de théologie de Paris, des 1ᵉʳ décembre 1554, 3 juin 1575, 1ᵉʳ février 1611, 1ᵉʳ décembre 1612, 2 mars 1626, 1ᵉʳ avril 1626, 1, 3, 4 et 5 février 1631, 1ᵉʳ septembre 1632, 15 juin et 1ᵉʳ juillet 1641, 4 novembre 1645...... 1648, 15 juillet 1658, 3 février 1665, 19 octobre 1700, 5 juin, 14 et 27 septembre 1717, 13 août 1722, 2 janvier 1754, et par les vœux de ladite faculté, imprimés en 1761, confirmés par les conclusions de ladite faculté, des 17 mars, 5, 12 et 28 mai, 18, 25 et 28 juin 1762.

Autres dénonciations et censures portées par requêtes et plaintes des curés de différents diocèses, contre la morale et doctrine desdits soi-disants Jésuites; savoir, requête de vingt-huit curés de Rouen, du 28 août 1656; avis des curés de Paris, du 15 septembre 1656; requête des curés de Rouen, à l'official de leur diocèse, du 26 octobre 1656; remontrances des curés de Paris à l'assemblée générale du clergé, en date du 24 novembre 1656; factum de vingt-six curés de Rouen, contenant dénonciation à leur archevêque, en date du 14 janvier 1658; factum et neuf autres écrits des curés de Paris, en date des 1ᵉʳ février, 7 et 23 mai, 11 juin et 24 juillet 1658, 8 février, 5 et 25 juin, et 10 octobre 1659; requête présentée par trente-un curés de Paris, dans le mois de février 1658, aux vicaires-généraux du cardinal de Retz, leur archevêque; lettre des curés de Rouen à leur archevêque, en date du 3 mai 1658; requête signée de neuf curés de Nevers à leur évêque, en date du 5 juillet 1658, requête et factum des curés d'Amiens, présentés à leur évêque, en date des 5 et 27 juillet 1658; requête de trois cent quatre curés du diocèse de Beauvais, présentée à leur évêque, le 10 juillet 1658; requête des curés de la ville et faubourgs de Sens, du 2 août 1658, présentée à leur archevêque; requête de huit curés d'Evreux à leur évêque, en date du 21 septembre 1658; requête de vingt-un curés d'Angers, du 4 novembre 1648; requête de dix curés de la ville et banlieue de Lisieux, du 1ᵉʳ février 1659, requête des syndic, doyen et curés du diocèse de Lisieux, du 5 desdits mois et an.

Autres censures portées aux mandements, lettres pastorales, ordonnances et autres actes émanés des archevêques et évêques contre la doctrine de ladite société, régime et comportements d'icelle, savoir :

Avis d'Eustache du Bellay, évêque de Paris, des années 1554 et 1561, sur l'établissement de ladite société; lettres de saint Charles Boromée, cardinal et archevêque de Milan, des 12 mars 1578, 27 mars, 16 et 29 avril 1579; lettre de César Speliano, chanoine de Milan, depuis évêque de Novare, audit saint Charles, du 12 mai 1579; lettre du cardinal Baronius à l'archevêque de Vienne, du 15 mars 1603; ordonnance de Henri-Louis Castagnier de la Rochepozay, évêque de Poitiers, du 23 mai 1620; ordonnance de Guillaume le prêtre, évêque de Cornouaille, du 27 mars 1625; censure de Jean-François de Gondi, archevêque de Paris, et ordonnance du même du 30 janvier 1631; lettre du vénérable Jean de Palafoxe Mendoza, évêque d'Angelopolis, au pape Innocent X, en date du 8 janvier 1649, commençant par ces mots : « Beatissime Pater, sacris tuæ sanctitatis pedibus humiliter provolutus, » et finissant par ceux-ci : « tuamque sanctitatem protegat et gubernet. » Ladite lettre, ainsi que les autres écrits dudit évêque, examinés par la congrégation des rits, du 9 décembre 1760, et visée dans le décret de ladite congrégation, confirmée par le pape le 16 desdits mois et an, qui auroit jugé, ouï le promoteur de la foi, et de l'avis unanime de tous les vocaux, tous lesdits écrits ne rien contenir de contraire à la foi ou aux bonnes mœurs, ni aucune doctrine nouvelle ou étrangère ou opposée aux sentiment commun et usages de l'Eglise, et n'empêcher qu'il soit passé outre à l'examen du procès de canonisation dudit serviteur de Dieu; ordonnance de Louis-Henri de Gondrin, archevêque de Sens, du 4 mai 1650; réponse à la lettre circulaire à l'assemblée du clergé, par Jacques de Pont-Carré, évêque de Séez, du 29 septembre 1650, Antoine Godeau, évêque de Grasse et de Vence, de la même année, François de la Fayette, évêque de Limoges, du 30 septembre, Jacques de Mont-Rouge, évêque de Saint-Flour, du 25 octobre, Jacques Desclaux, évêque d'Acqs, du 30 octobre de ladite année 1650, Félix de Vialart, évêque de Châlons, du 15 janvier 1651; censure par Jean-François de Gondi, archevêque de Paris, du 29 décembre 1651; mandement de Louis-Henri de Gondrin, archevêque de Sens, du 8 février 1652; ordonnance dudit archevêque, du 25 janvier 1653; lettres de Jacques Boonen, archevêque de Malines, aux cardinaux inquisiteurs, du 17 juillet 1654; ordonnance d'Alphonse del' Bene, évêque d'Orléans, du 9 septembre 1656; avis doctrinal de Jean......, évêque d'Olonne, et autres vicaires-généraux commis par l'archevêque de Rouen, en date du 15 avril 1658; censure par Louis de Rechignevoisin de Guron, évêque de Tulles, du 18 avril 1658; censure par Alphonse del' Bene, évêque d'Orléans, du 4 juin 1658; censure et mandement des vicaires-généraux du cardinal de Retz, archevêque de Paris, des 23 août et 27 novembre 1658; ordonnance et censure par Louis-Henri de Gondrin, archevêque de Sens, des 3 et 4 septembre 1658; censure par Nicolas Pavillon, évêque d'Alet, François-Etienne de Caulet, évêque de Pamiers, Gilbert de Choiseul, évêque de Comminge, Samuel Martineau, évêque de Bazas, et Bernard de Marmiesse, évêque de Conserans, du 24 octobre 1658; censure par Eustache de Chery, évêque de Nevers, du 8 novembre 1658; ordonnance d'Henri Arnauld, évêque d'Angers, du 11 novembre 1658; lettre pastorale et ordonnance de Nicolas Choart de Buzanval, évêque de Beauvais, du 12 novembre 1658; censure par Alain de Solminihac, évêque de Cahors, du 24 décembre 1658; censure par François du Harlay, archevêque de Rouen, du 4 janvier 1659; censure par Gilles Bouteau, évêque d'Evreux, du 15 janvier 1659; ordonnance d'Anne de Levy de Ventadour, archevêque de Bourges, du 6 février 1659, sur la remontrance de son promoteur; censure par Léonor de Matignon, évêque de Lisieux, du 10 mars 1659; lettre pastorale de Félix de Vialart, évêque de Châlons, du 12 mars 1659; lettre circulaire d'Anne de Levy de Ventadour, archevêque de Bourges, du 15 mars 1659, aux archevêques et évêques de sa métropolitaine primatie; lettre dudit archevêque à l'évêque de Mirepoix, son frère, du 28 mars 1659; lettre pastorale dudit archevêque, du 25 avril 1659; ordonnance d'Antoine Godeau, évêque de Vence, du 6 mai 1659, publiée dans son synode; lettre pastorale de Toustaint de Forbin de Janson, évêque de Digne, du 6 mai 1659, publiée durant le Synode; ordonnance dudit Anne de Levy de Ventadour, archevêque de Bourges, du 15 septembre 1659; seconde lettre pastorale dudit archevêque de Bourges, du 22 octobre 1659; ordonnance de Charles de Bourbon, évêque de Soissons, du 23 octobre 1659; troisième lettre pastorale dudit archevêque de Bourges, du 2 décembre 1659; ordonnance de Louis-Henri de Gondrin, archevêque de Sens, du 2 février 1668; lettre circulaire de François-Etienne de Caulet, évêque de Pamiers, du 21 février 1668; censure par Guy de Seve de

Rochechouart, évêque d'Arras, du 7 novembre 1675; lettre de Charles Bruslard de Genlis, archevêque d'Embrun, du 28 juin 1686; lettre de Charles Maigrot, vicaire apostolique, et depuis évêque de Conon, dans les Indes, écrite au pape en date du 10 novembre 1693; ordonnance de Charles-Maurice le Tellier, archevêque de Reims, du 15 juillet 1695, suivie de requête présentée par ledit archevêque au parlement, le 10 janvier 1698, et de l'acte du 23 janvier 1698, de satisfaction faite et signée du provincial et des supérieurs des trois maisons des soi-disants jésuites de Paris; instruction pastorale de Guy de Seve de Rochechouart, évêque d'Arras, du 5 août 1695; lettre pastorale de Jacques-Nicolas Colbert, archevêque de Rouen, du 28 mars 1697; ordonnances de Henri Feydeau de Brou, évêque d'Amiens, du 29 avril 1697; ordonnance en forme d'instruction pastorale de Charles-Maurice le Tellier, archevêque de Reims, du 15 juillet 1697; désaveu imprimé de l'ordre dudit archevêque, de propositions soutenues dans le collége des soi-disants jésuites, ledit désaveu en date du 21 août 1698; décret de l'inquisition d'Espagne du 28 septembre 1698; mandement de Guy de Seve de Rochechouart, évêque d'Arras, du 5 mai 1703; autre mandement dudit évêque, du 7 août 1703; mandement de Charles-Thomas Maillard, cardinal de Tournon, patriarche d'Antioche, commissaire apostolique, et visiteur général, avec pouvoir de légat a latere dans les Indes-Orientales, publié à Nankin le 7 février 1707; ordonnance des vicaires-généraux de Tours, le siège vacant, du 8 août 1716; ordonnance de Louis-Antoine, cardinal de Noailles, archevêque de Paris, du 12 novembre 1716; mandement des vicaires-généraux de Tours, le siège vacant, du 5 juin 1717; mandement de François-Armand de Lorraine, évêque de Bayeux, du 25 janvier 1722; autre mandement dudit évêque, et desdits jour et an, publié dans son synode tenu le 15 avril 1722; ordonnance de Jean Armand de la Vove de Tourrouvre, évêque de Rhodez, du 15 mars 1722; ordonnance dudit évêque de Rhodez, du 19 octobre 1722; ordonnance et instruction pastorale de Charles-Gabriel de Caylus, évêque d'Auxerre, du 18 septembre 1725; instruction pastorale dudit évêque d'Auxerre, du premier mars 1727; lettre de Charles-Joachime Colbert, évêque de Montpellier, au roi, en date du 29 juin 1728; ordonnance de Charles-Gabriel de Caylus, évêque d'Auxerre, du 18 septembre 1728; lettre pastorale dudit évêque de Montpellier, du 30 décembre 1728; lettre dudit évêque d'Auxerre, aux archevêques et évêques, et autres députés de l'assemblée générale du clergé, en date du 18 août 1730; ordonnance dudit évêque de Montpellier, du 1er mars 1731; ordonnance dudit évêque d'Auxerre, du 25 avril 1733; instruction pastorale de Jacques-Benigne Bossuet, évêque de Troyes, du 1er juillet 1733; instruction pastorale dudit évêque de Troyes, du 1er février 1734; écrit de Jean-Joseph Languet, archevêque de Sens, intitulé: *Remarques sur le livre de Jean Pichon*, de juin 1747; ordonnance et instruction pastorale de Charles-Gabriel de Caylus, évêque d'Auxerre, du 27 septembre 1747; mandement de Louis-Jacques de Chapt de Rastignac, archevêque de Tours, du 15 décembre 1747; lettre de Jean-Charles de Segur, ancien évêque de Saint-Papoul, du 6 janvier 1748; ordonnance de François, duc de Fitz-James, évêque de Soissons, du 7 janvier 1748; instruction pastorale dudit archevêque de Tours, du 30 janvier 1748; ordonnance et instruction pastorale de Armand Bazin de Besons, évêque de Carcassonne, du 3 février 1748; lettre de Christophe de Beaumont, archevêque de Paris, aux curés et confesseurs séculiers et réguliers de son diocèse, en date du 8 février 1748; lettre de Pierre de Guérin de Tencin, cardinal, archevêque de Lyon, aux curés et aux confesseurs séculiers et réguliers de son diocèse, en date du 11 février 1748; lettre pastorale de Henri-Constance de Lort de Serignan de Valras, évêque de Mâcon, du 15 février 1748; instruction pastorale de Louis-Jacques de Chapt de Rastignac, archevêque de Tours, du 18 février 1748; lettre de Pierre Mauclerc de la Musanchere, évêque de Nantes, du 22 février 1748, aux curés et aux confesseurs séculiers et réguliers de son diocèse; lettre de Louis-Albert Joli de Chouin, évêque de Toulon, du 13 mars 1748, aux curés et confesseurs séculiers et réguliers de son diocèse; ordonnance et instruction pastorale de Jean-George de Souillac, évêque de Lodève, du 26 mars 1748; ordonnance et instruction pastorale d'Augustin-Roch de Menou, évêque de la Rochelle, du 26 mars 1748; mandement de Nicolas de Saulx Tavannes, archevêque de Rouen, du 6 avril 1748; lettre de Louis-François-Gabriel d'Orléans de la Motte, évêque d'Amiens, du 9 avril 1748, aux curés, vicaires, et autres confesseurs de son diocèse; ordonnance de Scipion-Jérôme Begon, évêque de Toul, du 17 avril 1748; avertissement d'Antoine-Pierre de Grammont, archevêque de Besançon, à tous les curés, vicaires, confesseurs et prédicateurs de son diocèse, en date du 22 avril 1748; ordonnance et instruction pastorale de Pierre-Jules-César de Rochechouart, évêque d'Evreux, du

23 mai 1748; instruction pastorale de Armand-Gaston, cardinal de Rohan, évêque de Strasbourg, du 10 juin 1748; ordonnance et instruction pastorale de Paul-Alexandre de Guenet, évêque de Saint-Pons, du 16 juillet 1748; instruction pastorale de Louis-Jacques de Chapt de Rastignac, archevêque de Tours, du 23 février 1749; mandement dudit archevêque de Tours, du 15 novembre 1749; mandement de Jean-François de Montillet, archevêque d'Auch, du 12 février 1754; ordonnance de Samuel-Guillaume de Verthamon, évêque de Luçon, du 5 février 1756; autre ordonnance dudit évêque, du 21 octobre de la même année; mandement de F. Michel de Bulhoens, évêque du Grand-Para au Brésil, du 29 mai 1757; ordonnance de Joseph, cardinal d'Atalaya, patriarche de Lisbonne, du 7 juin 1758; mandement du chapitre d'Elvas, en Portugal, le siège vacant, du 19 janvier 1759; mandement de François-Alexis de Miranda-Henriquez, évêque de Miranda, en Portugal, du 16 février 1759; lettre pastorale de l'Église patriarcale de Lisbonne, le siège vacant, du 19 février 1759; lettre pastorale de François-Alexis de Miranda-Henriquez, évêque de Miranda, en Portugal, du 26 février 1759; lettre pastorale de Jean de Notre-Dame d'A-Porta, évêque de Leiria, en Portugal, du 28 février 1759; lettre en forme de mandement, de Joseph, inquisiteur-général de Portugal, du 2 mai 1759; mandement et instruction pastorale de François, duc de Fitz-de-James, évêque de Soissons, du 1er août 1759; lettre pastorale de François de Saldanha, cardinal, patriarche de Lisbonne, du 5 octobre 1759; mandement de Christophe, archevêque de Vienne en Autriche, cardinal de Migazzi, du 5 juillet 1760.

Autres censures faites dans les diverses assemblées provinciales ou générales du clergé de France, contre la morale, doctrine et comportement desdits soi-disants Jésuites; savoir, en l'assemblée provinciale de Sens, composée de Louis-Henri de Gondrin, archevêque de Sens, d'Eustache de Chery, évêque de Nevers, de François Maillier, évêque de Troyes; de Pierre de Broc, évêque d'Auxerre, tenue à Paris le 17 mai 1660; assemblée provinciale des évêques de Normandie, tenue à Rouen, le 15 avril 1660; assemblée provinciale de Sens, composée desdits archevêque de Sens, desdits évêques de Nevers, Troyes, Auxerre, et en outre de Laurent de Chery, évêque de Tripoli, et d'aucuns députés du second ordre, ladite assemblée tenue à Sens le 11 mai 1660;

Acte de l'assemblée générale du clergé, tenue à Poissy,

le 15 septembre 1561; discours au roi, par la chambre ecclésiastique des états-généraux du royaume, des 5 et 23 février 1615; lettre de l'assemblée générale du clergé de France, aux archevêques et évêques du royaume, en date du 10 février 1651; censure faite par l'assemblée générale du clergé de France, tenue à Mantes, le 12 avril 1641; censures faites par les assemblées générales du clergé de France, par délibérations des 19 novembre 1643, 18 août 1650, 1ᵉʳ février 1657, et 4 septembre 1700.

Autres censures de la doctrine de ladite Société, portées par décrets de cour de Rome, brefs, bulles, lettres apostoliques (sans approbation toutefois de ce que lesdites pièces pourroient contenir de contraire en la forme ou au fond aux libertés de l'Eglise gallicane, lois et maximes du royaume), savoir, congrégations *de Auxiliis*, des 13 mars et 22 novembre 1598, 12 mars 1599, 9 septembre 1600, 29 novembre 1601; discours du pape Clément VIII à l'ouverture d'autres congrégations tenues sur le même sujet en sa présence au Vatican, les 20 mars, 8, 9, 22, 23 juillet, 6 et 29 août, 5 septembre, 1ᵉʳ octobre, 19 novembre, 10 et 17 décembre 1602, 21 et 28 janvier, 18 février, 15 avril, 6 mai, 10 et 24 juin, 11, 19, 26 novembre, 13 décembre 1603; 21 janvier, 17 février, 27 mars, 23 avril, 1ᵉʳ, 8 et 29 mai, 27 juillet, 29 octobre, 29 novembre et 7 décembre 1604; 5 et 22 janvier 1605; autres congrégations tenues au Mont-Quirinal en présence du pape Paul V, sur le même sujet, des 21 septembre, 12 et 15 octobre et 29 novembre 1605, 5 janvier, 1ᵉʳ février et 1ᵉʳ mars 1606; décret dudit pape Paul V, du 3 janvier 1613; décrets d'Urbain VIII, des 31 janvier 1641, des 16 février 1642 et 18 mars 1643; décret d'Innocent X, du 12 septembre 1645; bref d'Innocent X, du 16 avril 1648; décrets d'Alexandre VII, des 21 août 1659 et 24 septembre 1665, contre vingt-huit propositions, et du 18 mars 1666, contre dix-sept propositions; décret de Clément IX, du 13 septembre 1668, publié à Rome en 1669; décret d'Innocent XI, du 2 mars 1679 contre soixante-cinq propositions; autre décret du même pape, du 16 septembre 1680; décret d'Alexandre VIII, du 24 août 1690; décret de Clément XI, du 20 novembre 1704, 7 janvier 1706, 25 septembre 1710, et lettre écrite en conséquence par ordre du même pape au général de ladite Société, en date du 11 septembre 1710; discours du même pape en consistoire sur la mort du cardinal de Tournon, du 14 octobre 1711; bulle *Ex illâ die*, du même pape en 1715; décret de Benoît XIII, du 12 décembre 1727, décrets de Clément XII, des 17 mai et 24 août 1734, 26 septembre 1735; bref et décret du même pape, du 13 mai 1739; bulle de Benoît XIV, du 20 décembre 1741, adressée aux archevêques et évêques du Brésil, et autres de la domination de Portugal; autre bulle commençant par ces mots: *Ex quo singulari*, du même pape, en 1742; autre bulle du même pape, de 1745, commençant par ces mots: *Omnium Sollicitudinum*; décrets du même pape, des 17 avril 1755, 14 avril 1757, 17 février, 1ᵉʳ avril 1758; sentiment de la congrégation adressée à notre saint père le pape Clément XIII, sur le mémoire présenté par le général desdits soi-disants Jésuites, le 3 juillet 1758; décret de notre saint père le pape, et lettres apostoliques des 2 décembre 1758, 30 août et 7 septembre 1759, 29 mai 1760; et constitution de notredit saint père le pape, du 23 avril de la présente année 1762.

Toutes lesquelles dénonciations, censures et autres suffrages et témoignages émanés desdites universités, desdits curés, archevêques, évêques, assemblées provinciales, assemblées générales du clergé de France et des papes, seroient intervenues, ainsi que dit est, non-seulement contre les ouvrages et auteurs de ladite Société, desquels les noms sont énoncés ès extraits des assertions, mais encore contre autres écrits et auteurs aussi de ladite Société, notamment celles des 3 juin 1575, contre les leçons et écrits de Jean Maldonnat de ladite Société, intitulés: *de Purgatorio*; 27 mars 1579, contre les prédications et scandales de Julio Mazarini, de ladite Société; 1ᵉʳ février 1611, contre la Réponse apologétique à l'Anti-Coton, ouvrage de Louis Richeome, de ladite Société; 2 mars 1626, contre la *Somme théologique* de François Garasse, de ladite Société; 15 juin 1641, contre le livre de Louis Cellot, de ladite Société, intitulé: *de Hierarchiâ et hierarchis*; 16 février 1642, contre le livre d'Augustin Barbosa, de ladite Société, intitulé: *Collectanea Bullarii, aliarumve summorum pontificum Constitutionum*; 18 mars 1643, contre le livre de Michel Rabardeau, de ladite Société, intitulé: *Optatus Gallus de cavendo schismate*, etc., excusus Parisiis, apud viduam Joannis Camusat, viâ Jacobaeâ, sub signo Velleris aurei; 29 novembre 1643, contre quatre écrits de Jean Floyde, de ladite Société, intitulés: le premier, *Hermanni Leomelii spongia*; le second, *Querimonia Ecclesiae anglicanae*; le troisième, *Appendix ad illustrissimum dominum archiepiscopum parisiensem*; le quatième, *Defensio decreti*; 28 novembre 1643, contre les prédications de Jacques Nouet, de ladite Société; celle intervenue contre le livre de Louis Cellot, de ladite Société, intitulé: *Horarum subsecivarum liber singularis*, imprimé à Paris chez Chaudière en 1648; celles de ..... 1649, contre le livre de Jean Martinez de Ripalda, intitulé: *Johannis à Ripalda, Societatis Jesu, adversus Baium et Baianos*, Amstelodami, apud Joannem Blauvo; 17 mai 1650, contre un libelle intitulé: *Théotime, ou Dialogue instructif sur l'affaire présente des pères jésuites de Sens*, publié par eux dans ledit diocèse; 29 décembre 1651, contre le livre de N. Brisacier, de ladite Société, intitulé: *Le Jansénisme confondu, avec la défense de son sermon fait à Blois le 29 mars dernier*; 26 octobre 1656, contre un libelle distribué dans la ville de Rouen par N. Brisacier, N. Bérard et N. Brière, de ladite Société, sous le titre de *Réponse d'un théologien aux propositions extraites des lettres des jansénistes par quelques curés de Rouen*, présentée à messeigneurs les évêques de l'assemblée générale du clergé; 6 février et 23 avril 1659, contre les écrits de Jean Garnier, de ladite Société; 14 novembre 1665, contre les thèses du collège des soi-disant jésuites de Poitiers, et contre Charles des Jumeaux et Michel Desmonts, de ladite Société; 7 novembre 1675, contre les écrits et dictées de François Jacops de ladite Société; 15 juillet 1685, contre les thèses soutenues dans le collège de ladite Société de la ville de Reims; 5 août 1695, contre les prédications de N. Bellanger, de ladite Société; 18 mars 1697, contre le livre de N. Buffier, de ladite Société, intitulé: *Difficultés proposées*, etc.; 29 avril 1697, contre des propositions de N. des Timbrieux, de ladite Société; 15 juillet 1697, contre les thèses soutenues à Reims par Gabriel Thiroux et François Baltus, de ladite Société; 21 août 1698, contre des propositions soutenues à Reims par Pierre Flavet, de ladite Société, 28 septembre 1698, contre un écrit espagnol, intitulé: *la Embedia mas claras, mas claramente convencida*, présenté au roi d'Espagne par Jean Palazol, de ladite Société, de l'ordre de Tyrze Gonzalès, général d'icelle; 8 août 1716, contre un sermon de Jean-Baptiste Hervieux, de ladite Société; 5 juin 1717, contre une thèse de N. Lauverjat, de ladite Société; 16 et 23 juillet 1717, contre une thèse de N. Babinet, de ladite Société; 18 août 1717, contre les cahiers dictés par N. Salton et par N. Fau, de ladite Société; 14 mars, 6 avril et 4 juillet 1718, contre les cahiers dictés à Reims par N. de Brielle et N. de Berry, de ladite Société; 25

janvier 1722, contre les cahiers et thèses publiques de N. du Breuil, N. de Gennes, N. de Vitry et N. Mahaudot, de ladite Société; 1ᵉʳ mars 1727, contre la remontrance des soi-disants jésuites à l'évêque d'Auxerre, 30 décembre 1728, contre une poésie sanguinaire des soi-disants jésuites de Castres; 25 avril 1733, contre les catéchismes, thêmes, et autres instructions donnés par les soi-disants jésuites d'Auxerre à leurs écoliers; 1ᵉʳ juillet 1733, contre le Journal de Trévoux, du mois de juin 1731, concernant les ouvrages posthumes de Jacques-Bénigne Bossuet, évêque de Meaux; 1ᵉʳ février 1734, contre autre Journal de Trévoux, du mois de février 1732, concernant autres ouvrages posthumes dudit évêque de Meaux; 1ᵉʳ mars 1760, contre les cahiers dictés à Poitiers par N. Briquet, de ladite Société; 29 mai 1760, contre un sermon de N. Neumayer, de ladite Société; 2 novembre 1761, contre les traités dictés à Poitiers par N. de la Pinoterie, de ladite Société; 1ᵉʳ février 1762, contre les cahiers dictés à Poitiers par N. Kelli, de ladite Société;

Et aussi aucunes desdites censures portant interdictions ou interdits généraux ou particuliers, notamment celles du 23 mai 1620, interdiction de confrérie dans le collège desdits soi-disants jésuites de Poitiers; du 27 mars 1625, interdit desdits soi-disants jésuites dans le diocèse de Cornouailles, pendant le temps pascal; du 25 janvier 1653, interdit général desdits soi-disants jésuites dans le diocèse de Sens de toutes fonctions ecclésiastiques, hors la messe dans leur oratoire; 17 juillet 1654, interdit général desdits soi-disants jésuites, pour la confession, dans le diocèse de Malines, 9 septembre 1656, interdit de Jean Crasset, de ladite Société, dans le diocèse d'Orléans; 15 septembre 1659, interdit de Charles Guyet, de ladite Société, dans le diocèse de Bourges, et suspense de toutes fonctions des saints ordres; 12 novembre 1716, interdit général desdits soi-disants jésuites dans le diocèse de Paris; 12 septembre 1728, interdiction auxdits soi-disants jésuites, dans le diocèse d'Auxerre, de toutes assemblées ou congrégations dans leurs collèges; 5 février et 21 octobre 1756, interdit, même *à sacris*, de tous les soi-disants jésuites des collège et séminaire de Luçon; 1758 et 1759, interdit général de tous les soi-disants jésuites de Portugal par les évêques et patriarches dudit royaume; 7 septembre 1759, interdiction par ledit bref de notre saint père le pape de tout trafic, négoce, change et banque, pratiqués par lesdits soi-disants jésuites sous leurs noms ou autres noms interposés. Et encore aucunes desdites censures, ainsi qu'autres desdits vénérables Jean de Palafox, Charles Maigrot, Charles-Thomas Maillart, cardinal de Tournon, et autres visiteurs, provisiteurs, et vicaires apostoliques, ensemble desdits papes ci-dessus nommés, prononcées à l'effet de réprimer les excès commis par lesdits soi-disants jésuites aux Indes Orientales dans l'empire de la Chine, dans l'Amérique septentrionale au Mexique, dans les provinces de l'Amérique méridionale du Paraguay, du Brésil, et le long du fleuve de la Plata, notamment ladite bulle de Benoît XIV, du 20 décembre 1741, portant défenses auxdits soi-disants jésuites « d'oser à l'avenir mettre en servitude lesdits Indiens, les » vendre, les acheter, les échanger, en faire donation, les sé- » parer de leurs femmes et de leurs enfants, les dépouiller de » leurs biens et de leurs effets..... donner conseil, aide, fa- » veur, sous quelque prétexte ou couleur que ce puisse être, à » ceux qui voudroient encore commettre ces vexations, prê- » cher ou enseigner qu'elles sont permises; » et finalement ladite bulle de notre saint père le pape, du 23 avril de la présente année 1762, à l'effet de réprimer de nouveau les excès commis par lesdits soi-disants jésuites dans le Tonkin contre les vicaires apostoliques;

Compte rendu en notredite cour, toutes les chambres assemblées, le 2 avril 1762, concernant les vœux secrets d'aucuns soi-disants Jésuites, vivants dans le monde en habits séculiers;

Déclaration du roi, du 16 juillet 1715, registrée en notredite cour, le 2 août audit an, qui fixe l'âge auquel ceux de ladite Société licenciés et congédiés d'icelle ne pourront être reçus à partage dans les successions pour le trouble qu'ils apporteroient aux familles;

Bulle de Grégoire XIII, du 10 juin 1581, inventoriée par les commissaires de la cour, cotes 17 et 18, de la cinquante-unième liasse de l'inventaire des titres et papiers du collège dit de Clermont, ci-devant tenu en cette ville de Paris par lesdits soi-disants Jésuites, commençant par ces mots : *Etsi per privilegia*, par laquelle, « sur les oppositions faites par les » curés de Paris et d'autres églises » aux privilèges accordés par Paul III à ladite Société, comme portant atteinte aux droits desdits curés, ces privilèges sont de nouveau confirmés, à l'effet de pouvoir, à perpétuité, par ceux de ladite Société, nonobstant lesdites oppositions, prêcher, confesser en tous lieux et toutes personnes, et leur administrer les sacrements, excepté le jour de Pâques, « sans pour ce requérir aucun con-

» sentement ni permission desdits curés, » et de jouir desdits privilèges nonobstant toutes appellations;

Signification du 11 août 1761, de l'arrêt de notredite cour du 6 du même mois, qui reçoit notre procureur-général, appelant comme d'abus, avec intimation en notredite cour aux général et Société desdits soi-disants Jésuites, à l'effet de comparoir dans deux mois; présentation au greffe de notredite cour par notre procureur-général le 7 janvier 1762, défaut faute de comparoir, obtenu par notredit procureur-général ledit jour 7 janvier 1762, délivré le 25 dudit mois, contre lesdits général et Société; demande et inventaire de notredit procureur-général sur le profit dudit défaut joint, et tout ce qui a été mis et produit par lui : ouï le rapport de M° Joseph-Marie Terray, conseiller; tout considéré :

Notredite cour, toutes les chambres assemblées, faisant droit sur ledit appel comme d'abus interjeté par le procureur-général du roi, de l'institut et constitutions de la Société se disant de Jésus, et reçu par arrêt de la cour du 6 août 1761, sur lequel appel comme d'abus lesdits général et Société ont été surabondamment intimés, et faisant pareillement droit sur les autres délibérations jointes audit appel comme d'abus, déclare le défaut faute de comparoir pris au greffe de la cour par notre procureur-général, le 7 janvier 1762, bien et valablement obtenu, et adjugeant le profit d'icelui,

Dit qu'il y a abus dans ledit institut de ladite Société se disant de Jésus, bulles, brefs, lettres apostoliques, constitutions, déclarations sur lesdites constitutions, formules de vœux, décrets des généraux et congrégations générales de ladite Société, et pareillement dans les réglements de ladite Société, appelés *Oracles de vive voix*, et généralement dans tous autres réglements de ladite Société ou actes de pareille nature, en tout ce qui constitue l'essence dudit institut. Ce faisant, déclare ledit institut inadmissible par sa nature dans tout État policé, comme contraire au droit naturel, attentatoire à toute autorité spirituelle et temporelle, et tendant à introduire dans l'Église et dans les États, sous le voile spécieux d'un institut religieux, non un ordre qui aspire véritablement et uniquement à la perfection évangélique, mais plutôt un corps politique, dont l'essence consiste dans une activité continuelle pour parvenir par toutes sortes de voies directes ou indirectes, sourdes ou publiques, d'abord à une indépendance absolue, et successivement à l'usurpation de toute autorité;

Notamment en ce que, pour former un corps immense répandu dans tous les États sans en faire réellement partie, qui ne pensant et n'agissant que par l'impulsion d'un seul homme, marche toujours infailliblement vers son but, et puisse exercer son empire sur les hommes de tout état et de toute dignité; ladite Société s'est constituée monarchique, et concentrée dans le gouvernement et la disposition du seul général (1) auquel elle a attribué toute espèce de pouvoirs utiles à l'avantage et à l'élévation de ladite Société; en sorte qu'autant elle se procure de membres dans les différentes nations, autant les souverains perdent de sujets qui prêtent entre les mains d'un monarque étranger le serment de fidélité le plus absolu et le plus illimité;

Qu'il auroit été attribué à cet effet au général sur tous les membres de ladite Société l'autorité la plus universelle et la plus étendue;

Autorité non-seulement sur leurs actions, mais sur leur entendement (2) et sur leurs consciences, tellement obligées de se plier au moindre signe du général comme à la voix de Jésus-Christ (3), que l'hésitation même n'est permise ni dans l'exécution ni dans l'adhésion intérieure, d'où résulteroit nécessairement une obéissance aveugle, toujours subsistante malgré les restrictions apparentes que lesdites constitutions de ladite Société auroient cherché à présenter dans quelques endroits, et dont la solution se trouveroit, soit dans d'autres passages desdites constitutions (4), soit dans la doctrine générale de

---

(1) *Instit. Soc. Jesu.* Pragæ, 1757, tom. I, p. 101, c. 2, et 102 col. 1. (*Voy.* l'Arrêt d'appel comme d'abus du 6 août 1761, p. 5, note 2.)

(2) *Epist. præp. gen.*, t. II, p. 165, col. 2. Arrêt du 6 août 1761, p. 6, note 2.)

(3) *Constit.*, p. 9, t. I, p. 438, c. 2. *Bull.* Exposcit debitum 1450, t. I, p. 23, col. 2. (Arrêt du 6 août 1761, p. 5, note 2.)

(4) Obedientia (*Vid. decl.* C.) tum in executione, tum in voluntate, tum in intellectu sit in nobis semper omni ex parte perfecta, cum magnâ celeritate, spirituali gaudio et perseverantiâ quidquid nobis injunctum fuerit obeundo, omnia justa esse nobis persuadendo, omnem sententiam ac judicium nostrum contrarium cæcâ quadam obedientiâ abnegando, et id quidem in omnibus quæ à superiore disponuntur, ubi definiri non possit (*Vid. decl. B.*) quemadmodum dictum est, aliquod peccati genus intercedere. Et sibi quisque persuadeat quod qui sub obedientiâ vivunt, se ferri ac regi à divinâ Providentiâ per superiores suos sinere debent, perinde ac si cadaver essent, quod quoquoversus ferri et quacumque ratione tractari se sinit; vel similiter atque senis baculus, qui ubicumque et quâcumque in re velit eo uti qui eum manu tenet ei inservit. Sic enim obediens rem quamcumque cui eum superior ad auxilium totius corporis religionis velit impendere, cum animi hilaritate debet exequi, pro certo habens quod eâ ratione potius quàm re aliâ quavisquam quam præstare possit, propriam voluntatem ac judicium diversum sectando, divinæ voluntati respondebit.

ladite Société sur le probabilisme et sur l'art de se former une conscience factice :

Autorité tellement absolue sur l'état, sur les vœux et sur la subsistance même de tous les membres de la Société, que le général, instruit sous le secret de tous leurs mouvements par des délateurs occupés sans cesse à les sonder, à les pénétrer et à les examiner (1), pourroit à son gré, au mépris du droit naturel de la réciprocité des engagements, expulser à chaque instant de ladite Société quiconque y nuiroit à ses vues (2).

Declarat. B. Hujusmodi sunt illæ omnes in quibus nullum manifestum est peccatum.

Obedientia (*Declarat. C.*) quod ad executionem attinet, tunc præstatur cùm res jussa completur; quod ad voluntatem, cum ille qui obedit, idipsum vult quod qui jubet; quod ad intellectum, cum idipsum sentit quod ille, et quod jubetur bene juberi existimat. Et est imperfecta ea obedientia, in quâ præter executionem non est hæc ejusdem voluntatis et sententiæ, inter eum qui jubet et qui obedit, consensio. (*Constit.*, p. 6, tom. I, p. 408 col. 1 et 2.)

Interrogetur (qui ingredi vult in Societate) an quibusvis in scrupulis vel difficultatibus spiritualibus, vel aliis quibuscumque quas patiatur, vel aliquando pati contigerit, se dijudicandum relinquet, et acquiescet aliorum de societate qui doctrinâ et probitate sint præditi, sententiis. (*Exam. gen. cum Decl.* c. 3, n. 12, t. I. p. 344, col. 2, et 345, col. 1.)

(1) Ad majorem in spiritu profectum et præcipue ad majorem submissionem et humilitatem propriam, contentus esse quisque debet, ut omnes errores et defectus ipsius et res quæcumque quæ notatæ in eo et observatæ fuerint, superioribus per quemvis qui extra confessionem eas acceperit, manifestentur. (*Summar Constit.*, n. 9, t. II. p. 71.)

Lecta sunt, et a congregatione confirmata sequentia quæ patres deputati pro manifestatione delicti superioribus faciendâ sibi visa retulerunt circa regulam Sommarii IX et X desumptam ex capite IV, examinis, § 8.

1° Licitum esse omnibus manifestare superiori ut patri quodcumque delictum alterius, sive grave sit sive leve, et hunc esse sensum regulæ.

2° Cùm illo capite IV, examinis omnibus proponatur et interrogentur, an contenti sunt futuri, ut omnes defectus et res quæcumque quæ in iis notatæ et observatæ fuerint, superiori manifestentur, eo ipso nostros cedere cuicumque juri famæ quod huic manifestationi obstare posset, et facultatem concedere omnibus deferendi ad superiorem quæcumque etiam gravia quæ de illis notata fuerint; quandoquidem et ratione majoris humilitatis et profectus spiritualis, et ut à superiore magis cognosci et melius dirigi aut juvari possint, ipsimet expressè concesserint et judicaverint sibi magis expedire ad majorem Dei gloriam et bonum animæ.

Cùm in eodem loco non solum de defectibus, sed etiam de erroribus et quibuscumque aliis rebus quæ in ipso notatæ et observatæ fuerint, fiat expressa mentio, non esse dubium quin de omnibus delictis etiam gravioribus sit sermo. *Cong. VI, Decr. XXXII*, n. 1, 2. 3, tom. I, p. 577 et 578.

Substantialia nostri instituti ea imprimis sunt...... Deinde ea sine quibus illa aut nullo modo aut vix constare possunt: cujusmodi sunt.... contentum esse debere unumquemque, ut omnia quæ in eo notata fuerint, per quemvis qui extra confessionem ea acceperit, superioribus manifestentur. Paratos esse debere omnes, ut se invicem manifestent debito cum amore et charitate. *Canon VI, Congreg. gener.* n. 17, tom. I, p. 717, col. 1 et 2.

(2) De causis propter quas dimitti aliquem conveniat.... alterum est, si

on lui seroit utile ailleurs, sauf à l'y faire rentrer dans la suite, sans que ladite Société soit tenue même de fournir des aliments (1) en aucun cas aux sujets qu'il plaît au général de renvoyer;

Autorité étendue jusque sur les membres de ladite Société, qui seroient, du consentement du général, indispensable dans ce cas, élevés à quelques dignités que ce soit hors de ladite Société, et qui restent liés, même à raison de l'exercice des fonctions desdites dignités, à l'obéissance au général, par un vœu formel, dont l'effet obscurci en apparence par quelques énonciations qui paroîtroient ne réserver qu'une autorité de conseil et de persuasion, ne peut être cependant révoqué en doute au moyen de la précaution d'en faire l'objet d'un vœu exprès, de la nécessité imposée par ce vœu au sujet élevé en dignité, de prendre un conseil de la Société choisi par le général et de la clause expressive qui termine la formule du vœu: «Le tout entendu suivant les constitutions et déclarations de ladite Société (2).»

Autorité qui peut soumettre à ses lois des hommes de tout ordre, de tout état et de toute condition, même les plus élevés en dignité, en les liant à ladite Société par le vœu d'obéissance, sans qu'ils cessent de vivre dans le monde, d'y remplir les fonctions de leurs dignités, et sans qu'ils y portent aucune marque extérieure de leur engagement, ainsi qu'il résulte du compte rendu à la cour par un des conseillers en icelle le

---

existimaretur in Domino, aliquem retineri contra societatis bonum fore, quod cum universale sit, haud dubie bono particulari alicujus præferri ab eo debet, qui sinceré divinum obsequium quærit. *Constit.* part. 2, cap. 2, n. 3, tom I, p. 366.

..... Vel quod hæc non sit eorum vocatio, vel quod ad commune bonum societatis non conveniat ut in ea maneant *Const.* part. 2, c. 1, n. 1, p. 365.

(1) *Bull.* Injuncti nobis 1728, t. I, p. 200, c. 2. (Arrêt du 6 août 1761, pag. 6, note 3.)

(2) Promitto præterea, nunquam me curaturum, prætensurumve extra societatem prælationem aliquam vel dignitatem, nec consensurum in mei electionem, quantùm in me fuerit, nisi coactum obedientia ejus qui mihi præcipere potest sub pœna peccati..... Insuper promitto, si quando acciderit ut hâc ratione in præsidem alicujus ecclesiæ promovear, pro curâ quam de animæ meæ salute ac rectâ muneris mihi impositi administratione gerere debeo, me eo loco ac numero habiturum præpositum societatis generalem, ut nunquam consilium audire-detractem, quod vel ipse per se, vel quivis alius de societate, quem ad id ipse sibi substituerit, dare mihi dignabitur. Consiliis vero hujusmodi ita me pariturum semper esse promitto, si ea meliora esse quam quæ mihi in mentem venerint, judicabo: Omnia intelligendo juxta Societatis Jesu constitutiones et declarationes. *Formul. votor. simpl. quæ professi emittunt post professionem,* tom. 2, p. 167, col. 1 et 2.

2 avril dernier : autorité néanmoins tellement dirigée vers son objet, que si celui qui l'exerce venoit à s'écarter du plan qu'il doit toujours suivre, il pourroit être déposé malgré la perpétuité attachée à sa place, et même renvoyé de ladite Société :

En ce que, pour n'être jamais arrêté par les circonstances et par les évènements, et pour pouvoir prendre l'esprit et la conduite convenables dans chaque occasion, ledit institut auroit donné à toutes ses prétendues lois une flexibilité et une mobilité qui se prêtent à toutes les variations qui lui sont utiles suivant la diversité des temps, des lieux et des objets (1) dont le général est l'arbitre suprême; qui dispensent de toute obligation, même sous peine de péché véniel (2), toute règle généralement quelconque, si elle n'est prescrite par le supérieur autorisé du général, et déterminé par les circonstances du bien général ou particulier de ladite Société; qui rendent même les règles impossibles à fixer au milieu des décisions contradictoires auxquelles on parvient par toutes sortes de distinctions et d'exceptions intermédiaires (3); qui mettent même dans le pouvoir du général l'abrogation et le changement direct des règles de l'institut, à l'exception néanmoins des points substantiels, dont la Société s'est fait une loi (4) de ne point former un tableau exact et complet :

En ce que, pour assurer audit institut une existence indépendante de tous les évènements, et une stabilité supérieure à toutes les atteintes qu'on voudroit y porter, ledit institut se seroit soustrait à l'autorité des souverains, des lois, des magistrats, à celle du saint Siège, des conciles généraux et parti-

---

(1) Tom. I, p. 10, col. 2 p. 43, col. 1, et p. 327, col. 1. (*Voy.* l'arrêt du 6 août 1761, p. 4, note 1.)

(2) *Constit.*, part. 6, c. 5, t. I, p. 414, col. 2 et p. 415, col. 1. (*Voy.* l'arrêt du 6 août 1761, p. 8, note 4.)

3) *Bull.* Regimini, t. I, p. 6, col. 2. *Bull.* Exposcit debitum, 1550, t. I, p. 22, col. 2.

Constit., part. 6, c. 2, § 15, t. I, p 410, col. 1. *Decl.* in cap 2, *ibid.* p. 411, col. 6 et 412, col. 2.

Decret. II, Congr. n. 61, t. I, p. 199, col. 1. *Dec. VII, Congr.* n. 84, t. I, p. 607, col 2 et 608, col. 1.

Regul. procur. provinc., t. II, p. 144, col. 2. *Voy.* l'arrêt du 6 août 1761, pag. 7 et 8, note 4.)

(4) Cùm postulatus catalogus esset de substantialibus instituti, de quibus in provincialibus congregationibus nostris non licet agere, patresque deputati varia hujus generis exempla attulissent, censuit congregatio præter ea quæ in formulâ exprimuntur, videri consultiùs à recensendis aliis supersedere; quod omnia brevi compendio comprehendi non possint; ac si cui dubium obvenisset, posse illum ad R. P. nostrum recurrere, ab eoque intelligere quid de re tali sentiendum videatur. *Congr. VII, Decr.* 40, t. I, p. 600, col. 1.

culiers, ainsi qu'à toutes réformations, limitations ou restrictions qui pourroient intervenir dans la suite, de quelque autorité qu'elles puissent émaner; qu'à cet effet ladite société auroit surpris du saint Siège les engagements les plus précis de ne pouvoir jamais révoquer ou limiter (1) ses privilèges, ou y déroger, auroit même eu la précaution de déclarer nulles et comme non avenues toutes dérogations ou exceptions faites en faveur de qui que ce soit à ses constitutions, même par le pape (2), à moins que ce ne soit du consentement de ladite Société; et enfin, se seroit fait concéder le droit étrange d'anéantir de son autorité tous les changements et toutes les modifications apportées à ses lois, de les rétablir elle-même dans leur première force et vertu, en faisant même remonter ce rétablissement à la date que la Société ou son général voudront choisir, le tout sans avoir besoin d'obtenir du pape aucun consentement ni aucune nouvelle confirmation (3).

En ce que ledit institut ainsi préparé par sa constitution intérieure à se procurer l'exécution du plan que ladite Société s'étoit proposé, auroit cherché à y joindre tous les moyens extérieurs qu'il a jugé propres à lui assurer les succès les plus rapides; qu'en conséquence il s'est d'abord ouvert la route pour acquérir des richesses immenses, en se préparant à l'ombre de distinctions enveloppées (4) et de contradictions ménagées entre des prohibitions et des exceptions, la facilité de se livrer à un commerce étendu depuis sur toute la surface de la terre; et qu'il s'est fait accorder d'avance la dispense la plus entière d'employer les sommes qui pourroient lui être données aux objets assignés par les donateurs, autant néanmoins qu'il pourroit le faire à leur insu ou sans les choquer (5).

En ce que l'indispensable nécessité où se trouvoit ledit in-

---

(1) *Bull.* Dum indefessæ, t. I, p. 43, col. 1. (*Voy.* l'arrêt du 6 août, p. 4, note 1.)
(2) *Compend. verbo* privilegia, n. 3. t. I. p 327, col. 1 (*Voy.* l'arrêt du 6 août 1761, p. 4, note 1.).
(3) *Bull.* Ecclesiæ catholicæ, t. I, p. 104, col. 2. (*Voy.* l'arrêt du 6 août 1761, p. 4, note 1.)
(4) *Voy.* l'arrêt du 6 août 1761, p. 7 et 8, note 4.
(5) Per facultates concessas prælatis ordinis minorum, possunt omnes nostri..... commutare ex uno usu ad alium necessarium legata quæ relinquuntur nostris collegiis aut domibus, dummodo id fit sine scandalo corum ad quos solutio talium legatorum pertinet. Sixtus IV..... Quam concessionem ampliavit Leo X in rebus donatis per viventes; si tamen, ut dictum est, non sequatur scandalum prædictorum..... Hæc facultas et eo modo quo supra verbo *alienatio*, n. 5 reservatur generali ex decreto 41. Congr. gener. VIII. *Compend.* verba *Permutatio*, t. I, n. 6. p. 282, col. 2.

stitut de s'attirer le crédit et la protection, et de se concilier le plus grand nombre d'esprits qu'il lui seroit possible, en voilant néanmoins ses desseins (1), l'auroit déterminé principalement à aspirer d'abord à la faveur des princes et des personnes de grande autorité, puisqu'au milieu des réglements qui interdisent en apparence à ses membres la fréquentation de la cour et le maniement des affaires séculières, qui leur défendent nommément de s'insinuer dans la confiance particulière des princes, qui semblent même résister à l'emploi de confesseur auprès d'eux (2), on trouve néanmoins un chapitre (3) qui concerne nommément et uniquement les confesseurs des princes, et dont les réglements sont approuvés par la sixième congrégation (4).

Que de plus, ledit institut n'auroit jamais cessé d'imposer pour règle générale aux supérieurs, de s'occuper à ménager la faveur des papes, des princes temporels, des grands, et des personnes de la première autorité, et en général à conserver les amis (5) de la société, et à lui rendre favorables ceux qui lui sont opposés.

---

(1) Monendi subinde, rem esse plenam invidiæ apud externos, societatem hoc nomine malè audire (agitur de Aulicismo) conflari multorum in nos odium, inter nostros etiam nescio quid inæqualitatis offendere; hortandi ut prudenter declinent, suggerant nonnullis in rebus Principibus ipsis aliquos alios, nostros vel externos, prout res feret, *ne videantur nostri omnia movere*. Industriæ, c. 15, n. 7, t. II, p. 377, col. 2.

(2) Sæcularitas et aulicismus insinuans in familiaritates et gratiam externorum.

Morbus hic in societate, et intra et extra, periculosus est, et istis qui cum patiuntur, et nobis ferè nescientibus paulatim subintrat, specie quidem lucri faciendi, principes, prælatos, magnates, conciliandi ad divinum obsequium hujusmodi homines societati, juvandi proximos, etc. sed reverà quærimus interdum nos ipsos, et paulatim ad sæcularia deflectimus: quare diligenter prævenienda sunt mala, et initiis occurrendum. *Industr.* c. 15, t. II, p. 376, col. 2.

Cùm propositum esset an illustrissimo cardinali Augustano Theologus nostræ societatis dari posset, qui ejus confessiones audiret et aulam sequeretur, visum est congregationi, nec principibus, nec dominis aliis sæcularibus aut ecclesiasticis assignari debere aliquem ex nostris religiosis, qui aulas eorum sequeretur et in eis habitaret, ut confessarii vel theologi, aut alio quovis munere fungeretur, nisi forte ad perbreve tempus, unius vel duorum mensium. *Congreg. gen.* 2. Decr. 40, t. I, p. 496, col. 1. *Congr. gen.* 11, *Can.* 38, t. I, p. 706, col. 2 et p. 707, col. 1.

(3) *De confessariis Principum ordin. gener.*, c. 11, t. II, p. 259, 260, 261, 262. Ce Réglement est fait par le général Aquaviva, en 1602.

(4) *Can. VI, Congreg. can.* 7, t. I, p. 719, col. 1.

(5) Ad eumdem finem faciet generatim curare ut amor et charitas omnium etiam externorum erga societatem conservetur, sed eorum præsertim quorum voluntas bene aut male in nos affecta, multùm habet momenti. *Constit.*, part. 10, n. 11, t. I, p. 447, col. 2.

Imprimis conservetur benevolentia sedis apostolicæ, cui peculiariter in-

Qu'enfin il auroit suivi le même esprit en déterminant une doctrine et une morale, les meilleures et les plus convenables pour elle, et tellement uniformes, autant qu'il lui est utile, que chacun de ses membres est obligé de se soumettre aux définitions de ladite Société dans les objets sur lesquels il auroit des opinions différentes de ce qu'enseigne l'Eglise (1) : doctrine dont l'effet seroit d'attirer les uns par une morale qui favorise généralement toutes les passions humaines, sans néanmoins aliéner tous ceux qui ne réfléchiroient pas assez sur les suites du probabilisme, source féconde d'opinions opposées, qu'on a fait soutenir par d'autres auteurs de ladite Société, de tant de déclarations, désaveux et rétractations illusoires, et du peu de fruit qu'a produit ce grand nombre de censures des universités, des pasteurs du second ordre, des évêques et des papes, examinées par les commissaires de la cour.

En ce que, à l'égard de ceux que tant de mesures n'auroient pas disposé en faveur de ladite Société, ledit institut, pour les subjuguer, les auroit attaqués par la voie de la terreur, en prodiguant les menaces contre toutes personnes, de quelque état, de quelques dignités qu'elles soient revêtues, même de la puissance royale, qui inquiéteroient, molesteroient, ou voudroient réformer ladite Société ; en faisant concéder à ladite Société ce droit si redoutable de se nommer à elle-même des conservateurs, avec faculté d'employer contre ces personnes non-seulement les sentences, les censures, les privations d'offices ou de dignités, mais même tous remèdes opportuns de droit et de fait (2); en adoptant pour sa doctrine l'enseignement meurtrier qui permet de calomnier, de persécuter, et même de tuer quiconque veut nuire à ce que chacun

---

servire debet societas, deinde principum sæcularium et magnatum, ac primariæ autoritatis hominum. *Ibid. Decl. B.*, p. 448, col. 1.

Benevolos et devotos conservet, curetque ut benefactoribus se gratos nostri exhibeant : si qui autem adversantur societati, studeat ut melius informati reconcilientur. *Regul. provinc.*, n. 95, t. II, p. 86, col. 1.

Animadvertat num expediat provincialem ad aliquos externos scribere, præsertim principes ecclesiasticos aut sæculares, episcopos, prælatos, aut alios magnâ autoritate viros, ad conservandam eorum ergà societatem benevolentiam; idque illum admoneat. *Regul. Soc. Provinc.*, n. 21, tom. II, p. 320, col. 2.

(1) *Decl. in Const.* t. I, p. 375, col. 2, p. 397, col. 2, p. 426, col. 1, *Const.* part. 3, t. I, p. 372 et 373. *Vid.* Arrêt du 6 août 1761, pag. 10 et 11, note 6.

(2) *Bull.* Æquum reputamus, 1572, tom. I, p. 45, col. 1. *Bull.* Salvatoris Domini, 1576, tom. I, pag. 58, col. 2. *Vid.* Arrêt du 6 août 1761, pag. 9 et 10, fin de la note 5.

appelle arbitrairement sa fortune et son honneur : doctrine dont le dernier excès iroit jusqu'à porter l'inquiétude dans le sein des souverains, par l'enseignement persévéramment soutenu dans ladite Société, du consentement exprès des supérieurs d'icelle, même depuis 1614, du régicide, et de tout ce qui peut attenter à la sûreté de la personne sacrée des souverains, à la nature et aux droits de la puissance royale, à son indépendance pleine et absolue de toute autre puissance qui soit sur la terre, et aux sermens inviolables de fidélité qui lient les sujets à leurs souverains.

En ce que ces caractères essentiels et distinctifs dudit institut, formés par le résultat des lois qu'il s'est fait donner, et de celles qu'il s'est prescrites à lui-même, plus frappants encore lorsqu'on y réunit l'assemblage des privilèges destructifs de tout ordre civil et hiérarchique, qui lui ont été concédés, présentent le tableau d'un corps qui aspire uniquement à l'indépendance et à la domination, et qui par son existence même au milieu de tout État où il seroit introduit, ainsi que par sa conduite conséquente à ses constitutions, tend évidemment à miner peu à peu toute autorité légitime, à effectuer la dissolution de toute administration, et à détruire le rapport intime qui forme le lien de toutes les parties du corps politique; tableau d'autant plus effrayant, que les lois dudit institut sont un véritable fanatisme réduit en principe, et qui ne laisse par son industrieuse prévoyance aucune voie pour le réduire ou le réformer; en sorte que la plus légère atteinte portée à sa manière d'exister, si on pouvoit la réaliser, ne pourroit être que la création d'un nouvel institut.

Qu'indépendamment de ce qui s'est passé dans les différents États de la chrétienté, même de ce qui est récemment arrivé en Portugal, dont les pièces authentiques sont déposées au greffe de la cour, la France en particulier, n'a que trop ressenti les funestes effets que ne pouvoit manquer de produire un pareil institut. Que les fureurs de la ligue animées, soutenues et fomentées en France par des membres de ladite Société, exposèrent le royaume aux plus grands malheurs (1), et auroient enlevé la couronne à l'auguste maison de Bourbon, si la fidélité inébranlable de la nation française n'eût assuré l'observation et la conservation de la loi salique (2): qu'Henri IV lui-même, ce prince dont la mémoire sera toujours si chère à la

---

(1) V. édit d'Henri IV, du 7 janvier 1595.
(2) Idem.

France, échappé d'abord aux attentats de Barrière qu'entraîna la « seule induction et instigation des principaux du collège de Clermont, faisant profession de ladite Société, » et ensuite à ceux de Châtel, disciple de la même société, rendit générale par un édit l'expulsion que la cour avoit prononcée contre elle; que, si cédant ensuite aux vues séduisantes d'une politique trop périlleuse, il rétablit en France sous des conditions irritantes et sévères une société si dangereuse, rien n'a pu arrêter depuis ce temps le cours de la doctrine régicide dans ladite société; que les droits de l'épiscopat ont été long-temps combattus et méprisés par ladite société, malgré les réclamations si souvent réitérées du clergé de France, et que des intervalles de soumission apparente ne les garantiroient pas de nouvelles attaques de la part d'un institut dont la nature leur est si essentiellement opposée, et de la part d'adversaires qui font profession par leurs propres constitutions de suspendre seulement tout ce qui pourroit ne pas convenir au temps, aux lieux et aux circonstances; que presque tous les corps de l'État ont été successivement détruits ou affoiblis, les universités combattues, presque anéanties, ou forcées de recevoir les soi-disants Jésuites dans leur sein, ou réduites souvent à de fâcheuses extrémités.

Reçoit notre procureur-général incidemment appelant comme d'abus des vœux et serments émis par les prêtres, écoliers et autres de ladite Société, de se soumettre et conformer auxdites règles et constitutions : faisant droit sur ledit appel, dit qu'il y a abus dans lesdits vœux et serments; ce faisant les déclare non valablement émis. Ordonne que ceux des membres de ladite Société, qui auront atteint l'âge de trente-trois ans accomplis, au jour du présent arrêt, ne pourront en aucuns cas, et sous quelque prétexte que ce soit, prétendre à aucunes successions échues ou à écheoir, conformément à notre déclaration du 16 juillet 1715, registrée en notredite cour le 2 août suivant, qui sera exécutée selon sa forme et teneur, comme loi de précaution, nécessaire pour assurer le repos des familles, sans que de ladite déclaration, il ait jamais pu être induit aucune approbation de ladite Société, si ce n'est à titre provisoire, et sous les conditions toujours inhérentes à l'admission et rétablissement de ladite Société.

Reçoit pareillement notre procureur-général incidemment appelant comme d'abus de toutes aggrégations et affiliations précédemment faites à ladite Société de toutes personnes connues et inconnues, ou en quelque forme et manière que ce soit, faisant droit sur ledit appel, dit qu'il y a abus dans lesdites agrégations et affiliations.

Déclare ladite cour, conformément à l'avis du clergé de France assemblé à Poissy en 1561, et arrêt d'homologation d'icelui du 13 février audit an, « ladite Société n'avoir été (1) reçue comme religion nouvellement instituée, mais par forme de Société et collège seulement, » à titre d'épreuve, sous des conditions irritantes, « et à la charge (2) de la rejeter, si et quand elle seroit découverte être nuisible, ou faire préjudice au bien et état du royaume; » lesdites conditions toujours subsistantes de droit lors du rétablissement de ladite Société en 1603, non révoquées par les lettres patentes en forme d'édit de septembre 1603, mais augmentées, « sur peine d'être déchue du contenu en ladite grâce (3). »

Et attendu qu'il appert par les actes contenus au recueil desdites constitutions imprimées à Prague en 1757, et par ceux déposés au greffe de la cour, que les généraux de ladite Société, et le corps d'icelle, loin d'accepter lesdites conditions énoncées en l'avis du clergé assemblé à Poissy en 1671, et de s'y conformer, n'ont au contraire cessé d'y contrevenir, notamment à la clause qui n'admettoit ladite Société qu'à la charge de renoncer aux privilèges contenus dans les bulles par elle obtenues, « qu'autrement à faute de ce (4) faire, ou que pour l'avenir elle en obtînt d'autres, les présentes demeureroient nulles et de nul effet et vertu; » qu'ils ont donné ouverture à ladite clause résolutive, en obtenant de nouvelles bulles (5) confirmatives et extensives desdits privilèges, rejetés par le clergé de France assemblé à Poissy, et même d'autres bulles attributives de nouveaux privilèges, tels entre autres que le droit de se choisir arbitrairement des juges conservateurs (6); le tout sans aucune exception pour la partie de ladite Société établie en France; qu'ils y ont même fait ajouter des défenses à toutes personnes de quelque état et préémi-

---

(1) Avis du clergé assemblé à Poissy, du 15 septembre 1561.
(2) Réquisitoire des gens du roi, de mars 1564.
(3) Édit de 1603, art. 1.
(4) Avis du clergé assemblé à Poissy.
(5) Bulles des 17 janvier 1565 (*Instit.*, t. I, p. 34); 10 mars 1571 (p. 39); 7 juillet 1571 (p. 41); 25 mai 1572 (p. 44); 3 mai 1575 (p. 50); 16 juillet 1578 (p. 56); 1ᵉʳ janvier 1578 (p. 60); 7 mai 1578 (p. 64); 1ᵉʳ février 1583 (p. 75); 25 mai 1584 (p. 78); 10 septembre 1584 (p. 85); 20 novembre 1584 (p. 87); 28 juin 1591 (p. 109), t. I.
(6) Bulle *AEquum reputamus*, 25 mai 1572, t. I, p. 44, col. 1 et 2.

...ce (1) qu'elles soient sous les plus grandes peines, même d'inhabilité à tous offices séculiers ou réguliers, d'impugner ou attaquer ledit institut ni aucun de ses articles, directement ou indirectement : que même pour se procurer un titre direct contre les obstacles qu'elle avoit éprouvés de la part du clergé de France, ladite Société a porté à Grégoire XIII ses plaintes contre les curés de Paris, et d'autres villes, qui s'opposoient au libre exercice de ces mêmes privilèges, rejetés par le clergé de France, et en a obtenu une nouvelle confirmation desdits privilèges avec nomination de commissaires destinés à lui en assurer la jouissance, par une bulle du 10 juin 1581 (2), qu'on n'a point osé insérer dans le recueil imprimé à Prague en 1757, mais dont il a été trouvé deux exemplaires en forme probante, sous les scellés apposés en exécution de l'arrêt de notredite cour du 23 avril dernier, dans le collège dit de Clermont, sis en cette ville de Paris, l'un desquels exemplaires en forme, a été annexé au procès-verbal de l'assemblée de notredite cour de cejourd'hui : qu'en 1594 elle a fait dans sa congrégation générale un décret formel pour réprouver toute altération de l'institut et des privilèges résultants, soit des bulles de 1550 et 1552, antérieures à l'avis du clergé de

---

(1) Præcipimus igitur in..... sub pœnis excommunicationis latæ sententiæ, necnon inhabilitatis ad quævis officia et beneficia sæcularia......, ne quis cujuscumque status, gradûs et præeminentiæ existat, dictæ Societatis Institutum, Constitutiones, vel etiam præsentes aut quemvis earum, vel prædictorum omnium articulum, vel aliud quid supradicta concernens....... directè vel indirectè impugnare vel eis contradicere audeat. *Bulle* Ascendente, 25 mai 1584, t. I, p. 83, col. 1 et 2.
Et ut contradicentium audacia coerceatur, præmissas omnes et quasvis alias illis similes assertiones contra dictæ Societatis institutum, vel quomodolibet in illius præjudicium pronuntiatas aut scriptas, falsas omninò et temerarias esse et censeri debere. *Ibid.*, p. 83, col. 1.
(2) Nonnulli tamen parisiensium et fortè aliarum ecclesiarum parochialium rectores pridem insurrexerunt, qui liberum vobis exercitium prædicationis eo prætextu impedire conantur, quòd privilegia prædicta per eam licentiam correcta ac moderata sint, quam superioribus annis dedimus prædicatoribus et confessariis vestris semel ab aliquo ordinario approbatis... authoritate præsentium declaramus licentiam nostram hujusmodi ad supradicta Pauli prædecessoris nostri privilegia non extendi, sed ea illibata permanere, et nihilominùs motu proprio, certâque scientiâ nostrâ, plenam et liberam licentiam vobis in perpetuum tribuimus, ut prædictæ Societatis vestræ presbyteri à suis quisque superioribus ad id deputati, in quibusvis illius domorum et collegiorum, vel aliorum locorum ecclesiis, necnon plateis concionari..... confessiones audire, confitentes etiam in casibus supradictis absolvere....., et alia juxta privilegia vestra et Societatis prædictæ institutum facere...... Rectorum vel ordinariorum, aut quorumvis aliorum consensu vel licentiâ minimè requisitâ. *Bulle* Etsi privilegia, de Grégoire XIII, annexée au procès-verbal de l'assemblée de la cour du 6 août 1762.

France, assemblé à Poissy en 1561, soit des bulles postérieures à ladite assemblée (2); qu'ainsi ladite Société a de sa part multiplié les actes d'attachement à l'universalité desdits privilèges, et toujours sans aucune exception locale;

Comme aussi attendu que le général de ladite Société a pareillement rejeté les conditions apposées audit édit de rétablissement de 1603, ainsi qu'il résulte du discours tenu en notredite cour au nom du roi, le 2 janvier 1604 par Huraut de Maisse, pour ce spécialement envoyé vers icelle, de la lettre d'Aquaviva, général de ladite Société, à Henri IV, du 21 octobre 1603, et du mémoire présenté par ledit Aquaviva au cardinal d'Ossat, ambassadeur du roi auprès du Saint-Siége, lesdites lettre et mémoire annexés au procès-verbal de l'assemblée de notredite cour du 3 du présent mois; qu'en conséquence ladite Société n'a jamais rien abandonné ni souffert être modifié depuis ladite époque dans son institut et dans ses privilèges; qu'en 1606 elle a de nouveau sollicité et obtenu la confirmation pleine et entière de tous les privilèges à elle accordés par les bulles précédentes qui y sont nommément rappelées, ainsi que le décret de 1594 qui y est rapporté en entier (2); qu'en 1608 dans une congrégation générale où assistoient les députés de France, elle a encore confirmé lesdits décrets de 1594 et bulle de 1606, et prononcé des peines contre tous contrevenants (3); qu'elle n'a cessé de réitérer la même disposition dans les congrégations générales tenues en 1645 (4) et 1649 (5), sans avoir jamais admis aucune exception pour la France, ayant au contraire supposé que ses privilèges étoient

---

(1) Congregatio statuit, ut, qui vehementer suspecti de prædictis machinationibus reperti fuerint, ii vel jurent se humiliter amplexuros constitutiones, et decreta generalium congregationum, necnon summorum pontificum bullas, quibus Societatis institutum confirmatur, seu explicatur, præsertim vero fel. rec. Julii III, Gregorii XIII et Gregorii XIV, nec unquam se acturos quocumque prætextu contra illas, neque ut quidpiam de nostri instituti ratione immutetur, curaturos per quoscumque, in bulla Gregorii XIV, non permissos: vel si hoc juramentum præstare noluerint, aut post illud præstitum non servaverint, etiamsi professi et antiqui fuerint, de Societate omnino ejiciantur. *Congregat.* 5, dec. 54, t. I, p. 559, col. 1.

(2) Bulle du 4 septembre 1606, t. I, p. 110.

(3) Omnium suffragiis conclusum fuit illud quintæ congregationis contra Societatis perturbatores decretum, nuper à sanct. D. N. Paulo V confirmatum, non modo renovandum esse; verum etiam ita extendendum, ut eo nostri omnes comprehendantur, qui quorumcumque hominum, sive de Societate sint sive de ipsa non sint, operâ utuntur, ad Societatis pacem perturbandam. *Cong.* 6, dec. 2, t. I, p. 566, col. 1 et 2.

(4) *Cong.* 8, dec. 44, t. I, p. 621, col. 2.

(5) *Cong.* 9, dec. 25, t. I, p. 629, col. 1 et 2.

partout également en pleine vigueur et n'éprouvoient qu'en Pologne seulement (1) de la part de quelques évêques, des obstacles contre lesquels elle réclamoit; qu'elle a assujetti à des peines comme perturbateurs, tous ceux de ses membres qui ne recevroient pas comme loi la totalité des bulles et privilèges par elle obtenus depuis son origine (2); que ce même esprit s'est toujours invariablement transmis dans ladite Société, et a excité en différents temps, notamment en 1650, les réclamations les plus fortes du clergé de France (3); que lesdits privilèges ont été réclamés même en France par plusieurs desdits soi-disants Jésuites, et que par différents décrets, notamment en 1751 et 1755, ladite Société a réitéré dans les dix-sept et dix-huitième congrégations générales où assistoient les députés de France, la censure, sous peine d'inhabilité à tout office séculier ou régulier, contre toute personne, soit de ladite Société, soit étrangère à icelle, qui

---

(1) Exposuit provincia Poloniæ nostros, qui in eo regno versantur, in suis ministeriis impediri à quibusdam episcopis, neque permitti ut immunitatibus et privilegiis à Sede apostolica Societati concessis utuntur, *sicut in aliis regni*; et subindè postulavit ut nomine congregationis liceret patri nostro agere cum summo pontifice ad hæc impedimenta quantùm fieri poterit, amolienda; censuit congregatio, annuendum postulato : atque hoc negocium patri nostro commendandum. *Cong.* 8, dec. 50., t. I, p. 622, col. 1.

(2) *Cong.* 5, decr. 54, t. I, p. 558, col. 1 et 2. *Cong.* 9, decr. 25, t. I, p. 629, col. 1 et 2.

(3) « Qu'ils (les jésuites) ne peuvent être considérés en France comme » exempts, et qu'ils ont, à leur réception dans le royaume en l'an 1560, re-» noncé à tous privilèges, se sont soumis à la disposition du droit commun » et à la juridiction des ordinaires : ce qui a été encore renouvelé dans le » rétablissement de leur Société en 1603, et spécialement lorsqu'ils eurent » le collège de Sens en l'an 1622, et c'est ce qui nous a d'autant plus sur-» pris, que ne pouvant légitimement prétendre aucune exemption, et que » se trouvant soumis à l'autorité épiscopale, de même que les autres prê-» tres, ils veulent néanmoins agir indépendamment et même contre la vo-» lonté des évêques dans l'administration des sacrements. Car s'il leur est » permis de résilier des protestations qu'ils ont si solennellement faites, » reçues par la faculté de théologie de Paris, par M. Eustache du Bellay, » lors évêque dudit Paris, et par toute l'Eglise de France assemblée à » Poissy ; quelle sûreté pourra-t-on prétendre désormais de cette compa-» gnie, et quel garant le reste de l'Etat aura-t-il de sa fidélité, si elle en » manque pour l'Eglise ?
» Mais quand ils pourroient par quelque adresse se sauver à la faveur » d'une proposition équivoque, il n'y en peut avoir dans l'arrêt du parle-» ment de Paris, qui n'a autorisé leur réception en France qu'aux condi-» tions susdites ; et étant ecclésiastiques, ils auront le déplaisir de faire par » l'autorité des puissances séculières, ce qu'ils n'ont pas voulu déférer à » celle de l'Eglise, puisque vivant dans ce royaume, ils ne peuvent être in-» dépendants du roi et de ses ministres, comme ils le veulent être de ceux » de J.-C. » *Lettre circulaire de l'assemblée du clergé*, du 18 août 1650, p. 253. Procès-verbal de 1650, in-fol).

sous quelque prétexte que ce fût directement ou indirectement, attaqueroit, contrediroit, changeroit ou altéreroit l'institut de ladite Société, ses constitutions, ou la bulle par elle obtenue en 1584, confirmative de toutes les précédentes (1); qu'elle a même ordonné que cette censure seroit lue au moins une fois par an dans toutes les maisons de ladite Société (2); qu'enfin elle a eu soin de consigner de nouveau en 1757 dans l'état de ses privilèges recueillis séparément, celui qu'aucun acte intervenu contre ses privilèges, indults et immunités de la part de toute personne, de quelque condition, dignité, grade ou état que ce soit, et pour quelque cause que ce puisse être, ne peut porter aucun préjudice auxdites immunités et privilèges, qui demeurent toujours dans leur vigueur et pleine force (3); qu'ainsi les conditions les plus essentielles apposées à l'admission de ladite Société n'ont jamais été exécutées en France :

A ordonné et ordonne, que conformément aux clauses portées en l'avis du clergé de France assemblé à Poissy en 1561, et de l'arrêt d'homologation d'icelui, ladite Société sera et demeurera pleinement et définitivement déchue desdites admission et rétablissement, à compter du jour du présent arrêt; ce faisant reçoit, en tant que besoin seroit ou pourroit être, notre procureur-général opposant à l'exécution de toutes lettres patentes ou arrêts qui auroient pu concerner les établissements particuliers de ladite Société; faisant droit sur ladite opposition, déclare n'y avoir lieu à l'exécution ultérieure des-

---

(1) Censuræ et præcepta hominibus societatis imposita, primùm jussu congregationis octavæ collecta, deinde à congreg. 17 et 18 recognita, t. II. p. 1, et p. 2 col. 1. Le chapitre second, qui a pour titre *Quæ pertinent ad instituti nostri conservationem*, rapporte les termes de la bulle *Ascendente*, et de celle de Grégoire XIV, ci-dessus citée.

(2) Monitum. Censuræ, et præcepta quæ capite primo continentur, eo solùm tempore legantur ad mensam quo comitia ad quæ illa pertinent, celebranda sunt; reliqua verò in aliis capitibus exposita singulis annis semel prælegantur in mensâ. Dec. ex. 23, et sess. 114. *Cong.* 8, t. II, p. 1, d'où suit que le chapitre second, qui contient la bulle *Ascendente* et celle de Grégoire XIV, déjà citée, doit être lu au moins une fois l'an dans chaque maison.

(3) Si quandò contigerit per unum, aut plures actus contrà privilegia, indulta, gratias et immunitates societati concessa, aut ipsorum aliquod, à quocumque, cujuscumque conditionis, dignitatis, gradûs, et status existat, ex negligentiâ seu ignorantiâ præsentium, et futurorum, quibus ea competant, aut aliâ quâvis causâ aliter attentari, vel observari, scienter, vel ignoranter, nullum tamen propter hoc præjudicium indultis, gratiis, et immunitatibus ipsis generatur: sed illa in suo vigore et pleno robore firmissima perpetuò permanent. *Compendium verò privilegia*, t. I, p. 326, col. 2, et 327, p. 1.

dites lettres patentes et arrêts, notamment comme ayant toujours été nécessairement dépendants desdites conditions irritantes apposées auxdites admission et rétablissement de ladite Société, et ne pouvant subsister par le fait même de ladite Société, résultant de ses contraventions auxdites conditions.

Et ayant été vérifié par la cour que ledit institut rejeté en 1561, sur le vu de quelques-unes seulement de ses premières bulles, et déclaré abusif par le présent arrêt, ne peut être séparé dans le fait d'avec ladite Société et collège, comme formant ensemble un tout absolument indivisible et essentiellement inconciliable par sa nature avec lesdites conditions irritantes, ainsi qu'il résulte de l'examen des bulles, constitutions, décrets, formules de vœux, brefs et autres titres de ladite Société, dont le recueil étoit demeuré inconnu à la cour jusqu'au 17 avril 1761, déclare en conséquence lesdits soi-disants Jésuites inadmissibles, même à titre de Société et collège; ce faisant a ordonné et ordonne que tant ledit institut, que ladite Société et collège seront et demeureront exclus du royaume irrévocablement et sans aucun retour, sous quelque prétexte, dénomination, ou forme que ce puisse être, entendant ladite cour garder et observer à perpétuité les dispositions du présent arrêt, en tout ce qui concerne l'exclusion définitive et absolue desdits institut et Société du royaume, comme un monument de sa fidélité à la religion et au roi, et comme une maxime inviolable, dont elle ne pourroit jamais se départir sans manquer à son serment, et aux devoirs que lui imposent la sûreté de la personne sacrée des rois, l'intérêt des bonnes mœurs, celui de l'enseignement public et de la discipline de l'Église, le maintien du bon ordre et de la tranquillité publique; à l'effet de quoi le recueil imprimé à Prague en 1757, en deux volumes in-folio, collationné par les commissaires de la cour, à l'exemplaire déposé au greffe d'icelle le 18 avril 1761 par ledit de Montigny, restera déposé au greffe civil de la cour; et les exemplaires dudit recueil, qui pourront se trouver dans les maisons et établissements de ladite Société, seront déposés au greffe de chacun des bailliages et sénéchaussées du ressort pour y servir de titre et de preuve perpétuelle des vices dudit institut : faisant ladite cour inhibitions et défenses à tous greffiers de donner communication desdits exemplaires à qui que ce soit, s'il n'en est autrement ordonné par la cour, toutes les chambres assemblées. Fait ladite cour très-expresses inhibitions et défenses à toutes personnes de proposer, solliciter ou demander en aucun temps ni en aucune occasion le rappel et rétablissement desdits institut et Société, à peine, contre ceux qui auroient fait lesdites propositions, ou qui y auroient assisté et acquiescé, d'être personnellement réputés conniver à l'établissement d'une autorité opposée à celle du roi, même favoriser la doctrine régicide constamment et persévéramment soutenue dans ladite Société, et en conséquence poursuivis extraordinairement.

Et procédant à la délibération jointe audit appel comme d'abus relativement à la doctrine morale et pratique constamment et persévéramment enseignée sans interruption dans ladite Société; déclare ladite doctrine, morale et pratique, dont l'uniformité résulte des constitutions même dudit institut et Société, et de la conduite constante de ladite Société et des supérieurs et généraux d'icelle, à l'égard de tous ceux qui l'ont enseignée et publiée, perverse, destructive de tout principe de religion et même de probité, injurieuse à la morale chrétienne, pernicieuse à la société civile, séditieuse, attentatoire aux droits et à la nature de la puissance royale, à la sûreté même de la personne sacrée des souverains, et à l'obéissance des sujets, propre à exciter les plus grands troubles dans les États, à former et à entretenir la plus profonde corruption dans le cœur des hommes.

Comme aussi déclare illusoires et nulles toutes déclarations, désaveux ou rétractations des membres de ladite Société, comme censées faites en exécution d'aucuns principes de ladite doctrine, morale et pratique, et comme étant d'ailleurs toujours destituées de l'autorisation du général, et toujours démenties ensuite par la continuation dudit enseignement et par la redistribution et réimpression des ouvrages désavoués en apparence: à l'effet de quoi la minute des extraits des assertions desdits soi-disants Jésuites déposée au greffe de notredite cour, le 5 mars 1762, y demeurera pour y servir de titre et monument perpétuel de ladite doctrine, morale et pratique, faisant ladite cour très-expresses inhibitions et défenses à tous greffiers de donner communication de ladite minute à qui que ce soit, s'il n'en est autrement ordonné par notredite cour, toutes les chambres assemblées; se réservant, notredite cour, de pourvoir à la vindicte publique, ainsi qu'il appartiendra sur les conclusions de notre procureur-général, contre ceux des ouvrages énoncés auxdits extraits des assertions sur lesquels il n'a pas été statué par les arrêts des 6 août et 3 septembre 1761, ou autres précédemment rendus; ensemble contre les auteurs, imprimeurs et distributeurs d'iceux.

Ordonne que toutes les dispositions provisoires contenues en l'arrêt rendu par notredite cour, toutes les chambres assemblées, le 6 août 1761, seront et demeureront définitives, et seront exécutées dans toutes leurs parties, notamment en ce qui concerne les défenses faites à tous sujets du roi de fréquenter en aucun lieu du royaume ou hors d'icelui, les écoles, pensions, collèges, séminaires, retraites, missions et congrégations desdits soi-disant jésuites, sous les peines portées audit arrêt contre les étudiants, leurs pères et mères, curateurs ou autres ayant charge de leur éducation, sous plus grande peine, s'il y échet; enjoint aux officiers des bailliages et sénéchaussées du ressort d'y tenir la main, et aux substituts de notre procureur-général dans lesdits sièges de poursuivre tous contrevenants, si aucuns y avoit.

Enjoint notredite cour à tous et chacun les membres de ladite Société de vider toutes les maisons, collèges, séminaires, maisons professes, noviciats, résidences, missions, ou autres établissements de ladite Société, qu'ils occupent, sous quelque désignation ou dénomination que ce soit, sans aucune exception, et ce, dans la huitaine de la signification du présent arrêt qui sera faite aux maisons de ladite Société, et de se retirer en tel endroit du royaume que bon leur semblera, autre néanmoins que dans les collèges et séminaires, ou autres maisons destinées pour l'éducation de la jeunesse, si ce n'est qu'ils y entrassent à titre d'étudiants, ou pour le temps nécessaire pour prendre les ordres dans lesdits séminaires; leur enjoint de vivre dans l'obéissance au roi et sous l'autorité des ordinaires, sans pouvoir se réunir en société entre eux, sous quelque prétexte que ce puisse être; leur fait très-expresses inhibitions et défenses, et à tous autres, d'observer à l'avenir lesdits institut et constitutions déclarées abusives, de vivre en commun ou séparément sous leur empire, ou sous toute autre règle que celles des ordres dûment autorisés et régulièrement reçus dans le royaume, de porter l'habit usité en ladite Société, d'obéir au général ou aux supérieurs d'icelle, ou à autres personnes par eux préposées, de communiquer, ou entretenir aucune correspondance directe ou indirecte avec lesdits général ou supérieurs, ou avec personnes par eux préposées, ni avec aucuns membres de ladite Société résidant en pays étrangers; de faire à l'avenir les vœux dudit institut, s'agréger ou affilier, dedans ou dehors le royaume, audit institut à tels titres ou par tels vœux et serments que ce puisse être, le tout à peine contre les contrevenants d'être poursuivis extraordinairement et punis suivant l'exigence des cas.

Ordonne ladite cour que tous ceux desdits prêtres, écoliers et autres ci-devant de ladite Société se disant de Jésus, qui, ayant l'âge de trente-trois ans accomplis au présent jour, 6 août 1762, et étant compris dans les procès-verbaux dressés en exécution de l'arrêt de notredite cour du 23 avril 1762, voudroient obtenir sur les biens qui appartenoient à ladite ci-devant Société, des pensions annuelles et alimentaires, seront tenus de présenter à notredite cour, toutes les chambres assemblées, leur requête à cet effet avant le 3 février prochain, et d'y joindre leur extrait baptistaire, ainsi que l'extrait des vœux qu'ils avoient faits dans ladite Société, la déclaration de tous revenus dont ils pourroient jouir à quelque titre que ce soit, un certificat du lieu de leur résidence, qui leur sera délivré sans frais par le juge royal desdits lieux; passé lequel jour 3 février prochain inclusivement, ils ne pourront plus être admis sous quelque prétexte que ce puisse être, à demander ni prétendre aucune pension alimentaire sur lesdits biens, notredite cour les en déclarant, en vertu du présent arrêt, et sans qu'il en soit besoin d'autre, purement et simplement déchus à ladite époque, sur lesquelles requêtes il sera par notredite cour délibéré le vendredi 4 février prochain, à l'effet de quoi les syndics des créanciers de ladite ci-devant Société seront tenus de remettre à notredite cour, avant ledit jour 4 février 1763, un état du montant connu des dettes prétendues sur ladite Société en principaux, intérêts et frais, le plus exactement qu'il leur sera possible.

Se réservant notredite cour de pourvoir par un arrêt particulier de ce jour à une provision alimentaire en faveur desdits soi-disant jésuites.

Ordonne que tous ceux desdits prêtres, écoliers et autres de ladite Société, qui se trouvoient dans les maisons et établissemens d'icelle Société au 6 août 1761, ne pourront remplir des grades dans aucune des universités du ressort, posséder des canonicats, ni des bénéfices à charge d'ame, vicariats, emplois ou fonctions ayant même charge, chaires ou enseignement public, offices de judicature ou municipaux, ni généralement remplir aucunes fonctions publiques, qu'ils n'aient préalablement prêté serment d'être bons et fidèles sujets et serviteurs du roi, de tenir et professer les libertés de l'Église gallicane et les quatre articles du clergé de France contenus en la déclaration de 1682; d'observer les canons reçus et les maximes du royaume; de n'entretenir aucune correspondance directe ni indirecte, par lettres ou par personnes interposées ou autrement, en quelque forme et manière que ce puisse être, avec le général, le régime et les supérieurs de ladite Société, ou autres personnes par eux préposées, ni avec aucun membre de ladite Société résidant en pays étrangers; de combattre en toute occasion la morale pernicieuse contenue dans les extraits des *Assertions* déposés au greffe de la cour, notamment en tout ce qui concerne la sûreté de la personne des rois et l'indépendance de leur couronne, et en tout de se conformer aux dispositions du présent arrêt; notamment de ne point vivre désormais à quelque titre et sous quelque dénomination que ce puisse être, sous l'empire desdites constitutions et instituts. »

Lesquels serments seront reçus en notredite cour par le conseiller rapporteur en icelle, commis à cet effet, et dans les bailliages et sénéchaussées du ressort par le lieutenant-général ou autre officier, suivant l'ordre du tableau dont sera dressé acte, qui sera souscrit par celui qui aura fait ledit serment, et déposé au greffe de notredite cour, ou aux greffes des bailliages et sénéchaussées du ressort, dont expédition en forme sera envoyée à notre procureur-général, pour être pareillement déposée au greffe de notredite cour.

Et où par la suite aucuns desdits membres de ladite Société seroient trouvés exerçant lesdits degrés, possédant lesdits bénéfices et offices, enseignant dans lesdites écoles et séminaires du ressort de notredite cour, sans avoir fait ledit serment préalable, déclare les nominations, élections et provisions, nulles de plein droit, et lesdits bénéfices, offices, degrés ou chaires, vacants et impétrables; comme aussi en cas de contravention auxdits serments, ordonne que les contrevenants seront extraordinairement poursuivis à la requête de notre procureur-général, poursuite et diligence de ses substituts sur les lieux, et punis suivant l'exigence des cas.

Ordonne que copies collationnées, par le greffier de notredite cour, du présent arrêt seront signifiées sans délai aux maisons qui sont dans la ville de Paris, et dans les trois jours de la publication du présent arrêt dans les bailliages et sénéchaussées du ressort, à toutes les autres maisons occupées dans le ressort de notredite cour par ceux de ladite Société; leur enjoint très-expressément de s'y conformer sous les peines y portées, à l'effet de quoi nombre suffisant desdites copies collationnées seront envoyées aux substituts de notre procureur-général sur les lieux.

Et seront copies collationnées du présent arrêt envoyées à tous les bailliages et sénéchaussées du ressort et aux gouvernances, bailliages et officiers municipaux d'Artois, pour y être lues, publiées et registrées. Enjoint aux substituts du procureur-général du roi d'y tenir la main et d'en certifier notredite cour au mois. Enjoint aux officiers desdits siéges, de veiller chacun en droit soi à la pleine et entière exécution du présent arrêt, qui sera imprimé, lu, publié et affiché partout où besoin sera, notamment dans les villes du ressort où il n'y avoit autres écoles ou colléges que ceux desdits soi-disant jésuites. Si mandons mettre le présent arrêt à due, pleine et entière exécution, selon sa forme et teneur; de ce faire te donnons pouvoir. Donné en parlement, etc.

N° 834. — *Arrêt du parlement de Paris concernant les Jésuites.*
6 août 1762. (Archiv.)

Vu par la cour, toutes les chambres assemblées, l'arrêt par elle rendu aujourd'hui 6 août 1762, par lequel l'institut et les constitutions de la Société, se disant ci-devant de Jésus, auroient été déclarés abusifs; vu aussi tous les arrêts rendus en la cour depuis et compris le 6 août 1761, concernant les prêtres, écoliers et autres se disant de ladite Société, et concernant la tenue des écoles et colléges par autres que par lesdits ci-devant soi-disants Jésuites; conclusions du procureur-général du roi; ouï le rapport de M° Joseph-Marie Terray, conseiller; tout considéré :

La cour, toutes les chambres assemblées, a ordonné et ordonne, sous le bon plaisir du roi, et jusqu'à ce qu'il ait fait connoître ses volontés dans les formes ordinaires à la cour toutes les chambres assemblées, ce que ledit seigneur roi sera supplié de faire incessamment, que tous les arrêts par elle rendus, notamment ceux des 17, 19, 20, 26, 27 février, 2, 6, 9, 15 et 20 mars dernier, et autres concernant la tenue des écoles et colléges par autres que par lesdits ci-devant soi-disants Jésuites, dans les villes de Laon, Mauriac, Aurillac, Châlons-sur-Marne, Bourges, Nevers, Angoulême, Chaumont-en-Bassigny, Auxerre, Langres, Fontenai-le-Comte, Amiens, Blois, Orléans, Tours, Saint-Flour, Sens, Clermont-Ferrand, Billon, la Flèche, Lyon, Bar-le-Duc, Mâcon, la Rochelle, Charleville, Poitiers, Compiègne, Rouanne, Moulins, Eu, Arras, Hesdin, Saint-Omer, Béthune et Aire, continueront d'être exécutés selon leur forme et teneur, jusqu'à ce qu'il ait été par la cour, toutes les chambres assemblées, statué sur l'homologation des délibérations et concordats faits en exécutions desdits arrêts, à l'effet de quoi les commissaires de la cour s'assembleront au jour qui sera indiqué après la Saint-Martin : ce faisant, ordonne que tous les biens qui appartenoient à ladite ci-devant Société se disant de Jésus, continueront d'être régis et administrés par les économes séquestres établis en vertu des arrêts des 23 et 30 avril, et 5 mai dernier et autres, jusqu'à ce qu'il en ait été par ladite cour autrement ordonné.

Ordonne qu'il sera procédé à la fixation des biens qui seront affectés à la direction et entretien des écoles et collèges des villes où il n'y avoit que ceux desdits ci-devant soi-disants Jésuites ; à l'effet de quoi les officiers des bailliages et sénéchaussées, et les officiers municipaux desdites villes seront tenus d'envoyer à la cour, avant le premier décembre prochain, des mémoires contenant en premier lieu le détail exact des biens et bénéfices de l'ancienne dotation desdites écoles et collèges, avant l'introduction desdits ci-devant soi-disants Jésuites, ainsi que de tous ceux qui lors ou depuis leur introduction, auroient été donnés, unis, aumônés, ou légués à quelque titre que ce soit auxdits ci-devant soi-disants Jésuites, pour la tenue et entretien desdites écoles ou collèges, fondations de chaires et autres objets de pareille nature ; en second lieu, ce qu'ils estimeront convenable sur la forme à prendre pour la régie et administration des biens qui seront affectés auxdites écoles et collèges ; en troisième lieu, la forme dans laquelle ont été érigés et formés lesdites écoles et collèges, avant ou depuis l'introduction des ci-devant soi-disants Jésuites, auxquels mémoires seront joints les titres justificatifs, pour, le tout communiqué au procureur-général du roi, et examiné par lesdits commissaires, être par la cour statué ainsi qu'il appartiendra, tant en cas de suffisance, qu'insuffisance desdits biens ou autrement, et être ledit seigneur roi, très-humblement supplié de faire expédier toutes lettres patentes sur ce nécessaires.

Et cependant, ordonne que les officiers municipaux desdites villes prendront possession, aussitôt l'évacuation des maisons et établissements de la ci-devant Société, des terrains et bâtiments qui servoient auxdites écoles et collèges, ainsi que des meubles meublants, destinés pour le service desdites écoles et collèges ; de laquelle prise de possession il sera dressé procès-verbal par le lieutenant-général du siége royal, ou en cas d'absence ou d'empêchement légitime, par un des autres officiers du siége, suivant l'ordre du tableau, assisté du substitut du procureur-général du roi; lequel procès-verbal contiendra en même temps description sommaire desdits meubles, et de l'état desdits terrains et bâtiments.

Le tout néanmoins sans préjudice de ce qui concerne le collège établi dans la ville de la Flèche, sur lequel ledit seigneur roi sera très-humblement supplié de faire connoître ses intentions à la cour dans la forme ordinaire; et cependant ordonne qu'il en sera pris possession par les officiers de la sénéchaussée de la Flèche au nom dudit seigneur roi.

Comme aussi, sera ledit seigneur roi très-humblement supplié de vouloir bien ordonner que tous les revenus généralement quelconques précédemment octroyés par lui et ses prédécesseurs rois pour la direction et entretien d'aucunes desdites écoles et collèges, continueront d'être employés à un usage aussi avantageux pour le bien de l'Etat.

Ordonne qu'avant de statuer sur les terrains et bâtiments des maisons et établissements de ladite ci-devant Société, autres que ceux des écoles et collèges des villes du ressort où il n'y avoit que ceux tenus par lesdits ci-devant soi-disants Jésuites, les officiers royaux, les officiers municipaux, et les universités, établis dans les lieux où sont lesdits bâtiments et terrains, et notamment les officiers du Châtelet de Paris et ceux de la sénéchaussée de Lyon et du bailliage de Reims, ainsi que le prévôt des marchands et échevins desdites villes de Paris et Lyon, et les officiers municipaux de la ville de Reims, et les universités de Paris et de Reims, enverront à la cour, avant le 1ᵉʳ décembre prochain au plus tard, les mémoires qu'ils estimeront convenables sur l'emploi qui pourroit être fait desdits bâtiments et terrains pour quelque objet d'utilité publique ou particulière, ainsi que sur la manière d'en acquitter le prix, pour être employé dans la suite ainsi qu'il sera ordonné; lesquels mémoires communiqués au procureur-général du roi, il sera par lui requis, et par la cour ordonné ce qu'il appartiendra, et ledit seigneur roi supplié de faire expédier toutes lettres patentes sur ce nécessaires.

Ordonne qu'il sera procédé en la cour sur les titres qui sont déposés aux greffes, et sur les mémoires qui pourront être remis au procureur-général du roi par les parties intéressées, à la distraction des biens qui appartenoient à ladite ci-devant Société, et qui se trouveroient chargés de fondations particufières, autres néanmoins que celles desdites écoles et collèges, pour être ensuite délibéré en la cour et pourvu à l'acquit desdites fondations par qui et ainsi qu'il appartiendra. Et sera en conséquence ledit seigneur roi très-humblement supplié d'ordonner que tous titres et papiers concernant ladite ci-devant Société qui auroient été remis audit seigneur roi, seront de son ordre adressés au procureur-général dudit seigneur roi, pour être déposés au greffe de la cour.

Et pour pourvoir tant aux pensions alimentaires qui seront fixées auxdits ci-devant soi-disants Jésuites, lesquelles seront principalement affectées sur le revenu des bénéfices unis, qu'au paiement des créanciers légitimes de ladite Société : ordonne que les directeurs des créanciers de ladite ci-devant Société, seront tenus de présenter en la cour, toutes les chambres assemblées, tels mémoires et requêtes qu'ils estimeront convenables, pour, le tout communiqué au procureur-général du roi et examiné par lesdits commissaires, être par lui requis, et par la cour ordonné ce qu'il appartiendra.

Sera ledit seigneur roi très-humblement supplié de faire expédier toutes lettres qui seroient nécessaires au sujet de toutes unions de bénéfices faites à toutes les maisons et établissements de ladite ci-devant Société. Et cependant par provision, jusqu'à ce qu'il en soit par ledit seigneur roi autrement ordonné, a fait et fait ladite cour inhibitions et défenses à tous patrons, fondateurs et collateurs laïcs ou ecclésiastiques, et à tous autres, de pourvoir auxdits bénéfices sous quelque prétexte que ce puisse être, d'en prendre possession, de s'immiscer dans la jouissance desdits bénéfices, de faire ou poursuivre aucunes procédures à raison de désunion, réversion, ou autres conditions portées aux actes d'union, patronage et fondation, ou à tel autre titre et en quelque forme que ce puisse être ; comme aussi à tous officiers dans l'étendue du ressort, de mettre en possession desdits bénéfices aucuns prétendants droit à iceux : sauf néanmoins auxdits patrons, collateurs, fondateurs et à tous autres prétendants droit auxdits bénéfices unis, à remettre tels mémoires qu'ils aviseront bon être au procureur-général du roi, pour être, sur le vu d'iceux, par le procureur-général du roi requis, et par la cour, toutes les chambres assemblées, ordonné ce qu'il appartiendra.

Déclare ladite cour les biens de ladite ci-devant Société se disant de Jésus, autres néanmoins que les bénéfices unis, après que les revenus desdites écoles et collèges auront été fixés, les fondations prélevées, les dettes de ladite Société acquittées en principaux, intérêts et frais, appartenir audit seigneur roi ; pour être employés ainsi qu'il jugera à propos de l'ordonner ; le tout néanmoins sans préjudice des pensions alimentaires, qui seront accordées aux ci-devant membres de ladite Société, pour le temps pendant lequel elles auront cours.

Ordonne que tout le mobilier appartenant à ladite ci-devant Société, dans toutes et chacunes les maisons et établissements d'icelle, saisis à la requête du procureur-général du roi, sera vendu sur les procès-verbaux de saisie, à la requête, poursuite et diligence du procureur-général du roi en cette ville de Paris ; et à la requête, poursuite et diligence de ses substituts dans les sièges du ressort, aussitôt après l'évacuation desdites maisons, et ce au plus offrant et dernier enchérisseur en la forme ordinaire, et après qu'affiches auront été apposées ; à l'effet de quoi toutes oppositions qui pourroient avoir été faites auxdites saisies mobiliaires, tiendront sur le prix de la vente desdits effets mobiliers : et seront les deniers provenant desdites ventes, à la déduction néanmoins des frais de saisie et de vente fixés par les juges des lieux, remis aux économes séquestres nommés en exécution des arrêts des 23, 30 avril et 5 mai 1762, et autres arrêts particuliers, pour être lesdits deniers par eux versés, sans pouvoir être employés à aucun autre usage, dans les mains de Bronod le jeune, économe séquestre nommé pour cette ville de Paris, pour être employés, ainsi qu'il sera ordonné par la cour.

Ne seront néanmoins compris dans lesdites ventes les meubles meublants des écoles et collèges des villes où il n'y avoit que ceux desdits ci-devant soi-disants Jésuites, sur lesquels il a été précédemment statué par le présent arrêt, ni tout ce qui sera estimé nécessaire par les juges des lieux pour l'exploitation et entretien des biens de ladite ci-devant soi-disant Société, dont il sera dressé un état par les huissiers chargés de faire lesdites ventes. Comme aussi surseoit ladite cour à la vente de l'argenterie, de tous livres, linges, ornements, vases sacrés, chandeliers, et généralement de tous autres ornements et décorations d'églises, ainsi que de toute bibliothèque, jusqu'à ce qu'il en ait été par ladite cour autrement ordonné, toutes les chambres assemblées, et pour y pourvoir, ordonne que les commissaires de ladite cour s'assembleront jeudi prochain.

Et en cas de revendications faites ou à faire d'aucuns des effets mobiliers sis en cette ville de Paris, ou ailleurs, saisis à la requête du procureur-général du roi, ordonne que sur lesdites revendications, les parties se pourvoiront en la grand'-chambre de la cour, même en la chambre qui sera ordonnée pour les vacations, à l'effet d'y être statué, soit provisoirement, soit définitivement, suivant l'exigence des cas : en conséquence, surseoit à la vente desdits effets mobiliers ainsi revendiqués, jusqu'à ce qu'il y ait été statué : à l'effet de quoi les parties intéressées seront tenues de faire signifier lesdites revendications, tant au procureur-général du roi ou à ses substituts sur les lieux, qu'à l'huissier chargé de la vente, à faute de quoi lesdits huissiers pourront procéder à la vente desdits effets mobiliers; ordonne pareillement que sur toutes les autres contestations qui pourroient s'élever dans le cours desdites ventes, il y sera statué par les juges des lieux, dont les ordonnances seront exécutées par provision, nonobstant oppositions ou appellations quelconques, et sans y préjudicier, et expéditions d'icelles envoyées sans délai au procureur-général du roi.

Ordonne que par les économes séquestres, il sera délivré à chacun desdits ci-devant soi-disants Jésuites, ayant atteint l'âge de trente-trois ans au présent jour 6 août 1762, et compris dans les procès-verbaux dressés en exécution du susdit arrêt du 23 avril 1762, autres néanmoins que les coadjuteurs temporels, la somme de six cents livres par provision, laquelle leur sera payée, savoir, deux cent cinquante livres présentement, et le surplus en deux paiements égaux, de cent soixante-quinze livres chacun, au 1ᵉʳ décembre et au 1ᵉʳ mars prochain. Et en cas que, prélèvement fait des deniers nécessaires pour payer les appointements des maîtres établis dans les écoles et collèges au lieu et place desdits ci-devant soi disants Jésuites, il y ait insuffisance de deniers dans les mains desdits économes séquestres établis dans les villes et lieux du ressort de la cour, ordonne que lesdites sommes seront payées par Bronod le jeune, économe séquestre nommé pour cette ville de Paris sur la quittance desdits ci-devant soi-disants Jésuites ou de leurs fondés de procuration, à laquelle sera joint un certificat du substitut du procureur-général du roi, que lesdits ci-devant soi-disants Jésuites sont compris dans les procès-verbaux dressés en exécution du susdit arrêt du 23 avril dernier, et qu'ils n'ont pu, par insuffisance de deniers, être payés par l'économe séquestre du lieu de leur résidence. Comme aussi ordonne qu'il sera payé en la même forme, manière et aux mêmes conditions que ci-dessus, aux coadjuteurs temporels, la somme de trois cents livres, savoir, cent cinquante livres présentement, et le surplus en deux paiements égaux de soixante-quinze livres chacun au 1ᵉʳ décembre et au 1ᵉʳ mars prochain. Et quant à ceux desdits ci-devant soi-disants Jésuites, n'ayant pas encore atteint l'âge de trente-trois ans, compris dans lesdits procès-verbaux, et actuellement résidants dans les maisons et établissements de ladite Société situés dans le ressort de la cour, ordonne qu'il leur sera délivré pour itinéraire et vestiaire la somme de deux cents livres, et aux coadjuteurs temporels, celle de cent livres, le tout en la même forme et manière, et aux mêmes conditions que dessus. Et seront toutes avances qui pourroient être faites par lesdits économes séquestres, et notamment par ledit Bronod le jeune, remboursées sur les premiers deniers qui rentreront en caisse, par privilège et préférence à tous, à l'exception néanmoins des appointements des maîtres qui enseignent dans lesdites écoles et collèges au lieu et place desdits ci-devant soi-disants Jésuites.

Comme aussi, pour pourvoir au paiement des frais bien et légitimement faits en exécution des arrêts des 23 et 30 avril, et 5 mai 1762, autres néanmoins que ceux des saisies et ventes, ainsi que de ceux qui pourroient être faits en exécution du présent arrêt, ordonne que les mémoires desdits frais seront envoyés incessamment au procureur-général du roi, à la diligence de ses substituts sur les lieux, pour, après que lesdits mémoires auront été communiqués au procureur-général du roi, et examinés par les commissaires, être par la cour statué et ordonné ce qu'il appartiendra.

Et pour pouvoir connoître le plus exactement qu'il sera possible, l'état général des biens qui appartenoient à ladite ci-devant Société dans l'étendue du ressort de la cour, constater ce qui peut résulter des délibérations et concordats des villes du ressort sur la tenue des écoles et collèges, déterminer l'emploi qui peut être fait des terrains et bâtiments, des maisons et établissements de la ci-devant Société, autres que les écoles et collèges situés dans les villes du ressort où il n'y avoit que ceux tenus par lesdits ci-devant Jésuites, fixer les fondations dont les biens de ladite ci-devant Société peuvent être chargés, ainsi que le montant des pensions alimentaires qui seront demandées par lesdits ci-devant soi-disants Jésuites, et celui des sommes dues par ladite ci-devant Société; ordonne que par le conseiller rapporteur, Mᵉ Barthélemi-Gabriel Rolland, conseiller président en la première chambre des requêtes du Palais, Mᵉ Pierre-Philippe Roussel, et Mᵉ Clément-Charles-François de l'Averdy, conseillers, que la cour a commis à cet effet, il sera procédé à tous les dépouillements et relevés nécessaires, tant sur les procès-verbaux dressés en exécution de l'arrêt du 23 avril dernier, que sur tous les mémoires qui ont été précédemment envoyés à la cour, et qui le seront dans la suite par les sièges royaux, corps de ville, universités du ressort, et autres prétendants droits, ensemble sur les états des dettes de ladite ci-devant Société, et sur les requêtes qui seront présentées par lesdits ci-devant soi-disants Jésuites, de tout quoi il sera par eux rendu compte auxdits commissaires, et à la cour, toutes les chambres assemblées, au lendemain de Saint-Martin. En conséquence, ordonne que ceux des officiers royaux du ressort de la cour, qui n'auroient pas encore envoyé au greffe d'icelle les procès-verbaux ordonnés par le susdit arrêt du 3 avril dernier, seront tenus de le faire avant le 7 septembre prochain au plus tard.

Ordonne qu'à la requête du procureur-général du roi, copies collationnées par le greffier de la cour du présent arrêt seront signifiées sans délai aux maisons de ladite ci-devant Société, se disant de Jésus, qui sont en cette ville de Paris, et dans les trois jours de la publication du présent arrêt dans les sièges du ressort, à toutes les autres maisons et établissements occupés, dans le ressort de la cour, par ceux qui étoient ci-devant membres de ladite Société. Enjoint très-expressément auxdits ci-devant soi-disants Jésuites, de s'y conformer.

Et seront copies collationnées du présent arrêt, envoyées à tous les bailliages et sénéchaussées du ressort, et aux gouvernances, bailliages et officiers municipaux de l'Artois, pour y être lues, publiées et registrées. Enjoint aux substituts du procureur général du roi d'y tenir la main, et d'en certifier la cour au mois : enjoint aux officiers desdits sièges, de veiller, chacun en droit soi, à la pleine et entière exécution du présent arrêt, qui sera envoyé au bureau de la ville de Paris, ainsi que ceux rendus par la cour le 6 août 1761 concernant ladite ci-devant Société, et celui rendu cejourd'hui sur l'appel comme d'abus interjeté par le procureur-général du roi pour y être lus, publiés et registrés. Enjoint aux substituts du procureur-général du roi audit bureau de la ville, d'en certifier la cour au mois, et aux officiers dudit bureau, de veiller chacun en droit soi à la pleine et entière exécution desdits arrêts; comme aussi ordonne que le présent arrêt sera, à la requête du procureur-général du roi, notifié à l'université de Paris, et à la poursuite et diligence de ses substituts sur les lieux, notifié à l'université de Reims et autres universités du ressort, aux prevôt des marchands et échevins de la ville de Lyon, et aux officiers municipaux de toutes les villes du ressort où il y avoit des maisons et établissements de ladite ci-devant Société se disant de Jésus, sous le nom de noviciats, maisons professes, missions, résidences, séminaires, ou sous telle autre dénomination et désignation que ce puisse être. Et sera le présent arrêt imprimé, publié et affiché partout où besoin sera, notamment dans toutes les villes où il y avait des maisons et établissements de ladite ci-devant Société. Fait en parlement, etc.

N° 835. — ARRÊT *du parlement de Paris concernant les jésuites.*

13 août 1762. (Archiv.)

Vu par la cour, toutes les chambres assemblées, la requête à elle présentée par le procureur-général du roi, contenant qu'il a eu avis qu'à l'occasion des saisies des biens des ci-devant soi-disants jésuites, il s'est élevé des difficultés sur le paiement des décimes, pour savoir si elles devoient être payées par préférence à toutes autres créances; que de même il a été ajouté si les cens, rentes et charges foncières, devoient être aussi payées par préférence; et comme à l'égard des décimes, le privilège de ces sortes d'impositions ne peut être contesté; et qu'à l'égard des cens, rentes et charges foncières, le privilège est également certain, lorsqu'ils sont bien établis, pourquoi requéroit le procureur-général du roi qu'il fût ordonné que les décimes dues pour raison des biens des ci-devant soi-disants jésuites, et les cens, rentes et charges foncières bien et valablement établis, seroient payés par privilège et préférence à toutes autres créances, nonobstant toutes saisies faites, ou qui pourroient être faites par la suite, et ce à l'égard des décimes certifiées par eux véritables; qu'il fût ordonné que l'arrêt qui interviendroit sur la présente requête seroit envoyé dans les bailliages du ressort de la cour, imprimé, lu, publié et affiché partout où besoin seroit; ladite requête signée du procureur général du roi, ouï le rapport de M° Joseph-Marie Terray, conseiller, tout considéré:

La cour ordonne que les décimes dues pour raison des biens des ci-devant soi-disants jésuites, et les cens, rentes et charges foncières bien et valablement établis, seront payés par privilège et préférence à toutes autres créances, nonobstant toutes saisies faites ou à faire, et quant aux décimes, sur les états des receveurs des décimes certifiés par eux véritables. Ordonne que le présent arrêt sera envoyé dans les bailliages du ressort de la cour, imprimé, lu, publié et affiché partout où besoin sera.

N° 836. — ARRÊT du conseil portant défenses de faire quarantaine en tous autres ports et lazarets que Marseille et Toulon.

Fontainebleau, 14 octobre 1762. (Rec. cons. d'état.)

N° 837. — ARTICLES préliminaires de paix entre la France, la Grande-Bretagne et l'Espagne.

3 novembre 1762. (Wenck, III, 313.)

N° 838. — LETTRES PATENTES portant établissement dans Paris d'une nouvelle halle au blé et d'une gare pour les bateaux.

Versailles, 25 novembre 1762. Reg. P. P. 22 décembre. (Archiv.)

N° 839. — DÉCLARATION concernant les privilèges en fait de commerce.

Versailles, 24 décembre 1762. Reg. P. P. 16 mars 1763. (Rec. cons. d'état.)

Louis, etc. Les privilèges en fait de commerce, qui ont pour objet de récompenser l'industrie des inventeurs ou d'exciter celle qui languissoit dans une concurrence sans émulation, n'ont pas toujours le succès qu'on en peut attendre, soit parce que ces privilèges, accordés pour des temps illimités, semblent plutôt être un patrimoine héréditaire qu'une récompense personnelle à l'inventeur, soit parce que le privilège peut être souvent cédé à des personnes qui n'ont pas la capacité requise, soit enfin parce que les enfants, successeurs et ayant cause du privilégié, appelés par la loi à la jouissance du privilège, négligent d'acquérir les talens nécessaires. Le défaut d'exercice de ces privilèges peut avoir aussi d'autant plus d'inconvénients qu'ils gênent la liberté sans fournir au public les ressources qu'il en doit attendre; enfin le défaut de publicité des titres du privilège donne souvent lieu au privilégié de étendre et de gêner abusivement l'industrie et le travail de nos sujets. A ces causes, etc., voulons et nous plaît ce qui suit :

ART. 1. Tous les privilèges en fait de commerce, qui ont été ou seront accordés à des particuliers, soit en leur nom seul, soit en leur nom et compagnie, pour des temps fixes et limités, seront exécutés selon leur forme et teneur, jusqu'au terme fixé par les titres de concession d'iceux.

2. Tous lesdits privilèges, qui ont été ou seroient dans la suite accordés indéfiniment et sans terme, seront et demeureront fixés et réduits au terme de quinze années de jouissance,

à compter du titre de concession, sauf aux privilégiés à obtenir la prorogation desdits privilèges, s'il y a lieu; n'entendons cependant rien innover à l'égard des concessions par nous faites en toute propriété, soit en franc-aleu, soit en fief, soit à la charge de redevances annuelles.

3. Les privilèges illimités dans leurs titres de concession, et fixés par le précédent article au terme de quinze années, qui se trouveront expirés, ou dans la quatorzième année, ou dans la quinzième année de leur exercice, au jour de la présente déclaration, seront prorogés jusqu'au terme de trois années, à compter du jour de ladite publication, sauf au privilégié à obtenir de nouveau une prorogation ultérieure, s'il y a lieu.

4. Pourra le privilégié céder pendant sa vie l'exercice de son privilège à ses enfants ou petits-enfants, mais ne pourra le céder à d'autres, sans y être par nous spécialement autorisé.

5. En cas du décès du privilégié pendant la durée de son privilège, ses héritiers directs ou collatéraux, légataires universels, particuliers, ou autres ayant-cause, ne pourront succéder auxdits privilèges sans avoir obtenu de nous une confirmation, après avoir justifié de leur capacité, et ce nonobstant toutes clauses, telles qu'elles puissent être, qui pourroient se rencontrer, soit dans le titre de concession, soit dans les titres et actes postérieurs, auxquels nous avons expressément dérogé par la présente déclaration.

6. Tous les privilèges dont les concessionnaires ont inutilement tenté le succès, ou dont ils auront négligé l'usage et l'exercice pendant le cours d'une année, ainsi que les arrêts et lettres patentes, brevets ou autres titres constitutifs desdits privilèges, seront et demeureront nuls et révoqués, à moins que l'exercice desdits privilèges n'eût été suspendu pour quelques causes ou empêchements légitimes dont les privilégiés seront tenus de justifier.

7. Et afin que lesdits privilèges soient connus de tous ceux qui peuvent y avoir intérêt, voulons qu'après l'enregistrement desdits privilèges dans nos cours, il soit, à la diligence de nos procureurs-généraux, envoyé copie collationnée d'iceux aux bailliages dans le ressort desquels ils doivent avoir leur exécution. Si donnons, etc.

N° 840. — ÉDIT *portant règlement pour les colléges qui ne dépendent pas des universités.*

Versailles, février 1763. Reg. P P. 5. (Archiv.)

PRÉAMBULE.

Louis, etc. Les écoles publiques destinées à l'éducation de la jeunesse dans les lettres et les bonnes mœurs, et à la culture et à l'accroissement des différents genres de connoissances que chaque sujet y peut puiser, autant qu'il convient à son état et à sa destination, ont toujours été regardées comme un des fondements les plus solides de la durée et de la prospérité des Etats, par la multitude et la suite non interrompue de sujets qu'elles préparent aux divers emplois de la société civile, par l'épreuve longue et assidue qu'elles font de la portée de leurs talents; enfin par tout ce qu'elles contribuent d'avantageux à la gloire des sciences et des lettres, qui fait un si grand sujet d'émulation entre les nations policées; un objet si important n'a jamais échappé à l'attention des rois nos prédécesseurs, et dès les siècles les plus reculés de la monarchie, ils en ont été occupés à proportion de ce que leur permettoient les circonstances des temps, en quoi ils ont toujours été secondés par le zèle et par les soins des personnes les plus recommandables de leur état, et surtout par les principaux membres du clergé. Dans les siècles d'ignorance et de confusion, les lettres trouvèrent un asile dans les églises cathédrales et dans les monastères les plus célèbres qui purent conserver leur liberté et leur repos, sous la protection et la garde de nos prédécesseurs, tandis que l'université de Paris, de l'origine la plus ancienne, traçoit dès lors le modèle d'un autre genre d'école plus régulier et plus complet. A l'exemple de cette première université, formée sous les yeux des rois nos prédécesseurs, et appuyée de toute leur faveur et de toute leur protection, il en a été établi d'autres en plusieurs villes principales de notre royaume, où chacune d'elles présente un centre d'études et de savoir universel, érigé en corps d'université, composé de personnes ecclésiastiques et séculières, partagé en autant de facultés qu'on a cru pouvoir distinguer de genres principaux de sciences relatives au service de l'Eglise et de l'Etat, et non-seulement destiné à les faire fleurir et à les enseigner, mais encore à conférer des degrés, sur la foi desquels ceux qui les obtiennent, après les épreuves requises, puissent être admis au titre et à l'exercice des différentes fonctions de l'ordre ecclésiastique et civil, en sorte que l'institution des universités fait une partie essentielle de l'ordre public, puisque, par les degrés qu'elles confèrent, ce sont elles qui ouvrent l'accès à la plus grande partie des fonctions publiques, et jusqu'aux dignités même les plus éminentes de l'Eglise et de l'Etat. Au grand ouvrage de l'établissement des universités, il en a été ajouté un autre d'un ordre moins élevé, mais d'un détail plus étendu, auquel l'autorité et la sagesse des rois nos prédécesseurs ne se sont pas moins intéressées : comme les écoles des universités, fixées dans un certain nombre de villes, ne pouvoient servir qu'à ceux qui étoient en état de les fréquenter, la jeunesse se trouvoit privée partout ailleurs, même dans les autres villes les plus nombreuses et les plus distinguées, du secours et des avantages de l'éducation publique. Pour y remédier autant qu'il étoit possible, la plupart des villes de notre royaume ont successivement obtenu l'établissement de collèges particuliers, bornés à l'éducation et à l'instruction si utiles en elles-mêmes, indépendamment des degrés, et propres en même temps à y préparer ceux qui, pour les obtenir, voudroient dans la suite passer aux universités, et y accomplir le cours des études académiques. Tout a concouru à la dotation de ces collèges; le clergé à celle de la plupart, par l'application des prébendes préceptoriales destinées à l'instruction de la jeunesse, aux termes des ordonnances d'Orléans et de Blois, et par l'union des bénéfices ecclésiastiques; les corps municipaux, par les engagements qu'ils ont pris pour aider à en soutenir les charges; les particuliers de tout ordre et de toute condition, par leurs dons et leurs libéralités; les rois mêmes, par leurs grâces et par leurs bienfaits : c'est ainsi que, sous l'autorité des rois nos prédécesseurs et la nôtre, sans laquelle il ne peut être permis d'établir aucune école publique dans notre royaume, se sont établies les deux sortes d'écoles qui existent aujourd'hui dans nos Etats, les unes gouvernées par les universités, sous leur inspection et leur discipline, soumises à leurs lois et à leurs statuts; les autres subsistantes chacune par son propre établissement, et dispersées dans toute l'étendue de notre royaume : nous devons également à toutes notre protection royale et notre attention paternelle, et dans l'intention où nous sommes de porter successivement nos vues sur les différentes parties d'un objet si intéressant et si étendu, nous ne négligerons pas sans doute ce qui regarde le bon ordre, le maintien et la splendeur des universités, leur réformation même, s'il en est besoin; mais ce qui nous paroit le plus instant, c'est d'apporter un meilleur ordre à l'état de tant de collèges particuliers, répandus partout; la multiplicité de ces collèges, l'obscurité et l'indigence de revenu d'un grand nombre d'entre eux, peuvent faire craindre qu'il ne s'en trouve plusieurs dont l'établissement peu solide, le défaut de règles, ou les vices de l'administration exigent une entière réforme, ou une réunion à d'autres collèges plus utiles et mieux établis, quelques-uns même une entière suppression. C'est dans cette vue que nous jugeons à propos, d'un côté, d'ordonner qu'il nous sera rendu incessamment un compte exact de l'établissement de chacun de ces collèges, et de tout ce qui peut nous faire connoître quelle est sa situation actuelle, et de l'autre de donner dès à présent à ces collèges, autres néanmoins que ceux dont l'administration seroit entre les mains de congrégations régulières ou séculières, pour les desservir et gouverner, une forme d'administration qui leur soit commune, et qui, sans préjudicier aux droits légitimes des fondateurs ni aux conditions primitives des fondations bien et dûment autorisées, puisse satisfaire à ce qui regarde la conservation et l'amélioration des biens, la dispensation régulière des revenus, le choix des sujets pour les places à remplir, la discipline pour les études et pour les mœurs, et en général veiller à tout ce qui est du bien et de l'avantage de chaque établissement; nous avons jugé ne pouvoir choisir de meilleure forme d'administration que celle d'un bureau formé pour chaque collège, et composé de divers ordres de personnes, soit du clergé, intéressé à plusieurs titres à y prétendre part, soit du nombre des officiers de justice, pour qui ce genre d'administration est un objet de bien public et de police, soit du corps municipal et des notables habitants du lieu, à qui surtout l'éducation des enfants des citoyens doit être recommandable, en quoi nous avons cherché à nous conformer, autant que l'objet le pouvoit comporter, à l'exemple que nous a laissé le feu roi notre très-honoré seigneur et bisaïeul, dans sa déclaration du 12 décembre 1698, donnée pour une administration d'un genre également utile au bien de ses sujets, et nous avons cru ne pouvoir choisir un moment plus heureux, pour faire éclore une loi destinée au rétablissement et à la perfection d'une partie si intéressante de l'ordre public, que celui où la certitude de la paix va nous mettre en état de ne nous occuper que de leur avantage et de leur bonheur. A ces causes, etc.

N° 841. — Édit *concernant le service des chambres des enquêtes et requêtes du parlement.*

Versailles, mars 1763. Reg. P. P. 15. (Archiv.)

N° 842. — Ordonnance *touchant le gouvernement civil de Saint-Domingue (en 119 art.)*

Versailles, 24 mars 1763. (Moreau de Saint-Méry.)

N° 843. — Ordonnance *concernant le traitement des troupes qui iront dans les colonies (en 20 art.).*

Versailles, 25 mars 1763. (Moreau de Saint-Méry.)

N° 844. — Déclaration *portant défenses aux corps et communautés de marchands et artisans d'emprunter sans y avoir été autorisés par des lettres patentes.*

Versailles, 2 avril 1763. Reg. P. P. 7 septembre. (Archiv.)

PRÉAMBULE.

Louis, etc. Les emprunts que les communautés de marchands et artisans se sont cru en droit de faire en différents temps, souvent sans causes légitimes, et même quelquefois sans y avoir été dûment autorisées, les ont jetées dans le plus grand dérangement : ce désordre s'est même étendu jusqu'à tous les artisans des différents métiers; le prétexte de l'acquittement de leurs dettes a donné lieu aux différents droits établis dans l'intérieur des communautés, tant sur les matières premières, que sur les marchandises fabriquées, ainsi que sur les brevets d'apprentissage, compagnonage et maîtrise, d'où il résulte une augmentation de prix de la marchandise toujours préjudiciable au public. Les suites funestes s'en sont fait ressentir également, soit pour les corps et communautés de marchands et artisans qui sont chargés de droits qui consomment une grande partie du fruit de leur travail, soit pour le commerce qui se trouve privé par-là du nombre de bons ouvriers qui ne peuvent ou ne veulent pas entrer dans des corps et communautés ainsi surchargés : à quoi désirant pourvoir. A ces causes, etc.

N° 845. — Édit *qui ordonne le dénombrement des biens fonds du royaume et la prorogation provisoire d'une partie des impositions avec la cessation du troisième vingtième et des doublements de la capitation.*

Versailles, avril 1763. Reg. P. P. en lit de justice 31 mai. (Archiv.)

N° 846. — EDIT *portant réglement pour la liquidation des dettes de l'État.*

Versailles, avril 1763. Reg. P. P. en lit de justice 31 mai. (Archiv.)

N° 847. — DÉCLARATION *pour la circulation des grains dans le royaume en exemption de droits.*

Versailles, 25 mai 1763. Reg. P. Rennes 4 août; P. P. 2 décembre. (Archiv. — Peuchet.)

PRÉAMBULE.

Louis, etc. La culture et le commerce des denrées nécessaires à la vie, ayant toujours été regardés comme l'objet le plus important pour le bien des peuples, les rois nos prédécesseurs ont donné une attention toute particulière aux moyens d'en procurer l'abondance, en ménageant également les intérêts des cultivateurs et ceux des consommateurs. Ils ont regardé la liberté de la circulation dans l'intérieur comme nécessaire à maintenir; mais les précautions qu'ils ont cru devoir prendre pour empêcher les abus, ont souvent donné quelque atteinte à cette liberté. Animés du même esprit, et persuadés que rien n'est plus propre à arrêter les inconvénients du monopole, qu'une concurrence libre et entière dans le commerce des denrées, nous avons cru devoir restreindre la rigueur des réglements précédemment rendus pour encourager les cultivateurs dans leurs travaux, et donner à cette portion précieuse de nos sujets des marques particulières du soin que nous prenons de ses intérêts. A ces causes, etc.

N° 848. — LETTRES PATENTES *concernant la poursuite des biens de la société et compagnie des Jésuites qui sont dans les colonies françaises.*

Versailles, 3 juin 1763. Reg. P. P. 1er juillet. (Archiv.)

N° 849. — ORDONNANCE *pour la publication de la paix.*

Versailles, 3 juin 1763. (Archiv.)

N° 850. — ORDONNANCE *concernant la gendarmerie.*

Versailles, 5 juin 1763. (Archiv.)

N° 851. — CONVENTION *entre les rois de France, d'Espagne et de Sardaigne.*

10 juin 1763. (Wenck, III, 445. — Koch, II, 164.)

N° 852. — ORDONNANCE *concernant la police du marché au chevaux.*

Versailles, 3 juillet 1763. (Archiv. — Peuchet.)

N° 853. — ORDONNANCE *pour la punition des jeunes gens de famille et qui permet de les envoyer à la Désirade.*

Compiègne, 15 juillet 1763. (Archiv. — Peuchet.)

S. M. ayant jugé à propos de faire passer dans l'île de la Désirade, les jeunes gens de son royaume, dont la conduite irrégulière auroit obligé les parents à demander leur exportation dans les colonies, sans leur ôter l'espérance d'un amendement et d'une meilleure conduite pour l'avenir; S. M. a résolu d'expliquer ses intentions à ce sujet par la présente ordonnance.

ART. 1. Lorsque les jeunes gens de famille seront tombés dans des cas de dérangement de conduite, capables d'exposer l'honneur et la tranquillité de leurs familles, ou pour lesquels ils auroient été repris de police, sans cependant s'être rendus coupables de crimes dont les lois ont prononcé la punition, il sera permis à leurs parents de demander au secrétaire-d'État ayant le département de la guerre et de la marine, leur exportation dans l'île de la Désirade, en lui adressant les preuves des motifs qui les obligent à faire cette demande; et, si ces preuves sont trouvées légitimes, il leur sera permis, en vertu d'un ordre de S. M., qui leur sera remis à cet effet, de faire conduire, à leurs frais et dépens, lesdits jeunes gens jusqu'au port de Rochefort, où ils seront mis et détenus en prison, à la disposition du commandant de la marine audit port, jusqu'au moment de leur embarquement, pour être conduits à l'île de la Désirade: mais, à compter du jour de leur arrivée à Rochefort, ils seront détenus et nourris aux frais de S. M.

2. Au départ de chaque paquebot pour les îles du Vent, il sera embarqué le nombre desdits jeunes gens qui auront été amenés à Rochefort depuis le départ du précédent paquebot; ils seront consignés, par le commandant de la marine à Rochefort, à l'officier qui commandera le paquebot, lequel répondra à S. M. de la garde desdits passagers, en prenant pour cet effet toutes les précautions qu'il jugera à propos: il les fera nourrir à bord à la simple ration des matelots, et à son arrivée à la Martinique, il les consignera au gouverneur général de cette île, pour ne pas se détourner de sa navigation, et il en retirera un reçu, qu'il adressera, à son retour en France, au secrétaire d'État ayant le département de la guerre et de la marine, pour constater la remise qu'il aura faite audit gouverneur-général desdits passagers.

3. Aussitôt leur arrivée à la Martinique, ledit gouverneur-

général donnera ses ordres pour qu'ils soient mis et gardés en prison, jusqu'à ce qu'il se présente une occasion sûre de les faire passer à l'île de la Désirade, où il les fera remettre au commandant de ladite île; et pendant leur séjour à la Martinique, il les fera nourrir à la ration du soldat.

4. A leur arrivée à la Désirade, le commandant leur assignera un canton de l'île, dont le terrain soit bon et l'air sain. Il les fera loger dans de simples cases, qu'il fera construire à cet effet; il leur interdira l'usage et le port de toutes sortes d'armes; il prendra toutes les mesures possibles pour empêcher leur évasion de l'île, en leur défendant expressément de changer de nom et d'habit, de crainte qu'à la faveur de ce déguisement, ils ne se fissent passer pour habitants ou pour matelots, et comme tels ils ne trouvent le moyen de s'embarquer sur des bateaux et canots du pays, pour passer dans les îles voisines.

5. Lesdits jeunes gens seront nourris, à la Désirade, à la simple ration de soldat; mais le commandant leur assignera un terrain commun, où ils pourront travailler à la terre; et le bénéfice qu'ils en pourront retirer, soit en subsistances ou en autres denrées du pays, sera à leur profit. Pour cet effet il leur sera délivré *gratis*, de deux en deux, cinq outils propres à cultiver la terre, et une quantité de graines proportionnée au terrain qu'il pourront ensemencer. A l'égard de leur habillement, il leur sera délivré tous les ans un gilet, une veste et deux culottes de toile treillis, trois chemises de soldat, deux cols, deux paires de bas de fil, trois paires de souliers et un chapeau. Quand ils seront malades, ils seront reçus à l'hôpital comme les soldats. Veut S. M. que ledit traitement soit invariablement observé à l'égard de ces jeunes gens.

6. Le commandant de la Désirade donnera une attention suivie à la conduite et au travail de ces jeunes gens; il les distinguera même par classes, à mesure qu'il reconnoîtra dans eux plus ou moins d'amendement, et lorsqu'il lui apparoîtra que quelques-uns d'entre eux méritent de rentrer dans l'ordre de la société, il en rendra compte au gouverneur-général, résidant à la Guadeloupe, pour lui demander de leur concéder un terrain dans l'île de Marie-Galante, où ils pourront mettre à profit, pour eux, le genre de travail auquel ils se seront accoutumés; et il en rendra compte en même temps au secrétaire d'Etat ayant le département de la guerre et de la marine, afin qu'on puisse faire avertir les parents du changement de conduite de ces jeunes gens, et les engager à leur envoyer des

secours, pour les mettre en état de pousser les travaux de leurs nouvelles habitations, ou à les rappeler dans leurs familles; et dans le cas où l'on s'apercevroit que les familles desdits jeunes gens voudroient, malgré leur changement de conduite, les tenir éloignés, pour profiter de leurs biens, en tout ou en partie, il leur sera accordé toute protection par les gouverneurs et intendants de la Guadeloupe, pour les mettre en état d'en poursuivre le recouvrement par les voies ordinaires de la justice, s'ils vouloient rester dans les colonies, ou en leur laissant la liberté de repasser en France, après s'être assurés du changement de leur conduite.

7. Veut S. M. que le commandant de la Désirade rende tous les mois, au gouverneur-général de la Guadeloupe, un compte détaillé de la conduite de ces jeunes gens: veut aussi S. M. que ledit commandant envoie tous les six mois, au secrétaire d'État ayant le département de la guerre et de la marine, une liste de ces jeunes gens, apostillée de l'état de leur santé, de leur conduite, et de leurs autres qualités bonnes ou mauvaises, avec un état séparé de la dépense que leur entretien aura coûté pendant ce temps.

8. Pour mettre ledit commandant de la Désirade en état de contenir ces jeunes gens, S. M. donnera des ordres pour faire passer une compagnie d'infanterie de plus dans ladite île, pour lui procurer main-forte en cas de besoin, et pour lui attacher quelques officiers et sergents de confiance, qui puissent inspecter de près la conduite de ces jeunes gens; lui permettant S. M. de les faire mettre en prison, et même au cachot, les fers aux pieds et aux mains, s'il s'en trouvoit parmi eux qui lui donnassent lieu d'appréhender quelque mutinerie ou révolte de leur part.

Mande et ordonne S. M. aux gouverneurs, ses lieutenants-généraux et intendants des îles de la Martinique, de la Guadeloupe et dépendances, ainsi qu'au commandant de la Désirade, et à tous autres officiers qu'il appartiendra, de tenir la main, chacun en droit soi, à l'exécution de la présente ordonnance.

N° 854. — *Arrêt du conseil touchant la procédure à tenir par les habitants des colonies pour se pourvoir aux conseils du roi* (en 26 art.)

30 juillet 1763. (Moreau de Saint-Méry.)

N° 855. — ORDONNANCE concernant l'exercice des préfets apostoliques dans les colonies.

Compiègne, 31 juillet 1763. (Moreau de Saint-Méry.)

N° 856. — ARRÊT du conseil qui défend aux imprimeurs, libraires et colporteurs, d'imprimer, vendre et débiter aucuns arrêts, arrêtés, remontrances ou autres actes émanés des cours supérieures, si l'impression et publication n'en a été ordonnée.

Versailles, 2 septembre 1763. (Peuchet.)

N° 857. — ARRÊT du parlement de Paris qui défend aux clercs de procureurs de porter l'épée.

5 septembre 1763. (Peuchet.)

N° 858. — LETTRES PATENTES portant translation des écoles de la faculté des droits de l'Université de Paris, sur la place de la nouvelle église de Sainte-Geneviève-du-Mont.

Versailles, 16 novembre 1763. Reg. P. P. 29. (Archiv.)

N° 859. — DÉCLARATION concernant le cadastre général, la liquidation et le remboursement des dettes de l'État.

Versailles, 21 novembre 1763. Reg. P. P. 1er décembre; P. Rouen 22 mars 1764. (Archiv.)

N° 860. — LETTRES PATENTES pour la translation et établissement dans le collège de Louis-le-Grand, du collège de Lizieux ainsi que des boursiers des collèges de Paris où il ne se trouve plus de plein exercice et du tribunal des archives et des assemblées de l'université de Paris, portant règlement pour lesdits objets.

Versailles, 21 novembre 1763. Reg. P. P. 25. (Archiv.)

N° 861. — TRAITÉ entre la France et le dey d'Alger.

16 janvier 1764 (Koch, II, 169.)

N° 862. — ARRÊT du conseil concernant la bibliothèque des finances (1).

Versailles, 18 janvier 1764. (Archiv.)

Le roi s'étant fait représenter dans son conseil l'arrêt rendu en icelui le 31 octobre 1759, par lequel S. M. auroit attaché

---

(1) M. Champollion Figeac dans son Précis historique sur l'établissement du cabinet, dit que le dépôt des finances s'élevoit à 300,000 pièces, et qu'il doit exister encore à la chancellerie ou aux archives du royaume; à cet

au contrôle-général de ses finances une bibliothèque composée de toutes les lois et réglements qui peuvent être utiles à l'administration publique, et ordonné que la garde de ladite bibliothèque et les travaux qu'elle exige, seroient confiés à un avocat auquel elle auroit donné le titre d'*avocat de ses finances*. S. M. a reconnu que le motif de cet établissement ayant été de fournir à tous les ministres de S. M. dans les départements qui leur sont confiés, les mémoires, renseignements et éclaircissements qui peuvent leur être nécessaires pour les différents objets de leur administration, ces recherches doivent naturellement absorber le temps de celui qui est préposé à la garde dudit dépôt et aux travaux qui ont été le premier but de son institution; que d'ailleurs le sieur Moreau préposé à la garde de ladite bibliothèque par ledit arrêt du conseil du 31 octobre 1759, se trouvant aujourd'hui pourvu par S. M. d'un office de conseiller en sa cour des comptes aides et finances de Provence, S. M. auroit elle-même en décidant par un arrêt de son conseil du 8 décembre dernier, que la garde de ladite bibliothèque et les travaux qui y sont attachés, pourroient être indifféremment confiés à un officier de ses cours supérieures ou à un avocat dans lesdites cours, ordonné que ledit sieur Moreau auroit dorénavant le titre de son conseiller garde des archives et bibliothèque de ses finances, et que par-là le titre d'avocat des finances se trouvant vacant, il convenoit d'y pourvoir et d'en confier les fonctions à deux personnes, afin qu'il y ait toujours auprès du contrôleur-général des finances des jurisconsultes qui puissent se livrer aux examens et aux travaux de leur ministère dans le rapport que les finances de S. M. peuvent avoir avec les lois et les formes de l'ordre public. S. M. a reconnu en même temps que pour étendre les avantages qu'elle s'est proposés dans l'établissement de ladite bibliothèque des finances, il seroit utile, sans rien déranger à la manière dont il a été jusqu'à présent pourvu à ladite place, de transporter un dépôt aussi essentiel dans sa bibliothèque royale qui, renfermant des collections immenses de pièces et de monuments relatifs aux lois et au droit public, doit fournir dans tous les temps à ceux qui seront préposés à la garde de ladite bibliothèque et desdites archives, des finances, les ressources les plus abondantes pour compléter et perfectionner une entre-

---

égard il est dans l'erreur; nous n'avons pu le découvrir dans ces deux établissements, et nous avons lieu de supposer d'ailleurs que le nombre des lignes est beaucoup exagéré. Les tables de ce dépôt existent seules à la Bibliothèque du Roi.

prise aussi utile à l'administration, et les mettre en état de remplir à l'égard des différents ministres de S. M. et notamment du contrôleur-général de ses finances, toutes les fonctions relatives aux recherches et renseignements qu'ils pourront leur demander.

A quoi voulant pourvoir, vu les arrêts rendus au conseil du roi, S. M. y étant les 31 octobre 1759 et 8 décembre 1763, ouï le rapport du sieur de l'Averdy, conseiller au conseil royal et contrôleur-général des finances, le roi étant en son conseil a ordonné et ordonne ce qui suit :

Art. 1. La bibliothèque des finances établie par ledit arrêt du 31 octobre 1759, sera incessamment transportée et placée dans un dépôt particulier qui lui sera assigné à la bibliothèque royale de S. M. pour y être les travaux attachés audit établissement continués en la manière, par les mêmes personnes et aux mêmes conditions, portées èsdits arrêts du conseil des 31 octobre 1759 et 8 décembre 1763, et aux traitements portés jusqu'à présent sur les états de S. M.

2. Indépendamment dudit garde des archives et bibliothèque des finances, il y aura à l'avenir deux avocats ou officiers de judicature qui, sous le titre d'avocats des finances, seront chargés de donner leur avis sur toutes les matières de finances sur lesquelles ils seront consultés par le contrôleur-général des finances relativement aux rapports qu'elles peuvent avoir avec les lois et les formes de l'ordre public.

3. Et sur le bon et louable rapport qui a été fait à S. M. de la suffisance, capacité, mœurs et talents, tant du sieur François Lorry qui s'est déjà distingué depuis plusieurs années dans les fonctions de son avocat en sa chambre du domaine, que du sieur Antoine Langlet, aussi avocat au parlement, S. M. a nommé et nomme ledit sieur Lorry à la place de premier avocat des finances, et le sieur Langlet à celle de second avocat des finances aux fonctions ci-dessus énoncées et aux honoraires qui leur sont attribués.

N° 863. — DÉCLARATION *concernant les octrois et autres droits dont jouissent les corps, pays d'états, villes, bourgs, collèges, communautés, hôpitaux, maisons de charité, communautés d'arts et métiers et autres, et qui les oblige à fournir des états de leurs revenus et de leurs dettes.*

Versailles, 11 février 1764. Reg. P. P. 17. (Archiv.)

N° 864. — DÉCLARATION *concernant le brûlement des effets au porteur qui auront été remboursés à la caisse des amortissements.*

Versailles, 27 mars 1764. Reg. C. des C. 12 avril. (Archiv.)

N° 865. — DÉCLARATION *qui fait défenses d'imprimer, débiter ou colporter aucuns écrits, ouvrages ou projets concernant la réforme ou administration des finances.*

Versailles, 28 mars 1764. Reg. P. P. 31. (Archiv. — Peuchet.)

PRÉAMBULE.

Louis, etc. En ordonnant par l'article 1ᵉʳ de notre déclaration du 21 novembre dernier, qu'il nous seroit incessamment envoyé par nos parlements, par nos chambres des comptes et par nos cours des aides, des mémoires contenant leurs vues sur les moyens de perfectionner et simplifier l'établissement, la répartition, le recouvrement, l'emploi et la comptabilité de tout ce qui compose l'état de nos finances, et de donner à toutes cesdites parties la forme la moins onéreuse à nos sujets, nous avons assez fait connoître le désir sincère où nous sommes de recevoir tous les éclaircissements et les avis capables de concourir au meilleur ordre possible dans nos finances et au soulagement de nos peuples; mais autant des mémoires sagement combinés par nos cours peuvent être utiles à ce grand objet, autant des mémoires et des projets ferasés par des gens sans caractère qui se permettent de les rendre publics au lieu de les remettre aux personnes destinées par état à en juger, peuvent-ils y être contraires et nuisibles. Les écrits qui paroissent dans le public sur ces matières, ne peuvent que répandre des alarmes dans les esprits, nuire au recouvrement indispensable de nos deniers, exciter des préventions capables d'empêcher le bien même que nous pourrions opérer, avec le secours des mémoires dictés par le zèle éclairé des magistrats, et porter le plus grand préjudice au bien de notre État et à celui de nos sujets. Quelques-uns même de ces écrivains à l'abri de prétendus projets de finance, se livrent à des déclamations injurieuses, et osent se permettre quelquefois les calomnies les plus punissables. Dans ces circonstances, il nous a paru indispensable de prendre les précautions les plus promptes pour remédier à cet excès de licence dans un moment surtout où tous nos sujets doivent attendre avec respect et soumission le résultat des travaux que le zèle de nos cours produira dans peu, et le fruit des décisions que nous désirons de pouvoir donner pour le soulagement de tout notre royaume. A ces causes, etc.

N° 866. — LETTRES PATENTES *interprétatives de celles des 14 juin et 21 novembre 1763, concernant les biens dépendant des collèges et établissements qui étoient desservis par la compagnie et Société des Jésuites.*

Versailles, 30 mars 1764. Reg. P. P. 11 avril. (Archiv.)

N° 867. — DÉCLARATION *concernant la subsistance des Jésuites.*

Versailles, 2 avril 1764. Reg. P. P. 5. (Archiv.)

PRÉAMBULE.

Louis, etc. La nécessité de pourvoir à la subsistance de ceux de la compagnie et Société des Jésuites qui étoient dans les collèges desservis par ladite Société, ou dans ses autres établissements, nous auroit excités à chercher les moyens d'y subvenir, sans que les autres dépenses nécessaires de notre État pussent en souffrir; et nous n'aurions point trouvé d'expédient meilleur ni plus juste que d'y appliquer les revenus des bénéfices qui avoient été unis à ces établissements, comme étant en quelque sorte affectés à la subsistance de ceux qui les desservoient; c'est ce qui nous a engagés à ordonner par nos lettres patentes du 2 février 1763, que les bénéfices unis, en quelque forme et manière que ce pût être, aux maisons, collèges, missions, résidence et autres établissements quelconques de ladite Société, seroient régis et administrés provisoirement et en la forme qui y est prescrite, par l'économe séquestre des bénéfices de notre royaume, qui sont à notre nomination; et par le même principe nous nous serions aussi réservé d'appliquer, en cas de besoin, une partie de ces revenus, à la subsistance desdits collèges. A l'égard de ceux desdits bénéfices qui leur avoient été unis, nous aurions pris en même temps des mesures convenables au sujet des réparations qui se trouveroient à faire aux lieux et bâtiments dépendants desdits bénéfices. Et par nos autres lettres patentes du 21 novembre dernier, nous aurions achevé de régler ces différents objets, afin de nous mettre en état de remplir toutes nos vues, sans que l'un pût préjudicier à l'autre; mais comme un objet aussi pressant que celui de la subsistance desdites personnes et desdits collèges, ne pouvoit donner le temps d'attendre les recouvrements d'une régie si étendue et si difficile, le même esprit qui nous avoit porté à nous en occuper, nous a engagé à y suppléer de nos deniers, jusqu'à ce qu'une meilleure administration des revenus desdits bénéfices, jointe à la diminution des charges, nous procurât le moyen de remplir nos intentions sur les deniers qui en proviendroient, et de reprendre sur ces deniers, ce que nous aurions été obligés de faire avancer par notre trésor royal, en attendant lesdits recouvrements. Les nouveaux secours que nous avons cru devoir ajouter aux premiers, pour donner le moyen aux membres de ladite Société, de jouir de nos libéralités dans les pays où ils peuvent vivre dans les maisons de ladite Société, augmentant lesdites dépenses et prorogeant nécessairement la durée de cette opération, il nous a paru indispensable d'y établir des règles qui pussent en même temps en assurer l'exécution et procurer leur pleine et entière décharge à ceux qui sont chargés de l'exécution de nos volontés; et la voie la plus simple pour y parvenir, nous a paru être de remplacer successivement les deniers avancés par notredit trésor royal, en y faisant verser tous les ans par ledit économe séquestre, l'excédant des sommes provenantes de sadite régie, qui auroient été par lui employées au paiement desdits secours, suivant les états par nous signés, et dont par l'arrêté de ses comptes il se sera trouvé reliquataire, jusqu'à ce que l'extinction successive desdits secours et le remboursement desdites avances, nous mettent en état de faire cesser ladite régie et d'expliquer définitivement nos intentions au sujet des bénéfices qui y seroient demeurés jusqu'à ce moment. A ces causes, etc.

N° 868. — ORDONNANCE *concernant la chirurgie aux colonies* (*en 18 art.*).

Versailles, 30 avril 1764. (Moreau de Saint-Méry.)

N° 869. — LETTRES PATENTES *qui permettent aux syndics généraux des créanciers de la compagnie et Société des Jésuites, de disposer par transport ou par reconstitution de toutes les rentes appartenantes à ladite Société.*

Versailles, 29 mai 1764. Reg. P. P. 2 juillet. (Archiv.)

N° 870. — ARRÊT *du conseil qui permet à l'école vétérinaire, établie à Lyon par arrêt du 4 août 1761, de prendre dorénavant le titre d'École royale vétérinaire.*

Versailles, 3 juin 1764. (Archiv.)

N° 871. — LETTRES PATENTES *qui autorisent les ecclésiastiques et gens de main-morte, propriétaires de fiefs, à acquérir les droits d'échange dans leurs seigneuries directes seulement.*

Versailles, 11 juin 1764. Reg. P. P. 17 juillet. (Archiv.)

N° 872. — Déclaration *qui permet à tous seigneurs et propriétaires de marais, palus et terres inondées, d'en faire les dessèchements, vérification préalablement faite de l'état et consistance desdits terrains.*

Versailles, 14 juin 1764. Reg. P. P. 2 juillet. (Archiv. — Peuchet.)

N° 873. — Arrêt *du conseil portant règlement pour la forme des procurations et les certificats de vie et de résidence que ceux de la Société des Jésuites doivent fournir pour toucher les sommes pour lesquelles ils seront employés dans l'état du roi pour leur subsistance.*

Compiègne, 27 juillet 1764. (Archiv.)

N° 874. — Édit *concernant la liberté de la sortie et de l'entrée des grains dans le royaume.*

Compiègne, juillet 1764. Reg. P. P. 19. (Archiv. — Peuchet.)

PRÉAMBULE.

Louis, etc. L'attention que nous devons à tout ce qui peut contribuer au bien de nos sujets, nous a porté à écouter favorablement les vœux qui nous ont été adressés de toutes parts, pour établir la plus grande liberté dans le commerce des grains, et révoquer les lois et les règlements qui auroient été faits précédemment, pour le restreindre dans des bornes trop étroites. Après avoir pris les avis des personnes les plus éclairées en ce genre, et en avoir mûrement délibéré en notre conseil, nous avons cru devoir déférer aux instances qui nous ont été faites pour la libre exportation et importation des grains et farines, comme propre à animer et à étendre la culture des terres, dont le produit est la source la plus réelle et la plus sûre des richesses d'un État, à entretenir l'abondance par les magasins et l'entrée des blés étrangers, à empêcher que les grains ne soient à un prix qui décourage le cultivateur, à écarter le monopole par l'exclusion sans retour de toutes permissions particulières, et par la libre et entière concurrence dans ce commerce; entretenir enfin entre les différentes nations cette communication d'échanges du superflu avec le nécessaire, si conforme à l'ordre établi par la divine Providence, et aux vues d'humanité qui doivent animer tous les souverains. Nous avons reconnu qu'il étoit digne de nos soins continuels pour le bonheur de nos peuples, et de notre justice pour les propriétaires des terres et pour les fermiers, de leur accorder une liberté qu'ils désirent avec tant d'empressement; et nous avons même cru devoir mettre, par une loi solennelle et perpétuelle, les marchands et négociants à l'abri de toute crainte de retour aux lois prohibitives: mais pour ne laisser aucune inquiétude à ceux qui ne sentiroient pas encore assez les avantages que doit procurer la liberté d'un tel commerce, il nous a paru nécessaire de fixer un prix au grain, au-delà duquel toute exportation hors du royaume en seroit interdite, dès que le blé seroit monté à ce prix; et comme nous ne devons négliger aucune occasion d'exciter l'industrie, nous avons résolu de favoriser en même temps la navigation française, en assurant aux vaisseaux et aux équipages français, exclusivement à tous autres, le transport des grains exportés. A ces causes, etc.

N° 875. — DÉCLARATION *concernant les vagabonds et gens sans aveu.*

Compiègne, 3 août 1764. Reg. P. P. 21. (Archiv. — Peuchet.)

PRÉAMBULE.

«Louis, etc. Les plaintes que nous recevons sans cesse des désordres commis dans les différentes provinces de notre royaume par les vagabonds et gens sans aveu, dont le nombre paroît se multiplier chaque jour, nous ayant paru mériter toute notre attention, nous nous sommes fait rendre compte des dispositions des ordonnances qui ont été données sur cette matière, soit par nous, soit par les rois nos prédécesseurs, et nous avons reconnu que la peine du bannissement n'étoit pas capable de contenir des gens dont la vie est une espèce de bannissement volontaire et perpétuel, et qui, chassés d'une province, passent avec indifférence dans une autre, où, sans changer d'état, ils continuent à commettre les mêmes excès; c'est pour remédier efficacement à un si grand mal, que nous avons résolu de l'attaquer jusque dans sa source, en substituant à la peine du bannissement, celle des galères à temps pour les valides, et celle d'être renfermés pendant le même terme, pour ceux que leur âge, ou leurs infirmités, ou leur sexe ne permettront pas de condamner aux galères. Cette rigueur nous a paru d'autant plus nécessaire, que ce n'est que par la sévérité des peines que l'on peut espérer de retenir ceux que l'oisiveté et la fainéantise pourroient engager à continuer, ou à embrasser un genre de vie, qui n'est pas moins contraire à la religion et aux bonnes mœurs, qu'au repos, et à la tranquillité de nos sujets. A ces causes, etc.

N° 876. — TRAITÉ *entre la France et Gênes, touchant l'île de Corse.*

août 1764. (Wenck, III, 189.)

N° 877. — EDIT *contenant règlement pour l'administration des villes et principaux bourgs du royaume.*

Compiègne, août 1764. Reg. P. P. 11 août. (Archiv.)

LOUIS, etc. Lorsque nous avons donné notre déclaration du 11 février dernier, nous avons formé le dessein d'établir l'ordre le plus exact dans l'administration des villes et des autres corps et communautés de notre royaume; nous avons cru en conséquence devoir nous faire rendre compte de ce qui s'est passé en différents temps au sujet de cette administration, et nous avons reconnu qu'indépendamment des éclaircissements demandés par notredite déclaration, et d'après lesquels nous ferons connoître nos intentions à l'égard de chacune desdites villes, corps et communautés, relativement à leur situation particulière, il seroit utile de fixer, dès-à-présent, les principes généraux qui doivent diriger leur administration, afin que nos sujets puissent recueillir plus tôt les fruits que nous attendons des mesures que nous ne cesserons de prendre pour le rétablissement du bon ordre, partout où il auroit pu souffrir quelque interruption; nous nous sommes fait représenter en même temps les lois et règlements qui sont intervenus sur cette matière importante jusqu'à ce jour, et il nous a paru nécessaire de les réunir dans une seule et même loi, en y faisant les changements que les temps et les circonstances ont pu exiger, et en apportant aux abus et aux inconvénients qui s'y sont glissés, les remèdes les plus efficaces par l'établissement d'une police stable et permanente, et la plus uniforme qu'il a été possible. C'est dans cet esprit que nous avons jugé à propos de déterminer la forme et les précautions avec lesquelles lesdites villes ou bourgs pourront emprunter, vendre ou acquérir, et régir leurs biens communaux, celle dans laquelle les octrois établis pour un temps pourront être prorogés, ou dans laquelle il en pourra être établi de nouveaux dans des cas de nécessité, et celle qui sera suivie par rapport à la perception des deniers patrimoniaux ou d'octrois, à leur emploi, et à la reddition des comptes qui en doivent être rendus, tant à nous qu'auxdites villes, corps et communautés : et si nous avons cru ne devoir nous expliquer en ce moment que sur celles desdites villes et bourgs, dont le nombre des habitants rendoit cette administration plus importante, nous espérons que leur exemple influera sur les autres, et rendra leur administration plus avantageuse, en attendant que nous jugions nécessaire d'y donner aussi notre attention. Nous comptons assez sur le zèle des officiers municipaux de nosdites villes, corps et communautés, et sur leur attachement à leurs devoirs, pour être assurés qu'ils entreront dans toutes les vues du bien public qui nous animent; et c'est ce qui nous a déterminé à supprimer, dès aujourd'hui, des offices qui étoient à charge auxdites villes, corps et communautés, et à rétablir l'ordre ancien, suivant lequel il leur étoit permis de choisir eux-mêmes leurs officiers. Nous ne pouvons douter que l'attention continuelle que nous donnerons à l'exécution de notre présent édit, ne nous procure la satisfaction de voir incessamment régner le bon ordre dans une administration aussi intéressante pour nos sujets, que pour le bien général de notre Etat. A ces causes, etc., voulons et nous plaît ce qui suit:

Art. 1. Les biens et revenus, soit patrimoniaux, soit d'octroi, et généralement tous revenus communs, appartenants aux villes et bourgs de notre royaume, dans lesquels il se trouvera quatre mille cinq cents habitants au plus, seront régis et administrés par les maires, échevins, consuls, jurats et autres officiers municipaux desdites villes et bourgs, en la forme qui sera réglée par les lettres patentes que nous ferons expédier pour chacune desdites villes et bourgs, sur le vu des états et mémoires qui nous auront été envoyés, conformément à notre déclaration du 11 février dernier.

2. Les offices de maires, consuls, échevins, jurats, ou autres officiers municipaux, créés sous quelque dénomination que ce soit, ensemble les offices de receveurs de deniers communs et d'octrois desdites villes et bourgs, et de contrôleurs desdits receveurs, et en général, tous offices de pareille nature et qualité, sans aucune exception, qui auroient été créés jusqu'à ce jour, sous quelque titre que ce puisse être, et qui n'auroient pas été acquis avant notre présent édit, par lesdites villes et bourgs, seront et demeureront éteints et supprimés, à compter de ce jour, comme nous les éteignons et supprimons, par notre présent édit, à perpétuité, et sans qu'ils puissent être rétablis par la suite, sous quelque prétexte que ce puisse être.

3. Voulons néanmoins que lesdits officiers municipaux et lesdits receveurs de deniers d'octrois continuent de remplir les fonctions attachées auxdits offices, jusqu'au 1ᵉʳ janvier prochain, et que, passé ledit temps, ils soient appelés aux assemblées des notables, et y aient voix délibérative: voulons même

que ceux d'entre eux qui auroient exercé lesdits offices pendant trente ans, jouissent pendant le reste de leur vie des privilèges et exemptions qui y étoient attachés.

4. Les pourvus desdits offices supprimés seront tenus de remettre, dans trois mois pour tout délai, leurs quittances de finances ou autres titres, ès mains du contrôleur-général de nos finances, pour être par nous pourvu, ainsi qu'il appartiendra, à la liquidation et au remboursement desdites finances; voulons que l'intérêt d'icelles soit payé à raison du denier vingt, à compter du 1ᵉʳ janvier prochain, à ceux qui auront remis leursdits titres dans ledit délai, passé lequel lesdits intérêts ne courront que du premier jour du mois qui suivra ladite remise.

5. Il sera dans deux mois, du jour de la publication de notre présent édit dans les bailliages et sénéchaussées de notre royaume, procédé en chacune desdites villes, bourgs ou communautés, à l'élection desdits maire et échevins, consuls, jurats, ou autres officiers municipaux, à l'exception toutefois de nos procureurs ès hôtels desdites villes supprimés par notre édit de l'année 1758; comme aussi à la nomination d'un receveur des deniers communs, et de ceux d'octrois qui sont destinés au service desdites villes et bourgs : lesdites élections et nominations seront faites en une assemblée ordinaire de notables, qui sera convoquée et tenue en la manière ci-après prescrite.

6. La remise ou les appointements accordés auxdits receveurs ainsi nommés, et le montant du cautionnement qu'ils seront obligés de donner, seront, par provision, et jusqu'à ce que nous ayons fait connoître nos intentions à cet égard, fixés et réglés dans ladite assemblée de notables, et sera la caution reçue par le juge du lieu en la forme ordinaire, sans que, jusqu'à ce, lesdits receveurs puissent entrer en fonctions.

7. Tout ce qui concernera la régie et administration ordinaire desdites villes et bourgs sera réglé dans une assemblée desdits officiers municipaux.

8. Et pour qu'il soit veillé perpétuellement à ladite administration, il sera convoqué, deux fois par an, aux jours qui seront fixés dans la première assemblée qui sera tenue en exécution du présent édit, ou même plus souvent, s'il est nécessaire, une assemblée de notables desdites villes et bourgs, en laquelle nos officiers et ceux des seigneurs seront appelés, pour y être par lesdits officiers municipaux rendu compte de l'état des affaires de la commune. Voulons que les registres des receveurs y soient représentés avec un bref état de la re-

cette et dépense, et des dettes actives et passives de ladite ville ou bourg, pour y être ledit état vérifié, et en être le double arrêté dans ladite assemblée, remis ensuite par ledit receveur, à l'intendant et commissaire départi pour nous dans le département duquel sera la ville ou bourg, et par lui envoyé avec ses observations et son avis au contrôleur général de nos finances. N'entendons, quant à présent, rien innover sur le choix de ceux qui sont appelés comme notables auxdites assemblées, jusqu'à ce que nous ayons fait connoître nos intentions à ce sujet, par les lettres particulières que nous ferons expédier pour chacune desdites villes et bourgs.

9. Le premier officier de nos sièges et nos procureurs esdits sièges, seront toujours appelés auxdites assemblées de notables, ainsi que des juges des seigneurs, sans toutefois que nosdits officiers puissent présider auxdites assemblées, si ce n'est que tous les officiers municipaux en exercice se trouvassent absens, ou qu'il fût question de la police générale desdites villes ou bourgs, ou de la perception de ceux de nos deniers qui doivent être portés en notre trésor royal, et des comptes d'iceux, auquel cas ils présideront auxdites assemblées.

10. Les assemblées ordonnées par les articles précédents, seront convoquées par le premier officier municipal desdites villes et bourgs, et tenues en la manière accoutumée, sans qu'il soit besoin de l'autorisation du commissaire départi, jusqu'à ce que nous ayons réglé la forme d'icelles par nos lettres patentes, que nous ferons expédier en la forme ordinaire. Voulons à cet effet, que lesdits officiers municipaux soient tenus dans un mois, à compter du jour de l'enregistrement de notre présent édit, de remettre audit commissaire départi, un mémoire sur la forme dans laquelle lesdites assemblées ont été tenues jusqu'à ce jour, et tous ceux qui y ont été appelés: pour être ledit mémoire, par lui envoyé, avec son avis, au contrôleur-général de nos finances.

11. Et voulant prévenir les difficultés qui pourroient s'élever dans la suite, sur les rangs et séances de ceux qui assisteront auxdites assemblées, voulons que, sans préjudice du droit des parties, et jusqu'à ce qu'il y ait été autrement pourvu, il ne soit par provision observé aucun rang entre eux, et que chacun y prenne séance, suivant qu'il se trouvera placé; à l'exception seulement de l'officier qui y présidera, conformément à ce qui est porté par l'article 9 ci-dessus, lequel y aura la première place.

12. Voulons pareillement que, par provision, et jusqu'à ce

qu'il en ait été autrement ordonné, s'il y échet, par lesdites lettres patentes, que nous ferons expédier pour chacune desdites villes et bourgs, les élections des officiers municipaux et du receveur des deniers communs et d'octroi, soient faites par voie de scrutin et par billets, et que les délibérations sur les affaires communes, soient prises à la pluralité des voix.

13. N'entendons empêcher les officiers municipaux desdites villes et bourgs, de faire les dépenses qui auront été jugées nécessaires par lesdites assemblées, jusqu'à ce que nous ayons statué sur chacune desdites villes et bourgs par nosdites lettres patentes. Voulons qu'après que lesdites dépenses auront été déterminées par nosdites lettres, elles ne puissent être augmentées dans la suite, si ce n'est dans les cas urgents, et avec les formalités qui y auront été prescrites; le tout à peine d'en répondre par lesdits officiers municipaux en leurs propres et privés noms, et d'être condamnés à remettre ès mains du receveur le montant dudit excédant, avec les intérêts du jour que les deniers dudit excédant seroient sortis de la caisse commune.

14. Il ne pourra être accordé aucune pension ou gratification, ni fait aux biens communaux aucunes réparations, autres néanmoins que celles d'entretien ordinaire, qu'ensuite d'une délibération prise dans une assemblée de notables, qui sera remise audit commissaire départi, pour être par lui envoyée, avec son avis, au contrôleur-général de nos finances, et être par nous autorisée, s'il y a lieu.

15. Les nouvelles constructions, ou augmentations à celles déjà faites, seront pareillement délibérées dans ladite assemblée des notables, et ne pourront être faites qu'elles n'aient été par nous autorisées sur l'avis dudit commissaire départi; à l'effet de quoi, les plans et devis estimatifs desdites constructions ou augmentations, seront envoyés au contrôleur-général de nos finances, pour être mis sous le contre-scel de nos lettres patentes, que nous ferons expédier lorsque l'objet desdites nouvelles constructions ou augmentations montera à la somme qui sera par nous déterminée par nosdites lettres patentes particulières pour chacune desdites villes et bourgs.

16. Faisons très-expresses inhibitions et défenses aux officiers municipaux desdites villes, bourgs et communautés, de faire aucunes acquisitions, qu'elles n'aient été délibérées dans une assemblée de notables, et que la délibération n'ait été envoyée audit commissaire départi, pour nous être par lui donné son avis, et sur ledit avis être accordé, s'il y échet,

nos lettres à ce nécessaires; et où lesdites acquisitions n'excéderoient point la somme de trois mille livres, avons dispensé et dispensons lesdits officiers d'obtenir nosdites lettres, à la charge toutefois, de faire homologuer en nos cours lesdites délibérations, lesquelles seront homologuées sur les conclusions de nos procureurs-généraux, et sans frais; voulons que copie dûment collationnée de nosdites lettres, ou desdits arrêts d'homologation, soit annexée auxdits contrats d'acquisition, à peine de nullité. Faisons défenses expresses auxdits officiers, de faire aucunes acquisitions avant lesdits enregistrements ou homologations, à peine d'en répondre en leurs propres et privés noms.

17. Les dispositions portées par l'article précédent seront exécutées en leur entier, à l'égard des aliénations des biens desdites villes et bourgs, qui se trouveroient indispensables; et seront au surplus exécutées, selon leur forme et teneur, les dispositions des ordonnances, édits et déclarations qui concernent lesdites aliénations.

18. Il ne pourra pareillement être fait aucun emprunt de deniers pour lesdites villes et bourgs, si ce n'est dans les formes prescrites par l'article 16 ci-dessus, qui sera exécuté à cet égard en tout son contenu.

19. Les lettres patentes qui permettront lesdites aliénations ou emprunts, et les arrêts d'homologation portés par les articles précédents, prescriront en même temps l'emploi des deniers qui en proviendront, à peine de nullité; faisons défenses aux officiers municipaux de les divertir à aucun autre usage, à peine d'être destitués, et d'être condamnés à la restitution, et en tels dommages et intérêts qu'il appartiendra.

20. Les lettres patentes, qui permettront les constructions, acquisitions, aliénations et emprunts portés par les articles précédents, seront scellés sans droits ni frais, et elles seront enregistrées dans les grand'chambres de nos cours de parlements, sur la seule requête de nos procureurs-généraux, et sans droits ni frais, ce qui sera pareillement observé à l'égard des arrêts d'homologation des délibérations ci-dessus prescrites.

21. Voulons que tous contrats ou actes qui seroient passés à l'avenir pour raison des susdites constructions, acquisitions, ventes, aliénations et emprunts, à l'égard desquelles les formalités ci-dessus prescrites n'auroient pas été observées en leur entier, soient et demeurent nuls de plein droit, sans qu'il soit besoin de lettres de restitution ou de rescision;

et sans que les acquéreurs ou prêteurs puissent exercer aucun recours contre le corps desdites villes ou bourgs, sauf à l'exercer contre ceux desdits officiers municipaux et autres délibérants qui auroient signé lesdits contrats et actes, ou les délibérations qui auroient autorisé à les passer.

22. Faisons défenses expresses à tous habitants desdites villes et bourgs ou autres, même à leurs officiers municipaux, de s'obliger pour lesdites villes et bourgs, si ce n'est dans les actes ou contrats passés pour lesdites villes et bourgs dans les formes prescrites par les articles précédents; déclarons nuls et de nul effet tous autres actes et obligations par eux contractés pour lesdites villes et bourgs, comme aussi toutes acceptations et promesses de garantie qui seroient faites en leur faveur par lesdites villes et bourgs, ou en leurs noms, sans que ceux qui se seroient ainsi obligés, et ceux qui auroient stipulé ladite garantie, puissent exercer aucun recours contre lesdites villes et bourgs, mais seulement contre ceux qui auroient signé lesdits actes, ce qui aura lieu de plein droit, sans qu'il soit besoin de lettres de restitution ou de rescision, et dans tous cas sans distinction, à l'exception seulement de ceux de famines, de maladies pestilentielles, et autres accidents imprévus.

23. Voulons néanmoins, par grace et sans tirer à conséquence, que ceux qui auroient contracté jusqu'ici avec lesdites villes et bourgs, et leurs officiers municipaux ou autres, soit pour constructions nouvelles, emprunts, ventes, aliénations, acquisitions ou autres affaires communes et dont les actes ne se trouveroient pas revêtus des formalités ci-dessus prescrites, puissent se pourvoir avant le 1er janvier 1767, pour faire réparer, s'il y échet, le défaut desdites formalités, faute de quoi, et ledit délai passé, ils n'y seront plus reçus, et il sera statué sur lesdits actes conformément aux édits et déclarations précédemment intervenus à ce sujet, par les juges qui en doivent connoître, aux termes desdites lois.

24. En cas que l'insuffisance des deniers patrimoniaux, pour fournir aux charges desdites villes et bourgs, obligeât lesdits officiers municipaux de recourir à notre autorité, pour y suppléer par l'augmentation, la prorogation ou l'établissement de quelque octroi, ils demanderont audit commissaire départi, permission de convoquer une assemblée des notables habitants, à l'effet d'être délibéré sur ladite demande, et ladite délibération contiendra la situation des affaires de ladite ville ou bourg, et les motifs de la demande.

25. Ladite délibération sera envoyée sur-le-champ par les-

dits officiers municipaux audit commissaire départi, et par lui au contrôleur-général de nos finances, à l'effet d'y être par nous statué, s'il y échet, par nos lettres patentes adressées à nos cours, et seront lesdites lettres expédiées de notre propre mouvement, et enregistrées sur les seules conclusions de nos procureurs-généraux, et sans frais, en la manière accoutumée. Voulons que le temps pendant lequel ledit octroi sera levé, soit fixé par lesdites lettres, et que lesdites délibérations et avis soient mis sous le contre-scel d'icelles, à peine de nullité.

26. Les adjudications des baux des biens et revenus patrimoniaux desdites villes et bourgs, seront faites dans la susdite assemblée des notables, au plus offrant et dernier enchérisseur, et sur trois affiches préalables apposées de quinzaine en quinzaine aux lieux requis et accoutumés, à l'exception seulement de ceux qui n'excéderoient pas la somme de cent livres de revenu annuel, qui pourront être passés par lesdits officiers sans lesdites formalités; et à l'égard de tous les octrois, sans exception, qui auront été par nous accordés auxdites villes et bourgs, il sera procédé à leur adjudication dans lesdites villes et bourgs, par-devant les officiers de nos bureaux des finances, ou ceux de nos élections qui s'y transporteront, le tout en la forme et manière accoutumée; défendons à tous officiers municipaux de s'en rendre, en aucuns cas et sous quelque prétexte que ce soit, adjudicataires ou cautions d'autres adjudicataires, soit en leurs noms ou sous des noms interposés, à peine de nullité desdits baux, de destitution et de dommages et intérêts, sans que lesdites peines puissent être réputées comminatoires.

27. Les deniers communs desdites villes et bourgs seront déposés dans le lieu qui aura été choisi et déterminé dans une assemblée de notables, et seront conservés dans un coffre fermant à trois clefs, dont l'une sera gardée par l'un des officiers municipaux, la deuxième par un notable du lieu, et la troisième par le receveur, et il sera réglé par ladite assemblée telle somme qu'il appartiendra, pour rester ès mains dudit receveur, et fournir aux dépenses manuelles et quotidiennes de la commune, sans qu'il puisse garder une somme plus considérable entre ses mains, à peine d'en répondre en son propre et privé nom, et de destitution. Voulons qu'il ne lui soit remis de nouveaux deniers, qu'en justifiant sommairement de l'emploi des précédents, dont, ainsi que de ceux qui lui seront successivement remis, il sera par lui donné quittance qui sera déposée dans ledit coffre, et mention d'icelle faite dans un re-

gistre qui restera ès mains de celui desdits officiers municipaux chargé de l'une des clefs dudit coffre.

28. Les deniers provenants des octrois, dont le produit a été accordé auxdites villes et bourgs, seront pareillement déposés dans ledit coffre, lors duquel dépôt il sera donné quittance au receveur desdits octrois, par l'officier municipal et le notable habitant qui auront la clef dudit coffre, suivant ce qui est porté par l'article précédent : voulons que les deniers ainsi déposés, soient ensuite réputés deniers communs desdites villes et bourgs, à la charge toutefois de les employer spécialement à la destination à laquelle ils auront été affectés par l'établissement même desdits octrois.

29. En cas qu'il se trouve à la fin de l'année un excédant de recette dans lesdits deniers communs, il sera délibéré en ladite assemblée de notables sur l'emploi qui en sera fait pour l'utilité desdites villes et bourgs, et ladite délibération sera envoyée audit commissaire départi, à l'effet d'être par nous, sur son avis, pourvu audit emploi, soit en paiement des dettes et charges desdites villes et bourgs, soit en ouvrages nécessaires ou utiles, soit en acquisitions de rentes, ou effets, qui ne pourront être que de la nature de ceux que les gens de main-morte peuvent acquérir, aux termes des dispositions portées par notre édit du mois d'août 1749.

30. Il ne pourra être fait ou ordonné aucune députation, qu'elle n'ait été délibérée dans une assemblée des notables habitants de nosdites villes et bourgs, convoquée en la forme ci-dessus prescrite : faisons défenses de députer aucun des officiers municipaux, si ce n'est qu'ils veuillent se charger gratuitement et sans frais de la députation, à peine de restitution des sommes qui lui auroient été payées, nous réservant néanmoins de permettre la députation desdits officiers municipaux, sur l'avis dudit commissaire départi, en cas que nous la jugions nécessaire pour le bien desdites villes et bourgs.

31. Les titres et papiers desdites villes et bourgs seront placés dans tel lieu sûr et convenable qui aura été choisi à cet effet, et qui aura été par nous réglé sur le vu de la délibération de ladite assemblée, et de l'avis dudit commissaire départi : voulons qu'il en soit fait un inventaire sommaire, dont le double sera remis au premier des officiers municipaux, et l'autre restera ès mains de ceux desdits officiers à qui la garde desdites archives aura été confiée par délibération de ladite assemblée, sans qu'il puisse en être tiré aucune pièce, si ce n'est sur le récépissé de celui à qui elle aura été confiée ; le

quel récépissé restera dans lesdites archives jusqu'à ce qu'elle y ait été rétabli.

32. Les receveurs desdites villes et bourgs seront tenus de remettre auxdits officiers municipaux, dans les premiers jours de chaque mois, un bref état de leur recette et dépense, qui sera visé par l'un d'entre eux; comme aussi de rendre tous les ans, au plus tard dans le mois de mars, un compte en règle, de toute la recette et dépense de l'année précédente, lequel sera par eux signé et affirmé véritable.

33. Ledit compte, et les pièces justificatives d'icelui, seront examinés dans une assemblée de notables, qui sera convoquée à cet effet, pour y être vérifiés et arrêtés en la manière accoutumée, jusqu'à ce que nous ayons réglé par nos lettres patentes particulières, pour chacune desdites villes et bourgs, la forme dans laquelle lesdits comptes y seront réglés et arrêtés.

34. Faute par ledit receveur de rendre ledit compte dans ledit délai, il y pourra être contraint par amende, et même par corps, en vertu de la simple ordonnance du juge du lieu, qui sera rendue sur la requête du syndic ou des officiers municipaux, et exécutée provisoirement, nonobstant l'appel, et sans préjudice d'icelui. Voulons que ledit appel soit porté directement en nos cours, et jugé en la grand'chambre d'icelles.

35. L'extrait et l'arrêté desdits comptes sera envoyé par ledit syndic audit commissaire départi, pour être par lui envoyé, avec ses observations, au contrôleur-général de nos finances, à l'effet de nous être représenté tous les ans un état général de l'administration de nosdites villes et bourgs, et d'y être par nous pourvu en la forme ordinaire, ainsi qu'il appartiendra, suivant l'exigence des cas.

36. Les comptes des deniers provenant de la recette des octrois, seront pareillement rendus par lesdits receveurs en la forme et manière prescrites par les articles précédents jusqu'à ce qu'il en ait été autrement par nous ordonné.

37. La recette desdits comptes sera composée du produit total desdits octrois, et la dépense le sera des taxations attribuées audit receveur, pour en faire la perception, des frais de recouvrements, si aucuns y a, et du montant de la remise faite du surplus dans la caisse des deniers communs, suivant la quittance qu'il sera tenu d'en rapporter, conformément à l'article 28 de notre présent édit.

38. Lesdits comptes des deniers d'octrois, après avoir été

vérifiés et arrêtés chaque année en la forme prescrite par les articles précédents, seront rendus tous les trois ans par lesdits receveurs, par bref état, tant aux bureaux des finances qu'en nos chambres des comptes, sans que les épices desdits comptes puissent excéder un pour cent du montant de la recette effective, ni dans aucun cas excéder la somme de quatre mille livres, et sauf à nosdites chambres des comptes à les taxer au-dessous de cette quotité, suivant les circonstances, ce dont nous chargeons l'honneur et la conscience de celui qui présidera.

39. A l'égard des droits et salaires qui pourroient être dus aux officiers inférieurs de nosdites chambres pour vacations auxdits comptes, voulons qu'il nous soit par elles envoyé, aussitôt après l'enregistrement de notre présent édit, un tarif desdits droits avec leurs observations, pour y être par nous pourvu ainsi qu'il appartiendra.

40. Les comptes prescrits par l'article 32 de notre présent édit, après avoir été pareillement vérifiés et arrêtés dans ladite assemblée de notables, en la manière prescrite par l'article 33, seront rendus en forme par lesdits receveurs, par-devant nos bailliages et sénéchaussées, pour, après avoir été communiqué à notre procureur, et sur le vu des pièces justificatives de la recette et de la dépense, être lesdits comptes clos, arrêtés et jugés sans droits ni frais, et ce, dans un mois au plus tard, à compter de l'arrêté qui en aura été fait par lesdites assemblées.

41. Après la clôture desdits comptes, il en sera envoyé par notre procureur audit siège une expédition à notre procureur-général, pour être par lui examinée, à l'effet de se pourvoir en la grand'chambre de notre parlement, pour y être procédé à la réformation des articles qu'il trouveroit n'être point en règle, ce qui ne pourra être fait que sur référé, instruit par simple mémoire, et sans frais, sans qu'en aucun cas il puisse être prononcé aucuns appointements à ce sujet.

42. Dans tous les cas où nous aurions permis auxdits habitants desdites villes et bourgs de contribuer entre eux par voie de capitation, ou autre levée de deniers, la perception en sera faite par les collecteurs qui auront été nommés dans une assemblée des notables habitants convoquée à cet effet.

43. Les ordonnances, édits et déclarations concernant les autorisations nécessaires auxdites villes et bourgs, pour pouvoir plaider, seront exécutés selon leur forme et teneur, et lesdites autorisations ne pourront être accordées que sur une requête,

accompagnée d'une consultation d'avocats qui sera annexée à l'ordonnance d'autorisation, à peine de nullité de ladite ordonnance.

44. Ne pourra néanmoins ladite autorisation être nécessaire pour défendre aux appels desdites sentences ou jugements qui auront été rendus en faveur desdites villes et bourgs, ni pour se pourvoir par-devers nous.

45. Dans tous les cas où ladite autorisation se trouvera nécessaire, faute par lesdits officiers municipaux de l'avoir obtenue, les dépens qui seroient prononcés contre lesdites villes et bourgs, ne pourront être répétés sur leurs biens et revenus, mais seront payés par les délibérants en leurs propres et privés noms.

46. Les contestations qui pourront s'élever au sujet des biens patrimoniaux et communaux desdites villes et bourgs, seront portées par-devant les juges ordinaires des lieux, et, par appel, immédiatement en la grand'chambre de nos cours de parlement.

47. Lesdites contestations seront jugées, tant en cause principale qu'en cause d'appel, à l'audience, ou sur délibéré, sans qu'elles puissent être appointées, si ce n'est seulement en cas de partage d'opinions; auquel cas elles seront seulement appointées à mettre, et sera fait mention dudit partage dans ladite sentence ou arrêt d'appointement; le tout à peine de nullité et de restitution des frais par les procureurs qui auroient occupé dans lesdites instances.

48. Voulons néanmoins que lesdites contestations qui concerneront lesdits biens patrimoniaux, soient jugées en dernier ressort, quand elles seront portées en première instance, par-devant nos juges, lorsqu'il ne s'agira que d'une somme moindre de trois cents livres une fois payée; et l'appel des sentences rendues sur lesdits objets ne pourra être reçu, à peine de nullité et deux cents livres d'amende, contre le procureur qui auroit signé la requête d'appel.

49. Les sentences qui interviendront dans les cas portés par l'article précédent seront rendues par cinq juges au moins qui seront tenus de les signer, et il y sera fait mention qu'elles ont été rendues par jugement en dernier ressort, sinon elles seront sujettes à l'appel.

50. Les contestations qui concerneront la levée des droits d'octrois, ou de la portion qui en aura été accordée auxdites villes, seront portées par-devant les juges qui connoissent desdits droits, en première instance, et, par appel, où ne

cours des aides, et seront jugées, tant en première instance qu'en cause d'appel, en la forme prescrite par les articles 47, 48 et 49 de notre présent édit, et sous les peines qui y sont portées.

51. Les demandes qui concerneront lesdits droits d'octrois, même pour la portion qui en aura été accordée auxdites villes et bourgs, seront pareillement jugées en dernier ressort par les juges qui en doivent connoître en première instance, lorsqu'elles n'excéderont pas la somme de trente livres, et qu'il ne s'agira point de décider du fond du droit; et seront observées à cet égard les dispositions portées par l'article 49 de notre présent édit.

52. N'entendons au surplus préjudicier par les dispositions des art. 46 et 47 ci-dessus, aux droits de juridiction attachés aux corps municipaux qui seroient en possession de connoître des matières portées par lesdits articles, ou d'aucunes d'icelles.

53. Les dispositions portées par notre déclaration du 21 novembre dernier, par rapport aux dettes de notre État, seront exactement observées en ce qui concerne la liquidation et le remboursement des dettes desdites villes et bourgs.

54. Toutes les dispositions de notre présent édit seront exécutées selon leur forme et teneur, nonobstant tous édits, déclarations, arrêts et règlements, auxquels nous avons dérogé et dérogeons par ces présentes, en tant que de besoin, en ce qui pourroit y être contraire, nous réservant au surplus de faire connoître plus particulièrement dans la suite nos intentions sur ce qui concerne l'administration des biens et revenus des autres corps et communautés de notre royaume, voulant que jusque-là, elle continue d'être faite suivant ce qui s'est pratiqué jusqu'à présent. N'entendons toutefois comprendre dans les dispositions de notre présent édit notre bonne ville de Paris, à l'égard de laquelle il ne sera rien innové, jusqu'à ce qu'il en ait été par nous autrement ordonné. Si donnons, etc.

N° 878. — LETTRES PATENTES *contenant règlement pour l'administration de la ville de Lyon.*

Versailles, 31 août 1764. Reg. P. P. 7 septembre. (Archiv.)

EXTRAIT.

LOUIS, etc. Nous avons annoncé, par notre édit de ce mois concernant l'administration des villes et principaux bourgs de notre royaume, que nous nous proposions de faire connoître successivement, par nos lettres patentes particulières, nos intentions par rapport à chacune desdites villes et bourgs. Le rang que tient notre ville de Lyon parmi les autres villes de notre royaume, le commerce considérable dont elle est le centre, la faveur des rois nos prédécesseurs et de nous dont elle a toujours été honorée, et les priviléges qu'elle en a obtenus dans lesquels nous entendons la maintenir, nous ont déterminés à nous faire rendre un compte exact des mémoires et états qui nous ont été envoyés en exécution de notre déclaration du 11 février dernier, et de les comparer avec les règles qui ont été anciennement prescrites à cette ville par rapport à son administration, sans perdre néanmoins de vue la différence qui doit résulter des temps et des circonstances. Nous avons reconnu qu'il étoit instant d'y pourvoir, puisque dans l'état actuel des affaires de ladite ville, il seroit impossible aux prevôt des marchands et échevins de prendre sur ses revenus annuels les sommes nécessaires pour les remboursements dont nous lui avons fait une loi, ainsi que pour satisfaire aux paiements de différentes dépenses déjà faites, et d'autres que des besoins urgents rendent absolument indispensables. Si les idées de grandeur et d'opulence qu'ont pu se former les officiers municipaux, les ont portés à suivre les mouvements de leur reconnoissance en faveur de ceux qui ont rendu des services à ladite ville, nous avons estimé convenable dans les circonstances actuelles, de rappeler les choses aux règles d'une exacte économie, sans y apporter néanmoins trop de rigueur à l'égard de ceux qui ont eu des motifs depuis long-temps pour estimer qu'ils jouiroient pendant le cours de leur vie d'avantages qui leur paroissoient assurés, et nous ne nous déterminerons définitivement à leur égard, qu'après avoir connu les motifs qui ont pu déterminer à les accorder; nous avons donc cru devoir régler d'une manière invariable les gages et appointements qui seront assignés aux gouverneur, lieutenant-général, prevôt des marchands, échevins, et autres officiers de ladite ville; désigner provisoirement les revenus viagers qui continueront d'être acquittés jusqu'à ce que nous ayons pu statuer sur chacun des articles en particulier, déterminer la somme qui pourra être annuellement employée aux dépenses ordinaires et extraordinaires, sans préjudice du montant des aumônes ordinaires, dont la suspension réduiroit à la dernière indigence ceux qui ont obtenu ces secours jusqu'à présent, faire procéder sans frais à la vente de ceux des immeubles appartenants à ladite ville, dont la conservation ne peut que lui être onéreuse et préjudiciable, enfin consulter, avant de faire connoître nos volontés définitives, les citoyens eux-mêmes sur les moyens les plus propres, après avoir balancé la recette et la dépense, de mettre en état de satisfaire à toutes les dépenses nécessaires et aux engagements précédemment contractés; nous nous sommes également occupés de la forme de l'administration d'une ville aussi importante, et nous lui accordons l'avantage d'avoir un conseil de ville toujours subsistant à l'exemple de notre bonne ville de Paris, nous déterminons la forme des élections des notables, en désignant en même temps les qualités nécessaires pour pouvoir être choisis, et en réglant leur nombre, de manière que les assemblées ne soient point troublées par une trop grande affluence de monde, et que cependant les citoyens puissent alternativement concourir aux vues de bien public dont nous les croyons animés; c'est ainsi qu'en ne perdant pas de vue les règles de la justice, qui ne nous permettent pas de mettre au rang des nécessités de l'état les besoins locaux d'une ville particulière, en faisant dès-à-présent sur ses dépenses annuelles des réductions considérables qui augmenteront de jour en jour par des extinctions successives, et en faisant régner le plus grand ordre dans l'administration et dans les délibérations, nous rétablirons les finances de ladite ville, et nous éviterons les inconvénients auxquels elle se trouveroit exposée, si, la dépense continuant d'excéder la recette tous les ans, il en résultoit un désordre auquel il seroit difficile de remédier; et si le moment actuel ne nous permet pas encore de faire reprendre par ladite ville le cours des remboursements, le sort de ses créanciers n'en sera que plus assuré dans la suite, au moyen des mesures efficaces que nous aurons prises, et que nous ne cesserons de prendre pour procurer la libération des dettes contractées par ladite ville. A ces causes, etc, voulons et nous plaît ce qui suit :

Art. 1. Le corps de ville de Lyon sera à l'avenir composé d'un prévôt des marchands, de quatre échevins, de douze conseillers de ville, d'un notre procureur, d'un secrétaire et d'un receveur, sans néanmoins que notredit procureur en ladite ville et lesdits secrétaire et receveur puissent avoir voix délibérative dans les assemblées dudit corps de ville; voulons que ledit prévôt des marchands prête serment en la manière accoutumée et tous les autres officiers dudit corps de ville entre les mains dudit prévôt des marchands.

2. Ledit prévôt des marchands sera par nous nommé sur la présentation qui nous sera faite de trois sujets nés dans ladite ville

et jouissants des privilèges de la noblesse, qui auront été élus par la voie du scrutin et par billets dans une assemblée de notables, qui sera convoquée ainsi qu'il sera dit ci-après.

3. Ledit prevôt des marchands exercera ses fonctions pendant deux années, à l'expiration desquelles il sera procédé au jour accoutumé, et conformément à ce qui est porté par l'article précédent, à l'élection des trois sujets qui devront nous être présentés, dans le nombre desquels pourra être compris celui qui se trouvera dans le cas d'être remplacé, à l'effet d'être prorogé, s'il y a lieu, sans toutefois qu'il puisse l'être plus de deux fois.

4. Lesdits quatre échevins exerceront pareillement leurs fonctions pendant deux années, en telle sorte néanmoins qu'il y en ait toujours en exercice deux anciens et deux nouveaux; à l'effet de quoi il en sera élu deux chaque année le dimanche avant la saint Thomas, lesquels remplaceront les deux anciens, sans qu'en aucun cas ils puissent être continués; et sera ladite élection faite par la susdite voie du scrutin dans une assemblée de notables: voulons néanmoins qu'il y ait toujours un gradué dans le nombre des échevins.

5. Voulons toutefois que ceux qui occupent actuellement lesdites places de prevôt des marchands et d'échevins de notredite ville continuent d'y remplir leurs fonctions pendant toute la durée du temps pour lequel ils ont été nommés, après lequel l'article précédent sera exécuté.

6. Lesdits deux nouveaux échevins seront toujours élus parmi les conseillers dudit corps de ville, ou parmi ceux qui en auront rempli les fonctions pendant le temps ci-après fixé: voulons toutefois qu'à la première nomination qui sera faite après l'enregistrement des présentes, ils soient élus en la forme observée en 1763.

7. Au nombre des douze conseillers de ville seront toujours quatre anciens échevins; lesdits conseillers de ville seront élus dans une assemblée de notables, et ils exerceront leurs fonctions pendant six années, en telle sorte néanmoins qu'il y en ait chaque année deux qui sortent dudit corps de ville, dont un pourra être remplacé par celui des trésoriers des hôpitaux qui aura achevé le temps de son administration dans lesdits hôpitaux, et l'autre sera élu en la forme portée par les articles précédents: voulons toutefois que dans ledit choix lesdits officiers du corps de ville et les notables aient égard au mérite et aux services de ceux qui auront exercé la juridiction de la conservation.

8. L'assemblée des notables convoquée pour l'élection desdits conseillers de ville sera tenue le lendemain de celle dans laquelle les deux échevins auront été nommés, et il y sera élu le nombre de conseillers de ville nécessaire pour remplacer ceux qui seront montés à l'échevinage, ou qui auroient fini leurs six années de conseillers de ville; et pour procéder à la nomination de ceux qui rempliront lesdites places de conseillers de ville en exécution des présentes, il sera convoqué une assemblée de notables exprès pour cet objet, en la forme prescrite par les articles suivants.

9. Des douze conseillers de ville qui auront été élus en exécution de nos présentes lettres, les deux plus jeunes sortiront de place à l'expiration de la première année, et ainsi successivement d'année en année jusqu'à la fin desdites six années.

10. Aucun desdits conseillers de ville ne pourra être continué ou nommé de nouveau, si ce n'est après un intervalle de six années écoulées depuis la fin du précédent exercice.

11. Le secrétaire et le receveur de ladite ville seront élus par le corps de l'Hôtel-de-Ville par la susdite voie du scrutin, et ils exerceront leurs fonctions pendant six années, pourront cependant lesdits officiers être continués, s'il y a lieu : voulons néanmoins que ceux qui en remplissent actuellement les fonctions, les continuent pendant trois années, sans qu'il soit procédé à une nouvelle élection.

12. Notre procureur en ladite ville sera élu tous les six ans, et ne pourra être choisi que parmi ceux qui auront rempli une charge de judicature, ou fréquenté le barreau en qualité d'avocats, au moins pendant trois années ; et il sera au moins âgé de trente ans. Voulons pareillement que celui qui en remplit actuellement les fonctions, continue pendant six années, sans qu'il soit procédé à une nouvelle élection.

13. Les officiers qui composeront ledit corps de ville seront toujours électifs, sans qu'en aucun cas, ni sous aucun prétexte, ils puissent être créés en titre d'office, ni assujettis à aucune finance pour raison de leurs fonctions, lesquelles ils exerceront en vertu de la délibération qui les aura nommés, et de l'installation faite en conséquence, sans qu'ils aient besoin de provisions ni commissions; ne pourra néanmoins ledit prévôt des marchands entrer en exercice qu'après avoir présenté audit corps de ville le brevet de nomination que nous lui aurons fait expédier en la forme ordinaire.

14. Les assemblées de notables seront composées dudit prévôt des marchands, des quatre échevins, des douze conseil-

lers de ville, de deux officiers de notre cour des monnoies et sénéchaussée, et des dix-sept principaux habitants de ladite ville, qui seront choisis ainsi qu'il sera ci-après prescrit.

15. Desdits dix sept principaux habitants, il en sera choisi un dans le chapitre de Lyon, un dans l'ordre ecclésiastique, un dans la noblesse, un parmi les trésoriers de France, un dans le siège de l'élection, un dans l'ordre des avocats, un dans la communauté des notaires, un dans celle des procureurs, cinq parmi ceux qui exercent le commerce, et quatre dans les communautés d'arts et métiers de ladite ville.

16. Lesdits notables ne seront élus que pour une année, sauf à être continués, tant que les députés des corps et communautés de ladite ville le jugeront convenable.

17. Ne pourront être élus notables que des personnes âgées au moins de trente-cinq années, domiciliées dans ladite ville depuis dix ans, n'ayant aucunes fonctions qui exigent leur résidence dans un autre lieu, et ayant en outre passé par les charges de leur communauté, s'ils sont d'une communauté d'arts et métiers, ou de quelque autre où il y ait des syndics ou jurés.

18. Il sera tous les ans nommé des députés, à l'effet de procéder à l'élection des dix-sept notables, savoir : un député pour le chapitre de Lyon, un pour l'ordre ecclésiastique, un pour la noblesse, un pour la cour des monnoies et sénéchaussée, un pour chacune des autres juridictions, et un pour chacun des autres corps et communautés mentionnés dans l'article 15 ci-dessus.

19. Lesdits députés seront nommés dans les assemblées qui seront convoquées à cet effet dans les huit premiers jours du mois de décembre, savoir : celle du chapitre en la manière accoutumée, celle des ecclésiastiques par l'archevêque de notredite ville, ou par un de ses vicaires-généraux, celle des personnes nobles par le sénéchal ou son lieutenant, celles de la cour des monnoies et sénéchaussée, et des autres juridictions, par ceux qui y présideront, celles des avocats, notaires et procureurs, en la manière accoutumée, et celles des autres corps et communautés par ledit prévôt des marchands, le tout en la forme et manière qui sera par eux réglée.

20. Lesdits députés, ainsi nommés, éliront, à la pluralité des voix, lesdits dix-sept notables, par la susdite voie du scrutin, dans une assemblée qui sera tenue à cet effet dans l'une des salles de l'hôtel de notredite ville, laquelle sera convoquée par le prévôt des marchands de notredite ville qui y présidera.

21. Les notables seront convoqués aux assemblées de ville par billets, qui leur seront envoyés par le secrétaire de l'Hôtel-de-Ville, toutes les fois qu'il aura été déterminé de tenir une assemblée de notables.

22. Tout ce qui concerne la régie et administration ordinaire de ladite ville, sera réglé dans une assemblée du corps de ville, qui se tiendra tous les quinze jours, aux jours et heures qui auront été réglés dans une assemblée qui sera convoquée à cet effet aussitôt après l'élection desdits échevins et des conseillers de ville, faites en exécution des présentes.

23. Les conseillers de ville auront droit d'assister auxdites assemblées, sans toutefois que lesdits prevôt des marchands et échevins soient tenus de les appeler pour l'expédition des affaires qui requerront célérité, et que l'assemblée des notables aura déterminé être de nature à être réglées par le corps de ville seulement.

24. Et quant aux autres affaires, elles seront portées dans une assemblée dudit corps de ville, à laquelle lesdits conseillers seront toujours appelés, et qui sera tenue tous les mois, au moins, aux jours et heures qui auront été fixés dans la susdite assemblée de notables, ou même plus souvent, si lesdits prevôt des marchands et échevins le jugent nécessaire : n'entendant néanmoins comprendre dans lesdites affaires, celles qui, aux termes de notre édit du présent mois, concernant l'administration des villes et communautés, sont de nature à être portées et réglées dans une assemblée de notables.

25. Le receveur de ladite ville sera tenu de donner caution, et de présenter auxdits prevôt des marchands et échevins, tous les trois mois, et même plus souvent, s'ils le requièrent, un bordereau de sa recette et dépense, à l'effet de mettre ledit prevôt des marchands et échevins en état de juger de son exactitude dans les recouvrements, et dans l'acquit des paiements dont il aura été chargé ; et il en sera rendu compte à l'assemblée ordinaire dudit corps de ville, pour, en cas de négligence, y être pourvu par délibération de l'assemblée des notables.

N° 879. — Édit *portant confirmation de l'établissement de la compagnie des Indes sous le titre de* Compagnie commerçante.

Compiègne, août 1764. Reg. P. P. 23. Archiv.

N° 880. — LETTRES PATENTES *qui fixent les droits de sortie et d'entrée sur les grains, et qui permettent la circulation et sortie de toutes espèces de graines en payant les droits y mentionnés.*

Fontainebleau, 7 novembre 1764. Reg. P. P. 4 décembre. (Archiv.)

N° 881. — LETTRES PATENTES *concernant la liquidation des dettes de la compagnie des Indes.*

Versailles, 18 novembre 1764. Reg. P. P. 28. (Archiv.)

N° 882. — ÉDIT *portant suppression de la Société des Jésuites.*

Versailles, novembre 1764. Reg. P. P. 1er décembre. (Archiv.)

LOUIS, etc. Nous nous sommes fait rendre un compte exact de tout ce qui concerne la Société des Jésuites, et nous avons résolu de faire usage du droit qui nous appartient essentiellement, en expliquant nos intentions à ce sujet. A ces causes, etc., voulons et nous plaît qu'à l'avenir la Société des Jésuites n'ait plus lieu dans notre royaume, pays, terres et seigneuries de notre obéissance; permettant néanmoins à ceux qui étoient dans ladite Société de vivre en particuliers dans nos Etats, sous l'autorité spirituelle des ordinaires des lieux, en se conformant aux lois de notre royaume et se comportant en toutes choses comme nos bons et fidèles sujets. Voulons en outre, que toutes procédures criminelles qui auroient été commencées à l'occasion de l'institut et Société des Jésuites, soit relativement à des ouvrages imprimés ou autrement, contre quelques personnes que ce soit, et de quelque état, qualité et condition qu'elles puissent être, circonstances et dépendances, soient et demeurent éteintes et assoupies, imposant silence à cet effet à notre procureur-général. Si donnons, etc.

N° 883. — ARRÊT *du parlement de Paris qui assujettit les membres de la Société dissoute des Jésuites à résider dans le diocèse de leur naissance et à se présenter tous les six mois devant les substituts du procureur général aux bailliages et sénéchaussées, et leur défend d'approcher de Paris plus près que de dix lieues, etc.*

1er décembre 1764. (Archiv.)

N° 884. — ARRÊT *du conseil qui ordonne l'exécution des édits sur l'imprimerie et la librairie, notamment à Paris où le nombre des imprimeurs est fixé à trente-six.*

Versailles, 16 décembre 1764. (Peuchet.)

N° 885. — ARRÊT *du conseil et lettres patentes sur icelui qui cassent et annullent les délibérations du parlement de Pau pour continuation à la discipline intérieure établie par la déclaration du 16 juillet 1747.*

Versailles, 22 décembre 1764. (Archiv.)

N° 886. — ÉDIT *suivi d'instruction concernant la libération des dettes de l'État.*

Versailles, décembre 1764. Reg. P. P. 17. (Archiv.)

PRÉAMBULE.

Louis, etc. Nous avons employé les premiers moments de la paix à diminuer, autant qu'il étoit possible, le poids des impositions qu'une guerre longue et dispendieuse nous avoit forcés d'augmenter; à rendre à la libération des dettes de notre État l'activité que cette même guerre avoit suspendue, et à établir dans nos dépenses le plus d'économie, et dans nos finances le plus d'ordre que la situation présente pouvoit le permettre. Après avoir voulu connoître par nous-même, avec l'exactitude la plus scrupuleuse, le montant de nos revenus et la masse des dettes de l'État, augmentée considérablement pendant la dernière guerre, nous avons reconnu que ces opérations n'étoient pas encore suffisantes pour remplir les vues que nous nous sommes proposées, et pour assurer à nos États cette force et cette splendeur qui peuvent seules maintenir la tranquillité et faire le bonheur de nos peuples. Nous avons senti que le produit du vingtième destiné au paiement des dettes, ne pouvant y être appliqué en temps de guerre, sans surcharger d'ailleurs nos sujets, il en résulteroit ou que cette imposition deviendroit perpétuelle, contre nos intentions, ou que, pour la remplacer, nous nous trouverions dans la nécessité de recourir à des ressources encore plus onéreuses. Nous avons également senti que, tant que nous laisserions subsister les retards dans les paiements et les anticipations sur nos revenus, auxquels nous avons été forcés par les dépenses de la dernière guerre, en préférant cet inconvénient aux impositions qu'elles auroient exigées, il seroit difficile, et peut-être impossible, de rétablir d'une manière sûre et prompte l'ordre et l'économie dans toutes les parties des différentes charges de notre État. Rien ne nous a paru plus propre à remplir des vues si dignes de nous et à donner à nos peuples de nouveaux témoignages de notre affection, que de parvenir à l'entière extinction des dettes de notre État, par une voie assurée, continuelle, existante par elle-même, indépendante de tous événements et de toutes autres dépenses, telle enfin qu'en procurant de plus en plus aux capitaux des dettes une entière stabilité, par l'accroissement progressif des fonds destinés à les amortir, les créanciers de l'État et nos peuples n'aient plus qu'à recueillir les fruits d'une opération équitable et solide, dont ils auront la satisfaction de ressentir de jour en jour les avantages, sans avoir à craindre de nouvelles impositions. C'est pour remplir cet objet si intéressant, et pour faire éprouver aux propriétaires des biens-fonds les effets de nos soins paternels, que nous avons crû devoir consacrer d'abord à cette libération un fonds qui se trouvant pris dans la dette même, nous mit à portée d'établir plus de proportion dans la contribution aux dettes, dont les créanciers de notre État ne sont pas moins tenus que nos autres sujets : ce premier fonds sera donc composé, soit du produit d'un droit par forme de contribution, que nous imposerons sur les anciens contrats, payable en deux ans sur les arrérages mêmes desdits contrats, soit d'une retenue annuelle sur les arrérages ou intérêts des autres contrats, et des effets au porteur, dus par notre État, soit enfin d'un dixième que nous établirons tant sur les rentes viagères avec accroissements, que sur les gages, taxations et émoluments de tous ceux qui sont employés dans le maniement de nos finances. Nous ajouterons à ce premier fonds la plus grande partie des arrérages et intérêts des dettes remboursées, dont nous ne nous réservons que ce qui nous a paru nécessaire pour faire jouir successivement les cultivateurs des terres, des fruits de cette libération ; et par ce moyen la caisse des amortissements se trouvera avoir un accroissement continuel et indépendant de tous les autres objets de nos finances. Nous y ferons enfin verser de nos deniers, tous les ans, les sommes que nous avons jugées nécessaires pour accélérer le cours d'une opération si utile ; et si ces sommes paroissent inférieures à celles que nous y avons d'abord destinées, il sera facile de reconnoître qu'il n'y avoit aucune autre voie de pourvoir au paiement des intérêts des dettes contractées pendant la dernière guerre, que nous nous trouvons obligés de constituer. L'abandon que nous faisons en même temps d'une partie considérable d'intérêts et d'arrérages qui se seroient éteints à notre profit, rendra par leur accroissement le fonds d'amortissement plus considérable qu'il ne l'étoit auparavant, et la libération plus prompte qu'elle n'eût pu l'être, de sorte qu'en satisfaisant à ce que notre équité exige de nous, nous rapprocherons, par un amortissement à l'abri de toute interruption et toujours croissant, le moment auquel notre Etat se trouvera libéré des dettes dont il est aujourd'hui surchargé. Et pour l'entière exécution des vues que nous nous sommes proposées, nous établirons deux caisses, l'une pour le paiement des arrérages, dont nous ferons exactement les fonds; l'autre pour le remboursement des capitaux, dont les fonds que nous venons d'indiquer seront totalement séparés de nos revenus, et tellement réputés appartenir aux créanciers de notre Etat, qu'ils ne puissent être employés à aucun autre usage qu'à celui du remboursement de leurs capitaux. Nous chargerons en même temps deux commissaires, que nous choisirons dans notre cour de parlement de Paris, de veiller aux opérations de cette caisse, et nous formerons des officiers de notredite cour, une chambre qui, sans déranger l'ordre ordinaire de la justice, statuera sur tout ce qui pourra concerner lesdits amortissements, et réglera sommairement et sans frais les difficultés qui surviendroient à ce sujet. En rendant ainsi une justice égale à tous nos sujets, et sans porter préjudice à la culture des terres, ni au commerce, notre Etat se trouvera libéré en un nombre d'années peu considérable, eu égard à la masse totale de ses dettes; nos peuples seront soulagés successivement pendant le cours de cette libération; l'ordre se rétablira dans toutes les parties de l'administration; et c'est avec la satisfaction la plus sensible que nous faisons connoître nos volontés sur des objets qui nous mettent à portée, non-seulement de soutenir les diminutions que nous avons accordées à nos sujets sur les impositions ordinaires, mais encore d'annoncer d'autres remises, ainsi que les époques de la cessation entière des deux vingtièmes, et de voir augmenter chaque jour la confiance, le commerce, la population, la félicité de nos peuples et la nôtre. A ces causes, etc.

N° 887. — ARRÊT *du conseil concernant les permissions et les alignements sur les routes entretenues aux frais du roi* (1)

Versailles, 27 février 1765. (Rec. cons. d'état. — Ravinet, Code des ponts-et-chaussées.)

Le roi étant informé que l'exécution des plans pour les traverses des routes construites par ses ordres, dans les villes, bourgs et villages de quelques généralités, souffre différents retardements, et est même quelquefois totalement intervertie par des alignements donnés aux propriétaires de maisons ou

---

(1) En vigueur. Voy. différentes ordonnances et notamment celle du 21 avril 1830. (Arrêts du conseil, par Macarel, XII, 198.)

autres édifices sur lesdites routes, par des officiers de justice ou prétendus voyers, qui n'ayant aucune connoissance desdits plans, s'ingèrent, sous différents prétextes, dans l'exercice d'une fonction que S. M. ne leur a pas confiée; et s'étant fait rendre compte de ce qui se pratique à cet égard au bureau des finances de la généralité de Paris, dans le ressort duquel, pour prévenir de pareils abus, ledit bureau a prescrit, par son ordonnance du 29 mars 1754, que tous les alignements pour constructions, reconstructions et permissions relatives à toute espèce d'ouvrage à la face des bâtiments étant sur lesdites routes, ainsi que pour établissement d'échoppes et choses saillantes, seroient donnés par les trésoriers de France, commissaires de S. M., ou, en l'absence desdits sieurs commissaires, par un autre desdits trésoriers de France, et ce, dans l'un ou l'autre cas, conformément aux plans levés et arrêtés par ordre de S. M., qui sont ou seroient déposés par la suite, ainsi que les minutes desdits alignements et permissions, au greffe dudit bureau des finances, pour être par ledit bureau statué sur toutes les contraventions et exécution des édits et déclarations de S. M.: et ayant reconnu que les dispositions de cette ordonnance, en conservant et maintenant la compétence des bureaux des finances sur cette matière, prévient à tous les inconvénients; S. M. auroit cru, en confirmant les dispositions de la susdite ordonnance, devoir les étendre à tous les bureaux des finances du royaume. A quoi voulant pourvoir: vu la susdite ordonnance du bureau des finances de Paris, du 29 mars 1754, et ouï le rapport du sieur de l'Averdy, conseiller ordinaire au conseil royal, contrôleur général des finances; le roi étant en son conseil, a ordonné et ordonne que conformément à ce qui se pratique au bureau des finances de la généralité de Paris, dont S. M. a confirmé et confirme l'ordonnance du 29 mars 1754, articles 4 et 12, les alignements pour constructions ou reconstructions des maisons, édifices ou bâtiments généralement quelconques, en tout ou en partie, étant le long et joignant les routes construites par ses ordres, soit dans les traverses des villes, bourgs et villages, soit en pleine campagne, ainsi que les permissions pour toute espèce d'ouvrage aux faces desdites maisons, édifices et bâtiments, et pour établissement d'échoppes ou choses saillantes le long desdites routes, ne pourront être donnés en aucuns cas par autres que par les trésoriers de France, commissaires de S. M. pour les ponts et chaussées en chaque généralité, ou, à leur défaut et en leur absence, par un autre trésorier de France de ladite généralité qui seroit présent sur les lieux et pour ce requis; le tout sans frais, et en se conformant par eux aux plans levés et arrêtés par les ordres de S. M., qui sont ou seront déposés par la suite au greffe du bureau des finances de leur généralité : et dans le cas où les plans ne seroient pas encore déposés audit greffe, veut S. M. qu'avant de donner lesdits alignements ou permissions, lesdits trésoriers de France, commissaires de S. M., ou autres à leur défaut, se fassent remettre un rapport circonstancié de l'état des lieux par l'ingénieur ou l'un des sous-ingénieurs des ponts-et-chaussées de ladite généralité, et que dudit alignement ou de ladite permission il soit déposé minute au greffe dudit bureau des finances, à laquelle ledit rapport sera et demeurera annexé. Fait S. M. défenses à tous particuliers, propriétaires ou autres, de construire, reconstruire ou réparer aucuns édifices, poser échoppes ou choses saillantes le long desdites routes, sans en avoir obtenu les alignements ou permissions desdits trésoriers de France, commissaires de S. M., ou dans le cas ci-dessus spécifié, d'un autre trésorier de France dudit bureau des finances, à peine de démolition desdits ouvrages, confiscation des matériaux, et de trois cents livres d'amende; et contre les maçons, charpentiers et ouvriers de pareille amende, et même de plus grande peine en cas de récidive. Fait pareillement S. M. défenses à tous autres, sous quelque prétexte et à quelque titre que ce soit, de donner lesdits alignements et permissions, à peine de répondre en leur propre et privé nom des condamnations prononcées contre les particuliers, propriétaires, locataires et ouvriers qui seront, en cas de contravention, poursuivis à la requête des procureurs de S. M. auxdits bureaux des finances, et punis suivant l'exigence des cas. Enjoint S. M. aux sieurs intendants et commissaires départis dans toutes les généralités, ainsi qu'aux commissaires des ponts-et-chaussées, et aux officiers des bureaux des finances, de tenir, chacun en droit soi, la main à l'exécution du présent arrêt. Et sera ledit arrêt lu, publié et affiché partout où besoin sera, et exécuté nonobstant opposition ou appellation quelconques, pour lesquelles ne sera différé, et dont si aucunes interviennent, S. M. s'est réservé la connoissance, et icelle interdit à toutes ses cours et juges.

N° 888. — ARRÊT *du conseil qui défend d'entretenir aucunes relations en matière d'affaires publiques avec les pays étrangers, à l'insu du roi et sans sa permission.*

Versailles, 28 février 1765. (Archiv.)

N° 889. — Édit *qui permet à toutes personnes de quelque qualité et condition qu'elles soient, excepté les titulaires et revêtus de charges de magistrature, de faire le commerce en gros.*

Versailles, mars 1765. Reg. P. P. 12. (Archiv. — Peuchet.).

N° 890. — Ordonnance *concernant la marine.*

Versailles, 25 mars 1765. (Archiv.)

EXTRAIT.

TITRE XLIV. — *Du lestage et délestage.*

Art. 646. Les intendants des ports où il y aura des établissements pour les vaisseaux de S. M., prendront connoissance du fait du lestage et délestage de tous les bâtiments qui mouilleront dans les ports et rades de leur résidence; le capitaine de port sera chargé de ce détail.

647. Tous capitaines, maîtres et patrons de navires ou autres bâtiments venant de la mer, seront obligés de déclarer au capitaine de port la quantité de tonneaux, et l'espèce de lest, qu'ils auront dans leur bord, à peine de vingt livres d'amende.

648. Les bateaux et gabarres servant au lestage et délestage, seront jaugés et marqués par les soins du capitaine de port, pour servir à vérifier les déclarations qui leur auront été faites par les capitaines et patrons.

650. Après le délestage des bâtiments, le maître des bateaux ou gabarres qui y auront été employés, seront tenus, à peine de trois livres d'amende, de faire leur déclaration au capitaine de port, de la quantité de tonneaux de lest qui en auront été tirés.

651. Les capitaines ou maîtres des bâtiments, embarquant ou déchargeant du lest, auront soin d'étendre une voile ou prélart, qui tiendra d'un côté au bord de leur bâtiment, et de l'autre au bord du bateau ou de la gabarre, pour empêcher le lest de tomber à l'eau, à peine de cinquante livres d'amende solidaire, contre les capitaines, les maîtres ou patrons des bâtiments, et des bateaux ou gabarres.

652. Fait S. M. défenses aux capitaines et patrons de navires et autres bâtiments, de délester sans en avoir auparavant averti le capitaine de port, et de jeter leur lest dans les ports, canaux, bassins et rades, à peine de cinq cents livres d'amende pour la première fois, et de saisie et confiscation de leurs bâtiments en cas de récidive, et aux délesteurs de le

porter ailleurs que dans les lieux à ce destinés, à peine de punition corporelle.

653. Défend aussi S. M. sous pareille peine à tous capitaines, maîtres ou patrons, de délester leurs bâtiments, et aux maîtres ou patrons de gabarres, ou bateaux lesteurs, de travailler au lestage et délestage pendant la nuit.

N° 891. — DÉCLARATION *concernant le droit de fret sur les vaisseaux du roi.*

Versailles, 25 mars 1765. Reg. P. P. 19 avril. (Archiv.)

N° 892. — ORDONNANCE *qui renouvelle les défenses des jeux de hasard.*

Versailles, 21 avril 1765. Peuchet.)

N° 893. — DÉCLARATION *qui fixe les limites de la ville et faubourgs de Paris.*

Marly, 16 mai 1765. Reg. P. P. 28 juin. (Archiv. — Peuchet.)

Louis, etc. Les rois nos prédécesseurs ont pris en différents temps diverses mesures pour fixer les limites de notre bonne ville de Paris; nous avons aussi, par nos déclarations des 18 juillet 1724, 29 janvier 1726, 23 mars et 14 septembre 1728, et juillet 1740, expliqué nos intentions à ce sujet; mais les changements survenus depuis, et la construction d'un grand nombre d'édifices bâtis contre la disposition de ces derniers réglements, nous déterminent à nous expliquer de nouveau sur cet objet; et comme l'expérience nous a rassuré contre les craintes qui avoient été les principaux motifs de nos précédentes déclarations, nous avons résolu d'en tempérer la rigueur, et de faire cesser toute inquiétude sur le passé, en fixant irrévocablement pour l'avenir les bornes dans lesquelles nous entendons que soient renfermés la ville et les faubourgs de Paris, et réglant la manière dont il sera permis de bâtir dans lesdits faubourgs. A ces causes, etc., voulons et nous plaît ce qui suit:

ART. 1. Défendons de bâtir en quelque manière et sous quelque prétexte que ce soit, au-delà des maisons qui sont actuellement construites à l'extrémité de chaque rue des faubourgs de Paris du côté de la campagne, de proche en proche, soit que lesdites maisons soient sur les paroisses des faubourgs, soit qu'elles soient sur les paroisses de la campagne.

2. Permettons aux propriétaires des terrains ayant face ou issue sur des rues actuellement ouvertes, et commencées à

bâtir dans les faubourgs jusqu'à la dernière maison de l'extrémité de chacune des rues du côté de la campagne, d'y construire telles maisons et édifices que bon leur semblera, sans en demander autre permission, en prenant néanmoins les alignements, ainsi qu'il sera dit en l'article 5 ci-après, et se conformant d'ailleurs aux règlements. Voulons même que, dans le cas où la dernière maison d'un des côtés desdites rues ne seroit pas aussi éloignée que celle du côté opposé, il soit permis de bâtir jusqu'à vis-à-vis la maison la plus éloignée, le tout nonobstant les bornes qui ont été posées en exécution de nos déclarations des 18 juillet 1724, 29 janvier 1726, et 23 mars 1728, soit dans l'intérieur des rues de traverses servant de communication d'une rue du faubourg à une autre, soit à l'extrémité qui fut alors reconnue de chacune des rues du côté de la campagne.

3. Pour constater et fixer la dernière maison actuellement subsistante, voulons qu'en présence des commissaires qui seront par nous nommés par les lettres patentes qui seront à cet effet envoyées à notre cour de parlement en la forme ordinaire, il soit posé une nouvelle borne dans le mur de la dernière maison, jusqu'à laquelle borne, et vis-à-vis d'icelle, il sera permis de bâtir dans ladite rue, et au-delà de laquelle il sera défendu de bâtir jusqu'au prochain village, laquelle borne sera marquée de nos armes, du numéro porté au procès-verbal d'apposition, et de l'année où elle aura été posée; et il sera remis des expéditions du procès-verbal du plantage desdites bornes, au dépôt formé par nos ordres en notre château du Louvre, et en chacun des greffes de notre cour de parlement, du bureau des finances, et de l'Hôtel-de-Ville de Paris.

4. Dans le cas où les nouvelles bornes devront être mises à la même place que celles qui ont été posées en exécution de nos précédentes déclarations, lesdites anciennes bornes ne seront point ôtées, et les nouvelles seront posées au-dessus d'icelles; voulons que, lorsque le cas arrivera de réédifier les murs ou bâtiments sur lesquels les bornes ordonnées par la présente déclaration auront été posées, ils ne puissent être réédifiés, ni même démolis, sans en avertir préalablement les officiers du bureau des finances, et ceux de notre ville, afin qu'après la réédification, lesdites bornes soient reposées à la diligence desdits officiers.

5. Défendons expressément d'ouvrir de nouvelles rues dans lesdits faubourgs; voulons que celles qui y sont actuellement

ouvertes, et qui ont moins de trente pieds de large, soient toutes portées à ladite largeur de trente pieds, à mesure que les propriétaires des terrains le long d'icelles voudront bâtir ou reconstruire dessus, ou simplement les clore en maçonnerie. Enjoignons aux officiers du bureau des finances, en donnant les alignements lors desdites constructions ou reconstructions, de prescrire à cet effet les retranchements nécessaires des terrains des deux côtés de la rue, ce qui sera pareillement observé par les officiers des seigneurs hauts-justiciers, ayant titre et possession valables de la voirie, pour les continuations desdites rues qui pourroient se trouver dans l'étendue desdites rues et voiries.

6. Défendons à tous propriétaires d'élever aucuns bâtiments ou murs de clôture, ou reconstruire les anciens, que lesdits alignements ne leur en aient été préalablement donnés par lesdits officiers du bureau des finances, ou par ceux desdits seigneurs, à peine de démolition, et sous telle autre peine qu'il appartiendra.

7. Ordonnons que, dans le mois d'avril de chacune année, il soit procédé par les officiers de notre bureau des finances, et par les prevôt des marchands et échevins chacun à leur égard, au recensement des bornes de l'extrémité desdits faubourgs, même de celles qui seront posées sur les maisons des paroisses de la campagne et dans la haute-justice de quelques seigneurs particuliers, à l'effet de vérifier s'il n'aura rien été innové ou entrepris contre la disposition de la présente déclaration; et où il se trouveroit quelques nouvelles constructions hors desdites bornes, leur enjoignons d'en dresser sur-le-champ leurs procès-verbaux, et sur iceux instruire et juger les contraventions conformément à l'article 10 ci-après.

8. Il sera procédé extraordinairement contre ceux qui auront arraché les bornes, ou effacé les inscriptions apposées, en exécution de la présente déclaration; et ils seront condamnés, pour la première fois, au fouet et au bannissement de trois ans; et en cas de récidive, en cinq années de galères.

9. Ceux qui contreviendront à l'exécution de la présente déclaration, soit par de nouvelles constructions de maisons au-delà desdites bornes, soit en perçant quelques nouvelles rues, seront condamnés en trois mille livres d'amende applicable à l'hôpital général; les maisons construites contre la disposition des présentes, seront rasées, les matériaux confisqués, et les places réunies à notre domaine; et à l'égard de l'entrepreneur qui aura conduit l'ouvrage, ensemble les maîtres

maçons, charpentiers et autres ouvriers, ils seront condamnés chacun en mille livres d'amende applicable comme dessus, et déchus de leur maîtrise, sans pouvoir être rétablis par la suite.

10. Nous attribuons la connaissance desdits délits et contraventions à notre bureau des finances de Paris, et au prevôt des marchands et échevins de ladite ville, concurremment et par prévention entre eux, voulons que ceux qui auront fait les premières procédures sur chacune desdites affaires en connoissent à l'exclusion des autres, et que, dans le cas où les procédures respectives seroient du même jour, la connoissance en appartienne au bureau des finances, pour être lesdites affaires par eux instruites, tant au civil qu'au criminel, suivant l'exigence des cas, et jugées conformément aux dispositions de notre présente déclaration, sauf l'appel en notre cour de parlement, sans néanmoins que l'attribution de juridiction portée au présent article, puisse nuire ni préjudicier aux droits et prétentions respectives desdits officiers des bureaux des finances, et desdits prevôt des marchands et échevins. Si donnons, etc.

N° 894. — TRAITÉ *entre la France et Tunis.*
21 mai 1765. (Koch, II, 206.)

N° 895. — ÉDIT *portant règlement pour l'exécution de celui du mois d'août 1764, dans les villes et bourgs du royaume.*
Marly, mai 1765. Reg. P. P. 17. (Archiv.)

Louis, etc. Nous avons, par notre édit du mois d'août dernier, supprimé les officiers municipaux en titre, dans les villes et bourgs qui contiennent quatre mille cinq cents habitants et plus; nous avons annoncé que nous donnerions dans la suite notre attention aux autres villes et bourgs, qui, quoiqu'elles ne contiennent pas un aussi grand nombre d'habitants, ont néanmoins des revenus communs et des charges pour l'administration desquels il est nécessaire de leur donner des règles : la liberté d'élire les officiers municipaux, la nécessité de les changer, celle de faire délibérer les notables dans les cas qui intéressent la commune, et la forme de compter de toutes les recettes et dépenses, nous ont paru les voies les plus propres à faire fructifier les revenus, à diminuer les dépenses, et à rappeler l'ordre et l'économie nécessaires dans toutes les administrations publiques. Nous avons établi ces règles par notredit édit, et nous nous portons d'autant plus volontiers à étendre ses dispositions à toutes les villes et bourgs indistinctement, que l'empressement avec lequel il nous est demandé de la part des habitants des lieux où nous ne l'avons pas encore envoyé, ne peut pas nous laisser douter des avantages que son exécution générale procurera à tous nos sujets qui nous sont également chers, en rendant aux différents corps et communautés la liberté d'élire eux-mêmes les officiers municipaux des villes, et de participer chacun à leur administration; nous avons cru qu'il étoit nécessaire de fixer invariablement le nombre desdits officiers municipaux en proportion de l'importance de chaque ville et bourg, de donner des règles pour les élections, et de faire présider chaque assemblée par un chef en état de veiller à la manutention de l'ordre que nous établissons. Nous avons à cet effet attribué la présidence desdites assemblées de notables à notre lieutenant-général en nos bailliages, ou autre premier officier de la justice ordinaire du lieu, mais sans qu'il puisse donner dans lesdites assemblées sa voix que nous avons réservée pour son siège; nous avons jugé qu'il seroit aussi honorable pour nosdites villes et bourgs qu'intéressant pour notre service que leur premier officier fût connu et approuvé de nous; nous nous sommes en conséquence réservé la nomination du maire que nous choisirons sur trois sujets qui seront élus et qui nous seront présentés par les notables de chaque ville ou bourg; lequel maire par nous ainsi choisi présidera à toutes les assemblées ordinaires du corps-de-ville; pour nous assurer d'autant plus de l'entière observation de toutes les règles que nous avons déjà établies par notredit édit du mois d'août dernier, et de celles que nous établissons par le présent, nous avons chargé notre procureur en nos juridictions ordinaires, ou celui des seigneurs dans les lieux où la justice ne se rend pas en notre nom, d'y veiller, et d'assister aux assemblées des notables, pour y faire ses fonctions et y former tels réquisitoires que de droit; il ne nous restera, après ces précautions, pour consommer l'opération de l'établissement d'un ordre économique si désirable dans les revenus communaux, qu'à fixer par nos lettres patentes particulières ce qui sera observé dans chaque ville et bourg pour l'administration de ses revenus, en prenant les arrangements convenables pour mettre chaque communauté en état de supporter ses charges, et même d'acquitter ses dettes; c'est ce que nous nous empresserons de faire aussitôt que les villes et bourgs nous auront adressé leurs mémoires à cet effet, conformément aux dispositions de notre présent édit. A ces causes, etc., voulons et nous plaît ce qui suit :

Art. 1. Les dispositions de notre édit du mois d'août 1764, concernant l'administration des villes et principaux bourgs de notre royaume, seront exécutées dans toutes les villes et bourgs qui ont des officiers municipaux, quelque nombre d'habitants qu'elles se trouvent contenir, voulant, à cet effet, que tous les offices de la nature de ceux qui ont été supprimés par l'article 2 de notre édit, qui auroient été créés dans les villes et bourgs où il se trouveroit moins de quatre mille cinq cents habitants, et qui n'auroient pas été par eux acquis, soient et demeurent également éteints et supprimés, comme nous les éteignons et supprimons par notre présent édit.

2. Lesdits officiers municipaux continueront de remplir les fonctions attachées à leurs offices jusqu'au 1ᵉʳ juillet prochain, et seront tenus, dans le même délai, de remettre ès mains du contrôleur-général de nos finances leurs quittances de finances et autres titres, pour être par nous pourvu à la liquidation et au remboursement desdites finances ; voulons que l'intérêt en soit payé à raison du denier vingt, à compter dudit jour 1ᵉʳ juillet, à ceux qui auront remis leurs titres dans ledit délai, sinon il ne courra que du premier jour du mois qui suivra ladite remise.

3. Dans toutes les villes et bourgs dans lesquels il se trouvera quatre mille cinq cents habitants et plus, les corps-de-villes seront à l'avenir composés d'un maire, de quatre échevins, de six conseillers de ville, d'un syndic receveur et d'un secrétaire greffier, sans toutefois que ledit syndic receveur et ledit secrétaire greffier puissent avoir voix délibérative dans les assemblées du corps-de-ville, ni que le greffier puisse assister à ses délibérations, à moins qu'il n'y soit mandé.

4. Tous lesdits officiers seront élus par la voie du scrutin et par billets dans les assemblées de notables qui seront convoquées et tenues à cet effet, ainsi qu'il sera ci-après prescrit.

5. Entendons néanmoins nous réserver la nomination du maire seulement ; il sera à cet effet élu dans chaque ville et bourg, par la voie ci-dessus prescrite, trois sujets qui nous seront présentés pour être par nous choisi et nommé celui d'entre ceux qui remplira la place de maire ; et sera le procès-verbal de ladite élection envoyé sur-le-champ au secrétaire d'État ayant le département de la province, pour faire notre choix sur le compte qui nous en sera par lui rendu.

6. Dans celles des villes et bourgs ésquelles aucuns seigneurs particuliers, ou autres, seroient en droit et possession de nommer ou confirmer lesdits officiers municipaux ou quelqu'un d'eux; voulons que par provision il soit élu trois sujets pour la place de maire seulement, qui leur seront présentés, à l'effet d'être par eux choisi et nommé celui des trois qui remplira la place, sauf à statuer définitivement sur lesdits droits et possessions; à l'effet de quoi lesdits seigneurs, ou autres prétendant lesdits droits, seront tenus de remettre leurs titres au greffe de la grand'chambre de notre parlement, pour, sur les conclusions de notre procureur-général, y être fait droit sur simples mémoires et sans frais, ainsi qu'il appartiendra. Voulons que lesdits titres et mémoires soient remis dans un an, pour tout délai, du jour de l'enregistrement de notre présent édit; faute de quoi lesdits seigneurs et autres demeureront déchus de leurs prétentions.

7. Il sera pareillement élu en la même forme dans les villes de nos trois comtés de Mâcon, Bar-sur-Seine et Auxerre, trois sujets pour remplir ladite place de maire seulement, lesquels seront présentés à nos états de Bourgogne, pour être choisi et nommé par eux celui qui exercera les fonctions de ladite place; et celui qui aura été ainsi choisi par nosdits états, prêtera serment auxdits états suivant l'usage accoutumé en notredite province de Bourgogne.

8. En ce qui concerne les villes et bourgs de l'apanage de notre très-cher et très-amé cousin le duc d'Orléans, ainsi que celles qui ont été unies audit apanage par nos lettres patentes du 28 janvier 1751, désirant donner à notredit cousin de nouvelles marques de notre affection, voulons que jusqu'à ce que nous ayons fait connoître définitivement nos intentions à ce sujet, il ne soit rien innové dans l'usage qui s'observoit relativement à la nomination ou confirmation, de la part de notredit cousin, des officiers municipaux desdites villes et bourgs.

9. Les maires ne pourront être choisis que parmi ceux qui auroient déjà rempli cette place, ou qui auroient été ou seroient actuellement échevins.

10. Le choix des échevins ne pourra être fait que parmi ceux qui seront ou auront été conseillers de ville; voulons que parmi les échevins il y ait toujours au moins un gradué.

11. À l'égard des conseillers de ville, ils seront choisis parmi ceux qui seront ou qui auront été notables; n'entendons néanmoins que les dispositions du présent article et des deux

précédents n'aient lieu pour la première élection qui sera faite en vertu de notre présent édit, mais seulement pour les subséquentes.

12. Le maire exercera ses fonctions pendant trois années; à l'expiration desquelles il sera procédé au jour accoutumé à son remplacement en la forme ci-dessus prescrite, sans qu'il puisse être continué ni élu de nouveau, si ce n'est après un intervalle de trois années depuis la cessation de ses fonctions.

13. En cas que quelques-uns des maires des villes de nosdits trois comtés de Mâcon, Bar-sur-Seine et Auxerre se trouvassent en même temps alcades ou élus des états de notre province de Bourgogne, ils continueront leurs fonctions de maire pendant tout le temps qu'ils rempliront celles d'alcade ou d'élus, et ils ne pourront être remplacés que quand ils cesseront d'être alcades ou élus desdits états.

14. Les échevins exerceront leurs fonctions pendant deux années, en telle sorte néanmoins qu'il y en ait toujours deux anciens et deux nouveaux; à l'effet de quoi il en sera élu tous les ans, au jour accoutumé, deux nouveaux à la place des deux anciens, sans qu'en aucun cas ils puissent être continués ni élus de nouveau, si ce n'est deux ans au moins après la fin de leur échevinage. Voulons en conséquence que la moitié des échevins qui auront été élus en exécution de notre présent édit, à commencer par les plus jeunes, ne puissent exercer leurs fonctions que pendant un an, et soient remplacés à l'expiration de ladite année.

15. Les conseillers de ville exerceront leurs fonctions pendant six années; voulons néanmoins que, dans le nombre de ceux qui seront élus la première fois en exécution de notre présent édit, le premier nommé soit remplacé au bout d'un an, et ainsi successivement, en telle sorte qu'il y en ait un chaque année qui soit remplacé en la forme ci-dessus prescrite.

16. Aucun desdits conseillers ne pourra être continué ni nommé de nouveau, si ce n'est après un intervalle de temps au moins égal à celui pendant lequel il aura de suite et sans intervalle exercé ses fonctions en vertu de sa dernière élection.

17. Le syndic-receveur et le secrétaire-greffier exerceront leurs fonctions pendant trois années, après lesquelles ils pourront être continués, s'il y a lieu, et autant de fois qu'il sera jugé convenable, et même sans interruption.

18. Il sera fait, un mois au plus tard après la publication

de notre présent édit dans les bailliages et sénéchaussées auxquels nosdites villes et bourgs ressortissent, une élection desdits maire, échevins, conseillers de ville, syndic-receveur et secrétaire-greffier; voulons que, jusqu'à ce jour, ceux qui remplissent lesdites places continuent d'en exercer les fonctions, et que le temps, depuis le jour de ladite élection jusqu'à celui où lesdits officiers ont coutume d'être renouvelés, ne soit point compté dans la durée des fonctions ci-dessus fixée, sans toutefois que la présente disposition puisse avoir lieu dans les villes et bourgs où il auroit été fait une élection depuis notre édit du mois d'août dernier, et en exécution d'icelui.

19. Les fonctions du ministère public ne pourront être exercées dans lesdites assemblées de notables que par nos procureurs dans nos juridictions ordinaires, ou par le procureur d'office du seigneur dans les lieux où la justice ne se rend pas en notre nom, sans qu'aucun desdits officiers municipaux puisse s'immiscer dans lesdites fonctions, sous prétexte que les offices de procureur du roi, ci-devant créés dans lesdites villes et bourgs, auroient été acquis par le corps-de-ville, ou réunis à icelui.

20. Le maire nouvellement élu ne pourra prendre séance ni exercer ses fonctions qu'après avoir fait enregistrer son brevet de nomination au siège ordinaire de ladite ville ou bourg, et prêté serment entre les mains du premier ou plus ancien officier dudit siège, qui sera tenu de le recevoir sans frais ni droits; et jusqu'à ce, le premier échevin remplira les fonctions de maire.

21. Lesdits échevins et autres officiers du corps de ville exerceront leurs fonctions en vertu de la délibération qui les aura nommés, sans qu'ils aient besoin de provisions ni de commissions, si ce n'est dans le cas porté par l'article 8 ci-dessus, sans toutefois qu'ils puissent être installés, qu'après avoir prêté serment entre les mains du maire en exercice, ou de celui qui en remplira les fonctions.

22. Ne pourra néanmoins le syndic-receveur entrer en exercice, qu'après avoir présenté et fait recevoir par-devant le premier ou plus ancien officier dudit siège, et en présence de notre procureur ou de celui du seigneur, une caution telle qu'elle aura été réglée dans l'assemblée qui aura nommé le syndic-receveur.

23. Ledit syndic-receveur fera toutes les propositions qui pourront être à faire dans les assemblées ordinaires du corps-

de-ville seulement, et pour la régie et administration des biens de ladite ville ou bourg, comme aussi la recette et le recouvrement de tous ses revenus, sans exception, soit patrimoniaux ou d'octrois, ainsi que les poursuites qui auront été délibérées et jugées nécessaires contre les fermiers, locataires, rentiers, adjudicataires, régisseurs et autres débiteurs, sans toutefois qu'il puisse employer lesdits deniers autrement que sur les mandements des maire et échevins; et sera tenu ledit syndic-receveur de porter jour par jour, et sans aucun blanc, sa recette et sa dépense sur un registre coté et paraphé par le maire ou un échevin, même de faire mention desdits mandements à chaque article de dépense, à peine de radiation de l'article.

24. Lesdits mandements ne seront valables s'ils ne sont signés du maire, d'un échevin au moins, et du secrétaire-greffier, et, en cas d'absence du maire, de deux échevins et du secrétaire, et dans les lieux où il n'y auroit point de maire, de deux échevins, ou d'un échevin, d'un conseiller de ville et du secrétaire-greffier.

25. Ne pourront lesdits mandements être délivrés à ceux au profit desquels ils auront été expédiés, sans avoir été enregistrés sur un registre à ce destiné, et coté et paraphé par le maire ou par un échevin, duquel enregistrement mention sera faite sur ledit mandement, à peine contre ceux qui les auroient signés et délivrés d'être contraints personnellement au paiement des sommes y portées, sans aucun recours contre leur communauté; voulons que ceux qui se trouveront porteurs d'aucuns desdits mandements au jour de la publication de notre présent édit, soient tenus de le faire enregistrer dans six mois, à compter dudit jour, passé lesquels ils n'y seront plus reçus, et lesdits mandements seront regardés comme non avenus; faisons défenses expresses auxdits receveurs-syndics de les acquitter, à peine de radiation des sommes y portées.

26. La remise ou les appointements qu'il conviendra d'accorder au syndic-receveur, seront fixés et réglés dans une assemblée de notables par une délibération, dont l'expédition sera envoyée au contrôleur-général de nos finances, pour, sur l'avis du commissaire départi, y être par nous pourvu ainsi qu'il appartiendra; et sera tenu ledit syndic et receveur de se conformer aux dispositions de notre édit du mois d'août dernier, et notamment à celles contenues ès articles 32, 35, 36, 37, 38 et 40 dudit édit.

27. Le secrétaire-greffier aura la garde des titres et papiers

de la communauté, desquels il se chargera au pied de l'inventaire qui en sera dressé; ses appointements seront pareillement réglés dans l'assemblée des notables en la forme prescrite par l'article précédent, et passés en dépense dans le compte du syndic-receveur sur le vu des mandements des maire et échevins, et de ses quittances.

28. Le nombre des officiers subalternes et des serviteurs et domestiques nécessaires pour le service desdites villes et bourgs, sous quelque dénomination que ce soit, et leurs honoraires, appointements ou gages seront réglés dans une assemblée de notables en la forme prescrite par l'article 26 ci-dessus; et seront lesdits officiers, serviteurs ou domestiques choisis ou congédiés par les maire et échevins à la pluralité des voix.

29. Les assemblées des notables seront composées du maire, des échevins, des conseillers de ville et de quatorze notables.

30. Et, pour que le bon ordre et la police puissent être maintenus dans lesdites assemblées, voulons que le premier officier de nos sièges établis dans lesdites villes et bourgs, et, s'il n'y en a pas, celui de la justice du seigneur, préside auxdites assemblées de notables, et recueille les suffrages, reçoive le scrutin, en fasse lecture à l'assemblée sans déplacer, et dresse procès-verbal du tout; comme aussi que nos procureurs ou ceux des seigneurs y assistent, pour requérir ce qui pourra être de leur ministère, à l'effet de quoi ils y seront invités par les officiers municipaux; n'entendons néanmoins que nosdits officiers, ni ceux des seigneurs qui puissent être réputés faire partie du corps municipal, ni avoir voix délibérative auxdites assemblées.

31. Et où nosdits officiers ou ceux des seigneurs ne se seroient pas rendus aux assemblées sur l'invitation qui leur aura été faite, le maire y présidera, et il sera passé outre à la délibération, à la charge toutefois de faire mention de ladite invitation et de l'absence dans le procès-verbal de ladite assemblée.

32. Pour former le nombre des notables prescrit par l'article 29 ci-dessus, il en sera choisi un dans le chapitre principal du lieu, un dans l'ordre ecclésiastique, un parmi les personnes nobles et officiers militaires, un dans le bailliage ou sénéchaussée, un dans le bureau des finances, un parmi les officiers des autres juridictions en quelque nombre qu'elles soient dans le lieu, deux parmi les commensaux de notre maison, les avocats, médecins et bourgeois vivant noblement, un parmi ceux qui composent la communauté de notaire et de

procureurs, trois parmi les négociants en gros, marchands ayant boutique ouverte, les chirurgiens et autres exerçant les arts libéraux, et deux parmi les artisans.

33. Et où il manqueroit quelques-unes des classes d'habitants désignées dans l'article précédent, les notables, que lesdites classes qui manqueront auroient dû fournir, seront remplacés d'abord par les commensaux de notre maison, avocats, médecins et bourgeois vivans noblement, ensuite par les commerçants en gros et marchands ayant boutique ouverte, chirurgiens et autres exerçant les arts libéraux, et enfin par les artisans.

34. Pour procéder à l'élection des susdits notables, il sera nommé un député par le chapitre principal du lieu, un par chaque autre chapitre séculier, un par l'ordre ecclésiastique, un par les nobles et officiers militaires, un par le bailliage, un par chacune des autres juridictions, et un par chacun des autres corps et communautés du lieu.

35. Lesdits députés seront nommés dans des assemblées qui seront convoquées à cet effet huitaine au moins avant le jour auquel se fera l'élection des officiers municipaux, lesquelles assemblées seront tenues, savoir celles des chapitres en la manière accoutumée, celles des ecclésiastiques par l'évêque ou l'un de ses vicaires-généraux dans le lieu de sa résidence épiscopale, et dans les autres lieux par le doyen des curés; celles des nobles et des officiers militaires par le bailli d'épée; celles des juridictions par celui qui y présidera; celles des commensaux de notre maison et bourgeois vivant noblement, ainsi que celles des personnes qui exercent des professions libres ou des arts libéraux par le lieutenant-général ou autre premier officier de nos sièges ou de ceux des seigneurs; celles des avocats, notaires et procureurs en la manière ordinaire; celles des commerçants, négociants en gros, et des marchands détailleurs et des artisans par celui qui exercera les fonctions de lieutenant de police.

36. Les députés seront tenus de s'assembler à l'Hôtel-de-Ville au plus tard la veille du jour destiné à l'élection des officiers municipaux, à l'effet d'élire par scrutin et par billets à la pluralité des suffrages lesdits notables; et sera ladite assemblée convoquée par le maire en exercice.

37. Ne pourront être élues notables que des personnes âgées au moins de trente ans, domiciliées dans lesdites villes et bourgs depuis dix ans, n'ayant aucunes fonctions qui exigent leur résidence ailleurs, ayant passé par les charges de leur

communauté, s'ils sont d'une communauté où il y ait des syndics ou jurés; et seront lesdits notables élus pour quatre années, sauf à être continués, s'il y échoit, autant de fois qu'il sera jugé convenable.

38. Les notables ainsi élus seront convoqués par billets signés du secrétaire greffier, et envoyés par les officiers municipaux toutes les fois qu'il y aura lieu de tenir une assemblée de notables.

39. Aussitôt après l'élection des échevins et des trois sujets qui seront présentés pour remplir la place de maire, il sera tenu une assemblée de notables pour procéder à celle des conseillers de ville.

40. En cas que quelques-uns desdits corps et communautés n'eussent pas nommé leurs députés, ou que quelques-uns des députés nommés ne se trouvassent pas à l'assemblée pour l'élection des notables, ainsi que dans les cas où quelques-uns des notables ne se trouveroient pas aux assemblées indiquées pour l'élection des maire et échevins ou conseillers de ville, il sera passé outre auxdites élections, sans qu'elles puissent être différées ni suspendues pour quelque cause ni sous quelque prétexte que ce soit, et sans qu'aucunes autres personnes que celles ci-dessus désignées puissent y être admises en leur lieu et place.

41. Aucuns habitants desdites villes et bourgs ne pourront refuser les places auxquelles ils auront été élus, sous prétexte de privilèges attachés à des charges ou offices dont ils seroient revêtus, si ce n'est dans le cas de la résidence qui pourroit être attachée auxdites charges ou offices pendant une partie de l'année, ailleurs que dans lesdites villes et bourgs; voulons que toutes contestations qui naîtroient à ce sujet, ainsi que sur ce qui concerne l'exécution de notre édit du mois d'août dernier et du présent, soient portées devant nos juges ordinaires des lieux, ou, s'il n'y en a pas, devant ceux des seigneurs ressortissant nuement en nos cours, et par appel immédiatement à la grand'chambre de nos cours de parlement, pour être jugées dans la forme prescrite par l'article 47 de notre édit du mois d'août dernier.

42. Voulant écarter tout sujet de contestations sur les rangs et préséances dans les assemblées, ordonnons que celui qui y présidera soit placé à la tête des officiers municipaux, et soit avec eux sur une même ligne, que les officiers des juridictions prennent place vis-à-vis d'eux dans l'ordre entre eux réglé; que les ecclésiastiques, les nobles, ceux qui exercent des pro-

fessions libres, des arts libéraux, soient placés à la droite des officiers municipaux, et tous les autres notables à leur gauche; le président prendra les suffrages en commençant par les officiers municipaux, ensuite par les officiers des juridictions, suivant l'ordre établi entre elles, et après par le premier des notables à la droite, en continuant ainsi jusqu'au dernier opinant des notables placés à sa gauche.

43. Quant aux processions et cérémonies publiques, voulons que les officiers de nos bailliages et sénéchaussées, même à leur défaut, les officiers des seigneurs, aient toujours la droite, et ceux du corps-de-ville la gauche, et que, s'il s'y trouve d'autres juridictions qui ne soient pas du nombre des compagnies supérieures, elles prennent séance après les officiers de nosdits bailliages et sénéchaussées, suivant le rang qu'elles doivent tenir entre elles.

44. Tout ce qui concerne la régie et administration ordinaire des villes et bourgs sera réglé dans une assemblée du corps-de-ville, qui se tiendra tous les quinze jours, aux jour et heure qui auront été fixés dans une assemblée de notables qui sera convoquée à cet effet aussitôt après l'élection des échevins et conseillers de ville, qui sera faite en exécution de notre présent édit.

45. Les conseillers de ville auront droit d'assister auxdites assemblées, sans toutefois que lesdits maires et échevins soient tenus de les y appeler pour les affaires que l'assemblée des notables aura déterminé être de nature à être réglées par le corps-de-ville seulement, et qui pourront requérir célérité.

46. Toutes les autres affaires, sans exception, seront portées dans une assemblée dudit corps-de-ville, à laquelle lesdits conseillers seront appelés, et qui sera tenue tous les mois au moins, aux jour et heure qui auront été fixés par la susdite assemblée des notables, ou même plus souvent si lesdits maire et échevins le jugent nécessaire; n'entendons néanmoins comprendre dans lesdites affaires celles qui, suivant l'article 13, et suivants de notre édit du mois d'août dernier, seront de nature à être portées et réglées dans une assemblée de notables.

47. Les assemblées du corps-de-ville seront tenues à l'Hôtel-de-ville et présidées par le maire; les délibérations y seront prises à la pluralité des voix, et portées de suite sur un registre coté et paraphé par le maire ou un échevin, où elles seront signées par tous les délibérants, sans qu'aucuns d'eux puissent se dispenser de les signer, quand ils auroient été d'avis contraires.

48. Et afin que nous puissions régler incessamment tout ce qui pourra concerner l'administration des biens et revenus desdites villes et bourgs, et même régler et diminuer, autant que faire se pourra, leurs dépenses ordinaires et extraordinaires; voulons que dans un mois au plus tard du jour de l'élection des notables, officiers municipaux et conseillers de ville, qui aura été faite en exécution de notre présent édit, et dans deux mois, à compter du jour de sa publication pour les élections qui auroient été faites en exécution de notre édit du mois d'août dernier, il soit convoqué une assemblée desdits notables, pour délibérer sur les moyens de parvenir à une meilleure administration; à l'effet de quoi lesdites délibérations, et les pièces et mémoires qui y pourront être jointes seront envoyés aussitôt après au contrôleur général de nos finances, pour sur l'avis du commissaire départi, y être par nous pourvu, ainsi qu'il appartiendra, par nos lettres patentes en la forme ordinaire.

49. Voulons en outre que, pour subvenir promptement à l'acquit des dettes contractées par nos villes et bourgs, tant en principaux qu'intérêts ou arrérages, il soit, dans le délai porté par l'article précédent, dressé par les maire et échevins, des états de recette et de dépense, ensemble des états des différentes dettes, dans lesquels distinction sera faite des dettes exigibles d'avec les constituées, des capitaux des unes et des autres, des intérêts ou arrérages qu'elles produisent annuellement, et de ce qui sera dû au 1er juillet prochain. Voulons même qu'il y soit, autant qu'il se pourra, fait mention de la cause desdites dettes, des lettres patentes, arrêts ou délibérations en vertu desquels elles auront été contractées, et qu'elles soient distinguées en autant de classes qu'il y aura d'emprunts, et que dans chaque classe il soit fait distinction des dettes privilégiés, hypothécaires ou chirographaires.

50. Lesdits états, dès qu'ils seront dressés, seront présentés à une assemblée de notables qui sera convoquée à cet effet, pour y être lus et vérifiés, et sur iceux pris telles délibérations qu'il appartiendra, sur les moyens qui seront jugés les plus propres à liquider et acquitter lesdites dettes, laquelle délibération sera, avec lesdits états, envoyée au contrôleur général de nos finances, pour, sur l'avis du commissaire départi, y être par nous pourvu en la forme portée en l'article 48 ci-dessus.

51. Dans les villes et bourgs où il se trouvera deux mille habitants et plus jusqu'à quatre mille cinq cents, les corps-de-

ville ou communautés seront composés d'un maire, des deux échevins, de quatre conseillers, d'un syndic-receveur et d'un secrétaire-greffier.

52. Les assemblées de notables dans lesdites villes et bourgs seront composées du maire, de deux échevins, des quatre conseillers de ville et de dix notables, lesquels notables seront choisis, savoir, un dans l'ordre ecclésiastique, un parmi les nobles et officiers militaires, un dans les différentes juridictions du lieu, deux parmi les commensaux de notre maison, avocats, médecins et bourgeois vivants noblement, un dans les communautés de notaires et procureurs, deux parmi les commerçants en gros et marchands ayant boutique ouverte, les chirurgiens et autres exerçant des arts libéraux, et deux parmi les laboureurs, vignerons et artisans.

53. Ledit maire exercera ses fonctions pendant trois ans, lesdits échevins pendant deux ans, et les conseillers de ville pendant quatre, en telle sorte néanmoins qu'il soit procédé, chaque année, à l'élection d'un échevin et d'un conseiller, et tous les trois ans seulement à l'élection des trois sujets qui nous seront présentés pour remplir les fonctions de maire, ainsi qu'il est porté par les articles 5, 6, 7 et 8 ci-dessus; et seront au surplus exécutées, dans lesdites villes et bourgs, les dispositions contenues aux cinquante premiers articles de notre présent édit, en ce qu'il n'y est point dérogé par le présent article et les deux précédents.

54. Les corps municipaux des villes et bourgs qui contiendront moins de deux mille habitants seront composés de deux échevins, de trois conseillers de ville, d'un syndic-receveur et d'un secrétaire-greffier.

55. Lesdits échevins exerceront leurs fonctions pendant deux années, et les conseillers de ville pendant trois, et il sera procédé chaque année à l'élection d'un échevin et d'un conseiller de ville, et seront lesdites élections faites dans une assemblée composée des officiers municipaux et de six notables.

56. Lesdits six notables seront choisis dans les différents corps desdites villes ou bourgs, à l'effet de quoi le juge du lieu, ou, à son défaut, le premier échevin, divisera la ville ou bourg en trois quartiers, en observant de former, autant qu'il se pourra, chacun desdits quartiers d'un nombre égal d'habitants, en suivant l'ordre des demeures. Voulons que chaque quartier s'assemble séparément devant ledit juge ou premier échevin, et nomme quatre députés, qui seront ensuite assem-

blés au lieu ordinaire pour faire les élections, aux fins d'élire, par la voie du scrutin et par billets, lesdits six notables, et seront au surplus exécutées, dans lesdites villes et bourgs, les dispositions contenues aux cinquante premiers articles de notre présent édit, en ce qui n'y est pas dérogé par le présent article et les deux précédents.

57. Ladite assemblée sera tenue par le juge du lieu, ou, à son défaut, par le premier échevin qui y présidera.

58. Toutes les dispositions de notre présent édit seront exécutées selon leur forme et teneur, nonobstant tous autres édits, déclarations, arrêts, règlements et usages, auxquels nous avons dérogé et dérogeons par le présent édit en tant que de besoin, en ce qui pourroit y être contraire, nous réservant de statuer sur l'administration économique de chacune de nosdites villes et bourgs par des lettres patentes particulières que nous ferons expédier, après qu'elles nous auront fourni des instructions à ce nécessaires, conformément aux articles 48, 49 et 50 ci-dessus, sans que, sous prétexte des dispositions du présent édit, il puisse être apporté aucun changement aux usages observés jusqu'à ce jour pour notre service particulier, lors de nos voyages, celui de notre famille royale, des princes de notre sang, et celui de nos troupes, subsistances, passages et logement d'icelles; voulant qu'il continue d'être fait par le secrétaire, ou, en son absence, par le premier officier du corps municipal, en vertu des ordres qui lui seront donnés de notre part, suivant ce qui s'est pratiqué jusqu'à présent. N'entendons pareillement comprendre dans les dispositions du présent édit notre bonne ville de Paris, à l'égard de laquelle il ne sera rien innové jusqu'à ce qu'il en ait été autrement par nous ordonné, ni notre ville de Lyon, sur laquelle nous nous sommes expliqué par nos lettres patentes particulières du 31 août dernier. Si donnons, etc.

N° 896. — LETTRES PATENTES *portant que les habitants des îles sous la domination de l'ordre de Malte, seront tenus en France pour régnicoles; qu'ils pourront s'y établir, et y acquérir des biens meubles et immeubles, rentes, et en disposer tant entre vifs que par testament.*

Versailles, juin 1765. Reg. P. P. 12 juillet. (Archiv.)

N° 897. — DÉCLARATION *portant règlement pour la compagnie du guet faisant le service près le Châtelet, et rétablissement de la charge de chevalier du guet, par commission, pour commander ladite compagnie.*

Compiègne, 12 juillet 1765. Reg. P. P. 30. (Archiv.)

N° 898. — ÉDIT *concernant la faculté de droit de Poitiers.*

Compiègne, août 1765. Reg. P. P. 12. (Archiv.)

N° 896. — ARRÊT *du conseil concernant le clergé.*

Versailles, 15 septembre 1765. (Archiv.)

Vu par le roi, étant en son conseil, les remontrances présentées à S. M. par le clergé de France actuellement assemblé, avec sa permission, dans la ville de Paris, contre deux arrêts rendus en son parlement de ladite ville, les 4 et 5 du présent mois, ensemble lesdits deux arrêts, S. M. auroit reconnu que, si, d'un côté, les qualifications portées par lesdits arrêts, et la nécessité de ne laisser aucun doute sur le droit que les évêques ont reçu de Jésus-Christ d'enseigner sa doctrine, les dogmes et les vérités de la religion, droit inséparable de la puissance spirituelle, que S. M. se fera toujours un devoir de protéger, exigeoient d'elle qu'elle ne laissât pas subsister lesdits arrêts; d'un autre côté, l'importance et la gravité des matières dont il étoit question demandoient que S. M. prît des mesures capables d'assurer de plus en plus le bien de la religion, conserver les droits des deux puissances, et maintenir les lois de l'Eglise et de l'Etat, l'ordre et la tranquillité publique. A quoi voulant pourvoir, ouï le rapport, et tout considéré, le roi, étant en son conseil, a cassé et annulé, casse et annule les arrêts de son parlement de Paris des 4 et 5 du présent mois; se réservant S. M. de faire connoître d'une manière plus expresse ses intentions ultérieures sur des objets si dignes de son attention. Et sera le présent arrêt imprimé, publié et affiché partout où besoin sera.

N° 899. — ORDONNANCE *qui fait défenses à tous artistes et ouvriers établis, de sortir du royaume sans passeports.*

Fontainebleau, 19 novembre 1765. (Archiv. — Peuchet.)

N° 900. — CONVENTION *entre la France et le Wurtemberg pour la restitution réciproque des déserteurs et malfaiteurs.*

1765. (Martens, VI, 42.)

N° 901. — ÉDIT *sur la discipline des conseils supérieurs à Saint-Domingue.*

Janvier 1766. (Moreau de Saint-Méry.)

N° 902. — ORDONNANCE *concernant le gouvernement civil des Iles sous le Vent* (en 80 art.).

Versailles, 1ᵉʳ février 1766. (Moreau de Saint-Méry.)

N° 903. — ARRÊT du conseil qui permet de fabriquer des porcelaines à l'imitation de la Chine.

Versailles, 15 février 1766. (Archiv.)

N° 904. — LETTRES PATENTES concernant l'élection et nomination du maire de la ville de Saint-Denis.

Versailles, 15 février 1766. Reg. P. P. 18 avril. (Archiv.)

N° 905. — ARRÊT du conseil qui accorde à tous les habitants de campagne, la permission de fabriquer des toiles de lin, de chanvre et de coton, et toutes étoffes de laine et de soie, ainsi que de bonneterie et chapellerie.

Versailles, 28 février 1766. (Archiv.)

N° 906. — ORDONNANCE concernant les enregistrements des lois et ordonnances dans les colonies.

Versailles, 18 mars 1766. (Archiv.)

N° 907. — DÉCLARATION portant réglement pour la faculté de droit de Poitiers.

Versailles, 24 mars 1766. Reg. P. P. 8 avril. (Archiv.)

N° 908. — LETTRES PATENTES portant établissement de docteurs agrégés dans la faculté des arts de l'université de Paris.

Versailles, 3 mai 1766. Reg. P. P. 7. (Archiv.)

N° 909. — DÉCLARATION concernant les poids et mesures.

Versailles, 16 mai 1766. Reg. P. P. 27 juin. (Archiv. — Peuchet.)

PRÉAMBULE.

Louis, etc. Quoiqu'il soit fort désirable pour le commerce que l'uniformité des poids et mesures établisse entre l'acheteur et le vendeur, une bonne foi qui sera toujours l'ame la plus active du commerce, les tentatives inutiles qui ont été faites en plusieurs temps pour y parvenir peuvent faire douter du succès des nouveaux efforts que l'on feroit à cet égard; cependant il nous a paru que ce seroit pourvoir, du moins en partie, à la sûreté et à la facilité des opérations du commerce, et diminuer considérablement les inconvénients que la diversité des mesures lui occasione, que de lui présenter un tarif exécuté avec précision, dans lequel il pût trouver les rapports et les proportions de tous les poids et mesures d'usage dans les différentes villes et lieux de notre royaume avec les poids et les mesures matrices, dont on auroit fait choix, et desquels le dépôt authentique seroit fait de l'autorité de nos cours et conseils supérieurs. Comme l'once et la livre poids de marc, la toise de six pieds de roi et l'aune mesure de Paris sont adoptées dans beaucoup d'endroits et connues généralement partout, nous avons pensé qu'elles devoient être préférées pour être la base du tarif de proportion que nous nous proposons de faire exécuter; et nous nous sommes d'autant plus volontiers déterminé à faire ce choix, qu'il nous a paru remplir le vœu, tant des sieurs commissaires que des députés au bureau de commerce, ainsi que des chambres du commerce et des principaux négociants que nous avons cru devoir entendre et consulter sur une opération aussi importante. A ces causes, etc.

N° 910. — ARRÊT *du conseil concernant la réformation des abus dans les monastères des différents ordres religieux.*

Versailles, 23 mai 1766. (Archiv.)

PRÉAMBULE.

Le roi étant informé qu'il s'est introduit dans les monastères des différents ordres religieux établis dans son royaume, plusieurs abus également préjudiciables à ces ordres mêmes qui méritent la protection de S. M., à l'édification des peuples et au bien de la religion et de l'Etat; et S. M. s'étant fait rendre compte du mémoire qui lui auroit été présenté à ce sujet par les archevêques, évêques et autres ecclésiastiques députés à l'assemblée générale du clergé qui se tient actuellement à Paris par sa permission, elle auroit jugé que le vrai moyen de connoître encore plus particulièrement ces abus, d'y apporter le remède le plus convenable, et de rappeler le bon ordre et la discipline dans ces monastères, étoit de prendre incessamment les avis de ceux qu'elle jugera à propos de choisir dans son conseil et dans l'ordre épiscopal, pour en conférer ensemble et lui proposer ce qu'ils estimeront nécessaire pour remplir entièrement ses vues à cet égard. A quoi voulant pourvoir, ouï le rapport, etc.

N° 911. — ARRÊT *du conseil concernant les actes de l'assemblée générale du clergé de France*

Versailles, 24 mai 1766. (Archiv.)

Le roi s'étant fait représenter l'arrêt rendu en son conseil le 18 septembre 1765, par lequel, entre autres dispositions, S. M. se seroit réservée de faire connoître d'une manière plus exprosse ses intentions ultérieures sur les objets importants renfermés dans les actes qui venoient de paroître au nom de l'assemblée générale du clergé de son royaume; et S. M. étant informée des diversités d'opinions, des interprétations litigieuses, et des réclamations auxquelles la seconde partie desdits actes auroit donné occasion; considérant combien il est essentiel pour le bien de la religion et pour celui de l'Etat, qui ne peuvent être séparés, d'empêcher qu'on n'agite dans son royaume des questions téméraires ou dangereuses, non-seulement sur les expressions qui peuvent être différemment entendues, mais sur le fond des choses mêmes; elle auroit résolu d'apporter, à ce mal naissant, le remède le plus prompt et le plus capable d'affermir l'union qui doit régner entre le sacerdoce et l'empire; et dans cette vue elle auroit jugé nécessaire, en attendant qu'elle soit en état de prendre à ce sujet les mesures définitives que sa sagesse et sa piété lui suggéreront, d'arrêter dès à présent le cours de pareilles disputes, et de rappeler, comme il appartient à son autorité, les principes invariables qui sont contenus dans les lois du royaume, et notamment dans les édits de 1682 et de 1695, et dans l'arrêt de son conseil du 10 mars 1731; principes suivant lesquels il est incontestable que l'Eglise a reçu de Dieu même une véritable autorité, qui n'est subordonnée à aucune autre dans l'ordre des choses spirituelles, ayant le salut pour objet. Que d'un autre côté, la puissance temporelle, émanée immédiatement de Dieu, ne relève que de lui seul, et ne dépend ni directement, ni indirectement d'aucune autre puissance qui soit sur la terre; que le gouvernement des choses humaines, et tout ce qui intéresse l'ordre public et le bien de l'Etat, est entièrement et uniquement de son ressort, et qu'il n'y a aucune puissance qui, sous quelque prétexte que ce soit, puisse, en aucun cas, affranchir les sujets, de quelque rang, qualité et condition qu'ils soient, de la fidélité inviolable qu'ils doivent à leur souverain. Qu'il appartient à l'Eglise seule de décider ce qu'il faut croire, et ce qu'il faut pratiquer dans l'ordre de la religion, et de déterminer la nature de ses jugements en matière de doctrine, et leurs effets sur l'ame des fidèles, sans que la puissance temporelle puisse, en aucun cas, prononcer sur le dogme, ou sur ce qui est purement spirituel; mais qu'en même temps la puissance temporelle, avant que d'autoriser la publication des décrets de l'Eglise, de les rendre lois de l'Etat, et d'en ordonner l'exécution, avec défenses, sous des peines temporelles, d'y contrevenir, a droit d'examiner la forme de ces décrets, leur conformité avec les maximes du royaume, et tout ce qui, dans leur publication, peut altérer ou intéresser la tranquillité publique; comme aussi d'empêcher, après leur publication, qu'il ne leur soit donné des qualifications qui n'auroient point été autorisées par l'Eglise. Qu'indépendamment du droit qu'a l'Eglise, de décider les questions de doctrine sur la foi et la règle des mœurs, elle a encore celui de faire des canons ou règles de discipline, pour la conduite des ministres de l'Eglise et des fidèles, dans l'ordre de la religion; d'établir ses ministres ou de les destituer, conformément aux mêmes règles, et de se faire obéir, en imposant aux fidèles, suivant l'ordre canonique, non seulement des pénitences salutaires, mais de véritables peines spirituelles, par les jugements ou par les censures que les premiers pasteurs ont droit de prononcer et de manifester, et qui sont d'autant plus redoutables, qu'elles produisent leur effet sur l'ame du coupable, dont la résistance n'empêche pas qu'il ne porte, malgré lui, la peine à laquelle il est condamné; mais qu'à la puissance temporelle seule appartient, privativement à toute autre autorité, d'employer les peines temporelles, et la force visible et extérieure sur les biens et sur les corps, même contre ceux qui résisteroient à l'autorité spirituelle, et qui contreviendroient aux règles de l'Eglise, dont la manutention extérieure et la défense contre toute infraction, est un droit de la puissance temporelle, comme elle en est un devoir. Qu'en conséquence, la puissance temporelle protectrice des canons, doit à l'Eglise le secours de son autorité pour l'exécution des jugements prononcés contre des fidèles, suivant les règles canoniques; mais qu'elle ne doit pas moins veiller à la conservation de l'honneur des citoyens, lorsqu'il seroit compromis par l'inexécution des formes requises, et punir même ceux qui se seroient écartés de ces formes et des règles sagement établies. Que ce droit, que donne au souverain la qualité d'évêque du dehors, et de vengeur des règles anciennes, droit que l'Eglise a souvent invoqué elle-même pour le maintien de l'ordre et de la discipline, ne s'étend point à imposer silence aux pasteurs sur l'enseignement de la foi et de la morale évangélique; mais qu'il empêche que chaque ministre ne soit indépendant de la puissance temporelle, en ce qui concerne ses fonctions extérieures, appartenantes à l'ordre public, et qu'il donne au souverain le moyen d'écarter de son royaume des disputes étrangères à la foi, et qui ne pourroient avoir lieu sans nuire également au bien de la religion et à celui de l'État. Qu'il appartient à l'autorité spirituelle, d'examiner et d'approuver les instituts religieux dans l'ordre de la religion ; et qu'elle seule peut commuer les vœux, en dispenser, ou en relever dans le for intérieur ; mais que la puissance temporelle a droit de déclarer abusifs et non valablement émis, les vœux qui n'auroient pas été formés suivant les règles canoniques et civiles ; comme aussi d'admettre ou de ne pas admettre des ordres religieux, suivant qu'ils peuvent être utiles ou dangereux dans l'État, même d'exclure ceux qui s'y seroient établis contre lesdites règles, ou qui deviendroient nuisibles à la tranquillité publique. Qu'enfin, outre ce qui appartient essentiellement à la puissance spirituelle, elle jouit encore dans le royaume de plusieurs droits et privilèges sur ce qui regarde l'appareil extérieur d'un tribunal public, les formalités de l'ordre ou du style judiciaire, l'exécution forcée des jugements sur les corps ou sur les biens, les obligations ou les effets qui en résultent dans l'ordre extérieur de la société, et en général, tout ce qui ajoute la terreur des peines temporelles à la crainte des peines spirituelles ; mais que ces droits et privilèges accordés pour le bien de la religion et pour l'avantage même des fidèles, sont des concessions des souverains, dont l'Église ne peut faire usage sans leur autorité ; et que, soit pour empêcher les abus qui peuvent se commettre dans l'exercice de cette juridiction extérieure, soit pour réprimer également toute entreprise des deux côtés sur l'une ou l'autre puissance, la voie de recours au prince a été sagement établie, utilement observée, et constamment reconnue. Le roi rendra toujours au clergé de son royaume, la justice de croire qu'il est convaincu de la vérité de ces maximes inviolables, qui servent de fondement à l'indépendance des deux puissances ; qu'il les soutiendra toutes avec le même zèle, et qu'il ne cessera jamais de resserrer par son enseignement et par son exemple les liens de fidélité, d'amour et d'obéissance qui unissent les sujets à leur souverain ; et S. M. pénétrée également de l'obligation où elle est de rendre elle-même, et de faire rendre aux décisions de l'église universelle, le respect et la soumission qu'elles exigent, et de maintenir en même temps, contre toutes entreprises, l'indépendance absolue de sa couronne, se fera un devoir de réprimer tous excès, et d'empêcher que personne ne transgresse les bornes que Dieu lui-même a établies pour le bien de la religion et la tranquillité des empires : et S. M. étant persuadée que rien n'est plus instant dans les circonstances présentes, que de mettre hors de toute atteinte ces principes inviolables sur les limites des deux puissances, et d'affermir entre elles ce concours si essentiel pour leur avantage réciproque, n'a pas cru devoir différer plus long-temps de renouveler les lois faites à ce sujet, de proscrire tout ce qui pourroit s'opposer à leur exécution, et d'imposer au surplus par provision, comme elle a déjà fait par son arrêt du conseil du 10 mars 1731, un silence général et absolu sur tout ce qui pourroit exciter dans son royaume du trouble et de la division sur une matière si importante. A quoi voulant pourvoir; ouï le rapport, et tout considéré; le roi en son conseil, a ordonné et ordonne que les ordonnances, édits, déclarations et lettres patentes concernant la nature, l'étendue et les bornes de l'autorité spirituelle et de la puissance séculière, notamment les édits des mois de mars 1682 et avril 1695, seront exécutés selon leur forme et teneur, dans tout son royaume, terres et pays de son obéissance; veut en conséquence S. M. que les quatre propositions arrêtées en l'assemblée des évêques de son royaume convoqués extraordinairement à cet effet en ladite année 1682, et les maximes qui y ont été reconnues et consacrées, soient inviolablement observées en tous ses Etats, et soutenues dans toutes les universités et par tous les ordres, séminaires et corps enseignants, ainsi qu'il est prescrit par ledit édit de 1682: fait défenses à tous ses sujets, de quelque état et condition qu'ils soient, de rien entreprendre, soutenir, écrire, composer, imprimer, vendre ou distribuer directement ou indirectement, qui soit contraire auxdites maximes et aux principes ci-dessus rappelés; ordonne en outre S. M., que l'arrêt de son conseil du 10 mars 1731, sera exécuté; ce faisant, fait très-expresses inhibitions et défenses à toutes personnes de rien écrire, publier ou soutenir qui puisse tendre à renouveler des disputes, élever des contestations ou faire naître des opinions différentes sur ladite matière; S. M. imposant de nouveau, et par provision, un silence général et absolu sur cet objet: exhorte S. M., et néanmoins enjoint à tous archevêques et évêques de son royaume, de veiller, chacun dans son diocèse, à ce que la tranquillité qu'elle veut y maintenir par la cessation de toutes disputes, y soit charitablement et inviolablement conservée; se réserve S. M. à elle seule, de prendre, sur l'avis de ceux qu'elle jugera à propos de choisir incessamment dans son conseil et même dans l'ordre épiscopal, les mesures qu'elle estimera les plus convenables, pour conserver toujours de plus en plus les droits inviolables des deux puissances, maintenir entre elles l'union qui doit y régner pour le bien commun de l'Église et de l'État, et généralement pour mettre fin à toutes les disputes et contestations relatives aux matières renfermées dans lesdits actes de l'assemblée du clergé, et sera le présent arrêt imprimé, publié et affiché partout où besoin sera; enjoint S. M. à tous juges, chacun en droit soi, notamment au sieur lieutenant-général de police de la ville de Paris, comme aussi aux lieutenants-généraux et juges de police des autres villes, de tenir la main à l'exécution du contenu au présent arrêt.

N° 912. — ÉDIT *portant règlement pour l'administration des villes et communautés de la province de Languedoc.*

Versailles, mai 1766. Reg. P. de Toulouse 25 juin. (Archiv.)

N° 913. — DÉCLARATION *interprétative de l'édit de mai 1765 pour l'administration des biens des villes.*

Versailles, 15 juin 1766. Reg P. P. 30 août. (Archiv.)

Louis, etc. Par le compte que nous nous sommes fait rendre de l'exécution de nos édits du mois d'août 1764 et mai 1765, portant règlement pour l'administration des biens des villes et principaux bourgs de notre royaume, et des élections des officiers municipaux faites en conséquence, nous avons remarqué que les corps et communautés des artisans, en s'assemblant séparément et nommant, conformément à l'article 34 du dernier de ces édits, chacun un député, donnoient une si grande quantité de députés dans toutes les villes, que leur nombre se trouvoit, dans plusieurs endroits, excéder celui des députés des compagnies et autres classes des habitants, et leur assuroit conséquemment la prépondérance dans les élections; qu'il en pouvoit résulter un inconvénient, en ce que le concert entre ces députés des artisans, et même quelquefois les brigues et les cabales entre eux, pouvoient anéantir le choix le plus éclairé, et donner, contre notre gré, à l'administration, des officiers municipaux mal choisis, même souvent absolument incapables; nous avons cru ne pouvoir trop tôt obvier à un abus si contraire aux vues de bien public, qui nous ont déterminé à rendre, par nosdits édits, aux habitants, dans chaque communauté, la liberté de choisir eux-mêmes leurs officiers municipaux; et pour nous assurer d'autant plus que ce choix ne tombera que sur des sujets dans le zèle, les lumières et la probité desquels la communauté pourra à juste titre placer sa confiance, nous avons défendu, par une prohibition expresse, toute espèce de cabales et de démarches tendantes à briguer ou gêner les suffrages. Nous avons reconnu, par les titres qui nous ont été représentés de la part de plusieurs juridictions consulaires et chambres de commerce, qu'elles avoient le droit d'assembler les commerçants, négociants et marchands de la ville dans laquelle elles sont établies, toutes les fois qu'il est question de nommer des juges et consuls ou des officiers de la chambre de commerce, ou de délibérer sur les affaires qui l'intéressent; et nous avons jugé convenable, pour continuer de donner au commerce des marques de notre confiance et de la protection que nous sommes résolus de lui assurer à toujours dans notre royaume, de confirmer toutes les juridictions consulaires et chambres de commerce dans l'exercice de ce droit. Enfin, sur ce qui nous a été représenté qu'à l'occasion de ce que nous avions ordonné que toutes les contestations qui naîtroient sur l'exécution de nosdits édits, seroient portées devant nos juges ordinaires des lieux, ou s'il n'y en avoit pas, devant ceux des seigneurs ressortissants nûment en nos cours, il pourroit résulter, en plusieurs endroits, des incertitudes sur les juges devant lesquels doivent être portées lesdites contestations, en ce qu'il se trouve dans notre royaume plusieurs villes ou bourgs dans lesquels il n'y a pas, pour nous ni pour les seigneurs, des juges ordinaires ressortissants nûment en nos cours; nous avons jugé convenable d'expliquer si précisément nos intentions, que rien ne puisse arrêter le cours desdites élections, ni suspendre en aucune façon l'exécution de nosdits édits. A ces causes, etc., voulons et nous plaît ce qui suit:

Art. 1er Tous les corps et communautés d'artisans, soit qu'ils soient ou ne soient pas en jurande, continueront, ainsi qu'il est porté par l'article 35 de notre édit du mois de mai dernier, de s'assembler devant celui qui exerce les fonctions de lieutenant de police; mais ils ne pourront nommer un député qu'ils ne soient au nombre au moins; savoir: dans les villes de quatre mille cinq cents habitants et au-dessus, de dix-huit délibérants: et dans les villes où il ne se trouveroit pas quatre mille cinq cents habitants, de douze délibérants au moins: voulons à cet effet que les corps ou communautés d'artisans, qui ne se trouveroient pas réunir dix-huit maîtres dans les villes de la première classe, et douze dans celles de la seconde, soient assemblés avec un ou plusieurs autres corps de la profession la plus analogue à la leur, pour ne nommer entre eux qu'un seul député, sans que, dans le cas où deux, ou plusieurs corps ainsi rassemblés, se trouveroient réunir entre eux un plus grand nombre de maîtres que celui ci-dessus fixé, ceux qui se trouveroient en excédant pussent prétendre concourir dans une autre assemblée à la nomination d'un député, et sans qu'aucun desdits corps puisse être reçu à se plaindre d'avoir été assemblé avec un autre, tant qu'il ne se trouvera pas composé du nombre de maîtres nécessaire pour nommer seul un député, laissons au surplus à la prudence de celui qui exercera les fonctions de lieutenant de police, le choix des corps qu'il croira plus convenable de réunir ensemble.

2. Aucun habitant, de quelque état qu'il puisse être, ne pourra concourir, dans deux corps ou compagnies différentes, à la nomination des députés; voulons que ceux qui se trouvent membres de deux corps ou compagnies, soient tenus d'opter celle avec laquelle ils préféreront d'être assemblés, et que les députés ne puissent être admis à l'assemblée ordonnée par l'article 36 de notre édit pour l'élection des notables, qu'en rapportant le procès-verbal de l'assemblée dans laquelle ils auront été nommés, lequel procès-verbal sera expédié sur papier non marqué, signé de celui qui aura tenu ladite assemblée, contiendra le nom de ceux qui y auront assisté, et sera délivré au député sans frais.

3. Les commerçants, négociants, entrepreneurs des manufactures et marchands, qui ont droit de parvenir au consulat dans les villes où il y a juridiction consulaire ou chambre de commerce, s'assembleront, pour nommer leur député, dans la salle de la juridiction consulaire ou dans la chambre de commerce, et seront convoqués par le président de ladite chambre ou juridiction, lequel présidera à leurs assemblées et dressera procès-verbal de la nomination des députés desdits corps.

4. Défendons aux habitants, de quelque état et condition qu'ils soient, de gêner ni mendier les suffrages, soit des membres des corps ou compagnies, pour la nomination des députés, soit des députés pour le choix des notables, soit des notables ou officiers municipaux pour les places municipales; laissons à la prudence des juges de prononcer telle peine qu'il appartiendra contre les contrevenants, sur la requête de notre procureur ou de celui du seigneur. Voulons au surplus que les parens, jusqu'au deuxième degré inclusivement, ne puissent être pourvus ensemble des places de maire, d'échevins ou de conseillers de ville.

5. L'article 41 de notre édit du mois de mai 1765 sera exécuté selon sa forme et teneur; et, en l'interprétant en tant que de besoin, voulons que, dans le cas où nos juges, ou ceux des seigneurs, qui se trouvent établis dans quelques-unes des

villes ou quelques-unes des bourgs de notre royaume, juges ordinaires, ne ressortiroient pas nûment de nos cours, nosdits juges ou ceux des seigneurs qui présideront lesdites assemblées, en exécution et conformément à notredit édit du mois de mai dernier, connoissent provisoirement de toutes les contestations qui pourront naître pendant la tenue des assemblées ordonnées par notredit édit pour l'élection des officiers municipaux, et ce, jusqu'à ce que lesdites élections soient totalement consommées.

6. Voulons que les jugements que rendront auxdits cas nosdits juges, ou ceux des seigneurs, soient exécutés par provision nonobstant l'appel et sans y préjudicier.

7. L'appel des ordonnances ou jugements qui auront été ainsi rendus par nosdits juges, ou ceux des seigneurs, sera porté devant nos juges ou ceux des seigneurs qui sont en droit de connoître médiatement ou immédiatement des appels desdits premiers juges, et qui ressortissent nûment en nos cours; le tout sauf l'appel en la grand'-chambre de notre parlement.

8. Toutes les contestations qui naîtront après les élections finies, tant au sujet desdites élections, que relativement aux autres dispositions dudit édit, seront portées devant les juges ressortissants nûment en nos cours, ainsi qu'il est ordonné par l'article 41 dudit édit.

9. N'entendons néanmoins que, dans les cas où les difficultés qui s'élèveroient intéresseroient les droits, privilèges ou prérogatives de nos juges, soit entre eux, soit vis-à-vis des officiers municipaux, soit vis-à-vis les juges des seigneurs, et réciproquement, lesdites difficultés puissent être réglées ailleurs qu'en la grand'-chambre de nos cours de parlement, en la manière accoutumée; et seront au surplus exécutés nosdits édits, en tout ce qui n'est pas dérogé par les présentes, dans toutes les villes, bourgs ou paroisses où il y avoit précédemment des officiers municipaux; et à l'égard des villes, bourgs et paroisses où il n'y avoit point d'officiers municipaux, elles continueront d'être administrées par un seul syndic, comme elles l'étoient avant nosdits édits, lequel syndic sera élu en la manière accoutumée, et sera changé au moins tous les trois ans, et plus souvent, si c'est l'usage du lieu; mais ne pourra être continué au-delà du terme ordinaire des élections, si ce n'est après un intervalle de temps égal à celui pendant lequel il aura exercé les fonctions de syndic, en vertu de sa dernière élection. Si donnons, etc.

N° 914. — CONVENTION *entre le roi et l'impératrice, sur l'abolition du droit d'aubaine.*

24 juin 1766. (Wenck, III, 587.)

N° 915. — ÉDIT *portant qu'à l'avenir l'intérêt de l'argent sera fixé au denier vingt-cinq.*

Versailles, juin 1766. Reg. P. P. 30. (Archiv.)

N° 916. — LETTRES PATENTES *qui ordonnent le recensement et récolement des limites des faubourgs de Paris.*

Versailles, 28 juillet 1766. Reg. P. P. 4 août. (Archiv.)

N° 917. — ÉDIT *concernant les privilèges d'exemption de tailles.*

Versailles, juillet 1766. Archiv.)

PRÉAMBULE.

Louis, etc. La multiplicité des offices, auxquels le privilège d'exemption de tailles a été attribué successivement, a souvent donné lieu à des représentations, sur le préjudice qui en résultoit pour les contribuables. Si les besoins de l'Etat n'ont pas toujours permis aux rois nos prédécesseurs, de suivre les mouvements que leur inspiroit leur amour pour leurs sujets, ils ont néanmoins, suivant les différentes circonstances, réduit le nombre de ces offices, ou suspendu pour un temps limité, et quelquefois même indéfini, l'exercice de ce privilège. Louis XIV, notre auguste bisaïeul, avoit appris par une longue expérience dans le gouvernement, combien il étoit dangereux de faciliter aux contribuables les plus riches, les moyens de se soustraire au paiement de la taille, et de quelle importance il étoit de venir au secours des autres taillables, surchargés alors du poids de l'imposition. Il voulut remédier à une partie des maux qu'ils éprouvoient, par son édit du mois d'août 1715; et nous n'avons point cessé depuis notre avènement à la couronne, de nous occuper du soin de leur procurer tous les soulagements que les circonstances nous ont permis de leur accorder. Celles où nous nous trouvions en 1759, nous déterminèrent à faire rentrer dans la classe des contribuables, ceux de nos sujets, qui, nés taillables, s'étoient affranchis par acquisition d'offices, du paiement de cette imposition, et nous annonçâmes dès-lors le désir que nous avions de supprimer, au retour de la paix, la plupart des charges qui procurent ces sortes d'exemptions. Ayant été informés en 1760, que nos officiers commensaux et ceux de judicature, reconnoissant eux-mêmes combien toute espèce d'exploitation étoit peu conciliable avec la nature de leurs fonctions, avoient remis ces exploitations entre les mains des taillables qui en acquittoient les impositions, nous crûmes qu'il étoit de notre justice de leur rendre l'exemption de taille personnelle, dont ils jouissoient avant notre déclaration de 1759. Nous avons profité des premiers instants de la paix, pour prescrire les moyens de parvenir un jour à établir l'égalité dans la répartition des impôts, et nous n'avons pas laissé ignorer par notre déclaration du 13 juillet 1764, que nos vues à cet égard ne pourroient être remplies, que lorsque nous aurions fait cesser toute espèce d'arbitraire, et mis par ce moyen nos sujets en état de se livrer entièrement à la culture des terres, et à leur industrie. Pour suivre un objet aussi important, nous nous sommes fait représenter les titres des offices auxquels l'exemption de taille est attachée. Nous n'avons pu voir qu'avec peine la difficulté de procéder dans le moment actuel à la suppression de la plupart de ces charges; et que, si nous voulions attendre que nous fussions en état de suivre nos vues à cet égard, nous retarderions trop long-temps les secours que nos sujets taillables attendent de nous: le désir d'accélérer leur soulagement, nous a donc déterminé à supprimer pour toujours le privilège d'exemption de taille d'exploitation, à l'exception de celui dont jouissent les nobles, les ecclésiastiques, nos officiers des cours supérieures et bureaux des finances, ceux des grandes et petites chancelleries, et à ne conserver à nos officiers commensaux, officiers des élections, et à ceux des officiers de judicature ou de finance, qui étoient exempts de taille, que le privilège d'exemption de taille personnelle, qui est en effet le seul qui doit les distinguer des autres contribuables, et dont, par cette raison, nous avons récompensé, en 1764, le zèle et l'assiduité des officiers de nos bailliages et sièges présidiaux ressortissants nûment en nos cours de parlement; mais voulant en même temps rendre à ceux desdits officiers, dont le privilège d'exemption de taille d'exploitation se trouvera supprimé, et qui se croiroient fondés à nous demander quelque indemnité, toute la justice que nous leur devons, nous leur réservons de nous adresser leurs mémoires, dont nous nous ferons rendre un compte exact, à l'effet d'y pourvoir suivant les règles de l'équité. Nous nous sommes en même temps proposé de rendre le privilège d'exemption de taille personnelle, aux prévôts, lieutenants et exempts des compagnies de maréchaussées, qui en avoient été privés par l'édit de mars 1760, afin d'exciter de plus en plus leur zèle pour un service aussi essentiel à la sûreté et au bon ordre de nos provinces. Nous nous sommes fait représenter aussi les titres en vertu desquels les habitants des villes franches jouissent de l'exemption de la taille; et quoiqu'il nous ait été facile d'appercevoir que plusieurs de ces exemptions n'avoient été accordées que pour des considérations qui nous auroient permis de les révoquer, nous croyons devoir leur donner une nouvelle marque de notre protection, en les laissant jouir d'une grace personnelle qui ne pourra point être onéreuse à nos sujets taillables, lorsque l'exercice du privilège sera renfermé, comme il doit l'être par sa nature, dans l'enceinte des villes, et qu'il ne sera point permis à ceux qui les habitent, de partager les travaux ni l'industrie des gens de la campagne, sans contribuer avec eux au paiement de leurs impositions. Nous avons cru néanmoins devoir établir une distinction en faveur des bourgeois de notre bonne ville de Paris, qui, étant la capitale de notre royaume, a été de tout temps décorée de plusieurs privilèges, tant par les rois nos prédécesseurs, que par nous. A ces causes, etc.

N° 918. — DÉCLARATION *qui accorde des encouragements à ceux qui défrichent les Landes et terres incultes.*

Compiègne, 13 août 1766. Reg. P. P. 22. (Archiv.)

EXTRAIT.

Louis, etc. Par notre déclaration du 14 juillet 1764, nous avons, à l'exemple des rois nos prédécesseurs, donné des marques de notre protection à ceux qui ont entrepris ou entreprendront par la suite le desséchement des marais, palus et terres inondées dans notre royaume, en leur accordant l'exemption des dîmes et celle de la taille et autres impositions pendant un certain nombre d'années. Nous croyons devoir la même justice à ceux qui entreprennent les défrichements des terres incultes, et nous nous y portons d'autant plus volontiers, que plusieurs familles étrangères désireroient se livrer à ces sortes de travaux et se fixer dans notre royaume, si nous voulions les faire participer aux avantages dont jouissent nos propres sujets. A ces causes, etc., voulons et nous plaît ce qui suit :

ART. 1. Les terres, de quelque qualité et espèce qu'elles soient, qui, depuis quarante ans, suivant la notoriété publique des lieux, n'auront donné aucune récolte, seront réputées terres incultes.

2. Tous ceux qui voudront défricher ou faire défricher des terres incultes, et les mettre en valeur de quelque manière que ce soit, seront tenus, pour jouir des privilèges qui leur seront ci-après accordés, de déclarer au greffe de la justice royale des lieux, et à celui de l'élection, la quantité desdites terres avec leurs tenants et aboutissants.

3. En observant les formalités prescrites par l'article 2, ceux qui défricheront lesdites terres incultes jouiront, pour raison de ces terrains, pendant l'espace de quinze années, de l'exemption des dîmes, tailles et autres impositions généralement quelconques.

4. Les étrangers, actuellement occupés auxdits défrichements ou desséchements, ou qui se rendront en France pour se livrer à ces travaux, soit qu'ils y soient employés comme entrepreneurs, soit en qualité de fermiers ou de simples journaliers, seront réputés régnicoles, et comme tels jouiront de tous les avantages dont jouissent nos propres sujets. Voulons qu'ils puissent acquérir et disposer de leurs biens tant par donation entrevifs, que par testament, codicile et tous autres actes de dernière volonté en faveur de leurs enfants, parents et autres domiciliés en France, même à l'égard du mobilier seulement en faveur de leurs enfants, parents et autres domiciliés en pays étranger, en se conformant cependant aux lois et coutumes des lieux de leur domicile, ou à celles qui se trouveront régir les lieux où les biens-immeubles seront situés, renonçant tant pour nous que pour nos successeurs, à tous droits d'aubaine, deshérence, et à tous autres à nous appartenants sur la succession des étrangers qui décèdent dans notre royaume.

5. Les étrangers ne seront néanmoins tenus pour régnicoles que lorsqu'ils auront élu leur domicile ordinaire sur les lieux où il sera fait des défrichements ou des desséchements, et qu'ils auront déclaré, devant les juges royaux du ressort, qu'ils entendent y fixer leur domicile pour l'espace au moins de six années, et lorsqu'ils auront justifié après ledit temps auxdits juges, par un certificat en bonne forme, qui sera déposé au greffe, signé du curé et de deux des syndics ou collecteurs, qu'ils y ont été employés sans discontinuation auxdits travaux, dont il leur sera donné acte par lesdits juges sans frais, excepté ceux du greffe que nous avons fixé à trois livres.

6. Si quelqu'un desdits étrangers venoit à décéder dans le cours desdites six années, à compter du jour qu'ils auront fait leur déclaration devant lesdits juges, les enfants, parents

ou autres domiciliés en France appelés à recueillir leur succession, et même, à l'égard du mobilier seulement, ceux domiciliés en pays étrangers en auront délivrance en justifiant par un certificat en la forme prescrite par l'article précédent, que lesdits étrangers étoient employés auxdits défrichements ou desséchements. Si donnons en mandement, etc.

N° 919. — CONVENTION *entre le roi et l'impératrice, pour la restitution réciproque des déserteurs.*

Bruxelles, 6 septembre 1766. (Archiv.)

N° 920. — ARRÊT *du conseil rendu en interprétation de la déclaration du 13 août 1766 concernant les privilèges et exemptions accordés à ceux qui entreprendront de défricher les landes et terres incultes.*

Versailles, 2 octobre 1766. (Archiv.)

N° 921. — LETTRES PATENTES *portant réunion à l'apanage du duché de Valois de divers domaines qui en ont été détachés par engagement ou autrement.*

Versailles, 7 décembre 1766. Reg. P. P. 15. (Archiv.)

PRÉAMBULE.

Louis, etc. L'apanage des enfants puînés de la maison de France a toujours été considéré comme représentant le partage de la monarchie qui a subsisté pendant les deux premières races. Si les inconvénients de ce partage, destructif de la souveraineté, par les jalousies et la rivalité des princes, par l'affaiblissement des forces et de l'autorité, ont persuadé, au commencement de la troisième race, que la couronne, le plus éminent de tous les fiefs, devoit être indivisible, ainsi que les fiefs que les maximes du gouvernement féodal, alors en vigueur, déféroient en entier à l'aîné des mâles; la nature qui ne parle pas moins aux cœurs des rois qu'à leurs sujets, leur a inspiré de doter leurs enfants puînés, et de leur procurer une subsistance proportionnée à la splendeur de leur origine, et propre à les dédommager de la perte de la souveraineté dont ils étoient privés. Enfants de l'Etat, ils ont pris dans les fonds de l'Etat même, par les mains des rois nos prédécesseurs, les parts et portions qui leur ont été assignées. Le vœu de la nature a été rempli, et la royauté a acquitté ses obligations. Cette institution, par son principe et par sa longue observance, qui n'a souffert aucune interruption, a mérité d'être placée au rang des lois fondamentales de notre monarchie. Dans les premiers temps, les rois qui dotoient leurs enfants, leur donnoient la propriété absolue du domaine qu'ils leur constituoient en partage, sans l'expression simple du domaine et des fiefs ou mouvance seigneur être possédés par ceux qui les recevoient et par leurs descendants, sans distinction de sexe, héréditairement et à perpétuité. La propriété acquise aux puînés mâles, n'a cessé d'être transmissible aux filles que par une des dernières dispositions de Philippe-le-Bel, qui l'a restreinte aux seuls mâles descendants des mâles, dans la vue de maintenir la grandeur des princes de sa descendance, d'éviter le transport de portions du domaine de la couronne à des maisons étrangères, et d'en assurer le retour en cas d'extinction de la ligne masculine. Ce principe s'est soutenu dans les siècles suivants. L'apanage composé de différents fiefs a continué de former un seul corps féodal, un grand fief héréditaire et perpétuel quoique grevé de réversion, gouverné dans toutes ses parties par une seule et même loi; elle constitue le prince qui le possède vrai seigneur et propriétaire, lui transmet les titres d'honneur et de dignité, et tous les droits et prérogatives attachés aux domaines qui lui ont été concédés. Anciennement dans l'apanage, la justice ordinaire étoit exercée entièrement au nom du prince apanagé, et les rois nos prédécesseurs n'y conservoient que le droit de ressort et de souveraineté; et la juridiction des cas royaux y demeuroit tellement séparée et distinguée de l'ordinaire, qu'elle avoit son établissement hors de l'apanage. Des motifs d'utilité publique engagèrent Charles IX à réunir, par sa déclaration de 1568, ces deux juridictions en une seule, pour être exercée en notre nom et au nom de l'apanage conjointement. Les officiers dont il a la pleine provision et institution, ont acquis depuis ce temps le caractère de nos officiers; et par nos provisions nous les rendons capables de juger les cas royaux. C'est par une suite de la propriété inhérente à l'apanage, que le prince qui le possède reçoit les foi et hommage des vassaux qui, avant la constitution de l'apanage, nous les rendoient, à cause des domaines de notre couronne qui lui ont été abandonnés. L'ordonnance de 1566 reconnoît et confirme ce droit sous la simple condition d'envoyer à la chambre des comptes de Paris des doubles des réceptions en foi et hommage faites aux princes apanagés, ou à leurs officiers. Ils réunissent les autres caractères de la propriété, tels que la libre disposition de la futaie réglée en coupes ordinaires, ainsi que des arbres et baliveaux étant sur les taillis, la faculté de faire exploiter les bois par économie, de les vendre dans leur conseil, ou de toute autre manière qu'ils jugent plus convenable; les confiscations, la perception des amendes dans tous les cas, et de tous les autres fruits de la juridiction des eaux et forêts. Ces différents droits, qui dérivent de la propriété, ont été récemment assurés par nos dispositions et notre autorité. Par nos lettres patentes du 12 juin 1762, nous avons ordonné que notre très-cher et très-aimé cousin le duc d'Orléans, recevroit les foi et hommage tant des domaines engagés de Marle et de la Fère, dépendants de la Tour de Laon, chef-lieu du comté de Vermandois, que des fiefs qui en sont mouvants, et que les causes concernant ces domaines particuliers que notredit cousin avoit droit de racheter et de mettre en sa main, seroient portées devant ses officiers, à l'exclusion des trésoriers de France et de Soissons. Notre parlement de Paris, en procédant à l'enregistrement de ces lettres, a jugé convenable d'y ajouter une clause qui déclare dès lors ces domaines particuliers faire partie de l'apanage. Au mois de février 1763, dans une contestation élevée entre notredit cousin et notre procureur général, prenant le fait et cause de son substitut au bureau des finances de Soissons, notredit parlement a expressément maintenu et gardé notredit cousin dans la propriété, justice et seigneurie des villes, châteaux, places, forteresses et dépendances, et autres droits cédés par les lettres d'apanage. Un de ces principaux droits est la faculté de racheter les domaines engagés, usurpés ou aliénés, dépendants de ceux qui entrent dans la composition de l'apanage. Cette faculté exprimée dans les lettres patentes du mois de mars 1661, et du 28 janvier 1751, est de l'essence de l'apanage, produit des réunions successives, et nous prépare et à nos successeurs un retour utile dans le cas du défaut d'hoirs mâles, par l'attention du possesseur à en augmenter la masse en faveur des mâles de sa maison, et au profit éventuel de notre couronne. Feu notre très-cher et très-amé oncle le duc d'Orléans, à l'exemple de ses prédécesseurs, nous en a donné les preuves en réunissant, en 1751, à l'apanage le comté de Soissons et le domaine de Laon; et notredit cousin, animé du même esprit, vient d'y faire une nouvelle réunion par le rachat des domaines de Marle, la Fère, Ham, et Saint-Gobain. Il a obtenu, le 3 septembre 1766, en notredit parlement, sur les conclusions de notre procureur-général, un arrêt qui a condamné notre cousine la duchesse de Mazarin à délaisser la jouissance desdits domaines pour être réunis et incorporés à l'apanage, être possédés au même titre, et pour en jouir par notredit cousin en tous droits de propriété, en villes, cités, châteaux, châtellenies, places, maisons, forteresses, fruits, profits, honneurs, hommages, vassaux, vasselages, bois, forêts, étangs, rivières, fiefs, arrière-fiefs, justices, juridictions, patronage d'églises, collation de bénéfices, et tous autres droits et devoirs quelconques, suivant et conformément aux lettres patentes du mois de mars 1661. Ainsi ces domaines particuliers ont cessé d'être des engagements; ils sont confondus dans l'apanage dont ils prennent la nature; ils appartiennent maintenant à ce grand fief représentatif de l'ancien partage de la monarchie, indivisible dans son titre, dans ses droits, dans ses accroissements, comme dans sa mouvance, tenu de nous à cause de notre couronne, à une seule foi et hommage lige. Notredit cousin étant constamment vrai propriétaire et seigneur foncier de l'apanage et des accroissements qu'il reçoit, il en résulte que les arbres et baliveaux qui sont sur les taillis de ces domaines nouvellement réunis, ne pouvoient lui être contestés, le fonds sur lequel ils s'élèvent lui appartenant. Mais considérant qu'il nous étoit dû une indemnité pécuniaire de la jouissance des arbres et baliveaux dont la coupe cessera de se faire à notre profit, il a consenti de renoncer, en cas d'extinction de la ligne masculine dans sa maison, au remboursement de la somme de 575,960 livres 10 sous, à laquelle les finances de l'engagement des domaines dont il s'agit ont été fixées et liquidées par l'arrêt de notre parlement, du 3 septembre dernier. Il nous a aussi offert de nous délaisser, tant le canal d'Ourcq qu'il possède patrimonialement, que la maison sise rue des Bons-Enfants, tenant au Palais-Royal, par lui acquise du sieur marquis de Voyer, par contrat passé par-devant Doyen, notaire au Châtelet de Paris, le 4 novembre 1761, pour les retenir à titre d'apanage. Cette compensation nous a paru avantageuse, et digne de nous et du prince qui l'a proposée; nous n'avons pas hésité à l'accepter par arrêt de notre conseil du 16 septembre 1766, par lequel, en confirmant l'arrêt de notredit parlement du 3 du même mois de septembre, dont nous avons ordonné l'exécution dans toutes ses dispositions, nous avons accepté le délaissement et l'abandon fait à notre profit dudit canal d'Ourcq et de ladite maison, sous les conditions y portées, et ordonné que toutes lettres patentes nécessaires seroient expédiées sur ledit arrêt. Nous emploierons volontiers notre autorité pour consommer cet arrangement, et le rendre irrévocable; mais en suivant des principes que nous reconnoissons avec satisfaction, nous croyons devoir en étendre les effets aux portions démembrées des domaines de l'apanage, desquelles le rachat a été exercé par les princes qui l'ont possédé, et qui en sont devenues des accroissements de même nature et inséparables. A ces causes, etc.

N° 922. — Arrêt *du conseil portant établissement d'une caisse d'escompte.*

Versailles, 1er janvier 1767. (Archiv.)

N° 923. — Arrêt *du parlement de Paris qui ordonne à toutes personnes le silence sur les matières de religion.*

10 janvier 1767. (Archiv.)

N° 924. — Arrêt *du conseil portant règlement sur ce qui doit être observé par les marchands et adjudicataires des bois, et les entrepreneurs de ceux qui sont destinés pour le service de la marine.*

Versailles, 8 février 1767. (Baudrillart, I, 441.)

N° 925. — Arrêt *du conseil qui ordonne qu'il sera choisi un certain nombre d'enfants trouvés pour cultiver les pépinières qui seront établies dans différentes généralités du royaume.*

Versailles, 9 février 1767. (Archiv.)

N° 926. — Lettres patentes *concernant l'administration de la ville de Lyon.*

Versailles, 5 mars 1767. Reg. P. P. 7 juillet. (Archiv.)

N° 927. — Arrêt *du conseil concernant les abus qui peuvent s'être introduits dans les différents ordres religieux du royaume.*

Versailles, 3 avril 1767. (Archiv.)

N° 928. — Arrêt *du parlement de Paris qui bannit les Jésuites du royaume.*

9 mai 1767. (Archiv.)

N° 929. — Arrêt *du conseil et lettres patentes concernant la confection du Louvre.*

Versailles, 25 mai 1767. (Archiv.)

N° 930. — Traité *de commerce entre la France et l'empereur de Maroc.*

28 mai 1767. (Koch, II, 254.)

N° 931. — EDIT *concernant les arts et métiers.*

Marly, mai 1767. Reg. P. P. 19 juin. (Archiv.)

PRÉAMBULE.

Louis, etc. Le désir que nous avons de rendre le commerce de notre royaume de plus en plus florissant, nous a fait chercher les moyens qui pourroient concourir à remplir un objet si intéressant pour nos sujets; un de ceux qui peuvent le plus y contribuer, est de favoriser l'industrie dans les différentes professions d'arts et métiers. C'est dans ce point de vue que nous nous occupons des moyens de parvenir à fixer d'une manière plus modérée les frais de réceptions dans les maîtrises qui sont devenus excessifs par l'espèce d'arbitraire qui s'est introduit à cet égard dans les corps et communautés d'arts et métiers; mais, comme nous avons été informé qu'il se trouve un grand nombre de compagnons et aspirants de chacun métier qui ne peuvent acquérir la maîtrise par l'impuissance de subvenir à la dépense des frais actuels, nous n'avons pas cru, par une suite du même motif, devoir différer de venir à leur secours pour empêcher qu'ils ne portent leur industrie chez l'étranger, et pour procurer l'établissement d'un grand nombre de familles utiles à notre royaume; c'est ce qui nous a déterminé à nous servir du droit qui nous appartient, et dont les différents événements de notre règne, où, à l'exemple des rois nos prédécesseurs, nous aurions pû l'exercer, nous laissent aujourd'hui le libre usage pour établir, en faveur desdits compagnons et aspirants dans les différents corps et communautés d'arts et métiers, un certain nombre de brevets ou privilèges que nous accorderons à ceux d'entre eux que nous jugerons convenables, et qui leur tiendront lieu de maîtrises. Nous avons cru en même temps devoir pourvoir au maintien des édits et réglements relativement, tant aux professions d'arts et métiers qu'à celles qui intéressent le commerce, et qui, n'étant point en corps de jurande, se sont soustraites sous ce prétexte à l'inspection des magistrats de police, au préjudice desdits édits et réglements, et notamment de ceux des mois de décembre 1581 et avril 1597, mars 1673, décembre 1691 et février 1745. A ces causes, etc.

N° 932. — RÉGLEMENT *concernant l'administration de l'artillerie de la marine.*

Versailles, 7 juin 1767. (Archiv.)

N° 933. — Arrêt du conseil portant règlement pour les professions d'arts et métiers et autres qui intéressent le commerce et qui ne sont pas en jurande.

Compiègne, 23 août 1767. (Archiv.)

N° 934. — Arrêt du conseil concernant les vagabonds et gens sans aveu.

Versailles, 2 octobre 1767. (Archiv.)

N° 935. — Lettres patentes portant établissement d'une école royale gratuite de dessin, à Paris.

Fontainebleau 20 octobre 1767. Reg. P. P. 1er décembre. (Archiv.)

PRÉAMBULE.

Louis, etc. La perfection à laquelle, par nos soins et notre protection, se sont élevés dans notre royaume les différents corps d'arts et métiers, nous ayant convaincu de plus en plus que l'industrie des artistes de ces différents corps formoit une des branches du commerce la plus florissante et la plus avantageuse à nos sujets, nous croyons devoir apporter encore plus d'attention à ce qui peut faciliter l'accroissement de leurs connoissances et de leurs talens. Ces considérations nous avoient déjà déterminé à permettre l'ouverture d'une école dans laquelle on enseigneroit gratuitement les principes élémentaires de la géométrie pratique, de l'architecture et des différentes parties du dessin, pour procurer à l'avenir à chaque ouvrier la faculté d'exécuter lui-même, et sans secours étrangers, les différents ouvrages que son génie particulier pour son art lui fait imaginer. Le nombre considérable des élèves que le désir de s'instruire a attirés à ces nouvelles écoles, pour concourir avec nous par leur application à rendre plus célèbre, s'il étoit possible, l'industrie de nos sujets, nous a fait penser qu'il ne manquoit plus à ce projet, pour qu'il devînt parfaitement utile, que d'en faire un établissement que nous honorerions particulièrement de notre protection, en permettant néanmoins à ceux de nos sujets qui nous ont déjà témoigné ou nous témoigneront par la suite vouloir contribuer à la dotation de cette école, de nous donner cette preuve de leur zèle pour le bien et l'utilité de notre royaume. A ces causes, etc.

N° 936. — Arrêt du conseil concernant les professions de commerce, arts et métiers qui ne sont point établis en jurande.

Versailles, 30 octobre 1767. (Archiv.)

N° 937. — ARRÊT *du conseil concernant les privilèges, prérogatives et exemptions des négociants en gros.*

Versailles, 30 octobre 1767. (Archiv.)

PRÉAMBULE.

Le roi s'étant fait représenter son édit du mois de mars dernier, concernant les arts et métiers, par lequel S. M., principalement occupée du désir de donner au commerce la plus grande activité, en encourageant et favorisant l'industrie, auroit créé, en faveur des compagnons et aspirants, en chacun des corps et communautés d'arts et métiers établis en jurande, des brevets ou lettres de privilège qui leur tiendroient lieu de maîtrise, et auroit ordonné, à l'égard des professions, arts et métiers qui intéressent le commerce, et qui ne sont point en jurande, que ceux qui les exercent seroient tenus de se conformer aux édits et réglements, notamment à ceux de décembre 1581, avril 1597, et autres y relatés; l'arrêt de son conseil et lettres patentes du 23 juin dernier, par lesquels S. M. auroit prescrit la forme de l'expédition desdits brevets et déterminé les privilèges, droits, franchises et libertés, dont jouiroient ceux qui en seroient pourvus, tant Français qu'étrangers; autres arrêts de son conseil des 23 août, 13 septembre et 30 octobre derniers, rendus sur les mêmes objets, et pour la fixation de la finance qui seroit payée par ceux qui voudroient obtenir lesdits brevets, S. M. auroit considéré qu'un des principaux moyens d'assurer le succès de ses vues pour la prospérité générale du commerce de son royaume, étoit de donner des marques de sa protection spéciale à ceux qui en sont l'âme et le soutien, et qui le vivifient en quelque sorte, soit en étendant au dehors ses différentes branches, soit en facilitant et augmentant sa circulation intérieure; et S. M. étant informée qu'encore que le commerce en gros, qui constitue le vrai négociant, soit une profession si honorable qu'elle peut être exercée par la noblesse, même sans dérogeance; cependant plusieurs de ceux qui s'y adonnent, essuient journellement des contestations, relativement aux privilèges, droits, libertés et prérogatives dont doit jouir un état qui mérite autant de faveur par les richesses qu'il attire dans le royaume et l'abondance qu'il y maintient, et qu'une des principales causes qui y donne lieu, est que la plupart des simples commerçants, confondant leurs état et qualité, suffisamment estimables d'ailleurs, avec celle des négociants, prétendent devoir être rangés dans la même classe et jouir des mêmes privilèges; S. M. auroit jugé nécessaire de remédier à ces inconvénients, et de se mettre en état, par une connoissance plus particulière de ceux qui exerceront cette profession, de leur donner des marques de sa bienveillance, et de témoigner l'estime qu'elle fait de ceux qui s'y distinguent; et, en conséquence, d'ordonner, à l'égard des négociants, l'exécution des édits de 1581, 1597, et du mois de mars dernier, en tant qu'elle peut leur être utile pour leur assurer la jouissance des distinctions et prérogatives dont l'intention de S. M. est de les faire jouir. A quoi voulant pourvoir, etc.

N° 938. — ORDONNANCE *concernant les nègres épaves.*

Versailles, 18 novembre 1767. (Moreau de Saint-Méry.)

N° 939. — ORDONNANCE *concernant la vente et commerce des chevaux dans Paris.*

Versailles, 1ᵉʳ décembre 1767. (Peuchet.)

N° 940. — EDIT *portant réglement pour la police et discipline du grand conseil.*

Versailles, janvier 1768. Reg. grand conseil 4 janvier. (Archiv.).

EXTRAIT.

Louis, etc. Occupé depuis long-temps de tout ce qui peut intéresser l'administration de la justice dans nos Etats, nous avons cru devoir porter notre attention sur une compagnie qui nous est et sera toujours d'autant plus recommandable, qu'elle a été établie conformément aux vœux des états généraux de notre royaume, pour former un corps, cour et collège qui fût ambulatoire à notre suite, et non limité d'aucun ressort, pour, avec le chancelier de France, son seul et véritable chef, et les maîtres des requêtes ordinaires de notre hôtel, exercer notre autorité souveraine par tous les pays de notre obéissance, telle que nos cours l'exercent dans leurs limites et ressorts. Nous avons donc cru devoir rappeler notre grand conseil à la noblesse d'une telle origine, soit en nous mettant, par une suppression du trop grand nombre d'officiers que la nécessité des temps y avoit fait ajouter, encore plus en état de le remplir de sujets capables d'en soutenir la dignité, soit en rendant son service ordinaire, et par là plus prompt et plus facile pour les parties, soit enfin en lui donnant, par le renvoi aux juges ordinaires, de plusieurs affaires dont il se trouvoit chargé, le moyen de n'avoir plus qu'à s'occuper de celles pour lesquelles il a été établi. Et pour le rapprocher de plus en plus de notre conseil, dont il est une émanation, il nous a paru convenable d'y ajouter la connoissance de tout ce qui peut concerner l'exécution des arrêts de notre conseil, ou des incidents qui ne sont pas de nature à y être instruits, ainsi que plusieurs affaires que de grandes et importantes considérations nous auroient porté ou nous porteroient par la suite, à faire instruire ou juger sous nos yeux. Une forme plus simple et plus facile de procéder en notre grand conseil, et des distinctions dues à sa première institution, achèveront de lui procurer toute la confiance et la considération qu'il mérite, et c'est ainsi qu'en écartant à jamais les occasions de dispute sur sa compétence et sur l'exécution de ses arrêts, qui doit être aussi entière que celle des arrêts même de notre conseil ou de ceux de nos cours, il n'aura plus qu'à se livrer à son zèle pour notre service et à son attachement à notre personne, et nous aurons aussi la satisfaction de n'avoir qu'à lui témoigner toute notre bienveillance, et à lui donner des marques de notre protection. A ces causes, etc., voulons et nous plaît ce qui suit :

Art. 1. Notre édit du mois de janvier 1738 sera exécuté selon sa forme et teneur, et en conséquence notre grand conseil continuera d'être présidé par un de nos conseillers en notre conseil d'État, et huit maîtres des requêtes ordinaires de notre hôtel, lesquels seront par nous commis à cet effet, ainsi qu'il est porté par notredit édit. Et, afin que lesdites fonctions ne les détournent pas trop long-temps du service qu'ils nous doivent près de notre personne, voulons que la commission du premier président ne puisse excéder trois années, et celle des présidents quatre années.

2. Notre grand conseil sera au surplus composé de quarante conseillers laïques, quatre conseillers clercs, deux nos avocats-généraux, un notre procureur-général et huit substituts, un greffier en chef, un premier huissier, quatre nos conseillers notaires secrétaires servant près de notredit grand conseil; nous réservant d'y accorder l'entrée et séance, en qualité de conseillers d'honneur, à aucuns prélats ou anciens magistrats, tels que nous voudrons les choisir, au nombre de quatre seulement, y compris ceux qui jouissent actuellement de cet honneur.

3. Voulons que les avocats en notre conseil, exercent à l'avenir, en notredit grand conseil, toutes les fonctions de leur ministère, de même qu'en notre conseil, à la charge seulement de prêter préalablement en notredit grand-conseil, le serment en tel cas requis et accoutumé.

12. Les demandes et contestations, dont la connoissance avoit été attribuée à notredit grand conseil par les rois nos prédécesseurs et par nous, continueront d'y être portées, à l'exception seulement des attributions accordées aux ordres, congrégations, monastères, communautés ou maisons régulières de notre royaume, lesquelles demeureront réduites aux contestations concernant les privilèges, lois, statuts, régime et gouvernement desdits ordres, le titre et le possessoire des bénéfices dépendants d'iceux, les réparations des églises et autres bâtiments à eux appartenants, le partage des manses, et toutes demandes et prétentions qui seroient formées entre les religieux, abbés ou prieurs commandataires, ou entre les maisons et les bénéficiers desdits ordres; de toutes lesquelles contestations notredit grand conseil connoîtra, à l'exclusion de nos autres cours, et avec la même autorité. Voulons que le surplus des contestations qui y auroient été renvoyées par les susdites lettres d'attribution, ensemble les affaires de ceux de nos sujets qui auroient obtenu des évocations générales en notredit grand-conseil, soient portées à l'avenir devant les juges qui en doivent connoître, si ce n'est qu'elles eussent été commencées en notredit grand-conseil, auquel cas elles continueront d'y être instruites et jugées suivant les derniers errements. N'entendons néanmoins rien innover en ce qui concerne notre ordre du Saint-Esprit et de Saint-Michel, non plus que les ordres de Malte, de Notre-Dame de Montcarmel, de Saint-Lazare de Jérusalem, et notre maison royale de Saint-Cyr: n'entendons pareillement rien innover, quant à présent, en ce qui concerne les jurats de Bordeaux, à l'égard desquels nous nous réservons d'expliquer incessamment nos intentions. Voulons en outre que tout ce qui concerne l'exécution des arrêts rendus en notre conseil, à l'exception des taxes de dépens et de la révision d'icelles, le criminel incident aux instances qui y sont instruites, et le paiement des honoraires des avocats en notre conseil, qui étoit ci-devant porté pardevant les sieurs maîtres des requêtes ordinaires de notre hôtel, les instances d'ordre et distribution de deniers provenants des ventes des offices adjugées en la grande direction de nos finances, ou en notre grand sceau, et les affaires, dont la connoissance avoit été attribuée à des commissaires de notre conseil, qui seront par nous renvoyés en notredit grand conseil en la forme ordinaire, soient à l'avenir, à compter du jour de la publication et enregistrement de notre présent édit, portés en notredit grand conseil, pour y être instruites et jugées suivant les derniers

errements, lui attribuant à cet effet toute cour, juridiction et connoissance, et icelle interdisant à nos autres cours et juges.

13. La forme de procéder prescrite par les ordonnances de 1667 et 1670 ou autres édits, déclarations ou réglements, ce concernant, continuera d'être observée en notre grand conseil, nous réservant de lui faire connoître nos intentions par nos lettres patentes à lui adressées dans la forme ordinaire, à l'effet de simplifier les procédures pour l'instruction des affaires civiles qui seront de nature à être jugées par écrit.

14. La justice sera dorénavant rendue gratuitement en notredit grand conseil, ainsi qu'elle l'est en notre conseil, sans qu'il puisse être perçu aucunes épices ni vacations en quelques affaires et sous quelque prétexte que ce puisse être, et ce nonobstant tous édits, déclarations ou réglements qui les y auroient autorisées par provision, lesquels demeureront comme non avenus.

16. Voulons au surplus, que les arrêts rendus en notredit grand conseil, dans les affaires qui lui sont attribuées, aient dans toute l'étendue de notre royaume, terres et pays de notre obéissance, la même exécution que ceux de notre conseil, et ceux de nos cours. Si donnons, etc.

N° 941. — LETTRES PATENTES *portant réglement sur la procédure qui sera suivie au grand conseil dans les affaires qui seront de nature à y être jugées par écrit* (en 12 tit.)

Versailles, janvier 1768. Reg. grand conseil 12 janvier. (Archiv.)

PRÉAMBULE.

LOUIS, etc. Nous nous serions réservé, par l'article 13 de notre édit du présent mois, portant réglement sur la police et discipline de notre grand conseil, de faire connoître nos intentions sur la manière de simplifier les procédures nécessaires pour l'instruction des affaires qui sont de nature à être jugées par écrit; il nous a paru que nous ne pouvions rien faire de plus utile à nos sujets, et de plus conforme à l'institution et à la dignité de notre grand conseil, que d'y retrancher, comme nous l'avons déjà fait en notre conseil, toutes les procédures inutiles, et de réduire l'instruction des affaires qui n'auroient pu être jugées à l'audience, à ce qui peut être nécessaire pour la défense des parties. Nous diminuerons, par ce moyen, la longueur et les frais de ces sortes d'instructions; nous mettrons les parties en état d'obtenir plus promptement, et sans qu'il leur en coûte beaucoup, le jugement de leurs affaires, et nous procurerons aux officiers de notre grand conseil, le moyen de nous donner des preuves encore plus efficaces de leur zèle pour le bien de la justice. A ces causes, etc.

N° 942. — LETTRES PATENTES *portant règlement pour la forme de procéder au grand conseil sur les demandes en cassation des jugements de compétence, rendues en faveur des prevôts des maréchaux ou des juges présidiaux, et des procédures faites en conséquence.*

Versailles, 11 janvier 1768. Reg. au grand conseil 13. (Archiv.)

N° 943. — DÉCLARATION *concernant la perception de la taille.*

Versailles, 7 février 1768. Reg. C. des Aides 5 septemb. (Archiv.)

PRÉAMBULE.

Louis, etc. Par notre déclaration du 13 avril 1761, nous avons ordonné dans les articles 3, 4 et 5, l'exécution des précédents règlements sur le fait de la répartition de la taille, et nous avons fait connoître notre intention de faire cesser, autant qu'il sera possible, l'arbitraire dans la confection des rôles; en conséquence, nous avons annoncé par notre déclaration du 21 novembre 1763 la confection d'un cadastre comme le moyen de remplir nos vues à cet égard; mais, par le compte que nous nous sommes fait rendre de la manière dont les lois faites sur cette matière, tant par les rois nos prédécesseurs que par nous, étoient exécutées dans différentes provinces et généralités de notre royaume, nous avons reconnu qu'un des plus grands obstacles à leur exécution consistoit dans les différences qui y règnent par rapport à la manière de procéder à la répartition et à la confection des rôles, ainsi que dans les abus qui résultent de la facilité accordée aux taillables par la déclaration du 17 février 1728, de se faire imposer au lieu de leur domicile pour toutes leurs exploitations dans d'autres paroisses taillables; ce qui jette une obscurité et une incertitude dans des opérations qui, par leur nature et leur objet, doivent, au contraire, être simples, claires et uniformes. C'est dans la vue de parvenir dès le moment présent à une répartition plus équitable, et dans la suite à une répartition certaine et toujours uniforme, que nous avons prescrit provisoirement aux intendants et commissaires départis dans les généralités des pays d'élection, de procéder uniformément et suivant les modèles que nous leur avons fait adresser, à la répartition de la taille pour la présente année 1768, en leur recommandant l'observation des règlements, et d'enjoindre aux commissaires qu'ils nommeroient de s'y conformer. Nous avons eu la satisfaction de voir déjà le succès de cette méthode dans le petit nombre de paroisses de chaque élection où l'essai en a été fait; et, comme nous ne pouvons faire jouir trop tôt nos autres sujets taillables du même avantage, nous nous empressons de donner à cette forme la publicité et l'authenticité nécessaires pour en procurer la plus prompte exécution. Nous ne doutons pas que notre cour des aides et les sièges inférieurs qui lui ressortissent ne concourent avec zèle à l'exécution de notre présente déclaration, dont l'unique objet est de faire cesser l'arbitraire dans la répartition de la taille. A ces causes, etc.

N° 944. — LETTRES PATENTES *concernant la vente et la discussion des biens de la compagnie et Société des Jésuites dans les colonies.*

Versailles, 14 février 1768. Reg. P. P. 23. (Archiv.)

N° 945. — ORDONNANCE *pour régler le service dans les places et dans les quartiers.*

Versailles, 1er mars 1768. (Archiv.)

N° 946. — ÉDIT *concernant les ordres religieux.*

Versailles, mars 1768. Reg. P. P. 26. (Archiv. — Peuchet.)

LOUIS, etc. Nous nous sommes toujours fait un devoir, à l'exemple des rois nos prédécesseurs, de faire éprouver les effets de notre protection à ceux de nos sujets qui, animés d'un désir sincère de la perfection, se consacrent à Dieu par des vœux solennels de religion, et qui, en renonçant ainsi aux emplois extérieurs de la société civile, ne cessent pas de lui rendre les services les plus importants, par l'exemple de leurs vertus, la ferveur de leurs prières et les travaux du ministère auxquels l'Église les a associés: mais plus la profession religieuse est sainte et utile, plus l'affection que nous portons à ceux qui l'embrassent doit exciter notre vigilance sur tout ce qui peut affoiblir la discipline monastique, au maintien de laquelle est attachée la conservation des ordres religieux; et quoique nous ayons la satisfaction de voir dans notre royaume un nombre considérable de religieux offrir le spectacle édifiant d'une vie régulière et laborieuse, il n'en est pas moins de notre devoir d'écarter avec soin tout ce qui pourroit introduire dans les cloîtres le regret et le repentir, y altérer l'esprit primitif des règles qui y ont été sagement établies, et y amener, avec le relâchement, tous les malheurs qu'il entraîne. C'est dans cet esprit que nous nous sommes fait rendre compte de tout ce qui est émané jusqu'ici de l'autorité ecclésiastique et du pouvoir souverain dans une matière si importante, et nous avons reconnu que l'une et l'autre avoient eu principalement en vue d'assurer, par des épreuves et des précautions, la vocation de ceux qui s'engagent, l'obéissance, qui est le nerf de la discipline, par des lois sages et précises, et l'exécution des règles, par la réunion et l'impression puissante des exemples. La fixation de l'âge auquel on pourroit être admis à la profession religieuse nous a donc paru devoir être le premier objet de notre attention, comme le moyen le plus propre de prévenir les dangers d'un engagement prématuré. Si cet âge a varié dans notre royaume, si dans des temps éloignés l'enfant offert par ses parents dès l'âge le plus tendre étoit censé irrévocablement engagé, si dans d'autres temps cet engagement n'a été jugé réel qu'après un consentement formel donné dans l'âge de la réflexion et de la maturité, si dans la suite les ordonnances d'Orléans et de Blois ont successivement retardé et avancé l'époque de la profession religieuse, ces divers changements, dont nous avons pesé les causes et les effets, nous ont convaincu que cette époque, variable suivant les temps et les circonstances, avoit besoin d'être de nouveau déterminée par notre autorité, et nous avons cru qu'il étoit de notre sagesse, en nous réservant d'expliquer encore nos intentions après dix années, d'éprouver un terme mitoyen entre ceux qui ont été successivement prescrits, et qui ne fût ni assez reculé pour éloigner du cloître ceux qui y seroient véritablement appelés, ni assez avancé pour y admettre ceux qu'un engagement téméraire pourroit y conduire. Nous avons donc choisi pour les hommes le même âge que celui qui a été prescrit par l'Eglise pour leur entrée dans les ordres sacrés; et à l'égard des filles, nous avons préféré l'âge auquel il est le plus ordinaire de pourvoir à leur établissement; et nous nous sommes d'autant plus déterminés à déroger ainsi aux lois de nos prédécesseurs, que si nous pouvons espérer de voir, par cette précaution, les monastères se remplir de religieux fervents et fidèles à leur engagement, nous aurons en même temps la consolation de rendre à l'Eglise des sujets utiles, dont des vœux faits avec légèreté et précipitation auroient pu la priver, et de procurer ainsi aux premiers pasteurs un secours, que la rareté des ministres essentiels rend de jour en jour plus nécessaire. Après avoir ainsi fixé l'âge auquel il sera permis dorénavant d'entrer en religion, nous avons porté nos vues sur les lois et les constitutions religieuses, dont la clarté, la précision, et surtout l'autorisation, sont si nécessaires pour tarir dans les cloîtres la source des dissensions, y maintenir la paix et la régularité, et assurer à ceux qui les habitent, la protection des deux puissances. Nous avons donc cru que le second objet de notre attention, devoit être d'obliger les ordres religieux à se procurer eux-mêmes, conformément au vœu de l'Eglise, et en suivant les formes canoniques, un corps de constitutions qui fût à l'abri de toute incertitude et de toute ambiguité, et qui, joint aux mesures différentes que nous avons prises pour chaque espèce de monastères, pût ranimer dans tous la ferveur de leur institution primitive. Mais ces premières précautions ne seroient pas encore suffisantes, si, en suivant la route tracée par les saints canons et les ordonnances du royaume, nous ne faisions pas connoître nos intentions sur le nombre de religieux qui doit être dans chaque monastère; une triste expérience a fait connoître, dans tous les temps, que les meilleures vocations s'affoiblissent dans les communautés peu nombreuses; qu'il est presque impossible d'y soutenir l'observance de la règle et la décence du service divin, et d'y prévenir le relâchement des mœurs, suite nécessaire de celui de la discipline; c'est par cette raison que les papes, les instituteurs et les réformateurs des ordres religieux ont exigé, dans différents temps, qu'on ne fondât aucuns monastères sans y placer le nombre de religieux suffisant pour vaquer à tous les devoirs de la vie cénobitique; c'est aussi par ce même principe que ce nombre de religieux fait toujours un objet principal dans les lois des rois nos prédécesseurs, qui ont ordonné la réformation des monastères, et qu'en particulier le feu roi, notre très-honoré seigneur et bisaïeul, informé qu'il y avoit des tribunaux dans son royaume, où la conventualité étoit regardée comme imprescriptible, jugea à propos, par sa déclaration du mois de mai 1680, de réduire l'effet d'une jurisprudence trop générale aux abbayes et prieurés, où il y auroit des lieux réguliers et des revenus suffisants pour y entretenir dix à douze religieux au moins. Si des lois si salutaires n'ont pas produit tout l'effet qu'on pouvoit s'en promettre, il nous a paru indispensable d'y ajouter tout ce qui pourroit en assurer l'exécution, et de fixer d'une manière plus précise, et relativement à l'institution de chaque monastère, le nombre de religieux dont il doit être composé; ainsi, sans exiger rigoureusement pour les maisons réunies en congrégations, le nombre de religieux porté par les lois d'un grand nombre de ces congrégations, nous nous sommes borné à celui qui nous a paru absolument nécessaire pour satisfaire aux devoirs de la vie commune, à l'acqui, des fondations, et à la célébration du service divin : nous avons exigé un plus grand nombre de religieux dans les monastères non unis en congrégations, qui étant tout à la fois maisons de noviciat, d'étude et de résidence, présentent plus d'emplois et d'observances à remplir; et en proportionnant ainsi aux besoins de chaque monastère le nombre de ceux qui doivent y résider, nous avons pris en même temps les précautions les plus efficaces pour ne pas compromettre les intérêts des ordres religieux, ceux des villes et des diocèses, et les droits des fondateurs que nous voulons être inviolablement respectés; c'est par ces différents moyens, qu'en éloignant des cloîtres l'imprudence, l'indiscipline et le relâchement, nous nous acquitterons des devoirs que nous impose la double qualité de souverain temporel et de protecteur de l'Eglise, et qu'en remplissant ce que nous devons à la religion et à nos sujets, nous donnerons aux ordres religieux une nouvelle consistance, et les rendrons plus que jamais respectables aux yeux des peuples, et utiles à l'Eglise et à l'Etat. A ces causes, etc., voulons et nous plaît ce qui suit :

Art. 1. Aucuns de nos sujets ne pourra, à compter du 1ᵉʳ avril 1769, s'engager par la profession monastique ou régulière, s'il n'a atteint, à l'égard des hommes, l'âge de vingt-un ans accomplis, et à l'égard des filles, celui de dix-huit ans pareillement accomplis: nous réservant, après le terme de dix années, d'expliquer de nouveau nos intentions à ce sujet.

2. Faisons en conséquence très-expresses inhibitions et défenses à tous supérieurs et supérieures des monastères, ordres et congrégations, chapitres et communautés régulières, de quelque qualité qu'elles puissent être, et à tous autres, d'admettre, sous aucun prétexte, nosdits sujets à ladite profession avant l'âge ci-dessus prescrit. Voulons que les professions qui seront faites avant ledit âge, soient déclarées nulles et de nul effet par les juges qui en doivent connoître, même déclarées, par nos cours de parlement, nullement et abusivement faites, sur les appels comme d'abus qui pourroient être interjetés en cette matière par les parties intéressées, ou par nos procureurs-généraux. Voulons que ceux ou celles qui feroient lesdites professions avant ledit âge, soient et demeurent capables de succession, ainsi que de tous autres effets civils.

3. Défendons aux supérieurs et supérieures desdits ordres, congrégations et communautés régulières, d'admettre à la profession aucuns étrangers non naturalisés; comme aussi

d'accorder une place monacale auxdits étrangers, de les agréger ou affilier à leur ordre, congrégation ou communauté, le tout sans avoir préalablement obtenu des lettres de naturalité dûment enregistrées, dont il sera fait mention dans les actes de vêtures, profession, réception, agrégation ou affiliation, à peine de nullité desdits actes, et d'être lesdits supérieurs et supérieures poursuivis suivant l'exigence des cas. Défendons pareillement auxdits supérieurs et supérieures d'admettre dans leurs maisons ceux de nos sujets qui auroient fait profession dans des monastères situés hors des pays de notre obéissance.

4. Exhortons les archevêques et évêques de notre royaume, et néanmoins leur enjoignons de procéder incessamment à la visite et réformation des monastères qui sont soumis à leurs juridictions, à l'effet d'y être maintenue ou rétablie la discipline monastique, suivant leur première institution, fondation et règle, comme aussi d'examiner les statuts et réglemens particuliers de chacun desdits monastères, pour être, lesdits statuts et réglemens, réformés et augmentés, s'il y écheoit, réunis en un seul et même corps, et revêtus, si fait n'a été, de nos lettres patentes adressées à nos cours de parlement, en la forme ordinaire.

5. Seront pareillement tenus les supérieurs-généraux, ou personnes déléguées par eux en la forme de droit, et supérieurs particuliers des ordres ou congrégations régulières, de procéder incessamment, chacun en ce qui les concerne, à la visite et réformation des monastères dépendants desdits ordres ou congrégations; voulons en outre, que, par les chapitres desdits ordres ou congrégations, qui seront à cet effet assemblés, soient prises telles mesures et délibérations qu'il appartiendra, pour réunir en un seul corps les constitutions, statuts et réglemens desdits ordres ou congrégations, à l'effet d'être, s'il y écheoit, approuvés par le Saint-Siège, et munis, si fait n'a été, de notre autorité, suivant les formes usitées en notre royaume, et sans qu'autrement il puisse y être fait aucun changement.

6. L'article 27 de l'ordonnance de Blois sera exécuté selon sa forme et teneur: voulons en conséquence, que tous monastères qui ne sont sous chapitres, généraux, et qui se prétendent exempts de la juridiction des archevêques et évêques diocésains, soient tenus, dans un an pour tout délai, de demander à se réunir à quelques-unes des congrégations légitimement établies dans notre royaume, à l'effet d'obtenir notre

permission, conformément à la déclaration du mois de juin 1671, passé lequel temps, demeureront lesdits monastères immédiatement soumis aux archevêques et évêques diocésains, nonobstant toute réserve, exemption ou privilège à ce contraires.

7. Tous les monastères d'hommes, autres que les hôpitaux, les cures, les séminaires et écoles publiques duement autorisées, seront composés du nombre de religieux ci-après prescrit; savoir: les monastères non réunis en congrégations, de quinze religieux au moins, non compris le supérieur, et ceux qui sont réunis en congrégations, de huit religieux au moins, sans compter pareillement le supérieur : nous réservant, après avoir pris les avis des archevêques et évêques diocésains, d'excepter par lettres patentes adressées à nos cours de parlement en forme ordinaire, ceux des monastères qui, par le titre de leur fondation, par la nature de leur établissement, ou par les besoins des lieux où ils sont situés, paroîtroient exiger de n'y établir qu'un moindre nombre de religieux.

8. N'entendons au surplus comprendre dans le nombre de religieux fixé par l'article précédent, les frères lais ou autres, qui ne s'engagent qu'en cette qualité dans les ordres ou congrégations religieuses, et qui ne sont point appelés religieux de chœur; laissons à la prudence des supérieurs de régler le nombre desdits frères, eu égard aux revenus et aux besoins de chaque maison particulière.

9. Ne pourront les supérieurs, abbés ou prieurs, soit commendataires, soit réguliers, des monastères non réunis en congrégations, et qui se trouveront être composés au moins de quinze religieux, y compris les novices, sans compter le supérieur, au moment de l'enregistrement et publication de notre présent édit, recevoir aucuns de nos sujets, passé ledit jour, à la profession dans lesdits monastères, excepté ceux qui seroient dans le noviciat au jour de la publication de notre présent édit, y agréger ou affilier aucuns religieux, quand même ils auroient obtenu des permissions ou bénévoles pour entrer dans lesdits monastères, ou de leur donner aucune place monacale, ou offices claustraux, qu'autant que lesdits monastères auront par nous été exceptés, conformément à l'article 7 de notre présent édit, sauf aux archevêques et évêques diocésains, à pourvoir au rétablissement dudit nombre de religieux dans lesdits monastères, par union d'autres du même ordre et de la même observance, ou à nous proposer tel autre parti qui leur paroîtra le plus avantageux à la religion et à l'État, pour être le tout par nous autorisé en la forme ordinaire.

10. Ne pourront les ordres ou congrégations monastiques ou régulières de notre royaume, conserver plus de deux monastères dans notre bonne ville de Paris, et plus d'un seul dans les autres villes, bourgs ou lieux de nosdits Etats, à moins que le nombre de religieux porté par l'article 7 de notre présent édit, ne se trouve rempli dans tous les autres monastères dépendants desdits ordres ou congrégations, ou qu'il n'en ait été obtenu de nous une permission expresse par lettres patentes adressées à nos cours de parlement en la forme ordinaire, lesquelles ne seront accordées qu'après avoir pris l'avis des archevêques et évêques diocésains.

11. Voulons que dans les premiers chapitres desdits ordres ou congrégations qui seront assemblés, il soit pris telles mesures et délibérations qu'il appartiendra pour l'exécution des articles 7 et 10 de notre présent édit, pour être, s'il y a lieu, lesdites délibérations, autorisées par nos lettres patentes en la forme ordinaire, et n'être les maisons évacuées qu'après l'enregistrement desdites lettres, sauf aux supérieurs généraux ou particuliers, après ledit enregistrement, de se pourvoir par-devant les archevêques et évêques diocésains, pour les unions et suppressions faites, suivant les formes prescrites par les saints canons et les ordonnances du royaume, et les décrets rendus en conséquence, revêtus de nos lettres patentes, conformément à notre édit du mois de septembre 1718.

12. Toutes les dispositions de notre présent édit seront exécutées selon leur forme et teneur, et ce nonobstant tous édits, déclarations, arrêts et réglements auxquels nous avons dérogé et dérogeons par ces présentes, en tant que de besoin, en ce qui pourroit y être contraire. Si donnons, etc.

N° 947. — ORDONNANCE *concernant le respect dû aux églises.*

Versailles, 24 avril 1768. (Archiv.)

N° 948. — LETTRES PATENTES *qui accordent à l'île de Cayenne et à la Guyanne française, la liberté de commerce avec toutes les nations pendant douze ans.*

Versailles, 1er mai 1768. (Archiv.)

N° 949. — LETTRES PATENTES *en forme d'édit portant réglement pour le collège de chirurgie de Paris.*

Versailles, mai 1768. Reg. P. P. 10. (Archiv.)

N° 950. — EDIT *portant fixation des portions congrues.*

Versailles, mai 1768. Reg. P. P. 13. (Archiv.)

N° 951. — TRAITÉ *par lequel la république de Gênes cède l'île de Corse à la France.*

15 mai 1768. (Wenck, III, 714.)

N° 952. — LETTRES PATENTES *au sujet de l'édit de janvier 1768, sur la police et la discipline du grand conseil.*

Versailles, 19 juin 1768. Reg. grand conseil 22. (Archiv.)

PRÉAMBULE.

Louis, etc. Notre attention à maintenir l'ordre des juridictions, l'autorité de nos cours, et l'harmonie qui doit régner entre elles pour le bien de la justice et de notre service, nous auroit porté à renvoyer aux juges ordinaires, par notre édit du mois de janvier dernier, portant réglement pour la police et discipline de notre grand conseil, celles des évocations en notredit grand conseil, dont les motifs étoient cessés; à limiter celles qui nous ont paru fondées sur des causes légitimes et toujours subsistantes; et à rendre moins onéreuses à nos sujets, celles qui méritoient une faveur particulière, soit par leur ancienneté, soit à cause de la protection que nous devons aux ordres religieux et aux autres établissements qui jouissent desdites évocations. Nous avions lieu d'espérer que des dispositions si conformes au vœu des ordonnances et aux vues du bien public, préviendroient toutes difficultés sur la compétence d'une compagnie, à l'état de laquelle nous n'avons voulu apporter aucuns changements. Mais quoique de pareilles dispositions ne puissent préjudicier aux droits que nos parlements ont de pourvoir, chacun dans leur ressort, au maintien des lois et maximes générales de notre royaume, auxquelles les instituts, privilèges, lois particulières, et l'existence même des ordres religieux, doivent être subordonnés; cependant nous aurions reconnu avec peine, par les représentations que nos cours de parlements nous ont adressées, qu'elles auroient pris à ce sujet des impressions aussi fâcheuses que mal fondées; et, comme nous chercherons toujours à prévenir ce qui pourroit exciter des discussions entre notre grand conseil et nos autres cours, nous avons cru devoir nous expliquer encore plus particulièrement sur la manière dont nous désirions que notre édit fût exécuté. A ces causes, etc.

N° 953. — LETTRES PATENTES *contenant réglement général pour l'administration de la compagnie des Indes.*

Marly, 28 juin 1768. Reg. P. P. 14 juillet. (Archiv.)

N° 954. — EDIT *concernant l'administration de la justice en Corse.*

Versailles, juin 1768. Reg. C. supérieur de Bastia, 24 décembre. (Code Corse.)

N° 955. — EDIT *concernant les délits et les peines en Corse.*

Versailles, juin 1768. Reg. C. sup. de Bastia 24 décembre. (Code Corse.)

N° 956. — ORDONNANCE *pour l'instruction des procédures criminelles en Corse.*

Versailles, juin 1768. Reg. C. sup. de Bastia 24 décembre. (Code Corse.)

N° 957. — ORDONNANCE *sur la forme des affranchissements des esclaves.*

Versailles, 10 juillet 1768. (Moreau de Saint-Méry.)

N° 958. — EDIT *qui ordonne la fabrication de gros sous, de demi-sous et de liards en cuivre.*

Compiègne, août 1768. (Archiv.)

N° 959. — LETTRES PATENTES *concernant la soumission de la Corse.*

Compiègne, 5 août 1768. (Code Corse.)

Louis, etc. La sérénissime république de Gênes ayant confié en nos mains, par une cession volontaire, les droits de souveraineté qu'elle possédoit sur le royaume de Corse et ayant remis à nos troupes les places que les siennes occupoient dans cette île, nous nous sommes chargé du gouvernement et de la souveraineté indépendante du royaume de Corse d'autant plus volontiers que nous ne comptons l'exercer que dans le bien des peuples de cette île, nos nouveaux sujets. Notre intention est d'accorder à la nation Corse les avantages qu'elle pourra nous demander en se soumettant à nos droits souverains; nous la préserverons de toute crainte ultérieure qu'elle pourroit avoir sur la continuation des troubles dont elle est déchirée depuis tant d'années; nous veillerons avec les sentiments du cœur paternel que nous avons pour nos autres sujets, à la prospérité, la gloire et le bonheur de nos chers peuples de Corse en général et de chaque individu en particulier; nous maintiendrons, sous notre parole de roi, les conditions que nous aurons promises pour la forme du gouvernement à la nation ou à ceux qui se montreront les plus zélés et les plus prompts à se soumettre à notre obéissance, et nous espérons que cette nation, jouissant des avantages de notre protection royale, par des liens si précieux, ne nous mettra pas dans le cas de la traiter comme des sujets rebelles, et ne perpétuera pas dans l'île de Corse des troubles qui ne pourroient être que destructifs pour un peuple que nous avons adopté avec complaisance au nombre de nos sujets : et pour que nos intentions, à cet égard, soient pleinement connues, nous avons fait mettre notre scel à ces présentes.

N° 960. — LETTRES PATENTES *en forme d'édit qui accordent la noblesse aux officiers du Chatelet, après un certain temps d'exercice de leurs fonctions.*

Compiègne, août 1768. Reg. P. P. 17. (Archiv.)

N° 961. — ARRÊT *du conseil qui supprime le bureau de législation des colonies, établi par arrêt du conseil du 19 novembre 1761.*

11 novembre 1768. (Moreau de Saint-Méry.)

N° 962. — CONVENTION *entre la France et le grand duc de Toscane, portant exemption de droit d'aubaine.*

Versailles, 6 décembre 1768. (Martens, I, 234.)

N° 963. — ARRÊT *du conseil qui casse un arrêt du parlement de Paris relatif au commerce des grains.*

Versailles, 22 janvier 1769. (Archiv. — Peuchet.)

PRÉAMBULE.

Le roi s'étant fait représenter l'arrêt de son parlement du 20 janvier 1769, par lequel, entre autres dispositions, il auroit ordonné par provision et sous le bon plaisir du roi, que quiconque voudra jouir de la liberté accordée par les édits et déclarations de S. M., de faire le commerce des grains et farines, sera tenu de déclarer et faire inscrire au greffe des juridictions ordinaires des lieux où il exercera ce commerce, son nom, ses qualités, demeure et domicile, ensemble les noms, qualités, demeure et domicile de ses associés ou commettants; et de tenir en bonne et due forme un registre d'achat et de vente des grains ou farines dont il fera commerce, le tout à peine de faux : S. M. auroit vu dans cet arrêt une affectation d'expressions tendantes à intéresser le peuple, à échauffer les esprits et à augmenter les inquiétudes sur le présent et sur l'avenir ; elle auroit d'ailleurs reconnu que les dispositions contenues dans cet arrêt, en mettant des entraves au commerce des grains et farines, détruiroient la liberté de ce commerce, et par une suite nécessaire les lois qui l'ont permise : que son parlement ayant enregistré ces lois purement et simplement, n'a pu, sans donner atteinte au pouvoir législatif de S. M., apposer même provisoirement des conditions à l'exécution de ces lois, telles qu'elles l'anéantiroient dans une de ses parties les plus essentielles : que son parlement devoit d'autant moins s'y porter, qu'ayant supplié S. M. par ses premières remontrances, de vouloir bien modifier ou suspendre l'exécution de ces lois, S. M. lui a fait connoître elle-même, que son utilité en étant justifiée par le vœu le plus général, son intention étoit de n'y rien changer. A quoi voulant pourvoir: ouï, etc., casse et annulle l'arrêt de son parlement dudit jour 20 de ce mois, etc.

N° 964. — LETTRES PATENTES *portant réglement pour l'administration des collèges dépendant des universités, et notamment celui de Louis-le-Grand.*

Versailles, 1ᵉʳ février 1769. (Archiv.)

N° 965. — ARRÊT *du conseil qui ordonne l'envoi annuel dans les provinces de 932,136 prises de remèdes, pour être distribués gratuitement aux pauvres habitants des campagnes au lieu de 126,910 prises qui se distribuoient précédemment.*

Versailles, 1ᵉʳ mars 1769. (Archiv.)

N° 966. — CONVENTION *entre la France et l'Espagne, portant réglement des fonctions des consuls.*

13 mars 1769. (Wenck, III, 746.)

N° 967. — ÉDIT *portant réglement pour la clôture des terres, prés, champs et héritages, situés dans la province de Champagne, avec abolition du droit de parcours de village à village.*

Versailles, mars 1769. Reg. P. P. 21 avril. (Archiv.)

Louis, etc. Nous voyons avec satisfaction que l'expérience confirme chaque jour ce que nous nous sommes promis des lois que nous avons données pour rendre aux habitants de nos provinces de Béarn, de Franche-Comté, des duchés de Lorraine et de Bar, et des Trois-Evêchés, la liberté d'enclore les terrains qui leur appartiennent. Les habitants de notre province de Champagne nous ont fait représenter que, leurs paroisses étant enclavées dans le Barrois et les Trois-Echévés, ils souffriroient un préjudice réel de la liberté que conserveroient les habitants de ces provinces, d'envoyer paître leurs bestiaux sur les paroisses situées en Champagne, si nous ne nous portions à leur donner des marques égales de notre protection, en abolissant dans notredite province la servitude onéreuse du parcours, et en les faisant jouir en même temps de la liberté d'enclore leurs héritages. Le compte que nous nous sommes fait rendre de l'état de l'agriculture dans la Champagne, nous a mis à portée de connoître de quelle importance il étoit d'étendre à cette province les avantages d'une loi aussi salutaire, et de mettre de justes bornes aux droits de parcours et de vaine pâture, qui, tels qu'ils y sont usités, formeront toujours le plus grand obstacle à l'amélioration des terres, à l'établissement de haras, et à la multiplication des bestiaux. En rendant aux particuliers la liberté naturelle de jouir de leurs possessions, nous encouragerons l'industrie, et nous leur ouvrirons de nouvelles sources de richesses, non moins intéressantes pour eux que pour le bien de notre service et celui de l'Etat. A ces causes, etc., voulons et nous plaît ce qui suit :

Art. 1: Nous permettons à tous propriétaires, cultivateurs, fermiers et autres nos sujets de la province de Champagne de clore les terres, prés, champs, et généralement tous les héritages de quelque nature qu'ils soient, qui leur appartiennent ou qu'ils cultivent, en telle quantité qu'ils jugeront à propos, soit par des fossés, haies vives ou sèches, ou de telle autre manière que ce soit.

2. Les terrains qui auront été ainsi enclos ne pourront être assujettis à l'avenir, et tant qu'ils resteront en cet état de clôture, au parcours, ni ouverts à la pâture d'autres bestiaux que de ceux à qui lesdits terrains appartiendront, seront affermés ou accensés; interprétant à cet effet, et dérogeant même en tant que de besoin, à toutes lois, coutumes, usages et réglements à ce contraires.

3. La clôture des héritages ne pourra néanmoins avoir lieu au préjudice du passage des bestiaux pour aller sur les terrains qui resteront ouverts à la pâture, ni de celui des charrues et voitures pour la culture des terres et l'enlèvement des récoltes; et à cet effet tout propriétaire ou fermier sera tenu de laisser ledit passage libre sur son terrain, s'il est assujetti, ou qu'il ne puisse le clore sans intercepter le passage.

4. Les clôtures d'héritages se feront à frais communs entre les propriétaires d'iceux, s'ils y consentent; et, en cas de refus de la part des propriétaires voisins, l'emplacement de la clôture sera pris sur le terrain que l'on voudra clore.

5. Les troupeaux de chaque communauté ne pourront plus

à l'avenir être conduits sur le territoire des communautés voisines et adjacentes, sous prétexte du droit réciproque de parcours, lequel sera et demeurera aboli, comme nous l'abolissons par notre présent édit. Si donnons, etc.

N° 968. — TRAITÉ *de commerce entre la France et Hambourg.*

Hambourg, 1ᵉʳ avril 1769. (Wenck, III, 752. — Koch, II, 271. — Lebeau.)

N° 969. — DÉCLARATION *portant défenses aux nouveaux convertis d'aliéner leurs biens sans permission.*

Versailles, 3 avril 1769. Reg. P. P. 10. (Archiv.)

N° 970. — LETTRES PATENTES *portant que les jugements définitifs ou d'instruction en dernier ressort, ne passeront à l'avis le plus sévère qu'autant que cet avis prévaudra de deux voix, conformément à l'article 12 du tit. 25 de l'ordonnance de 1670.*

Versailles, 3 juin 1769 Reg. P. P. 16. (Archiv.)

N° 971. — ORDONNANCE *concernant la mendicité.*

Versailles, 25 juin 1769. (Archiv.)

N° 972. — LETTRES PATENTES *en faveur de l'Académie royale de Musique.*

Versailles, juin 1769. Reg. P. P. 12 août. (Peuchet. VIII, 202.)

LOUIS, etc. Dans le nombre des établissements publics qui subsistent en vertu de notre autorité, et qui concourent également aux progrès des beaux-arts que nous n'avons jamais cessé de protéger d'une façon très-particulière, celui de l'Académie royale de Musique nous a toujours paru digne de notre attention; et nous nous sommes en conséquence, et à l'exemple du roi notre très-honoré seigneur et bisaïeul, de glorieuse mémoire, occupé dans tous les temps du maintien des privilèges dont elle est en possession, et qui sont essentiels à son existence; ceux dont elle jouit, conformément à nos lettres patentes et aux arrêts de notre conseil, lui ont été accordés avec d'autant plus de réflexion et de justice, qu'ils ont eu pour objet d'encourager les sujets attachés à cette Académie, d'exciter de plus en plus l'émulation parmi les talents qui lui sont nécessaires, et par là de lui procurer les moyens de subvenir aux dépenses qu'exigent l'éclat, le goût et la pompe de son spectacle, aussi agréable aux étrangers qu'à la nation même, et dont la magnificence contribue à l'embellissement de notre bonne ville de Paris, de même qu'au soulagement des pauvres.

C'est dans ces vues que nous avons suffisamment fait connoître notre volonté par les différents arrêts rendus en notre conseil, lorsqu'il s'est élevé quelques difficultés relativement au soutien et à l'exercice desdits privilèges; cependant les maîtres à danser et joueurs d'instruments établis à Paris, profitant de ce qu'aucun desdits arrêts n'ont point été revêtus de lettres patentes, ont récemment renouvelé une contestation qui avoit été décidée en notre conseil par arrêt contradictoire du 4 avril 1732, et voudroient faire revivre des prétentions déjà réprimées, dont l'effet seroit on ne peut pas plus préjudiciable à notre Académie de Musique. Mais en même temps que notre intention est de soutenir l'éclat de l'Académie royale de Musique, en faisant jouir des privilèges des susdites communautés des maîtres de danse et joueurs d'instruments établis dans notre bonne ville de Paris, les sujets attachés aux différents services de ladite Académie, nous avons cru de notre justice d'en borner le nombre d'une manière invariable, par le réglement rendu de notre propre mouvement le 3 du présent mois.

A ces causes, voulant faire cesser tout prétexte d'attaquer à l'avenir aucuns des privilèges qu'il nous a plu accorder à ladite Académie, et en assurer pour toujours la pleine et entière exécution, nous ordonnons que les lettres patentes du 13 août 1672, celles du 1er mars 1689, régistrées en notre cour de parlement le 30 juin suivant, l'arrêt de notre conseil d'Etat du 11 décembre 17 8, les lettres patentes du 27 février 1729, et les arrêts de notre conseil des 1er juin 1730, 4 avril 1732, août 1749, 13 mars 1757, 3 juin 1758 et 26 juillet 1765, seront exécutés selon leur forme et teneur; en conséquence, maintenons et conservons notredite Académie de Musique dans le droit et privilège de l'Opéra proprement dit, et dans toute l'étendue de notre royaume, ainsi que dans le droit et privilège exclusif des concerts de musique vocale ou instrumentale, soit français, soit italiens ou en d'autres langues, de même que des concerts spirituels; dans les droits et privilèges également exclusifs de l'Opéra-Comique, des bals payants, et dans celui d'impression de tous les poèmes et paroles d'opéra.

Faisons de nouveau très-expresses inhibitions et défenses à toutes personnes, de quelque qualité et condition qu'elles soient, de faire chanter et exécuter avec théâtre et décorations, ou autrement, aucunes pièces de musique et de danse, de faire aucun concert de musique vocale ou instrumentale dans quelque langue que ce soit, ni de donner aucuns bals pour l'entrée desquels concerts ou représentations de pièces de musique, on prenne ou reçoive de l'argent, même de faire aucune association pour raison desdits objets, et ce sans la permission expresse et par écrit des concessionnaires actuels de ladite Académie royale de Musique, ou des personnes qui pourront leur succéder, à peine de dix mille livres d'amende, applicable un tiers à l'Hôpital-Général, et les deux autres tiers au profit des concessionnaires actuels de ladite Académie royale de Musique, et de confiscation des théâtres, machines, décorations, musique, instruments et autres choses quelconques qui auroient servi auxdites représentations, concerts et bals. Avons maintenu et maintenons les sujets attachés à notre Académie, dans les prérogatives à eux accordées par lesdites lettres patentes et arrêts de notre conseil, et particulièrement les danseurs et symphonistes employés et retenus à ladite Académie, suivant l'état qui continuera d'en être arrêté tous les ans par notre secrétaire d'État ayant le département de Paris, conformément audit réglement que nous avons rendu de notre propre mouvement le 3 du présent mois, et par lequel nous ordonnons qu'à l'avenir les sujets composant ladite Académie seront et demeureront fixés, savoir : les chœurs chantants seront composés de cinquante-deux personnes, savoir, pour les hommes de seize basses-tailles, huit tailles, huit hautes-contres; pour les femmes, de huit premiers-dessus, huit seconds-dessus et quatre surnuméraires; les ballets de quatre-vingt-deux, tant danseurs que danseuses, savoir, pour les hommes, de dix danseurs seuls, et en double vingt-quatre figurants, six surnuméraires; et pour les femmes, de six danseuses seules, et en double vingt-quatre figurantes et douze surnuméraires; l'orchestre de soixante-quinze musiciens, savoir, deux maîtres de musique, deux clavecinistes, quatre contre-basses, douze violoncelles, vingt-quatre violons, quatre violons surnuméraires, six flûtes et hautbois, six bassons, quatre alto, quatre cors-de-chasse, deux clarinettes, deux trompettes, une timballe, un tambourin, une musette, dans le droit et privilège d'enseigner librement à danser et à jouer des instruments dans Paris, de jouer aux bals, sérénades et autres réjouissances publiques et particulières, où ils seront mandés, et de recevoir ce qui leur sera offert pour leurs salaires; le tout sans être obligés de se faire recevoir dans aucune communauté où il y ait maîtrise ou jurande, ni de payer aucun droit de visite ni de confrérie, et ce seulement tant qu'ils resteront attachés à ladite Académie, et retenus sur l'état arrêté comme il est dit ci-dessus.

Faisons défenses à tous corps et communautés, notamment à celle des joueurs d'instruments et maîtres à danser, de leur apporter aucun trouble ni empêchement dans l'exercice et jouissance dudit privilège, à peine de toutes pertes, dépens, dommages et intérêts; ordonnons en outre, qu'à compter de la date des présentes, les sommes pour lesquelles les acteurs, actrices, danseurs, danseuses, symphonistes et autres personnes attachées à ladite Académie, seront employées dans les états; de même que les pensions accordées, et qui pourront l'être dans la suite sur ladite Académie, ne puissent être saisies et arrêtées par leurs créanciers, que pour un tiers seulement, et que les deux autres tiers destinés pour leur subsistance alimentaire leur seront payés par tous trésoriers, caissiers ou autres personnes préposées à cet effet, nonobstant toutes saisies et oppositions, dont, en tant que de besoin, nous faisons, dès à présent, main-levée jusqu'à concurrence, ainsi et de la même manière qu'il a été statué, et qu'il se pratique par rapport aux acteurs des autres spectacles établis et subsistants sous notre autorité; dérogeant, en tant que de besoin, et pour le contenu en ces présentes seulement, à tout édits, lettres patentes, réglements et arrêts de notre conseil qui pourroient contenir quelque disposition contraire à cesdites présentes. Si donnons, etc.

N° 973. — LETTRES PATENTES *concernant l'insinuation de tous dons en cas de survie, faits dans les contrats de mariage.*

Versailles, 3 juillet 1769. Reg. P. P. 11. (Archiv.)

N° 974. — DÉCLARATION *concernant les recommandaresses et nourrices, et l'établissement d'un bureau général dans Paris.*

Compiègne, 24 juillet 1769. Reg. P. P. 28. (Archiv. — Peuchet. VIII, 230.)

PRÉAMBULE.

Louis, etc. L'établissement des recommandaresses dans notre bonne ville de Paris auroit toujours paru si important, par rapport au bien de l'Etat, toujours intéressé à la conservation et à l'éducation des enfants, que le feu roi notre très-honoré seigneur et bisaïeul, auroit jugé nécessaire, par sa déclaration du 29 janvier 1715, de former sur cet objet divers articles de réglement, auxquels nous aurions cru nous-mêmes devoir en ajouter de nouveaux par notre déclaration du 1ᵉʳ mars 1727, dans la vue de perfectionner de plus en plus un établissement aussi utile; mais, quelque avantage que le public en ait retiré jusqu'à présent, nous aurions cependant reconnu que ce succès n'avoit pas encore répondu à ce que nous aurions pu nous en promettre, soit parce que les bureaux des recommandaresses se trouvant situés dans des lieux trop serrés, il en résultoit un préjudice pour la santé des nourrices et pour celle de leurs nourrissons, soit parce que les nourrices étant souvent dans le cas d'attendre pendant long-temps le paiement de leurs mois de nourriture par les obstacles qui se rencontroient dans les recouvrements, on s'apercevoit de jour en jour de la diminution dans le nombre de celles qui étoient dans l'usage de venir se charger des nourrissons ; soit enfin parce que les pères et mères n'ayant que rarement des nouvelles de leurs enfants, ils n'étoient pas informés, ni assez tôt, ni assez fréquemment, de leurs besoins pour pouvoir y subvenir; c'est ce qui nous auroit déterminé, d'un côté, de substituer aux quatre bureaux de recommandaresses, ci-devant établis par nos déclarations, un seul bureau général, qui par sa situation et par son étendue puisse procurer des logements également sains et commodes pour les nourrices et pour les enfants qui leur sont confiés; et, d'un autre côté, de charger les directeurs préposés pour la direction de ce bureau, non-seulement de faire aux nourrices des avances de leurs mois de nourriture, sauf leurs recours contre les pères et mères desdits enfants, mais même d'entretenir entre les nourrices et lesdits pères et mères une correspondance continuelle qui les mette en état de concourir tous également à la sûreté des jours de leurs enfants; et, voulant expliquer nos intentions à ce sujet, nous avons par ces présentes signées de notre main, etc.

N° 975. — EDIT *relatif aux troubles de Bretagne.*

Juillet 1769. (Archiv.)

N° 976. — ARRÊT *du conseil concernant le commerce de l'Inde.*

Compiègne, 13 août 1769. (Archiv.)

N° 977. — ARRÊT *du conseil portant règlement sur les demandes en cassation, en contrariété et en révision d'arrêts qui sont portées au conseil d'État privé.*

Compiègne, 19 août 1769. (Archiv.)

N° 978. — ORDONNANCE *portant défenses du port d'armes à feu en Corse, sous peine de mort.*

Compiègne, 23 août 1769. (Code Corse.)

N° 979. — DÉCLARATION *concernant le commerce des ouvrages d'or et d'argent venant de l'étranger.*

Versailles, 9 septembre 1769. Reg. C. des M. 24 janvier 1770. (Archiv.)

N° 980. — ORDONNANCE *concernant l'ordre et la forme à observer dans les impositions nécessaires aux dépenses des colonies.*

Versailles, 20 septembre 1769. (Archiv.)

N° 981. — ÉDIT *portant réglement pour la procédure civile en Corse.*

Versailles, septembre 1769. Reg. C. sup. de Bastia, 20 février 1770. (Code Corse.)

N° 982. — ARRÊT *du conseil qui défend aux parties de faire imprimer et distribuer aucuns mémoires, consultations ou écrits au sujet des demandes en cassation, en révision ou en contrariété d'arrêts, et à tous imprimeurs de les imprimer avant qu'il ait été ordonné que lesdites demandes seront communiquées.*

Fontainebleau, 4 novembre 1769. (Archiv.)

N° 983. — LETTRES PATENTES *concernant les demandes en interdictions pour démence, fureur et prodigalité.*

Versailles, 25 novembre 1769. Reg. P. P. 19 juin. 1770. (Archiv.)

Louis, etc. Sur le compte que nous nous sommes fait rendre des usages introduits dans les sièges inférieurs en matière d'interdiction pour démence, fureur ou prodigalité, et concernant les main-levées d'icelles, nous avons reconnu qu'il y avoit beaucoup de diversités dans les usages, et qu'il en étoit résulté des contestations aussi nuisibles, tant au bien de la justice qu'à l'intérêt de nos sujets; nous avons cru devoir déterminer d'une manière invariable la règle qui auroit dû être toujours suivie dans une matière aussi importante. A ces causes, etc., voulons et nous plaît qu'il ne puisse être à l'avenir statué sur les demandes en interdiction pour démence, fureur ou prodigalité, non plus que sur les demandes en main-levées d'icelles, que sur les conclusions de la partie publique des sièges où lesdites demandes seront pendantes et par délibération desdits sièges, soit que les interdictions et main-levées d'icelles soient consenties ou qu'elles soient contestées. Faisons défenses à tous juges de statuer seuls et en leurs maisons sur les interdictions et main-levées d'icelles, à peine de nullité, et de tous dommages et intérêts, même de prise à partie, s'il y échet, dérogeant à tous usages à ce contraires. Pourront néanmoins les juges faire seuls les avis de parents, interrogatoires et autres procédures de pure instruction pour parvenir auxdites interdictions et main-levées d'icelles, soit en leurs maisons, soit ailleurs, suivant l'exigence des cas et les usages des sièges. Si donnons, etc.

N° 984. — DÉCLARATION *portant défenses à tous collateurs d'accorder et à tous ecclésiastiques d'obtenir des provisions de bénéfices qui auront été unis en tout ou en partie depuis plus de cent ans, à des évêchés, églises cathédrales, cures, séminaires, hôpitaux ou collèges.*

Versailles, 1er décembre 1769. Reg. P. P. 19 janvier 1770. (Archiv.)

N° 985. — DÉCLARATION *concernant les naufrages et échouements.*

Versailles, 10 janvier 1770. Reg. P. P. 31 mai 1771. (Archiv.)

Louis, etc. De toutes les ordonnances que le feu roi notre très-honoré seigneur et bisaïeul a faites pour rétablir le bon ordre dans toutes les parties de l'administration, celle de la marine avoit fixé sa principale attention; et le succès qu'elle a eu dans son exécution a fait connoître la sagesse de ses dispositions. Cependant une longue suite d'années produisant toujours quelque relâchement dans l'observation des meilleures lois, nous avons été informé qu'il s'étoit introduit dans les sièges d'amirautés différentes formes de procéder et des usages nouveaux, et que ces innovations portoient sur les procédures des prises et sur celles des échouements; nous aurions fait assembler des personnes de notre conseil privé de notre très-cher et très-amé cousin le duc de Penthièvre, amiral de France, à l'effet de procéder à l'examen des mémoires qui leur seroient remis, et nous être proposé tels réglements qui seroient jugés nécessaires sur lesdites formes et usages introduits dans les amirautés, sur les procédures et frais auxquels ils peuvent donner lieu, et sur les autres objets relatifs à ces juridictions. Sur le compte qui nous en a été rendu, nous avons cru devoir profiter de la paix dont nous jouissons, pour expliquer d'abord nos intentions sur ce qui concerne les naufrages et échouements, et il nous a paru nécessaire d'établir, par une loi qui serve de supplément au titre 9 du livre IV de l'ordonnance de 1681, quelques règles nouvelles capables de faire cesser les abus et de rendre uniforme la manière de procéder en cette matière. A ces causes, etc., voulons et nous plaît ce qui suit:

Art. 1. Les seigneurs et habitants des paroisses voisines de la mer, incontinent après les naufrages et échouements, en avertiront ou feront avertir les officiers de l'amirauté dans le détroit de laquelle lesdites paroisses se trouveront assises. Voulons qu'il soit payé, par privilège et préférence, sur les premiers deniers de la vente des effets sauvés, à celui qui le premier aura donné avis du naufrage et échouement au siège de l'amirauté, trois livres par lieue, l'allée et le retour compris, à partir du lieu du naufrage et échouement, jusqu'à celui de la résidence dudit siège, et qu'il en soit fait mention dans le procès-verbal qui sera dressé par lesdits officiers à leur arrivée, ainsi que de l'heure à laquelle ils auront été avertis.

2. Lesdits officiers de l'amirauté seront tenus de faire avertir les officiers des classes, le trésorier des invalides, et le receveur de l'amirauté, des bris, naufrages et échouements arrivés sur les côtes de leur ressort avant que de s'y transporter, afin qu'ils en puissent prendre connoissance.

3. Lesdits seigneurs, leurs officiers, les curés ou les syndics desdites paroisses, seront tenus, en attendant l'arrivée des officiers de l'amirauté, de faire travailler au sauvetage des effets provenant du naufrage et échouement, d'en empêcher le pillage, et de pourvoir à tout ce qui sera le plus urgent; comme aussi d'en informer les officiers de l'amirauté, dès qu'ils seront arrivés, pour en être par eux fait mention dans leur susdit procès-verbal. Faisons défenses expresses à tous autres habitants d'y travailler hors la présence desdits seigneurs, leurs officiers, curés ou syndics, et s'ils n'y sont par eux appelés, à peine de telle amende qu'il appartiendra, même s'il y échet, d'être poursuivis extraordinairement.

4. En cas qu'il ne se présente aucun commissionnaire ayant charge et pouvoir, ou toute autre personne qui offre d'avancer gratuitement les frais des ouvriers pour le sauvetage du vaisseau, effets et marchandises, les officiers de l'amirauté nommeront d'office un commissionnaire qu'ils choisiront parmi les négociants, à l'effet de se transporter au lieu de l'échouement pour y faire l'avance desdits frais, pour laquelle il lui sera alloué, pour droit de commission, demi pour cent par mois des sommes qu'il aura avancées, non compris sa vacation, pour laquelle il ne pourra lui être taxé plus de six livres par chaque journée. Voulons qu'il soit payé du tout, par privilège et préférence, sur les premiers deniers qui proviendront de la vente des effets sauvés.

5. Aussitôt que les officiers de l'amirauté auront connoissance du nom du navire, de la nation, du capitaine, du lieu

du départ, de celui de sa destination, et en gros de son chargement, ils seront tenus de le faire afficher au lieu le plus apparent de l'échouement, ainsi qu'à la porte de l'auditoire de l'amirauté.

6. Les voituriers, charretiers et mariniers seront tenus de se transporter avec chevaux, harnois et bateaux, au lieu du naufrage et échouement, à la première sommation qui leur en sera faite de la part des seigneurs, officiers, curés, syndics ou officiers de l'amirauté, à peine de cinquante livres d'amende contre chacun des refusants, même sous plus grande peine, s'il y échet; et sera l'ordonnance portant condamnation en l'amende, ou autre peine, affichée aux frais des contrevenants.

7. Il sera nommé d'office par les officiers de l'amirauté un gardien bon et solvable des effets et marchandises sauvés du naufrage et échouement.

8. Faisons très-expresses inhibitions et défenses à tous les officiers des amirautés de faire déposer dans les magasins appartenant à aucuns d'eux, ou dépendant des maisons où ils habitent, les effets et marchandises, agrès et apparaux sauvés des bris, naufrages et échouements, à peine d'interdiction, même, en cas de récidive, de telle autre peine qu'il appartiendra.

9. Les travailleurs seront employés par marée ou journée, et il sera tenu un rôle par les officiers de l'amirauté. L'appel sera fait en leur présence au commencement et à la fin de chaque journée, sans qu'aucun autre puisse, après l'arrivée des officiers, s'immiscer au travail que ceux qui auront été par eux choisis, à peine du fouet; et sera ledit rôle tenu conformément au modèle attaché sous le contre-scel des présentes.

10. Il sera pareillement tenu par les mêmes officiers un état des voitures qui auront été faites pour porter les effets sauvés dans les magasins, et il sera délivré au voiturier, en partant du lieu du naufrage, deux états de sa charge, qu'il remettra au gardien, lequel en gardera un, et rendra l'autre au voiturier, après avoir mis au pied d'icelui un reçu desdits effets.

11. Après le transport fait au magasin des marchandises sauvées, les officiers de l'amirauté procéderont à la reconnoissance, description et vérification, par quantité, qualité, poids, mesure, marque et numéros; et ce, tant sur les procès-verbaux faits au lieu de l'échouement que sur les billets

laissés au gardien et sur le contrôle qui en aura été dressé par ledit gardien; après quoi les salaires des ouvriers seront arrêtés sur le vu des états de leur travail et des états quittancés dudit gardien.

12. Les procès-verbaux de reconnoissance des effets sauvés seront faits en présence du maître, si aucun y a, sinon du plus apparent de l'équipage, ou lui dûment appelé, et signés de lui et du gardien, lequel s'en chargera au pied du procès-verbal, et pourra ledit maître, ou le plus apparent de l'équipage, assister à toutes les autres opérations des officiers de l'amirauté.

13. S'il ne se présente point de réclamateur dans les trois mois après que les effets auront été sauvés, il sera procédé, par les officiers, à la vente de quelques marchandises des plus périssables, à l'effet de satisfaire au paiement des salaires des ouvriers, et seulement jusqu'à la concurrence de ce qu'il faudra de deniers pour payer lesdits salaires.

14. En cas que le navire ait été jugé, sur l'avis de trois constructeurs à ce commis, être hors d'état d'être rétabli, les officiers de l'amirauté pourront ordonner que la coque dudit navire sera vendue, même sans attendre le délai de trois mois porté par l'article précédent.

15. Laissons à la prudence desdits officiers de faire et ordonner, suivant l'exigence des cas, ce qui leur paroîtra nécessaire, ou même utile pour la conservation du navire naufragé et échoué.

16. Dans tous les cas où le ministère des experts sera jugé nécessaire, ils seront nommés d'office par les officiers de l'amirauté, et il sera par eux fait droit sur toutes les réquisitions que les parties intéressées auront pu faire avant ou après le rapport desdits experts.

17. Si lors ou depuis l'échouement les propriétaires ou les commissionnaires, auxquels les marchandises auront été adressées par les connoissements, se présentent pour y mettre ordre par eux-mêmes, les officiers de l'amirauté seront tenus de se retirer, et de leur laisser la liberté d'y pourvoir.

18. Et où il ne seroit réclamé, par lesdits propriétaires ou commissionnaires, qu'une partie des marchandises, les officiers de l'amirauté feront toujours travailler indistinctement au sauvement de toutes les marchandises du vaisseau, sans que lesdits propriétaires ou commissionnaires puissent s'immiscer au sauvement des marchandises par eux réclamées, sauf à eux les demander et faire prononcer la remise, et à pourvoir au

transport d'icelles, lorsqu'elles auront été mises hors du vaisseau et sur les grèves.

19. Lesdits propriétaires, commissionnaires, ou porteurs de connoissements ne seront tenus, audit cas, que de payer leur contingent des frais de sauvement, vacations et honoraires des officiers de l'amirauté relatifs audit sauvement.

20. En cas que la réclamation n'ait été faite, ou que la remise des effets n'ait été ordonnée qu'après le transport des marchandises au magasin, les réclamateurs ne contribueront aux frais et vacations dus avant leur réclamation, que par proportion à la valeur des marchandises réclamées, laquelle sera réglée par les officiers de l'amirauté, eu égard au total des marchandises sauvées; et sera tenu chaque réclamateur de donner bonne et suffisante caution de parfournir auxdits frais, laquelle sera reçue par lesdits officiers en la forme ordinaire.

21. La remise des marchandises, dont la réclamation aura été jugée valable, sera ordonnée par les officiers de l'amirauté, sur la requête du réclamateur, et les conclusions de notre procureur audit siège; et sur le vu de l'ordonnance, qui sera remise au gardien desdits effets pour sa décharge, il sera tenu d'en faire sur-le-champ la délivrance au réclamateur sans aucuns frais.

22. Les effets vendus seront pareillement livrés, sans frais, aux adjudicataires, sur la seule remise qui lui sera faite de l'extrait en forme du procès-verbal de vente.

23. Les officiers des amirautés ne pourront assister à la délivrance et livraison des effets réclamés ou adjugés, ni dresser des procès-verbaux de recensement ou récolement d'iceux, si ce n'est seulement qu'ils en eussent été expressément requis par lesdits réclamateurs ou adjudicataires.

24. Si les effets et marchandises échoués ne sont point réclamés dans l'an et jour, les frais de justice ne pourront être prétendus avant l'expiration de ce délai; mais ils seront prélevés sur les deniers de la vente qui sera faite desdites marchandises et effets par les officiers de l'amirauté, les officiers des classes, le trésorier des Invalides, et le receveur de l'amiral, présents ou dûment appelés; et le surplus du produit de ladite vente sera remis, moitié au receveur de l'amiral, moitié au trésorier des Invalides.

25. Les officiers des classes, le trésorier des Invalides, et le receveur des droits de l'amiral, prendront connoissance desdits effets sauvés, ils s'informeront exactement s'ils ont été réclamés dans l'an et jour, et si la délivrance en a été faite au

réclamateur; à l'effet de quoi les officiers de l'amirauté seront tenus de donner, sans frais, aux officiers des classes, et au receveur de l'amiral, la communication des procès-verbaux, actes et jugements rendus au sujet desdits réclamateurs.

26. Seront tenus les officiers des classes d'envoyer au commencement de chaque année, au secrétaire-d'Etat ayant le département de la marine, un état certifié d'eux du produit desdits effets sauvés, des échouements, bris et naufrages, qui n'auront pas été réclamés dans l'an et jour; lequel état sera aussi envoyé à l'amiral par le receveur de ses droits.

27. N'entendons néanmoins préjudicier aux droits des seigneurs bien et légitimement établis, et voulons au surplus que le titre 9 du livre 4 de l'ordonnance du mois d'août 1681, soit exécuté, en tout ce qui ne sera pas contraire aux dispositions des présentes. Si donnons, etc.

N° 986. — ÉDIT *portant que le denier de la constitution demeurera fixé au denier vingt.*

Versailles, février 1770. Reg. P. P. 23. (Archiv.)

N° 987. — DÉCLARATION *concernant l'administration des bâtiments du roi.*

Versailles, 27 mai 1770. Reg. C. des C. 30 juin. (Archiv.)

N° 988. — ARRÊT *du conseil qui interdit la sortie des grains du royaume* (1).

Versailles, 14 juillet 1770. (Archiv.)

PRÉAMBULE.

Le roi s'étant fait successivement représenter en son conseil l'état du prix auquel le blé froment a été porté dans les différentes provinces de son royaume, S. M. auroit reconnu que cette denrée de première et indispensable nécessité seroit parvenue dans toutes les provinces au taux fixé par l'édit de juillet 1764 pour en interdire la sortie; qu'en conséquence, les blés ont cessé d'être exportés, soit en vertu de la disposi-

---

(1) Une avarice inepte avoit porté Louis XV à s'occuper de spéculation. Sans y mettre ni scrupule ni mystère, et dans la seule intention de grossir son trésor privé, il s'amusoit à faire élever ou baisser le prix des grains, et c'étoit presque toujours en sens inverse de ce qu'eût dû désirer ou opérer le maître du royaume. Des courtisans, façonnés à tout approuver, baissoient les yeux avec quelque embarras lorsque le roi leur montroit une carte sur laquelle il notoit les variations des marchés et faisoit parade de son instruction dans un commerce décrié. (Lacretelle, Hist. de France pendant le dix-huitième siècle.)

tion dudit édit, soit par des ordonnances particulières, et que l'exportation n'en pourra recommencer que lorsqu'il plaira à S. M. de l'ordonner; S. M. a considéré en même temps que le prix du blé s'est élevé en plusieurs provinces à un excès tel que ses sujets dans lesdites provinces ont éprouvé des besoins dont les ordres qu'elle a donnés et les dépenses qu'elle a faites n'ont pu les affranchir totalement; qu'en pareille circonstance le premier secours devroit être apporté par les provinces voisines, et ainsi de proche en proche, ce qui ne se peut que par la plus grande liberté de la circulation et commerce du blé dans l'intérieur; d'où résulte le double avantage de secourir les provinces dont les récoltes ont été mauvaises, et de faciliter le débit des grains de celles dont la récolte auroit été abondante; S. M. s'étant aussi fait représenter l'état des grains que le commerce a fait rentrer de l'étranger, principalement pendant le cours de cette année, elle a reconnu combien une importation libre pouvoit être utile en tout temps, et très-souvent nécessaire. A quoi voulant pourvoir, ouï, etc.

N° 989. — Arrêt *du parlement de Paris concernant le commerce des grains.*

29 août 1770. (Peuchet.)

EXTRAIT.

Ce jour la cour, toutes les chambres assemblées, délibérant sur le récit fait par un de messieurs ledit jour, ouï les gens du roi en leurs conclusions, et considérant que les peuples n'ont pu encore recevoir, des précautions prises par le roi pour leur soulagement, tout l'effet que ledit seigneur roi en attendoit; considérant que l'expérience démontre que les monopoles produisant la cherté excessive du blé, se perpétuent et se renouvellent chaque jour; que d'ailleurs le roi lui-même a jugé nécessaire de faire en cette matière un autre réglement qu'il a daigné annoncer et promettre par sa réponse du 31 juillet, aux instances que son parlement avoit faites pour l'obtenir; considérant que néanmoins ledit réglement n'est point encore fait, et que la cherté, suite des monopoles et des accaparements, continue au milieu de la moisson la plus favorable, de sorte qu'il devient indispensable et instant d'y pourvoir, pour empêcher que la récolte actuelle ne soit enlevée aux peuples par des manœuvres qui les réduisent aux plus dures extrémités, en les privant de leur subsistance. La cour, etc.

N° 990. — ORDONNANCE *qui règle l'âge auquel les élèves de l'École militaire pourront entrer au service.*

Versailles, 7 septembre 1770. (Archiv.)

N° 991. — TRAITÉ *définitif entre la France et Tunis.*

13 septembre 1770. (Koch, II, 286.)

N° 992. — ÉDIT *qui défend aux parlements de se servir des termes d'unité, d'indivisibilité et de classes, et d'envoyer aux autres parlements, hors les cas prévus par les ordonnances, des mémoires, remontrances, arrêts et arrêtés relatifs aux affaires qui seront portées devant elles par les ordres du roi ou à cause de leur ressort* (1).

Versailles, décembre 1770. Reg. P. P. 7 en lit de justice. (Archiv.)

Louis, etc. L'esprit de système, aussi incertain dans ses

---

(1) Extrait du procès-verbal du lit de justice.

Le roi s'étant assis et couvert, M. le chancelier a dit : « Le roi ordonne que chacun prenne sa séance, » ensuite M. le chancelier a dit : « Le roi permet qu'on se couvre. »

M. le chancelier étant ensuite monté vers le roi, agenouillé à ses pieds pour recevoir ses ordres, descendu, remis en sa place, assis et couvert; le roi ayant ôté et remis son chapeau, a dit « Messieurs, mon chancelier va « vous expliquer mes intentions ». Après quoi M. le chancelier a dit :

« Messieurs, S. M. devoit croire que vous recevriez avec respect et avec soumission une loi qui contient les véritables principes, des principes avoués et défendus par nos pères et consacrés dans les monuments de notre histoire.

« Votre refus d'enregistrer cette loi, seroit-il donc l'effet de votre attachement à des idées nouvelles? et une fermentation passagère auroit-elle laissé dans vos cœurs des traces si profondes?

« Remontez à l'institution des parlements, suivez-les dans leurs progrès; vous verrez qu'ils ne tiennent que des rois leur existence et leur pouvoir, mais que la plénitude de ce pouvoir réside toujours dans la main qui l'a communiqué.

« Ils ne sont ni une émanation ni une partie les uns des autres; l'autorité qui les créa circonscrivit leurs ressorts, leur assigna des limites, fixa la matière comme l'étendue de leur juridiction.

« Chargés de l'application des lois, il ne vous a point été donné d'en étendre ou d'en restreindre les dispositions.

« C'est à la puissance qui les a établies d'en éclaircir les obscurités par des lois nouvelles.

« Les serments les plus sacrés vous lient à l'administration de la justice, et vous ne pouvez suspendre ni abandonner vos fonctions sans violer tout à la fois les engagements que vous avez pris avec le roi et les obligations que vous avez contractées envers les peuples.

« Quand le législateur veut manifester ses volontés, vous êtes son organe, et sa bonté permet que vous soyez son conseil; il vous invite à l'éclairer de vos lumières, et vous ordonne de lui montrer la vérité.

« Là finit votre ministère.

« Le roi pèse vos observations dans sa sagesse, il les balance avec les mo-

principes qu'il est hardi dans ses entreprises, en même temps qu'il a porté de funestes atteintes à la religion et aux mœurs, n'a pas respecté les délibérations de plusieurs de nos cours: nous les avons vues enfanter successivement de nouvelles idées, et hasarder des principes que, dans tout autre temps et dans

---

tifs qui le déterminent, et de ce coup-d'œil qui embrasse l'ensemble de la monarchie, il juge les avantages et les inconvénients de la loi.

« S'il commande alors, vous lui devez la plus parfaite soumission.

« Si vos droits s'étendoient plus loin, si votre résistance n'avoit pas un terme, vous ne seriez plus ses officiers, mais ses maîtres; sa volonté seroit assujettie à la vôtre, la majesté du trône ne résideroit plus que dans vos assemblées, et dépouillé des droits les plus essentiels de la couronne, dépendant dans l'établissement des lois, dépendant dans leur exécution, le roi ne conserveroit que le nom et l'ombre vaine de la souveraineté.

« Mais si l'ordre public, si les titres les plus sacrés s'élèvent contre des prétentions chimériques, le rang qui vous est assigné, les fonctions qui vous sont confiées n'en sont pas moins honorables ni moins augustes.

« Le roi vous communique la portion la plus précieuse de sa puissance, le droit de faire respecter ses lois, de punir le crime, d'assurer le repos des familles, et de défendre la société contre les atteintes qui lui sont portées.

« Soutenez la dignité de ce ministère, que vos actions l'honorent s'il est possible, que les peuples pénétrés de l'équité de vos jugements, bénissent la main qui vous imprima le caractère de magistrats. Toujours soumis, toujours respectueux, conciliez le zèle avec l'obéissance, et éclairez l'autorité sans jamais la combattre. »

Après quoi M. le premier président et tous les présidents et conseillers ont mis le genou en terre; M. le chancelier ayant dit : « Le roi ordonne que vous vous leviez, » ils se sont levés et restés debout et découverts, M. le premier président a dit :

« Sire, votre parlement ne voit jamais votre majesté déployer sa puissance sans être pénétré de la douleur la plus profonde et de la consternation qu'inspirent les actes d'autorité absolue. Les sentiments, Sire, gravés dans le cœur de tous les magistrats de votre parlement, sont fondés sur l'amour le plus pur pour votre personne sacrée. Le fonds inépuisable de douceur et de bonté que tous vos sujets connoissent pour être le caractère propre de Votre Majesté, ne se concilie point avec ces tristes circonstances qui menacent d'atteintes dangereuses les lois du royaume et la constitution de l'État.

« Votre parlement ne peut se départir des principes dont le maintien est également utile à Votre Majesté et à ses sujets, sans manquer à ce que lui prescrivent son attachement pour la personne et le service de Votre Majesté, le vœu universel de tous les ordres de l'État et la fidélité qu'il doit au serment qu'il a fait de garder et observer les lois du royaume. Louis XI a déposé dans nos registres la formule du serment de son avènement à la couronne par lettres registrées au parlement le 22 avril 1482, et il a voulu, par cet acte solennel, que les magistrats ne perdissent jamais de vue l'obligation qui leur est imposée, d'acquitter en cette partie les rois, du serment qu'ils font à leur sacre, et *d'y vaquer tellement que par la faute des magistrats, aucunes plaintes n'en puissent advenir, ni aux rois charge de conscience.*

« C'est dans le même esprit, Sire, et en vertu de cette même obligation, que votre parlement, dans une occasion bien moins importante, a déclaré le 1er mars 1583 : *Qu'attendu que l'édit est contre les lois fondamentales*

tout autre corps, elles auroient proscrits comme capables de troubler l'ordre public.

Nous les avons vues se livrer plusieurs fois à des interruptions et cessations de service, à l'aide desquelles, et en faisant éprouver à nos sujets, par le retard de la justice qu'elles leur doivent à notre décharge, des maux que notre affection pour nos peuples

---

de l'État, auxquelles lois on ne peut déroger..... votre parlement n'a puissance de procéder à sa vérification.

« Permettez, Sire, à votre parlement d'employer, aux pieds de votre trône, les mêmes expressions, et que votre cœur paternel juge, avec cette bonté qui lui est propre, si votre parlement a pu procéder à l'enregistrement de l'édit, qu'il avoit plu à Votre Majesté de lui envoyer.

« Votre parlement espère que Votre Majesté ne désapprouvera pas qu'il réclame également contre le lieu où il plaît à Votre Majesté tenir sa séance, et que dans le cas où Votre Majesté ordonneroit la publication d'aucuns édits, déclarations ou autres objets à la charge de vos sujets, et qui n'auroient été communiqués à votre parlement, à l'effet d'y être délibéré au lieu et en la manière accoutumée, ensemble au cas où les matières présentées se seroient portées au conseil, mais à l'audience, où il seroit introduit des personnes étrangères, et où, en leur présence, il seroit demandé aux membres de votre parlement, des suffrages qui ne pourroient être donnés à voix haute et librement, votre parlement se trouve dans l'impossibilité d'y prendre aucune part.

« Détournez, Sire, toutes les idées défavorables qu'on tenteroit de vous inspirer contre les démarches des magistrats de votre parlement, et ne voyez en eux que les sentimens véritables qui les animent, amour, zèle, fidélité, dévouement et respect pour les intérêts de votre personne sacrée et pour la gloire de votre règne. »

Son discours fini, M. le chancelier est monté vers le Roi pour prendre ses ordres, le genou en terre; descendu, remis en sa place, assis et couvert, a fait ouvrir les portes, et a ordonné au greffier en chef de faire lecture dudit édit.

Les portes ayant été ouvertes, et M⁰ Gilbert, greffier en chef, s'étant approché de M. le Chancelier pour prendre de sa main ledit édit, lu, retiré à sa place en a fait lecture debout et découvert; après laquelle lecture, M. le chancelier a dit aux gens du Roi, qu'ils pouvoient parler. Aussitôt les gens du Roi se sont mis à genoux.

M. le chancelier leur a dit que le Roi ordonnoit qu'ils se levassent. Ils se sont levés; et debout et découverts, M⁰ Antoine-Louis Séguier, avocat du Roi, portant la parole, ont dit:

« Sire, c'est en tremblant que nous osons nous faire entendre au pied du trône de Votre Majesté, et au milieu de l'appareil éclatant qui l'environne; mais si le respect nous intimide, la confiance ne doit-elle pas nous rassurer?

« Oui, Sire, la confiance seule nous anime, et dans un jour où tout, jusqu'au lieu même où votre parlement se trouve rassemblé, nous annonce le courroux de Votre Majesté, qu'il nous soit permis d'employer les prières et les supplications pour détourner l'orage qui va frapper nos cœurs du coup le plus douloureux.

« Quelle amertume pour des ames sensibles, de connoître qu'elles ont eu le malheur de déplaire à Votre Majesté! En vain chercherions-nous à dissimuler la douleur dont nous sommes pénétrés, elle se produiroit au-dehors malgré nous-mêmes, elle seroit empreinte jusque dans notre silence, et la postérité en mesurera l'étendue sur les menaces qui terminent chaque dis-nous rendoit très-sensibles, elles ont pensé pouvoir nous contraindre de céder à leur résistance.

D'autres fois elles ont donné des démissions combinées, et, par une contradiction singulière, elles nous ont ensuite disputé le droit de les recevoir.

Enfin elles se sont considérées comme ne composant qu'un seul corps et un seul parlement, divisé en plusieurs classes répandues dans les différentes parties de notre royaume.

Cette nouveauté, imaginée d'abord et ensuite négligée par notre parlement de Paris, quand il lui a paru utile de le faire, subsiste encore dans nos autres parlements; elle se reproduit, dans leurs arrêts et dans leurs arrêtés, sous les termes de *classes*, d'*unité*, d'*indivisibilité*; comme si nos cours pouvoient oublier que plusieurs d'entre elles existent dans des provinces qui ne faisoient point partie de notre royaume, mais qui nous appar-

---

position de la loi que Votre Majesté fait publier avec tout l'appareil de sa puissance.

« Nous osons en appeler à Votre Majesté elle-même; la bonté de votre cœur, Sire, nous y autorise : ce sont des magistrats aussi fidèles que respectueux qui implorent votre secours; ce sont des sujets aussi affectionnés que soumis qui cherchent à fléchir leur souverain; ce sont des enfants qui se jettent entre les bras d'un père, et qui veulent se faire un rempart de sa tendresse.

« Pénétrés de cette douce confiance, nous aimons à nous flatter que Votre Majesté voudra bien écouter favorablement les réflexions que le zèle, la fidélité et le plus pur attachement nous inspirent en cette occasion.

« Chargés par Votre Majesté elle-même de défendre la dignité de la compagnie où nous avons l'honneur d'exercer les plus augustes fonctions, pourrions-nous demeurer dans le silence à la vue des reproches amers que va présenter à toute la France le préambule de l'édit sur lequel nous avons à nous expliquer?

« Votre parlement, Sire, ne cherchera jamais à s'écarter du respect et de la soumission dû à votre autorité royale : s'il multiplie quelquefois ses remontrances et ses représentations, c'est que votre autorité elle-même, quelle qu'en soit l'étendue, se plaît à se laisser tempérer par la bonté. Les rois sont les images de Dieu sur la terre, et la Divinité ne craint pas d'être importunée par les prières.

« Qu'il nous soit donc permis de supplier très-humblement Votre Majesté de ne pas faire publier une loi qui deviendroit un monument de honte pour tous les corps qui composent la magistrature de votre royaume. Nous joignons nos instances à celles de cette illustre assemblée; nos vœux se feront entendre jusqu'au fond du cœur de Votre Majesté, elle préviendra les maux que le découragement pourroit répandre dans l'exercice des fonctions de la magistrature.

« Notre attachement inviolable à votre personne sacrée, et les vœux que nous formons pour la gloire de votre auguste règne, peuvent seuls donner des expressions à la vivacité de notre zèle, et nous enhardir à vous présenter l'image des sentimens que l'amour du bien public a pu nous suggérer. Ainsi, convaincus que Votre Majesté voudra bien encore consulter son cœur, avant de faire usage de l'autorité dont sa présence annonce l'exercice le plus absolu, nous nous empressons de donner à Votre

tiennent à des titres particuliers; que l'établissement de chacune d'elles a des dates différentes; que nos prédécesseurs, en les créant, les ont formées indépendantes les unes des autres, et n'ont établi aucun titre de relation entre elles; qu'ils leur ont marqué à toutes des bornes que nous ou nos successeurs pourrons étendre ou resserrer, quand l'intérêt de nos peuples l'exigera; et qu'enfin, au-delà de ces bornes, leurs arrêts n'ont d'exécution que par nos ordres.

Si ces erreurs n'étoient que l'oubli momentané des principes, nous nous contenterions de renouveler les défenses portées en notre séance du 3 mars 1766; mais elles se perpétuent, et chaque jour en voit éclore les funestes conséquences.

Les envois que nos parlements se font les uns aux autres; leur correspondance mutuelle, et l'adoption inconsidérée que quelques-uns ont fait récemment, sans connoissance de cause, du jugement les uns des autres, pourroient les conduire à des actes

---

Majesté, la preuve la plus grande de notre respect et de notre soumission; et même en réclamant cette bonté si naturelle à Votre Majesté.

« Nous requérons que sur l'édit, dont lecture vient d'être faite, il soit mis qu'il a été lu et publié, Votre Majesté séant en son lit de justice, et registré au greffe de la cour, pour être exécuté selon sa forme et teneur. »

Le lendemain tous les magistrats arrivent au palais transportés de fureur; ils n'ont qu'un cri : « Suspendons notre service! nous qui punissons les « crimes, on nous traite en criminels. La constitution du royaume est vio-« lée. Fidèles aux lois de la monarchie, nous ne devons être ni les organes, « ni les jouets de volontés despotiques. » Dans le tumulte de la passion, on convient d'une mesure qui semble avoir été inspirée par le chancelier lui-même : Le parlement déclare que ses membres, dans leur douleur profonde, « n'ont point l'esprit assez libre pour décider des biens, de la vie et de « l'honneur des sujets du roi. » Maupeou obtint du roi l'exil des ducs de Choiseul et de Praslin. Le chancelier, qui persistoit dans son plan de provoquer toujours le parlement aux actes les plus éclatants de désobéissance, ne se lassoit point de leur envoyer de nouvelles lettres de jussion pour reprendre leur service. « Révoquez, répondirent-ils, un édit qui attaque notre hon-« neur et les droits de la nation, ou nous ne remonterons plus sur des sièges « avilis. » Tous les procès restoient suspendus, à l'exception d'un seul, auquel le prince de Condé paroissoit prendre un vif intérêt, une demande en séparation, élevée par la princesse de Monaco. Dans la nuit du 19 au 20 janvier 1771, chacun des membres du parlement est arraché au sommeil par deux mousquetaires qui viennent, au nom du roi, leur signifier un ordre écrit de reprendre leurs fonctions, et les somment de répondre en signant oui ou non. Quarante seulement signent oui, et se rétractent le lendemain.

La nuit suivante un arrêt du conseil leur est signifié, qui déclare leurs charges confisquées, leur défend de remplir désormais leurs fonctions et de prendre même la qualité de membres du parlement. (Voir ci-après.) Le roi envoie à chacun d'eux par des mousquetaires, des lettres d'exil, et Maupeou va installer au palais la commission ou conseil qui doit remplacer le parlement. Avant la fin de 1771 tous les parlemens de province furent supprimés et recomposés. Voir ci-après lett. pat. du 23 janv. 1771. (Lacretelle, hist. de France pendant le 18e siècle.)

plus irréguliers, qu'il faudroit punir avec sévérité si nous ne les prévenions pas aujourd'hui par notre sagesse.

Quoique ce système n'ait pas encore été poussé jusqu'à renouveler les arrêts d'union, si sévèrement défendus, ne seroit-il pas à craindre que si nous laissions plus long-temps germer ces principes sans les détruire, nous n'eussions à nous reprocher les excès auxquels nos cours pourroient se porter un jour en les suivant?

Un des plus pernicieux effets de ce système, est de persuader à nos parlements que leurs délibérations en acquièrent plus de poids, et déjà quelques-uns se croyant devenus plus puissants et plus indépendants, ont établi des maximes inconnues jusqu'à présent: ils se sont dits « les représentants de la nation, les » interprètes nécessaires des volontés publiques des rois, les » surveillants de l'administration de la force publique et de » l'acquittement des dettes de la souveraineté; » et bientôt n'accordant de force à nos lois qu'autant que, par une délibération libre, ils les auront adoptées et consacrées, ils élèvent leur autorité à côté et même au-dessus de la nôtre, puisqu'ils réduisent par-là notre pouvoir législatif à la simple faculté de leur proposer nos volontés, en se réservant d'en empêcher l'exécution.

Si après avoir écouté avec patience et avec bonté leurs remontrances, nous croyons devoir faire enregistrer nos lois par nos ordres, on les voit s'élever contre cet usage ancien et légitime de notre puissance, qualifier ces enregistrements de *transcriptions illégales*, et contraires à ce qu'ils appellent *les principes fondamentaux de la monarchie*; ils sortent de l'assemblée lorsque les porteurs de nos ordres se mettent en devoir de les remplir.

Si jusqu'ici ils ont respecté sur leurs registres l'empreinte de notre autorité, quelques-uns ont tenté, par des arrêts de défenses, d'en empêcher l'exécution; et agissant sous notre nom contre nous-même, ils ont osé faire à nos peuples une loi de la désobéissance à nos volontés connues.

Nous devons au bien de nos sujets, à l'intérêt même de la magistrature, plus encore qu'à celui de notre puissance royale, d'étouffer le germe de ces dangereuses nouveautés: mais avant que de les proscrire par notre édit, nous voulons rappeler à nos cours les principes dont elles ne doivent jamais s'écarter.

Nous ne tenons notre couronne que de Dieu; le droit de faire des lois par lesquelles nos sujets doivent être conduits et gouvernés nous appartient à nous seuls, sans dépendance et sans partage; nous les adressons à nos cours pour les examiner, pour les discuter et les faire exécuter: lorsqu'elles trouvent, dans leurs dispositions, quelques inconvénients, nous leur avons accordé la permission de nous faire les remontrances respectueuses qu'elles jugent convenables; nous les avons assurées plusieurs fois que nous écouterions tout ce qu'elles nous diroient d'utile pour nos sujets et pour notre service.

Le désir que nous avons de connoître les objets qui pourroient échapper à notre vigilance, nous engagera toujours à les maintenir dans l'usage de nous faire des remontrances, même avant l'enregistrement, quoique le feu roi, notre très-honoré seigneur et bisaïeul, ne leur eût permis d'en faire qu'après l'enregistrement pur et simple.

Mais cet usage, dans lequel elles ont été rétablies pendant notre minorité, cet usage qui caractérise un gouvernement sage, qui ne veut régner que par la raison et par la justice, ne doit pas être, entre les mains de nos officiers, un droit de résistance: leurs représentations ont des bornes, et ils ne peuvent en mettre à notre autorité.

Lorsque après avoir balancé les principes qui nous déterminent (et que souvent des raisons d'Etat ne nous permettent pas de leur révéler) avec les motifs qui les empêchent de procéder librement à l'enregistrement de nos volontés, nous persévérons néanmoins dans le dessein de les faire exécuter, nous n'exigeons point d'eux qu'ils donnent des suffrages qui ne s'accorderoient point avec leurs sentiments particuliers; mais, soit par nous-mêmes, soit par nos représentants, nous ordonnons l'enregistrement de nos lois; ces lois doivent être exécutées sans contradiction; il est du devoir de nos cours de les faire observer par tous nos sujets indistinctement, et de poursuivre ceux qui tenteroient d'y contrevenir.

C'est en donnant à nos peuples l'exemple de l'obéissance, que nos officiers feront respecter en eux le caractère de magistrats, caractère qu'ils ne tiennent point d'une loi constitutive, et que nous seuls leur imprimons par les provisions qu'il nous plaît de leur accorder. À ces causes, etc., voulons et nous plaît ce qui suit:

Art. 1. Nous défendons à nos cours de parlement, de se servir des termes d'*unité*, d'*indivisibilité*, de *classes* et autres synonymes pour signifier et désigner que toutes ensemble ne composent qu'un seul et même parlement, divisé en plusieurs classes.

Leur défendons d'envoyer à nos autres parlements, hors les

cas prévus par nos ordonnances, aucunes pièces, titres, procédures, mémoires, remontrances, arrêts et arrêtés relatifs aux affaires qui seront portées devant elles, soit par nos ordres, soit à cause de leur ressort.

Comme aussi nous leur défendons de déposer en leurs greffes, et de délibérer sur les pièces, titres, procédures, mémoires, remontrances, arrêts et arrêtés faits ou rendus par d'autres parlements, leur ordonnant de nous renvoyer lesdites pièces; le tout sous peine de perte et privation de leurs offices.

2. Voulons que, conformément aux ordonnances, les officiers de nos cours rendent à nos sujets, à notre décharge, la justice que nous leur devons, et ce, sans autre interruption que celles portées par les mêmes ordonnances; en conséquence nous leur défendons de cesser le service, soit en vertu d'une délibération, soit par le fait; de l'interrompre en venant prendre leurs places aux chambres assemblées, pendant les audiences, si ce n'est dans le cas d'absolue nécessité, reconnue par le premier président, auquel nous nous en référons; et ce, sous peine de perte et de privation de leurs offices.

Leur défendons, sous les mêmes peines, de donner des démissions combinées et de concert, ou en conséquence d'une délibération ou vœu commun.

Ne les empêchant d'ailleurs de s'assembler, hors le temps des audiences de la grand'chambre, aussi souvent et aussi long-temps que les affaires dont ils seront occupés l'exigeront.

3. Nous leur permettons de nouveau de nous faire, avant l'enregistrement de nos édits, déclarations ou lettres patentes, telles remontrances ou représentations qu'ils estimeront convenables pour le bien de nos peuples et pour celui de notre service, leur enjoignant d'en écarter tout ce qui ne s'accorderoit pas avec le respect qu'ils nous doivent.

Lorsqu'après les avoir écoutés aussi souvent que nous le jugerons nécessaire pour connoître leurs observations et juger de leur importance, nous persévérerons dans notre volonté, et que nous aurons fait enregistrer, en notre présence ou par les porteurs de nos ordres, lesdits édits, déclarations et lettres patentes, nous leur défendons de rendre aucuns arrêts, ou de prendre aucuns arrêtés qui puissent tendre à empêcher, troubler et retarder l'exécution desdits édits.

Faisons pareillement défenses à toute personne qui aura présidé aux assemblées, à celui de nos officiers qui auroit rapporté lesdits édits, et à tous autres, de signer aucune minute desdits arrêts ou arrêtés; à tous greffiers, commis ou autres préposés de faire et signer aucunes expéditions ou grosses desdits arrêts et arrêtés; à tous huissiers, sergents, cavaliers de maréchaussée ou autres qui pourroient être commis, de signifier et mettre à exécution lesdits arrêts et arrêtés; le tout sous peine de perte et privation de leurs offices, et d'être poursuivis et punis comme pour désobéissance à nos ordres. Si donnons, etc.

N° 993. — ARRÊT *du conseil qui astreint ceux qui voudront faire le commerce des grains à donner leurs nom, prénoms, demeure et ceux de leurs associés et le lieu de leurs magasins, à peine de confiscation.*

Versailles, 23 décembre 1770. (Archiv.)

N° 994. — ARRÊT *du conseil concernant le contre-seing et la franchise des lettres.*

Versailles, 15 janvier 1771. (Archiv.)

PRÉAMBULE.

Le roi s'étant fait représenter les arrêts rendus en son conseil les 18 avril 1721, 4 novembre 1727 et 4 novembre 1739, concernant la permission du contre-seing, et de l'affranchissement du port des lettres et paquets de lettres; et S. M. étant informée qu'au préjudice de la disposition desdits arrêts, les inconvénients auxquels elle avoit eu intention de remédier, n'ont point cessé, et même que les contraventions ont augmenté par la facilité avec laquelle les particuliers ont obtenu pour leurs propres affaires, un affranchissement qui a été accordé dans la seule vue du bien du service; en sorte que des lettres et paquets qui paieroient le port, se trouvant sous les enveloppes de personnes ayant l'affranchissement, ou contre-signées par ceux auxquels S. M. a accordé le droit de contre-seing, la ferme générale des postes se trouve frustrée des droits qui lui sont légitimement acquis, et souffre un préjudice considérable. Et S. M. voulant apporter tous les remèdes convenables à ces abus, en même temps procurer au fermier-général des postes le prix du bail qui vient de lui être renouvelé avec une augmentation considérable; S. M. auroit jugé à propos de renouveler ses intentions à cet égard. Ouï, etc.

N° 995. — ARRÊT *du conseil qui déclare les charges des officiers du parlement de Paris confisquées, leur défend de remplir désormais leurs fonctions et de prendre même la qualité de membre du parlement.*

Versailles, 20 janvier 1771. (Archiv.)

Le roi étant en son conseil a ordonné et ordonne que les offices des sieurs.... et autres, présidents et conseillers qui se sont constamment refusés à remplir les fonctions de leurs offices, dont ils sont tenus par leur serment, et ont interrompu tout service ordinaire et qui, sur les ordres de S. M., qui leur ont été notifiés, ont encore expressément persisté dans leur refus, seront et demeureront acquis et confisqués, et comme tels, les déclare vacants et impétrables en leurs parties casuelles, en exécution de son édit du mois de décembre dernier. En conséquence déclare S. M. qu'il sera par elle incessamment pourvu, à donner des officiers à ladite cour, au lieu et place des sieurs.... et autres; ordonne que le présent arrêt sera signifié à chacun d'eux, de l'ordre exprès de S. M.; leur fait défenses de s'immiscer dans les fonctions desdits offices, sous peine de faux; leur défend pareillement de prendre, dans aucun acte, la qualité de présidents ou conseillers de S. M. en sa cour de parlement de Paris.

N° 996. — LETTRES PATENTES *qui commettent les officiers du conseil pour tenir la cour de parlement* (1)

Versailles, 23 janvier 1771. Reg. P. P. 24. (Archiv.)

LOUIS, etc. Persuadés qu'un des plus essentiels de nos devoirs est de faire rendre la justice à nos sujets, nous nous sommes proposé, par notre édit du mois de décembre dernier, d'en assurer invariablement l'administration, et de prévenir pour toujours ces interruptions et ces cessations arbitraires, qui portent de si funestes atteintes à la sûreté, à la fortune de nos peuples, et à la tranquillité de notre royaume. Nous devions nous attendre que les officiers de notre parlement de Paris, se soumettroient à une loi qui les rappeloit aux fonctions de leur état, et au ministère auquel ils étoient liés par leurs serments, par l'obéissance qu'ils nous avoient jurée, et par les engagements qu'ils avoient contractés envers nos sujets, autant que par l'attachement à notre personne; mais nous les avons

___
(1) Telle est l'origine du *parlement Maupeou*, qui tient une place si importante dans l'histoire du temps.

vas opposer à nos volontés une résistance continue et sans motif, et se livrer à l'infraction la plus caractérisée à notredit édit. Nous avons inutilement épuisé, pour les ramener à leurs devoirs, toutes les voies de douceur et d'autorité, et leur désobéissance nous a enfin forcé, malgré nous, à punir des excès que notre intention avoit été de prévenir. Mais en attendant que nous ayons choisi un nombre d'officiers suffisants et capables de composer notre parlement, nous devons pourvoir à l'administration de la justice; et nous ne croyons pouvoir mieux remplir cet objet qu'en y employant à cet effet tous les officiers de notre conseil, dont nous connoissons assez le zèle et l'attachement à notre personne, pour être persuadé qu'ils sauront concilier les nouvelles fonctions que nous nous trouvons obligés de leur confier en ce moment, avec celles qu'ils remplissent si dignement près de notre personne. A ces causes, etc. commettons tous les officiers de notre conseil pour tenir notre cour de parlement, aux lieux et en la manière accoutumée, et y remplir et exercer toutes les fonctions de notredite cour, tant au civil qu'au criminel, sans aucune exception ni limitation; et tout ainsi que nosdits officiers étoient autorisés à remplir et exercer, le tout suivant la distribution portée par lesdites listes attachées sous le contre-scel des présentes; donnant pouvoir auxdites personnes de notre conseil, de rendre ensemble la justice en corps de cour souveraine, en notre nom, suivant et conformément à l'établissement de notredite cour, et jusqu'à ce qu'il en ait été par nous autrement ordonné; voulons que nos avocats et procureurs-généraux y continuent leurs fonctions : comme aussi enjoignons à tous greffiers, procureurs, huissiers et autres officiers inférieurs de notredite cour, de reconnoître lesdits officiers de notre conseil en ladite qualité, de leur obéir en tout, comme tenant notredite cour, le tout sous telle peine qu'il appartiendra, même à peine de désobéissance. Si donnons, etc.

N° 997. — DÉCLARATION *concernant les avocats aux conseils.*

Versailles, 22 février 1771. Reg. P. P. 23 février. (Archiv.)

Louis, etc. Quoique le feu roi, notre très-honoré seigneur et bisaïeul, ait voulu maintenir, par sa déclaration du 6 février 1709, enregistrée en notre cour de parlement de Paris le 23 du même mois, la plus parfaite égalité entre les avocats en nos conseils et les avocats en notredite cour, sans laisser entre eux d'autres distinctions et préséance que celles qui résultent de l'ordre de leurs matricules : nous avons été néanmoins informé qu'il s'étoit élevé des doutes sur le droit qu'ont incontestablement les avocats en nos conseils de plaider en notredite cour, concurremment avec les avocats en icelle, et de faire toutes les écritures du ministère desdits avocats; et voulant prévenir toute difficulté à ce sujet, nous avons résolu d'expliquer plus particulièrement nos intentions. A ces causes, etc. voulons et nous plaît, que la déclaration du 6 février 1709 soit exécutée selon sa forme et teneur; en conséquence, que les avocats en nos conseils, et les avocats en notre cour de parlement de Paris, gardent entre eux, dans les assemblées générales et particulières, consultations, arbitrages, et ailleurs le rang et la préséance, suivant la date de leurs matricules; comme aussi, que lesdits avocats en nos conseils puissent plaider en notredite cour de parlement, et y faire toutes les écritures qui sont du ministère des avocats, concurremment avec les avocats en notre cour du parlement, et que les pièces d'écritures entrent en taxe en la manière accoutumée. Si donnons, etc.

N° 998. — Édit *portant création de conseils supérieurs* (1).

Versailles, février 1771. Reg. P. P. 23. (Archiv.)

EXTRAIT.

Louis, etc. Ce n'est qu'avec le regret le plus sensible que nous avons vu les officiers de notre parlement de Paris se livrer à une désobéissance également condamnée par les lois, par leurs serments, par l'intérêt public, ériger en principe la sus-

---

(1) L'embarras le plus sérieux du chancelier étoit de composer ces conseils et surtout de former un nouveau parlement. Presque tous les hommes voués à l'étude de la jurisprudence avoient fait un pacte au nom de l'honneur, pour refuser des fonctions éminentes offertes par le roi. Les avocats les plus considérés ne vouloient ni les remplir, ni plaider devant ceux qui les rempliroient. Le chancelier gagna quelques hommes qui avoient, par les désordres de leur jeunesse, compromis un nom recommandable. Le grand conseil étoit depuis long-temps tenu en réserve pour remplacer le parlement de Paris. Cependant plusieurs de ses membres aimèrent mieux subir la défaveur du gouvernement que celle du public. La chambre des comptes réclama pour le parlement, quoiqu'elle eût eu avec lui d'interminables différends ou de juridiction ou de préséance; mais elle laissoit entendre au chancelier qu'elle vouloit seulement s'acquitter de quelques égards et céder à la première chaleur de l'opinion. Il n'en étoit pas ainsi de la cour des aides: celle-ci se montroit impatiente d'éprouver le même sort que le parlement de Paris, et le provoquoit par des remontrances assidues et courageuses. Ces remontrances, ouvrage de Lamoignon de Malesherbes, étoient l'ouvrage le plus éloquent que la magistrature eût produit sous ce règne. Le 13 avril 1771 la cour des aides fut supprimée. Les princes du sang protestèrent tous, à l'exception du comte de la Marche, contre les actes du chancelier. Treize pairs adhérèrent à cette protestation. (Lacretelle, Hist. de France au 18e siècle.)

pension arbitraire de leurs fonctions, et s'attribuer enfin ouvertement le droit d'empêcher l'exécution de nos volontés: pour colorer leurs prétentions d'un prétexte spécieux, ils ont tenté d'alarmer nos sujets sur leur état, sur leur honneur, sur leurs propriétés, sur le sort même des lois qui établissent la succession à la couronne, comme si un réglement de discipline avoit pu s'étendre sur ces objets sacrés, sur ces institutions que nous sommes dans l'heureuse impuissance de changer, et dont la stabilité sera toujours garantie par notre intérêt inséparablement lié avec celui de nos peuples. Nous avons long-temps suspendu l'exercice de notre autorité, dans l'espérance que la réflexion les ramèneroit à leur devoir; mais notre bonté même n'a servi qu'à encourager leur résistance, et à multiplier des actes irréguliers, qui ne nous ont enfin laissé que l'alternative ou de les punir, ou de sacrifier les droits les plus essentiels de notre couronne. Obligé de donner des juges à nos sujets, nous avons d'abord eu recours aux officiers de notre conseil, dont les talents, les lumières, le zèle et les services ont toujours justifié notre confiance; mais après avoir pourvu au besoin du moment, nous avons porté plus loin nos regards, et nous avons senti que l'intérêt de nos peuples, le bien de la justice et notre gloire même sollicitoient, dans ces circonstances, la réforme des abus dans l'administration de la justice: nous avons reconnu que la vénalité des offices, introduite par le malheur des temps, étoit un obstacle au choix de nos officiers, et éloignoit souvent de la magistrature ceux qui en étoient les plus dignes par leurs talents et par leur mérite; que nous devions à nos sujets une justice prompte, pure et gratuite; et que le plus léger mélange d'intérêt ne pouvoit qu'offenser la délicatesse des magistrats chargés de maintenir les droits inviolables de l'honneur et de la propriété; que l'étendue excessive du ressort de notre parlement de Paris étoit infiniment nuisible aux justiciables, obligés d'abandonner leurs familles pour venir solliciter une justice lente et coûteuse; que déjà épuisés par les dépenses des voyages et des déplacements, la longueur et la multiplicité des procédures achevoient de consommer leur ruine, et les forçoient souvent à sacrifier les prétentions les plus légitimes: enfin nous avons considéré que l'usage qui assujettit les seigneurs aux frais qu'entraîne la poursuite des délits commis dans l'étendue de leurs justices, étoit pour eux une charge très-pesante, et quelquefois un motif de favoriser l'impunité. En conséquence, nous nous sommes déterminés à établir, dans différentes provinces, des tribunaux supérieurs, dont les officiers nommés gratuitement par nous, sur la connoissance de leurs talents, de leur expérience et de leur capacité, n'auront d'autre rétribution que les gages attachés à leurs offices. En rapprochant, par cette opération, les juges et les justiciables, nous faciliterons l'accès des tribunaux; nous les rendrons encore plus utiles et plus chers à nos peuples, en simplifiant les formes et en diminuant les frais des procédures. Enfin nous assurerons le repos de nos sujets, le maintien de l'ordre public et la punition des délits, en faisant trouver aux seigneurs hauts-justiciers leur avantage particulier dans la poursuite des coupables, et en leur fournissant les moyens de se décharger des frais qu'entraînent les procédures criminelles. Si pour remplir ces vues, nous avons été forcé de resserrer la juridiction contentieuse de notre parlement de Paris, nous nous sommes fait un devoir de lui conserver d'ailleurs tous ses droits et toutes ses prérogatives. Dépositaire des lois, chargé de les promulguer, de les faire exécuter, de nous en faire connoître les inconvénients, et de faire parvenir jusqu'à nous les besoins de nos peuples; juge enfin de toutes les questions qui intéressent notre couronne et les droits des pairs et des pairies, il jouira encore de cette considération plus précieuse que donnent la vertu, les lumières, le zèle et le désintéressement. A ces causes, etc., voulons et nous plaît ce qui suit:

Art. 1. Nous avons établi et établissons par notre présent édit dans les villes d'Arras, de Blois, de Châlons, de Clermont-Ferrand, de Lyon et de Poitiers, un tribunal de justice sous la dénomination de *conseil supérieur*, qui connoîtra au souverain et en dernier ressort de toutes les matières civiles et criminelles dans toute l'étendue des bailliages qui formeront son arrondissement suivant l'état annexé sous le contre-scel de notre présent édit; à l'exception néanmoins des affaires concernant les pairs et les pairies, et des autres matières dont nous réservons la connoissance à notre parlement de Paris.

2. Ledit conseil supérieur sera composé d'un premier président, de deux présidents, de vingt conseillers, d'un notre avocat, d'un notre procureur, de deux substituts, d'un greffier civil, d'un greffier criminel, de vingt-quatre procureurs et de douze huissiers.

3. Attribuons au premier président. . . . . . 6,000 liv.
à chacun des présidents. 4,000
à chacun des conseillers. 2,000
à notre avocat. 3,000

à notre procureur. 4,000
à chacun des substituts. 1,000
de gages; au moyen de quoi il ne pourra être perçu en aucun cas par nosdits officiers, aucun droit, sous aucune dénomination quelconque, à titre de vacations, épices ou autrement.

N° 999. — Édit *concernant l'évaluation des offices.*

Versailles, février 1771. Reg. aud. de Fr. 23 mai suiv. (Archiv.)

PRÉAMBULE.

Louis, etc. Les offices n'étant en eux-mêmes que le droit de remplir à notre décharge, des fonctions essentiellement liées à notre juridiction et à notre administration, la nomination auxdits offices est un des principaux attributs de notre souveraineté: mais si en vertu de la plénitude et de l'universalité de notre pouvoir, nous faisons exercer par nos officiers une portion de l'autorité qui nous appartient, ils ne peuvent transmettre à leurs successeurs le dépôt que nous leur confions; et de quelque manière que les offices passent dans le commerce, le titulaire ne peut recevoir que de nous immédiatement, et son titre et les droits qui ne peuvent lui être transmis avec la succession, ni conférés par la résignation de son prédécesseur. Les besoins de l'Etat ayant nécessité les rois nos prédécesseurs, à attacher une finance aux différents offices, François Iᵉʳ et Charles IX, pour que les officiers puissent en conserver le prix et le mettre dans le commerce, leur accordèrent à tous, sans exception, la faculté de résigner, se contentant d'assujettir chaque résignataire à payer un droit de mutation, et à condition que le résignant survivroit quarante jours à sa résignation: depuis, Henri IV ayant considéré que le prix des offices formoit un objet important pour les familles, et ayant égard aux risques auxquels ces mêmes offices se trouvoient exposés par la règle des quarante jours, voulut bien en dispenser, par sa déclaration du 12 décembre 1604, tous ceux d'entre eux qui voudroient payer en ses revenus casuels, un droit annuel, fixé alors au soixantième denier de la valeur de leurs offices, et leur accorder la faculté de conserver ces mêmes offices à leurs veuves, enfants ou héritiers, grace qui a subsisté jusqu'aujourd'hui, au grand avantage de nos sujets; mais ni la faculté de résigner, ni la sorte d'hérédité résultante du paiement de l'annuel, n'ont pu donner atteinte au droit inséparable de notre souveraineté, de disposer des offices, vacation arrivant; cette faculté et cette hérédité ne sont qu'un privilège, qui sans anéantir la règle générale, peut simplement déterminer le choix que nous faisons du successeur à l'office, et non le contraindre, et ne donne d'autre droit que d'en revendiquer la finance, qui ne doit en aucun cas être confondue avec le corps même de l'office : c'est d'après ces principes qu'en 1605, pour fixer, tant le prix de tous les offices de notre royaume, que la perception des droits auxquels ils étoient assujettis, il en fut arrêté des états d'évaluation, lesquelles évaluations ont été augmentées d'un quart en sus en 1638 : les divers changements survenus depuis, ayant augmenté la valeur des uns et diminué celle des autres, notamment des offices de judicature, il n'y a plus aucune proportion entre leur valeur actuelle et ces anciennes évaluations, ni conséquemment entre les droits dont ils sont tenus envers nous, et qui ne peuvent néanmoins être perçus d'une manière équitable, que relativement à cette même valeur : de plus, il y a nombre d'offices d'une création postérieure, qui ne sont point compris dans ces états d'évaluations, ce qui rend à leur égard la perception de nos droits difficile et souvent incertaine. Nous avions pensé depuis long-temps que pour remédier à ces inconvénients, il étoit nécessaire d'arrêter de nouveaux rôles d'évaluations de tous les offices de justice, police, finance et autres de notre royaume; notre chambre des comptes de Paris, par son arrêt du 22 décembre 1761, portant enregistrement de notre déclaration du 4 dudit mois, sur la comptabilité de nos revenus casuels, nous ayant fait sentir de plus en plus cette nécessité; nous avons jugé ne pas devoir différer davantage à remplir un objet aussi important : de tous les moyens qui nous ont été proposés, nous n'en avons pas trouvé de plus équitable que celui de laisser aux propriétaires d'offices, la liberté d'en fixer eux-mêmes la valeur, en ordonnant en même temps que l'estimation qu'ils en feront, en formera désormais le prix, en sorte qu'en cas de suppression, ou dans le cas où nous en disposerions, vacation arrivant, ils ne pourront prétendre de nous ou de ceux que nous aurons agréés, autre remboursement ni plus forte somme que celle à laquelle ladite fixation aura été faite; l'esprit de justice qui nous anime, nous a fait adopter ce parti d'autant plus volontiers, qu'il mettra les propriétaires des offices (qui quoique tombés de prix au-dessous de la finance payée en nos revenus casuels, doivent les droits sur le pied de cette même finance) à portée de les réduire proportionnellement à leur valeur actuelle; et qu'à l'égard des autres, dont les offices ont été portés dans le commerce au-dessus de leur finance, sur le pied seul de laquelle ils auroient pu être remboursés, nous leur assurerons, et à leurs successeurs, d'une manière stable et permanente, le prix de leur acquisition. Comme d'ailleurs notre intention est de supprimer, lorsque les circonstances nous le permettront, quantité d'offices qui ne doivent leur création qu'aux nécessités de l'Etat, et qui lui sont onéreux, nous pourrons par ce moyen, sans donner lieu à aucunes plaintes de la part des propriétaires ou titulaires d'offices, fixer à la fois et les droits auxquels ils seront assujettis envers nous, et les sommes dont nous serons tenus envers eux, vacation arrivant de leursdits offices, ou dans le cas où ils viendroient à être supprimés; l'expérience faisant voir tous les jours que le bon ordre ne peut subsister long-temps dans aucune partie, s'il n'est fondé sur des lois simples et uniformes : et notre chambre des comptes de Paris nous ayant aussi fait connoître par son arrêt du 22 décembre 1761, l'importance dont il seroit, tant pour établir cette uniformité, que pour la conservation de l'autorité nécessaire à nos officiers pour le maintien de l'ordre et de la tranquillité publique, qu'ils ne tinssent leur pouvoir que de notre choix et de notre nomination; nous avons cru devoir assujettir au présent règlement, tous les offices royaux, même ceux dont la nomination a été concédée aux engagistes de nos domaines, échangistes et autres, en pourvoyant au dédommagement desdits engagistes et échangistes, ainsi qu'il sera réglé ci-après.

Nous avons en outre considéré que les offices, dont la différence ne devroit consister que dans la différence de leurs fonctions, puisqu'ils émanent tous d'une même origine, varient néanmoins entre eux par la distinction d'hérédité, de survivance et de casualité : nos édits et déclarations des mois de décembre 1743, janvier et février 1745, ayant entre autres admis plusieurs de nos officiers à racheter le prêt et l'annuel avec attribution de l'hérédité ou de la survivance, la plupart ne se sont point trouvés en état de satisfaire à ce rachat, en sorte que nous avons été obligés de les en décharger par notre déclaration du 8 septembre 1752, et d'ordonner que leurs offices demeureroient casuels comme auparavant : en conséquence, parmi les offices de même nature et de même juridiction, il s'en trouve qui sont dispensés de l'annuel, d'autres qui y sont sujets, ce qui jette une grande confusion dans nos revenus casuels; nous avons donc jugé que nous ne pourrions remplir qu'imparfaitement l'objet que nous nous sommes proposé par notre présent édit, si nous n'obvijions pour l'avenir à cette confusion : c'est dans cette vue que nous avons résolu de révoquer toutes les hérédités et survivances, à quelque titre qu'elles aient été établies, sauf à indemniser ceux qui en jouissent, des finances qu'ils peuvent avoir payées à cet effet, et de ramener tous les offices à leur uniformité primitive, en les assujettissant tous indistinctement à la même nature de droits; à la réserve des offices de notre conseil et de ceux de nos cours et conseils supérieurs, exceptés de l'annuel par notre déclaration du 9 août 1722, en faveur desquels, eu égard au peu de gages qui leur sont attribués et à l'importance de leurs fonctions, nous avons bien voulu continuer la même exemption. A ces causes, etc.

N° 1000. — CONVENTION *entre la France et le duché de Saxe-Weymar, pour l'exemption du droit d'aubaine en faveur des sujets respectifs.*

Ratisbonne, 26 février 1771. (Archiv.)

N° 1001. — ÉDIT *portant règlement pour la procédure.*

Versailles, février 1771. Reg. P. P. 17 mai. (Archiv.)

N° 1002. — ÉDIT *concernant les offices de jurés-priseurs vendeurs de meubles* (1).

Versailles, février 1771. Reg. P. P. 21 juin. (Archiv.)

LOUIS, etc. Le feu roi notre très-honoré seigneur et bisaïeul auroit, par son édit du mois d'octobre 1696, distrait des offices d'huissiers et sergents royaux, les fonctions de ceux de jurés-priseurs vendeurs de meubles créés par édits du mois de février 1556 et mars 1576 ou autres, et auroit créé des offices particuliers auxquels il en auroit fait l'attribution, afin que les titulaires étant uniquement occupés desdites fonctions, pussent acquérir la connoissance nécessaire pour faire une juste estimation du prix des meubles, et que le public fût mieux servi. Par le compte que nous nous en sommes fait rendre, nous avons reconnu que ces offices ont été levés pour une finance si modique, qu'elle n'est pas suffisante pour répondre des deniers provenants des ventes dont ceux qui les exercent sont dépositaires; nous avons considéré en même temps que comme l'utilité de ces offices s'accroît journellement par l'augmentation que le commerce et le progrès des manufactures et des arts ont produits, et ne peuvent manquer de produire dans les richesses mobiliaires de nos sujets, c'étoit aussi une

---

(1) En vigueur. Voy. arrêté du directoire du 27 nivôse an v, et ordonn. du 24 juillet 1816, art. 16.

raison pour exiger dans ceux qui les remplissent une plus grande solidité; nous avons cru en conséquence ne pouvoir rien faire de mieux à cet égard, que de supprimer tous les offices de jurés-priseurs-vendeurs de biens-meubles créés par ledit édit d'octobre 1696, ou tous autres édits quelconques, à la réserve de ceux de notre bonne ville de Paris, et d'en recréer de nouveaux avec une finance plus proportionnée, avec les mêmes attributions portées par l'édit d'octobre 1696, et en réglant le prix des vacations qu'ils ont été autorisés à se faire payer par la déclaration du 12 mars 1697, en sorte qu'elle ne soit plus arbitraire. A ces causes, etc., voulons et nous plaît ce qui suit:

Art. 1. Avons éteint et supprimé, éteignons et supprimons tous les offices de jurés-priseurs-vendeurs de biens meubles créés par édit d'octobre 1696, ou autres édits, à quelques titres qu'ils soient possédés, et encore qu'ils soient exercés en vertu de réunions ou autrement, à la réserve seulement de ceux de notre bonne ville de Paris. Voulons qu'il soit procédé à la liquidation et au remboursement des finances payées, pour raison desdits offices, et qu'à cet effet les quittances et autres titres en soient remis ès mains du contrôleur-général de nos finances dans trois mois, à compter du jour de la publication du présent édit.

2. Du même pouvoir et autorité que dessus, nous avons créé et érigé, créons et érigeons en titres d'offices formés des jurés-priseurs-vendeurs de biens meubles, pour être établis dans toutes les villes et bourgs de notre royaume, pays, terres et seigneuries de notre obéissance où il y a justice royale, à l'exception de notre bonne ville et banlieue de Paris, et ce, au nombre qui sera fixé par les rôles qui seront arrêtés en notre conseil.

3. La finance desdits offices, ensemble les deux sous pour livre, seront payés sur la quittance du trésorier de nos revenus casuels, conformément aux rôles qui seront pareillement arrêtés en notre conseil.

4. Les pourvus ou propriétaires des offices supprimés seront préférés pour la levée desdits nouveaux offices, à la charge par eux d'en payer la finance, ensemble les deux sous pour livre dans trois mois, à compter du jour de la publication de notre présent édit, sur laquelle finance il leur sera tenu compte de ce qui leur sera dû pour leur remboursement, suivant la liquidation qui en aura été faite.

5. Lesdits jurés-priseurs-vendeurs de meubles feront seuls,

et à l'exclusion de tous autres dans toute l'étendue du ressort du bailliage, sénéchaussée, et autres justices royales du lieu de leur établissement, la prisée, exposition et vente de tous biens meubles, soit qu'elles soient faites volontairement après les inventaires, ou par autorité de justice, en quelque sorte et manière que ce puisse être, et sans aucune exception: recevront les deniers provenants desdites ventes, quand même les parties y appelleroient d'autres huissiers, et jouiront de la faculté d'exploiter, dans le cas de l'exécution et vente de meubles, concurremment avec les autres huissiers dans l'étendue de leur ressort.

6. Avons attribué et attribuons auxdits jurés-priseurs-vendeurs de biens meubles, conformément audit édit d'octobre 1696, quatre deniers pour livre du prix des ventes seulement, lesquels ils retiendront par leurs mains sur les deniers provenants dudit prix; deux sous six deniers pour chacun rôle de grosse de leurs procès-verbaux, et pareil droit de deux sous six deniers pour l'enregistrement de chacune des oppositions qui seront faites à la délivrance des deniers provenants desdites ventes, non compris le contrôle et le coût du papier timbré, desquelles oppositions ils feront mention dans leurs procès-verbaux, et demeureront garants; et en outre par chaque vacation de prisées dans les cas où elle aura lieu, et qu'il en aura été dressé procès-verbal, trente sous, sans préjudice des exploits qu'ils feront comme huissiers, desquels ils seront payés comme huissiers. Défendons auxdits jurés-priseurs-vendeurs de meubles de percevoir autres droits que ceux portés par le présent article, sous prétexte de la déclaration du 12 mars 1697, ou quelque autre prétexte que ce soit, à peine de restitution du quadruple.

7. Voulons, à l'égard des oppositions, que les originaux en soient visés sans frais par le juré-priseur-vendeur de meubles entre les mains de qui elles seront faites, et que faute par les opposants de les avoir fait viser, elles demeurent nulles et comme non avenues, et que la garantie portée par l'article précédent ne puisse avoir lieu contre lui.

8. Ordonnons que lesdits jurés-priseurs-vendeurs de biens meubles dans les villes et lieux où ils seront plusieurs établis, feront bourse commune des deniers qui proviendront desdites prisées et ventes, à la réserve du quart pour celles qui seront faites dans lesdites villes et lieux, qui appartiendra par préciput à celui qui aura fait lesdites prisées et ventes, et du droit entier de vacations, et moitié des autres droits pour les prisées

et ventes faites à la campagne, et qui appartiendront aussi par préciput à ceux desdits officiers qui les auront faites. Ne pourront les parts de ladite bourse commune être saisies par quelques créanciers que ce puisse être, si ce n'est par ceux qui auront prêté leurs deniers pour l'acquisition desdits offices, ou pour fait de charge seulement.

9. Faisons très-expresses inhibitions et défenses à tous notaires, greffiers, huissiers et sergents royaux, de quelque juridiction que ce soit, même des amirautés, de s'immiscer à l'avenir de faire lesdites prisées, expositions et ventes de biens meubles, en quelque manière que ce soit, à peine de mille livres d'amende, et aux contrôleurs des exploits de contrôler aucuns procès-verbaux de prisées et ventes desdits biens meubles qui seroient faits par autres que lesdits jurés-priseurs, à peine de pareille somme, et lesdites amendes, applicables moitié à l'hôpital du lieu, et l'autre moitié aux pourvus desdits offices, ne pourront être modérées ni réputées comminatoires.

10. N'entendons néanmoins rien innover à l'égard des seigneurs hauts-justiciers, dont les officiers pourront faire les prisées et ventes de meubles entre les justiciables de leurs justices et en vertu des sentences émanées de leurs juges, et ce, concurremment avec lesdits jurés priseurs, sans néanmoins qu'ils puissent percevoir ni s'attribuer les quatre deniers pour livre attribués auxdits jurés-priseurs. Leur défendons, hors le cas ci-dessus, de s'y immiscer, à peine de trois cents livres d'amende applicable comme dessus, et de restitution du quadruple des droits.

11. Dispensons les pourvus des offices supprimés par le présent édit, qui profiteront de la préférence que nous leur avons accordée par l'article 4 de prendre de nouvelles provisions, et de se faire recevoir et prêter de nouveau serment. Voulons qu'ils continuent à jouir en vertu de leurs anciennes provisions et réception, et sur la quittance de finance qui leur sera expédiée, après toutefois qu'ils l'auront fait enregistrer au contrôle général de nos finances, et au greffe de la juridiction du ressort.

12. Permettons de posséder conjointement plusieurs desdits offices en vertu d'une seule et même provision, et aux pourvus de les faire exercer par telle personne qu'il leur plaira commettre, à la charge par eux de demeurer civilement responsables de ceux qu'ils auront commis, et par lesdits commis de prendre une commission en notre grande chancellerie, et de se

faire recevoir par-devant les juges qu'il appartiendra, pour laquelle réception il ne sera perçu que six livres.

15. Permettons aux acquéreurs desdits offices d'emprunter les sommes nécessaires pour en payer la finance; voulons que lesdits offices, ensemble leur part de bourse commune, soient et demeurent affectés auxdits emprunts par privilège spécial et préférence à tous créanciers, à l'effet de quoi il en sera fait déclaration dans les quittances de finance qui leur seront expédiées. Si donnons, etc.

N° 1003. — ÉDIT *concernant les conseils supérieurs créés par l'édit de février précédent.*

Versailles, mars 1771. Reg. P. P. 17 avril. (Archiv.)

N° 1004. — ÉDIT *portant suppression et création d'office dans le parlement de Paris* (1).

Versailles, avril 1771. Reg. en lit de justice le 13. (Archiv.)

PRÉAMBULE.

Louis, etc. Après avoir formé les conseils supérieurs, créés par notre édit du mois de février, notre premier soin est de faire disparoître, dans notre parlement de Paris, cette vénalité dont la suppression est si intéressante pour nos peuples, d'y établir, comme dans nos conseils supérieurs, l'administration gratuite de la justice, et de fixer d'une manière proportionnée à l'étendue de son ressort le nombre des officiers qui doivent le composer. Pour remplir ces vues, nous ne pouvons nous dispenser d'éteindre et de supprimer les offices qui y existoient déjà, et d'en créer de nouveaux, inamovibles comme les anciens, mais que nous accorderons gratuitement et sans finance. A ces causes, etc.

N° 1005. — ÉDIT *portant suppression de la cour des aides de Paris.*

Versailles, avril 1771. Reg. en lit de justice le 13. (Archiv.)

PRÉAMBULE.

Louis, etc. Si la situation actuelle de nos finances ne nous permet pas de diminuer la masse des impositions, nous nous empressons du moins de donner à une partie de nos peuples

---

(1) Le roi dit en terminant la séance : « Vous venez d'entendre mes in-« tentions, je veux qu'on s'y conforme. Je vous ordonne de commencer vos « fonctions. Lundi mon chancelier ira vous installer. Je défends toute dé-« libération contraire à mes volontés, et toutes représentations en faveur « de mon ancien parlement, car je ne changerai jamais. »

des ressources plus promptes et moins dispendieuses contre les abus dans la perception de nos droits. Ils trouveront dans notre parlement de Paris et dans les conseils formés en conséquence de notre édit du mois de février dernier, une justice gratuite, des défenseurs connus, et des juges qui, placés plus près d'eux, sentiront mieux tous leurs maux, et se hâteront de les réparer ; enfin ils ne seront plus exposés à des conflits de juridiction qui les fatiguent par des longueurs, et les épuisent en procédures inutiles. Si pour procurer ces avantages à nos peuples, nous sommes obligé de supprimer notre cour des aides de Paris, les magistrats qui la composent, obtiendront de notre justice les dédommagements qui leur sont dus ; et leur zèle éprouvé pour le bien public, leur fera trouver encore une compensation particulière dans le bonheur de nos sujets. A ces causes, etc.

N° 1006. — EDIT *du roi portant suppression du grand conseil.*

Versailles, avril 1771. Reg. en lit de justice le 13. (Archiv.)

PRÉAMBULE.

LOUIS, etc. Les vœux des peuples et la multitude des affaires dont étoit surchargé le parlement de Paris, déterminèrent le roi Charles VIII, notre prédécesseur, à destiner une partie des membres de son conseil pour former à la suite un tribunal, qui, sans territoire fixe, seroit juge de toutes les causes que la sagesse des rois leur dicteroit d'y évoquer ; le grand-conseil fut appelé à partager les fonctions des cours, il fut comme elles le dépositaire des lois et l'organe du législateur. Les conseils supérieurs que nous avons formés dans le ressort de notre parlement de Paris, et les bornes que nous avons prescrites au droit de *committimus*, nous ont rendu ce tribunal moins nécessaire, et nous nous serions porté à rappeler auprès de nous les membres qui le composent, si nous n'avions senti que jouissant d'une confiance qu'ils ont toujours méritée par leur zèle, par leurs lumières, et par leur désintéressement, ils pouvoient nous servir plus utilement dans notre parlement de Paris : dans cette vue, nous avons résolu de fixer et de déterminer aux fonctions de cette cour l'objet du vœu général qu'ils ont fait de rendre la justice à nos sujets, et du serment par lequel ils s'y sont engagés ; et nous avons, en conséquence, supprimé la dénomination de *grand conseil*, et les offices qui y avoient été attachés. A ces causes, etc.

N° 1007. — **Lettres patentes** *qui accordent à Louis-Stanislas-Xavier, petit-fils de France, la nomination des abbayes, prieurés et autres bénéfices, et aux offices et commissions dans les duché d'Anjou, comtés du Maine et du Perche, et de Senonches, formant son apanage.*

Versailles, 21 avril 1771. Reg. P. P. 3 mai. (Archiv.)

N° 1008. — **Édit** *pour confirmation des anoblis depuis 1715.*

Versailles, avril 1771. Reg. C. des C. 22 février 1772. (Archiv.)

PRÉAMBULE.

Louis, etc. Une obligation indispensable et distinctive de la noblesse est de servir utilement l'État, et ce n'est qu'à ce titre seul qu'elle jouit de tous les grands privilèges et avantages qui l'élèvent si fort au-dessus des autres citoyens; il nous a donc paru juste que ceux qui sont nouvellement parvenus à ce degré d'honneur, et uniquement parce qu'eux-mêmes, ou leurs pères et aïeux ont possédé quelques-uns des offices auxquels la noblesse est attachée, ou obtenu de nous des lettres d'anoblissement, secourussent l'État, en aidant d'une manière particulière à sa libération : nous nous sommes déterminé, en conséquence, à demander à tous lesdits anoblis un secours en argent, au moyen duquel ils demeureront confirmés dans le privilège de noblesse, eux et leur postérité née ou à naître en légitime mariage. À l'égard des anoblis par charges municipales ou dans les chancelleries près nos cours et conseils supérieurs, même dans les bureaux des finances, lesquels pourroient se refuser à nous donner cette preuve de leur zèle pour le soulagement de l'État, il nous a paru qu'il y auroit d'autant moins d'injustice à les déclarer déchus dudit privilège, que les charges et offices dont ils le tiennent, n'ont pu leur être onéreux, quelques-unes se conférant gratuitement, tels que ceux de maires et échevins, jurats, consuls et capitouls d'aucunes villes de notre royaume; et les autres, qui se confèrent à prix d'argent, n'ayant eu pour la plupart, jusqu'à nos édits des mois de septembre 1755 et août 1758, que des finances très-modiques, peu proportionnées aux avantages y attachés, et dont d'ailleurs leurs titulaires, après vingt années d'exercice, ou à leur décès, leurs veuves, enfants et héritiers se sont remboursés, et souvent avec profit, par la vente qu'ils ont faite desdits offices : d'après cette considération, on ne pourroit regarder ceux desdits anoblis qui ne se porteroient pas à subvenir aux besoins de l'État, que comme de simples privilégiés, également à charge au corps de la noblesse dont ils ne partageroient pas les travaux, et aux peuples qu'ils n'aident point à supporter le poids des impositions, et qui, en supposant qu'ils fussent en perte de quelques frais de provisions et de réception, en seroient suffisamment indemnisés par les exemptions dont ils ont joui jusqu'à ce jour. Ayant de même reconnu que nos commissaires et contrôleurs des guerres, outre différents privilèges joints à des gages et émoluments considérables, eu égard à la finance de leurs offices, jouissent encore de l'exemption du droit de franc-fief, l'une des principales prérogatives de la noblesse, quoique cette exemption ne leur ait point été accordée par les édits de création de leurs charges; nous avons jugé que la continuation de cette immunité deviendroit trop onéreuse à l'Etat, si, pour y être confirmés, ils ne contribuoient par un secours proportionné à l'avantage qu'ils sont dans le cas d'en retirer. Nous espérons au reste, que tous en général se porteront d'autant plus volontiers à signaler leur zèle, que nous nous sommes borné à ne leur demander qu'une finance modique. A ces causes, etc.

N° 1009. — EDIT *portant lettres d'apanage de Louis-Stanislas-Xavier, petit-fils de France.*

Versailles, avril 1771. Reg. C. des C. 21 octobre. (Archiv.)

EXTRAIT.

Louis, etc. La divine Providence a comblé nos vœux, en nous faisant trouver dans l'héritier présomptif de notre couronne, un prince aussi digne de notre tendresse, par ses vertus, que par son respect et son amour pour notre personne: notre très-cher et très-amé petit-fils Louis-Stanislas-Xavier, fils de France, ne mérite pas moins notre affection par les marques respectueuses qu'il nous donne sans cesse de son attachement et de son obéissance, ainsi que par les devoirs qu'il rend à notre très-cher et très-amé petit-fils le dauphin son frère. Nous voyons avec satisfaction qu'il annonce tous les talents qui doivent distinguer les grands princes, et qu'il ne sera pas moins recommandable par ses sentiments que par sa naissance: c'est pour lui en donner des preuves que nous avons résolu de pourvoir à son établissement par une alliance avec une princesse que ses vertus rendent aussi digne de notre choix, que la splendeur du sang dont elle est sortie; et le même motif nous détermine à lui donner un apanage qui le mette en état de soutenir la dignité de son rang, d'entretenir honorablement sa maison, et de pourvoir aux enfants mâles qui naîtront de lui en loyal mariage : notre tendresse pour ce prince, nous auroit fait désirer de lui donner encore des marques plus éclatantes de notre libéralité; mais notre affection pour nos fidèles sujets nous a fait un devoir d'y prescrire des bornes, et notre cœur paternel n'a pu qu'être attendri de le voir partager les sentiments que nous ne cesserons d'avoir pour eux. A ces causes, etc. donnons, octroyons et délaissons à notre petit-fils Louis-Stanislas-Xavier, fils de France, et à ses enfants mâles, descendants de lui en loyal mariage, pour leur apanage et entretènement, selon la nature des apanages de la maison de France et les lois de notre royaume, le duché d'Anjou, le comté du Maine et le comté du Perche; ensemble le comté de Senonches, par nous acquis de notre très-cher et très-amé cousin Louis-Joseph de Bourbon-Conti, prince de notre sang, par contrat du 9 octobre 1770, ainsi que lesdits duché et comtés se poursuivent et comportent, étendent et consistent en villes, cités, châteaux, châtellenies, places, maisons, forteresses, fruits, profits, cens, rentes, revenus, émoluments, honneurs, hommages, vassaux, vasselages et sujets, bois, forêts; à l'exception de la forêt de Senonches que nous nous réservons expressément, pour en jouir et disposer conformément au contrat d'acquisition susdaté; étangs, rivières, fours, moulins, prés, pâturages, fiefs, arrière-fiefs, justices, juridictions, patronages d'églises, collations de bénéfices, forfaitures, confiscations et amendes, quints, requints, lods et ventes, profits de fiefs et tous autres droits et devoirs quelconques qui nous appartiennent esdits duché et comtés; à condition néanmoins, à l'égard des bois de futaie, d'en user en bon père de famille, et de n'en couper que pour l'entretènement et réparation des édifices et châteaux de l'apanage; le tout jusqu'à concurrence de la somme de deux cent mille livres tournois de revenu par chacun an, les charges préalablement acquittées, etc. Moyennant lequel présent apanage qui a été agréablement pris, accepté et reçu par notredit petits-fils, et par nous comme son tuteur naturel, en présence des gens composant notre conseil; notredit petit-fils et nous, avons en ladite qualité, et stipulant pour lui quant à ce, renoncé et renonçons, tant pour lui que pour ses hoirs, à toutes terres, seigneuries et immeubles qui se trouveront dans notre succession, soit que lesdites terres, seigneuries et immeubles soient unis ou non à notre couronne; ensemble, à tous meubles et effets mobiliers, de quelque qualité et valeur qu'ils soient; lesquelles renonciations sont faites au profit de notre couronne, et seront réitérées dans le contrat de mariage de notredit petit-fils, qui promet, lorsqu'il sera venu en âge, de ratifier et approuver lesdites conditions, et d'en bailler et passer toutes lettres nécessaires : lesquelles acceptations et renonciations faites par notredit petit-fils, nous, par l'avis de notre conseil, qui les a jugées utiles et profitables à notredit petit fils, avons, de notre pleine puissance et autorité royale, autorisées et autorisons, les déclarant être de perpétuelle fermeté et effet, et interposant, en tant que de besoin seroit, sur ce notre décret; et afin qu'il n'y ait aucun doute, ambiguité ou question à l'avenir au fait de ce présent apanage, nous avons dit, déclaré et ordonné, disons, déclarons et ordonnons, que suivant la nature desdits apanages et lois de notre royaume, et en cas que notredit petit-fils ou ses descendants mâles en loyal mariage, vinssent à décéder sans enfants mâles, en sorte qu'il ne demeurât aucun enfant mâle, descendant par ligne de mâles, bien qu'il y eût fils ou fille descendant d'eux par filles, audit. cas lesdits duché et comtés par nous donnés à notredit petit-fils pour son apanage, retourneront librement à notre couronne, comme étant ledit apanage éteint et fini sans autre adjudication ni déclaration; et s'en pourront nos successeurs rois emparer, et en prendre la possession et jouissance à leur plaisir et volonté, sans aucun contredit ni empêchement, ni qu'on puisse objecter aucun laps de temps ou prescription : voulons aussi qu'il soit permis à notredit petit-fils, de racheter, si bon lui semble, à son profit, nos domaines engagés dans l'étendue desdits duché et comtés, en remboursant en un seul et parfait paiement les acquéreurs de leur sort principal, frais et loyaux coûts. Et pour connoître la consistance, valeur et revenu annuel desdits duché et comtés par nous donnés en apanage à notredit petit-fils par le présent édit, voulons qu'il soit incessamment procédé aux évaluations desdits duché et comtés, par le sieur de Nicolaï, premier président; Fraguier et le Boulanger, présidents; de Cassini, Portail de Vigny et Lavocat, conseillers-maîtres; et Gamard, conseiller-auditeur en notre chambre des comptes de Paris, en présence de notre procureur-général en icelle; attribuant à cet effet, en tant que de besoin, toute cour, juridiction et connoissance pour raison des reconnaissances et évaluations dudit apanage, circonstances et dépendances, à notredite chambre des comptes de Paris et auxdits sieurs commissaires, et icelle interdisant à toutes nos autres cours et juges. Si donnons, etc.

N° 1010. — **Lettres patentes** concernant les conseillers d'honneur au parlement de Paris.

Versailles, 4 mai 1771. Reg. P. P. 7. (Archiv.)

N° 1011. — **Edit** portant suppression des procureurs au parlement de Paris, et création de cent avocats.

Versailles, mai 1771. Reg. P. P. 10 juin. (Archiv.)

N° 1012. — **Edit** concernant la juridiction des podestats, la police et l'administration municipale des villes et communautés de l'île de Corse.

Mai 1771. (Code Corse.)

PRÉAMBULE.

Louis, etc. En permettant à nos nouveaux sujets de Corse de former tous les ans sous notre autorité, et la présidence de nos commissaires, une assemblée ou consulte générale, composée de députés choisis dans tous les ordres de la nation et de toutes les parties de l'île; en les invitant à y délibérer sur leurs intérêts pour nous demander eux-mêmes les réglements les plus propres à assurer leur tranquillité, nous leur avons donné une preuve, qu'ils ont sentie, de la sagesse et de la douceur de notre gouvernement. La condescendance avec laquelle nous allons répondre au vœu de la consulte qui nous a paru le plus unanime et le plus empressé, achèvera de les convaincre que c'est dans une soumission bien ordonnée qu'ils trouveront la liberté, au fantôme de laquelle ils ont fait depuis quarante ans de si grands et de si inutiles sacrifices. Toutes les provinces se sont réunies pour demander le rétablissement de l'ancienne juridiction des podestats; le compte que nous nous sommes fait rendre des usages autorisés dans l'île qui ont donné lieu à cette demande, nous a mis à portée de reconnoître combien il est nécessaire, en y déférant, de substituer des principes certains et des règles fixes à une multitude d'abus et de désordres introduits depuis long-temps dans l'exercice de cette juridiction, ainsi que dans toutes les autres parties de la police et de la municipalité. Les noms comme les fonctions des officiers municipaux, dans les différentes parties de l'île, étoient aussi incertains que leur origine. Electifs et amovibles par le droit commun, ils avoient cessé de l'être dans plusieurs communautés où l'autorité tout entière s'étoit concentrée et perpétuée dans une même main, dans une même famille, tandis que dans d'autres les malheurs des temps leur avoit enlevé jusqu'à l'apparence de leur juridiction, en rétablissant les communautés dans le droit si naturel, si précieux, d'élire elles-mêmes leurs administrateurs et leurs chefs, en rétablissant chaque particulier dans l'utile et légitime espérance de parvenir à ces places par sa bonne conduite, nous nous proposons encore d'en diminuer le nombre et de fixer invariablement le degré d'autorité que nous voulons bien leur attribuer; les mêmes principes qui dirigent en France l'administration des affaires communes, et dont l'expérience a démontré l'utilité, vont servir de règle pour la régie des biens et la répartition des charges de toutes les communautés de l'île; mais en y ajoutant la faveur distinguée et inconnue dans le reste de notre royaume, de leur accorder une juridiction, nous avons pensé devoir la réduire aux affaires personnelles, civiles et sommaires; et nous procurerons ainsi à nos nouveaux sujets, le double avantage de faire juger par leurs podestats les affaires d'une discussion facile et d'une médiocre importance, en conservant à nos juges la connoissance presque toujours épineuse des affaires réelles, et le jugement toujours important de celles qui intéressent la liberté, l'honneur ou la vie des citoyens. A ces causes, etc.

N° 1013. — DÉCLARATION *portant rappel des prêtres décrétés ou bannis.*

Marly, 15 juin 1771. Reg. P. P. 19. (Archiv.)

Louis, etc. Le clergé de notre royaume nous ayant plusieurs fois supplié de jeter un regard favorable sur la situation de plusieurs ecclésiastiques qui ont été poursuivis à l'occasion des divisions qui ont agité l'Eglise et l'Etat, nous nous y sommes déterminé d'autant plus volontiers, que nous avons lieu d'espérer qu'en anéantissant tout ce qui s'est fait depuis 1756 jusqu'à ce jour, le rétablissement desdits ecclésiastiques sera le sceau de la tranquillité que nous sommes toujours proposé de rétablir. A ces causes, etc., voulons et nous plaît, que toutes poursuites, décrets et procédures qui pourroient avoir été faits, et tous arrêts, sentences ou jugements qui pourroient avoir été rendus depuis le 16 décembre 1756 jusqu'à ce jour contre des ecclésiastiques, à l'occasion des dernières divisions, demeurent sans aucune suite et sans aucun effet; en conséquence que ceux contre lesquels lesdites procédures auroient été faites, et lesdits arrêts, sentences ou jugements rendus, rentrent, en vertu des présentes, en leur état et fonctions. Si donnons, etc.

N° 1014. — Édit *portant création de conservateurs des hypothèques sur les immeubles réels et fictifs, et abrogation des décrets volontaires.*

Versailles, juin 1771. Reg. P. P. 17. (Archiv.)

Louis, etc. L'attention que nous avons toujours eue de pourvoir à la conservation de la fortune de nos sujets, nous a porté à rechercher les moyens qui paroîtroient les plus convenables pour assurer le droit de propriété de chacun d'eux, et pour prévenir les troubles et les évictions qui résultent souvent de l'omission des formalités longues et embarrassantes, auxquelles les décrets volontaires sont assujettis. Parmi tous les moyens qui peuvent conduire à un but aussi avantageux, nous n'en avons point trouvé de plus conforme aux règles d'une exacte justice, et de plus propre à concilier les intérêts opposés de chacun de nos sujets, que de fixer d'une manière invariable l'ordre et la stabilité des hypothèques, et de tracer une route sûre et facile pour les conserver, de sorte que d'un côté les acquéreurs puissent traiter avec solidité et se libérer valablement, et d'un autre côté les vendeurs puissent recevoir le prix de leurs biens, sans attendre les délais d'un décret volontaire, formalité longue et simulée, introduite pour suppléer au défaut d'une loi que le bien général sollicitoit de notre sagesse; cette loi si désirable avoit commencé à avoir une partie de son exécution par l'édit du mois de mars 1673, portant établissement des greffes et enregistrement des oppositions pour conserver la préférence aux hypothèques; mais la forme qui avoit alors été donnée à cet établissement ayant rencontré des difficultés dans son exécution, il a été révoqué par autre édit du mois d'avril 1674; nous nous sommes déterminé à faire revivre un projet aussi utile, en lui donnant une forme nouvelle, qui pût en rendre l'exécution plus facile, plus assurée, et d'un avantage plus général; nous nous sommes déterminé d'autant plus volontiers à prendre ce parti, qu'il facilitera la vente d'une quantité de petits objets et immeubles réels et fictifs, qui ne peuvent être acquis avec solidité, parce que les frais du plus simple décret volontaire en absorberoient le prix et au-delà, en sorte que ces immeubles restent souvent abandonnés et sans culture, par l'impuissance dans laquelle se trouvent les propriétaires de les cultiver, et les obstacles que craignent ceux qui pourroient les acquérir, effrayés par l'exemple des pertes qu'éprouvent souvent ceux qui, ayant fait de pareilles acquisitions, sont obligés de les déguerpir ou d'en payer deux fois le prix, par l'effet des demandes en déclarations d'hypothèques formées par les créanciers des vendeurs, ce qui donne lieu à des contestations également ruineuses pour les acquéreurs et débiteurs; tant de motifs d'utilité pour nos sujets nous ont déterminé, en abrogeant l'usage des décrets volontaires, à ouvrir aux propriétaires une voie facile de disposer de leurs biens, et d'en recevoir le prix pour l'employer aux besoins de leurs affaires, et aux acquéreurs de rendre stable leur propriété, et de pouvoir se libérer du prix de leur acquisition, sans être obligés de garder long-temps des deniers oisifs; nous avons cru ne pouvoir prendre, pour cet effet, de meilleur modèle que l'établissement des offices de conservateurs des hypothèques des rentes sur les tailles, aides et gabelles, et autres rentes par nous constituées, dont le public retire une utilité que le temps et l'expérience ne font que rendre plus sensible. A ces causes, etc., voulons et nous plaît ce qui suit :

Art. 1. Nous avons créé et établi, créons et établissons par notre présent édit une chancellerie dans chacun de nos bailliages et sénéchaussées, à l'effet seulement de sceller les lettres de ratification qui seront obtenues sur les contrats de vente et autres actes translatifs de propriété mentionnés en l'article 6 ci-après.

2. Nous avons aussi créé et établi, créons et établissons dans chacun de nos bailliages et sénéchaussées, des offices de conservateurs des hypothèques, gardes des sceaux et de greffiers expéditionnaires desdites lettres de ratification, dont le nombre et la finance seront fixés par un rôle arrêté en notre conseil.

3. Les offices de gardes des sceaux près nos bailliages et sénéchaussées créés par notre présent édit, seront et demeureront unis au corps des officiers desdits bailliages et sénéchaussées, pour être exercés par celui desdits officiers qui sera commis à cet effet. Voulons que le produit et émoluments desdits offices de gardes des sceaux soient partagés entre tous les officiers desdits bailliages et sénéchaussées.

4. Pour donner aux officiers desdits bailliages et sénéchaussées des marques de la satisfaction que nous avons du zèle avec lequel ils rendent, à notre décharge, la justice qui est due à nos sujets, et les encourager à s'acquitter de cette fonction intéressante, nous leur avons fait don et remise de la finance dudit office de garde des sceaux.

5. Les offices de greffiers expéditionnaires des lettres de ratification créés par notre présent édit, pourront être possédés par les greffiers desdits bailliages et sénéchaussées.

6. Tous propriétaires d'immeubles réels ou fictifs par acquisition, échanges, licitation, ou autres titres translatifs de propriété qui voudront purger les hypothèques dont lesdits immeubles seront grevés, seront tenus de prendre à chaque mutation des lettres de ratification.

7. Les lettres de ratification purgeront les hypothèques et privilèges à l'égard de tous les créanciers des vendeurs qui auront négligé de faire leur opposition dans la forme qui sera prescrite ci-après avant le sceau d'icelles, et les acquéreurs des immeubles qui auront pris de semblables lettres de ratification en demeureront propriétaires incommutables, sans être tenus des dettes des précédents propriétaires, en quelque sorte et sous quelque prétexte que ce soit, ainsi et de la même manière que les acquéreurs des offices et des rentes par nous constituées, sont libérés de toutes dettes par l'effet des provisions et des lettres de ratification qui s'expédient en notre grande chancellerie, sans que néanmoins lesdites lettres de ratification puissent donner aux acquéreurs, relativement à la propriété, droits réels, fonciers, servitudes et autres, plus de droits que n'en auront les vendeurs, l'effet desdites lettres étant restreint à purger les privilèges et hypothèques seulement.

8. Sera tenu l'acquéreur, avant le sceau desdites lettres de ratification, de déposer au greffe du bailliage ou sénéchaussée, dans le ressort duquel seront situés les héritages vendus, le contrat de vente d'iceux; comme aussi le greffier dudit bailliage et sénéchaussée sera tenu, dans les trois jours dudit dépôt, d'insérer dans un tableau qui sera à cet effet placé dans l'auditoire, un extrait dudit contrat, quant à la translation de propriété seulement, prix et condition d'icelle, lequel restera exposé pendant deux mois, et avant l'expiration duquel ne pourront être obtenues sur ledit contrat aucunes lettres de ratification.

9. Pourra pendant lesdits mois, tout créancier légitime du vendeur se présenter au greffe, pour y faire recevoir une soumission d'augmenter le prix de ladite vente, au moins d'un dixième du prix principal; et dans le cas de surenchère par autre créancier du vendeur, d'un vingtième en sus dudit prix principal par chaque surenchérisseur, ensemble de restituer à l'acquéreur les frais et loyaux-coûts, et du tout donner bonne

et suffisante caution, qui sera reçue par-devant le lieutenant-général, ou autre officier du siège, suivant l'ordre du tableau, en la manière accoutumée, et sera loisible à l'acquéreur de conserver l'objet vendu, en parfournissant le plus haut prix auquel il aura été porté.

10. Seront les lettres de ratification expédiées et signées par les officiers créés par notre présent édit dans les chancelleries près nos bailliages et sénéchaussées, et scellées dans lesdites chancelleries; savoir, à l'égard des immeubles réels et rentes foncières, en la chancellerie près les bailliages ou sénéchaussées dans le ressort desquelles ils se trouveront situés, et quant aux immeubles fictifs, dans celles desdits bailliages et sénéchaussées dans le ressort desquels les vendeurs seront domiciliés.

11. Dans ce dernier cas, pour mettre les acquéreurs en état de connoître s'il y a des oppositions sur les immeubles fictifs qu'ils acquièrent, les vendeurs seront tenus de justifier de leur domicile pendant les trois dernières années qui auront précédé la vente, et de faire certifier ce domicile, soit par le contrat de vente, soit par un acte séparé passé par-devant notaires, et signé de deux témoins connus et domiciliés.

12. Lorsque les contrats d'acquisition, les échanges et autres actes translatifs de propriété, contiendront des immeubles réels, des rentes foncières situées dans l'étendue de plusieurs bailliages et sénéchaussées, les lettres de ratification seront scellées dans les chancelleries établies par notre présent édit, dans lesdits bailliages et sénéchaussées; faute de quoi, les acquéreurs seront sujets aux hypothèques des créanciers des vendeurs, pour raison des immeubles réels qui se trouveront situés dans l'étendue des bailliages et sénéchaussées où les lettres de ratification n'auront pas été scellées; et néanmoins dans le cas de vente et autres actes translatifs de propriété de fief et seigneurie qui s'étendroit dans plusieurs bailliages et sénéchaussées, les oppositions faites entre les mains du conservateur des hypothèques du bailliage ou sénéchaussée où sera situé le chef-lieu desdites terres et seigneuries vaudront comme si elles étoient faites dans tous les bailliages et sénéchaussées où ressortiroient les dépendances desdites terres, et les lettres de ratification obtenues en icelui, seulement purgeront les hypothèques des créanciers du vendeur.

13. Les lettres de ratification seront taxées suivant le tarif annexé à notre présent édit.

14. Le droit de deux deniers pour livre qui se paie pour

l'enregistrement des décrets volontaires continuera d'être perçu à notre profit sur le prix de chacune acquisition, sur laquelle il sera obtenu des lettres de ratification.

15. Les créanciers et tous ceux qui prétendront droit de privilège et hypothèque, à quelque titre que ce soit, sur les immeubles tant réels que fictifs de leurs débiteurs, de quelque nature que soient les immeubles, et en quelque lieu et coutume qu'ils soient situés, seront tenus, à compter du jour de l'enregistrement du présent édit, de former leur opposition entre les mains des conservateurs créés par l'article 2, à l'effet par les créanciers de conserver leurs hypothèques et privilèges lors des mutations de propriété des immeubles et des lettres de ratification qui seront prises sur lesdites mutations par les nouveaux propriétaires.

16. Les oppositions dureront trois ans, pendant lequel temps seulement leur effet subsistera; pourront les créanciers les renouveler, même avant l'expiration dudit délai, pour la conservation de leurs privilèges et hypothèques.

17. Toutes personnes, de quelque qualité qu'elles soient, même les mineurs, les interdits, les absents, les gens de mainmorte, les femmes en puissance de mari, seront tenus de former opposition dans la forme ci-dessus, sous peine de déchéance de leurs hypothèques; sauf le recours, ainsi que de droit, contre les tuteurs et administrateurs qui auront négligé de former opposition.

18. Les syndics et directeurs des créanciers unis pourront s'opposer audit nom, et par cette opposition ils conserveront les droits de tous lesdits créanciers.

19. Entre les créanciers opposants, les privilégiés seront les premiers payés sur le prix desdites acquisitions; après les privilégiés acquittés, les hypothécaires seront colloqués suivant l'ordre et le rang de leurs hypothèques; et, s'il reste des deniers après l'entier paiement desdits créanciers privilégiés et hypothécaires, la distribution s'en fera par contribution entre les créanciers chirographaires opposants, par préférence aux créanciers privilégiés ou hypothécaires qui auroient négligé de faire leur opposition.

20. Les oppositions qui pourront être formées sur les propriétaires des immeubles réels et fictifs, pour sûreté des créances hypothéquées sur lesdits immeubles, seront reçues et visées par les conservateurs créés par notre présent édit, lesquels délivreront des extraits sur papier timbré, desdites oppositions à ceux qui en auront besoin.

21. Les conservateurs des hypothèques tiendront un registre en papier timbré, dont les feuillets seront cotés sans frais, par premier et dernier, et paraphés à chaque page par le lieutenant-général du siège, ou autre officier, suivant l'ordre du tableau, dans lequel ils inséreront de suite, sans aucun blanc ni interligne, toutes les oppositions qui seront formées entre leurs mains, à peine de faux, de quinze cents livres d'amende, et de tous dépens, dommages-intérêts des parties.

22. L'opposition sera datée et visée par le conservateur; et il sera exprimé si c'est avant ou après-midi; elle contiendra les noms de baptême, famille, qualité et demeure de l'opposant, avec élection de domicile dans le lieu où se fera l'enregistrement, sans que ledit domicile puisse cesser par le décès du procureur où il aura été élu; ce domicile ne pourra même être changé, si ce n'est par une nouvelle élection, laquelle sera enregistrée à la marge de l'opposition, et visée par le conservateur de la même manière que l'opposition, le tout à peine de nullité.

23. Le créancier sera tenu de déclarer par son opposition, le nom de famille, les titres, qualités et demeure de son débiteur, le tout à peine d'être déchu du recours prononcé contre le conservateur par l'article 25 ci-après.

24. Les conservateurs seront tenus de délivrer, quand ils en seront requis, les extraits de leurs registres, et d'y coter le jour et la date des oppositions, le registre ainsi que le feuillet où elles auront été registrées, ou de donner des certificats portant qu'il n'en a été formée aucune, à peine de privation de leurs offices et de quinze cents livres d'amende et des dommages et intérêts des parties.

25. Les conservateurs auront entrée au sceau des chancelleries près desquelles ils sont établis à l'instar de nos conseillers conservateurs des hypothèques créés et établis près notre grande chancellerie, et ils auront seuls le droit de présenter au sceau lesdites lettres de ratification.

26. Avant de présenter au sceau les lettres de ratification, ils feront mention sur le repli d'icelles s'il y a des oppositions subsistantes, auquel cas elles ne seront scellées qu'à la charge des oppositions, lesquelles subsisteront sans être renouvelées, à l'instar et de la même manière qu'il se pratique pour les lettres de ratification obtenues en notre grande chancellerie.

27. S'il n'y a aucune opposition subsistante, les lettres de

ratification seront scellées purement et simplement; et, dans le cas où avant le sceau d'icelles, il auroit été fait quelque opposition dont les conservateurs n'eussent pas fait mention, lesdits conservateurs demeureront responsables en leur propre et privé nom, des sommes auxquelles pourront monter les créances desdits opposants qui viendroient en ordre utile, et ce jusqu'à concurrence de la valeur de l'immeuble mentionné auxdites lettres, à l'effet de quoi la finance de chacun desdits offices, qui sera fixée par un rôle arrêté en notre conseil, demeurera affectée par préférence comme fait de charge.

28. Attribuons à titre de gages auxdits conservateurs quatre pour cent du montant de leur finance, outre les droits particuliers qui leur seront fixés par un tarif arrêté en notre conseil, pour leur tenir lieu d'émoluments de leur travail, nous réservant, en attendant la levée desdits offices, de commettre à leur exercice telle personne que bon nous semblera.

29. Jouiront en outre les conservateurs du droit de survivance; voulons qu'ils ne paient à l'obtention de leurs premières provisions, que le tiers des droits de marc d'or, sceau et honoraires auxquels ils seront taxés, et en cas de mort ou résignation, les dispensons, leurs enfants, héritiers et ayant-cause, de nous payer aucun droit de survivance pour cette première mutation.

30. Voulons que pour le sceau de chacune des lettres de ratification il soit payé les sommes qui seront fixées par le tarif arrêté en notre conseil.

31. En cas de vente par décret forcé, les créanciers qui ont fait et feront saisir réellement un immeuble seront tenus de faire dénoncer, un mois au moins avant l'adjudication, leur saisie réelle à ceux qui se trouveront avoir formé leur opposition sur lesdits immeubles, aux domiciles par eux élus par l'acte d'opposition, à peine de nullité de la procédure de décret vis-à-vis des créanciers qui auront formé leurs oppositions ès mains des conservateurs des hypothèques, et de tous dépens, dommages et intérêts desdits opposants, et vaudront les oppositions faites entre les mains desdits conservateurs, comme si elles étoient faites en décret forcé desdits biens.

32. N'entendons point comprendre dans le présent édit les hypothèques des femmes sur les biens de leurs maris pendant la vie desdits maris, non plus que celles des enfants sur les biens de leurs pères, pour raison seulement des douaires non ouverts, pour lesquels il ne sera point nécessaire de former d'opposition.

33. Les lettres de ratification ne pourront être opposées par les acquéreurs des biens substitués à ceux qui auront droit de revendiquer les biens substitués, lorsque les substitutions auront été insinuées et publiées au désir de nos ordonnances.

34. Les seigneurs féodaux ou censiers, tant laïques qu'ecclésiastiques, ne seront point tenus non plus de faire aucune opposition pour raison des fonds, des cens, rentes foncières, et autres droits seigneuriaux et féodaux, sur les héritages, fiefs et droits, étant dans leur censive et mouvance; mais, quant aux arrérages des cens, surcens, rentes foncières, droits de quints, requints, droits de lods et ventes, et autres droits échus avant la vente, et autres dettes généralement quelconques, ils seront tenus de former leurs oppositions ès mains du conservateur, comme tous les autres créanciers.

35. Abrogeons l'usage des saisines et nantissement, pour acquérir hypothèque et préférence, dérogeant à cet effet à toutes coutumes et usages à ce contraires.

36. Voulons néanmoins que ceux dont les contrats auront été nantis et ensaisinés avant la publication de notre présent édit, soient conservés dans les droits et préférence à eux acquis par lesdits nantissements, passé lequel temps, ils seront sujets aux mêmes formalités que les autres acquéreurs.

37. Abrogeons pareillement l'usage des décrets volontaires, sans que, pour aucunes causes, ni sous aucun prétexte, il puisse en être fait à l'avenir, à peine de nullité d'iceux. N'entendons toutefois empêcher la suite et perfection de ceux encommencés au jour de la publication de notre présent édit, ni donner atteinte à l'effet des décrets antérieurs; et lesdites lettres de ratification tiendront lieu des décrets volontaires prescrits par l'article 18 du titre 12 de l'édit portant règlement de la procédure du mois de février 1771, et enregistré le 17 mai dernier.

38. Pour donner un temps suffisant à ceux qui peuvent avoir ou prétendre des privilèges ou hypothèques, à la charge d'aucuns immeubles, réels ou fictifs, de faire les oppositions prescrites par le présent édit, ordonnons qu'il ne sera scellé aucune lettre de ratification que six mois après la date de l'enregistrement de notre présent édit. Si donnons, etc.

N° 1915. — LETTRES PATENTES *pour la régie des droits d'hypothèques.*

Versailles, 7 juillet 1771. Reg. P. P. 9 août. (Archiv.)

N° 1016. — **Lettres patentes** *concernant les fonctions des avocats aux conseils, et l'instruction des causes, instances et procès renvoyés et pendants aux requêtes de l'hôtel.*

Compiègne, 24 juillet 1771. Reg. P. P. 1er août. (Archiv.)

PRÉAMBULE.

Louis, etc. Par l'article 7 de notre édit du mois de mai dernier, concernant le tribunal des requêtes de notre hôtel, nous aurions, entre autres choses, ordonné que la plaidoierie des causes et l'instruction des instances et procès qui seront portés aux requêtes de l'hôtel, appartiendroit aux avocats en nos conseils, à l'exclusion de tous autres avocats et procureurs, et nous avons fait défenses à tous procureurs d'y faire aucunes procédures, à peine de nullité; mais les avocats en nos conseils nous ont représenté que le tribunal des requêtes de l'hôtel est composé de deux espèces de juridictions qu'il leur paroît important de distinguer; savoir, la juridiction au souverain, en ce qui concerne l'exécution des arrêts de notre conseil, et autres matières dont nous avons attribué la connoissance audit tribunal, et les affaires particulières que nous jugerons à propos d'y renvoyer; et la juridiction à l'ordinaire, qui a pour objet les causes des privilégiés qui y sont portées en vertu du droit de *Committimus*: qu'à l'égard de la juridiction au souverain, les avocats aux conseils ont toujours eu seuls le droit de plaider et instruire les affaires de ce genre qui ont été portées au tribunal des requêtes de l'hôtel, et que ce n'a été que par abus que d'autres avocats ou des procureurs s'y étoient immiscés; que pour ce qui concerne la juridiction ordinaire, l'instruction des affaires de ce genre leur paroît étrangère à leur profession, et ne pourroit que les détourner des fonctions essentielles de leur état; que par les mêmes raisons ils nous supplient de les dispenser de continuer en notre parlement l'instruction des affaires dont la connoissance avoit été attribuée ci-devant à notre grand-conseil, et que nous avons depuis renvoyées à notre cour de parlement, nonobstant les dispositions de notre édit du mois d'avril dernier, et de nos lettres patentes du 16 juin suivant; et voulant seconder les sentiments d'honneur et de désintéressement dont les avocats aux conseils n'ont cessé de nous donner des preuves aussi-bien que de leurs talents, nous avons jugé à propos d'expliquer nos intentions à ce sujet. A ces causes, etc.

N° 1017. — DÉCLARATION *qui réserve sous le titre d'huissiers ou sergens royaux, les offices de jurés-priseurs, vendeurs de biens meubles supprimés par édit de février dernier, et leur permet de continuer à faire les prisées et ventes de biens meubles.*

Compiègne, 17 août 1771. Reg. P. P. 31. (Archiv.)

N° 1018. — ARRÊT *du conseil qui défend l'exportation à l'étranger des blés, orges, avoines, blés de Turquie, pois, fèves, haricots, légumes et autres grains de toutes espèces, par les provinces de Franche-Comté, Alsace, pays Messin, Lorraine et Barrois.*

Compiègne, 24 août 1771. (Archiv.)

N° 1019. — ÉDIT *portant suppression des offices de commissaires aux prisées de ventes de meubles tant forcées que volontaires, à l'exception de ceux de la ville et faubourgs de Paris.*

Compiègne, août 1771. Reg. P. P. 31. (Archiv.)

N° 1020. — ÉDIT *portant rétablissement, dans chacune des villes et communautés où il y a corps municipal, d'offices de conseillers, maires, lieutenants de maires, secrétaires, greffiers, conseillers, échevins, jurats, consuls, capitouls et assesseurs.*

Fontainebleau, novembre 1771. Reg. P. P. 15 janvier 1772. (Archiv.)

PRÉAMBULE.

Louis, etc. L'administration des villes et communautés de notre royaume méritant de notre part une attention particulière, après nous être fait rendre compte de tout ce qui y avoit rapport et des moyens qui paroissent les plus propres à y établir et conserver l'ordre, nous nous sommes déterminés à supprimer, par nos édits des mois d'août 1764 et mai 1765, les offices municipaux créés dans lesdites villes et communautés, et nous avons ordonné par lesdits édits qu'il seroit pourvu, par voie d'élection, à la nomination desdits offices municipaux : nous avions lieu d'espérer qu'en rendant aux villes et communautés la liberté de se nommer elles-mêmes leurs officiers, et d'après les mesures que nous avions prises par lesdits édits, les citoyens de tous les ordres se réunissant pour l'avantage commun, ne profiteroient de cette liberté que pour concourir unanimement au bien de leur communauté, et dépouilleroient tout autre intérêt dans le choix des sujets chargés d'y veiller. Nous avons néanmoins reconnu depuis, qu'au lieu des avantages que nous nous étions promis de l'exécution desdits édits, elle devenoit dans toutes les villes une source d'inimitié et de divisions, sur le désir que des gens, souvent incapables, avoient de participer à l'administration, et par la cabale et les brigues qui s'introduisoient dans les élections, et qui donnoient souvent lieu à des procès ruineux pour lesdites villes, retardoient l'expédition de leurs affaires communes, et jetoient le trouble et la confusion dans leur administration, en sorte que le bien que nous nous étions proposé d'opérer, devient chaque jour le principe d'un mal réel. Nous avons cru ne pouvoir remédier trop tôt à cet abus, et nous n'avons pas trouvé de moyen plus expédient que de créer et rétablir, en titre, dans toutes les villes et bourgs de notre royaume, des officiers municipaux qui, après avoir obtenu notre agrément, n'étant point redevables de leurs charges aux suffrages des particuliers, et n'ayant plus rien à appréhender de leurs successeurs, en exerceront les fonctions sans passions, et avec toute la liberté qui leur est nécessaire pour conserver l'égalité dans la distribution des charges publiques, et qui d'ailleurs étant perpétuels, seront en état d'acquérir une connoissance plus entière des affaires concernant notre service et celui des villes, et pourront se rendre capables, par une longue expérience, de satisfaire à tous les devoirs et aux obligations qui sont attachées à leur ministère. A ces causes, etc.

N° 1021. — Edit *portant prorogation des deux vingtièmes et établissement d'autres droits* (1).

Fontainebleau, novembre 1771. Reg. P. P. 29 avril 1772. (Archiv.)

— PRÉAMBULE. —

Louis, etc. Les évènements de la dernière guerre, et les moyens que nous avons été forcés d'employer pour la soutenir, ont augmenté considérablement les dettes de notre Etat. Uniquement occupé, au moment de la paix, du désir de soulager nos peuples, nous nous sommes livré aux mouvements de notre affection paternelle en supprimant une partie des impositions

---

(1) Les finances présentoient, en 1769, un déficit de 35 millions. Pour y faire face on eut recours de nouveau à l'opération du visa. Quelques-unes des rentes perpétuelles furent réduites à deux et demi pour cent, d'autres seulement à quatre. Pour compenser la faveur accordée à celles-ci, on les frappa d'un dixième d'amortissement, d'autres furent assujetties aux deux vingtièmes. On trouve des expédients du même genre pour les rentes viagères. C'étoit une véritable banqueroute partielle. La dette fut ainsi réduite de 13 millions d'intérêt. L'Etat se trouvoit encore chargé annuellement de plus de 63 millions pour les intérêts de la dette constituée. Un compte rendu par l'abbé Terray en 1774, porte les dépenses à 406 millions et les revenus seulement à 375. Au commencement du règne de Louis XV, le revenu de l'Etat ne s'élevoit pas à plus de 120 à 130 millions, et à cette époque les impôts paroissoient intolérables.

que nous avions précédemment établies. Lorsque ensuite nous avons examiné la situation de nos finances, la crainte de surcharger nos sujets par des impositions nouvelles, l'espérance de trouver des ressources dans l'amélioration de nos revenus, nous ont toujours arrêté sur le seul parti qu'il eût été convenable de prendre. Cependant le temps qui s'est écoulé a amené de nouveaux besoins : il a fallu, pour faire face aux dépenses les plus indispensables, avoir recours chaque année à des emprunts, qui sont devenus un surcroît de charges pour les années suivantes. Ces emprunts même n'ont pas suffi, et les anticipations, dont il eût été si important de diminuer la masse, se sont au contraire successivement multipliés : ainsi, loin d'éteindre les capitaux par la voie des remboursements, comme nous nous l'étions proposé, nous avons vu la dette de notre État s'augmenter dans une progression effrayante; enfin, quand la confiance a été épuisée par l'usage trop étendu qu'on en avait fait, nous nous sommes trouvé dans la nécessité d'arrêter un désordre qui devenoit plus grand de jour en jour et de prévenir la confusion dont toutes les parties de nos finances étoient menacées. Nous avons d'abord, par notre déclaration du 7 janvier 1770, suspendu des remboursements, dont l'effet ruineux étoit de nous faire emprunter à un intérêt beaucoup plus fort que celui des capitaux que nous remboursions. Le crédit, à la faveur duquel on étoit parvenu à disposer de plus d'une année d'avance de la portion de nos revenus qui se trouvoit libre, s'étant anéanti par degré, le renouvellement des anticipations est devenu impossible; et comme cette portion de nos revenus, sur laquelle elles avoient été assignées, étoit la seule dont nous puissions faire usage pour les objets les plus essentiels à la sûreté publique, nous avons été dans la nécessité indispensable de porter, par un remboursement annuel, l'acquittement de ces mêmes anticipations à des époques plus éloignées, et nous avons en même temps destiné un fonds pour le paiement des intérêts jusqu'au parfait remboursement. Cette opération, que les circonstances avoient rendue inévitable, a soulagé nos finances des frais immenses qu'entraînoit la négociation de ces effets; mais il subsistoit encore une différence considérable entre la recette et la dépense. Nous avons cherché les moyens les plus propres à la diminuer, et nous avons pensé, que si les propriétaires des fonds de terre et la partie industrieuse de nos sujets devoient garantir la fortune des créanciers de notre État, qui, dans des temps difficiles, ont fourni avec confiance des deniers que nous aurions été obligés de lever sur nos peuples, et les ont alors soulagés d'un poids qu'ils auroient été dans l'impuissance de supporter; il étoit aussi des circonstances extraordinaires où les créanciers de leur côté devoient concourir à la réparation des finances, et se prêter à la nécessité de ménager ces mêmes propriétaires, dont la richesse et le travail font leur principale sûreté. Nous nous sommes déterminés en conséquence à suspendre quelques parties d'arrérages sur les effets qui nous en ont paru le plus susceptibles : nous avons aussi assujetti nos libéralités à des retenues que nous avons ordonnées dans la proportion que nous avons jugé la plus convenable. Nous espérions que ces diverses opérations, jointes aux retranchements que nous avons déjà faits, et que nous nous proposons de faire dans les dépenses, rempliroient le plan que nous avions adopté. C'est dans cette vue que nous avons ordonné des diminutions sur différentes parties. Cependant, comme les dépenses des départements forment la subsistance d'un grand nombre de nos sujets, l'égalité de protection que nous leur devons à tous, ne nous a point permis de porter subitement les réductions à leur dernier terme; mais nous avons pris dès-à-présent les mesures les plus assurées pour parvenir à la connoissance de toute l'économie dont l'état des choses est susceptible. Dans une pareille proportion, nous avons cherché à pourvoir à toutes les charges, non plus par la voie dangereuse des emprunts, mais en nous procurant une recette suffisante, seul moyen sage et solide de rétablir l'ordre et la confiance. Nous avons considéré en même temps que nous n'aurions rempli qu'imparfaitement les vues dont nous sommes animés pour la prospérité de notre royaume, si après avoir rétabli l'équilibre entre la recette et la dépense, nous ne nous étions pas occupés de former un fonds réel d'amortissement employé au remboursement des dettes les plus onéreuses, et destiné non-seulement à procurer un soulagement durable à nos peuples, par la diminution graduelle de la dette de notre Etat, mais qui pût encore mettre un terme à l'inquiétude des créanciers, et qui, en donnant aux fonds publics une valeur d'opinion proportionnée à leur valeur réelle, augmentât la fortune de ceux de nos sujets qui en sont propriétaires, fît tourner, par la circulation, cet accroissement de leurs richesses au profit de la richesse publique, et ranimât en même temps le crédit, ressource précieuse lorsqu'elle est bien ménagée. Obligés, pour soutenir sans interruption une opération aussi salutaire, d'avoir recours à de nouvelles ressources, nous avons rejeté loin de nous, pour jamais, toutes ces idées systématiques et illusoires, tous ces vains projets qui, sous l'espoir d'une libération apparente, n'auroient réellement d'autre effet que de porter le trouble et la confusion dans les fortunes particulières, comme dans la fortune publique, et de s'opposer ainsi au retour de la confiance, en augmentant de toutes parts les embarras et le désordre. Nous nous sommes donc arrêté aux moyens qui nous ont paru les plus simples, les mieux adaptés aux circonstances et les plus conformes à la justice que nous devons à tous nos sujets. Dans le choix des impositions nouvelles, nous avons donné la préférence à celles qui exigent moins de frais de perception, et nous en avons prorogé d'autres déjà existantes, dans la durée desquelles les créanciers de notre État retrouveront la même sûreté qui leur avoit été donnée par notre édit de mai 1749. C'est d'après ces vues que nous nous trouvons obligé de proroger les deux vingtièmes, d'établir les quatre sols pour livre du premier vingtième, pour tenir lieu des deux sols pour livre du dixième, de proroger pareillement les droits ordonnés par notre édit d'avril 1768, et d'ordonner la perception des deux sols pour livre en sus de ceux qui se perçoivent sur différents droits de nos fermes et autres. Nous ne doutons pas que nos sujets, sensibles aux diverses considérations que notre confiance s'est complu à leur faire connoître, ne supportent ces charges avec le zèle dont ils nous ont donné des preuves en tant d'occasions, et nous y comptons d'autant plus, que le prix des denrées, une des causes de l'augmentation de nos dépenses, a en même temps bonifié le produit des fonds de terre dans une proportion supérieure à celle de l'accroissement des impositions. Mais si, dans ce moment, cette observation adoucit notre peine, il s'en faut bien que notre intention soit de les laisser toutes subsister. Convaincu que la véritable richesse des rois est dans le cœur de leurs sujets, nous n'avons point de plus grand désir que de procurer à nos peuples les soulagements dont nous voudrions déjà leur voir recueillir le fruit, par l'exécution du plan que nous avons formé. Par l'effet de ce plan, la recette suffisant complètement à la dépense, les différents services se feront avec facilité, il en naîtra des moyens d'économie, dont les circonstances nous avoient privé depuis long-temps; d'un autre côté, délivré des soins perpétuels auxquels nous exposoit la situation embarrassée de nos finances, nous pourrons nous occuper, sans interruption, d'améliorer plusieurs branches de nos revenus, de simplifier la perception de impositions, et d'en écarter sans retour les abus et l'arbitraire. Ces diverses économies, ces améliorations successives, nous les appliquerons, soit à payer les dettes exigibles, arriérées par l'impuissance où nous étions de satisfaire à toutes les dépenses, soit à l'augmentation des fonds d'amortissement, soit plus particulièrement encore à la diminution des impositions les plus onéreuses à la partie indigente de nos sujets; objet essentiel que nous portons dans notre cœur, et que nous ne cesserons jamais de regarder comme un de nos devoirs les plus indispensables. A ces causes, etc.

N° 1022. — LETTRES PATENTES *portant exemption réciproque du droit d'aubaine entre la France et la Suisse.*

Versailles, 20 janvier 1772. Reg. P. P. 16. (Archiv.)

N° 1023. — DÉCLARATION *portant règlement pour la procédure dans les matières sommaires et dans les matières de tailles.*

Versailles, 27 janvier 1772. Reg. P. P. 5 février. (Archiv.)

N° 1024. — LETTRES PATENTES *portant que les fabricants d'étoffes seront obligés de marquer à la tête et à la queue des pièces d'étoffe, le nombre d'aunes qu'elles contiendront.*

Versailles, 24 février 1772. Reg. P. P. 6 avril. (Archiv.)

EXTRAIT.

ART. 1. Les fabricants seront tenus de marquer à la tête et à la queue de chacune des pièces d'étoffe qu'ils exposeront en vente, le nombre d'aunes qu'elles contiendront, de façon que l'acheteur puisse facilement connoître, lors de la réquisition de ladite pièce, l'aunage qu'elle est déclarée porter.

7. Les fabricants d'étoffes qui, après le remouillage ci-dessus prescrit, se trouveront plus courtes d'une aune sur trente, ou de deux tiers sur vingt de longueur, paieront dix livres d'amende; et, si elles se trouvent plus courtes d'un quart en sus, ils paieront vingt livres en outre, et par-dessus la bonification qu'ils seront obligés de faire à l'acheteur de la valeur du courtage; et à l'égard des étoffes qui, après le remouillage, se trouveront trop étroites de trois pouces sur la largeur d'une aune, et proportionnément qui ont plus ou moins d'une aune de largeur, les fabricants de ces étoffes paieront vingt livres d'amende pour le premier pouce de diminution, en sus de trois pouces, et ainsi de suite pour chaque autre pouce, dont la pièce sera diminuée en largeur, et le vendeur sera condamné à restituer à l'acheteur le prix de ladite étoffe.

N° 1025. — **Lettres patentes** *portant exemption réciproque du droit d'aubaine entre la France et le Danemark.*

Versailles, 6 mars 1772. Reg. P. P. 16. (Archiv.)

N° 1026. — **Déclaration** *portant que les bulles, brefs et autres expéditions de cour de Rome qui concernent le for intérieur seulement et les dispenses de mariage, sont exempts de présentation et d'enregistrement par les cours de parlement.*

Versailles, 8 mars 1772. Reg. P. P. 30. (Archiv.)

N° 1027. — **Arrêt** *du conseil portant règlement pour l'ouverture des carrières et chemins aux abords.*

Versailles, 5 avril 1772. (Archiv. — Ravinet, Code des Ponts-et-Chaussées.)

Le roi s'étant fait représenter en son conseil le rapport fait par les sieurs commissaires du pavé de Paris et des ponts-et-chaussées, contenant que les routes royales se trouvent souvent endommagées, surtout aux abords de la ville de Paris, par les voitures de pierres qui sont employées à l'exploitation des carrières ouvertes au long desdites routes; que ces voitures qui sont très-pesantes, détruisent, en abordant au grand chemin, les berges, les fossés et les accotements; et que souvent elles cassent ou endommagent les arbres plantés aux dépens de S. M. pour la commodité et l'embellissement desdites routes; et que les dégradations se multiplient et s'étendent de jour en jour par les nouvelles charrières qu'ouvrent lesdites voitures à mesure que les anciennes sont ruinées; qu'il seroit juste que les particuliers qui causent les dégradations, fussent tenus de les réparer, et qu'on pourroit même les prévenir, en assujettissant les propriétaires ou entrepreneurs desdites carrières à faire arranger et entretenir à leurs frais, des passages entre les arbres, sur les fossés et sur les accotements des grands chemins, pour faciliter l'abord de leursdites voitures, en pavé, et à planter en même temps des bornes aux deux côtés de ces passages pour que les plantations ne soient plus endommagées; que sans ces précautions l'entretien des grandes routes deviendroit dans la suite plus dispendieuse et plus onéreuse à S. M. A quoi voulant pourvoir, ouï, etc., le roi, étant en son conseil, a ordonné et ordonne ce qui suit:

Art. 1. Les règlements précédemment faits, concernant l'ouverture des carrières, seront exécutés selon leur forme et teneur. Aucune carrière de pierre de taille, moellon, grès, et autres fouilles pour tirer de la marne, glaise ou sable, ne pourra être ouverte qu'à trente toises de distance du pied des arbres plantés au long des grandes routes; et ne pourront les entrepreneurs desdites carrières pousser aucune fouille ou galerie souterraine du côté desdites routes, à moins de trente toises de distance desdites plantations ou des bords extérieurs desdites routes, conformément aux dispositions de l'arrêt du conseil du 14 mars 1741, et de l'ordonnance du bureau des finances du 29 mars 1754, concernant la police générale des chemins.

2. Les propriétaires ou entrepreneurs desdites carrières ne pourront ouvrir aucun passage entre les arbres et sur les fossés desdites routes royales, sans en avoir obtenu une permission expresse et par écrit du sieur commissaire du conseil, chargé de veiller à l'entretien desdites routes; et ladite permission ne pourra leur être accordée que sur la soumission qu'ils donneront de se conformer aux articles suivants.

3. Aux endroits qui auront été indiqués par lesdits sieurs commissaires pour former lesdits passages, le fossé sera comblé jusqu'à la hauteur des berges, dans la largeur de douze pieds seulement, et par-dessus il sera fait un bout de pavé partant de la bordure du pavé du grand chemin, et avançant dans la campagne jusqu'à six pieds au-delà des arbres; à l'extrémité dudit bout de pavé, il sera planté deux bornes de pierre; et sur le pavé, au milieu du fossé, il sera fait un cassis, ou une pierrée ou aquéduc au-dessous, suivant l'exigence des cas, pour l'écoulement des eaux.

4. Lesdits ouvrages seront construits et entretenus par les entrepreneurs des routes royales, aux dépens des propriétaires et entrepreneurs des carrières voisines, et ce, tant que lesdites carrières continueront d'être exploitées.

5. Lesdits ouvrages seront payés aux entrepreneurs des routes par les propriétaires ou entrepreneurs desdites carrières, conformément aux devis et états de répartition qui auront été dressés pour lesdites constructions par les ingénieurs de S. M., et visés par lesdits sieurs commissaires; et lesdits paiements seront faits dans le délai d'un mois après que la réception desdits ouvrages aura été donnée par lesdits sieurs commissaires et ingénieurs.

6. Défend S. M. à tous voituriers de pierres, moellons, grès et autres matériaux provenant des carrières, de se frayer d'autres passages pour aborder les grands chemins, que ceux qui auront été ainsi disposés pour leur usage, à peine de cinq cents livres d'amende et de confiscation desdits matériaux,

desquelles amendes ils seront tenus solidairement avec les propriétaires et entrepreneurs desdites carrières, comme aussi de toute dégradation arrivée par leur fait aux berges, fossés, plantations et accotements desdites routes.

N° 1028. — DÉCLARATION concernant les études et les exercices des élèves en chirurgie.

Versailles, 12 avril 1772. Reg. P. P. 8 mai. (Archiv.)

N° 1029. — ORDONNANCE concernant la cavalerie.

Versailles, 17 avril 1772. (Archiv.)

N° 1030. — LETTRES PATENTES concernant le collège royal de France.

Versailles, 16 mai 1772. Reg. P. P. 26 mars 1773. (Archiv.)

N° 1031. — DÉCLARATION interprétative de l'article 35 de l'édit de juin 1771, et portant que les formalités de saisine, de mise de fait, de nantissement, & autres établies par quelques communes, ne seront pas nécessaires pour acquérir hypothèque sur les immeubles réels et fictifs.

Versailles, 23 juin 1772. Reg. P. P. 11 juillet. (Archiv.)

N° 1032. — ORDONNANCE portant qu'il sera pourvu aux charges et places dans les colonies, sur des brevets expédiés par le secrétaire d'état ayant le département de la marine et des colonies.

Versailles, 28 septembre 1772. (Moreau de Saint-Méry.)

N° 1033. — LETTRES PATENTES qui ordonnent que tous les comptes qui se rendent dans toutes les chambres des comptes, seront écrits sur papier, qui fixent le nombre de lignes de chaque page desdits comptes, et le nombre de syllabes de chaque ligne, et qui prescrivent d'écrire en chiffres arabes toutes les sommes tirées hors ligne.

Versailles, 4 octobre 1772. Reg. C. des C. 16 novembre. (Archiv.)

N° 1034. — DÉCLARATION qui permet à tous riverains des côtes maritimes de cueillir, ramasser et arracher le varech.

Fontainebleau, 30 octobre 1772. Reg. P. P. 24 mai 1773. (Archiv.)

Louis, etc. Par les différents articles de notre déclaration du 30 mai 1731, nous avons prescrit aux habitants des paroisses du ressort des différentes amirautés de la haute et basse Normandie, et à ceux des côtes des provinces de Flandre et pays conquis et reconquis, Boulonnois et Picardie, les temps pendant lesquels ils pourroient ramasser et cueillir les herbes de mer connues sous les noms de varech ou vraicq, sar ou gouesmont, nous leur avons prescrit en même temps la manière dont ils pourroient en faire la récolte et les formalités qu'ils seroient obligés d'observer, avec défenses de faire ladite récolte autrement qu'avec couteau ou faucille, sans pouvoir arracher lesdites herbes. Les motifs qui nous avoient porté à restreindre à cet égard les habitants riverains à certaines bornes, étoient de conserver le plus qu'il seroit possible de ces herbes, parce qu'elles étoient regardées comme nécessaires au frai du poisson, au développement et à la nourriture du poisson du premier âge; mais les inconvénients apportés par notre déclaration ne tardèrent pas à se faire sentir. Nos sujets riverains n'ayant plus la faculté de couper et faire brûler le varech pour en fabriquer des soudes, ils se trouvèrent privés d'un moyen unique d'assurer leur subsistance, et la disette des soudes devint telle, que les grosses verreries de notre province de Normandie manquèrent absolument d'une matière première étroitement nécessaire à la fabrication des verres à vitres, et que cette branche importante de commerce de notre royaume, par tous les secours qu'elle procure à nos sujets riverains occupés à la fabrication des soudes, et par les sommes considérables que les envois du seul superflu de nos verres chez l'étranger procurent annuellement, étoit sur le point d'être irrévocablement perdue; il nous fut fait pour lors plusieurs représentations sur lesquelles nous prîmes les éclaircissements qu'exigeoient les circonstances, et d'après les assurances qui nous furent données que le frai du poisson et le poisson du premier âge ne se trouvoient jamais dans le varech, et que la coupe de cette plante ne pouvoit nuire à leur conservation, nous nous déterminâmes à donner nos ordres pour que les habitants riverains pussent, nonobstant ce qui étoit porté par notre déclaration de 1731, faire la récolte du varech comme auparavant ladite déclaration; mais nous avons été depuis informé que malgré les ordres que nous avions pu donner successivement, les habitants riverains étoient inquiétés de nouveau, et qu'il s'étoit répandu que la fumée du varech causoit des maladies épidémiques, nuisoit à toutes les espèces de grains et de fruits, et que l'enlèvement de cette plante privoit les laboureurs d'un engrais nécessaire, et tendoit à la destruction des pêches : que sur les plaintes qui en avoient été portées au parlement de Rouen, il avoit cru devoir rendre un arrêt le 10 mars 1769, qui, en vertu de notre déclaration de 1731, bornoit la permission de couper le varech pour le convertir en soudes, aux riverains des côtes de la seule amirauté de Cherbourg, et ne laissoit aux habitants des côtes de la haute et basse Normandie que la faculté de l'employer à l'engrais de leurs terres : également touché des plaintes qui avoient donné lieu à cet arrêt et des représentations qui nous furent faites sur la privation de subsistance où se trouveroit une multitude de familles occupées à fabriquer les soudes, nous sentîmes la justice et la nécessité de faire constater par des observations et des expériences si les intérêts de l'agriculture et des pêches auxquelles nous donnerons toujours une attention particulière, demandoient en effet que la fabrication des soudes fût renfermée dans de si étroites limites ; en conséquence nous nous sommes déterminé à envoyer sur les côtes des provinces de notre royaume quelques naturalistes et physiciens choisis par l'Académie des Sciences de Paris, que nous avons chargés d'examiner tout ce qui avoit trait au fond des plaintes qui s'étoient élevées, et nous avons ordonné à ladite Académie de donner, sur le rapport qui lui seroit fait par lesdits académiciens, un avis qui, étant fondé sur des faits bien observés et bien constatés, pût servir de base à des réglements fixes sur les temps et la manière de faire la récolte du varech. Nous avons appris avec satisfaction que nos ordres avoient été pleinement exécutés ; que le rapport du sieur Tillet des observations faites, tant par lui que par les sieurs Guetard et Fougeroux, tous trois choisis par l'Académie, établissoit que la fumée du varecq n'avoit par elle-même aucune suite dangereuse ; qu'on avoit été aussi dans l'erreur en supposant que cette plante étoit destinée à la conservation du frai et du poisson, puisque malgré les recherches les plus scrupuleuses et réitérées en différents lieux, ils n'avoient aperçu dans ces herbes ni frai, ni poisson du premier âge ; en sorte que leur travail ne laisse aucun doute sur la nécessité de diriger uniquement nos réglements relatifs à la récolte et à l'emploi du varech, vers la culture des terres et vers la fabrique des soudes qui servent de base aux travaux des verreries. Les observations des mêmes académiciens ont confirmé des expériences antérieures, par lesquelles nous avions été instruit que la plante du varech lorsqu'elle a été coupée avec couteaux ou faucilles, ainsi qu'il est prescrit par l'article 4 de notre déclaration de 1731, ne se reproduit qu'après que la racine en pourrissant s'est détachée du rocher ; au lieu qu'après l'arrachement il reste des filaments qui la reproduisent dès l'année suivante. D'après des faits si exactement observés, nous avons cru ne devoir pas différer de déclarer plus positivement nos intentions sur des objets qui intéressent aussi essentiellement la subsistance, l'industrie et le commerce de nos sujets. A ces causes, etc., voulons et nous plaît ce qui suit :

Art. 1. Tous les riverains en général, tant des côtes de la haute et basse Normandie, que de toutes les autres côtes des provinces maritimes de notre royaume, pourront librement, chacun dans l'étendue de leurs paroisses, cueillir et ramasser pour l'engrais de leurs terres, les herbes connues sous les noms de varech ou vraicq, sar ou gonesmont, pendant les mois de janvier, février et mars de chaque année, en observant par lesdits riverains les formalités prescrites par les articles 1, 2, 3, 5 et 6, du titre 2 de notre déclaration du 30 mai 1731.

2. Pourront à l'avenir lesdites herbes être arrachées avec la main ou autres instruments, nonobstant ce qui est ordonné par l'article 4 du titre 2 de notre déclaration de 1731, à laquelle nous avons dérogé et dérogeons à cet égard.

3. Après que lesdits riverains auront fait les provisions de varech nécessaires à l'engrais de leurs terres dans les temps seulement ci-dessus indiqués, tous lesdits riverains qui voudront fabriquer des soudes, pourront cueillir lesdites herbes et les arracher avec les mains, râteaux, et autres instruments depuis le 1er juillet jusqu'au 1er octobre de chacune année seulement, sans qu'ils puissent être troublés ni inquiétés dans la récolte desdites herbes par les habitants riverains qui ne voudroient pas faire de soudes, ni par quelques autres personnes quelconques, pour quelque cause que ce puisse être, à peine de cinquante livres d'amende.

4. Les varechs d'échouage que les flots de la mer jettent sur le rivage, pourront dans tous les temps et en toute saison être ramassés par les riverains, pour être employés indistinctement soit à l'engrais des terres, soit à faire de la soude, ainsi que cela s'est pratiqué jusqu'à présent.

5. Voulons que dans le cas où les habitants des paroisses qui bordent les côtes maritimes de nos provinces où il croît des varechs, ne voudroient pas s'en servir pour faire de la soude dans les temps permis et indiqués, il soit loisible à tous particuliers, autres que les habitants desdites paroisses, de les arracher, amasser, et leur donner toutes les préparations nécessaires pour les convertir en soudes, après avoir fait préalablement constater le refus desdits habitants devant les juges des amirautés dans le ressort desquelles seront situées lesdites

paroisses, avec défenses aux habitants, et autres personnes quelconques de les troubler et inquiéter, à peine de trois cents livres d'amende.

6. Seront au surplus tenus lesdits fabricants de soudes de se conformer pour le temps de brûler lesdites herbes, à ce qui est prescrit par l'article 5 du titre commun de notre déclaration de 1751 : leur faisons très-expresses inhibitions et défenses d'allumer leurs fourneaux dans les temps où les vents venant de la mer porteroient les fumées sur les terres. Voulons néanmoins que dans le cas où les vents qui portoient d'abord les fumées à la mer venant à changer tout à coup, ils ne pourroient éteindre subitement sans risquer de perdre leurs marchandises, ils puissent continuer de brûler pendant deux heures, ainsi que nous l'avons accordé ci-devant aux habitants du ressort de l'amirauté de Barfleur, par notre arrêt du 7 septembre 1737; et ledit temps passé, ne pourront continuer de brûler sous quelque cause et prétexte que ce soit, à peine de la même amende de trois cents livres. Si donnons, etc.

N° 1055. — ÉDIT *portant création de dix officiers-gardes du commerce, et règlement pour les contraintes par corps pour dettes civiles dans Paris.*

Fontainebleau, novembre 1772. Reg. P. P. 2 janvier 1773. (Archiv.)

LOUIS, etc. Un des objets principaux dans l'administration de la justice est la pleine et entière exécution de ses mandements; la contrainte par corps pour dettes civiles établie en faveur du commerce, deviendroit une voie préjudiciable à la sûreté publique, et à celle des citoyens, si elle ne pouvoit être employée sans ruse, fraude ni violence; des exemples récents nous ont fait connoître combien la manière avec laquelle les contraintes par corps ont été mises à exécution dans les rues de notre bonne ville et faubourgs de Paris, étoit peu capable de donner à cet acte de justice le degré de respect et d'autorité qui lui est dû; ces poursuites rigoureuses, presque toujours confiées à des officiers de justice mal famés, ou à des gens sans caractère, agissant sous leurs noms, souvent exercées contre des débiteurs à qui la connoissance des procédures et jugements préalables avoit été soustraite à dessein, contre des jeunes gens sans expérience, entraînés dans des engagements onéreux, et même par méprise sur des personnes contre lesquelles les jugements n'avoient pas été prononcés, ont donné lieu à des excès et des violences, et à des crimes dont il est important d'arrêter le cours : de pareils désordres ne peuvent que favoriser la fraude et porter atteinte au commerce. Il est sans doute de l'intérêt public d'en attaquer une des causes principales, en prenant les mesures nécessaires contre l'usure et tous les négoces devenus si communs, quoique réprouvés par la bonne foi et par les lois; aussi nous sommes résolu d'établir les réglements que notre sagesse nous inspirera pour en garantir nos sujets, et par-là éviter la ruine trop fréquente des familles; mais en attendant, comme il est urgent d'apporter remède aux maux que pourroit encore produire la manière actuelle d'exécuter lesdites contraintes par corps, nous avons jugé dès à présent nécessaire de ne confier l'exécution de ces actes de justice qu'à des personnes choisies, et dont la capacité, prudence et probité reconnues pourront en imposer, tant par eux-mêmes, que par le caractère dont ils seront revêtus. Nous avons aussi jugé à propos de prescrire des formes et d'établir des règles à la faveur desquelles le créancier pourra désormais exercer avec plus d'effet ses droits contre son débiteur, sans que le débiteur soit exposé à la surprise et à la violence, et sans que le bon ordre et la tranquillité publique soient intervertis. A ces causes, etc., voulons et nous plaît ce qui suit:

Art. 1. Nous avons créé et établi dix places d'officiers-gardes du commerce, auxquels nous avons attribué et attribuons le pouvoir exclusif de mettre à exécution dans notre bonne ville, faubourgs et banlieue de Paris, les contraintes par corps pour dettes civiles, prononcées par les arrêts, jugements et sentences émanés de nos cours, juges, et toutes juridictions quelconques.

2. Lesdites places d'officiers-gardes du commerce seront exercées sur des commissions scellées de notre grand sceau que nous ferons expédier par notre très-cher et féal chancelier, à ceux que nous aurons choisis pour les remplir. Voulons qu'ils soient reçus avec serment par les lieutenants civil et criminel en notre Châtelet de Paris, sur les conclusions de notre procureur audit Châtelet, information de vie et mœurs préalablement faite.

3. Voulons qu'à l'avenir tous les arrêts, jugements et sentences portant la contrainte par corps pour cause de dettes civiles, ne puissent être signifiés que par un huissier commis à cet effet par lesdits arrêts, jugements et sentences, à peine de nullité de ladite signification; enjoignons à tous juges d'y tenir la main.

4. La signification desdits arrêts, jugements et sentences, sera faite à la partie condamnée, en parlant à sa personne, si-

non laissée à son domicile en présence de deux voisins dont les noms et qualités seront portés dans ladite signification, laquelle sera signée d'eux, sinon sera déclaré qu'ils ont été interpellés de signer.

5. Lesdits arrêts, jugements et sentences ainsi bien et dûment signifiés, seront remis à l'un desdits officiers-gardes pour être la contrainte par corps y portée, exécutée sans qu'il soit besoin de faire à l'avenir le commandement qui étoit d'usage par le passé à l'instant de la capture et emprisonnement du débiteur, dont nous avons abrogé et abrogeons la formalité; faisons défenses aux huissiers et à tous autres, à compter du jour de la publication et enregistrement du présent édit, de s'immiscer dans l'exercice de la contrainte par corps, à peine, contre la partie, de nullité, et de tous dépens, dommages et intérêts, et contre les huissiers et autres, d'amendes, d'interdiction, même d'être poursuivis extraordinairement, si le cas y échet.

6. Les arrêts, jugements et sentences, portant contrainte par corps pour dettes civiles, pourront être mis à exécution dans l'intérieur des maisons, tous les jours et à toute heure, à l'exception toutefois des fêtes et dimanches, à moins qu'il n'y ait ordonnance, sentence, jugement ou arrêt qui, dans des cas urgents, en permettroient l'exécution lesdits jours de fêtes et dimanches, ce que nous laissons à la prudence de nos cours et juges. Voulons néanmoins que lesdites contraintes ne puissent être mises à exécution pendant la nuit, sans l'assistance d'un commissaire, dont les frais de transport et vacation seront payés par la partie poursuivante, sauf à les répéter.

7. Lesdits officiers-gardes du commerce auront une marque distinctive en forme de baguette, laquelle ils seront tenus d'exhiber aux débiteurs condamnés lors de l'exécution de la contrainte.

8. Lesdits officiers pour l'exécution desdites contraintes par corps, enjoindront, de notre ordre, aux parties condamnées, de les suivre dans l'une des prisons de notre bonne ville de Paris; ordonnons auxdites parties condamnées, de quelque qualité et condition qu'elles soient, d'y obtempérer à l'instant, à peine, en cas de refus, d'être punis comme réfractaires à nos ordres, et poursuivis comme rébellionnaires à justice, à la requête de nos procureurs, auxquels enjoignons d'y tenir la main, le tout faute par ces débiteurs de payer sur-le-champ le montant des condamnations en principal et intérêts.

9. Faisons pareillement défenses à toutes personnes, de

quelque qualité et condition qu'elles soient, d'user envers lesdits officiers d'aucuns propos injurieux, ni d'aucune voie de fait, sous les mêmes peines de désobéissance à nos ordres, et d'être pareillement poursuivies comme pour fait de rébellion à justice.

10. L'écrou sera fait en la forme ordinaire sur le registre des prisons par l'officier qui aura arrêté le débiteur, et copie d'icelui, ensemble du procès-verbal d'emprisonnement, lui seront laissés. A l'égard des recommandations qui pourront survenir, elles continueront d'être faites par les huissiers.

11. Et pour que les débiteurs ne puissent désormais trouver une retraite, au préjudice de leurs créanciers, dans nos maisons et autres lieux privilégiés, autorisons lesdits créanciers et lesdits officiers-gardes du commerce à requérir des gouverneurs de nos maisons et châteaux, et du principal officier desdits lieux privilégiés, d'en faire expulser le débiteur, et de permettre que la contrainte y soit exercée, nous réservant, au cas de refus de la part desdits gouverneurs et principaux officiers, d'y pourvoir ainsi qu'il appartiendra.

12. Avons attribué et attribuons auxdits officiers-gardes du commerce par chaque capture la somme de soixante livres, sans qu'ils puissent rien exiger au-delà pour main-forte ou toute autre cause que ce soit, et ce à peine de concussion, laquelle sera allouée dans la taxe des frais contre la partie condamnée; et dans le cas où lesdits officiers ne parviendroient pas à arrêter le débiteur, il sera dressé procès-verbal, pour lequel il leur sera payé seulement la somme de vingt livres. Si donnons, etc.

N° 1036. — ARRÊT *du conseil portant règlement pour le transport des grains, d'un port du royaume à un autre port du royaume.*

Versailles, 14 février 1773. (Archiv.)

PRÉAMBULE.

Le roi s'étant fait représenter, en son conseil, les règlements sur la police et administration des grains, notamment ceux faits pour empêcher la sortie à l'étranger, des grains récoltés dans son royaume; S. M. a reconnu que l'esprit de toutes les lois et décisions modernes ou anciennes à cet égard, est de considérer tous ses sujets comme les membres d'une grande famille, qui se devant un secours mutuel, ont un droit de préférence sur les produits de leurs récoltes respectives, en sorte que la sortie des grains n'a jamais été permise, qu'après que la subsistance des sujets de S. M. a été assurée à un prix auquel la classe indigente pouvoit atteindre : que cependant la défense de l'exportation, lorsque les circonstances la rendent nécessaire, deviendroit illusoire, si les grains pouvoient sortir du royaume, sous prétexte d'y rentrer, sans que la vérité de la destination fût justifiée, et la rentrée assurée : par cette considération devenue plus importante dans les circonstances actuelles, S. M. s'est déterminée à arrêter provisoirement un abus qui devenoit de jour en jour d'une conséquence plus dangereuse, et elle s'est portée à ne permettre la sortie des grains par les ports de son royaume, pour rentrer dans un autre, qu'en vertu de permissions particulières, pour les parties de grains dont la destination n'étoit point suspecte, et pouvoit être facilement suivie ; mais l'assujettissement à cette formalité provisoire, ne devoit subsister que jusqu'à ce que S. M. eût pris des mesures définitives pour concilier la liberté du commerce avec la sûreté de la subsistance publique, en maintenant les propriétaires et cultivateurs dans le droit de disposer des fruits de leurs fonds et de leurs travaux, et en employant des précautions capables d'empêcher les enlèvements des grains, dont l'effet seroit nécessairement de porter à un trop haut prix l'aliment le plus nécessaire. A quoi voulant pourvoir : ouï, etc.

N° 1037. — Arrêt du conseil portant réglement pour le recouvrement de la capitation sur les bourgeois et habitants de Paris.

Versailles, 24 février 1773. (Archiv.)

N° 1038. — Edit concernant les réguliers.

Versailles, février 1773. Reg. P. F. 1er avril. (Archiv.)

PRÉAMBULE.

Louis, etc. Nous avons voulu par les articles 4 et 5 de notre édit du mois de mars 1768, procurer aux différents monastères de notre royaume, conformément au vœu de l'Eglise, et en suivant les formes canoniques, des statuts et réglements, qui joignant à la clarté et à la précision l'autorisation nécessaire, pussent tarir dans les cloîtres la source des discussions, y affermir l'obéissance qui est le nerf de la discipline, et conserver aux religieux la juste protection qui leur est due par les deux puissances. Mais ces statuts et réglements particuliers ne sont pas les seules barrières que l'Eglise ait cru devoir opposer au relâchement. Elle a fait en divers temps des lois générales qui intéressant la substance des vœux et la pratique des devoirs les plus indispensables, suppléent à ce qui peut avoir été omis dans les statuts particuliers, et donnent une nouvelle force à ce qu'ils contiennent de plus essentiel; nous ne remplirions donc qu'imparfaitement les vues que nous nous sommes proposées, si, après que lesdits articles de notredit édit ont eu leur exécution, nous ne prêtions encore de la manière la plus expresse, le secours de notre autorité à ces lois générales, en renouvelant les ordonnances faites par les rois nos prédécesseurs, ou par nous-même, pour assurer leur observation, et même en ajoutant à ces ordonnances tout ce qui peut, ou par une explication plus détaillée, ou par une sanction plus solennelle, les rendre plus efficaces et plus salutaires. Les mesures que nous prendrons pour faire observer ces lois communes à tous les ordres, contribueront en même temps à l'exécution des statuts particuliers dont elles sont la base la plus solide; en assurant aux évêques et aux supérieurs réguliers l'exercice des droits qui leur appartiennent, elles resserreront les liens nécessaires de la confiance et de la subordination. Sans nuire aux exemptions que notre respect pour l'autorité dont elles sont émanées nous portera toujours à protéger, elles arrêteront l'abus qu'on en pourroit faire et qui tendroit à les détruire; elles seront pour le Saint-Siège, qui connoît nos intentions, un monument de notre déférence et de notre vénération filiale, pour les évêques un témoignage de notre attention à les faire jouir des pouvoirs qu'ils ont reçus de Jésus-Christ pour la conduite des ames; les religieux fidèles à leurs engagements y verront avec reconnoissance un gage certain de notre protection et de notre bienveillance; et elles mettront ainsi, en quelque sorte, le complément à tout ce que l'amour de la religion et des règles a inspiré à nos prédécesseurs et à nous-même, pour donner aux ordres religieux une nouvelle consistance, et les rendre plus que jamais aussi respectables aux yeux des peuples, qu'utiles à l'Eglise et à l'Etat. A ces causes, etc.

N° 1059. — ORDONNANCE *concernant la correspondance entre la métropole et les colonies.*

Versailles, 1ᵉʳ mars 1773. (Moreau de Saint-Méry.)

N° 1040. — Arrêt du conseil qui ordonne que l'entretien des bâtiments servant à l'administration de la justice, sera à la charge des villes dans lesquelles les cours ou juridictions sont établies.

Versailles, 29 mars 1773. (Archiv.)

PRÉAMBULE.

Le roi s'étant fait rendre compte en son conseil de la forme dans laquelle il est pourvu aux constructions, entretien et réparations des bâtiments dans lesquels ses cours de parlement, chambres des comptes, cours des aides, conseils supérieurs, bureaux des finances, bailliages, sénéchaussées, élections et autres juridictions royales tiennent leurs séances, et à l'entretien, réparations et renouvellement des meubles nécessaires auxdites cours et juridictions; ainsi qu'aux constructions, entretien et réparations des prisons destinées à renfermer les criminels détenus en vertu des arrêts et jugements desdites cours et juridictions; S. M. auroit reconnu que la nécessité de ne permettre aucune dépense dont le paiement soit à sa charge, qu'elle ne l'ait elle-même autorisée après les informations nécessaires, et que le montant n'en ait été régulièrement constaté, a obligé d'introduire une multitude de formalités qui doivent précéder la confection desdites constructions et réparations; qu'on doit d'abord informer le conseil de S. M., des objets auxquels il est nécessaire de pourvoir; qu'ils doivent être vérifiés sur les ordres qui en sont donnés, qu'il en doit être dressé des devis et états estimatifs, soit par les ingénieurs des ponts-et-chaussées, soit par des artistes commis; que ces devis et états doivent être adressés au conseil, pour être approuvés et donner en conséquence les ordres nécessaires pour la confection des ouvrages, à laquelle il est procédé, soit par économie lorsque les objets sont peu importants, soit par adjudications lorsqu'ils sont plus considérables; et que dans ce dernier cas les adjudications doivent encore être confirmées par des arrêts de son conseil, avant qu'elles puissent être exécutées; que ces formalités, toutes nécessaires cependant, et dont aucune ne pourroit être supprimée sans inconvénient, tant que les dépenses desdites constructions, entretien et réparations seront à la charge de S. M., entraînent des délais infinis, avant que les ouvrages nécessaires puissent être exécutés; que ces délais n'excitent que trop souvent les plaintes les plus justes de la part des officiers qui éprouvent les inconvénients du retard de ces ouvrages; que ces délais sont d'ailleurs préjudiciables aux intérêts mêmes de

S. M., par les augmentations qui surviennent presque toujours aux réparations, avant qu'il puisse y être pourvu, et qui accélèrent le dépérissement et la destruction des bâtiments; qu'enfin ces augmentations multiplient les dépenses, qui le sont encore par les frais mêmes auxquels les formalités donnent lieu. S. M. auroit aussi reconnu qu'il n'y auroit point d'autres moyens de diminuer ces dépenses et d'assurer cependant le meilleur entretien et la réparation la plus prompte desdits bâtimens, que de charger les villes mêmes où lesdites cours et juridictions sont établies, des constructions, entretien et réparations desdits bâtimens, et de l'entretien et renouvellement des meubles nécessaires; la présence et la vigilance de leurs officiers municipaux les mettant en état de pourvoir sur-le-champ aux moindres dégradations, d'en prévenir de plus considérables, et de veiller à ce que les réparations et constructions soient aussi promptement que solidement exécutées; que s'il en doit résulter une charge pour les villes, elles en sont indemnisées par les avantages que leur procure l'établissement desdites juridictions, soit par la plus grande proximité des tribunaux et une police plus exacte qui en est la suite nécessaire; soit par le loyer plus avantageux des maisons, la plus grande consommation et le plus haut prix des denrées occasionés par l'affluence des étrangers, d'où résulte l'augmentation du produit des octrois dont jouissent la plupart des villes où lesdites cours et juridictions sont établies; qu'enfin, si, malgré ces avantages, quelques-unes des villes étoient hors d'état de subvenir aux dépenses que cette nouvelle charge pourroit leur occasioner, il seroit encore plus avantageux et économique que S. M. vînt à leur secours par les voies qu'elle estimera convenables, que de rester chargée desdites dépenses. S. M. se seroit en conséquence déterminée à faire connoître ses intentions à cet égard, et voulant y pourvoir, ouï, etc.

N° 1041. — EDIT *portant suppression de l'office de roi et maître des ménestriers.*

Versailles, mars 1773. Reg. P. P. 31. (Archiv.)

N° 1042. — ARRÊT *du conseil concernant plusieurs chaires du collège royal.*

Versailles, 20 juin 1773. (Archiv.)

PRÉAMBULE.

Le roi s'étant fait rendre compte des différents mémoires

qui lui ont été présentés, conformément à l'article 6 de ses lettres patentes du 16 mars de la présente année, touchant les changements qu'il conviendroit de faire dans la destination de quelques-unes des chaires de son collège royal, pour suppléer à ce qui peut encore manquer à l'éducation publique, et S. M. ayant reconnu que, sans augmenter le nombre des chaires et sans retrancher aucune des branches de littérature ou de sciences qui s'enseignent aujourd'hui dans ledit collège, il étoit possible de multiplier les genres d'instruction, en appliquant à des professions nouvelles et d'une utilité reconnue, les fonds de celles de ces chaires qui se trouvent doublés, ou qui peuvent être commodément suppléées par des professions analogues; que la langue syriaque ne différant presque point de l'hébraïque, s'exerçant sur les mêmes objets, et d'ailleurs n'attirant presque plus d'auditeurs, n'exigeoit point un professeur particulier, et que les fonds pouvoient en être plus utilement employés à doter une chaire de mécanique, qui, jointe aux chaires de géométrie et d'astronomie déjà établies dans le collège royal, compléteroit l'enseignement des sciences mathématiques; qu'en réservant une seule chaire pour la langue arabe, la seconde pourroit être convertie en une chaire de turc et de persan, en faveur des enfants de langue et de tous ceux qui se destinent à des emplois relatifs au commerce dans les Échelles du Levant; qu'en laissant subsister deux chaires pour le grec, et en chargeant l'un des professeurs d'expliquer de préférence les ouvrages des anciens philosophes qui ont écrit en cette langue, on pourroit, sans inconvénient, appliquer le fonds de la chaire de philosophie grecque et latine à l'établissement d'une chaire de littérature française, à l'usage des étrangers qui sont attirés dans la capitale par le désir de connoître nos meilleurs écrivains, et de ceux des Français qui veulent perfectionner leur style et acquérir une connoissance raisonnée de leur langue; que des deux chaires d'éloquence latine, l'une pourroit être spécialement consacrée à l'étude des orateurs, l'autre à celle des poètes; que la chaire de physique deviendroit encore plus utile qu'elle ne l'est présentement, en fournissant au professeur des machines qui le missent à portée de confirmer ses explications par des expériences; que des quatre chaires de médecine, deux se trouvant déjà converties, l'une en chaire d'anatomie, l'autre en chaire de chimie, il seroit expédient que la troisième le fût pareillement en chaire d'histoire naturelle, pour enseigner cette science sur les rapports qu'elle a avec la pharmacie; et qu'enfin l'une des deux chaires de droit canon ne pourroit être plus utilement changée qu'en une chaire de droit de la nature et des gens, formée sur le modèle de celles qui existent en plusieurs universités étrangères, et très-propre à former ceux qui sont destinés à remplir un jour des fonctions publiques, soit dans les négociations, soit dans la magistrature. S. M. ayant reconnu par le succès des changements qu'elle a précédemment ordonnés dans les exercices du collège royal, par arrêt de son conseil du 17 février 1769, et par ses lettres patentes du 16 mars de la présente année, que les nouveaux changements qu'elle se propose de faire tourneront au bien de l'instruction, à l'avantage d'un établissement que tous les rois ses prédécesseurs ont honoré d'une protection spéciale, et à l'honneur de l'Université de Paris, dont le collège royal fait partie. Oui, etc.

N° 1043. — TRAITÉ touchant le droit d'aubaine entre la France et les Pays-Bas.

23 juillet 1773. (Martens, I, 337.)

N° 1044. — DÉCLARATION qui fixe depuis le 15 décembre jusqu'au 1ᵉʳ février, le temps pendant lequel il est défendu de pêcher dans certaines rivières qui se rendent dans la Manche, et où la truite abonde.

24 août 1773. (Baudrillart, I, 445.)

N° 1045. — ORDONNANCE portant établissement d'écoles royales de marine.

Compiègne, 29 août 1773. (Archiv.)

N° 1046. — ÉDIT portant règlement pour l'instruction des contumaces.

Versailles, août 1773. Reg. P. P. 6 septembre. (Archiv.)

N° 1047. — DÉCLARATION interprétative de l'édit de février 1771, portant règlement pour la procédure.

Fontainebleau, 29 octobre 1773. Reg. P. P. 28 mars 1774. (Archiv.)

N° 1048. — ÉDIT qui assigne l'apanage du comte d'Artois.

Fontainebleau, octobre 1773. Reg. P. P. 12 novembre. (Archiv.)

N° 1049. — DÉCLARATION qui ordonne l'exécution de l'édit de juillet 1693, concernant les formalités nécessaires pour purger les hypothèques sur les biens acquis par le roi.

Versailles, 28 décembre 1773. Reg. P. P. 19 janvier 1774. (Archiv.)

N° 1050. — **Déclaration** *portant règlement concernant les mémoires à consulter.*

Versailles, 18 mars 1774. Reg. P. P. 26. (Archiv.)

Louis, etc. Les abus qui n'ont que trop souvent résulté de l'usage qui s'est établi de faire imprimer des mémoires, consultations et autres écrits pour l'instruction des contestations qui s'élèvent entre nos sujets, ayant été portés à un excès qui n'est pas moins contraire au bien de la justice qu'à la tranquillité des familles et à l'honneur du barreau, nous avons jugé nécessaire de renouveler les dispositions des anciennes ordonnances et des règlements intervenus sur cette matière, et d'y ajouter les précautions qui nous ont paru les plus capables d'en assurer l'exécution sans nuire à la liberté qu'exige une défense légitime et raisonnable. A ces causes, etc.; voulons et nous plaît ce qui suit:

Art. 1. Il ne pourra être imprimé aucuns mémoires, consultations ou autres écrits, que sur les affaires contentieuses, et seulement lorsque l'affaire sera devenue contradictoire; à l'effet de quoi, l'imprimeur sera tenu, avant qu'il puisse en commencer l'impression, de se faire remettre et de conserver pour sa décharge un certificat signé de l'avocat, du procureur de la partie, ou du greffier du tribunal où l'affaire a été portée, contenant qu'il y a contestation en cause.

2. Faisons pareillement très-expresses inhibitions et défenses aux parties de faire imprimer, et aux imprimeurs d'imprimer aucuns mémoires à consulter, quand même ils seroient signés, sauf aux avocats à rappeler dans leurs consultations les faits et les questions sur lesquels ils sont consultés, en observant toutefois la modération et la décence convenables à la noblesse de leur profession.

3. En cas de contravention aux deux articles précédents, les imprimeurs seront condamnés en trois cents livres d'amende, pour la première fois, et, en cas de récidive, ils seront déclarés déchus de la maîtrise, à temps, ou même à perpétuité; et à l'égard des parties, elles seront condamnées en cinq cents livres d'amende, et aux dommages et intérêts envers la partie intéressée; pourront en outre lesdits imprimeurs et lesdites parties être poursuivis extraordinairement, suivant l'exigence des cas.

4. Défendons pareillement et sous les mêmes peines à toutes personnes, sans exception, de vendre ou de faire vendre, et aux imprimeurs, libraires et autres quelconques, d'exposer

en vente aucuns mémoires, consultations et autres imprimés concernant des affaires pendantes actuellement en justice, avant qu'il soit intervenu sur icelles un jugement définitif, et même pendant l'année qui suivra ledit jugement.

5. Il ne pourra être imprimé aucuns mémoires, consultations ou autres écrits, sous quelques titres et dénominations que ce puisse être, s'ils ne sont signés d'un procureur ou d'un avocat, comme par le passé.

6. Les lois, ordonnances, édits et réglements concernant la décence, la gravité et la modération que doivent observer les défenseurs des parties, seront exécutés selon leur forme et teneur; et en conséquence faisons très-expresses inhibitions et défenses à tous avocats et procureurs d'user de termes injurieux envers leurs confrères, les parties et tous autres, et d'employer des faits inutiles et étrangers à la cause; leur enjoignons de se renfermer dans les bornes d'une défense raisonnable et légitime, le tout à peine de suspension de leur état, ou autre plus grande, s'il y échoit. Enjoignons à nos avocats et procureurs-généraux et à leurs substituts de tenir la main à l'entière exécution des dispositions de notre présente déclaration. Si donnons, etc.

N° 1051. — Arrêt du conseil interprétatif des précédents réglements sur les négociations et la police de la Bourse.

Versailles, 30 mars 1774. (Archiv.)

N° 1052. — Arrêt du conseil pour empêcher les fraudes dans le commerce des eaux minérales du royaume.

Versailles, 1er avril 1774. (Archiv.)

N° 1053. — Arrêt du conseil portant réglement pour le recouvrement des frais de justice.

Versailles, 11 avril 1774. (Archiv.)

FIN DU TOME SECOND ET DERNIER DU RÈGNE DE LOUIS XV.

INDICATION DES SOURCES.

Nous avons placé en tête du premier volume de Louis XIV l'indication des sources principales où nous avons puisé les matériaux qui composent ce volume. Nous croyons utile de continuer cette indication, et nous donnons ci-après la désignation bibliographique des recueils spéciaux auxquels nous avons eu recours pour les règnes de Louis XIV et de Louis XV. Nous ne répétons pas celles de ces indications qui se trouvent à la page vij du premier volume de Louis XIV. Les recueils généraux des Archives du royaume et des bibliothèques de la cour de Cassation et du conseil d'État, sont ceux dont nous avons fait le plus fréquent usage.

Abot de Bazinghen. — Traité de la cour des monnaies en forme de dictionnaire, par Abot de Bazinghen. Paris, 1764, 2 vol. in-4.

Baudrillart. — Traité général des eaux-et-forêts, chasses et pêches, par Baudrillart. Paris, 1821-24, 3 vol. in-4.

Blavier. — Jurisprudence générale des mines, par Blavier. Paris, 1825, 3 vol. in-8.

Briquet, Code militaire. — Code militaire, par Briquet. Paris, 1761, 8 vol. in-12.

Code des Chasses. — Code des Chasses. Paris, 1765, 2 vol. in-12.

Code des Commensaux. — Code des commensaux, ou Recueil général des édits, déclarations, ordonnances, etc., des officiers, domestiques et commensaux de la maison du roi. Paris, 1720, 1 vol. in-10.

Code Corse. — Code Corse, ou Recueil des édits, lettres patentes, arrêts et règlements publiés dans l'Île de Corse depuis sa soumission à l'obéissance du roi. Paris, imprimerie royale, 1778-1790, 9 vol. in-4.

C. L. XV. — Code Louis XV, ou Recueil des principaux édits, déclarations, etc., depuis le 29 septembre 1722 jusqu'au mois de novembre 1740. (Par Coqueley de Longepierre). Paris, 1738-1740, 12 vol in-12.

Code de la Librairie. — Code de la Librairie et Imprimerie de Paris. Paris, 1744, 1 vol. in-12.

Code de la Martinique. — Code de la Martinique, nouv. édit., par Durand Molard. St.-Pierre-Martinique, 1806, 6 vol. in-8.

Code Naval. — Ce code est placé à la fin du dernier tome de l'histoire générale de la marine, par Boismêle, continuée par Richebourg. 1754-1758, 3 vol. in-4.

Code Noir. — Code Noir, ou Recueil de règlements concernant les colonies et le commerce des nègres. Paris, 1742, 1 vol. in-18.

Code Rural. — Code Rural, ou Maximes et règlements concernant les biens de campagne. Par Boucher d'Argis. Paris, 1774. 3 vol. in-12.

Code des Tailles. — Nouveau Code des Tailles, ou Recueil des ordonnances, édits, déclarations, etc., sur le fait des tailles. Paris, 1737, 1 vol. in-12.

Code des Terriers. — Code des Terriers, ou Principes sur les matières féodales (par De Lachapelle). Paris 1761, 1 vol. in-12.

Davennes. — Recueil méthodique et raisonné des lois et règlements sur la voirie, par H. J. B. Davennes. Paris, 1824, 1 vol. in-8.

Dumont, ou Rec. trait. — Corps universel diplomatique du droit des gens, ou Recueil des traités de paix, d'alliance, de trèves faits en Europe depuis Charlemagne jusqu'à présent, par Jean Dumont. Amsterdam, 1726 et suiv. 8 vol. in-f°. — Supplément au Corps universel diplomatique, par J. Dumont et J. Rousset. Amsterdam, 1739, 5 vol. in-f°.

Histoire de l'Edit de Nantes. — Histoire de l'édit de Nantes jusqu'à l'édit de révocation en octobre 1685. Delft, 1693-1695, 5 tom. 3 vol. in-4.

Koch. — Histoire abrégée des traités de paix entre les puissances de l'Europe, depuis la paix de Wesphalie, par de Koch, continuée par F. Schoell. Paris, 1817, 15 vol. in-8.

Latruffe-Montmeylian. — Des droits des communes sur les biens communaux, par Latruffe-Montmeylian. Paris, 1825, 2 vol. in-8.

Lebeau. — Nouveau code des prises, par Lebeau. Paris, an VII-IX, 3 vol. in-4.

Martens. — Recueil des principaux traités d'alliance, de paix, de trèves, etc., conclus par les puissances de l'Europe depuis 1761 jusqu'à présent. Gottingue, 1791-1801, 7 vol. in-8. (Cet ouvrage a plusieurs suppléments qui le conduisent jusqu'en 1829.)

Peuchet. — Collection des lois, ordonnances et réglements de police, par Peuchet. Paris, 1818, 8 vol. in-8. (Inachevé.)

Ravinet. — Code des ponts-et-chaussées et des mines, par Th. Ravinet. Paris, 1829, 3 vol. in-8.

Rec. des dessèchemens. — Ce recueil appartient à la bibliothèque des avocats à la Cour de Cassation.

Rec. d'édits sur la Chambre des Comptes. — Edits et ordonnances concernant la chambre des comptes de Paris. Paris, 1778. 4 vol. in-4.

Rouen, Code Commercial. — Code Commercial ou Recueil complet des lois et réglements généraux actuellement en vigueur sur le commerce intérieur et maritime de la France, par P. J. Rouen. Paris, 1826, 1 v. in-8.

Recueil sur le tabac. — Recueil de réglements sur la partie du tabac. 4 vol. in-4. Ce recueil appartient à la bibliothèque de la Cour de Cassation.

Rec. ordonn. des fermes. — Paris, imprim. roy. 1750, 1 vol. in-4.

Rec. édits eaux et forêts. — Ord. de 1669 et édits étant ensuite. Paris, 1753, 1 vol. in-12.

Valin. — Nouveau commentaire sur l'ordonnance de la marine, par R. Jos. Valin. La Rochelle, 1760, 2 vol. in-4.

Wenck. — Wenckii Codex juris gentium recentissimi. Lipsiæ, 1788-95, 3 vol. in-8.

(*Nota.*) Les sources auxquelles MM. Jourdan et Armet ont puisé, pour le règne de Louis XVI, sont à peu près les mêmes que celles dont nous avons fait usage pour les deux règnes précédents; nous croyons donc sans objet de donner une indication particulière de ces sources. Toutefois il en est une dont la désignation très-brève n'est pas suffisamment intelligible, et dès-lors indispensable d'en donner la clef aux lecteurs. Les lettres R. S. qui reviennent fréquemment dans les six derniers volumes de cette collection, à la suite des titres des documents législatifs, désignent le Recueil publié depuis 1760, par Simon, imprimeur du parlement, et continué par Nyon, son successeur, jusqu'à l'année 1790.

www.ingramcontent.com/pod-product-compliance
Lightning Source LLC
Chambersburg PA
CBHW060755230426
43667CB00010B/1575